Anonymous

Neues Allgemeines Deutsches Adelslexikon

Steinhaus Zwierlein

Anonymous

Neues Allgemeines Deutsches Adelslexikon
Steinhaus Zwierlein

ISBN/EAN: 9783337226848

Printed in Europe, USA, Canada, Australia, Japan

Cover: Foto ©Paul-Georg Meister /pixelio.de

More available books at **www.hansebooks.com**

an der Elbe und Achleuten mit Hechenberg und Choltitz, jetzt Majorat Choltitz, getheilt. — Die jüngere, von Lucas, s. oben, gestiftete Hauptlinie wird jetzt als Stamm von Castell-Thun in Trient aufgeführt. — Vollständige Ahnentafeln der jetzigen Glieder des gräfl. Hauses sind in dem Werke „Deutsche Grafenhäuser der Gegenwart" zusammengestellt und der Personalbestand wird in zwei Stämmen: Castell Thunn in Trient und Castel Brughier aufgeführt. Der Stamm Castell Brughier ist in zwei Linien geschieden: in die Linie v. Castell-Brughier und in die böhmische Linie und die Letztere zerfällt in drei Majorate: Majorat Klösterle, Majorat Tetschen und Majorat Choltitz. — Haupt des Stammes Castell-Thunn in Trient ist: Matthaeus Graf Thunn von Castell-Thun, geb. 1812 — Sohn des 1848 verstorbenen Grafen Leopold Ernst — k. k. Kämmerer, Conservator der Bauwerke im Kr. Trient u. Magistratsrath zu Trient, verm. in erster Ehe 1839 mit Raimunda Grf. v. Thurn und Valsassina, geb. 1819 und gest. 1841 und in zweiter Ehe 1843 mit Caroline Grf. Arz v. Arzio-Wasegg, geb. 1821, aus welcher zweiten Ehe, neben drei Töchtern, zwei Söhne stammen: Leopold, geb. 1846 und Franz, geb. 1854. — Was den zweiten Stamm: Castell-Brughier anlangt, so ist Haupt der ersten Linie von Castell-Brughier: Guidobald Graf v. Thun und Hohenstein, geb. 1808 — Sohn des 1842 verstorbenen Grafen Joseph aus der Ehe mit Maria Anna Luise Grf. v. Fugger-Nordendorf, geb. 1774 und verm. 1793 — Herr und Besitzer der Grafschaft Castell-Fondo und Landstand in Tirol, k. k. Kämm. und Erbland-Jägermeister in Tirol, verm. 1834 mit Theresia, des Carl Grafen Guidi, Marquis v. Bagno, k. k. Kämmerers, Tochter, aus welcher Ehe, neben sechs Töchtern, drei Söhne entsprossten, die Grafen: Emanuel, geb. 1836, k. k. Kämmerer, Sigismund, geb. 1849 und Galeazzo, geb. 1850. — Von dem 1851 verstorbenen Bruder des Grafen Joseph, dem Grafen Arbogast, Besitzer des Schlosses Brughier, Ausschuss-Verordneten des Herrenstandes bei dem landständigen Congresse zu Innsbruck, stammt aus erster Ehe mit Theresia Freiin v. Lichtenthurm, gest. 1836: Franz Graf v. Thun-Hohenstein-Sardagna (erhielt durch Erbschaft seines Grossoheims, des Joseph Freih. v. Sardagna, k. k. pens. niederösterr. Oberst-Landrichters, Präsidenten der k. k. Gesetzgebungs-Hofcommission, k. k. Kämm. und Geh. Raths, das Prädicat „Sardaga," welches aber nur für ihn allein und nicht für seine Erben, angenommen wurde), geb. 1835, Herr zu Brughier, Rocca-Caldes und der Herrschaften Roncajette und Voltabarozzo, Landstand in Tirol, verm. 1856 mit Anselma Freiin v. Pach, Edlen Herrin zu Hoheneppann, geb. 1836, aus welcher Ehe eine Tochter, Anselma, geb. 1857, lebt. — Von dem Personalbestande der böhmischen Linie mag Nachstehendes hier einen Platz finden, in Bezug auf Weiteres aber ist auf die geneal. Taschenbb. d. gräfl. Häuser zu verweisen: Majorat Klösterle: Joseph Graf v. Thun und Hohenstein, geb. 1794 — Sohn des 1767 geborenen Grafen Joseph Johann Baptista, k. k. Kämmerers aus erster Ehe mit Josephe Grf. v. Schrattenbach, verm. 1793 und gest. 1794 — k. k. Kämm. und Geh. Rath, erbliches Mitglied des

Herrenhauses des Reichsraths (auf welche Würde er schon bei seinen Lebzeiten mit kaiserlicher Genehmigung von 1861 zu Gunsten seines ältesten Sohnes verzichtete), Herr der Fideicommissherrschaften Klösterle nebst Felixburg und Fünfhunden im Kr. Saaz, Schuschitz mit Zbislaw im Kr. Czaslau und Bensen mit Markersdorf im Kr. Leitmeritz. Derselbe vermählte sich 1816 mit Franzisca Grf. Thun und Hohenstein, Cholitzer Linie, geb. 1796, aus welcher Ehe, neben zwei vermählten Töchtern, fünf Söhne entsprossten. Der älteste dieser Söhne ist: Graf Oswald, geb. 1817, Herr der Fideicommissherrschaften Klösterle, Schuschitz, Bensen und Fünfhunden, k. k. Kämm., erblicher Reichsrath u. Rittmeister in d. A., verm. 1846 mit Johanna Altgraefin zu Salm-Reifferscheidt, geb. 1827, aus welcher Ehe, fünf Töchtern, zwei Söhne stammen: Oswald, geb. 1849 und Maximilian, geb. 1857. Die vier Brüder des Grafen Oswald sind: Graf Guido, geb. 1823, k. k. Kämm. und Legationsrath; Graf Sigismund, geb. 1827, k. k. Major in d. A., welcher aus der Ehe mit Mathilde Grf. v. Nostitz zu Rieneck, geb. 1831 und verm. 1855, drei Söhne hat: Joseph, geb. 1856, Ermein, geb. 1858 und Felix, geb. 1859; Graf Heinrich, geb. 1830, k. k. Major und Graf Carl, geb. 1842, k. k. Oberlieutenant. — Der Stiefbruder des Grafen Joseph, Graf Carl, geb. 1803, k. k. Geh. Rath, stieg in der k. k. Armee zum Feldmarschall-Lieutenant, Commandanten des II. Armee-Corps und Landes-General-Commandanten und wurde auch Inhaber des 29. Infanterie-Regiments. Derselbe vermählte sich 1833 mit Johanna Freiin v. Koller, geb. 1809. — Majorat Tetschen: Franz Graf v. Thun und Hohenstein, geb. 1786 — Sohn des 1796 verstorbenen Grafen Wenzel Joseph, k. k. Kämm. und Feldmarschall-Lieutenants aus der Ehe mit Maria Anna Grf. v. Kollowrat-Liebsteinsky, Besitzerin von Culm, geb. 1752, verm. 1768 und gest. 1828. — Herr der Fidei-Commissherrschaft Tetschen im Kr. Leitmeritz und der Allodial-Herrschaften Perutz, und Gr. Zdickau nebst Slavetin und Webiczan im Kr. Rakowitz, k. k. Kämm., Geh. Rath und Oberlieutenant in d. A., verm. 1808 mit Theresia Grf. v. Brühl, geb. 1754 und gest. 1844, aus welcher Ehe, neben zwei Töchtern, drei Söhne entsprossten, die Grafen: Franz, Friedrich und Leo. Graf Franz, geb. 1809, k. k. Kämm. u. Ministerial-Rath a. D., vermählte sich mit Maria v. König, geb. 1818, aus welcher Ehe drei Töchter und drei Söhne: Zdenko, geb. 1842, Franz, geb. 1845 und Leo, geb. 1848, stammen. — Graf Friedrich, geb. 1810, k. k. Kämm. und w. Geh. Rath, vormaliger a. o. Gesandter und bevollm. Minister am kais. russisch. Hofe, vermählte sich 1845 mit Leopoldine Grf. v. Lamberg, geb. 1825, aus welcher Ehe, neben fünf Töchtern, drei Söhne entsprossten: Franz, geb. 1847, Eduard, geb. 1860 und Friedrich, geb. 1861 u. Graf Leo, geb. 1811, k. k. Geh. Rath, vormaliger Minister des Cultus u. Unterrichts, Mitglied des Herrenhauses des Reichsraths auf Lebenszeit u. s. w., vermählte sich 1847 mit Caroline Grf. Clam-Martinicz, geb. 1822. — Majorat Choltiz: Richard Graf v. Thun und Hohenstein, geb. 1815 — Sohn des 1861 verstorbenen Grafen Johann, k. k. Kämmerers und

Rittmeisters in d. A., ans der Ehe mit Nicolasine Grf. v. Baillet-Latour, geb. 1788, verm. 1811 und gest. 1840 — Besitzer der Fidei-Commissherrschaft Choltiz im Kr. Chrudim in Böhmen, k. k. Kämm. und Major in d. A., verm. 1850 mit Maria Grf. Kinsky, geb. 1832, aus welcher Ehe fünf Töchter und zwei Söhne: Johannes, geb. 1857 und Vincenz, geb. 1861, stammen. -- Die beiden Brüder des Grafen Theodor sind: Graf Constantin, geb. 1822 und Graf Franz, geb. 1826, Beide k. k. Kämm. und Obersten. — Von dem Grafen Anton, geb. 1754 und gest. 1840 — Bruder des Grossvaters des Grafen Theodor — Besitzer der Herrschaften Ronsberg, Wasserau und Bernstein am Walde, k. k. Kämm. und Oberstwachtmeister, stammt aus der Ehe mit Therese Grf. Wratislaw v. Mitrowitz, geb. 1766, verm. 1789 und gest. 1851, eine zahlreiche Nachkommenschaft, von welcher namentlich zu nennen ist: Graf Leopold, geb. 1797, Besitzer der Allodial-Herrschaft Ronsberg mit dem Gute Wasserau im Kr. Klattau und der Allodial-Herrschaft Benatek im Kr. Bunzlau, k. k. Kämm., Geh. Rath, Oberst-Hof-Lehenrichter im Kgr. Böhmen, im Markgrafenthum Mähren und im Fürstenthume Schlesien, auch Vice-Präsident des böhm. ständigen Landes-Ausschusses, verm. in erster Ehe 1825 mit Josephine Freiin Mladota v. Solopisk, gest. 1827 und in zweiter Ehe 1829 mit der Schwester derselben, Elisabeth Freiin Mladota v. Solopisk, geb. 1805. Aus der ersten Ehe stammt ein Sohn: Gr. Hugo, geb. 1826, k. k. Kämm. und Major in d. A. und aus der zweiten eine Tochter, Grf. Maria, geb. 1830, verm. 1843 mit Johann Freih. v. Aehrenthal. Ueber die übrigen Nachkommen des Grafen Anton ergeben Weiteres die geneal. Taschenbb. d. gräfl. Häuser.

Amandi de Friedenfels Gloriosa domus Comitum de Thun, Pragae, 1099. — *Bucelini Stemmatogr.* P. III. — *Hübner.* III. Tab. 712—14. — *Freih. v. Hoheneck,* II. S. 629—39. — *Gauhe,* I. S. 2560 —62. — *Zedler,* 43. S. 1950-60. — Allgem. histor. Lexicon, IV. S. 533. — *Leupold,* I. S. 688 —703 — *Jacobi,* 1800, II. S. 364—60. — *v. Lang,* S. 82 und 83. — *Schmutz,* IV. S. 186. — N. geneal. Handb., 1824, I. S. 855—58. — Deutsche Grafenhäuser d. Gegenwart, II. S. 553. — Genealg. Taschenb. d. gräfl. Häuser, 1857, S. 475, 1845, S. 605, 1848, S. 684, 1859, S. 861—67, 1864, S. 907 —13 und histor. Handb. zu Demselben, S. 996. — *Siebmacher,* I. 93: v. Thonn, Bayerisch, Stammwappen und II. 40: Thro, Tirolisch. — W. B. d. Durchlaucht. Welt, I. S. 401: Gr. v. Th.-H. — v. *Meding,* III. S. 666—69: v. Thun und Gr. v. Th. — Suppl. zu Siebm. W. B. II. 8: Gr. v. Th. — *Tyroff,* II. 50: Gr. v. Th. — W. B. d. Kgr. Bayern, II. 31 und v. Wölckern, Abth. 2. S. 62 u. 63.

Thurn und Taxis, Grafen und Fürsten

(Gräfl. Wappen: Schild geviert: 1 u. 4 in Silber vor zweien in Form eines Andreaskreuzes gelegten blauen Lilien-Sceptern mit goldenen Lilien ein rother Thurm mit rundem, rothen, geschlossenen Thor, drei schwarzen Fenstern und drei Zinnen: Stammwappen. Aeltere Schriftsteller behaupten, der Thurm bezeichne die Cathedral-Kirche von Mailand, deren Advocaten und Protectoren die Glieder der Familie gewesen und die Lilien-Scepter die Investitur der weltlichen Gewalt über die Provinz Mailand, womit sie von den Kaisern belehnt waren; 2 und 3 Roth mit einem blauen Feldesfusse: im rothen Felde ein rechtssehender, schwarzer, goldbewehrter Adler und im blauen Feldesfusse auf einem grünen Hügel ein rechtsgekehrter, schwarzer, oder auch weisser Dachs: Wappen des Hauses Thurn, welches den Namen Taxis angenommen und mit dem Adler 1701 bei Erhebung in den Grafenstand vermehrt wurde. Einfaches fürstliches Wappen: Schild von

Silber und Gold geviert, mit blauem Mittelschilde, in welchem ein silberner Dachs gegen die rechte Seite läuft: wegen der Linie des Hauses Thurn, die den Namen Taxis annahm. 1 u. 4 in Silber vor zwei in Form eines Andreaskreuzes gelegten, blauen Lilienscoptern ein mit einer Vorsprungsmauer versehener, rother Thurm mit rundem, geschlossenen, blauen Thor und fünf Zinnen: Stammwappen und 2 u. 3 in Gold ein rother, doppelt geschweifter, blau gekrönter Löwe: wegen der Grafschaft Valsassina, oder der Vallis Saxinae, dessen Besitzer, Humbert v. Thurn, die einzige Erbtochter im 12. Jahrhunderte heirathete, die dadurch Stammmutter des Hauses geworden ist. Das einfache fürstliche Wappen ist übrigens im Laufe der Zeit verändert und vermehrt worden und die Abbildungen desselben weichen daher mehrfach von einander ab). Reichsfreiherrn- Grafen- und Fürstenstand. Freiherrndiplom um 1597 für Leonhard de la Tour (v. Thuren), kaiserlichen General-Director der Posten im Reiche und in den Niederlanden; Grafendiplom von 1615 für Lamoral Claudius Franz Freih. v. Thurn, Reichsgeneral- Erbpostmeister — Sohn des Freiherrn Leonhard — und vom 20. April 1701 für Philipp Wilhelm Freiherrn v. Taxis u. Fürstendiplom von 1686 für Alexander Ferdinand Grafen v. Thurn u. Taxis, Urenkel des Grafen Lamoral Claudius Franz. — Die Fürsten v. Thurn u. Taxis stammen von Heripert de la Tour, einem Sprösslinge des herzoglichen Hauses Bouillon, her, welcher im 12. Jahrhunderte sich aus Frankreich nach Italien begab. In der Mitte des 15. Jahrh. mag die Familie nach Deutschland gekommen sein, denn Franz de la Tour, oder Thurn, führte um diese Zeiten das deutsche Postwesen ein und später, 6. Nov. 1597, wurde der Urenkel seines Bruders: Freiherr Leonhard, s. oben, Kaiserl. General-Director der Posten im Reiche und in den Niederlanden, welches Amt in der Folge für seinen Sohn, den Grafen Lamoral Claudius Franz, zu einem Reichslehen gedieh. Lamorals Urenkel, Graf Eugen Alexander, brachte, wie angegeben, 1686 den Reichsfürstenstand in die Familie u. der Enkel des Letzteren, Fürst Alexander Ferdinand, wurde 30. Mai 1754 in das Reichsfürsten-Collegium eingeführt, nachdem das Reichs-Erb-General-Postmeister-Amt 1744 zu einem Kaiserlichen Thron-Lehen u. Reichsfürstengute erhoben worden war. — Für den Verlust der Posteinkünfte jenseits des Rheins entschädigte der Reichsdeputations-Abschluss durch mehrere Abteien und Klöster in Schwaben, die mit den 1785 erkauften Herrschaften in Schwaben theils unter württembergische, theils bayerische, theils hohenzollernsche Staatshoheit gezogen wurden. Ausser dem Fürstenthume Buchau und der Grafschaft Friedberg-Scheer besitzt der Fürst die grossen Herrschaften Chotieschau, Daubrawitz und Laukin in Böhmen, das Fürstenthum Krotoszyn in Posen, die Güter in Hennegau und andere Privatgüter, auch wurde das fürstliche Haus in Folge des Kronoberpostmeister-Amtes mit den Bayerischen, Württembergischen, Badenschen, Kur- und grossh. Hess., Gross- u. herz. Sächs., Hohenzollernschen, Waldeckschen, Lippeschen, Nassauischen und Reussischen Posten beliehen. — Das fürstliche Haus blüht jetzt in zwei Linien: in der älteren (Hauptlinie) und in der jüngeren Linie (Secundogenitur). Letztere umfasst die Nachkommenschaft des Prinzen Maximilian Joseph, geb. 1769 — Oheims des Fürsten Carl Alexander, s. oben. — Haupt der älteren Linie ist: Fürst Maximilian, geb. 1802, Fürst von Thurn und Taxis, Fürst zu Buchau und zu Krotoszyn, gefürsteter Graf zu Friedberg-Scheer, Graf zu Valle-Sassina, auch zu Marchthal, Neresheim u. s. w., folgte seinem Vater, dem 1770 geborenen u. 1827 verstorbenen Fürsten Carl Alexander, verm. 1789 mit Theresie Prinzessin von Meklenburg-Strelitz, geb. 1773. Fürst Maximilian vermählte sich in erster Ehe 1828 mit Wilhelmine Freiin v. Dörnberg, gest. 1835 und in zweiter 1839 mit Mathilde Prinzessin v. Oettingen-Spielberg, geb. 1816. Aus der ersten Ehe stammen, neben einer Tochter, drei Söhne: Erbprinz Maximilian, geb. 1831, verm. 1858 mit Helene Herzogin in Bayern, Prinz Egon, geb. 1832, in k. k. Militairdiensten und Prinz Theodor, geb. 1834, in k. bayer. Militairdiensten, aus der zweiten Ehe aber entsprossten zwei Töchter und neun Söhne. — Haupt der jüngeren Linie ist: Prinz Hugo, geb. 1817 — Sohn des 1792 geborenen und 1844 verstorbenen Prinzen Carl Anselm, k. k. Geh. Raths und Kämmerers, k. württemb. Kammerherrn und Generalmajors a. D., aus der Ehe mit Isabelle Grf. zu Eltz, geb. 1795 und verm. 1815 — Herr der Herrschaften Dobrawitz und Lauczin und des Gutes Wikawa in Böhmen, k. k. Kämmerer und Reichsrath, Rittmeister in d. A., verm. 1845 mit Almeria Grf. Belcredi, geb. 1819, aus welcher Ehe, neben zwei Töchtern, zwei Söhne: Prinz Egmont, geb. 1849 u. Prinz Alexander, geb. 1851, stammen. Die beiden Brüder des Prinzen Hugo sind, neben drei Schwestern: Prinz Emmerich, geb. 1820, k. k. Generalmajor und Commandant der Cavalerie-Schule, verm. 1850 mit Lucie Grf. Wickenburg, geb. 1832 und gest. 1851 und Prinz Rudolph, geb. 1833, Doctor sämmtlicher Rechte, verm. 1857 mit Fräulein Jenny Ständler. Ueber die Brüder des Prinzen Carl Anselm und die Nachkommen derselben ergeben die Goth. geneal. Taschenbb. Näheres.

Jul. Chifletii Marques d'honneur de la Maison de Tossis. Antwerp. 1645. — Généalogie de la très illustre, très ancienne et autrefois souveraine Maison de Tour, par M. Flach. Brüssel, 1709. III Folianten, mit geneal. Tabellen und Portraits. — *Imhof*, Lib. V. Cap. VI. §. 19, S. 438 und Tab. X. — *Hübner*, I. Tab. 332, III. Tab. 767—73 u. Suppl. Tab. 108. — *Gauhe*, I. S. 2544—74. — *Zedler*, 43. S. 2825. — *Biedermann*, Fürsten, Tab. 106—10. — *Jacobi*, 1800. S. 428—29. — v. *Lang*, S. 9 und 10. — *Schmutz*, IV. S. 183. — *Masch*, S. 171—73. — Allgem. geneal. Handbuch, I. S. 658-66. — Geneal. histor.-statist. Almanach für 1832. Weimar, S. 414—16. — *Cast*, Adelsbuch d. Kgr. Württemberg, S. 80—85. — Goth. geneal. Handkalender, 1836. S. 243, 1848. S. 273, 1849. S. 212, 1862. S. 220—23 u. ff. Jahrgg. — *Spener*, II. Tab. 24 und S. 551 und Tab. 32. S. 713 und 14. — *Trier*, S. 467 und 68 und Tab. 48. — *Rudolphi*, Herald. cur. II. Tab. 3 und S. 26. — Suppl. zu Siebm. W. II. II. 8: Gr. v. Th. und Taxis u. XI. 20: Fürst v. Th. u. T. mit der Grafschaft Scheer. — *Tyroff*, II. 50: Gr. v. Th. u. T. und 705: neuestes reichsfürstl. Th. und T. Wappen. — W. B. des Kgr. Bayern, I. Tab. 10 und v. Wölckern, Abth. I. S. 32—84. — W. B. d. Kgr. Württemberg, I.: Fürst v. Th. und T.

Thurn und Valsassina und Thurn, Vallasina und Taxis, Grafen (älteres Wappen der Grafen v. Thurn u. Valsassina: Schild geviert: 1 und 4 in Silber vor zwei in Form eines Andreaskreuzes gelegten, blauen Lilien-Sceptern mit goldenen Lilien ein rother Turm mit rundem, rothen, geschlossenen Thore, drei schwarzen Fenstern und drei Zinnen: Thurn, Stammwappen auf 2 und 3 in Gold ein einwärts gekehrter, doppeltgeschweifter, gekrönter, rother Löwe: Wappen der Grafschaft Valsassina und Wappen der Grafen v. Thurn, Valsassina und Taxis, wie das der Grafen v. Thurn und Valsassina, nur hat der Schild den kaiserlichen Reichsadler mit goldener Bewehrung, goldenen Scheinen und darüber schwebender kaiserlicher Hauskrone zum Hauptschild, die offenen Thore haben ein schwarzes Fallgitter, im blauen Mittelschilde erscheint ein silberner Dachs und den Schild deckt nicht die Grafen, sondern eine gewöhnliche, offene Krone). — Alte, gräfliche Häuser, eines Stammes und Wappens mit den Grafen und Fürsten v. Thurn und Taxis, welche in Italien, Tirol, Krain, Kärnten, Görz, Oesterreich und Böhmen begütert wurden und sich weit ausbreiteten. Von den mehrfach von einander abweichenden Angaben, welche sich in der Literatur in Bezug auf den Stamm vorfinden, mögen hier nur Folgende einen Platz finden. Die Grafen v. Valsassina wurden als solche anerkannt, zu Reichsgrafen 26. Mai 1533 erhoben, 13. Juni 1572 und 16. Juni 1664 bestätigt und zufolge des vom K. Leopold I. 20. März 1666 ertheilten, am 11. Juni 1704 erneuerten und durch die K. Maria Theresia 19. Nov. 1750 bestätigten Diploms ist dem ältesten Gliede der absteigenden Linien der Titel: Oberst-Erblandmarschall in der gefürsteten Grafschaft Görz und Gradisca, Erb-Hofmeister in Krain u. Oberst-Silberkämmerer in Kärnten, den anderen Gliedern der Linien aber der Titel: Erb-Landmarschall in der gefürsteten Grafschaft Görz und Gradisca, Erbhofmeister in Krain und Erb-Silberkämmerer in Kärnten, eigen. — Nach den Angaben der meisten älteren Schriftsteller stammen die Grafen v. Thurn und Valsassina von Paganus II. de la Tour her, welcher als Gouverneur zu Mailand 1241 starb. Die vier Söhne desselben stifteten vier besondere Linien: Hermann gründete die erste Hauptlinie, die Linie in Krain, Görz und Friaul, welche in zwei Aeste zerfiel, Napoleon die zweite Hauptlinie, die sich in die Aeste zu Berg, Wartegg und Blidegg schied, Salvinus die dritte Hauptlinie, die Johann Ludwigs- oder Kärntner Linie, die sich in vier Speciallinien, die Linie zu Radmannsdorf in Krain, die kärntner, steierische u. böhmische Linie theilte und Franz I. die vierte Hauptlinie, das gräfliche Haus von Thurn, Valsassina und Taxis. Die erste Hauptlinie besitzt die Seniorats-Herrschaft und Stadt Duin in Krain und Cormono, Spessa, Mercano, Segrado, Praslau und Rendschach, so wie das Oberst-Erblandhofmeister-Amt in Krain und in der windischen Mark und das Oberst-Erblandmarschall-Amt in der gefürsteten Grafschaft Görz und Gradiska. Die zweite Hauptlinie hatte sich zu Ende des 16. Jahrh. in der Schweiz niedergelassen und erlangte 1676 das Erbmarschall-Amt der fürstlichen Abtei St. Gallen, so wie von der fürstlich gallenschen und constanzer Lehnkammer mehrere adelige Güter zu Lehen. 1702 wurde diese Linie unter die freie Reichsritterschaft in Schweden, Orts an der Donau, aufgenommen und 1718 kam, wie erwähnt, der Reichsgrafenstand in dieselbe. — Die dritte, von Salvinus stammende Hauptlinie, die Johann Ludwigs- oder Kärntner Linie führt den ersteren Namen von ihrem

Stifter, Johann Ludwig dem Aelteren, einem Nachkommen Salvin's im 11. Gliede, welcher 1621 Bleiburg, Radmannsdorf (Rattmannsdorf), Plankenstein und Thurnisch von seinem Oheim, Johann Ambrosius I., geerbt hatte und in erster Ehe mit Sophia Herrin v. Stubenberg vermählt war. Vier seiner Söhne gründeten vier Speciallinien: Johann Ambrosius II. — von welchem, aus der Ehe mit Maximiliane Beatrix v. Thurn u. Valsassina, Johann Carl stammte, dessen Enkel, Paul Sigismund, die Herrschaft Radmannsdorf in Krain, welche sonst dem Senior der Johann-Ludwigs-Linie zugestanden, nach Familien-Verträgen erhielt — die spätere Radmannsdorfische Linie, Franz Ludwig, geb. 1646, verm. mit Susanna Grf. v. Cronegg, die kärntner, Ferdinand Felix, geb. 1634 und gest. 1714, Herr zu Schönbühl, die steierische, und Johann Ludwig der Jüngere, geb. 1637 und gest. 1675, die böhmische Linie. — Die vierte Hauptlinie stammt von Franz I. de la Tour, jüngerem Sohne Pagans II. ab. Dieselbe nahm schon im 13. Jahrhunderte den Zunamen „Taxis" an und einige Zweige derselben führten unter den Kaisern Friedrich IV. und Maximilian I. das Postwesen in mehreren Ländern ein. Von Franz I. im fünften Gliede stammte Roger I., von dessen älterem Sohne, Simon, — wie das geneal. Reichs- und Staatshandbuch annimmt — das fürstliche Haus Thurn und Taxis abstammt, dagegen aber ist von Rogers I. jüngstem Sohne, Gabriel, das in Tirol blühende Haus der Grafen von Thurn, Valsassina und Taxis entsprossen. — Das genealog. Taschenbuch der gräflichen Häuser, 1853, S. 748, sagt kurz, aber richtig: die alte und angesehene Familie der Grafen v. Thurn und Valsassina hat gleiche Abstammung mit dem Hause Thurn und Taxis und führt die Familie in vier Hauptlinien auf. Die erste Hauptlinie, die s. g. duiner Linie, führte allein den Zunamen: Thurn-Hofer und Valsassina. Die Glieder derselben wurden 1525 Freiherren v. Santa Croce, 24. Febr. 1530 Reichsgrafen u. erhielten 30. Dec. 1681 das ungarische Indigenat. Im Besitze dieser Linie befanden sich die Seniorats-Herrschaften Tybein (Duino) und St. Johanns in Krain, so wie die Güter Cormono, Spessa, Mercano, Segrado, Praslau und Rendschach (Ranzano) in der Grafschaft Görz. Diese Linie erlosch in diesem Jahrhunderte im Mannsstamme und zwar mit den beiden Söhnen des 1784 verstorbenen Johann Baptist Grafen Thurn-Hofer und Valsassina: Franz, gest. 1824, k. k. Kämmerer und Raimund, gest. 1817 und mit dem Sohne des Letzteren aus der Ehe mit Walburga Freiin v. Gumppenberg, dem Grafen Johann, geb. 1773 und gest. 1849, k. k. Kämm. und Geh. Rath und pens. Delegat zu Venedig, verm. mit Polyxene Grf. Brigido. — Die zweite Hauptlinie erhielt 1676 das Erbmarschall-Amt der gefürsteten Abtei St. Gallen und die Reichsgrafenwürde 16. März 1718, welche Letztere 26. April 1786 erneuert wurde. Auch diese Linie ist im Mannsstamme in neuer Zeit mit dem Grafen Johann Theodor, welcher mit einer Grf. Frangipani vermählt war, erloschen. — Die dritte Hauptlinie führt in allen ihren vier Speciallinien den Titel: Grafen v. Thurn-Valsassina-Como-Vercilli, Freiherren zum Kreuz, seit 1525,

Erbland-Hofmeister in Krain und der windischen Mark, seit 1660, Erbland-Marschall in der gefürsteten Grafschaft Görz, Herren auf Bleiburg, Radmannsdorf, Wallenburg und Plankenstein. Die vier Speciallinien sind: die bleiburger Linie in Kärnten, welche die Nachkommenschaft Franz Ludwigs, geb. 1646, gest. um 1700, umfasst; die plankenstein-grätzer Linie in Steiermark, welche aus der Nachkommenschaft des Ferdinand Felix, geb. 1643 (1634), gest. um 1700, besteht (Freiherren seit 1605, Reichsgrafen seit dem 27. Oct. 1621, General-Erb-Postmeister in Tirol); die Radmannsdorfer Linie in Krain, welche von der Nachkommenschaft Johann Carls, geb. 1645 und gest. um 1710, gebildet wird und die plankenstein-cillier Linie in Steiermark und Krain, welche die Nachkommenschaft Andreas Ludwigs, geb. 1650, gest. um 1710, enthält. Die vierte Hauptlinie in Tirol erhielt die Grafenwürde 27. Oct. 1621. — Jetzt wird der Personalbestand des gliederreichen gräflichen Hauses in folgenden Abtheilungen aufgeführt: Erste Hauptlinie: Thurn-Valsassina v. Villalta und Spessa. Erste Linie v. Villalta, zweite Linie v. Spessa, in Görz und dritte Linie: zweite Linie von Villalta, in Udine. Zweite (eigentlich erste) Hauptlinie: Thurn-Hofer und Valsassina: nur noch in weiblicher Linie blühend. Dritte Hauptlinie: Thurn-Valsassina-Como-Vercello: erste Linie, Bleiburger Linie, in Kärnten; zweite Linie: Plankensteiner-Grätzer Linie, in Steiermark; dritte Linie: Radmannsdorfer Linie, in Krain und vierte Linie: Plankenstein-Cillier Linie, in Steiermark und Krain. Vierte Hauptlinie: Thurn-Valsassina in Verona. Fünfte Hauptlinie: Thurn-Valsassina und Taxis, in Tyrol und Nebenzweig in der Schweiz. Letzterer gehört der Schweiz und Schwaben an, war der Ritterschaft des Cantons Donau einverleibt und erlangte 1676 die Erbmarschallwürde des Stifts St. Gallen und 10. März 1718 den Reichsgrafenstand. Der Gründer dieses Nebenzweiges, welcher sich in drei Aeste schied, war Guido, ein Sohn des Francesco, Stifters der fünften Hauptlinie. Der erste Ast, zu Wartegg, beruhte in neuester Zeit im Mannsstamme nur auf zwei Augen, der zweite (ältere) Ast, zu Berg, erlosch 1851 mit dem Grafen Johann zu Berg und der dritte Ast, zu Bludegg, ist um 1857 ganz ausgestorben. — In Bezug auf den neuesten Personalbestand ist auf die genealog. Taschenbb. der gräflichen Häuser zu verweisen, Ahnentafeln aber der dritten und vierten Hauptlinie finden sich in dem Werke „Deutsche Grafenhäuser der Gegenwart".

<small>Die mehrsten der im vorstehenden Artikel über die Fürsten von Thurn u. Taxis genannten historischen Schriften, namentlich *Gauhe*, I. S. 2564—74. — v. *Hattstein*, III. Anhang, S. 110. — Allg. histor. Lexicon, IV. S. 554: Gr. v. Th., Vals. und Taxis. — *Jacobi*, 1800, II. S. 367: Gr. v. Th. V.- und T. und 368—71: Gr. v. Th.-V. — v. *Lang*, S. 84. — v. *Schönfeld*, Adels-Schemat. I. S. 232: Gr. Th.-Hofer und Vals. — Deutsche Grafenhäuser der Gegenwart, II. S. 558—63. — Geneal. Taschenb. der gräfl. Häuser, 1848, S. 690—94, 1858, S. 793, 1864, S. 915—922 u. ff. Jahrgg. und historisches Handb. zu demselben, S. 1002. — Suppl. zu Siebm. W. H. I. 3 und V. 29. — *Tyroff*, I. 2. — W. B. des Kgr. Bayern, II. 34; Gr. v. Th. und V. und 34: Gr. v. Th., V. und Taxis und v. Wölckern, Abth. 2. S. 66—68.</small>

Thurnfels und Fenklehen, Freiherren. Erbl.-österr. Freiherrnstand. Diplom von 1797 für Joseph Franz Anton Reinhard v. Thurnfels und Fenklehen, Oberösterr. Regierungsrath und tirolischen land-

schaftlichen General - Referenten, wegen rühmlichen Betragens bei eingetretener Feindesgefahr, aus höchst eigener Bewegung.
Megerle v. Mühlfeld, S. 90.

Thurzo, Freiherren und Grafen (Stammwappen: Schild quergetheilt: oben in Roth ein aufgerichteter, gleichsam aus dem untern Theile aufspringender, goldener Löwe, ohne Hinterbeine und unten in Gold drei, 2 und 1, rothe Rosen und gräfliches Wappen: Schild geviert: 1 und 4 das Stammwappen und 2 und 3 in Blau drei, 2 und 1, goldene Lerchen. Die Lerchen wurden vom K. Ferdinand I. verliehen und von der österreich. Linie geführt, bis sie endlich, um mit der ungarischen Linie ein völlig gleiches Wappen zu haben, wieder aus dem Schilde herausgelassen wurden). Die Familie erhielt 1505 mit dem Prädicate: Bethlenfalva (Bethlemsdorf), welches der Name ihres im Zipser-Comitate gelegenen Stammsitzes war, den Freiherrnstand und 1598 vom K. Rudolph II. den Grafenstand und zwar mit Verleihung der Erb-Ober-Gespanswürde des Arvaer-Comitats und mit dem Prädicate: Grafen v. Arva. — Altes, ursprünglich aus Ungarn stammendes, durch den Bergbau emporgekommenes Adelsgeschlecht, eines Stammes und Wappens mit den Grafen v. Henckel, welches nach Sinapius in Ungarn sich in zwei Linien theilte. Die eine wurde, wie angegeben, in den Grafenstand erhoben u. derselben der Vorzug ertheilt, dass die Grafen Thurzo perpetui Comites Comitatus Arvensis wären, die andere Linie wohnte in Ober-Ungarn u. lebte im adeligen Stande. Nach Spener stammten, der Sage nach, die Grafen und Freiherren v. Thurzo aus der Tartarei, wären nach Polen u. Ungarn und von da eine Linie nach Deutschland gekommen, die sich nach Augsburg gewendet, doch wieder nach Ungarn und Oesterreich, wo sie sich unter K. Ferdinand I. mit dem Schlosse und der Herrschaft Graveneck an der Donau unweit Krems ansässig gemacht, zurückgekehrt sei. — Die fortlaufende Stammreihe beginnt mit Georg Thurzo v. Bethlenfalva um 1446. Von demselben stammte Johann Th., Ritter von Czips, welcher durch die Bergwerke und dadurch, dass er die Metalle wohl scheiden oder seigern konnte, welche Kunst er in Venedig erlernt, zu grossem Reichthume und Ansehen gelangte und sehr grosse Güter in Polen in der Woiwodschaft Cracau erwarb. Derselbe brachte den Freiherrn- und später den Grafenstand in die Familie und starb, vier Söhne hinterlassend, 1508. Diese Söhne waren: Stanislaus Th., Bischof zu Olmütz, welcher diese Würde 43 Jahre bekleidete und 1540 starb; Johannes I., Bischof zu Breslau von 1506 bis 1520, in welchem Jahre er im 56. Lebensjahre starb; Alexius Th., zuerst unter den Königen Uladislaus und Ludwig Reichs-Schatzmeister, später unter dem Könige Ferdinand I. Premier-Minister, Statthalter in Ungarn, Obersthof-Richter u. s. w., gest. 1543 (das grosse Vermögen desselben fiel, da er keinen Sohn hatte, an seine Töchter und an seine Brüder und Vettern) und Johann II., welcher sich mit einer reichen Freiin Fugger v. Kirchberg zu Augsburg vermählte und sowohl durch diese Vermählung, als durch die reiche Erbschaft von seinem Bruder, Alexius, zu grossem Vermögen kam. Aus seiner Ehe stammten die Söhne: Bernhard und Christoph. Bernhards Nachkommen besassen noch einige Zeit in Oesterreich die Herrschaft Graveneck, gingen dann aber wieder nach Ungarn, wo diese Linie wohl bald abstarb, Christoph aber vermählte sich zu Augsburg mit einer Rehlingen v. Horgau zu Radau, erbaute das Schloss Radau und setzte den Stamm fort. Die Tochter, Anna, wurde die Gemahlin des 1587 verstorbenen Georg Freih. v. Khevenhüller, Landes-Hauptmanns in Kärnten. — Der Mannsstamm blühte fort und über das Fortblühen desselben hat Gauhe Mehreres angegeben, doch findet sich in seinen Angaben Manches, was nicht ganz richtig zu sein scheint. Zu den späteren Grafen von Thurzo gehörte übrigens auch Emerich Graf Thurzo v. Arwa, dessen Wappen (Schild geviert mit blauem Mittelschilde und in demselben der schwarze kaiserliche, zweiköpfige Adler, doch mit einer einzigen, schwebenden Krone. 1 und 4 in Roth ein einwärtsgekehrter, gekrönter, doppelt geschweifter, aufwachsender Löwe und im silbernen Schildesfusse drei, 2 und 1, kleine, golden besamte, rothe Rosen und 2 und 3 in Blau ein silbernes, einwärts springendes Einhorn) v. Meding in ein Stammbuch eingemalt fand und zwar mit folgender Unterschrift: Comes Emericus Thurzo de Arwa, pro tempore Academiae Wittebergensis Rector 30. April 1616. Graf Emericus — ein Sohn des 1617 verstorbenen Grafen Georg, kön. Hofrichters und Geh. Raths, Palatins und Statthalters in Ungarn u. s. w. hatte 1615 die Universität Wittenberg bezogen und war, nach der Sitte der damaligen Zeit: das Rectorat auf hohen Schulen, einem Herrn des hohen Adels, während seines dortigen Aufenthalts aufzutragen, Rector Magnificus der Universität Wittenberg geworden. Derselbe ging 1617 nach Ungarn zurück, wo er, wie sein Vater, die Beschützung und Beförderung der evangelischen Religion sich eifrigst angelegen sein liess, wurde aber 1624 zu Niclasburg in Mähren vergiftet und hinterliess nur eine Tochter, welche sich mit Stephan Grafen v. Teleki vermählt hatte. Mit ihm soll der gräfliche Stamm, welcher früher in Schlesien von 1517 bis 1524 das Fürstenthum Wohlau und von 1524 bis 1542 die Herrschaft Ploss besass, ausgegangen sein, doch schloss nach Anderen den ganzen Stamm erst Graf Michael, Sohn des 1649 verstorbenen Grafen Adam II.

Paprocki Speculum Morav., S. 182. — *Hanckii Siles. indig.*, c. 12, S. 386. — *Spener*, S. 372. — *Sinapius*, I. S. 977—79 und II. S. 259—62. — *v. Sommersperg*, R. S. Sles., III. S. 303. — *Gauhe*, II. S. 1158—64. — *Freih. v. Ledebur*, III. S. 18. — *v. Meding*, I. S. 612—14.

Thym, Ritter. Böhmischer Ritterstand. Diplom vom 9. Febr. 1659 für Hieronymus Thym.

v. Hellbach, II. S. 590.

Thyss. Erbl.-österr. Adelsstand. Diplom von 1765 für Johann Thyss, k. k. Commerzienrath in Kärnten, aus Höchst eigener Bewegung.

Megerle v. Mühlfeld, S. 274.

Tichtl v. Tuzingen. Erbl.-österr. Adelsstand. Diplom von 1736 für Michael Tichtl, Gräfl. Sinzendorfischen Güter-Regenten, mit: v. Tuzingen.

Megerle v. Mühlfeld, Erg.-Bd. S. 471.

Tiedemann (in Gold ein blauer, wellenförmig gezogener Querbalken: über demselben eine horizontal sich windende Schlange mit aufgerichtetem Kopfe und unten ein Rabe, oder auch: in Blau im Schildeshaupte die Schlange, unter demselben ein silberner Strom und unter diesem auf einer goldenen Krone eine weisse Taube). Reichsadelsstand. Diplom vom 11. Nov. 1724 für Georg Tiedemann, k. k. Oberstlieutenant. Der Stamm blühte fort und von den späteren Sprossen desselben erhielt Franz v. Tiedemann — ein Sohn des Carl Eduard v. Tiedemann, k. preuss. Generalmajors und Chef eines Infanterie-Regiments und Enkel des mit Concordia v. Brandis vermählt gewesenen, polnischen Hauptmanns Ferdinand v. Tiedemann — Herr auf Woyanow im Kr. Danzig, k. preuss. Kammerherr u. Landschafts-Director, 5. Juni 1821 die königl. Erlaubniss, den Beinamen: v. Brandis anzunehmen, sich v. Tiedemann, genannt v. Brandis zu schreiben und folgendes Wappen zu führen: Schild geviert: 1 und 4 in Roth ein gekrönter Helm und auf demselben ein mit einem Schwerte bewaffneter, geharnischter Arm: Brandis u. 2 u. 3: das Tiedemannsche Wappen nach dem Diplome von 1724. Derselbe hatte sich 1804 mit Auguste Burggräfin zu Dohna-Schlobitten, geb. 1775, vermählt. — Ein v. T., Major im k. preuss. Generalstabe u. Lehrer an der Kriegsschule, ging 1812 in k. russ. Dienste und starb noch in demselben Jahre an ehrenvollen Wunden. Wilhelm v. T., k. pr. Oberstlieutenant von d. A. (1806 im Regimente v. Diericke und zuletzt im 17. Infant.-Regimente) lebte in Berlin und starb 1848. Die Wittwe desselben besass nach Rauer 1857 das Gut Kohling bei Danzig, auch war um diese Zeit ein v. Tiedemann Herr auf Russoczyn, ebenfalls bei Danzig, welches Gut bereits 1764 der Familie zustand.

N. Pr. A.-L. IV. S. 268. — *Freih. v. Ledebur*, III S. 12 u. 13. — W. B. d. Preuss. Monarch., IV. 76

Tiedewitz (in Silber drei, 1 u. 2, Tauben von natürlicher Farbe). Ein zu dem curländischen und ostpreussischen Adel zählendes Geschlecht, welches in Ostpreussen die Güter Pillupöhnen im Kr. Tilsit und Pogrimmen im Kr. Darkehmen an sich gebracht hatte. Ein Hauptmann v. Tiedewitz stand 1856 im k. pr. 5. Infant.-Regimente.

Freih. v. Ledebur, III. S. 19. — *Neimbt's* Curland. W. B. Tab. 41.

Tiefenau-Golocki (in Roth zwei blanke Schwerter, welche mit ihren, nach unten gekehrten Klingen schräge ins Kreuz gelegt sind). Ein früher in Westpreussen im Kr. Culm zu Goloty und Sarnowo gesessenes Adelsgeschlecht.

Freih. v. Ledebur, III. S. 19.

Tieffenbach (im Schilde eine bis in die Mitte desselben aufsteigende, blaue Spitze, in welcher aus Wasser drei Lotosblumen hervorsteigen und oben ein Doppel-Adler, rechts schwarz in Silber und links roth in Gold). Adelsstand des Kgr. Preussen. Diplom vom

21. Sept. 1737 für Johann Christian Tiefenbach, k. preuss. Geh. Rath. Der Sohn desselben, Christian Friedrich v. T., starb 14. Aug. 1776 als k. preuss. Geh. Rath und Präsident der Ober-Kriegs- u. Domainen-Rechnenkammer.

Freih. v. Ledebur, III. S. 19. — *W. B. d. Preuss. Monarchie*, IV. 76.

Tieffenbruch. Ein früher zu den adeligen Pfännern in Halle gehörendes Geschlecht, welches in der Ober-Lausitz mehrere Güter an sich brachte. Hermann v. Tieffenbruch, Pfänner zu Halle, starb 18. Jan. 1604. In der Oberlausitz standen einige Zeit unweit Görlitz die Güter Leopoldshain, Nieda und Reutnitz der Familie zu.

Freih. v. Ledebur, III. S. 19.

Tieffstädter. Ein in Kursachsen früher vorgekommenes Adelsgeschlecht, dessen Ahnherr Wolff v. Tieffstädter, kursächs. Oberst, war. Derselbe, Sohn eines Messerschmieds, trat, als Lehrling der Profession seines Vaters, in die kursächs. Armee, stieg in derselben zum Obersten, erhielt vor 1553 den Adel und den Ritterschlag und stand bei dem Kurfürsten Moritz in solchem Ansehen, dass er 1553 das Testament desselben nebst Anderen vom Adel unterschrieb. Auch Kurfürst August war ihm sehr gewogen und ernannte ihn, als er sich Alters wegen 1557 pensioniren liess, zum Amts-Hauptmann über Grünhain und Schellenberg, so wie zum Ober-Hauptmann des Kurkreises.

Müller, Annal. Saxon. Fol. 120. — *Simmer*, der tapfere Edelmann, S. 24. — *Horns* Handbibliothek, V. S. 513. — *Gauhe*, II. S. 1166 und 67.

Tiegel v. Lindenkron, auch Ritter, Erbl.-österr. Adels- und Ritterstand. Adelsdiplom von 1816 für Wilhelm Tiegel, Capitainlieutenant im k. k. Infanterie-Regimente Fürst Reuss-Greitz, mit: v. Lindenkron und Ritterdiplom von 1817 für Denselben als Besitzer der Güter Saczau und Strzesmirz in Böhmen. Der Stamm blühte fort und zwei Söhne des Diploms-Empfängers: Heinrich und Maximilian Ritter Tiegel v. Lindenkron, traten in die k. k. Cavalerie.

Megerle v. Mühlfeld, S. 149 u. 274. — Militair-Schematism. d. österr. Kaiserthums. — *Kneschke*, IV. S. 413.

Tiemar, Freiherren. Erbl.-österr. Freiherrnstand. Diplom von 1773 für Joseph v. Tiemar, Hauptmann im k. k. Infanterie-Regimente Gr. v. Königseck.

Megerle v. Mühlfeld, S. 90. — *W. B. d. Oesterr. Mon.* XVI. 57. — *Kneschke*, III. S. 417.

Tiepolt, Tiebolt, Freiherren (im Schilde ein von drei Sternen begleiteter Sparren und über demselben ein Säbel). Erbl.-österr. Ritter- und Böhmischer- u. Reichsfreiherrnstand. Ritterdiplom vom 25. April 1696 für Franz v. Tiebolt, k. böhmischen Amts-Secretair, böhmisches Freiherrndiplom vom 26. März 1705 für Denselben als böhmischen Ober-Amtsrath und Freiherrndiplom von 1707 für eben denselben als k. k. Residenten in Polen. Der Empfänger dieser Diplome stammte aus einer alten, schlesischen, ursprünglich luxemburgischen Adelsfamilie. Derselbe, gest. 1715, war Herr auf Stoschendorff und Ullersdorff im Fürstenthume Schweidnitz, hatte den K. K.

Leopold I., Joseph I. und Carl VI. treue Dienste geleistet, war mit mehreren Gesandtschaften betraut gewesen und hinterliess aus der Ehe mit einer Freiin v. Kerris zwei Töchter und zwei Söhne. Von diesen war der ältere Sohn, Freiherr Sigismund, Domherr zu Breslau, der jüngere Sohn aber stand damals in kaiserlichen Kriegsdiensten. Der Bruder des Freiherrn Franz befand sich in der Festung Freyburg als kaiserlicher Oberstlieutenant.

Sinapius, II. S. 475. — *Gauhe*, II. S. 1167. — *Zedler*, 44. S. 8. — *Megerle v. Mühlfeld*, Erg.-Bd. S. 108.

Tierberg, Tirberg. Altes, auch Tirbergk, Tierburg und Tierenburg geschriebenes, preussisches Rittergeschlecht, aus welchem zwei Brüder von 1277 bis 1287 Landmeister in Preussen waren.

Peter de Dusburg, Chronic. Pruss. III., c. 139, p. 216. — *Zedler*, 446. S. 85.

Tieschowitz, Tischkowitz, Czelo v. Czechowitz, Tischowitz v. Tischau (in Roth ein geharnischter Ritter, welcher vorwärtsgekehrt ist und mit den Händen zwei hinter seinem Rücken sich kreuzende Speere hält). Altes, oberschlesisches Rittergeschlecht, welches im Teschenschen bereits 1427 zu Drahomyschl, 1527 zu Gross- und Klein-Pruchna, 1564 zu Bunkow, 1572 zu Danglowitz und 1568 zu Bunkow und Richult und noch 1619 zu Grodisch sass. Der Stamm hat fortgeblüht: nach Rauer war 1857 Adolph Friedrich v. Tieschowitz, K. Landrath u. Lieutenant, Herr auf Rokittnitz im Kr. Beuthen.

N. Pr. A.-L. IV. S. 270. — *Freih. v. Ledebur*, III. S. 19.

Tieseler, Tieseler v. Talfitz. Ein früher zu dem schlesischen Adel zählendes Geschlecht, welches im 17. und 18. Jahrh. im Fürstenthume Sagan blühte.

Sinapius, II. S. 1062. — *Zedler*, 44. S. 95.

Tiesenhausen, s. Thiesenhausen, Freiherren u. Grafen, S. 190—92.

Tiessowsky v. Tröstenberg, Ritter. Böhmischer Ritterstand. Diplom von 1716 für Johann Anton Tiessowsky, Wirthschaftshauptmann zu Podiebrad und Collin, mit: v. Tröstenberg.

Megerle v. Mühlfeld, Erg.-Bd. S. 216.

Tietzen und Hennig (Schild der Länge nach getheilt: rechts in Gold ein an die Theilungslinie angelehnter, halber, schwarzer Adler und links in Schwarz ein blauer Querbalken, begleitet von drei, 2 u. 1, goldenen Sternen. Der Adler kommt auch mit einem Zepter in der Klaue vor). — Reichsadelsstand von 1787 für Christian Joseph, Tobias, Johann Gottfried u. Johann Gottlob Tietze, in der Niederlausitz angesessen, mit: v. Tietzen und Hennig. — Die Familie sass in der Niederlausitz 1793 zu Josephbrunn, zu Laubsdorf unweit Cottbus und Roitz im Kr. Spremberg-Hoyerswerda und noch 1837 zu Laubsdorf. Von den Sprossen der Familie traten mehrere in die kursächs. und k. preuss. Armee. Von Letzteren ist namentlich zu nennen: Wilhelm Ferdinand Joseph v. Tietzen und Hennig, welcher 1855 General von der Cavalerie und commandirender des V. Armeecorps wurde.

Freih. v. Ledebur, III. S. 19 und 351. — Abdrücke von Petschaften.

Tiganiti, Edle und Ritter. Erbl.-österr. Adels- und Ritterstand. Adelsdiplom von 1773 für Johann Georg Tiganiti, Postmeister und Cambiaturisten zu Grosskikinda im Banate, zugleich Richter der im Banate bestandenen privilegirten Griechischen und Raizischen-Handlungs-Compagnieen, wegen seiner Abstammung aus einem sehr vornehmen, u. über zweihundert Jahre berühmten adeligen Geschlechte in Candien und Ritterdiplom von 1775 für Denselben als k. k. Commissar des privilegirten Kikindaer Districts.

Megerle v. Mühlfeld, S. 149 und 274.

Tige, Grafen (in Roth ein dasselbe ganz überziehendes, ausgezacktes, goldenes Kreuz, welches im oberen, rechten Winkel von einem kleinen, goldenen, schwebenden Kreuze begleitet ist). Reichsgrafenstand. Diplom vom 6. Oct. 1726 für Carl Grafen Tige, k. k. General der Cavalerie, Obersten und Commandirenden in Siebenbürgen. — Die Grafen v. Tige stammen aus einem alten und angesehenen, lothringischen Geschlechte, welches 1718 unter die Landstände Oesterreichs ob der Ens aufgenommen wurde. Die Familie war in Lothringen, wo dieselbe, wie in den österreichischen Niederlanden und in Frankreich, mit den vornehmsten Häusern, in verwandtschaftlicher Verbindung stand, mit den Schlössern Foylly und Puiseux angesessen. Freih. v. Hoheneck nennt als Stammvater der jetzigen Familienglieder den Gobert de Tige und führt denselben als Aeltervater des Philipp Baron v. Tige auf, aus dessen Ehe mit Johanna Franzisca v. Charpentier ein Sohn, Carl, entspross, welcher als Page des k. k. Generallieutenants Carl V., Herzogs zu Lothringen, nach Deutschland kam, später in k. k. Militairdienste trat, in denselben bis zum General stieg, den Reichsgrafenstand, wie oben erwähnt wurde, erhielt und 1727 starb. Aus seiner Ehe mit Anna Maria Eleonore Grf. v. Secau stammten fünf Söhne: Stephan, Anton, Carl, Philipp und Ferdinand, durch deren zwei der Stamm sich in zwei noch blühende Linien schied. Graf Anton I. stiftete die ältere Linie, die jüngere gründete ein Bruder desselben, doch steht nicht gehörig fest, welcher von den Genannten es gewesen sei. Die Ahnentafel der älteren Linie steigt, wie folgt, herab: Gobert v. Tige: Catharina v. Hrainchau; — Wilhelm: Catharina v. Foylly; — Nicolaus: Catharina v. Landres; — Philipp Baron de Tige: Jeanne Françoise de Charpentier; — Carl Graf v. Tige: Anna Maria Eleonore Grf. v. Secau; — Anton I.: Elisabeth Grf. v. Hartig; — Anton II.: Barbara Freiin Wrazda v. Kunwald; — Gr. Ludwig, geb. 1788, k. k. Kämm. und Major in d. A., verm. 1825 mit Maria Freiin v. Stössel, aus welcher Ehe Grf. Maria, geb. 1826, verm. 1851 mit Peter Grafen v. Bolza, stammt. — Die Ahnentafel der jüngeren Linie muss statt: Anton I. u. Anton II. zwei andere, aber nicht aufzufindende Glieder enthalten: nach dem geneal. Taschenb. d. gräfl. Häuser waren die Grossväter des obengenannten Grafen Ludwig und des unten erwähnten Grafen Joseph Brüder. — Haupt der jüngeren Linie war in neuester Zeit: Graf Joseph, geb. 1787, verm. 1817 mit Franzisca Grf. Apponyi v. Nagy-Appony, geb. 1793 u. gest. 1863, aus welcher

Ehe, neben fünf Töchtern, ein Sohn stammt: Graf Ernst, geb. 1829, k. k. Kämmerer und Major.

Freih. v. Hohneck, II. S. 664—67. — *Gauhe*, I. S. 2579 und 80. — *Zedler*, 44. S. 106. — *Megerle v. Mühlfeld*, S. 30. — *v. Schönfeld*, Adels-Schematismus, I. S. 233. — Deutsche Grafenh. d. Gegenw. III. S. 418 und 19. — Geneal. Taschenb. d. gräfl. Häuser, 1848, S. 695 und 96, 1864, S. 922 und 23 u. ff Jahrgg. und histor. Handbuch zu Demselben, S. 1008. — Supplem. zu Siebm. W. II. I. 3.

Tigerström (Schild mit goldenem Schildeshaupte und in demselben zwei schräge durch einen grünen Lorbeerkranz mit den Klingen ins Kreuz gelegte Schwerter. Im blauen Schilde unten ein querfliessender, silberner Strom, über welchen ein leopardirter Tiger mit geneigtem Kopfe u. emporgeschlagenem Schweife einherschreitet). — Schwedischer Adelsstand. Diplom vom 13. Oct. 1718 für Johann Tigerström. Das Geschlecht blühte fort und wurde in neuer Zeit in Neu-Vorpommern im Kr. Grimmen angesessen. Ein Doctor v. Tigerström war 1837 Professor in der juristischen Facultät der Universität Greifswalde und nach Rauer besass 1857 ein v. Tigerström die Güter Bassin und Leyerhof und Fr. v. T. das Gut Klein-Baggendorf.

N. Pr. A.-L. IV. S. 269. — *Freih. v. Ledebur*, III. S. 19. — Schwed. W. B. Tab. 62.

Tilbeck. Altes, münstersches Erbmannsgeschlecht, welches bereits 1295 zu Tillbeck im Kirchspiele Haverdick, 1300 zu Haemeking in der Bauerschaft Steveren im Kirchspiele Nottulen, 1379 zu Burbauch im Kirchspiele St. Mauritz und noch 1579 zu Offermanns Erbe im Kirchspiele Bösensell sass.

Freih. v. Ledebur, III. S. 19.

Tiling, Tilling (Schild golden eingefasst, quer- u. in der obern Hälfte der Länge nach getheilt, dreifeldrig: 1, oben rechts, in Blau ein sechsstrahliger, goldener Stern; 2, oben links, in Silber zwei neben einander stehende, rothe Rosen und 3, untere Hälfte, in Blau ein vorwärtssehender, rother Büffelskopf mit schwarzen Hörnern). Reichsadelsstand. Diplom in den ersten Jahrzehnten nach der Mitte des 18. Jahrhunderts für die im Oldenburgischen lebende Familie Tilling. — Aus dem Oldenburgischen wendete sich das Geschlecht später nach Hildburghausen.

Hueschelmann, genealog. Adelshistorie, I. 88. — *v. Hellbach*, II. S. 591. — Suppl. zu Siebm. W. B. X. 31.

Till, Ritter. Erbl.-österr. Ritterstand. Diplom von 1753 für Franz Anton Till, k. k. Kriegs-Commissariats-Secretair.

Megerle v. Mühlfeld, Erg.-Bd. S. 216.

Till v. Sternheim. Erbl.-österr. Adelsstand. Diplom von 1795 für Johann Till, Oberstlieutenant bei dem k. k. Ingenieur-Corps und Fortifications-Director zu Olmütz, wegen 55jähriger Dienstleistung, mit: v. Sternheim.

Megerle v. Mühlfeld, S. 274.

Tilly, Ritter (Schild geviert: 1 Gold, ohne Bild; 2 von Silber und Blau quergetheilt und im Blauen neben einander drei goldene Sterne; 3 von Blau und Silber quergetheilt und im Blauen drei goldene Sterne neben einander und 4 in Gold ein rother Löwe, welcher in der rechten Vorderpranke ein blankes Schwert hält). Diplom von 1708 für Johann Friedrich Tilly, gewesenen k. k. Rittmeister. Nach Gauhe lebten 1742 drei Brüder v. Tilly, von denen Franz Wenzel k. k. Capitain war und einen Sohn hatte. — Die Familie wurde in Meklenburg und Pommern begütert. Dieselbe sass in Meklenburg 1763 zu Grabow und in Pommern 1766 und noch 1783 im Fürstenthum Caminschen Kreise zu Damitz u. Lestin, so wie 1788 zu Jüglin.

Gauhe, II. S. 1170. — *Freih. v. Ledebur,* III. S. 19.

Tilly. Adelsstand des Kgr. Sachsen. Diplom vom 22. Dec. 1819 für Christian Friedrich Tilly, Fürstl. Reussischen Kammerrath, auf Leumnitz bei Gera. Derselbe hatte früher in Leipzig eine Materialhandlung gehabt.

Handschriftl. Notiz. — *Freih. v. Ledebur,* III. S. 351.

Tilly, Tilli, Tserclaes v. Tilly, Tilly v. Montigny, Grafen (in Roth ein goldengekrönter, silberner Löwe, an dessen linker Brust ein kleiner Schild angeheftet erscheint, der quergetheilt, oben in zwei Reihen, jede von drei Plätzen, von Schwarz u. Silber geschacht, unten aber golden und ohne Bild ist). — Alte, freiherrliche und gräfliche Familie in den Niederlanden, in Oesterreich u. Bayern, welche aus dem alten niederländischen Geschlechte Tserclaes, Herren in Oested, Berun und Marienhoven, stammt. Das Geschlecht gehörte nach Carpentarius zu den sieben Brüsselschen Patriciergeschlechtern und als Ahnherr wird der Ritter Gideon Tserclaes genannt, welcher 1064 starb. Von den Nachkommen, die sich unter dem Adel zu Brüssel aufhielten und sich lange Zeit anfangs Herren von Oesteel und dann Herren v. Cruychenburg nannten, kaufte Johann Tserclas 1448 von Samson v. Lalain die Herrschaft Tilly in Brabant, an den Grenzen von Namur, zwei Meilen von Gemblours, trug dieselbe, obgleich sie früher eine freie Allodial-Herrschaft gewesen, dem Herzoge von Brabant zu Lehne auf und nannte sich nach derselben. Von den Urenkeln leistete Floris Tserclas dem K. Carl V. tapfere Kriegsdienste. Derselbe nannte sich nur Tserclas und hatte zwei Söhne: Anton und Martin. Anton war Stallmeister bei der Infantin Clara Isabella Eugenia von Spanien, besass die Herrschaften Horisens, Bachten u. Lindenberg und erhielt durch das in dem Werke: L'érection de toutes les terres du Brabant, S. 23 sich findende Diplom 1628 den Freiherrnstand. Von Martin Tserclas, Herrn v. Tilly und Montigny, Erb-Seneschall der Grafschaft Namur, entsprossten zwei Söhne: Jacob und Johann. Letzterer, geb. 1559 u. unvermählt gest. 1632, seit 1623 Reichsgraf, erst kaiserlicher Artillerie-General und später kurbayer. Generalfeldmarschall, Oberbefehlshaber des liguistischen Heeren im 30jährigen Kriege, ist durch die Geschichte dieses Krieges sehr bekannt geworden. Seine bedeutendste kriegerische Unternehmung war 1631 die Eroberung Magdeburgs, wegen welcher sein Name vielfach nur mit Fluch genannt worden ist. Schon nach wenigen Monaten ereilte ihn, der in 36 Schlachten noch nicht besiegt worden war, sein Geschick: er wurde von Gustav Adolph bei Leipzig gänzlich aufs Haupt geschlagen und entkam nur mit Mühe und mit drei Wunden nach Halle. Vom Kurfürsten Maximilian nach Bayern zum Schutze der bayerischen Erbländer berufen, bezog er mit dem neugesammelten Heere ein Lager bei Rain, um den König Gustav Adolph vom Ueberschreiten des Lech abzuhalten, doch erzwang Gustav Adolph nach heftigem Geschützfeuer dennoch den Uebergang und verfolgte das liguistische Heer, wobei Tilly, zum Auskunden der Feinde sich zu weit vorwagend, von einer dreipfündigen Stückkugel am Schenkel getroffen, vom Pferde gerissen wurde. Schwer verwundet wurde er nach Ingolstadt gebracht, wo er, fünfzehn Tage nach seiner Verwundung, im 72. Lebensjahre, 30. April 1632, verschied. Den Stamm setzten die beiden Söhne seines obengenannten, älteren Bruders, Jacob, kaiserl. Obersten: Johann II. und Werner, fort. Johann II., welcher von seinem Oheim die Herrschaft Tilly mit anderen bedeutenden Gütern in den Niederlanden erhalten hatte, pflanzte durch vier Söhne die Niederländische Linie fort, doch erlosch dieselbe schon in zweiter Generation, Werner aber, kais. und kurbayer. Kämmerer, Kriegsrath, Oberst und Gouverneur zu Ingolstadt, setzte das Geschlecht in Bayern fort. Die Nachkommenschaft desselben wird die Bayerische oder Breiteneckische Linie genannt, deren Residenz Breiteneck in der Ober-Pfalz, eine Meile von Ditfurt und drei Meilen von Amberg, lag. Die Herrschaft Breiteneck war durch kaiserl. Gnade in eine Grafschaft verwandelt worden und wurde als Bayerisches Afterlehn dem Bayerischen Kreise zugerechnet. Graf Ernst Emmerich, gest. 1675, wurde 1648 auf dem Kreistage zu Wasserburg als Bayerischer Kreisstand aufgenommen. Nach Erlöschen des Mannsstammes fiel die Grafschaft Breiteneck als Lehn an Bayern zurück. — Von Werners drei Söhnen hatte nur der ältere, Ernst Emmerich, gest. 1675, kaiserl. Kämmerer, Nachkommen. Von ihm stammten zwei Söhne: Anton Ferdinand Johann, welcher zu Venedig 1683 auf der Reise verstarb und Ferdinand Lorenz Franz Xaver Graf v. Tilly und Breiteneck, Baron v. Morbay, Montigny, Neufville und Ballast, Herr zu Helfenberg, Holnstein, Hohenfels, Freistadt, Tillysburg, Weissenberg, Plein und Reichersdorff, welcher 1724 den Mannsstam der Oesterreichischen und Bayerischen Linie schloss; die Schwester desselben, Maria Anna Catharina verw. Grf. v. Montfort, die 1736 noch lebte, erbte die Allodial-Güter in Oesterreich und verkaufte 1730 das prächtige Gut Tillysburg an die Grafen v. Weix. — Die Niederländische, freiherrliche Linie blühte noch um 1735 und Franz Joseph Philipp Baron Tserclas-Tilly hatte von seiner Gemahlin, einer de Marulli, mehrere Kinder. Dieser Ast stammte wohl von den obengenannten Floris und Anton Tserclas ab.

Joh. Carpentarii Histor. de Cambr. P. II. S. 398. — *Imhof*, Lib. II. c. 10. — *Butken*, Trophde Brabant, II. S. 295 und 96. — Durchlaucht. Welt-Ausgabe von 1710. II. S. 422—30. — *Hübner* II. Tab. 568—71. — *Gauhe*, I. S. 2580—83 und II. S. 1169—73. — *Zedler*, 44. S. 180—84 und 45. S. 1393. — *Siebmacher*, V. 5. — *Trier*, S. 530 und 31 und Tab. 80. — v. *Meding*, III. S. 669 und 70 und Titelkupfer: Abbildung einer sehr seltenen Goldmünze mit dem Kopfe des kais. Generals Tilly und dem Wappen desselben. Die Umschriften sind: Avers: Ill. Joh. Grav. Tsercla. V. Tl. und Revers: l'sque memor.

Tillmann v. Hallberg, Edle und Freiherren. Reichsfreiherrnstand. Diplom von 1731 für Jacob Tillmann Edlen v. Hallberg, kais. Reichshofrath.
Megerle v. Mühlfeld, Erg.-Bd. S. 108.

Tilscher v. Rosenheim. Erbl.-österr. Ritterstand. Diplom von 1733 für Johann Jacob Aloys Tilscher, Propsten der Collegiat-Kirche St. Wenzel zu Nicolsburg in Mähren, mit: v. Rosenheim und von 1759 für Martin Ignaz Tilscher v. Rosenheim, Verwalter der Herrschaft Pardubitz, mit Edler v. Letzterer hatte 1758 mit dem von seinem Bruder, dem Propsten zu Nicolsburg, Johann Jacob Aloys, geführten Prädicate: v. Rosenheim, den erbl.-österr. Adelsstand erhalten, Ersterer aber war schon vor seiner Erhebung in den erbl.-österr. Ritterstand, 1714, in den böhmischen Ritterstand versetzt worden.
Megerle v. Mühlfeld, S. 149 und 274 und Erg.-Bd. S. 216.

Timaens v. Güldenklee, s. den Artikel: Güldenklee, Guldenklee, Timaeus v. Güldenklee, Bd. IV. S. 91. Nachgetragen sei hier nur das Wappen: (Schild golden eingefasst und geviert: 1 in Blau ein aufwärts gestelltes, grünes Kleeblatt, über dessen nach einwärts abgebogenen Stempel zwei schräglinks über einander gestellte, mit den Spitzen nach oben und einwärts gekehrte, gefiederte, silberne Pfeile gelegt sind; 2 u. 3 in Roth ein rechtsgekehrter, silberner, in der rechten aufgehobenen Kralle einen Stein haltender Kranich und 4 von Gold und Schwarz in sechs Reihen, jede zu vier Feldern, geschacht. Das ältere, abweichende Wappen der Familie Timaeus findet sich in v. Dreyhaupt's Werke.
Freih. v. Ledebur, III. S. 19 und 20: Timaeus v. Güldenklee. — *v. Dreyhaupt*, Tab. 29.

Timroth, Thimroth (Schild der Länge nach getheilt: rechts in Blau ein goldener Stern und links in Silber ein springendes, rothes Einhorn, welches auch aus einem Dreihügel aufwachsend vorkommt). Ein früher im Posenschen bedienstetes Adelsgeschlecht, zu welchem 1796 ein v. Timroth, Steuerrath in Posen, gehörte.
Freih. v. Ledebur, III. S. 20 und 354.

Tinne, v. der Tinne, v. der Tinnen (in Silber ein nach oben gezinnter, rother Querbalken: Stammwappen und Wappen der Familie in Curland: Schild geviert: 1 und 4 das Stammwappen und 2 und 3 in Roth drei schräglinks gestellte, gestümmelte, goldene Enten). — Altes, ursprünglich westphälisches, später nach Curland und Ostpreussen gekommenes Adelsgeschlecht. Dasselbe sass in Westphalen, wo es zu den Münsterschen Erbmännern gehörte, bereits 1342 zu Kinderhaus, 1579 zu Gronink bei Velen unweit Borken und zu Hohaus bei Ramsdorf, ebenfalls bei Borken und noch 1703 bis 1723 zu Möllenbeck im Münsterschen. Aus Curland kam das Geschlecht nach Ostpreussen, wurde zu Lasdehnen und Lasdenehlen unweit Pilkallen begütert und war auch im Neidenburgschen gesessen.
Freih. v. Ledebur, III. S. 20. — *Neimbts*, Curland. W. B. Tab. 40.

Tinti, Freiherren (Schild geviert, mit goldenem Mittelschilde und in demselben eine natürliche Rose an ihrem blättrigen Stiele,

1 u. 4 in Silber ein schwarzer, goldgekrönter und bewaffneter Adler und 2 und 3 schräg geviert und oben und unten sechsmal von Silber und Roth der Länge nach getheilt und in den blauen Seitentheilen eine goldene Lilie). — Ungarischer und erbl.-österr. Freiherrnstand. Ungarisches Freiherrndiplom vom 30. Oct. 1714 und erbl.-österr. Freiherrndiplom vom 3. Juli 1725 für den k. k. Hofkammerrath Bartholomaeus v. Tinti. — Die Freiherren v. Tinti — de Tinctis — stammen aus Bergamo, wo schon mit Ducale vom 7. Aug. 1507 die zwei Brüder Franz und Joseph de Tinctis — Söhne des Ferdinand de T. — von der Republik Venedig Adel u. Wappen erhalten hatten. Die Nachkommenschaft derselben bestand noch in neuester Zeit allda und in Pordenone in mehreren Linien. 1600 erlangten die Tinti das adelige Patriciat von Venedig und die Aufnahme ins goldene Buch. — Carl de Tinti kam zuerst in die österr. Erblande. Derselbe war ein Sohn des 1707 in den Reichsritterstand versetzten Hofkammerraths Bartholomaeus v. Tinti und der Ludovica de Rotla und erhielt mit dem Vater 1707 den erbl.-österr. Ritterstand. Sein Sohn aus der Ehe mit Grata Maria de Finazzi: Bartholomaeus II., machte sich mit Enzersdorf an der Fischa und mit Plankenstein in Nieder-Oesterreich sesshaft, wurde, s. oben, 1714 und 1725 in den Freiherrnstand erhoben und 12. Jan. 1731 in das Consortium des niederösterr. Herrenstandes aufgenommen. Er bestimmte die Herrschaften Schallaburg, Lichtenberg und Plankenstein zu einem immerwährenden Fideicommiss seiner Familie und hinterliess dasselbe seinen Söhnen aus der Ehe mit Anna Catharina Mayer v. Mayersfels: Bartholomaeus III. und Anton. Bartholomaeus III., geb. 1736 und gest. 1792, Herr der Fideicommiss-Herrschaften Schallaburg, Lichtenberg und Blankenstein, vermählte sich 1762 mit Michaele Grf. Solar de Villanova und sein Sohn, Johann Nepomuk Franz II., geb. 1775, k. k. Kämmerer und Hauptmann des Infanterie-Regiments v. Langenau, war vermählt in erster Ehe mit Maria Theresia v. Schrötler, gest. 1806 und in zweiter 1808 mit Maria Beatrix Grf. v. Heussenstamm. Aus der ersten Ehe entspross ein Sohn: Freih. Johann Nepomuk Peregrin, geb. 1802 u. verm. mit Albertine Freiin v. Schloissnigg, da er aber bei seinem, 19. Nov. 1834, erfolgten Tode nur zwei Töchter: Maria Anna und Albertine, hinterliess, gelangte das Fideicommiss der Herrschaft Schallaburg an die jüngere Linie, oder die Nachkommenschaft des Freiherrn Anton, s. oben. Freih. Anton, geb. 1737 u. gest. 1800, Herr auf Rittersfeld in Nieder-Oesterreich, fürstl. salzburg. Legationsrath in Wien, hatte sich 1771 mit Elisabeth Freiin v. Ruma zu Waldau, geb. 1746, vermählt. Aus dieser Ehe stammte Freih. Johann Nepomuk Franz I., geb. 1772 und gest. 1824, k. k. Staatsrathsconcipist, verm. 1799 mit Henriette v. Mertens, geb. 1774 und gest. 1820. Von demselben entspross: Freih. Carl I., geb. 1801 und gest. 1852, Herr der genannten Fideicommissherrschaften in Niederösterreich, k. k. Staats- u. Conferenzrathsconcipist, verm. 1828 mit Anna Ritter v. Keess, geb. 1806. Der älteste Sohn aus dieser Ehe ist das jetzige Haupt des freiherr-

lichen Hauses: Freiherr Carl Wilhelm, geb. 1829, Herr der Fideicommiss-Güter Schallaburg, Lichtenberg und Plankenstein, Herr und Landstand in Nieder- und Ober-Oesterreich, Böhmen, Mähren, Steiermark, Tirol u. s. w., Indigena von Ungarn, k. k. Kämmerer und Geh. Kammerherr Sr. Heiligkeit Papst Pius IX. u. s. w., verm. 1855 mit Mathilde Freiin v. Lederer-Trattnern, geb. 1838, aus welcher Ehe zwei Söhne stammen: Carl Gustav, geb. 1859 und Arthur, geb. 1862. Die beiden Brüder des Freiherrn Carl Wilhelm sind: Freih. Gustav, geb. 1833, k. k. Kämm. und Rittmeister, verm. 1861 mit Gabriele Freiin v. Schulzig, geb. 1841 und Freih. Victor, geb. 1839, in k. k. Militairdiensten. — Der Bruder des Freih. Carl I.: Freih. Nicolaus, k. k. Kämm. und Finanzrath, verm. 1851 mit Franzisca Freiin v. Simunich, geb. 1813, ist Besitzer des freih. Tintischen Secundogenitur-Fideicommisses.

<small>Schmutz, IV. S. 194. — Megerle v. Mühlfeld, S. 90 u. Ergänz.-Bd. S. 216. — Genenl. Taschenb. d. freih. Häuser, 1848, S. 360 62, 1864, S. 861 und 62 u. ff. Jahrgg.</small>

Tipling. Altes, meklenburg. Adelsgeschlecht, welches früher zu Wittenhagen im Amte Stargard gesessen war.

<small>Gauhe, I. S. 2584 nach dem Index Nobil. Megapol. — Zedler, 44. S. 1869.</small>

Tippelskirchen, Tippelskirch (in Silber eine Kirche mit Thurm und rothem Dache, bisweilen hat die Kirche auch zwei Thürme). Altes, preussisches Rittergeschlecht, welches, Dippelskirch oder Tippoelskirch geschrieben, wie urkundlich feststeht, mit den ersten Rittern des deutschen Ordens in Preussen auftritt. Unter den Heermeistern: Seyfried v. Feuchtwangen u. Befort v. Trier kamen schon Ritter dieses Namens vor und der Heermeister Albrecht, nachmaliger erster Herzog von Preussen, ertheilte am Montage nach Reminescere d. J. 1522 dem Ritter Igloff Tippelskirch eine Handfeste über den Hof Sepoten (Seepothen) und das Dorf Jeseiken im Brandenburgischen, so wie über das Dorf Trimmau im Tapiauer Gebiete, doch ist die Hauptverschreibung über diese Lehne durch Brand im Laufe der Kriege verloren gegangen. — Andreas Botho v. T., im Labiauschen begütert, kommt 1635 vor. Schon vorher, 1614, war in Curland das Gut Feldhoff in der Hand der Familie, die dasselbe noch 1717 besass. — Im 18. Jahrh. war die Familie zu Prasnicken, Görken, Wilgoiten u. s. w. begütert. — Ernst v. T., Hauptmann, war mit einer v. Palm vermählt u. hatte einen Sohn: Sigmund Ernst v. T., der 1750 Herr auf Prasnicken war und eine Tochter, Anna Luise v. T., die sich mit einem v. Hofen vermählte. — 1754 verkaufte des Georg Ernst v. T., früher Majors im k. pr. Regimente v. Holstein, Wittwe: Juliane Helene v. Schaafstedt, das Gut Wilgoiten an den k. pr. Major Johann Albrecht v. T. Cordes. — 1775 war ein Hauptmann v. T. Herr des Gutes Görken im Amte Schaacken. — Friedrich Bogislaw v. T., Herr auf Wilkonitt, k. pr. Inspections-Adjutant des Generals Gr. v. Schwerin, war zweimal vermählt: zuerst mit Dorothea Amalie Grf. v. Finckenstein-Schönburg, gest. 1793 zu Thorn und später mit Antonie Grf. v. Kanitz. — Ein v. T. stand als Capitain im Regimente v. Alvensleben, er schied 1828 als Oberstlieutenant aus dem activen

Dienste und lebte später als Oberst a. D. in Berlin. Derselbe war mit einer v. Köller vermählt, welche 1808 starb. Aus seiner Ehe stammten fünf Söhne, von welcher Einer 1857 als Premier-Lieutenant im 6. Infant.-Regim. stand und mit einer v. Dresky a. d. H. Kreisau vermählt war. — Ernst Ludwig v. T., 1805 Premier-Lieutenant im Regimente v. Courbière und Adjutant im Generalstabe, stieg von Stufe zu Stufe und starb 1840 als Generallieutenant, Commandant von Berlin und Chef der Gensdarmerie. Derselbe hatte sich 1804 mit Henriette Mehlhorn vermählt, aus welcher Ehe ein Sohn und mehrere Töchter stammten. — Carl v. T., 1806 Stabscapitain im Regimente v. Kalckreuth, schied 1820 als Major und Commandeur des Marienwerder Landwehrbataillons aus dem activen Dienste und starb 1827 und in neuester Zeit wurde Friedrich v. T., früher k. preuss. Gesandtschafts-Prediger in Rom, verm. 1829 mit seiner Cousine, Bertha Grf. v. Kanitz, geb. 1806, Prediger an der Charité-Kirche zu Berlin. — Das Gut Wilkenitt unweit Heiligenbeil stand der Familie noch 1820 zu.

N. Pr. A.-L. IV. S. 269 und 270. — *Freih. v. Ledebur*, III. S. 20. — *Siebmacher*, V. 175.

Tetlbach v. Tigersburg. Erbl.-österr. Adelsstand. Diplom von 1777 für Thaddaeus Titlbach, k. k. Unterlieutenant bei der Temeswarer Garnisons-Artillerie, mit: v. Tigersburg.

Megerle v. Mühlfeld, Erg.-Bd. S. 472.

Titz v. Csepar. Erbl.-österr. Adelsstand. Diplom von 1791 für Martin Titz, k. k. Hauptmann, mit: v. Csepar.

Megerle v. Mühlfeld, Erg.-Bd. S. 473.

Titz v. Titzenhoffer, Tietz v. Tietzenhoffer, Ritter (Schild mit blauem Schildeshaupte und in demselben neben einander drei goldene Sterne u. Schild von Gold und Roth schrägrechts getheilt, mit einem Löwen von gewechselter Farbe). Böhmischer Ritterstand. Diplom vom 22. März 1715 für die Gebrüder Friedrich Leopold, Heinrich Gottlieb und Ernst Wilhelm Titz aus Schlesien, mit: v. Titzenhoffer. Der Familie gehörte damals das Rittergut Paucke im Oelsischen. — Der Stamm blühte fort und zwei Nachkommen standen 1806 in der k. preuss. Armee. Der Eine war Stabscapitain im Regim. v. Tschepe, befand sich auf Werbung und lebte dann verabschiedet zu Homburg v. d. H., der andere aber war Stabscapitain im Regimente v. Treuenfels u. starb 1813 als wirklicher Capitain u. Platzmajor in Graudenz.

Sinapius, I. S. 979. — *Megerle v. Mühlfeld*, Erg.-Bd. S. 216. — N. Pr. A.-L. IV. S. 270. — *Freih. v. Ledebur*, III. S. 20. — *v. Meding*, I. S. 614.

Titzen, Titius v. Titzen. Böhmischer Adelsstand. Diplom vom 7. Febr. 1701 für David Titius, Doctor der Rechte, mit: v. Titzen.

Megerle v. Mühlfeld, Erg.-Bd. S. 472. — *v. Hellbach*, II. S. 593.

Tiussi v. Borgnanenburg, Ritter. Erbl.-österr. Ritterstand. Diplom von 1786 für Joseph Anton Tiussi, Arzt, mit: v. Borgnanenburg.

Megerle v. Mühlfeld, Erg.-Bd. S. 216.

Tkalesevich, Freiherren. Erbl.-österr. Freiherrnstand. Diplom

von 1763 für Johann v. Tkalesevich, k. k. Hauptmann des slavonischen Brooder Infanterie-Regiments.
Megerle v. Mühlfeld, Erg.-Bd. S. 108.

Tluck und Toschonowitz (in Blau ein holzfarbener Kübel, aus welchem fächerförmig neun silberne, grüngestengelte u. beblätterte Lilien emporsprossen. Die mittlere steht gerade in die Höhe, während vier sich nach rechts und vier nach links wenden: polnischer Stamm Rawa). Altes, schlesisches Adelsgeschlecht, welches der Familien-Sage nach von einem sarmatischen Ritter abstammen soll, welcher in den Diensten der ersten Könige von Frankreich stand. Dasselbe führt den Beinamen von dem im Teschenschen gelegenen Gute Toschonowitz, welches schon zeitig der Familie gehörte, die auch Ober- und Nieder-Domaslowitz im Teschenschen besass und später mehrere andere Güter in Schlesien erwarb. — Sigismund Tluck wird von Sinapius als ein bei dem Herzoge Wenceslaus zu Teschen in grossem Ansehen stehender Ritter genannt und Michael Tluck wurde 20. April 1673 in den polnischen Adel aufgenommen und, wie die Familie wohl schon früher, dem Stamme Rawa einverleibt. Das Geschlecht blieb in Schlesien auch im 19. Jahrh. ansehnlich begütert und sass noch im Kr. Rybnick 1802 zu Dubensko, 1804 zu Teschenau unweit Cosel, 1807 zu Lissek und 1831 zu Mathiasthal und Paulsdorf bei Rybnik. — Von den älteren Sprossen des Stammes war besonders Johann Gottlieb v. Tluck und Toschonowitz auf Rogoisna um 1723 als k. Landrechts Beisitzer der Fürstenthümer Oppeln und Ratibor bekannt und von den späteren haben mehrere in der k. preuss. Armee gestanden. Ein v. Tl., k. preuss. Hauptmann a. D., lebte um 1837 zu Tarnopol in Galizien.

Sinapius, I. S 979 und II S. 1063. — *Gauhe*, I. S. 2684 und II. S. 1173 und 74. — N. Pr. A.-L. IV. S. 270 und 71. — *Freih. v. Ledebur*, III. S. 20. — *Siebmacher*, I. 76: v. Tlück, Schlesisch. — v. *Meding*, I. S. 614. — *Dorst*, Allgem. W. B. I. S. 80 und Tab. 22. — *Kneschke*, I. S. 421 und 422.

Tobel, Tobell, Dobel, Döbel. Altes, in der Neumark im Soldiner Kreise und in Westpreussen im Kr. Marienwerder angesessen gewesenes Adelsgeschlecht. In Westpreussen sass Veit v. Tobel 1587 zu Wessel und in der Neumark war 1594 Berlinchen, 1619 Clausdorf, Hirschfeld, Feldmark und Niepolsig in der Hand der Familie. Die letzteren Besitzungen standen derselben noch 1639 zu. Adam v. T. starb 1639 und mit dessen Sohne, Gustav Rüdiger v. T., starb in der Mitte des 17. Jahrh. das Geschlecht aus.
Freih. v. Ledebur, III. S. 20.

Tobenz, Edle und Ritter. Erbl.-österr. Ritterstand. Diplom von 1785 für Joseph Tobenz, Doctor der Rechte, Referenten und Canzlei-Director des Niederösterr. Mercantil- u. Wechselgerichts, mit Edler v.
Megerle v. Mühlfeld, Erg.-Bd. S. 149.

Tobisch, Ritter. Erbl.-österr. Ritterstand. Diplom von 1814 für Joseph Tobisch, Niederösterr. Landrath.
Megerle v. Mühlfeld, S. 149.

Tochtermann v. Treumuth. Erbl.-österr. Adelsstand. Diplom von 1748 für Aloys Jacob Tochtermann, Bürger und Director bei dem Sechsmänner-Amte in Prag, mit: v. Treumuth.

Megerle v. Mühlfeld, Erg.-Bd. S. 172.

Toddenbergen. Altes, gegen achthundert Jahre in der Altmark ansässig gewesenes, dann aber ausgegangenes Adelsgeschlecht.

Engels altmärkische Chronik, S. 61. — *Zedler*, 44. S. 669.

Todenwarth, Wolf v. und zur Todenwarth, auch Freiherren (Schild geviert: 1 u. 4 in Gold ein aufspringender, natürlicher grauer Wolf mit erhobenem Schweife: Stammwappen und 2 und 3 in Blau zwei silberne Pfähle: nach dem Freiherrndiplome von 1637). Reichsfreiherrnstand. Diplom vom 27. Juni 1637 für Anton Wolf zur Todenwarth, jur. utriusque Doctor, hess. Geh. Rath und Kanzler, Statthalter in Schmalkalden. — Eins der ältesten edlen Geschlechter der Grafschaft Henneberg, welches von den „Wolf v. Landwehr" abstammt und noch jetzt, seit Conrad Wolf 1401 vom fürstlichen Hause Henneberg mit dem Schlosse und Gute Todenwarth belehnt wurde (der erste Lehenbrief ist von 1427), den Namen „Wolf zur Todenwarth" führt. Von dem Sohne dieses Conrads: Hans Wolf zur Todenwarth, genannt Beyn, welcher Burgsass zu Gochsheim war, stammen auch die Wolf v. Carspach ab. — Die Familie erhielt vom, K. Ferdinand II. 10. März 1623 und 26. Sept. 1630 Wappenbriefe. In letzterem wurde dem Dr. Johann Ulrich Wolf zur Todenwarth, kurpfalz.-bayreuthischem Regimentsrath zu Heidelberg, welcher 23. Febr. 1623 Pfalz- und Hochgraf, Comes palatinus, geworden war, der alte Adel erneuert und ihm für seine Person die Würde eines eques auratus, mit dem Rechte „vergoldete Gürtel, Sporren, Rappiere und Dolche" zu tragen, ertheilt, auch sein Wappen, wie folgt, verbessert: Schild der Länge nach getheilt: rechts das Stammwappen und links in Roth auf einem Dreihügel ein dreizinniger, silberner Wartthurm mit drei offenen, schwarzen Fenstern neben einander und in dem offenen, schwarzen Thore des Thurmes ein vorwärtsgekehrter, silberner Todtenschädel über zwei sich kreuzenden Knochen. Die Linie des Johann Ulrich W. v. T. erlosch im 17. Jahrhunderte. — Zu Anfang des 15. Jahrh. und später war die Familie Wolf zur Todenwarth nach dem fürstlich württembergischen Saalbuche von 1446 auch in Württemberg mit ansehnlichen Gütern, Schlössern, Dörfern, Fischereien und hohen und niedern Jagden belehnt. 1515 wurde Anton W. zur T., fürstl. hessischer Oberst, Amtmann und Commandant der Festung Rüsselsheim, nebst seinem Bruder Hans mit dem Gute Todenwarth belehnt. Anton's Sohn, Eberhardt W. zur T., geb. 1515 und gest. 1585, fürstl. henneberg., nachher kursächs. Rath und Amtmann zu Schleusingen, war 1555 bei der Huldigung der henneberg. Unterthanen an das Haus Sachsen zugegen und erhielt durch seine Gemahlin Anastasia verschiedene Klostergüter, welche deren Vater, der henneberg. Kanzler Johann Wölflin, genannt Jaeger, erworben hatte. Bis zu dem eben genannten Anton fehlen aber in aufsteigender Linie genauere Familien-Nachrichten, da eine

Feuerbrunst in Eisleben, wo einer seiner Enkel, Stephan W. zur T., der Stadt Nürnberg Bergwerks-Verwalter im Mansfeldischen, welcher sehr reich war, wohnte und das Familien-Archiv in Verwahrung hatte, dasselbe vernichtete. Antons Urenkel, Marsilius, Oberst von zwei Regimentern, Johann Jacob, Rath und Syndicus der Stadt Regensburg, auch fürstl. hessisch. Rath und 1648 Gesandter bei dem Friedensschlusse zu Münster und Anton Wolf, jur. utr. Dr., Syndicus und Rath der Stadt Strassburg, fürstl. sächs. Rath, hessen-darmst. Geh. Rath u. Canzler, auch Statthalter von Schmalkalden, erhielten durch Diplom von 1623, s. oben, unter Bestätigung des alten Adels, den Reichsadelsstand. Ausserdem erlangte durch das oben erwähnte Diplom von 1637 Dr. Anton W. zur T., wegen seiner dem h. r. R. geleisteter, wichtigen Dienste, besonders bei den Friedenstractaten zu Pirna und Prag, für sich und seine Nachkommen den Freiherrnstand, auch wurde ein anderer Urenkel Antons, der oben genannte Dr. Johann Ulrich W. zur T. 1630 in seinem alten Adel bestätigt und wegen seiner vortrefflichen Geschicklichkeit, mittelst welcher er für die Wohlfahrt der deutschen Nation gekämpft, mit grossen und besonderen Privilegien bedacht. Wie Johann Ulrich W. zur T. ohne männliche Nachkommenschaft starb, so starb auch Johann Georg W. zur T., Fürstl. Badenscher Geh. Rath, Kammermeister und Comitial-Gesandter 10. Juli 1665, ohne männliche Nackkommen zu hinterlassen, zu Baden. — Die in den herz. sächs. meiningischen Landen blühende reichsfreih. Linie des Geschlechts, welcher auch das Stammgut Todenwarth noch zusteht, verehrt in dem oben erwähnten hess.-darmstädtischen Geh. Rath und Canzler Dr. juris Anton Freih. Wolf v. und zur Todenwarth, geb. 1592 und gest. 1641, verm. in erster Ehe mit Catharina v. Beck aus Aachen, gest. 1635 und in zweiter mit Sophia v. Baumbach, ihren Begründer u. die absteigende Stammreihe der jetzigen Familienglieder ist folgende: Freih. Eberhardt, geb. 1614 und gest. 1663, hessen-darmstädt. Geh. Rath und Stiftshofrath zu Regensburg: Dorothea Schenk v. Schweinsberg; — Freih. Johann Jacob: erste Gemahlin: Elisabeth Schenck v. Schweinsberg und zweite Gemahlin: Maria Elisabetha Dorothea Vollmar von Bernshofen; — Freih. Adam Volprecht, geb. 1682: Johanne Eleonore v. Neidschütz; — Freih. Friedrich Conrad, geb. 1725 und gest. 1809, kurhessischer Generallieutenant: Martha Rosina Uckermann, gest. 1794; — Freih. Johann Friedrich Wilhelm, geb. 1774 und gest. 1849, kurhess. Lieutenant: Victorine v. Voltejus; — Freih. Carl, geb. 1805, Senior der Familie, herz. meining. Oberamtmann, verm. 1828 mit Julie Riemenschneider aus Göttingen, geb. 1811, aus welcher Ehe, neben acht Töchtern, fünf Söhne entsprossten, die Freiherren: Richard, geb. 1837, Carl, geb. 1842, k. preuss. Lieutenant im 1. thüring. Infanterie-Regim., Ernst, geb. 1847, August, geb. 1848 und Otto, geb. 1849. — Der Bruder des Freiherrn Carl: Freih. Louis Friedrich, geb. 1819, Besitzer von Wernshausen, vermählte sich mit Therese Trautsch aus Arnstadt, geb. 1818, aus welcher Ehe ebenfalls mehrere Töchter und Söhne stammen.

Wahrendorfs Liegnitz. Merkwürdigk. I. S. 242. — *v. Gleichenstein*, Geschlechts-Register der W. v. T. — *Gauhe*, I. S. 2585 und 86. — *Zedler*, 44. S. 829. — Allgem. Anzeiger der Deutschen, 1817 Nr. 33. S. 341—47: von den eigenen Vorrechten der Familie W. v. T. — *Freih. v. Ledebur*, III. S. 132. — Geneal. Taschenb. der freih. Häuser, 1859, S. 828—35: mit Stammtafel, 1863, S. 972 u. 73 u. ff. Jahrgg. — *Siebmacher*, V. 213. — W. B. d. Sächs. Staaten, IX. 43: Freih. W. v. T. und X. 13: Freih. v. T.

Todeschi v. Eschfeld, Freiherren (Schild geviert: 1 und 4 in Gold ein schwarzer, gekrönter Adler und 2 und 3 von Silber und Roth quergetheilt, mit einem auf grünem Boden emporstehenden Eschenbaume). Erbl.-österr. Freiherrnstand. Diplom vom 26. März 1768 für die drei Brüder und Handelsleute zu Roveredo in Wälschtirol: Franz Friedrich, Niclas und Johann Baptist Todeschi v. Eschfeld. Die Empfänger des Freiherrndiploms waren Söhne des Ignaz Todeschi und der Apollonia Merigi und hatten 20. März 1750 den erbl.-österr. Adelsstand mit dem Prädicate: v. Eschfeld erhalten. Freih. Franz Friedrich, geb. 1712, war mit Brigitta Dall' armi vermählt, hinterliess aber bei seinem 1769 erfolgten Ableben keine Leibeserben und ebenso sein Bruder Freih. Johann Baptist, welcher 1799 unvermählt starb, Freih. Niclas aber, geb. 1718, verm. 1759 mit Ursula de Cosmi und gest. 1783, setzte den Stamm, neben vier vermählt gewesenen Töchtern, durch zwei Söhne, die Freih. Johann und Franz fort. Freih. Johann, geb. 1761 und gest. 1821, hatte sich 1795 mit Maria Grf. Bortolazzi vermählt u. hatte keine Nachkommen, Franz aber, geb. 1765, vermählte sich 1801 mit Nothburge Freiin Pizzini v. Thierberg, geb. 1783, aus welcher Ehe vier Söhne stammen, die Freiherren: Niclas, geb. 1801, Julius, geb. 1803, Pius, geb. 1806 und Johann, geb. 1809. Von diesen vermählte sich Freih. Pius 1833 mit Charlotte de Rigotti, aus welcher Ehe ein Sohn, Guido, geb. 1838, lebt.

Megerle v. Mühlfeld, S. 90 und Erg.-Bd. S. 472. — Geneal. Taschenb. d. freih. Häuser, 1853, S. 479 und 80, 1864, S. 868 u. ff. Jahrgg.

Todt (in Blau am Fussrande oder Boden des Schildes Wasser, oder ein Teich, auf welchem ein weisser Schwan sitzt: Stamm Labendz). Altes, pommersches Adelsgeschlecht, welches auch Thodt, Thod, Toden und Doten geschrieben wurde und welches Micrael als ein Geschlecht der Freien aufführt. Dasselbe sass 1575 und noch 1601 zu Schimmerwitz und von 1639 bis 1671 im Lauenburgischen.

Micrael, S. 534. — *Zedler*, 44. S. 828. — *Freih. v. Ledebur*, III. S. 20. — *Siebmacher*, V. 171. — *v. Meding*, III. S. 671 und 72. — Pommer. W. B. V. 69.

Töbing, Tobing (in Silber ein aus grünem Boden hervorwachsender Maulbeerbaum mit Blättern und rothen Früchten). — Altes, seit 1445 bekanntes, lüneburgisches, adeliges Patricier-Geschlecht, welches zeitig zu den vornehmsten Aemtern im Stadt-Regimente gezogen wurde und früher zu Töpingen im Amte Ebstorf sass. 1503 kommt Balthasar v. T., Stadt-Lüneburgischer Hauptmann auf Moisburg vor; Gertrudis v. T. war von 1567 bis 1588 Aebtissin des Klosters Medingen und dieselbe Würde bekleidete von 1588 bis 1630 Elisabeth v. T. — Ein Zweig des Geschlechts, welcher 1685 ausging, war nach 1552 von dem Kloster St. Michaelis mit dem Freihofe zu Repenstedt belehnt und ebenso erhielt der Bürgermeister

Georg v. T. von dem Stifte Verden 1560 die Belehnung von zwei halben Dorfs-Zehnten und zwei Höfen zu Deutsch-Evern im Amte Lüne. Mit dem Sohne des eben genannten Bürgermeisters Georg v. T.: dem Senator Georg Hartwig v. T., ist 1733 seine Linie erloschen.

— Ausser dem hier erwähnten Geschlechte blühte ein anderes lüneburgisches Geschlecht, welches, nach Allem eines Ursprunges mit der eben erwähnten Familie war, sich v. Tobing mit dem Winde schrieb und in Gold einen auf grünem Boden stehenden, grünbelaubten Maulbeerbaum mit rothen Früchten führte, hinter welchem ein silbernes Windspiel sprang. Das Geschlecht ist längst ausgestorben und wahrscheinlich ist Caspar, welchen Büttner als Hauptmann der Stadt Lüneburg aufführt und welcher 16. Mai 1583, starb, der Letzte des Stammes gewesen.

Büttner, Genealogie der Lüneburg. adeligen Patricier-Geschlechter, Anna—Ggeg. — *Pfaffinger*, Histor. des H. Braunschweig, I. S. 96 und 236 und II. S. 51. — *Gauhe*, II. S. 1848. — *Zedler*, 44. S. 830 und 31. — *Manecke*, Beschreib. d. Fürstenth. Lüneburg. I. S. 326 (10) und II. S. 480. — *Freih. v. d. Knesebeck*, S. 357. — *v. Meding*, I. S. 614 und 16 und III. S. 671.

Töpfer (Schild oben der Länge nach und unten quergetheilt, dreifeldrig: 1, oben rechts, in Schwarz ein goldenes Nesselblatt; 2, oben links, Silber, ohne Bild und 3, untere Hälfte, Blau, ohne Bild. Wie angegeben, ist das Wappen in Siebmachers W. B. abgebildet u. so zeigt es auch ein altes Siegel. Dagegen sagt die „Declaration": ein getheilter Schild, der vordere Theil oben weiss, der andere schwarz und darin ein gelbes Blatt und der untere Theil blau). — Altes, von Siebmacher zu dem meissenschen Adel gerechnetes, von Knauth unter dem meissenschen Adel aber nicht aufgeführtes Geschlecht, welches wie Val. König angiebt, im Voigtlande blühte. Dasselbe ist vielfach mit der gleichnamigen, thüringischen Familie, s. den nachstehenden Artikel, verwechselt worden.

Siebmacher, I. S. 160: Die Töpfer, Meisnisch. — *v. Meding*, III. S. 672.

Toepfern, Toepfer, Tophern (in Blau drei quer über einander gelegte und mit den Köpfen rechts gekehrte, das Maul weit aufsperrende Fische, nach Valent. König: Forellen). — Altes, von den thüringischen Rittern v. Trefurth (Treffurth) abstammendes Adelsgeschlecht, welches auch das Wappen der ehemaligen Herren v. Dreffurth, wie Spangenberg dasselbe angiebt, beibehielt. Conrad v. T., der um 1270 lebte, wurde de Olla, oder Töpfer genannt. Seine Nachkommen liessen sich in dem, auf dem Eichsfelde gelegenen Dorfe Töpfern nieder und erbauten später auch die zwei zwischen Trefurth und Wanfried an der Werra gelegenen Höfe Töpfern, mit welchen Marold, Sander und Hermann v. Tophern 1440 zu Fulda beliehen wurden. Die Familie sass bereits 1442 zu Herbsleben im Gothaischen und zu Gross-Vargula unweit Langensalza und brachte später in Thüringen mehrere andere Güter, und unter diesen Behringen, Dorla und Trefurth, an sich und wurde auch in Ostpreussen zu Augken und Plauen unweit Wehlau und Schönbaum bei Friedland gesessen. Der Stamm blühte fort und noch 1713 gehörte demselben das Gut Sundhausen bei Langensalza.

Spangenberg, II. 2. Buch, 36. Cap. — *Sagittarius*, S. 444 und 45. — *Val. König*, II. S. 1167 —76. — *Schannat*, S. 168. — *Zedler*, 44. S. 909—14. — *Estor*, A. P.: in dem Verzeich. d. obersächs. Adels. — *Freih. v. Ledebur*, III. S. 21: das angegebene Wappen gehört wohl der obengenannten Familie v. Toepfer. — *v. Meding*, III. S. 672 und 73.

Toepffer, Ritter. Erbl.-österr. Ritterstand. Diplom von 1781 für Carl Toepffer, Sanitäts-Rath und Protomedicus in Schlesien.

Megerle v. Mühlfeld, Erg.-Bd. S. 216.

Toerring, Toerring-Seefeld, Torring, auch Freiherren u. Grafen (Schild geviert, mit rothem Mittelschilde und in demselben eine schrägrechts gelegte, offene, silberne Beisszange, oder beim Schmieden des Eisens erforderliche Schmiedszange: Wappen der Mödling). 1 und 4, in Silber drei, 2 und 1, goldbesamte, rothe Rosen: Stammwappen der Torringer und 2 und 3 in Gold drei schwarze, schräglinks neben einander gestellte Spindeln: Wappen von Seefeld. Wappen der früheren Grafen v. Torring-Gronsfeld: zu dem gevierten Schilde mit Mittelschilde der Grafen v. Torring-Seefeld kommt noch ein goldenes Schildeshaupt mit drei, 2 und 1, rothen Kugeln: Gronsfeld und Wappen der seit 1803 vorgekommenen, im Mannsstamme erloschenen Grafen v. Torring-Gutenzell: wie das Wappen der Grafen v. Torring-Seefeld, doch ebenfalls mit einem und zwar der Länge nach getheilten Schildeshaupte: rechts in Roth ein mit dem Barte gegen die rechte Oberecke unterwärts gekehrter, schrägrechts gestellter, silberner Schlüssel und links ein das Feld durchziehender schräglinker Balken, welcher von Roth und Silber in die Länge und dreimal quer mit gewechselten Tincturen getheilt ist: Abtei Gutenzell). Reichsfreiherrn- und Grafenstand. Freiherrndiplom nach der Mitte des 16. Jahrhunderts vom K. Ferdinand I. für Georg v. T. und für die ganze Familie und Grafendiplom vom K. Ferdinand II. vom 31. Oct. 1630 für Georg Sigismund Freih. v. T., Eckfelder Linie (Bruders Sohn des Freih. Georg). — Eins der ältesten und berühmtesten Adelsgeschlechter Alt-Bayerns, welches Einige bis auf Albicus Torringer, welcher um 760 in Diensten des Herzogs Tassilo II. von Bayern stand, zurückführen wollen. Sichere Nachrichten kommen erst vom 14. Jahrh. an vor, in welchem das Geschlecht in den alten chiemgauischen Grafensitzen Torring und Tengling am Tachen- oder Waginger See, welche sonst zum Erzstifte Salzburg gehörten, erscheint. Die Familie, dynastischer Abkunft, erwarb in Bayern im 12. und 13. Jahrhundert die Burg Stein, den Grafensitz Hedling, die Schlösser Jettenbach, Tirrling und Pertenstein und später, 1472, die Herrschaft Seefeld. Von drei schon in alter Zeit bekannten Linien starb die ältere, von Cuno gestiftete Linie zu Törring, Tierling und Pertenstein 1459 aus und die jüngere Linie zu Jettenbach, Medling und Seefeld, welche Alram stiftete, im Jahre 1555, worauf sämmtliche Güter auf das Haupt der mittleren, von Ulrich absteigenden Linie zu Stein, auf Caspar, den Torringer fielen. 1557 wurden diese Güter auf die drei Söhne desselben vererbt, welche abermals drei Linien bildeten. Georg, der ältere Sohn, gest. um 1560, stiftete die Linie zu Seeberg, Adam, der zweite Sohn, die zu Stein und Pertenstein und Hans Veit, der dritte Sohn, gest. 1582, die Linie zu Jettenbach, Tierling und Medling. Torring und Tengling wurden nicht vertheilt; beide Güter blieben fortwährend der Familie gemeinschaftlich. Die zweite, die Nachkommenschaft Adams umfassende Linie ging im Mannsstamme 1744 aus und die Fideicommissgüter derselben, Pörnbach und Pertenstein, gelangten nach den Hausverträgen an die dritte Linie und so blühten denn zwei Linien, die zu Seefeld und zu Jettenbach, letztere in dem Hauptaste Gutenzell. Später, 30. April 1860, erlosch die Linie Törring-Gutenzell mit dem Grafen Maximilian, geb. 1780, k. bayer. Kammerherrn, erblichen Reichsrath der Krone Bayern, Standesherrn im Kgr. Württemberg und Wittwer von Caroline Grf. v. Törring zu Seefeld, geb. 1824, verm. 1844 und gest. 1847. Derselbe hatte nur zwei Schwestern: Grf. Elisabeth, geb. 1781 und verm. 1804 mit dem 1863 verstorbenen erbl. Reichsrathe und Oberst-Hofmeister Cajetan Grafen v. und zu Sandizell und Grf Hyacinthe, geb. 1785, Ehrenstiftsdame zu St. Anna in München. — Seit der Mitte des 14. Jahrh. stand der Familie das Ober-Jägermeister- und Panner-Amt im Herzogthume Bayern zu, für dessen Erhaltung das Geschlecht nicht nur eine blutige Fehde gegen Herzog Heinrich v. Bayern-Landshut, bei welcher das Stammschloss Torring zur Ruine wurde, sondern auch einen Process vor dem Vehmgerichte, doch ohne Erfolg führte. 1614 belehnte Herzog Maximilian v. Bayern die Familie von Neuem mit dem Erb-Oberstjägeramte des Herzogthums Bayern, auch erhielt dieselbe 1618 das Erb-Kämmerer-Amt des Erzstiftes Salzburg und 1665 das Erb-Marschall-Amt des Hochstifts Regensburg, welchem das Geschlecht mehrere Bischöfe gegeben hat. — In die Seefelder Linie kam der Reichsfreiherrn- und Grafenstand, wie oben angegeben wurde, in der jettenbachschen Linie aber kommt Johann Vitus, gest. 1582, zuerst als Freiherr vor und der Enkel dessen, Freiherr Georg Sigismund, erhielt vom K. Ferdinand III. 1637 die reichsgräfliche Würde. — 1818 erlangten beide Senioren der Linie zu Seefeld u. der damals im Mannsstamme noch blühenden Linie zu Jettenbach und Gutenzell die erbliche Reichsraths-Würde des Königreichs Bayern. — Die Linie zu Seefeld besass sonst einen Nebenast: Torring zu Au, welcher 1762 mit dem Grafen Anton Johann im Mannsstamme ausstarb, die Linie zu Jettenbach aber schied sich durch zwei Söhne des Grafen Maximilian in zwei Aeste: Franz Joseph stiftete den Hauptast Torring-Gutenzell und Leonhard Simpert, geb. 1660 und gest. 1730, den Nebenast Torring-Jettenbach, welcher mit dem 1779 geborenen Grafen Clemens in diesem Jahrhunderte erloschen ist. — Der die Nachkommen des Grafen Franz Joseph umfassende Hauptast: Torring-Gutenzell hiess früher: Torring-Gronsfeld. Die Grafschaft Gronsfeld bei Mastricht brachte 1719 Grf. Maria Anna, Schwester des Grafen Ignaz Felix Joseph, Torring-Gutenzeller Linie, als Erbin ihres ersten Gemahls, Johann Franz, letzten Reichsgrafen v. Gronsfeld, Bronchorst, Battenburg u. s. w., an ihren zweiten Gemahl, Claudius Nicolaus Grafen v. Arberg-Valengie, durch dessen Tochter, Grf. Josephe, dieselbe 1745 an ihren Gemahl, Max Emanuel Grafen

v. Torring gelangte. Durch diese Grafschaft bekam diese Speciallinie des Hauses Torring Antheil an der Curiatstimme des westphälischen Grafencollegiums. Durch den Frieden zu Lüneville fiel Gronsfeld an Frankreich, worauf der Reichsdeputions-Hauptschluss von 1803 als Entschädigung die vormalige reichsständige, weibliche cistercienser Reichsabtei Gutenzell gewährte, welche durch die rheinische Bundesacte von 1806 als standesherrliche Grafschaft unter Staatshoheit der Krone Württemberg kam. — Nach Erlöschen der Linie zu Stain fielen 1744, den Hausverträgen gemäss, die Güter Portenstein und Pörnbach an Torring-Gronsfeld. — Graf Joseph August, Guttenzeller Linie, errichtete 1821 ein neues Familien-Fideicommiss für seine männlichen Nachkommen nach dem Rechte der Erstgeburt u. der Linear-Erbfolge. — Durch königl. bayerisches Signat vom 12. Juni 1830 wurde dem Haupte dieser Linie, da die vormalige Reichsstandschaft der im Kgr. Württemberg gelegenen Herrschaft Gutenzell feststand, das Prädicat „Erlaucht" zugestanden. — Eine Ahnentafel der Grafen v. Torring-Gutenzell findet sich in dem Werke: Deutsche Grafenhäuser der Gegenwart, die Stammreihe aber der noch blühenden Linie zu Seefeld stieg, wie folgt, herab: Graf Maximilian Cajetan, geb. 1670 und gest. 1752, k. k. und kurbayer. Oberst-Hofmeister und General-Feldmarschall: Adelheid Felicitas Marchese de Canossa, geb. 1674, verm. 1692 und gest. 1737; — Clemens Gaudenz, geb. 1699, gest. 1766, k. k. und kurbayer. w. Geh. Rath und Ober-Hofmarschall: Lucretia Maria Therese Marchese v. Angelelli-Malvezzi, geb. 1704, verm. 1721 und gest. 1755; — Anton Clemens, geb. 1725 und gest. 1812, k. bayer. Kämmerer, w. Geh. Rath und Oberst-Hofmeister: Maria Emanuele Grf. Sedlnizky v. Choltitz, geb. 1740, verm. 1755 u. gest. 1790; — Clemens Maria Anton, geb. 1758 und gest. 1837, Erb-Land-Jägermeister in Bayern, erblicher Reichsrath des Kgr. Bayern, k. bayer. Kämmerer, w. Geh. Rath und Oberst-Hofmeister Sr. Maj. des Königs: Josephe Grf. v. Minucci, geb. 1764, verm. 1780 und gest. 1836; — Joseph Conrad Anton, geb. 1790 und gest. 1847, erbl. Reichsrath des Kgr. Bayern und k. bayer. Generalmajor: Maximiliane Freiin v. Lochner zu Hüttenbach, geb. 1797, verm. 1819 u. gest. 1834; — Maximilian Conrad R. Graf zu Törring u. Tengling, Freih. v. Seefeld, geb. 1828, Haupt des gräflichen Hauses, erbl. Reichsrath der Krone Bayern u. s. w., verm. 1851 mit Mathilde Freiin v. Gumppenberg-Preunberg. — Von dem Bruder des Grafen Joseph: Anton Grafen v. Törring-Minucci, geb. 1798 und gest. 1846, k. bayerischem Kämmerer, verm. 1824 mit Franzisca Grf. Minucci, geb. 1804 und gest. 1850, stammen, neben einer vermählten Tochter, vier Söhne, die Grafen Clemens, geb. 1826, k. bayer. Hauptmann, verm. 1860 mit Franzisca Grf. v. Paumgarten, geb. 1834, aus welcher Ehe, neben einer Tochter, ein Sohn, Hans Veit, geb. 1862, entsprosste, Maximilian, geb. 1829, Constantin, geb. 1830 und Joseph, geb. 1836, k. bayer. Lieutenant.

Wigul Hund, II. S. 317—26. — *Bucelini* Stemmat. P. II. — *Hübner*, III. Tab. 891—97. — *Gauhe*, I. S. 2546—49; Thöring, Töring, Törring. — *Zedler*, 44. S. 957—73. — *Kinzinger v. Kinzing*, bayer. Löwe, II. S. 598 und Tab. 17 und S. 646 u. Tab. 19. — *Jacobi*, 1800, II. S. 123—26.

— *v. Lang*, S. 84—86. — Allgem. general. Handb., 1824, I. S. 866. — General.-histor.-statist. Almanach. Weimar. Jahrg. 1832, S. 416—18. — *Cast*, Adelsb. d. Kgr. Württemberg, S. 86—87. — Deutsche Grafenh. d. Gegenw., II. S. 567—70. — Goth. Hofkal., 1848, S. 284 und 1862, S. 202 und general. Taschenb. d. gräfl. Häuser, 1864, S. 924—26 und histor. Handb. zu Demselben, S. 1009. — *Siebmacher*, I. 25: v. Törring, Freih. und Supplem. VI. 8: Gr. Törring. — *Tyroff*, I. 159 und 161: Gr. v. T.-Gronsfeld und Siebenkees, S. 228 und 29. — W. B. d. Kgr. Bayern, II. 35: Gr. v. T.-Seefeld und v. Wölkern, Abth. 2. S. 68 und 69. — W. B. d. Kgr. Württemb. Gr. v. Törring-Gutenzell.

Toetter. Altes, adeliges Patriciergeschlecht der ehemaligen Reichsstadt Nördlingen an der Eger, im s. g. Ries.

Beischlags Beiträge zur Nördlingischen Geschlechts-Geschichte. Nördlingen, 1819, S. 491.

Tognana v. Tonnefeld. Reichsadelsstand. Diplom von 1713 für Bernhard Tognana in Wien, mit: v. Tonnefeld.

Megerle v. Mühlfeld, Erg.-Bd. S. 472.

Tolentius, Edle v. Riedele, Freiherren. Erbl.-österr. Freiherrnstand. Diplom von 1792 für Andreas Nicolaus Torentius, Edlen v. Riedele, k. k. Rath.

Megerle v. Mühlfeld, Erg.-Bd. S. 108.

Tolkemit. Polnischer Adelsstand. Diplom vom 26. Oct. 1775 für Johann Sigismund Tolkemit. — Eine aus der Gegend von Elbing stammende Familie, wo ein Städtchen dieses Namens liegt. Ein v. Tolkemit diente 1806 in der k. preuss. Armee.

Freih. v. Ledebur, III. S. 21.

Tolksdorf. Polnischer Adelsstand. Diplom vom 25. Nov. 1764 für Ludwig Tolksdorf, k. poln. Oberster. Derselbe starb 28. Jan. 1776 auf seinem Gute Bielewice bei Warschau.

Freih. v. Ledebur, III. S. 21 und 351.

Toll (Schild der Länge nach getheilt: rechts in Roth ein gekrönter, goldener Löwe und links in Silber ein schrägrechts strömender Fluss). Schwedischer Adelsstand. Diplom vom 1. Sept. 1723 für Carl Friedrich Toll. — Die Familie erwarb in Curland u. auf der Insel Oesel mehrere Güter und später traten mehrere Sprossen derselben in die k. preuss. und k. russ. Armee. Heinrich Anton v. Toll, 1770 Capitain im Regimente v. Wolffersdorff, starb 1805 als Major a. D. zu Soest. Der Sohn desselben, Ludwig v. Toll, 1806 Premierlieutenant im Regimente v. Wedell, war 1833 Oberst und Commandeur des 33. Infanterie-Regim. und starb 14. Jan. 1851 als Generallieutenant a. D. — Die Familie erhielt auch den schwedischen Grafenstand. Lackabdrücke des gräflichen Wappens zeigen die Wappenbilder, wie angegeben, der Schild aber ist von Roth u. Silber geviert.

Freih. v. Ledebur, III. S. 21. — Schwed. W. B. Grafen, 127.

Tollet, Grafen. Reichsgrafenstand. Diplom von 1712 für Anton Aegid Freih. v. Tollet, k. k. General-Feld-Wachtmeister.

Megerle v. Mühlfeld, Erg.-Bd. S. 31.

Tollfuss, Dolfuss, Dulfus (Schild quer- und in der oberen Hälfte auch der Länge nach getheilt, dreifeldig: 1, oben rechts, von Grün und Silber gerautet; 2, oben links, in Silber ein von den Füssen an aufwachsender, vorwärtssehender, schwarz gekleideter Mann mit einer weissen Mütze, welcher in der Rechten ein aufgeschlagenes Buch hält u. 3, untere Schildeshälfte, in Blau drei, 2 u. 1, Schnecken). Ein aus Curland nach Schlesien gekommenes Geschlecht. Johann Felix Tollfuss wurde 5. Mai 1768 unter den polnischen Adel aufgenommen und erhielt 10. Mai 1768 das schlesische Incolat. Die Familie wurde in Westpreussen begütert u. sass 1782 im Kr. Deutsch-Crone zu Buchholz, Birkholz, Dolfussbruck, Eichfier, Jagolitz, Krumpohl und Schloppe. — Ein Hauptmann a. D. v. Dulfuss (Tollfuss) stand 1806 im Regimente v. Kropff und nahm 1809 den Abschied. Der Vater desselben hatte, wie erwähnt, das schlesische Incolat erhalten.

Freih. v. Ledebur, I. S. 184: Dulfus und III. S. 21: Tollfuss. — Suppl. zu Siebm. W. B. IX. 12: Dulfus v. Regalstin.

Tollinger, Dollinger v. und zu Grienau, s. Dollinger, Bd. II. S. 540.

Tomantschger, Edle v. Sternfeld. Erbl.-österr. Adelsstand. Diplom von 1775 für Peter Joseph Tomantschger, Pfleger zu Finkenstein, mit: Edler v. Sternfeld.

Megerle v. Mühlfeld, Erg.-Bd. S. 472.

Tomasine, Edle und auch Ritter. Erbl.-österr. Adels- u. Ritterstand. Adelsdiplom von 1781 für Joseph Friedrich Tomasini, Gräfl. Losischen Secretair und Wirthschaftsrath, mit: Edler v. und Ritterdiplom von 1782 für Denselben.

Megerle v. Mühlfeld, Erg.-Bd. S. 217 und 473.

Tomejan v. Adlersheim, Edle und auch Ritter. Reichsadels- und Reichs- und erbl.-österr. Ritterstand. Adelsdiplom von 1769 für Thomas Tomejan, ungarischen Edelmann und gewesenen Postmeister zu Bakakcz (Pakacz) im Banate, mit: v. Adlersheim und Ritterdiplom von 1770 für Thomas v. Tomejan, Brauhaus-Arendator und Postmeister zu Pakacz im Temeswarer-Banate, mit: v. Adlersheim.

Megerle v. Mühlfeld, S. 150 und 274.

Tomesdorf. Altes, uckermärkisches Adelsgeschlecht, nicht zu verwechseln mit der meklenburgischen Familie v. Thomsdorff. — Mechtilde v. Tomesdorf war 1407 Aebtissin zu Boyzenburg. — Der Stamm ist in der ersten Hälfte des 17. Jahrh. erloschen.

Grundmann, Uckermärkische Adelshist. S. 53. — Zedler, 44. S. 1172.

Tommendorf, Thommendorf. Alte, schweidnitzer Patricier-Familie, welche zuerst 1521 vorkommt. Der gleichnamige Stammsitz liegt bei Bunzlau und die Familie sass 1548 zu Bunzelwitz, unweit Schweidnitz, 1659 zu Deutsch-Jaegel und noch 1750 zu Krolkwitz bei Freistadt.

Lucae schlesische Merkwürdigkeiten, S. 917. — *Sinapius*, II. S. 980. — Zedler, 44. S. 1177. — *Freih. v. Ledebur*, III. S. 21.

Tomschitz v. Tennau. Erbl.-österr. Adelsstand. Diplom von 1739 für Franz Carl Tomschitz, Wechsel-Negocianten zu Laibach, mit: v. Tennau.

Megerle v. Mühlfeld, Erg.-Bd. S. 473.

Tondeur, Edle und Ritter. Böhmischer, alter Ritterstand. Diplom vom 27. Juli 1708 für Johann Edlen v. Tondeur, k. k. Leibchirurg.

<small>*Megerle v. Mühlfeld*, Erg.-Bd. S. 217. — *v. Hellbach*, II. S. 595.</small>

Toppau, Touppau (Schild geviert: 1 und 4 in Silber drei über einander stehende, abgekürzte Querbalken u. 2 u. 3 ein die Sachsen rechtskehrender, geschlossener Adlersflug, dessen vorderer Flügel mit den Balken des 1. und 4. Feldes belegt ist: nach einem alten Siegel mit der Umschrift: Christoph Wilhelm von Tuppau). Ein früher zu dem meissenschen Adel zählendes Geschlecht, welches aus Böhmen stammte und im 16. Jahrh. zu Tuppau, nach welcher Besitzung die Familie sich nannte, sass. Christoph v. Tuppau besass das Gut Tuppau um 1580. Nach dieser Zeit tritt das Geschlecht in Meissen auf und Christoph Wilhelm v. Tuppau, Herr auf Schöna und Oberstwachtmeister, wohnte noch 1691 den kurfürstlichen Exequien nebst andern kursächs. Vasallen bei.

<small>*Mülleri* Annal. Saxon. S. 613. — *Knauth*, S. 584. — *Gauhe*, II. S. 1174 und 75.</small>

Topperger v. Todtenfeld. Erbl.-österr. Adelsstand. Diplom von 1796 für Paul Topperger, Hauptmann im k. k. Infanterie-Regimente Fürst Esterházy, mit: v. Todtenfeld.

<small>*Megerle v. Mühlfeld*, S. 274.</small>

Torck, Torck v. Rozendael (Rosendael), auch Freiherren (Schild quer getheilt: oben Roth, ohne Bild, unten in Silber sieben blaue Wecken, oder Rauten, welche in zwei Reihen, die obere zu vier, die untere zu drei Wecken, neben einander stehen). Altes, ursprünglich westphälisches Adelsgeschlecht, welches schon in sehr früher Zeit bekannt gewesen sein soll. Dasselbe tritt, so viel bekannt, urkundlich zuerst 1446 und 1466 auf und v. Steinen hat eine Stammtafel des Geschlechts gegeben. Die Familie breitete sich im Münsterschen, in Holland, Jülich und Ostfriesland aus und wurde früher auch Thovich und flämisch Torchhe geschrieben. — Friedrich Wilhelm Baron v. Torck wurde 1734 als Oberschout von Mastricht genannt. Die Familie gehörte in Hannover zu dem ritterschaftlichen Adel der ostfriesischen Landschaft, ist aber in Ostfriesland 1847 ausgegangen. Nach Freih. v. d. Knesebeck führen in Holland alle Nachkommen des Raymund Johann Christian Baron Torck van Rozendael den Titel: Baron und Baronin.

<small>*Zedler*, 44. S. 1295. — *v. Steinen*, III. S. 1015. — *Robens*, Element. Werkch. 231 u. Tab. 76 u. Niederrhein. Adel II. S. 142—49. — *Fahne*, I. S. 428. — *Freih. v. d. Knesebeck*, S. 278 u. 279. — *Freih. v. Ledebur*, III. S. 21. — *Siebmacher*, I. 191: Die Torcken, Westphälisch. — *Tyroff*, I. 293. — *Neimbts* Curl. W. B. Tab. 41. — Hannov. W. B. C. 43 und S. 14: *Torck v. Rosendael*. — *v. Hefner*, hannov. Adel, S. 32. — *Kneschke*, III. S. 419 und 20.</small>

Torney (in Gold ein schwarzer Querbalken, mit drei neben einander stehenden, aufwärtsgerichteten Kleeblättern belegt). Altes, westphälisches und lüneburgisches Adelsgeschlecht, welches urkundlich in Hoyaischen und Calenbergischen Briefen schon 1258 u. 1291 vorkommt und dessen Stammsitz das Gut Torneyen-Behle in Westphalen war. Dasselbe, zu welchem Hermann Torney, 1512 Münsterscher Freigraf zu Flutenberg, gehörte, sass bereits 1529 zu Rethem und Stöcken im Lüneburgischen, so wie 1777 zu Hedern und gehörte noch in neuester Zeit durch Besitz der Güter Hedern und Rethem in Hannover zu dem ritterschaftlichen Adel der Lüneburgischen Landschaft.

Gauhe, I. S. 3129 und 30. — *Zedler*, 44. S. 1358. — *Manecke*, Beschr. d. Fürstenth. Lüneburg, II. S. 480. — *Freih. v. d. Knesebeck*, S. 279. — *Freih. v. Ledebur*, III. S. 22. — *v. Scheele*, Ducat. Lüneb. Tabula. — *v. Meding*, I. S. 615. — Hannov. W. B. C. 29 und S. 14. — *v. Hefner*, hannov. Adel, Tab. 32. — *Kneschke*, I. S. 422 und 23.

Tornow, Tornau (in Roth drei, 2 u. 1, mit der runden Schneide nach oben gekehrte, silberne Handmesser, über deren jedem ein silberner Stern schwebt. Die Wappenbilder werden von dem MS. abgegangener meklenb. Geschlechter Streithammer und von v. Behr Schuster-Kneife genannt. In Polen, wo die Familie sich Turnow und in Curland, wo sie sich Tornauw nennt, sind die Handmesser in Anker, begleitet von fünf Sternen, verwandelt worden). Altes, meklenburgisches Adelsgeschlecht, welches bereits 1466 zu Lichtenberg, Teschendorf und Wittenhagen sass, welche Güter im genannten Jahre Zacharias v. Tornow, Erbgesass in Wittenhagen, an Busso v. Dören verkaufte. Die Familie nahm an der 1572 geschehenen Ueberweisung der Klöster Theil und wurde in der Altmark, in Pommern, Polen und zwar unter dem Namen Tornowski, und später auch in der Neumark gesessen. In der Altmark gehörte derselben schon 1554 das Gut Falkenberg, unweit Osterburg und in Pommern befand sich schon 1506 Kicker bei Naugard, 1576 Schwarzow, ebenfalls bei Naugard, 1619 Puddiger und Segetin, diese unweit Schlawe und nachdem die Familie zeitweise andere Güter erworben, noch 1803 Brendemühl und Preetzen, 1832 Lankwitz, 1837 Dominke und 1847 Pogemitz bei Naugard im Besitze des Geschlechts. In der Neumark war Clausdorf bei Soldin 1774 ein v. Tornowsches Gut. — Ein Fräulein v. Tornow kam noch 1837 als Conventualin zu Dobbertin vor.

Micrael, VI. S. 388. — *v. Pritzbuer*, Nr. 150. — *Gauhe*, II. S. 1175. — *Zedler*, 44. S. 1366. — *v. Behr*, R. M. S. 1608. — *Brüggemann*, I. S. 177. — *Freih. v. Ledebur*, III. S. 22. — Siebmacher, V. 171. — *v. Meding*, II. S. 609 und 10. — Meklenb. W. B. Tab. 50, Nr. 188, S. 4 u. 35. — Pomm. W. B. IV. 31. — *Neimb's* Curland. W. B. Tab. 41.

Torre, della Torre. Erbl.-österr. Adelsstand. Diplom von 1817 für Philipp Ferrari della Torre, k. k. Oberlieutenant in d. A. und Fabriks-Inhaber zu St. Johann bei Villach, wegen Beförderung des Fabrikswesens und der Landwirthschaft.

Megerle v. Mühlfeld, S. 275.

Torre, della Torre v. Thurnberg und Sternhof. Erbl.-österr. Adelsstand. Diplom von 1787 für Johann della Torre, Doctor und Niederösterr. Directorial-Advocaten und für Carl Aloys della Torre, Doctor der Medicin und Physicus im Gerichte Altenburg im Botzner Kreise, mit: v. Thurnberg und Sternhof.

Megerle v. Mühlfeld, S. 275.

Torresani v. Lanzenfeld und Camponero, Freiherren (in Blau ein weisses, schwarz ausgefugtes Castell mit offenem Thore, drei

Bogenfenstern und drei zweispitzigen Zinnen, welches oben, so wie rechts und links, von je einem fünfstrahligen, goldenen Sterne begleitet ist). Erbl.-österr. Freiherrnstand. Diplom vom 8. Jan. 1839 für Carl Justus Torresani v. Lanzenfeld, Herrn u. Landstand in Tirol, k. k. Hofrath und General-Polizei-Director in Mailand, mit dem Prädicate: v. Camponero, oder Brionberg (Name eines Landsitzes bei Riva). Derselbe, gest. 1852, stammte aus einer schon 1371 und 1418 unter dem Adel- und Ritterstande der gefürsteten Grafschaft Tirol vorkommenden Familie, deren alter Adel vom K. Rudolph II. durch Diplom vom 7. Oct. 1605 dem Michael Torresani und den Söhnen desselben, Johann und Laurenz T., bestätigt wurde. — Vom Freih. Carl Justus, s. oben, stammte aus der Ehe mit Josephine Grf. Marzini, neben drei Töchtern, ein Sohn: Freih. Peter, gest. 1847, k. k. Gubernial- und Präsidial-Secretair zu Mailand, welcher mit Beatrix Grf. Giorio vermählt war und einen Sohn, den Freih. Carl Franz Ferdinand, geb. 1846, hinterliess.

<small>Genealog. Taschenb. d. freih. Häuser, 1848, S. 862 und 63, 1856, S. 632 und 33, 1863, S. 975 und 74 u. ff. Jahrgg. — *Hyrtl*, die Wappen der Familien des Oesterr. Kaiserstaates, II, 1852, S. 25 und 26. — *Kneschke*, II. S. 438.</small>

Torri v. Dornstein. Erbl.-österr. Adelsstand. Diplom von 1817 für Franz Torri, k. k. pensionirten Artillerie-Obersten, mit: v. Dornstein.

<small>*Megerle v. Mühlfeld*, Erg.-Bd. S. 473.</small>

Tortilowicz v. Batocki, Batocki-Tortilowicz (in Roth ein schrägrechts liegender, goldener Baumast, auf welchem ein Rabe mit aufgeschwungenen Flügeln sitzt: Stamm Nieczula). Im Kgr. Preussen erneuerter Adelsstand. Erneuerungsdiplom des der Familie zustehenden Adels vom 9. Juni 1821 für Wilhelm Ephraim Tortilovius, Doctor der Rechte, k. preuss. Justizcommissar zu Königsberg i. P., und Besitzer mehrerer Güter in Ostpreussen, mit dem alten Namen: Tortilowicz v. Batocki und mit dem in der Familie fortgeführten, oben angegebenen Wappen. Den Namen Tortilowitz hatte 1612 Johann Batocki, Pfarrer zu Neuhoff in Ostpreussen angenommen. — Die Familie war in neuerer Zeit in Ostpreussen in den Kreisen Königsberg, Heiligenbeil und Fischhausen zu Bledau, Pokarben, Rathshof, Thierenberg und Waldhausen begütert.

<small>*v. Hellbach*, II S. 506. — *Freih. v. Ledebur*, III. S. 22 und S. 190: Batocki-Tortilowicz.</small>

Toth v. Lebensfeld. Erbl.-österr. Adelsstand. Diplom von 1808 für Johann Toth, k. k. pensionirten Oberstwachtmeister, mit: v. Lebensfeld.

<small>*Megerle v. Mühlfeld*, Erg.-Bd. S. 473.</small>

Tottleben, auch Grafen (in Silber ein rother Sparren, begleitet von drei einköpfigen, oder auch zweiköpfigen, schwarzen Adlern). Reichsgrafenstand. Diplom im kursächs. Reichs-Vicariate vom 14. Sept. 1745 für Gottlob Carl v. Tottleben (nach anderen Angaben: Curt Heinrich v. T., doch führte diese Vornamen nach Allem der Vater), k. poln. u. kursächs. Landkammerrath. — Altes, sächsisches und schwarzburgisches, schon 1550 in grossem Ansehen gestandenes

Adelsgeschlecht, welches den Namen eines Sitzes, welcher 874 Tusseleba, 1104 Tusclcyben und 1185 Duteleben, am Linderbache, hiess, jetzt Tottleben im Justiz-Amte Vieselbach des Grossh. Sachsen-Weimar, trägt und mit der alten thüringischen Familie v. Teutleben, s. den betreffenden Artikel, nicht verwechselt werden darf. Hans Reinhard v. Tottleben, Gräfl. Schwarzburgischer Amtshauptmann, legte 1596 am herz. Hofe zu Weimar die Erbhuldigungs- und Lehns-Pflicht ab und ein v. Tottleben wurde 1680 meuchelmörderisch zu Coburg erstochen. — Curt Heinrich v. Tottleben auf Tottleben im Weimarschen und Grossenehrig im Schwarzburgischen, geb. 1661 und gest. 1724, herz. sachs.-weissenf. Landmarschall u. Kammerrath, war zweimal vermählt und zwar in erster Ehe mit Maria Sophia v. Brand, verm. 1698 u. gest. 1706 und in zweiter mit Johanna Sidonia Janus v. Eberstadt, verm. 1707 und gest. 1753. — Aus der zweiten Ehe stammten unter Anderen: Graf Gottlob Carl, s. oben, u. Oswald Leberecht v. T., geb. 1719, Herr auf Tottleben und Gross-Ehrig, holländ. Oberst, welcher später zu Sorau lebte und daselbst als der Letzte seines Stammes 20. Oct. 1814 starb Graf Gottlob Carl, geb. 1715 u. gest. 19. März 1773 als kais. russ. Generallieutenant, Herr auf Tottleben, Zeippau u. Hausdorf im Saganschen, war dreimal vermählt und hatte aus den beiden ersten Ehen Nachkommen. Aus der ersten Ehe mit Johanna Sophie v. Kropf, verm. 1737 und gest. 1743, entsprossten zwei Töchter u. ein Sohn, von welchen die eine Tochter und der Sohn jung starben, die ältere Tochter aber, Grf. Charlotte Wilhelmine Johanna, geb. 1738, starb 1766 als vermählte Freifrau v. Mirbach in Curland, aus der zweiten Ehe aber mit Elisabeth Christiane Freiin v. Seyfertitz, verw. Grf. v. Bronikowski, geb. 1726 und verm. 1744, Besitzerin des bedeutenden Gutes Weisstropp bei Dresden, stammte ein Sohn: Graf Carl Adolph Gottfried, gest. 19. Juli 1814, Herr auf Weisstropp, k. preuss. Oberstlieutenant. Derselbe war mit Charlotte v. Vieth und Golsenau vermählt und hatte nur eine, 1777 geborene Tochter, Grf. Adolphina Juliana, die sich mit einem v. Gliszinski vermählte. — Im Adelsstande und zwar noch im Besitze des alten Stammgutes Tottleben hat das Geschlecht fortgeblüht und nach Rauer besass 1857 dieses Gut Reinhard Friedrich August Carl v. Tottleben.

Sagittarius, Gleichensche Historie, S. 390. — *Hoenns* Coburg. Chronik, II. S. 854. — *Gauhe*, II. S. 1174. — *Zedler*, 44. S. 1636. — *v. Uechtritz*, Geschlechts-Erzählungen, I. Tab. 93. — *Freih. v. Ledebur*, III. S. 22 und 351.

Tournelle, de la Tournelle (in Blau ein mit drei schwarzen Adlersköpfen belegter, goldener, schrägrechter Balken). Adelsstand des Kgr. Preussen. Diplom vom 14. Aug. 1729 für Caesar Antoine Lamaude de la Tournelle, Beider Rechte Doctor.

Freih. v. Ledebur, III. S. 22. — *W. B. d. Preuss. Monarchie*, IV. 77.

Toussaint, Toussaints, Freiherren (Schild von Gold u. Schwarz quergetheilt, mit einem rechtssehenden, gekrönten Adler von gewechselten Farben). Böhmischer- und Reichsfreiherrnstand. Böhmisches Freiherrndiplom für Franz Joseph v. Toussaints, k. k. Geh

Finanzrath und Reichsfreiherrndiplom vom 5. Oct. 1745 für Denselben und zwar mit seinen Brüdern, Leopold und Felix Ivo v. Toussaints. Der Reichsadelsstand kam 10. Aug. 1729 in die Familie und ist im Grossh. Hessen, in welchem dieselbe bedienstet ist, 8. Jan. 1837 als freiherrlich bestätigt worden.

Megerle v. Mühlfeld, Erg.-Bd. S. 108. — Geneal. Taschenbuch der freih. Häuser, 1860, S. 878, 1864, S. 863 und 64 u. ff. Jahrgg. — Suppl. zu Siebm. W. B. VI. 27 und IX. 7.

Trabenfeld, Trabenfeldt, Trafwenfelt (in Roth ein gesatteltes und gezäumtes Pferd und im grünen Schildesfusse drei Kugeln). — Schwedischer Adelsstand. Diplom vom 24. Dec. 1650 für Bengt Trafwenfelt. — Sprossen des Geschlechts standen in neuer Zeit in der k. preuss. Armee. Von zwei Brüdern, welche 1806 Seconde-Lieutenants im Infant.-Regim. v. Diericke waren, war der Aeltere 1827 Major und Chef der zweiten Division-Garnison-Compagnie und der Jüngere, Alexander v. Trabenfeld, starb 1827 als Oberst und Commandant von Pillau.

N. Pr. A.-L. IV. S. 271. — Freih. v. Ledebur, III. S. 22 und 251. — Schwedisches Reichs-W. B. Tab. 17.

Trach, auch Freiherren (Trach v. Brzezie: in Silber ein Schwarzer Drache in der gewöhnlichen Stellung, mit über sich gewundenem Schweife u. auch mit erhobenen Flügeln, als zum Fluge bereit; Trach-Gninski: Schild der Länge nach getheilt: rechts in Blau ein goldener, gekrönter Drache und links fünfmal von Gold und Blau quergetheilt, oder auch in Silber drei schrägrechte, rothe Balken; Trach u. Birckau, oder Bürkau: Schild der Länge nach getheilt: rechts in Blau ein links gekehrter, aufgerichteter, goldener Drache und links in Blau drei schräglinke, goldene Balken und Rothkirch und Trach, s. den Artikel: Rothkirch und Trach, Bd. VII. S. 603—607). — Böhmischer Freiherrnstand, alter, böhmischer Herrenstand und erbl.-österr. Freiherrnstand, im Kgr. Preussen bestätigt. Böhmisches Freiherrndiplom vom 30. Oct. 1680 für Carl v. Trach, Edlen Herrn v. Birckau; Diplom des alten böhmischen Herrenstands vom 28. Sept. 1699 für Johann Heinrich, Carl Friedrich und Georg Heinrich Frh. v. Trach, Edle v. Birckau und Diplom des erbl.-österr. Freiherrnstandes von 1764 für Carl Joseph v. Trach und Birkau und Preussisches Erneuerungs- und Bestätigungsdiplom vom 9. Nov. 1768 für Georg Franz v. Trach, Edlen v. Birkau. — Altes, schlesisches Adelsgeschlecht, nach einer Familien-Sage von einem römischen Soldaten aus der Zahl derer stammend, die unter der Fahne standen, auf welcher ein Drache abgebildet war. Die Nachkommen desselben breiteten sich in Schlesien, Polen, Böhmen und Franken aus. Als das älteste Stammhaus wird Brzezie im Ratiborschen, welches bereits 1427 genannt wird, angenommen und der schlesische Stamm besass schon im 16. Jahrh. im jetzigen Grossh. Posen mehrere Güter und unter denselben namentlich den Sitz Gnin, nach welchem auch ein Zweig des Geschlechts sich nannte. Später erwarb das Geschlecht die Güter Plawniowitz, Lenschütz, Alt-Hammer, Suchadonitz, Stiebendorf, Stiebelau und Pietna im Oppelnschen, Kornitz, Bojanow, Slawikau, Woinowitz,

Zyttna, Summin, Gottartowitz u. Tworkau im Ratiborschen, Golschwitz, Türpitz und Warkotsch im Briegschen, Pommerswitz, Rösnitz, Steuberwitz u. Windorff im Jägerndorfschen u. s. w. — Zuerst kamen in Schlesien um 1347 Burchard und Stephan v. Trach am Hofe des Herzogs Wenzel I. als angesehene Cavaliere vor. Letzterer war später Hofrichter. — Die v. Trach-Gninski erhielten das Incolat in Preussen und Johann v. Trach-Gninski, gest. 1703, war Wojewode von Pommerellen. — Die Linie v. Trach, Edle Herren v. Birkau oder Bürkau, hatte sich durch drei Brüder in drei Häuser, zu Plawniowitz im Oppelnschen, zu Brandsdorf im Jägerndorfschen und zu Türpitz in Briegschen, geschieden und diese Häuser blühten noch in die zweite Hälfte des 18. Jahrh. in Schlesien hinein. Die Familie sass noch 1752 zu Leobschütz, Liebenau und Zamislau, 1754 zu Golschwitz, Pietna und Steuberwitz und 1770 zu Lenschütz und zu Guhrau. In Ostpreussen war 1784 die Familie noch zu Kirsteinsdorf unweit Osterode begütert, Besitzungen aber, welche in diesem Jahrhunderte, ganz abgesehen jedoch von dem Stamme v. Rothkirch-Trach, in Preussen der Familie zustanden, sind nicht aufzufinden, in Oesterreich aber kam die Familie noch in neuer Zeit vor und Dominik Freiherr Trach v. Bürkau lebte 1857 als k. k. Oberst a. D. zu Troppau.

Okolski, III. S. 235. — *Sinapius*, I. S. 980 und 81 und II. S. 475—77. — *Gauhe*, I. S. 446 und 47: Drach und II. S. 2586 und 87: Trach. — *Zedler*, 44. S. 1796 und 97. — *Megerle v. Mühlfeld*, Erg.-Bd. S. 108. — v. *Hellbach*, II. S. 597. — N. Pr. A.-L. IV. S. 271. — *Freih. v. Ledebur*, III. S. 23. — *Siebmacher*, II. 52. — v. *Meding*, II. S. 610 und 11. — W. B. d. Preuss. Monarchie, II. 66.: Frh. v. Trach und Birkau.

Trachenberg (in Silber drei querüber einander gelegte, goldene Karpfen: polnischer Stamm Kurzbach). — Ein zu dem preussischen Adel zählendes Geschlecht, welches sich seit der Mitte des 17. Jahrh., dem Wappen und Namen nach, an die Freiherren v. Kurzbach zu Trachenberg anlehnt, dem Stamme nach aber zu den v. Trauwitz zu rechnen ist. Zu demselben gehört der Lieutenant a. D. v. Trachenberg, welcher 1803 Postmeister zu Spandau war.

Freih. v. Ledebur III. S. 23.

Traeger v. Königinberg. Böhmischer Adelsstand. Diplom von 1715 für Johann Ludwig Traeger, Rathsmann zu Königsgrätz, sowie Salzversilberer und Tranksteuer-Einnehmer, mit: v. Königinberg.

Megerle v. Mühlfeld, Erg.-Bd. S. 90.

Traiber v. Löwenschwert. Erbl.-österr. Adelsstand. Diplom von 1804 für Joseph Traiber, Rittmeister im k. k. Husaren-Regimente Freih. v. Kienmayer, mit: v. Löwenschwert.

Megerle v. Mühlfeld, S. 275.

Train. Ein in der Person des k. k. quittirten Hauptmanns Nicolaus Joseph Train 1. Aug. 1814 in die Adelsmatrikel des Kgr. Bayern eingetragenes Geschlecht.

v. *Lang*, Supplem. S. 146. — W. B. des Kgr. Bayern. IX. 13.

Traittenr, Grafen (Schild geviert: in 1 Meergrün drei über einander, der obere und untere rechts, der mittlere links, schwimmende Karpfen; 2 in Silber ein schrägrechter, blauer Balken; 3 in Gold ein grünender Zweig mit drei daran hängenden, rothen Rosen und 4 in Roth ein silberner, einwärtsgekehrter Löwe, mit roth ausgeschlagener Zunge und über sich geworfenem Schweife). Im Grossh. Baden anerkannter und bestätigter Grafenstand. Anerkennungsdiplom von 1824 für Johann Andreas von Traitteur (in den 1790 Jahren k. k. Oberstlieutenant im General-Quartiermeister-Stabe), Eigenthümer der Salinen zu Bruchsal und Erblehenstträger der Fürstl. Leiningenschen Saline zu Mossbach und Grundherr zu Heilsperg im Grossh. Baden. Das Geschlecht der v. Traitteur stammt ursprünglich aus den Niederlanden her, in welchen dasselbe schon vor der Reformation blühte. — Urkundlich kommt die Familie v. Traitteur, in alter Zeit Trettor und Traittorr geschrieben, ehedem in dem Lütticher Lande vor, wo dieselbe sich in mehrere Aeste katholischen Bekenntnisses theilte, von welchen ein Ast in Lothringen, der andere im Jülicher Lande ansässig wurde. Ein Abkömmling des Geschlechts: Michael v. Traitteur, Ahnherr der in Deutschland noch bestehenden Linien der Familie und Urgrossvater des in Bruchsal 1825 verstorbenen Chevalier und späteren Grafen Johann Adam v. Traitteur, besass um 1660 in den Niederlanden beträchtliche Güter und den Brauneberg an der Mosel, welche die Nachkommen aber in Folge der Zeitverhältnisse verloren. — Aus dem Lothringer Aste zeichnete sich ein Abkömmling durch seine Wissenschaft und Fähigkeiten an dem herz. lothringischen Hofe aus und ein Sohn Michaels starb ledig im Geruche der Heiligkeit. In Deutschland lebten von der Lothringer Linie zu Anfange dieses Jahrh. noch vier männliche Abkömmlinge von Michael, von welchen der Aelteste, Conrad Joseph, geb. 1750, als Stiftsherr ehelos starb, die drei anderen aber, Johann Andreas, geb. 1752, Carl Theodor, geb. 1756 und Jacob Georg, geb. 1758, bildeten drei deutsche Linien u. hinterliessen mehrere Nachkommen. Graf Johann Andreas, s. oben, Geschlechts-Aeltester von den drei Letzteren und Vater des unten anzuführenden Grafen, — ein Mann, der sich durch seine gründlichen Wissenschaften als Ingenieur und Stratege sehr auszeichnete und sich grosse Verdienste erwarb, auch sich durch seine literarischen Arbeiten bekannt machte — setzte die ältere, später gräfliche Linie fort, u. hinterliess einen Sohn, s. unten, und drei Töchter: Antonie verw. Freifrau Goeler v. Ravensburg zu Sulzfeld, verm. 1823, Grf. Amalie, verm. mit Franz Theodor Freih. v. Glaubitz, grossh. bad. pens. Obersten und Grf. Marie, verm. mit Philipp v. Faber, grossh. bad. Generalmajor. Graf Johann Andreas nahm 1824, als er zur gräflichen Würde gelangte, für sich und seine Nachkommen den früher geführten Beinamen „Brauneberg" wieder an. Das Rittergut Heilsperg mit den Ortschaften Gottmadingen und Ebringen verkauften die Erben 1829 an Baden. — Carl Theodor v. T., Gründer der zweiten, ritterlichen Linie hinterliess zwei Töchter und drei Söhne, von welchen der älteste in k. russ. Diensten zum Generalmajor stieg, der mittlere starb und der dritte k. bayer. Forstmeister wurde. In neuester Zeit bestand demnach das gräfliche und adelige Geschlecht v. Traitteur aus der älteren, oder Andreasschen, oder Johannschen Linie, welcher die Grafenwürde zusteht und aus zwei jüngeren Linien, der Theodorschen und Jacobschen, welche die Ritterwürde führen. Die frühere niederländische, vellenzsche Linie ist vor mehr als hundert Jahren erloschen. — Als einziger, männlicher Sprosse der gräflichen Linie wurde in neuester Zeit genannt: Gr. Ferdinand — Sohn des Grafen Johann Andreas — Sr. päpstlichen Heiligkeit Geh. Kammerherr di Spada e Cappa, k. bayer. Kämmerer und Philosoph. Doctor et AA. LL. M.

Cast, Adelsb. d Grossh. Baden, Abtheil. 3. — Deutsche Grafenh. der Gegenw. II. S. 571—73; nach handschriftl. Nachrichten aus der Familie. — Geneal. Taschenb. d. gräfl. Häuser, 1837, S 486, 1848, S. 608, 1861, S. 925 und 26 u. ff. Jahrgg. und histor. Handbuch zu demselben, S. 1013.

Tralow (in Blau ein von Roth und Silber in drei Reihen geschachter Querbalken). Ein im 17. Jahrh. in Meklenburg vorgekommenes Adelsgeschlecht. Hansens v. Tralow Name und Wappen findet sich auf dem zu Rhena in Meklenburg 1618 angelegten Rittersaale. — Ein gleichnamiges Lübecksches Geschlecht erwähnt die „Chronecke der Sassen zu Mentz, 1492." Dasselbe führte in einem mit Herzen oder Kugeln bestreuten Schilde eine schräglinks niederwärts, also gegen den rechten Unterwinkel, gekehrte Pfeilspitze.

v. Meding, I. S. 616.

Trampe, Tramp, auch Grafen (in Blau der rechtsgekehrte Kopf und Hals eines goldenen Hirsches mit zwölfendigem, silbernen Geweihe; Stammwappen und gräfliches Wappen: Schild der Länge nach getheilt: rechts in Blau der goldene Hirsch des Stammwappens und zwar einwärts gekehrt und links in Silber auf grünem Boden ein einwärts gekehrter, gekrönter, rother Löwe, welcher mit beiden Vorder-Pranken einen auf dem Boden aufgestellten, goldenen Spiess hält, welcher unter der Spitze mit zwei nach einwärts fliegenden, goldenen Quasten geziert ist). Reichs- und dänischer Grafenstand. Reichsgrafendiplom vom 4. März 1704 für Adam Friedrich v. Tramp u. d. H. Kehrberg in Pommern, k. dänischen General-Lieutenant und Herrn auf Logismose und Fleenstrup in Fünen, aus Höchst eigener Bewegung und Diplom vom 15. März 1736 für den Sohn des Bruders des Adam Friedrich Grafen v. Tramp: Philipp Detlev v. Tramp, Herrn auf Fiellebroe, k. dän. Generalmajor der Cavalerie, naturalisirt als dänischer Graf 26. Juli 1743. Die gräflichen Linien sind, so viel bekannt, wieder ausgegangen. — Altes, ursprünglich pommersches Adelsgeschlecht, welches besonders im Wolgastischen begütert war und später in die braunschweigischen und brandenburgischen Lande, so wie nach Dänemark kam. — Wilckin v. Trampe lebte um 1274 am Hofe des Herzogs Bogislaus IV. in Pommern u. Johann v. Trampe war von 1419 bis 1431 Bischof zu Ratzeburg. In Dänemark, wo eine Linie des Geschlechts schon früher geblüht haben muss, da Hertlev Trampe um die Mitte des 16. Jahrhunderts als k. dänisch. Reichs-Admiral und Nicolaus Trampe, gest. 1668, als k. dän. Reichsrath und Statthalter in Norwegen vorkommt, gelangte die Familie vom Anfange des 18. Jahrh. von Neuem durch die oben genannten Grafen Adam Friedrich und Philipp Detlev zu grossem Ansehen. —

Der adelige Stamm hat fortgeblüht und in neuester Zeit gehört die Familie in Hannover zu dem ritterschaftlichen Adel und zählt durch Besitz des Gutes Zum Hope im Hoyaischen zu dem Adel der Hoyaischen Landschaft.

Micrael, Lib. 6. S. 380. — *Gauhe*, I. S. 2587—89 und II. S. 1854. — *Zedler*, 44. S. 1960 und 61. — Lexicon over adel. Familier i Daumark, II. Tab. 38. Nr. 70 und S. 224: v. T. und Tab. 40. Nr. 84: Gr. v. T. — *Freih. v. d. Knesebeck*, S. 279 und 80. — *Freih. v. Ledebur*, III. S. 23 und 351. — *Siebmacher*, V. 171. — *v. Meding*, II. S. 611. — Pommersch. W. B. II. 11. — Hannov. W. B, C. 7 und S. 14. — *Kneschke*, II. S. 439 und 40. — *v. Hefner*, Hannov. Adel, Tab. 32.

Tranckwitz (in Gold zwei mittelst eines Riemens, der durch einen oben schwebenden Ring gezogen ist, verbundene Steigbügel). Altes, zu dem ostpreussischen Adel gehörendes, ansehnlich begütert gewordenes Geschlecht, welches auch nach Westpreussen und nach Curland kam. Dasselbe sass bereits 1545 zu Tranckwitz oder Tranckwitzhöfen, so wie 1694 und noch 1704 zu Gerlauken, beide Güter unweit Fischhausen, brachte Ottlau bei Marienwerder an sich und kam auch in den Besitz mehrerer anderer Güter.

Freih. v. Ledebur, III. S. 24. — *Neimbt's* Curland. W. B. Tab. 42.

Trapp, Grafen (Schild geviert mit silbernem Mittelschilde und in demselben drei, 2 und 1, gesenkte, blaue Adlersflügel: Grafschaft Mätsch. 1 und 4 in Gold ein linkssehender brauner Trappe mit ausgebreiteten Flügeln, ganz wie ein heraldischer Adler dargestellt und 2 und 3 in Silber ein rother, dreimal eckig gezogener Querbalken: Stammwappen). Erbl.-österr. Grafenstand. Diplom vom 3. März 1655 für Jacob Freih. v. Trapp, Jüngerer Linie, und vom 22. Juli 1691 für Georg Sigmund Freih. v. Trapp, Aelterer Linie (vom Freih. Carl, s. unten, im vierten Gliede stammend), k. k. Kämmerer, Geh. Rath und Voröösterr. Regierungs-Präsidenten (dessen Vorfahren 1605 den Freiherrnstand erhalten hatten). — Altes, ursprünglich steiermärkisches, später tiroler Geschlecht, welches schon in früher Zeit das Stammhaus, die Trappenburg bei Leutschach, besass. Der erste, genauer bekannte Stammvater ist Friedrich Trapp, Ritter, welcher um 1300 Herr der Trappenburg war, und dessen Enkel, Jacob, von 1401 bis 1406 als des Erzherzogs Ernst des Eisernen von Oesterreich Stadthauptmann zu Trient vorkommt. Des Letzteren Sohn, Jacob II., ging mit dem Erzherzoge Sigismund von Oesterreich, dessen Hofmeister, so wie Stadt- und Schlosshauptmann von Bregenz derselbe war, nach Tirol, wo er 1440 mit seiner Gemahlin, Barbara, Schwester und Erbin des letzten Grafen Gaudenz zu Mätsch, einen Theil dieser Grafschaft mit der Herrschaft Curberg an seinen Stamm brachte und 1496 das durch Aussterben der v. Weisspriach erledigte Oberst-Erb-Land-Hofmeister-Amt der gefürsteten Grafschaft Tirol für sich und seine Nachkommen erlangte. Durch die Söhne desselben, Carl und Jacob, entstanden zwei Linien. Carl Trapp zu Pisein, kais. Rath, Gesandter in Spanien, Hauptmann zu Irano, verm. mit Anna Freiin v. Wolkenstein, gründete die ältere Linie zu Pisain und Caldonazzo. Graf Georg Sigismund brachte in dieselbe, wie oben angegeben, 1691 den Grafenstand, doch erlosch mit dem Urenkel, dem Grafen Caspar Ignaz, k. k. Kämmerer und Regierungsrath zu Trient,

26. Juli 1794 diese ältere Linie. Die jüngere, jetzt noch blühende Linie zu Chur- und Schwamburg umfasst die Nachkommenschaft Jacob's, Herrn zu Churburg, fürstl. Pflegers zu Glurns und Mals in Tirol, verm. mit Veronica v. Welsperg. Von seinen Nachkommen wurde Jacob, s. oben, 1655 in den Grafenstand erhoben. Von den Söhnen desselben aus der Ehe mit Margaretha Helene Grf. v. Wolkenstein war Graf Maximilian, k. k. Kämmerer, Geh. Rath und Regierungs-Präsident zu Insbruck, vermählt in erster Ehe mit Anna Eleonore Freiin v. Firmian und in zweiter mit Maria Magdalene Freiin v. Freyberg und von ihm stieg der Stamm, wie folgt, herab: Johann Christoph: Franziska v. Belasy; — Franz Carl, gest. 1735, k. k. Kämmerer, Geh. Rath u. Landeshauptmann an der Etsch: Anna Maria Grf. v. Trapp; — Sebastian, geb. 1709 und gest. 1762, k. k. Kämm., Geh. Rath u. vorderösterr. Hof-Kammer- u. Repräsentations-Präsident zu Insbruck: Maria Anna Grf. Hendl v. Goldrain, gest. 1798; — Johann Nepomuk, geb. 1745 und gest. 1790, k. k. Kämm., fürstl. passauischer Ober-Jägermeister: Maria Theresia Grf. v. Firmian, geb. 1744, verm. 1762 und gest. 1802; — Leopold, geb. 1764 und gest. 1797, k. k. Kämm. u. Gouvernements-Secretair zu Insbruck. Maria Crescentia Grf. v. Spaur zu Burgstatt, geb. 1769, verm. 1787 und gest. 1819; — Johann Nepomuk, geb. 1790 und gest. 1846, Herr der Grafschaft Mätsch und der Lehensherrschaften Caldonazzo, Campo, Glurns und Mels-Schlanders, Oberst-Erbland-Hofmeister in Tirol, k. k. Kämm. und Geh. Rath: erste Gemahlin: Elisabeth Grf. v. Wolkenstein-Rodenegg, geb. 1796, verm. 1814, gest. 1839 und zweite Gemahlin: Friederike Grf. v. Künigl, geb. 1800 und verm. 1842. Aus der ersten Ehe stammt das jetzige Haupt des gräflichen Hauses: Ludwig Graf v. Trapp, Freih. zu Piscin und Caldonatsch, geb. 1819, Herr zu Churburg, Campo, Schwamburg, Glurns u. Mels-Schlanders, auch Herr der Grafschaft Mätsch, Oberst-Erbland-Hofmeister in Tirol. Der Bruder des Grafen Ludwig, neben zwei Schwestern: Grf. Caroline, geb. 1816, verm. 1842 mit Mathias Freih. Cresseri v. Breitenstein, Herrn zu Castel-Pietra, k. k. Kämm. und Landesgerichts-Präsidenten zu Trient u. Grf. Maria, geb. 1820, verw. Grf. Locatelli dal Corno, ist Graf Oswald, geb. 1828, k. k. Kämm. und Statthalterei-Secretair. Derselbe vermählte sich 1857 mit Maria Grf. v. Enzenberg zum Freyen- und Jöchelsthurm, geb. 1836 und aus dieser Ehe entsprossten drei Töchter.

Bucelini Stemmatogr. P. 1. — *Gauhe*, I. S. 2589, auch nach Gr. v. Brandis. — *Zedler*, 44. S. 14. — Deutsche Grafenh. d. Gegenw. II. S. 573 und 74. — Geneal. Taschenb. der gräfl. Häuser, 1848, S. 698 und 99, 1864, S. 926 und 27 u. ff. Jahrgg. und histor. Handbuch zu Demselben, S. 1014. — *Siebmacher*, I. 44: Die Trapen zu Bisseln und III. 98: Die Trappen, Tirolisch: das einfache Stammwappen. — v. *Meding*, II. S. 611—13: Trappen, zu Piscin u. Churburg. — W. B. der Durchl. Welt, IV. 408: Gr. v. Tr.

Trapp, Freiherren (in Roth auf grünem Boden ein rechtsschreitender, natürlicher Trappe). Erbl.-österr. Freiherrnstand. Diplom von 1819 für Werner Trapp, k. k. General-Major. Der Empfänger des Freiherrndiploms gehörte zu einer aus Lothringen stammenden Familie, welche zur Zeit des 30jährigen Krieges von dort auswanderte und sich in Hessen-Darmstadt niederliess. Aus derselben entspross Caspar Emanuel Trapp, dessen vierter Sohn, Werner, früher landgräfl. hessen-darmstädt. Oberlieutenant war und 1797, bei der Belagerung von Mainz, als Hauptmann zu dem k. k. General-Quartiermeister-Stabe erhoben wurde. Derselbe, wie oben angegeben, 1818 in den Freiherrnstand versetzt, starb 1842 als k. k. Kämm., Geh. Rath, Feldzeugmeister, Präsident des k. k. Allg. Militair-Appell.-Gerichts und Inhaber des 26. Inf.-Regim. Aus seiner ersten Ehe mit Anna Johanna Josepha Jablonska aus Prag, geb. 1788, verm. 1814 und gest. 1829, hinterliess er drei Töchter: Freiin Wilhelmine, geb. 1818, verm. 1839 mit Andreas Grafen Belrupt-Tissac; Freiin Friederike, geb. 1825, verm. 1850 mit Joseph Giay, k. k. pens. Hauptmann und Freiin Hortensia, geb. 1827.

Megerle v. Mühlfeld, S. 90. — Geneal. Taschenb. der freih. Häuser, 1854, S. 540 und 41 und 863, S. 974 und 75.

Trapp v. Ehrenschild (Schild durch einen goldenen Querbalken getheilt: oben in Blau ein nach der Rechten springender, goldener Hirsch mit achtendigem Geweihe und unten in Roth zwei gekreuzte, silberne Schwerter). Reichsadelsstand. Diplom vom 28. Juli 1786 für die Gebrüder Wilhelm und Joseph Trapp, kurtriersche Hauptleute, mit: v. Ehrenschild. — Nachkommen des Joseph Trapp v. Ehrenschild, welcher 1818 als kurtriersche Oberstlieutenant a. D. starb, wurden im Nassauischen bedienstet.

Megerle v. Mühlfeld, S. 275. — *v. Hefner*, Nassauischer Adel, Tab. 14 und S. 13. — *Kneschke*, III. S. 420 und 21.

Tratter. Erbl.-österr. Adelsstand. Diplom von 1734 für Franz Tratter, Wechsler in Linz.

Megerle v. Mühlfeld, Erg.-Bd. S. 473.

Trattner, Ritter und Edle (Schild geviert mit blauem Mittelschilde und in demselben auf einem erdigen Dreihügel ein silberner Doppeladler, oder auch in Silber ein schwarzer Adler. 1 und 4 in Gold ein freistehendes, mit der goldenen Namenschiffre F. I. belegtes, schwarzes Postament (Altar), auf welchem ein die Sachsen rechtskehrender, schwarzer Adlersflügel steht u. 2 u. 3 in Roth ein rechtsgekehrter, silberner Greif mit einem goldenen Halsbande: nach Handzeichnungen). Reichsritterstand. Diplom vom 25. Mai 1764 für Johann Thomas Trattner, Hofbuchhändler und Hofbuchdrucker, mit: Edler v. Die Familie wurde 1. Nov. 1787 den niederösterr. Ständen einverleibt und erhielt 18. Mai 1790 auch das ungarische Indigenat.

Handschriftl. Notizen. — *Megerle v. Mühlfeld*, S. 150. — Suppl. zu Siebm. W. B. VI. 27.

Traubenthal, Gernhardi v. Traubenthal. Ein in der zweiten Hälfte des 18. Jahrh. zu dem in Ostpreussen begüterten Adel zählendes Geschlecht, welches 1775 zu Camiontken unweit Neidenburg sass. Theophil Eugen v. Traubenthal starb 7. Febr. 1787 als k. pr. Major v. d. Artillerie.

Freih. v. Ledebur, III. S. 24.

Trauenfels, Hedt v. Trauenfels. Böhmischer Adelsstand. Diplom vom 27. Juli 1735 für Johann Leopold Hedt in Schlesien, mit: v. Trauenfels.

v. Hellbach, II. S. 598. — *Freih. v. Ledebur*, III. S. 24.

Traun, de Truna, de Trune v. **Abensberg**, s. den Artikel: Abensperg-Traun, Bd. I. S. 4 und 5.

Trauner (Schild geviert: 1 und 4 in Roth ein rechtsgekehrter, silberner Steinbock und 2 u. 3 in Silber zwei schwarze Sparren, der obere gestürzt, der untere aufrecht gestellt). Ein im 16. und 17. Jahrh. in Bayern vorgekommenes Adelsgeschlecht, welches auch nach Steiermark kam.

Wig. Hund, II. S. 338—41. — *Prevenhueber*, Ann. Styr. S. 255 u. 332. — *Zedler*, 45. S. 257. — *Siebmacher*, I. 79: Die Trauner, Bayerisch und V. 53.

Traupitz, Trauppitz (Schild quergetheilt: oben in Schwarz zwei silberne Sterne und unten von Silber u. Schwarz, oder von Schwarz und Silber, in vier Reihen, jede von fünf Steinen, geschacht). Altes, steiermärkisches Adelsgeschlecht, welches bereits 1570 zu den Mitgliedern der steierischen Landmannschaft gehörte und vorher schon das Gut Algersdorf bei Eckenberg besass. Im 17. Jahrh. wurde dasselbe auch zu dem meissenschen Adel gerechnet.

Knauth, S. 184: Traupitz. — *Schmutz*, IV. S. 266. — *Siebmacher*, I. 151: v. Traupitz, Meissnisch. — *v. Meding*, II. S. 614: v. Trauppitz, auch nach Bartschens W. B.

Traurnicht. Altes, längst ausgestorbenes, halberstädtsches Adelsgeschlecht.

Budaei Halberstädtisches Stamm- und Lehnsregister. — *Zedler*, 45. S. 246.

Transchwitz, s. den Artikel: Drauschwitz, Bd. II. S. 570.

Trautenberg, Trauttenberg, auch **Freiherren** (in Roth ein silberner Querbalken, welcher mit drei aufsteigenden, hohen, blauen Spitzen, welche vom rechten Seitenrande des Schildes bis zum linken reichen, belegt ist, oder, wie das genealog. Taschenb. der freiherrl. Häuser sagt: „ein aufrechter, oblonger, unten rund und in eine Spitze zusammenlaufender, rother Schild, der von einem silbernen, mit drei in Zickzack aufsteigenden blauen, hohen Spitzen gezierten Querbalken wagerecht durchschnitten ist"). Erbl.-österr. Freiherrnstand. Diplom von 1793 für Franz Heinrich Ernst v. Trauttenberg. — Altes, bayerisches Adelsgeschlecht, dessen Stammburg unweit der in neuester Zeit den Freiherren v. Raigenstein zustehenden Besitzung Reith in Bayern liegt. — Schon in früher Zeit unter Adelrich nach Böhmen ausgewandert, gehörte diese Familie, der auch die Stadt Trautenau in Böhmen um 1006 durch Albrecht v. Trautenberg ihren Ursprung verdankt, zu den ältesten Geschlechtern des böhmischen Ritterstandes. Die Familie kam auch in die Ober-Pfalz und in das Voigtland und wird auch bereits im 14. Jahrh. vielfach in Brandenburgischen Urkunden genannt. In neuer Zeit blühte neben der Hauptlinie noch eine Seitenlinie, die vom Halbbruder des Ur-Grossvaters des gleich zu nennenden Freiherrn Franz abstammt. — Haupt der ersten Linie und des freiherrlichen Hauses ist: Franz Freiherr v. Trauttenberg, geb. 1800 — Sohn des 1836 verstorbenen Freiherrn Moritz aus der Ehe mit Liberate Freiin Enis v. Atter und Iveaghe — k. k. Kämmerer u. Landesgerichts-Rath zu Böhmisch-Leipa, verm. 1839 mit Caroline Liponsky v. Lipowitz, aus welcher Ehe, neben zwei Töchtern, ein Sohn entspross: Freih. Wilhelm, geb. 1841, k. k. Oberlieutenant in d. A., eingetheilt in das Invalidenhaus zu Wien. — Haupt der zweiten Linie ist: Freih. Emanuel, geb. 1799 — Sohn des 1817 verstorbenen Freiherrn Franz Johann, k. k. Kämm. und Oberstwachtmeisters, aus der Ehe mit der 1829 verstorbenen Maria Theresia Freiin v. Schönau — k. k. Kämm. und Statthalterei-Concipist zu Prag, verm. 1839 mit Helene Grf. v. Pachta-Rayhofen, geb. 1813, aus welcher Ehe, neben drei Töchtern, drei Söhne stammen. Der Bruder des Freih. Emanuel: Freih. Friedrich, geb. 1807, k. k. Kämm., pension. Major und Garde der ersten Arcieren-Leibgarde zu Wien, vermählte sich 1847 mit Christine Grf. Festetics v. Tolna, geb. 1818, und hat, neben einer Tochter, einen Sohn.

Biedermann, Ritterschaft im Voigtlande, Tab. 198—201. — N. geneal. Handbuch, 1777. S. 339 und 1778. S. 889. — *Megerle v. Mühlfeld*, Erg.-Bd. S. 109. — *Freih. v. Ledebur*, III. S. 24. — Taschenb. der freih. Häuser, 1853, S. 482 und 83, 1864, S. 864 u. 65 u. ff. Jahrgg. — *Siebmacher*, I. 89; v. Trautenberg, Bayerisch. — *v. Meding*, I. S. 516. — *Kneschke*, I. S. 428.

Trautenberger v. Trautenberg. Ein zu dem böhmischen Adel früher gehörendes Geschlecht. In einer Ahnentafel wird zuerst Sigmund Trautenberger v. Trautenberg auf Fuchsmühl, welcher um 1530 lebte, genannt. Von dem Sohne desselben, Christoph Tr. v. Tr. auf Fuchsmühl und Nacketen-Dörfflass, stammte Johann Andreas Tr. v. Tr. auf Wildenstein und Nacketen-Dörfflass und von diesem entspross um 1660 Sigismund Abraham Tr. v. Tr. Von den Nachkommen des Letzteren lebten noch 1741 Friedrich Tr. v. Tr., Herr auf Nacketen-Dörfflass und Ober-Wildenstein nebst einigen Söhnen und Carl Joseph Tr. v. Tr. auf Unter-Wildenstein, Fürstl. Bambergischer und Würzburgischer Hauptmann, welcher zwei Söhne, Anton Ferdinand und Franz Heinrich Ernst, hatte.

Gauhe, II, S. 1178 und 79; nach dem Calendar. St. Adalberti.

Trautenbuhlen, Trauterbuhle. Reichsadelsstand. Diplom von 1571 für Johann Christoph und Ludwig Trauttenbühel. — Altes Freisassen-Geschlecht zu Aschersleben und Pfänner zu Halle. — Johann Trautenbuhlen, Magdeburgischer Kanzler, gest. 1585, empfing 1566 auf dem Reichstage zu Augsburg, im Auftrage des Erzbischofs Sigismund von Magdeburg, Magdeburgische und Halberstädtsche Lehne; Johann v. T., geb. 1564, starb 1596 als Canonicus zu St. Nicolai in Magdeburg und Johann Christoph v. Tr., s. oben, starb als der Letzte des Stammes 20. Aug. 1673.

Freih. v. Ledebur, III. S. 24 und 351.

Trautenburg, v. der Trautenburg, genannt Beyern (in Blau ein aus dem, an der linken Schildesseite befindlichen Gebüsche hervorbrechendes, silbernes Windspiel mit rothem, beringten Halsbande). Magdeburgisches und Halberstädtsches Adelsgeschlecht, welches bereits 1600 zu Neu-Haldensleben und 1627 zu Derneburg, zu Hornhausen und Ottleben sass und noch 1750 zu Derneburg, Hornhausen und Ottleben begütert war.

Freih. v. Ledebur, III. S. 24. — Halberstädtscher Stifts-Kalender von 1764. — *v. Meding*, I. S. 617. — Suppl. zu Siebm. W. B. II. 29.

Kneschke, Deutsch. Adels-Lex. IX.

Trautmann (im Schilde drei über das Kreuz gelegte Streitkolben). Ein nach Anfange des 17. Jahrhundert in Meklenburg vorgekommenes Adelsgeschlecht. — Magnus u. Ernst v. Trautmann zu Gross-Schönfeld wurden 1603 zur Ritterschaft des Landes Sturgard gerechnet.
Freih. v. Ledebur, III. S. 24 und 351.

Trautson, Trautson-zu Falckenstein, Trautsohn, Freiherren, Grafen u. Fürsten (Schild geviert mit blauem Mittelschilde und in demselben ein silbernes Hufeisen. 1 in Gold ein schwarzer Doppeladler mit kaiserlicher Krone und mit silbernem, mit einem R. bezeichneten Brustschilde; 2 in Roth ein silberner Querbalken und im Felde ein dreispitziger Felsen, auf welchem ein Falke von natürlicher Farbe sitzt; 3 in Silber auf einem schwarzen Dreiberge ein schwarzer Hahn u. 4 in Gold ein halber schwarzer Bock, unten mit rothen Flammen). Reichs-Freiherrn-Grafen- und Fürstenstand. Grafendiplom von 1598 für Paul Sixtus Freiherrn v. Trautson, kaiserl. Geh. Rath und Statthalter in Oesterreich, mit der Freiheit Münzen prägen zu lassen und Fürstendiplom von 1711 für Leopold Donatus Grafen v. Trautson zu Falckenstein, k. k. Geh. Rath und Obersthofmeister, wegen seines uralten gräflichen Herkommens, und zwar mit dem Uebergange auf die Erstgeburt. — Altes, tiroler Rittergeschlecht, welches im 16. Jahrhunderte unter K. Maximilian II. nach Oesterreich kam, seit 1452 die Erbmarschall-Würde in Tirol und seit 1620 das Oberste Erb-Hofmeister-Amt in Nieder-Oesterreich besass. — Zuerst wird meist Bartholomaeus Tr. genannt, welcher um 1134 lebte und nach Gr. Brandis kommt zuerst Conrad Tr. vor, welcher in einem Diplome von 1178 unter vielen Grafen u. Herren die oberste Stelle einnimmt. Die Nachkommen der Letzteren erhielten die Herrschaften Matray, Reiffeneck und Falckenstein und nannten sich nach denselben. Die Herrschaft Matray erhielt Gervicus v. Tr. durch Vermählung und Johannes Tr. v. Matray, Ritter und Freiherr, war im 15. Jahrh. bei drei Kaisern Geh. Rath, Oberst-Hofmarschall und Burggraf, in Tirol. Vom Grafen Paulus Sixtus, s. oben, stammte Graf Johann Franz, kais. Geh. Rath, Oesterreichischer Marschall und der Nieder-Oesterr. Landesregierung Präsident, welcher 1663 starb und zwei Söhne, Franz Eusebius u. Leopold Donatus hinterliess. Franz Eusebius, k. k. Geh. Rath u. Oberst-Erbland-Hofmeister starb 1718 im 88. Lebensjahre u. von seinen Söhnen war Franz Anton, k. k. Kümm., gest. 1738, unvermählt, der jüngere aber, Vitus Eusebius, Domherr zu Passau und Olmütz, insulirter Propst ad St. Johann. Baptistam zu Sambeck in Ungarn und des Kgr. Ungarn Prälat, Inhaber der Herrschaft und Propstei Steinach, hatte die Trautsonschen Herrschaften und Güter geerbt und wurde 1738 mit denselben belehnt. Der Bruder des Franz Eusebius: Leopold Donatus, kais. Geh. Rath und Ober-Kämmerer, erhielt, s. oben, 1711 den Reichs-Fürstenstand und wurde im folgenden Jahre zum Reichshofraths-Präsidenten ernannt, nahm aber diese Stelle nicht an. 1715 wurde er Ober-Gouverneur des Banco-Collegii zu Wien. Derselbe starb 1724 u. hinterliess vier Söhne, von welchem der Aelteste in Folge des Kaiserl. Diploms über die Fürstenwürde den Fürstlichen Titel annahm. Derselbe, Fürst Johann Wilhelm I., geb. 1700, k. k. Geh. Rath, Erbland-Hofmeister in Oesterreich, Erb-Landmarschall in Tirol und bis 1730 Reichshofrath, hatte sich in erster Ehe 1722 vermählt mit Maria Anna Josepha Grf. Ungnad v. Weissenwolff, gest. 1729, aus welcher Ehe nur eine Tochter, Maria Rosalia Ernestina, am Leben blieb. Die zweite Ehe mit Maria Franzisca Grf. v. Mansfeld war kinderlos. Die drei Brüder des Fürsten Johann Wilhelm I. waren: Graf Anton Ernst, Ritter des Maltheser-Ordens und k. k. Kämm., Graf Johann Joseph, geb. 1704, Domherr zu Salzburg und Passau, Abt zu Peckard in Ungarn u. Graf Ludwig Franz, geb. 1713. An Letzteren kam später die Fürstenwürde und mit dem Fürsten Johann Wilhelm II., welcher 31. Oct. 1775 ohne männliche Erben starb, erlosch der Mannsstamm des alten Hauses und mit der dritten Gemahlin desselben, Maria Caroline Freiin v. Hager zu Altensteig, der Letzten des fürstlichen Hauses, ist dasselbe 12. Jan. 1793 gänzlich ausgestorben.

Bucelini Stemmatogr. III. S. 241. — *Gr. Brandis*, II. 94. — *Spener*, S. 352 und 552. — *Gr. v. Wurmbrand*, S. 273. — *Hübner*, II. Tab. 363—65. — *Seifert*, General Beschreib. aller Reichsgrafen, S. 68. — *Sinapius*, II. S. 262. — *Freih. v. Hoheneck*, II. S. 726 u ff. — *Gauhe*, S. 2591—93. — *Zedler*, 45. S. 271—80. — *Jacobi*, 1800, I. S. 450. — *Freih. v. Ledebur*, III. S. 24. — *Siebmacher*, I. 23; Trautson, Freiherren, II. 16 und III. 98. — Der Durchlaucht. Welt Wappenkalender auf 1734, Tab. 89 u. S. 51: Stammtafel u. Wappen des Fürsten v. Trautson. — Supplem. zu Siebm. W. B. VI. 2: Fst. Tr.

Trauttmansdorf, Grafen und Fürsten (Schild geviert, mit von Roth und Silber der Länge nach getheiltem Mittelschilde, und in demselben schwebend eine Rose von gewechselten Tincturen: Stammwappen; 1 von Silber und Roth sechsmal schrägrechts getheilt: Castelalt; 2 und 3 in Silber drei übereinander schwebende, rothe Hüte mit herabhängenden, zugeknöpften Bändern: Höltzler und 4 von Roth, Silber und Gold halb in die Länge und ganz quergetheilt: Kirchberg). — Reichsgrafen- und Fürstenstand. Grafendiplom von 1625 für Maximilian Freiherrn v. Trauttmansdorff (1619 Abgeordneten auf dem Kaiserwahlconvente) und für die Brüder desselben, Sigismund Friedrich und Johann David Freih. v. Tr., zugleich mit Verleihung des Oberst-Erbland-Hofmeister-Amts an die Familie und Reichsfürstendiplom von 1805 für Ferdinand Reichsgrafen v. Trauttmansdorff (Trauttmannsdorff), k. k. Kämmerer, Geh. Rath und Staats- und Conferenz-Minister, nach dem Rechte der Erstgeburt. — Altes, nach Einigen aus Steiermark, nach Anderen von den ehemaligen Grafen von Tirol stammendes, böhmisches und österreichisches Geschlecht, welches schon 984 bekannt gewesen soll. Zu Ende des 13. Jahrhunderts kommt das Geschlecht in Oesterreich urkundlich vor und besass in Steiermark das gleichnamige Schloss, so wie in Niederösterreich ein anderes desselben Namens. — Die Familie breitete bald sich weit aus: in der zwischen Rudolph v. Habsburg und dem Könige Ottocar II. von Böhmen bei Laa auf dem Marchfelde unweit Wien 1278 gelieferten Schlacht fielen 14 Sprossen des Stammes und nach der zwischen dem Gegenkaiser Ludwig von Bayern u. Friedrich dem Schönen von Oesterreich 1322 bei Mühldorf geschlagenen Schlacht lebten von Achtzehn in derselben kämpfenden Gliedern des Geschlechts nur noch zwei, oder nach einer anderen Angabe von dreiundzwanzig noch drei. — Zu Anfange des 16. Jahrh. blühten fünf Linien: die Linie David's in Oesterreich, Leopold's in Tirol und die Andreische, Wilhelmsche und Ehrenreichische Linie in Steiermark. Die vier letzteren sind schon lange erloschen. Die David'sche Linie theilte sich gegen Ende des 16. Jahrh. durch zwei Brüder, Job Hartmann in Oesterreich und Hans Friedrich in Steiermark, in zwei Hauptlinien, von welchen die ältere, die Johann Hartmanns Linie, welche später die Ehrenreich-Trauttmansdorff'sche Nebenlinie in sich fasste, nach Anfange des 19. Jahrh. erloschen ist, die jüngere aber, die Johann-Friedrichs Linie, durch Hans Friedrich's jüngsten Sohn, Maximilian, geb. 1584, dauernd fortgesetzt wurde. Letzterer, s. oben, brachte mit seinen Brüdern 1623 den Reichsgrafenstand in die Familie, erlangte die Herrschaft Weinsberg und 1631 die Aufnahme in das Schwäbische Grafen-Collegium, schloss 1635 den Prager- und 1648 den Westphälischen Frieden und ist der Stammvater aller noch lebenden Sprossen des Hauses. Derselbe starb 1650 und hinterliess aus seiner Ehe mit Sophia Grf. Pálffy sieben Söhne, für welche er eben so viele Fideicommisse mit wechselseitiger Substitution stiftete, doch nur zwei derselben hatten dauernde Nachkommenschaft und zwar stiftete der älteste Sohn, Adam Matthias, gest. 1684, die nun für den jeweiligen Aeltesten nach dem Rechte der Erstgeburt gefürstete Linie in Böhmen und der jüngste Sohn, Georg Sigmund, gest. 1708, die steiermärkische Linie. Die böhmische Linie spaltete sich durch zwei Söhne des Stifters, Adam Matthias, in zwei Aeste, den älteren, jetzt fürstlichen Ast, oder die Nachkommenschaft Rudolph Wilhelms, gest. 1689 und den jüngeren reichsgräflichen, oder die Nachkommenschaft Sigmund Ludwig's, gest. 1707, die steiermärkische Linie aber trennte sich mit des Stifters Enkeln in zwei Aeste, den von Sigmund Ernst, gest. 1752, stammenden ersten und den von Weicard Joseph absteigenden zweiten Ast. — Aus dem älteren, später fürstlichen Aste der böhmischen Linie wurde Graf Franz Norbert, geb. 1705 und gest. 1786, mit seinen Nachkommen und den vom Grafen Maximilian, gest. 1650, stammenden Agnaten 1778 in das Schwäbische Reichsgrafen-Collegium mit Sitz und Stimme, wozu dieses Haus schon 1631, s. oben, eingeführt gewesen, aufgenommen. Graf Ferdinand — Sohn des Grafen Franz Norbert — kaufte die reichsunmittelbare Besitzung Umpfenbach bei Miltenberg am Main, worauf derselbe, wie angegeben, für sich und seine Nachkommen die reichsfürstliche Würde erhielt und Sitz und Stimme im Reichsfürstenrathe erlangte. Umpfenbach wurde zur gefürsteten Grafschaft erhoben, später aber, 1812, verkauft und steht jetzt unter Staatshoheit der Krone Bayern, dem fürstlichem Hause Löwenstein-Wertheim-Freudenberg, Vollrathischer Linie, zu. — Der Grundbesitz des Gesammthauses Trauttmansdorff ist sehr bedeutend. Dasselbe besitzt als Fidei-Commisse die Herrschaften Teinitz und Gitschin in Böhmen, Hall und Waltersdorf in Oesterreich und Trauttmansdorff, Gleichenberg und Negau in

Steiermark, so wie die Allodialgüter: Poniggl in Steiermark, Lipnitz, Heraletz, Zabielitz und Kostel in Böhmen und Trauttmansdorff und Fragsburg in Tirol. — Der Personalbestand des Gesammthauses wird jetzt in zwei Linien, der Böhmischen, oder Adam-Matthias-Linie, mit dem Gefürsteten Zweige und dem im Mannsstamme ausgestorbenen Seitenzweige und in der Steyrischen- oder Georg-Sigmunds-Linie, welche in zwei Zweige, dem älteren auf Gleichenberg und dem jüngeren auf Trauttmansdorff in Tirol, geschieden ist, aufgeführt. — Stammreihen beider Linien mit den Unterlinien der Georg-Sigmunds-Linie in Steiermark finden sich in dem Werke: Deutsche Grafenhäuser der Gegenwart, so wie in dem Gothaischen Genealogischen Taschenbuche, 1862, S. 224—26. — Haupt der gefürsteten Zweige der Böhmischen- oder Adam-Matthias-Linie ist: Fürst Carl, geb. 1845 — Sohn des 1859 verstorbenen k. k. Generals der Caval. Fürsten Carl aus der Ehe mit Maria Anna Prinzessin v. und zu Liechtenstein, geb. 1820 — Fürst zu Trauttmansdorff-Weinsberg und Neustadt am Kocher, gefürsteter Graf auf Umpfenbach, Freiherr auf Gleichenberg, Negau, Burgau und Totzenbach, Herr auf Horschau-Teinitz u. s. w., k. k. österr. erblicher Reichsrath. Der Bruder des Fürsten Carl, neben fünf Schwestern, ist: Graf Ferdinand, geb. 1855. — Haupt des älteren Zweiges auf Gleichenberg der Steyrischen- oder Georg-Sigmunds-Linie ist: Maximilian Weichhard Gr. zu Trauttmansdorff-Weinsberg, Freih. auf Gleichenberg, Negau u. Totzenbach, Herr auf Teinitz und Bertholdstein, geb. 1842 — Sohn des 1849 verstorbenen Grafen Thaddaeus aus der Ehe mit Maria Grf. v. Woraczizcky-Bissingen, geb. 1821, verm. 1831 — Erblandhofmeister in Steiermark. Die Schwestern desselben sind: Grf. Antonia, geb. 1840 u. Grf. Anna, geb. 1841. — Haupt des jüngeren Zweiges auf Trauttmansdorff in Tirol ist: Joseph Graf Trauttmansdorff-Weinsberg, geb. 1807 — Sohn des 1809 verstorbenen Grafen Johann Nepomuk, k. k. Kämmerers, Geh. Raths und niederösterr. Land-Marschalls, aus der Ehe mit Maria Therese Grf. v. Nádasd, verm. 1797 und gest. 1847 — Freiherr auf Gleichenberg, Negau, Burgau und Totzenbach, Herr auf Teinitz, Trauttmansdorff, Fragsburg, Woleschna u. Poniggl, Erblandhofmeister in Steiermark, k. k. Kämm. und Rittmeister in d. A., Besitzer des Fideicommisses der Ernst-Sigmunds-Linie Hammerschmidt.

<small>Prodrom. Gloriae Pragensis, S. 730. — Gr. v. Brandis, S. 94. — Durchl. Welt, Ausg. von 1710, S. 442—57. — Sinapius, II. S. 264. — Hübner, II. Tab. 572—78. — Freih. v. Hoheneck, II. S. 720. — Gauhe, II. S. 1179—85. — Zedler, 45. S. 257—70. — Jacobi, 1800. II. S. 63—65. — Hormeyer Freih. v. Hortenburg, Archiv für Geographie u. s. w. VIII. Jahrg. S. 322—26: Das Fabier-Geschlecht der Trauttmannsdorfer, aus dem Freih. v. Stadel steyer. Ehrensp. durch Ritter v. Kalchberg mitgetheilt. — Megerle v Mühlfeld, S. 9. — Schmutz, IV. S. 208 u. 209. — Allgem. genealog. Handbuch, 1824. I. S. 873—75. — v. Schönfeld, I. S. 33—41. — Musch, S. 174—76. — Gen.-histor. statist. Almanach, Weimar, 9. Jahrg. für 1832, S. 418 und 19. — Deutsche Grafenh. d. Gegenw. II. S. 575—78. — Freih. v. Ledebur, III. S. 24. — Goth. Hofkalender und genealog. Taschenb. 1836, S. 247, 1848, S. 236, 1850, S. 208, 1862, S. 224—29 u. ff. Jahrgg. — Siebmacher, I. 20: Freih. v. T. V. 10: Gr. v. T. und VI. 12: Gr. v. T. — Spener, Tab. 24 und S. 549. — Trier, Tab. 82 und S. 532—34. — v. Meding, III. S. 673—76. — Suppl. zu Siebm. W. VI. 20: Gr. v. T.</small>

Trautvetter, auch Freiherren (Schild quergetheilt: oben in Silber ein aufwachsender, rother Ochse, rechts, wie links, von einem goldenen Sterne begleitet u. unten in Gold zwei schrägrechte, schwarze

Balken. Schwedischer Adels- und Freiherrnstand und Adelsstand des Kgr. Sachsen. Schwedisches Adelsdiplom vom 31. Mai 1684 für Hermann Georg Trautvetter und Freiherrndiplom vom 2. März 1720 für Johann Reinhold v. Trautvetter und k. sächsisches Adelsdiplom vom 23. Mai 1825 für Friedrich Wilhelm Trautvetter, k. sächs. Hofrath u. Agenten bei der k. sächs. Gesandtschaft in Petersburg. — Die aus Schweden stammende Familie v. Tr. wurde auch in Ostpreussen und Pommern begütert und sass zu Görken unweit Mohrungen und 1733 im Franzburgischen zu Batevitz u. Hohendorf. Einem anderen Geschlechte gehörte der Empfänger des k. sächs. Adelsdiploms von 1825 an, doch giebt auch letzteres das oben beschriebene Wappen an. — Friedrich Wilhelm v. Tr. war 1782 zu Witzelrode in Sachsen Meiningen geboren.

<small>Handschriftl. Notizen. — *Freih. v. Ledebur*, III. 24 u. 351. — Schwed. W. B. 180: Freih. v. T. — W. B. d. Sächs. Staaten, VIII. 58; v. Tr.</small>

Trauttweiler v. Sturmhag. Erbl.-österr. Adelsstand. Diplom von 1813 für Joseph Trauttweiler, k. k. Oberstwachtmeister, mit: v. Sturmhag (Sturmbegg). Der Stamm blühte fort: Joseph Trauttweiler v. Sturmbegg war in neuester Zeit k. k. Lieutenant.

<small>*Megerle v. Mühlfeld*, S. 275. — Militair-Schematism. des Österr. Kaiserthums.</small>

Trautzschen (in Schwarz drei silberne Querbalken). Adelsstand des Kgr. Sachsen. — Die sächsische Familie v. Trautzschen stammte aus dem Stammhause Wittgendorf bei Zeitz u. zu derselben gehörte der in kursächs. Militairdiensten stehende Hans Carl Heinrich v. Trautzschen, welcher 1798 Oberst u. Gouvernements-Adjutant in Dresden wurde. Der letzte Sprosse des Geschlechts, der k. sächs. Major v. Trautzschen — wohl der Sohn des eben genannten Obersten v. T. — hatte im Testamente gewünscht, dass sein Pflegesohn, Carl Friedrich Siedel, k. preuss. Hauptmann a. D. und Lehrer im Planzeichnen an der k. sächs. Forstacademie zu Tharand, Wappen und Namen der Familie v. Trautzschen fortführen möge, welcher Wunsch denn auch vom Könige Friedrich August I. von Sachsen durch Diplom vom 20. Jan. 1821 erfüllt wurde. Von den Nachkommen des Stifters des neuen Stammes wurde Otto Carl Hermann v. Trautzschen im k. sächs. Steuerwesen bedienstet und Rudolph Hans v. T., Beamter der sächs.-böhmischen Staatseisenbahn.

<small>Handschriftl. Notizen. — W. B. d. Sächs. Staaten, IV. 89. — *Kneschke*, IV. S. 414.</small>

Trauwitz, auch Trauwitz-Weisshaupt, Weishaupt Ritter v. Trauwitz (Schild geviert: 1 und 4 in Gold ein schwarzer Adler und 2 und 3 in Roth ein grüner Lorbeerkranz und in der Mitte desselben ein geharnischter, mit einem Pfeile bewaffneter Arm). Böhmischer alter Adels- und Ritterstand. Diplom des böhmischen alten Adelsstandes vom 25. Dec. 1666 für Johann Lorenz Trauwitz und Ritterdiplom vom 10. Oct. 1702 für Johann Heinrich Weisshaupt, Gutsbesitzer in Schlesien, mit: v. Trauwitz. — Johann Laurentius v. Trauwitz hatte 1656 das Indigenat in Ungarn erhalten und machte sich dann in Schlesien mit zwei Rittergütern: Bischkowitz bei Nimptsch und Karausche bei Trebnitz ansässig. Später, 1720, war Schlanowitz unweit Wohlau und 1749 noch Pirschen bei Trebnitz in der Hand der Familie.

Sinapius, II. S. 981 und 82. — Gauhe, II. S. 1185. — Megerle v. Mühlfeld, Erg.-Bd. S. 222; Weishaupt Ritter v. Trauwitz. — v. Hellbach, II. S. 600. — Freih. v. Ledebur, III. S. 25. — v. Meding, III. S. 676 und 77. — W. B. der Sächs. Staaten, X. 69.

Travelmann (Schild von Gold, Blau und Silber in drei Theile quergetheilt, ohne Bild). Münstersche Erbmänner, welche schon 1362 zu Wervoldink, 1379 zu Brughehus, Ebbeldink u. Suthorp und noch 1600 zu Newinghof und 1610 zu Amelingbüren angesessen waren. Die Familie gehörte auch zu der Lübeckschen Ritterschaft.

Freih. v. Ledebur, III. S. 25.

Trebis. Altes, thüringisches Adelsgeschlecht, aus welchem Hans v. Trebis auf Grossneuhausen an der Lossa im Weimarschen noch 1560 zu den Stolbergischen Lehn-Leuten gehörte.

Freih. v. Ledebur, III. S. 25.

Trebnitz (im Schilde eine blaue Rose: Stamm Poray). Ein zu dem in Ost- u. Westpreussen begüterten Adel gehörendes Geschlecht, welches in der zweiten Hälfte des vorigen Jahrhunderts zu Fehlau, Kobulten, Krämershof, Mengen, Storlus und Jelenice sass.

Freih. v. Ledebur, III. S. 25.

Trebra (in Schwarz zwei schrägrechte, goldene Balken). Altes, sächsisches, besonders thüringisches und mansfeldisches Adelsgeschlecht, welches schon 1207 genannt wurde und später auch nach Franken, Pommern und Ostpreussen kam. Dietrich v. Trebra unterzeichnete 1225 eine Querfurtsche Verleihung einiger Güter zu Riedenbutg an das deutsche Ordenshaus zu Halle; Friedrich v. T. begab sich 1227 mit dem Landgrafen Friedrich dem Frommen in das gelobte Land und Martin v. T. kommt 1240 bei Bestätigung eines Kaufes des Klosters Dobrilugk vom Markgrafen Heinrich dem Erlauchten als Zeuge vor; Eckard v. T. war 1250 Landcomthur des deutschen Ordens in Thüringen und Heinrich v. T. 1270 markgräfl. meissenscher Protonotar (Kanzler). — Die ordentliche Stammreihe beginnt Val. König mit Albrecht v. Trebra, Amtmann zu Sachsenburg, um 1403 und als Stammhaus wird das schon in sehr früher Zeit vorgekommene Rittergut Nieder- und Ober-Trebra an der Ilm im Weimarschen angenommen, auch wird bereits 1225 im Schwarzburgischen ein den Namen der Familie führender Sitz genannt. — Von Albrecht's v. T. Nachkommen wurden namentlich bekannt: Hans Caspar, welcher 1678 als kaiserl. Rittmeister starb, nachdem er die katholische Religion angenommen; Hans Friedrich, Bruder des Vorigen, Landes-Aeltester des Fürstenthums Querfurt, gest. 1701 und zwar mit Hinterlassung eines Sohnes: Caspar Friedrich auf Reinsdorff, gest. 1714 als herz. sachsen-weissenf. Oberstwachtmeister und Commandant zu Heldrungen und Vater zweier Söhne: Christoph Friedrichs auf Braunsroda, Kammerjunkers am herz. Hofe zu Weimar und Caspar Wilhelms auf Reinsdorff, Kammerjunkers am h. weissenf.

Hofe; Caspar Wilhelm, um 1680 kursächs. Oberstlieutenant; Curt, früher Rittmeister in den ungarischen Kriegen, später, 1637, gestorben als Gräflicher Burggraf zu Mansfeld und Adam Heinrich v. Trebra, h. sachs. weissenf. Ober-Schenk, welcher 1717 die Heldrungische Linie schloss und seine Güter: Braunsroda und Brettleben an die Vettern der Querfurt-Mansfeldischen Linie verfiülte. — In letzterer Linie hat der Stamm in Sachsen und Preussen dauernd fortgeblüht und in beiden Ländern waren Sprossen desselben bedienstet. In Sachsen, wo das Geschlecht das Rittergut Polenz bei Grimma und Ober-Forchheim p. r. an sich gebracht, zeichnete sich dasselbe namentlich durch Friedrich Wilhelm v. Trebra aus, welcher in den 80er Jahren des vorigen Jahrh. kursächs. Berghauptmann war und noch in neuer Zeit lebte in Ober-Forchheim Carl Heinrich Hieronymus v. T., welcher 1818 als k. sächs. Hauptmann in die Armee-Reserve versetzt wurde und in Dresden als Privatmann Hans Eduard v. T. In Sachsen hat übrigens laut amtlicher Bekanntmachung vom 28. Jan. 1854 der Oberförster Johannes v. Trebra zu Schneeberg die Königl. Erlaubniss erhalten, mit seinen Nachkommen den Namen „v. Trebra-Lindenau" annehmen und führen zu dürfen u. mit dem angestammten Wappen das Lindenauische Wappen zu vereinigen. — Im Kgr. Preussen, wo mehrere Familienglieder und unter diesen namentlich der frühere Capitain im Generalstabe v. T., um 1839 Major im 5. Infant.-Regim., in der Armee gestanden, waren 1857 nach Rauer im Kr. Eckartsberga noch begütert: die Gebrüder Bartholomaeus, Eduard und Robert v. Trebra auf Braunsroda und Brettleben und die Gebrüder Carl Gottlob Heinrich Hieronymus v. Trebra, Hauptmann und Johann Oscar v. T. auf Reinsdorf.

Spangenberg, Adelssp. II. S. 209. — *Valent. König*, III. S. 1126—41. — *Gauhe*, I. S. 2593 u. 94. — *Zedler*, 45. S. 321 30. — *Biedermann*, Canton Ottenwald, Tab. 341. — *v. Uechtritz*, Geschlechts-Erzählungen, I. Tab. 11 und 12 und Desselben diplomat. Nachrichten von 1663—1785 aus verschiedenen Kirchenbb., VII. S. 67—70. — N. Pr. A.-L. V. S. 443. — *Freih. v. Ledebur*, III. S. 25 und 351. — *Siebmacher*, I. 170: v. Trebra, Sächsisch. — *v. Meding*, I. S. 617. — W. B. der Sächs. Staaten, V. 93. — *Kneschke*, III. S. 421 und 422.

Trebus. Altes, berliner Patricier-Geschlecht, welches im Barnimschen schon 1375 zu Grunow und Werneuchen und noch um 1687 zu Eggersdorf sass. Dasselbe ist wohl mit Georg Christoph v. Trebus, welcher 1687 starb, erloschen.

Freih. v. Ledebur, III. S. 25.

Trechow (im Schilde zwei, mit in die Höhe gekehrten Sachsen, neben einander stehende Flügel). Altes, längst ausgestorbenes, meklenburgisches Adelsgeschlecht.

v. Meding, III. S. 677: nach dem MS. abgegangener meklenburg. Familien.

Treffenfeld, Henning v. Treffenfeldt (in Blau ein silberner, geharnischter, mit Schwert bewaffneter Arm). Kurbrandenburgischer Adelsstand. Kurfürst Friedrich Wilhelm erhob am Tage der Schlacht von Fehrbellin, 18. Juni 1675, in denselben, wegen grosser Auszeichnung, seinen Obersten von der Cavalerie, Joachim Henning, unter dem Namen: v. Treffenfeld. Der Erhobene, wegen neuer Auszeichnung 30. Jan. 1679 zum Generalmajor befördert, starb 1689 als Herr der pommerschen Güter Plestlin bei Demmin und Priemen unweit Anclam. Der Stamm blühte fort und war in der Altmark 1710 zu Holzhausen, 1713 zu Carritz, Dobberkau, Königde, Neuendorf, Schäplitz und Wollenhagen und noch 1756 zu Wollenhagen und 1769 zu Dobberkau und Königde begütert.

v. Hellbach, II. S. 806. — N. Pr. A.-L. IV. S. 272. — Freih. v. Ledebur, III. S. 25. — W. B. d. Preuss. Monarchie, IV. 77.

Treitschke (Schild geviert: 1 in Gold eine schrägrechts gelegte, fünfblättrige, rothe Blume mit zwei grünen Blättern an einem grünen Stengel; 2 und 3 (1 und 2 im zweiten und 2 u. 1 im dritten Felde) silberne, sechseckige Sterne und 4 in Gold ein schrägrechts mit der Spitze nach oben gelegtes, blosses Schwert mit goldenem Griffe). Adelsstand des Kgr. Sachsen. Diplom vom 25. Juli 1821 für die Gebrüder Friedrich Adolph Treitschke und Eduard Heinrich T. Sous-Lieutenants in der k. sächs. Infanterie. Die amtliche Bekanntmachung dieser Erhebung erfolgte 23. Oct. 1821. — Die Empfänger des Diploms stammten aus einer in Folge der Religionsunruhen im 17. Jahrh. aus Böhmen nach Sachsen gekommenen Adelsfamilie, welche später den Adel ablegte, das Familienwappen aber beibehielt. Dasselbe unterschied sich, was den Schild anlangt, von dem angegebenen Wappen nach dem Diplome von 1821 nur dadurch, dass sich im 4. rothen Felde ein schräg rechtsgestellter Anker fand. Es ist daher auch das Diplom von 1821 als Erneuerungs-Diplom des alten Adels mit Wappenverbesserung aufgeführt worden. — Eduard Heinrich v. Treitschke, geb. 1796 in Dresden, stieg in der Sächsischen Armee von Stufe zu Stufe; wurde 1848 Oberst, 1849 Generalmajor u. Commandant der 2. Infanterie-Division und war später und noch 1866 Generallieutenant und Commandant der Festung Königstein. Von seinen Söhnen ist D. Heinrich v. Treitschke Professor der Geschichte an der Universität Heidelberg und Heinrich Leo v. T. k. sächs. Oberlieutenant.

Handschriftl. Notiz. — Dresdner Kalender zum Gebr. für die Residenz, 1847, S. 190 und 1849, .172. — Freih. v. Ledebur, III. S. 351. — W. B. der Sächs. Staaten, VI 98. — Kneschke, I. S. 44.

Trenbach (Schild geviert: 1 u. 4 quergetheilt: oben in Schwarz drei an einander stossende, goldene Wecken und unten Gold ohne Bild und 2 und 3 in Silber der rechtsgekehrte Kopf und Hals eines rothen Vogels, welcher im Schnabel einen schrägrechts gelegten, goldenen Stab hält). Altes, aus Ungarn nach Bayern gekommenes Adelsgeschlecht, welches früher den Namen Wackher führte und lange in Ungarn bei Griechisch-Weissenburg wohnte, von wo vier Brüder Wackhers um 900 nach Bayern kamen, den väterlichen Namen ablegten und sich nach den von ihnen erkauften Schlössern nannten. Diemo fing die Linie zu Leberskirchen, Stephan die zu Zachendorff, Peter die zu Groppenstein und Azel die zu Trenbach an. — Urban v. Trenbach starb 1598 als Bischof zu Passau u. der Sohn seines Bruders, Johann Georg v. T., setzte den Stamm fort, doch ist nicht bekannt, dass derselbe noch in neuerer Zeit geblüht habe.

Bucelini Stemmatogr. P. III. — Gauhe, II. S. 1186. — Zedler, 45. S. 369. — Siebmacher, I. 88: v. Trenbach, Bayerisch.

Trenck, Trenk, v. der Trenk, auch Freiherren und Grafen (in Roth der vorwärtsgekehrte Kopf eines silbernen Stieres, dessen goldene Hörner von zwei goldenen Sternen begleitet sind: Stammwappen und gräfliches Wappen: Schild geviert, mit schwarzem Mittelschilde und in demselben eine linksgestellte, silberne Taube. 1 u. 4 in Roth der vorwärtsgekehrte Kopf eines silbernen Stiers mit goldenen Hörnern und 2 und 3 in Blau zwei neben einander stehende, sechsstrahlige, goldene Sterne). Erbl.-österr. Ritter- u. Preussischer Grafenstand. Ritterdiplom von 1783 für Friedrich v. der Trenk, k. k. Oberstwachtmeister und Grafendiplom vom 5. Juni 1798 für Carl Albrecht v. der Trenck, Besitzer der Gross-Scharlacker Güter unweit Labiau in Ostpreussen, nach dem Rechte der Erstgeburt. — Altes, ursprünglich fränkisches, schon im 13. und 14. Jahrhundert vorgekommenes Geschlecht, welches mit dem deutschen Orden nach Preussen kam und vom Herzoge Albrecht von Preussen 25. Oct. 1533 mit den scharlacker Gütern im Amte Labiau, so wie vom Kurfürsten Friedrich Wilhelm I. von Brandenburg 5. April 1652 mit dem Gute Goldbach unweit Wehlau belehnt wurde und auch mehrere andere Güter erwarb. Johann Albrecht v. d. Trenck (ein den Namen des Geschlechts führender Sitz lag unweit Fischhausen) war 1655 Hofgerichts-Präsident zu Königsberg und Christian Albrecht v. d. T. kurbrandenburgischer Rittmeister. Von Letzterem entsprossten zwei Söhne, von denen der Aeltere, Christoph Ehrenreich, gest. 1740, k. preuss. Generalmajor und Vater mehrerer Kinder, der Stammvater der preussischen v. d. Trenck wurde. Durch den zweiten Sohn desselben, Johann Heinrich, welcher zur katholischen Kirche übertrat, die Herrschaft Prestorat in Slavonien erwarb u. 1742 als k. k. Oberst und Commandant der Festung Leutcha starb, bildete sich in Oesterreich eine Nebenlinie, welche aber schon wieder mit des Stifters Sohne, dem bekannten Franz Freih. v. d. T., k. k. Panduren Obersten geb. 1711 und gest. 1749 auf dem Spielberge bei Brünn, erlosch. Der ältere Sohn Christoph Ehrenreichs: Friedrich Wilhelm, geb. 1726, k. k. Major a. D., fiel nach einem sehr bewegten Leben, welches derselbe 1786, eben so, wie Freiherr Franz das seinige 1745, selbst beschrieben hat, im Juli 1794 zu Paris unter der Guillotine und zwar bei Robespierre's Herrschaft als angeblicher Geschäftsträger fremder Mächte. Durch ihn wurde die Familie abermals nach Oesterreich verpflanzt und von seinen Söhnen starb Joseph Freih. v. d. T. 9. März 1835 als k. k. Feldmarsch.-Lieutenant. — Von Christoph Ehrenreich's Nachkommen, zu welchen auch Friedrich Ludwig v. d. Trenck, k. preuss. Generalmajor, gest. 1797, gehörte und von welchen auch noch Glieder im Kgr. Sachsen leben, erhielt Carl Albrecht, s. oben, den preuss. Grafenstand. Demselben folgte, nachdem er im 76. Lebensjahre gestorben, in der Grafenwürde der Sohn, Wilhelm und nach dessen um 1832 erfolgtem Tode der ältere gleichnamige Sohn, welcher aber als junger Officier starb, worauf der Grafenstand an den jüngeren Sohn, den Grafen Leopold, gest. 1834, k. preuss. Lieutenant, gelangte. Von Letzterem stammte Graf Gustav, geb. 1823,

Majoratsherr auf Schakaulack um 1864, k. preuss. Hauptmann und Compagniechef, verm. 1852 mit Natalie v. Görne, aus welcher Ehe ein Sohn, Victor, geb. 1858, entspross. Der Bruder des Grafen Gustav: Freih. Otto, geb. 1825, k. preuss. Hauptmann u. Compagnie-Chef, verm. sich 1861 mit Anna Förster, geb. 1832. — Aus dem nach Sachsen gekommenen Zweige trat erst vor Monaten ein v. d. Trenck, Pastor zu Neukirch am Hochwalde, nach 40jähriger Amtsthätigkeit in den Ruhestand.

<small>Merkwürdiges Leben und Thaten des Freiherrn Franz v. d. Trenck, Frankfurt u. Leipzig, 1745, welches auch E. F. Hübner: Franz v. d. Trenk, dargestellt von einem Unparteiischen, mit einer Vorrede von Schubarth, Stuttgart, 1788, bearbeitete. — Gauhe, II. S. 1860. — Das Leben des Freiherrn Friedrich v. d. Trenck, Leipzig, 1780 und Berlin, Altenburg, Wien und Bautzen, 5 Bde., 1787—92 und von ihm selbst ins Französische übersetzt, Paris 1789. — Megerle v. Mühlfeld, Erg.-Bd. S. 217. — N Pr. A.-L. IV. S. 272 und 73. - Deutsche Grafenh. d. Gegenwart, II. S. 579 u. 80. — Freih. v. Ledebur, III. S. 25 und 26. — Geneal. Taschenh. der gräfl. Häuser, 1857, S. 829, 1862, S. 926 u. 27, 1864, S. 927 u. ff. Jahrgg. und histor. Handbuch zu Demselben, S. 1019. — W. B. d. Preuss. Monarchie, II. 6: Graten v. d. T.</small>

Trentini v. Wolgersfeld, Ritter und Freiherrn. Erbl.-österr.- und böhmischer Ritterstand und erbl.-österr. Freiherrnstand. Diplom des erbl.-österr. Ritterstandes vom 8. März 1724 für Ignaz Trentini und für den Bruder desselben, Peter Trentini, bischöfl. Olmützer Consistorial-Rath, mit: v. Wolgersfeld und des böhmischen Ritterstandes für Letzteren von 1727 und erbl.-österr. Freiherrn-Diplom vom 25. Febr. 1764 für Ignaz Trentini v. Wolgersfeld, Fürstl. Trientischen Hofrath, wegen alten Adels, dem Hause Oesterreich geleisteter Dienste und naher Verwandtschaft mit dem Fürstbischofe von Trient.

<small>Megerle v. Mühlfeld, S. 91 und Erg.-Bd. S. 217. — Geneal. Taschenbuch der freih. Häuser, 1863, S. 976.</small>

Treskow (in Silber drei, 2 u. 1, rechtsgekehrte schwarze Vögelköpfe mit goldenem Halsband, die bald wie Enten-, bald wie Adlers-, bald wie Pfauenköpfe dargestellt werden. Die Siebmachersche Declaration nimmt Entenköpfe an). Altes, früher auch Treskau und Dreschkau geschriebenes, ursprünglich aus Sachsen stammendes Adelsgeschlecht, als dessen Stammhaus das bei Belgern liegende Burglehn Treskow angenommen wird. Dasselbe breitete sich bald weit aus und wurde in der jetzigen Provinz Sachsen, namentlich im Magdeburgischen u. in den beiden Jerichowschen Kreisen, im Brandenburgischen, in Pommern und in Ostpreussen ansehnlich begütert. Die verschiedenen Aeste des Stammes nannten sich nach ihren Besitzungen und so entstanden die Hauptlinien zu Schlagenthin, Milow und Neuermark, auch kamen Alt- und Neu-Königsborn, Ferchels, Buckow, Bützer, Alt- u. Neugrütz, Menz, Wusterwitz, Mangelsdorf u. s. w. in die Hand der Familie und gaben den Häusern derselben ihren Namen. — In den Marken trat das Geschlecht schon im 10. Jahrhundert auf und machte sich namentlich im Ruppinschen ansässig, wie auch noch jetzt ein der Stadt Ruppin zustehendes Vorwerk den Namen Treskow führt. Später liess sich die Familie fast ganz im Herzogthume Magdeburg nieder und schon im 12. Jahrh. mögen einige Sprossen des Stammes den Grafentitel geführt haben, denn in einem Diplome des K. Friedrich I. Rothbart von 1172 wird Heinrich,

Graf v. Dresska als Zeuge genannt. Heinrich v. Treskow wurde 1351 von dem Brandenburgischen Markgrafen Ludwig mit unterschiedenen Gütern zu Rathenow beliehen u. Hans v. T. brachte 1391 die Stadt Rathenow in die Gewalt des Erzbischofs Albert zu Magdeburg. — Der Stamm blühte dauernd fort und um 1712 lebten unter anderen Gliedern der Familie: Adam Friedrich v. T., Oberster über die Fränkischen Kreistruppen, gest. 1732 als General-Feldmarschall des Fränkischen Kreises; Rüdiger Ernst v. T., Oberst-Lieutenant der genannten Kreistruppen u. Johann Sigismund v. T. auf Schlagenthin, Milow, Bützer, Premnitz, Schollene, Wasserauppe, Spaatz, Grütz, Ferchels, Mangelsdorf und Wusterwitz. Der älteste Sohn desselben, Hans Christoph, starb 1702 zu Warschau als k. poln. Hauptmann, der jüngere aber, Arnd Heinrich, Domherr zu Minden, wurde kurbrandenburgischer Geh. Rath u. Comitial-Gesandter zu Regensburg, wo er 1728, bald nach seiner Ankunft, im 40. Lebensjahre starb, nachdem er den freiherrlichen Character erhalten hatte. Bald nachher, 1731, wurde Otto Melchior v. T., k. preuss. Kammerherr, Johanniter-Ordens-Ritter. — In der k. pr. Armee gingen aus dem Geschlechte v. Treskow mehrere Generale hervor: Hans Otto starb 1756 als Generalmajor, Joachim Christian als Generallieutenant 1762, August Wilhelm, erst Anspach-Bayreutscher- dann preuss. Generallieutenant, 1797, Carl Peter, Generalmajor, 1811, Carl Alexander Wilhelm, Generalmajor, 1823 und Ernst Christian Albrecht, General-Lieutenant, 1831. Ein Generalmajor v. T. ist jetzt General-Adjutant Sr. M. des Königs. Im Kgr. Preussen steht der Familie noch jetzt bedeutender Grundbesitz zu. Nach Rauer waren 1857 begütert: Thassilo v. Treskow, K. Kammerherr auf Dölzig und Hammer im Kr. Soldin; v. T., Hauptmann a. D., auf Blankenfelde und Wedell im Kr. Königsberg in d. Neumark; Geschwister v. T. (Oberstlieutenant a. D. v. T.) auf Schmarfendorf und Schönfliessches Gehege, ebenfalls im Kr. Königsberg in d. Neumark u. v. T., Landschaftsrath, auf Nieder-Baumgarten und Hohen-Petersdorf im Kr. Bolkenhain.

Spangenberg, Adelssp. F. II. — *Albini* Meissn. Landchronik, S. 432. — *Angeli* Märk. Chronik, S. 30 und 169. — *v. Dreyhaupt*, II. Vorrede. — *Dithmar*, Nachr. v/Herrenmeist. d. Joh.-Ord. S. 48. — *Gauhe*, I. S. 2594 und 95. — *Zedler*, 45. S. 488. — *Dienemann*, Nachr. vom Johann-Orden, S. 336 und 369. — N. Pr. A.-L. IV. S. 273. — *Freih. v. Ledebur*, III. S. 26 und 351. — *Siebmacher*, I. 175: v. Treskau, Märkisch. — *Tyroff*, I. 59: F. Hr. v. T., des Fränkischen Kreis. Gen. Feldm.-Lieut. — Pomm. W. B. III. Tab. 67.

Treskow (Wappen ganz wie das im vorstehenden Artikel beschriebene Wappen der alten Familie v. Treskow). Adelsstand des Kgr. Preussen. Diplom vom Könige Friedrich Wilhelm II. von Preussen für Heinrich Treskow, Gutsbesitzer im Posenschen. Der Stamm blühte fort und zu dieser neuen Familie v. T. gehören nachstehende, nach Rauer 1857 begüterte v. T.: die Erben des Otto v. T. auf Owinsk, Chludowo, Choynica, Knyszyn und Trzuskotowo im Kr. Posen, Wronozyn und Zlotnicki im Kr. Schroda und Tworkowo im Kr. Obornik; Heinrich v. T. auf Rodojewo, Bolechowo und Umultowo im Kr. Posen; Julius v. T. auf Grocholin im Kr. Schubin; Carl v. T. auf Friedrichsfelde im Kr. Nieder-Barnim; Heinrich v. T. auf

Dahlwitz, Münchehofe und Rahnsdorf ebenfalls im Kr. Nieder-Barnim und v. T. auf Teupitz im Kr. Teltow

N. Pr. A.-L. IV. S. 274. — Freih. v. Ledebur, III. S. 27 — W. B. d. Preuss. Monarchie, IV. 77.

Trenchtlingen. Altes, fränkisches, schon im 14. Jahrhundert bekanntes, im Canton Altmühl angesessenes Adelsgeschlecht, eines Stammes mit den v. Mittelburg.

v. Falkenstein, Cod. diplom. Antiquit. Nordgav. S. 214. — Biedermann's Nachr. von dem alten Hause der Marsch. v. Calatin, cap. II. §. 19. Not c. p. 94. — Zedler, 45. S. 510. — Biedermann, Canton Altmühl, Tab. 227 und 245.

Tretscher, Trötscher (Schild quergetheilt: oben von Blau und Silber der Länge nach getheilt und unten Roth und über dem Ganzen ein Wolf). Ein in Ostpreussen begütertes Adelsgeschlecht, welches von 1772 bis 1788 zu Drachenstein und Poswangen im Rastenburgischen sass und auch zu Langenbrück unweit Sensburg begütert war. — Johann Peter v. Tretscher, Major im k. preuss. Infanterie-Regim. v. Pirch, starb 18. Juni 1799.

Freih. v. Ledebur, III. S. 27.

Treuenburg. Ein im 17. Jahrh. in Meklenburg begütert gewesenes Adelsgeschlecht, aus welchem Heinrich v. Treuenburg, Major, 1666 bis 1691 Radegast besass. Der Letzte des Stammes starb 1770.

Freih. v. Ledebur, III. S. 27.

Treuenfels, Treuenfels-Hedt (in Blau eine gerade, bis an den oberen Schildesrand reichende Spitze, in welcher auf grünem Boden ein grüner Palmbaum steht u. rechts u. links ist oben die Spitze von einem das Mundstück einwärts kehrenden, goldenen Posthorne beseitet). Schwedischer Adelsstand. Diplom von 1735 für Julius Leopold Hedt, Postmeister in Schwedisch-Pommern, mit: v. Treuenfels. Der Stamm blühte fort und ist nach Meklenburg gekommen. Carl v. Treuenfels starb 1813 als k. preuss. Generallieutenant a. D., der Sohn desselben, Wilhelm v. T., war 1839 k. preuss. Major und Commandant eines Landwehr-Bataillons und ein v. T. war 1837 Herr auf Neuhof. Schon vorher, 1801, hatte die Familie, neben Neuhof, auch das Gut Bentzin im Schwerinschen an sich gebracht.

v. Behr, R. M. S. 1688. — N. Pr. A.-L. IV. S. 274 und V. S. 446 und 47. — Freih. v. Ledebur, III. S. 27. — Meklenb. W. B. Tab. 50. Nr. 189 und S. 35.

Treunstein, Trewenstain. Altes, längst erloschenes, steiermärkisches Adelsgeschlecht, welches die gleichnamige Herrschaft, die nachher in den Besitz der Grafen und Herren v. Stubenberg kam und von diesen an die Freiherren v. Thanhausen verkauft wurde, besass.

Schmutz, IV. S. 213 und 14.

Treutler v. Traubenberg. Erbl.-österr. Adelsstand. Diplom von 1804 für die Gebrüder Franz Carl und Anton Aloys Treutler, mit: v. Traubenberg.

Megerle v. Mühlfeld, Erg.-Bd. S. 474.

Treven. Altes, steiermärkisches Adelsgeschlecht, welches in Steiermark bei Marburg das gleichnamige Gut besass und auf demselben von 1168 bis 1180 vorkommt.

Schmutz, IV. S. 214.

Triangi zu Litsch und Madernbourg, auch Freiherren u. Grafen (Stammwappen: in Roth eine aufsteigende Spitze und in derselben drei Engelsköpfe). Erbl.-österr. Freiherrn- und Grafenstand. Freiherrndiplom von 1781 für Franz Hieronymus v. Triangi zu Litsch und Madernburg (Madernbourg), Oberösterr. Regierungsrath und Landmann in Tirol. In neuerer Zeit ist auch in diese alte, tirolische Familie der Grafenstand hinzugekommen und Anton und Joseph Gr. Triangi zu Litsch und Madernbourg wurden Rittmeister in der k. k. Cavalerie. Zu den älteren Sprossen des Stammes gehörte Carl Leopold v. Triangi (Trianghi), welcher 1722 Canonicus zum Heiligen Kreuze in Breslau war.

Megerle v. Mühlfeld, Erg.-Bd. S. 109. — Militair-Schemat. d. Oesterr. Kaiserth. — *Freih. v. Ledebur*, III. S. 27. — *Siebmacher*, IV. 182.

Tribolet, Tribolet-Hardy (Tribolet: in Blau zwei übereinander gelegte Sparren u. Tribolet-Hardy: im Schilde ein mit einem Kreuze belegter Sparren und unter derselben ein aufwachsender Löwe). Französischer Adelsstand. Diplom vom 8. Oct. 1583 für Jean Jacques Tribolet, Capitain der Schweizer-Garde, gebürtig aus dem Fürstenthume Neuenburg — Gottfried v. Tribolet, Staatsrath zu Neufchâtel, wurde 1798 k. preuss. Kammerherr und lebte noch 1845, in welchem Jahre Carl Ludwig Friedrich v. Tribolet Mitglied des Gerichtshofes zu Neufchâtel und der Abtheilung für Justiz und Polizei war. — Die Familie wurde auch in die Adelsmatrikel des Kgr. Bayern eingetragen und zwar in der Person des Claudius Peter v. Tribolet, geb. 1762, k. bayer. w. Raths und expedirenden Geh. Secretairs des Ministerium der Finanzen.

v. Lang, S. 573. — N. Pr. A.-L. IV. S. 274. — *Freih. v. Ledebur*, III. S. 27. — W. B. des Kgr. Bayern, IX. 15.

Tribsees (in Roth ein grüner Kranz mit acht Lilienblättern). Altes, pommersches Adelsgeschlecht, aus welchem noch 1602 zwei männliche Sprossen am Leben waren. Dasselbe sass in Neu-Vor-Pommern 1253 zu Grenzin bei Franzburg, 1270 zu Drechow, Flemendorf und Tribohm, 1279 zu Voigtdorf, 1511 zu Gransebieth und noch 1626 zu Zarrentin unweit Grimme.

Freih. v. Ledebur, III. S. 27 und 351. — Pommersches W. B. III. Tab. 52 u. 53. Nr. 5 u. 6.

Triebeneck, Freiherren (im goldeneingefassten, rothen Schilde ein rechtsgekehrter, vorwärtssehender Luchs von natürlicher Farbe). Erbl.-österr. Freiherrnstand. Diplom vom 31. Mai 1616 für Erasmus v. Triebeneck. Steiermärkisches Adelsgeschlecht, welches die gleichnamige und die schwarzensteinsche Herrschaft besass.

Schmutz, IV. S. 216. — *Siebmacher*, I. 49; v. Triebeneck, Steyrisch.

Triebel (in Blau ein achteckiger, mit einem rothen Kreuze belegter, silberner Stern). Reichsadelsstand. Diplom von 1764 für Adam Christoph Valentin Triebel, Director des Stiftes zu Langendorf bei Zeitz. Die Erhebung wurde in Dresden 3. Juni 1765 amtlich bekannt gemacht. Der Empfänger des Diploms wurde 1771 zum Ober-Consistorial-Rathe bei den drei Schlesischen Ober-Consistorien ernannt.

Handschriftl. Notiz. — *Freih. v. Ledebur*, III. S. 27 u. 351. — Suppl. zu Siebm. W. B. XI. 17.

Trieben. Altes, längst erloschenes, steiermärkisches Adelsgeschlecht, welches im 12. Jahrh. einen gleichnamigen Markt besass.

Schmutz, IV. S. 215.

Triebenfeld, Triebenfeld-Tripolski (in Roth eine silberne Lilie: Stamm Gozdawa). Im Kgr. Preussen erneuerter Adelsstand. Erneuerungs-Diplom des der Familie zustehenden Adels vom 14. Nov. 1793 für den k. preuss. Regierungs-Forstrath Peter Friedrich Triebenfeld zu Krotoschin. Die Familie war 1812 im Breslauischen zu Leipe, Neudorf, Petersdorf und Schweinern gesessen. Ein Sohn des Forstraths v. T. war 1837 aggr. Rittmeister im k. preuss. 2. Ulanen-Regimente.

v. Hellbach, II. S. 602. — *N. Pr. A.-L.* IV. S. 274. — *Freih. v. Ledebur*, III. S. 28. — W. B. der Preuss. Monarchie, IV. 78.

Trientner. Altes, steiermärkisches Adelsgeschlecht, welches im 14. und 15. Jahrh. die Herrschaft Lind, den Thurm zu Niederpuchs und andere Güter um Puchs besass.

Schmutz, IV. S. 216.

Triller (Schild roth und durch eine aufsteigende, gerade, blaue Spitze getheilt. In der Spitze auf grünem Boden ein rechtsgekehrter Bär und in den Seitentheilen je ein einwärts gekehrter, gekrönter Löwe, der rechtsstehende einen Schürbalken, der linke einen Zschörper (grosses Köhler-Messer) haltend. Auf dem Helme wächst zwischen zwei Büffelshörnern ein rechtssehender Köhler auf, welcher den Schürbaum über die rechte Schulter legt). Reichsadelsstand. Diplom vom 28. Jan. 1592 für zwei Gebrüder Triller, Abkömmlinge des durch den Prinzenraub so bekannt gewordenen Köhlers Georg Schmidt, dessen Name in „Triller" verwandelt worden war.

v. Hellbach, II. S. 603. — *Joann. Vulpii Plagium Kauffungense* in: Triller, der Sächs. Prinzenraub. Frankf. a. M. 1743. S. 177—254, mit Abbild. d. Wappens.

Trimberg. Grafen. Altes, urkundlich zuerst 1137 vorkommendes und 1376 erloschenes Grafengeschlecht, welches ursprünglich in Werigau an der linken Seite der fränkischen Saale sass.

Zedler, 45. S. 776. — *Biedermann*, Canton-Rhön-Werra, Tab. 442. — *Salver*, S. 208, 221 und 406. — *J. A. v. Schultes*, diplomatische Geschichte der Reichsdynasten v. Trimberg, mit 17 Beilagen, in Desselben Neuen diplomatischen Beiträgen zur fränkischen und sächsischen Geschichte, Bd. I. Bayreuth, 1792. S. 1—70.

Trippenbach, Ritter. Alter Reichsritterstand. Bestätigungsdiplom des der Familie zustehenden, alten Reichsritterstandes von 1705 für Dominik Trippenbach, kaiserl. Forstmeister zu Podiebrad und für den Bruder desselben, Ferdinand Franz Trippenbach, kaiserl. Kammer-Fourier. — Die Familie kam nach Meklenburg und von da nach Ostpreussen, wo dieselbe Jankowitz bei Osterode und Kanthon und Prilack bei Fischhausen an sich brachte.

Megerle v. Mühlfeld, Erg.-Bd. S. 217. — *Freih. v. Ledebur*, III. S. 28.

Trips, Berghe v. Trips, Grafen, s. den Artikel: Bergh, Berghe, Berge, genannt Trips, Bd. I. S. 345 und 46.

Triva, auch Grafen (Schild ovalrund und silbern, durch einen schmalen, schwarzen Faden quergetheilt. In der oberen Abtheilung ein goldgekrönter und bewehrter, schwarzer Adler, die untere Abtheilung aber besteht aus sechs Querbalken, gleichfalls durch schwarze Fäden getheilt. Von diesen Querbalken ist der erste von Silber, der zweite roth mit zwei silbernen Quaderstücken belegt, der dritte silbern, der vierte silbern mit zwei rothen Quaderstücken belegt, der fünfte silbern und der sechste ebenfalls silbern und mit einem rothen Querbalken belegt. Im dritten, silbernen Querbalken liegt ein lederbrauner Koffer mit Anhänge-Schlosse). Grafenstand des Kgr. Bayern. Diplom vom 3. Dec. 1816 für Johann Nepomuk Joseph Florian v. Triva (geb. 1755), k. bayer. Kriegs-Minister, General der Artillerie u. Chef des Generalstabes der Armee. Derselbe wurde 7. Dec. 1816 in die Grafenklasse der Adelsmatrikel des Kgr. Bayern eingetragen. — Die Familie Triva stammt ursprünglich aus Italien und ist mit der Kurfürstin Adelheid nach Bayern gekommen. Der Adelsbesitzstand der Familie wurde bei Eintragung in die Adels-Matrikel des Kgr. Bayern bis auf den Grossvater der Gebrüder Johann Ascan v. Triva, geb. 1750, k. bayer. quiesc. Regierungsraths und Johann Nepomuk v. T., geb. 1755, k. bayer. Kriegsministers: Johann Ascan v. Triva, Hofrath und Geh. Secretair und Pfleger zu Vilshofen um 1722, zurück erwiesen.

<small>v. *Lang*, S. 474 u. Supplem. S. 28. — W. B. d. Kgr. Bayern, II, 30: Gr. v. Tr. u. v. Wölckern, Abth. 2. und S. 74 und 75 und IX. 15: v. Triva.</small>

Trochle (im Schilde eine Kirchenfahne). Altes, lüneburgisches, noch in der ersten Hälfte des 14. Jahrhundert vorkommendes Adelsgeschlecht. Dasselbe verkaufte 1312 den Zehnten zu Wettenbostel unweit Ebstorf an das Kloster St. Michaelis zu Lüneburg.

<small>*Manecke*, Beschreibung des Fürstenth. Lüneburg, II. 11 (24). — v. *Meding*, III. S. 677.</small>

Trockau, Grosstrockau, s. Gross v. Trockau, auch Freiherren, Bd. IV. S. 56 und 57.

Troeltsch, auch Freiherren (Stammwappen: Schild durch einen silbernen Querbalken, welcher mit einem schmalen, blauen belegt ist, quergetheilt. Aus dem oberen Rande des silbernen Querbalkens wächst in die obere Schildeshälfte ein goldener Adler auf und in der unteren Hälfte drei, 2 u. 1, goldene Rosen. Freiherrliches Wappen: Schild geviert mit goldenem, mit einer Freiherrnkrone gekrönten Mittelschilde und in demselben der Reichs-Vicariats-Adler. 1 u. 4 in Blau ein goldener Adler und 2 und 3 in Roth ein mit silbernen Stäben eingefasster, blauer Querbalken, belegt mit drei goldenen Rosen). Reichsadels- und Freiherrnstand. Adelsdiplom von 1764 und Freiherrndiplom im Kur-Pfälzischen Reichsvicariate vom 1. Oct. 1790 für Johann Friedrich v. Tröltsch, gewesenen Reichsvicariats-Hofgerichts-Assessor und Augsburgischen Stadt-Consulenten und für die Brüder desselben: Georg Christian von T., Bürgermeister und Walfried Daniel v. T., Superintendenten in Nördlingen. — In die Freiherrnklasse der Adelsmatrikel des Kgr. Bayern wurden eingetragen zuerst die beiden Söhne des Freiherrn Johann Friedrich: Johann Thomas, geb. 1775 und Carl Ludwig Wilhelm, geb. 1779, k. k. Rittmeister, und dann die drei Söhne des Freih. Walfried Daniel, die Gebrüder: Christian Friedrich, geb. 1780, k. bayer. Landrichter zu Dünkelsbühl, Carl Wilhelm, geb. 1783, Ober-Administrator der k. Bayerschen Schlesisch-Polnischen Güter und Friedrich Albrecht, geb. 1789. — Ein Sprosse des Stammes: Dr. med. v. Tröltsch, Professor an der Universität Würzburg, ist in neuerer Zeit, namentlich als Ohrenarzt und durch Herausgabe des Werkes „Handbuch der Ohrenheilkunde. Dritte Auflage, Würzburg, 1867" zu ihm sehr ehrendem Rufe gelangt.

<small>*Beischlag's* Beiträge zur Nördlingischen Geschichte, worin die Nördlingischen Epitaphien enthalten, gesammelt. Nördlingen, 1801. S. 446—507. — *v. Lang*, S. 284. — Supplem. zu Siebm. W. B XI. 17: v. Tröltsch. — W. B. des Krg. Bayern, IV. 29 und v. Wölckern, Abth. 4. S. 68 und 69 Frh. v. Tr.</small>

Tröndlin v. Greiffenegg. Erbl.-österr. Adelsstand. Diplom von 1707 für Johann Adam Tröndlin, Vorderösterr. Salz-Contrahenten, mit v. Greiffenegg.

<small>*Megerle v. Mühlfeld*, Erg.-Bd. S. 475.</small>

Trohe, auch Freiherren (in Schwarz drei mit den Spitzen in der Mitte des Schildes einander berührende, oder zusammen gesetzte, silberne Herzen, die oberen schräg gegen die Oberwinkel des Schildes gekehrt, das untere gestürzt). — Altes, unmittelbar reichsfreies Adelsgeschlecht am Rheine, welches um 1254 bekannt war und von Siebmacher und von v. Hattstein zum Hessischen Adel gerechnet wurde. Humbracht beginnt die Stammreihe mit einem Anonymus 1254. Von den Nachkommen war 1444 Kraft v. Trohe Burggraf zu Gelnhausen; Hartmann v. Trohe nannte sich 1484 Gau-Erb- und Baumeister zu Redelheim; Helena v. Trohe war um 1540 Priorin des Klosters Canstorff in der Wetterau und Jürge und Philipp Gebrüder v. Trohe waren Domherren zu Mainz, Letzterer, gest. 1596, war zugleich Chorherr zu St. Alban und Ersterer war ihm schon 1546 im Tode voraus gegangen. Philipp Heinrich v. T. beschloss mit seiner Tochter, Anna Elisabeth v. T., um die Mitte des 17. Jahrhunderts das ganze Geschlecht in männlicher und weiblicher Linie.

<small>*Humbracht*, Tab. 275. — *Gauhe*, I. S. 2597. — *Zedler*, 42. S. 2056. — *Siebmacher*, I. 135: v. Troye, Hessisch. — *v. Meding*, I. S. 617.</small>

Troje, Troye v. der Woldenburg (Woldenberg) (in Blau ein silbernes Einhorn). Altes, früher in Pommern, im Brandenburgischen und in Ostpreussen begütert gewesenes Adelsgeschlecht, welches Micrael zu den Familien zählt, aus welchen vor Alters die Sachsen jährlich die zwölf Vier-Herren erwählten. Benno v. Troye soll um 956 Bischof der Sachsen gewesen sein und Degener v. Troye sich schon im 11. Jahrh. in der Schweiz ansässig gemacht haben. In Pommern sass das Geschlecht bereits 1391 zu Chanz im Camminschen und 1406 zu Wartow im Usedom-Wollinschen und im Brandenburgischen 1577 zu Woldenberg unweit Friedeberg, von welchem Sitze die Familie den Beinamen annahm. Später kam dieselbe nach Dänemark, wo sich um 1715 ein k. dänischer Vice-Admiral im damaligen Kriege auszeichnete, so wie nach Ostpreussen. In Pommern war die Familie noch 1728 zu Schönwitz unweit Schievelbein, im Brandenburgischen noch 1644 zu Hasenwerder bei Reetz unweit Arnswalde und in Ostpreussen um 1784 bei Gerdauen zu Daverwalde, Laggarben und Mamlack begütert.

Micrael, Lib. VI. S. 881. — *Gauhe*, I. S. 2605 und II. S. 1189. — *Zedler*, 45. S. 1078 und S. 1228 and 29. — *Freih. v. Ledebur*, III. S. 31. — Pomm. W. B. V. 46.

Trojer v. Troyersperg. Erbl.-österr. Adelsstand. Diplom von 1718 für Johann Baptist Trojer, mit: v. Troyersperg.

Megerle v. Mühlfeld, Erg.-Bd. S. 474.

Trojlo v. Trojburg, Roveredo und Iscia, auch Freiherren (in Schwarz ein mit drei abgehauenen, neben einander gestellten, blutigen, schwarzen Adlersschenkeln belegter, goldener Querbalken). Erbl.-österr. Freiherrnstand. Diplom vom 27. Febr. 1745 für Carl Joseph Trojburg, Roveredo und Iscia, Oberösterr. Hofkammerrath und Salz-Mayr zu Hall in Tirol. — Altes, vornehmes, tiroler Adelsgeschlecht aus dem Stammhause Roveredo, von dessen Geschlechtsfolge das geneal. Taschenb. der freiherrl. Häuser, 1857, S. 773, acht Generationen aufführt. Erste Generation: Joannes, Trejanis Robereti habitans, gest. 1512, verm. mit Margaret Frideris Gnalli. Zweite Generation: Nicolaus, Trojanis Robereti habitans, us Roveredo (1547) wurde 1613 in die Adelsmatrikel von Tirol eingetragen. Der Bruder desselben, Johann Baptist Trojanis, genannt Trojlo v. Trojburg erhielt vom K. Ferdinand I. durch Diplom vom 25. Mai 1557 für sich und seine zwei Brüder den Reichsadel und die Adelsfreiung auf seiner Behausung in Botzen, unter dem Namen „Trojburg". Seine Gemahlin war Potentiana, Tochter des Lucas Kraeer v. der Hard und der Catharina v. Kreuz und sein anderer Bruder: Franz Trojlo v. Trojburg. Letzterer erhielt vom K. Rudolph II. 2. Oct. 1566 einen Gnaden- und Freiheitsbrief und hatte zu derselben Zeit als Handelsmann in Breslau der Kammer ein Geldanlehen gewährt. Dritte Generation: Carl Trojlo v. Trojburg, Oberst-Waldmeister und Einnehmer zu Primär (1617), Rath zu Brixen (1630), zeichnete sich bei der Landesvertheidigung Tirols aus. Vermählt war derselbe mit Elisabeth Kripp von Prumbach und Krippach. Die Brüder waren: Hans Trojlo v. Trojburg (1613) u. Jacob Trojlo v. Trojburg. Vierte Generation: Christoph Rudolph Ernst Tr. v. Tr., gest. 1654, Consistorial-Präses in Brixen, stiftete am 1. Febr. 1651 im Dom eine Pfründe und verordnete in seinem Testamente, dass aus seinem Vermögen ein zweites Benefiz mit 9000 Fl. gestiftet werde. Das Stiftungscapital betrug achtzehntausend Fl. Die Brüder waren: Friedrich Wilhelm Tr. v. Tr. (1632); Carl Tr. v. Tr. (1646), verm. mit Potentia v. Plaven; Franziscus Godefridus Tr. v. Tr., Landes-Aeltester und Deputirter der Fürstenthümer Schweidnitz und Jauer auf dem öffentlichen Convent, nachher in Breslau. Fünfte Generation: Franz Gottfried Tr. v. Tr. (1661) versah die Stelle eines Landes-Aeltesten und war vermählt mit Wilhelmine v. Schillung. Der Bruder desselben war Nepomuk Tr. v. Tr. (1671), Canonicus in Brixen. Sechste Generation: Franz Anton Tr. v. Tr. (1711), versah die Stelle eines Landes-Aeltesten und das Amt eines Regierungsraths und Kämmerers bei dem Kurfürsten zu Mainz u. Bischofe zu Breslau und war vermählt mit Barbara Freiin v. Enzenberg. Siebente Generation: Freih. Franz Nicolaus, s. oben, gest. 1796, Prälat und Archidiaconus bei dem Domstifte zu Breslau. Brüder: Carl Joseph Tr. v. Tr., bischöfl. Regierungsrath zu Neyss (1737), k. preuss. Regierungsrath des Fürstenthums Wohlau (1743), Salz-Mayr zu Hall und Hofkammerrath (1744). Ferdinand Joseph Tr. v. Tr., k. k. Generalmajor und Leopold Tr. v. Tr. k. k. Hauptmann. Letztere Beide standen im damaligen Freih. v. Löffelholzischen Infant.-Regimente und blieben im Feldzuge gegen die Türken. Nach einer späteren Berichtigung waren die Drei zuletzt genannten wohl nicht die Brüder des Freiherrn Carl Nicolaus, mindestens war Leopold der Neffe desselben und Achte Generation: Freih. Johann (1794), Domherr zu Brünn. Bruder: Freih. Joseph Franz Anton, Kammerrath in Schlesien, verm. mit Margaretha Theresia Stricker aus Borgo. Aus der Ehe des Letzteren entspross: Freih. Joseph Matthias Philipp, welcher sich mit Ursula Schiedl vermählte, aus welcher Ehe zwei Söhne stammen, die Freiherren Joseph und Jacob, welche Lieutenants im k. k. Tiroler Jägerregimente wurden und jetzt als Glieder der ersten Linie, der Linie in Tirol, aufgeführt werden. Die zweite Linie, die Linie in Preussen, welche sich „Troilo v. Troiburg" schreibt, stammt ab von dem jüngeren Bruder des in der Siebenten Generation aufgeführten Prälaten und Archidiaconus des Domstifts zu Breslau Franz Nicolaus Tr. v. Tr., nämlich von dem Freiherrn Johannes Tr. v. Tr. von und auf Lassoth im Fürstenthum Neisse, verm. in zweiter Ehe mit Philippina v. Kalkreutter a. d. H. Czenskowitz. Der erstgeborene Sohn aus dieser Ehe war Freih. Carl Johann, geb. 1779 und gest. 1860, k. preuss. Prem.-Lieutenant, verm. mit Anna v. Schweinichen, gest. 1837 und von ihm stammt, neben einer Tochter, Euphrosyne, geb. 1827 und verm. mit dem k. preuss. Hauptmann v. Stahr, ein Sohn, Freih. Ludwig, geb. 1823, k. preuss. Hauptmann und Batterie-Chef, verm. mit Jenny v. Zawatzky. Die hinterlassene Wittwe des Bruders des Freih. Carl Johann: des Freih. Johann Carl, geb. 1784 und gest. 1859, k. preuss. Oberstlieutenant a. D., ist: Ernestine v. Lichtenberg.

Sinapius, II. S. 1065. — *Gauhe*, I. S. 2597—99 und II. S. 1169. — *Zedler*, 45. S. 1079 und 80. — *Megerle v. Mühlfeld*, Erg.-Bd. S. 139. — N. Pr. A.-L. IV. S. 274. — *Freih. v. Ledebur*, III. S. 28. — General. Taschenb. d. freih. Häuser, 1848, S. 455, 1857, S. 773—75, 1858, S. 775—77, 1863, S. 976 und 77, 1864, S. 867 u. ff. Jahrgg.

Troisen, Troisen auf Welsa. Altes, meissensches Adelsgeschlecht, welches zu Welsa im Amte Torgau sass.

Knauth, S. 584. — *Zedler*, 45. S. 1081.

Troistorrens (in Roth drei über einander gelegte, silberne Fische (Truittes), oberhalb begleitet von einem goldenen Ringelstern (Motelle en forme d'étoile à six rais). — Altes, aus dem Waadtlande stammendes Adelsgeschlecht, aus welchem mehrere Sprossen in der k. schwed. Armee zu hohen Ehrenstellen gelangten. Ein v. Troistorrens war noch 1793 Lieutenant im k. preuss. Füsilier-Bataill. v. Legat. — Das Geschlecht führte den Namen von der ehemaligen

Herrschaft Troistorrens (Schloss und Commune) im Waadtländischen Districte Payerne, besass in der Waadt, ausser Troistorrens, die Freiherrschaft Champvent, die Herrschaften la Mollière, Golion, Bavois, St. Martin la Chêne, Demores, Mollendins, Daillens u. A., nebst der Castellanei und Majorei von Cüdrefin und theilte sich von Cüdrefin aus in drei Hauptlinien: in die von Cüdrefin, Iverdun und Payerna, welche das Erb-Bürgerrecht dieser Städte besassen und noch besitzen. Dem Geschlechte wurde der Adel von der Regierung der souverainen Stadt Bern (Herrin der gefürsteten Freiherrschaft Waadt) 1609 bestätigt, so wie auch die Freiheiten, welche die Familie von den Herzogen von Savoyen erhalten hatte. Was den Ursprung des Geschlechts anlangt, so wird dasselbe für einen Zweig des ehemaligen schwäbischen Stammes v. Dreibach (Drybuch) gehalten, welcher, in Diensten des Herzogs Berthold IV. von Zaehringen, nach Waadt kam und dort mit einem Strich Landes beliehen wurde, in welchem es ein neues Dreibach, das französische Troistorrens, anlegte. — Von späteren Sprossen des Stammes wurde Wilhelm Tr., Hauptmann der k. franz. Leibwache, mit dem Könige Franz I. bei Pavia gefangen, darauf von seinem Geschlechte ausgelöst und später von dem genannten Könige zum Ritter geschlagen. Isaac Tr., geb. 1604, Oberst und Chef eines deutschen Regiments in schwedischen Diensten, trat mit demselben 1639 in französische Dienste und fiel an dessen Spitze 1645 bei Borborch in Flandern; Franz v. Tr., geb. 1590 u. gest. 1660, k. schwed. General-Lieutenant, wurde 1628 Grossmeister der Artillerie und 1641 Director der Festungsbauten von Genf und Albert v. Tr. fiel 1633 bei Kempten als k. schwed. Generalmajor u. Regiments-Chef. Franz Friedrich v. T. war um 1726 Professor der Philosophie und Mathematik und gehörte zu den ausgezeichnetsten Professoren der Lausanner Academie und Abraham v. Tr. rettete als Major im k. sicilianischen Schweizer-Regimente v. Tschudi mit dem grössten Heldenmuthe seinen König aus der augenscheinlichst eintretenden Gefangenschaft, nahm 1773 als Generallieutenant, Inhaber eines Infanterie-Regiments und Gouverneur von Messina seinen Abschied und starb später im Vaterlande.

Leu, Schweiz Lexicon, XVIII. S. 273—76. — *May*, hist. milit. de la Suisse, VI. p. 339—341. — Hist. de Officiers Suisse par l'Abbé Girard, III. S. 157—161. — *Lutz*, Nekrol. denkwürdig. Schweizer. — Documens relatif à l'histor. du Pays de Vaud de 1293 à 1750. Genève 1817, p. 83, 88, 109, 117 u. a. v. a. O. — N. Pr. A.-L. V. S. 447 und 48. — *Freih. v. Ledebur*, III. S. 28.

Troll, auch Ritter. Reichsadels- und erbl.-österr. Ritterstand. Adelsdiplom von 1788 für Gustav Michael Troll, k. k. Hauptmann und für den Bruder desselben, Franz Xaver Troll, Polizei-Commissar und Ritterdiplom für Ersteren von 1793.

Megerle v. Mühlfeld, Erg.-Bd. S. 208 und 474 und 75.

Trommey (in Blau die vorwärtsgekehrte Büste eines geharnischten, bärtigen Ritters, welcher auf dem Kopfe eine silberne, schwarz verbrämte Kappe trägt und um den Hals eine goldene Kugelkette hat). Alte, Preussische Landesritter, ehemals in Westpreussen zu Tromnau unweit Marienwerder gesessen.

Freih. v. Ledebur, III. S. 28.

Tronchin (in Gold ein Adler, begleitet von zwei Lilien; auch geviert: 1 u. 4 der Adler und 2 u. 3 in Blau ein aufrecht gestellter Schlüssel und über demselben ein mit drei Sternen belegter Querbalken). Altes, zu dem Adel des Fürstenthums Neuenburg gehörendes Geschlecht: August v. Tronchin, k. preuss. Oberst a. D., war dienstthuender Kammerherr der Prinzessin Friedrich K. H. u. Schlosshauptmann von Benrath. Der älteste Sohn, Armand v. Tronchin starb 1852 und ein jüngerer Sohn, Fedor v. T. 1856 als Rittmeister im k. preuss. 8. Husaren-Regimente.

Freih. v. Ledebur III. S. 28 und 29.

Troschke, auch Freiherren und Troschke v. Rosenwerth, Freiherren (Stammwappen: in Roth ein mit den Hörnern aufwärts gelegter, silberner Halbmond mit Gesichte, auf welchem ein mit der Spitze nach oben gekehrter, silberner Pfeil steht und Wappen der Freiherren Troschke v. Rosenwerth: Schild der Länge nach getheilt: rechts in Roth ein silberner, mit der Spitze aufwärtsgekehrter Pfeil, in der Mitte mit einem silbernen, die Hörner aufwärtskehrenden Halbmonde mit Gesicht belegt und links geviert: 1 und 4 in Gold ein beide Felder überziehender, schrägrechter, blauer Balken in der Mitte mit einem gekrönten, rothen Herz belegt und 2 u. 3 in Silber eine rothe Rose). — Böhmischer, später im Kgr. Preussen erneuerter Freiherrnstand. Böhmisches Freiherrndiplom von 1714 für Siegmund Friedrich v. Troschke, Herrn auf Gleissen und Bottschau und für den Schwieger- und Adoptiv-Vater desselben: Hans Friedrich Broscher, mit dem Prädicate, v. Rosenwerth. Dieselben erhielten durch kaiserl. Diplom vom 7. Juli 1716 u. durch k. preuss. Bestätigung vom 1. März 1717 den Namen: Freih. v. Troschke u. Rosenwerth und k. preuss. Erneuerungsdiplom des der Familie zustehenden Freiherrnstandes vom 18. März 1797 für die Söhne des Ernst Friedrich Freih. v. Troschke, Obersten im Regimente v. Zenge, so wie für die Söhne des Ernst Gotthilf Freih. v. Troschke, Obersten im Regimente Alt-Waldeck. - Altes, auch unter dem Namen Troschky und Droschky vorkommendes Adelsgeschlecht in den Marken, in Schlesien und in der Lausitz, welches auch in Ostpreussen und im Posenschen begütert wurde. Als alte Stammgüter in der Neumark werden, namentlich im Zillichauischen, Langmeil, Oblath und Patigar genannt, mit welchen Gütern die Familie schon 1571 von dem Kurfürsten Georg von Brandenburg beliehen wurde und bald kamen zu diesen Gütern mehrere andere. Der Lehnsbrief von 1571 war für die Brüder Valentin, Wolf und Asmus v. Troschke ausgestellt. In Schlesien war die Familie im Grünberg'schen und Glogauischen, so wie in der Grafschaft Glatz begütert, auch waren in der Hand derselben mehrere Jahre Stephansdorf bei Neumarkt und zwei Antheile von Kauffungen, so wie auch die Herrschaft Birnbaum im Posenschen in den Besitz des Geschlechts gelangte. — Der Stamm hat dauernd fortgeblüht und von den Sprossen desselben traten Mehrere in die k. pr. Armee und gelangten zu hohen Ehrenstellen und zwar namentlich:

— 278 —

Carl Ludwig Freih. v. Tr., gest. 1801 als Generallieutenant, Ernst Friedrich Freih. v. T., gest. 1809 als Generalmajor und Ernst Maximilian Freih. v. T., gest. 1847 als Generallieutenant. — Begütert im Kgr. Preussen waren 1857 nach Rauer noch: v. Troschke, Herr auf Thiemendorf (Fideicommiss) im Kr. Crossen, die Erben der Julie Wilhelmine Elisabeth Antonie verw. Freifrau v. Troschke, geb. Grf. v. Burghauss, auf Salau, freie Nieder-Standesherrschaft, Breschine, Grabofske, Peterkaschütz und Schlenz, sämmtlich im Kr. Militsch-Trachenberg und Frau v. Troschke, geb. v. Steffenhagen auf Nessin a. und b. im Kr. Cöslin.

J. G. Müller, geneal. Nachrichten von dem adel. Geschlechte v. Troschke, Crossen, 1711. — *Sinapius*, I. S. 344. — *Gauhe*, I. S. 452: Droschke, Troschke, vor Alters Truschke. — *Zedler*, VII. S. 1475. — *Megerle v. Mühlfeld*, Erg.-Bd. S. 109. — N. Pr. A.-L. IV. S. 274 und 75. — *Freih. v. Ledebur*, III. S. 29. — *Siebmacher*, I. 74: v. Truschke, Schlesisch. — *v. Meding*, III. S. 677 u. 78. — W. B. der Preuss. Monarch. II. 67: Freih. v. Tr.-Rosenwerth. — Pomm. W. B. III. 67. — *Kneschke*, I. S. 425—27.

Trosky (Schild von Blau und Silber schrägrechts getheilt: rechts, unten, in Blau ein sechsstrahliger, silberner Stern und links, oben, in Silber ein auf der Theilungslinie schräg nach rechts und oben emporlaufender, doppelt geschweifter Löwe von natürlicher Farbe, welcher in der aufgehobenen rechten Vorder-Pranke eine silberne Kugel hält). Altes, böhmisches Rittergeschlecht dessen gleichnamige Stammburg bei Zwickau in Böhmen 1467 im Hussitenkriege zerstört wurde. Die Familie wendete sich später in die Nieder-Lausitz, in welcher dieselbe fortblühte und durch mehrere Sprossen zu grossem Ansehen kam. Namentlich machte sich vom Ende des vorigen Jahrhunderts an August Wilhelm v. Trosky als Ober-Amts-Hauptmann um die Nieder-Lausitz sehr verdient. Der Vater desselben, Johann Friedrich v. Trosky, aus Liefland gebürtig, war Landes-Aeltester des Spremberger Kreises. — Die Familie war 1790 zu Bosdorf bei Spremberg und zu Ukro bei Luckau und noch 1828 zu Lübben begütert. — In der k. sächs. Armee commandirt jetzt der Major Ewald Herrmann v. Trosky das zweite Ulanen-Regiment.

Dresdner Kalender zum Gebrauche für die Resid. 1847, S. 190 und 1849, S. 172. — *Freih. v. Ledebur*, III. S. 29. — *Tyroff*, II. 40. — W. B. d. Sächs. Staaten, VIII. 59. — *Kneschke*, II. S. 440 und 41.

Trost, Troist, Troest (Schild schräglinks getheilt; die vordere, schwarze Hälfte ohne Bild, die zweite silbern mit zwölf schwarzen Rauten in drei, der Abtheilung des Schildes angemessenen, schräg herunter laufenden Reihen, 5, 4, 3). Altes, meklenburgisches Adelsgeschlecht, aus welchem Vicke, Claus und Joachim Trost, Vater und Söhne, um 1500 lebten. Das Wappen gleicht ganz dem der rheinischen Familie der Rost, oder Roist v. Wers, s. Fahne, I. 368. Im 15. Jahrh. kommen Personen dieses Namens im Münsterlande vor und im 15. und 16. Jahrh. in Meklenburg als Vasallen der Fürsten v. Werle. Später trat die Familie noch in Sachsen auf und ist dann erloschen.

v. Hellbach, II. S. 605. — *Freih. v. Ledebur*, III. S. 29. — *Siebmacher*, I. 160: Die Troest, Sächsisch: Schild von Silber und Schwarz fünfmal schrägrechts getheilt. — *Kindlingers* Handschr. 13 Th. S. 55: Siegel von 1344. — *Lisch*, Urkunden der v. Maltzahn, II. S. 445: Wappen r. 1408.

Trotha (Schild geviert: 1 und 4 auf grünem Boden in Gold ein einwärts gekehrter, schwarzer Rabe, im Schnabel einen goldenen Ring haltend: Stammwappen und 2 und 3 in Schwarz ein von Silber und Roth in zwei Reihen geschachter Sparren: Wappen des hessischen Geschlechts v. Trott). — Altes, den Namen Trotte oder Trotta (Trotha), von dem Rittergute und ehemaligem Stammhause Trothe im Magdeburgischen unweit Halle, rechts von Giebichenstein, führendes Adelsgeschlecht, welches mit dem genannten Gute 1373 vom Erzbischofe Petrus de Bruna (Bruna) und 1393 vom Erzbischofe Albertus von Querfurt als Burglehn von Giebichenstein beliehen wurde und sich aus einem Stamme bald in Sachsen, Anhalt, Hessen und in der Uckermark weiter ausbreitete, wie denn alle Herren v. Trotha einerlei Wappen führen und auch bis zu Anfange des 17. Jahrh. unter einander die gesammte Hand gehabt und dieselbe später nur durch Fahrlässigkeit verloren haben. — In welche Zeit der Ursprung der Familie v. Trotha zu setzen sei, ist nicht ermittelt und wird wohl auch nie zu ermitteln sein. Man kann von derselben nur, wie von vielen Anderen, sagen, dass sie alt sei, aber nicht wie alt sie sei, dass sie nicht zu dem Brief- sondern zum Uradel gehöre. Eben so kann nicht erschöpfend angegeben werden, was in alten Zeiten die Familie, neben Trotha, besessen habe, dass aber dieser Ort nicht das einzige Besitzthum gewesen, geht daraus hervor, dass Nicolaus v. Tr. 1389 Maschwitz, eine halbe Meile von Trotha, an das Kloster zum Neuen Werk und sein Sohn, Claus v. Trotha, nach 1438 Hobenthurm, eine Meile von Halle auf der Strasse nach Wittenberg, an Hans v. Rauchhaupt verkauften. Der Name der Trotha war in diesen Gegenden sehr berühmt, weil sie Herren der meisten Grundstücke waren und wenn es wahr ist, was in den meisten Matrikeln gefunden wird, so gehörte derselben der dritte Theil des Pagi Neletici, der jetzt vom Saalflusse der Saalkreis genannt wird. — Was die Linien des Geschlechts v. Trotha anlangt, so muss bei den spärlichen Nachrichten, welche bis Ende des 14. Jahrh. zu finden sind, ehe bis eine Abzweigung bestimmt nachgewiesen werden kann, ein Stamm nach dem Stammorte, der Trothaische, angenommen werden. Was den Namen der Familie anlangt, so ist Beckmann's Behauptung, dass derselbe aus „Drad" entstanden sei, ohne Werth, da sich dieselbe nicht auf Urkunden stützt. Es dürfte also nur anzunehmen sein, dass derselbe zu eben der Zeit, wo andere Familien sich nach ihren Gütern nannten (im 11. Jahrh.), ebenfalls gebräuchlich geworden. Allerdings aber ist die Schreibweise des Namens selbst in den verschiedenen Zeiten nicht ganz dieselbe und wechselt zwischen Drothe, Trote, Trothe, Trota, Trotha, auch kommt selbst Drod, Drad, Trade vor. Die älteste Form scheint Trothe gewesen zu sein. Diese Form hat sich übrigens, wenn gleich nicht in der Schrift, doch in der Volkssprache um Halle erhalten, wo man nie den Namen des Dorfs oder der Familie: Trotha, sondern Trothe aussprechen hört. — Nach den übereinstimmenden Nachrichten eines alten Stammbaums der Familie, Dreyhaupt's und Beckmann's hat Wolf oder Wolfgang v. Tr. drei Söhne hinterlassen:

Hermann, Woldemar und Nicolaus, von welchen der älteste und jüngste den Stamm fortgesetzt haben. Bald nach dem 1458 erfolgten Aufgeben der zwei Edelhöfe zu Trotha zu Gunsten der Burg Giebichenstein findet man Erwähnungen von anderen Besitzungen und von Verhandlungen um neue Besitzungen, ziemlich ausführlich in Dreyhaupt's Beschreibung des Saalkreises, nämlich von den Besitzungen in Wettin und von Erwerbungen in Krosigk. Letztere scheinen von 1421 bis 1451 sich allmählich sehr erweitert zu haben und Friedrich und Curt, Hermann's Söhne, welche die ersten Erwerbungen in Krosigk machten, sind als die Stifter der alten Krosigk'schen Linie anzunehmen. Obgleich Thilo und Hermann, Friedrich's Söhne, oft als zu Wettin gesessen, genannt werden, ohne dass irgend wo gesagt wird, sie hätten dort einen Sitz erworben oder ererbt, Wettin also eine uralte Besitzung sein konnte, so ist doch erst Thilo's fünfter Sohn: Friedrich, nach dem erwähnten, alten Stammbaume der Familie, als Stifter der Wettin'schen Linie anzusehen, während Thilo's dritter Sohn: Claus, 1479 Schkopau kaufte und Stifter der Schkopauischen Linie wurde. Diese drei Linien enden nach dem erwähnten, alten von Thilo v. Trotha in dem unten angeführten Werke mitgetheilten Stammbaume in der VIII. Generation. Die Nachkommen von Wolf's jüngstem Sohne: Nicolaus, theilen sich in der IV., V. und VI. Generation in vier Linien, von denen die Erste, die Zeitzer Linie, nur durch drei Generationen, die Dritte, die Gutenbergische, so wie die Vierte, die alte Gensefurth-Hecklingische Linie, durch je fünf Generationen reichen, die Zweite aber, die von Hans gestiftete Deutschenthaler Linie, zur Zeit des Erlöschens der sämmtlichen anderen Linien, mit ganz besonderer Fruchtbarkeit sich ausbreitete, auch die bedeutendsten alten Güter wieder mit Deutschenthal vereinigte, nämlich durch Friedrich Schkopau, Gensefurt, Hecklingen, Bennstedt und Vitzenburg u. durch Wolf Thilo auch Krosigk. Zu dieser alten Deutschenthaler Linie gehören nun, ausser der in der VIII. Generation ausgestorbenen Bennstedtschen Linie, sämmtliche jetzt lebenden v. Trotha's, welche sich aber in der XII. Generation wieder in vier Linien theilen, nachdem sich in der X. Generation mit Wolf Friedrich die 2. Krosigk'sche Linie abgezweigt, welche indessen schon in der XII. Generation wieder erloschen ist. Die erste dieser jetzt blühenden Linien, die neue Gensefurt-Hecklingische Linie, stiftete der Major Thilo Lebrecht, geb. 1733; die zweite, die Krosigk-Deutschenthalsche, gründete des zuletzt Genannten jüngerer Bruder: Friedrich Ulrich, geb. 1736, die dritte, die Obhauser, der beiden Vorigen Vetter: Wolf Thilo, geb. 1733 und die Vierte, die neue Schkopausche, Friedrich Gottlieb, welcher zuerst Obhausen besass, dasselbe aber später mit Wolf Thilo gegen Schkopau vertauschte. — Die bisher mitgetheilten Angaben über den Ursprung des Geschlechts, des Namens, des Grundbesitzes u. der Linien der v. Trotha sind dem ersten Abschnitte des unten angeführten Werkes des Majors Thilo v. Trotha entnommen. Der zweite Abschnitt giebt interessante Nachrichten über das Geschlechts-Wappen und der dritte specielle

Nachrichten über die einzelnen Individuen, welche nicht nur für die Familie, sondern auch für weitere Kreise mehrfach von Interesse sind. Einer der bedeutendsten Männer in der Familie, nicht allein interessant wegen der bekannten, historisch aber nicht begründeten Sage von dem Raben mit dem Ringe, sondern auch ruhmvoll und glänzend durch die über ihn sich findenden Nachrichten, ist unstreitig Tilo v. Trotha, Tilo's Sohn aus der Wettinschen Linie, Propst der Kirche zu Magdeburg und Domherr der dasigen Kirche, welcher 1468 zum Bischofe von Merseburg erwählt wurde und bis 1514, also 46 Jahre, den bischöflichen Stuhl inne hatte und für das Bisthum sehr viel thun konnte. Nächstdem ist ganz besonders für die Familie wichtig: Friedrich Dietrich v. Trotha auf Schkopau, welcher durch Testament vom 21. Febr. 1738 ein auf Goldschau unweit Weissenfels radicirtes Fideicommissum Familiae stiftete, in Folge dessen namentlich der jedesmalige Besitzer des Seniorats-Gutes Goldschau und Pertinenzien schuldig und gehalten sein soll, an einen jungen Herrn v. Trotha zum Studiren, oder zu Kriegsdiensten drei Jahre jährlich dreihundert Thaler von dem Ertrage des Gutes Goldschau zu zahlen. Durch einen Familien-Schluss vom 28. März 1843 sind übrigens in Bezug auf diese Stiftung einige neue, den Anforderungen der neueren Zeit entsprechende Bestimmungen getroffen worden. — Der Stamm hat dauernd fortgeblüht und mehrere Sprossen desselben haben in der k. preussischen u. sächsischen Armee hohe Ehrenstellen erlangt. Ein v. Th. war in neuer Zeit k. preuss. Generalmajor und Commandeur der 20. Infanterie-Brigade u. Gustav v. Trotha wurde 1851 Oberst im 1. k. sächs. Reiter-Regimente u. war als Director der Militair-Reitschule commandirt. — Als begütert im Krg. Preussen werden von Rauer 1857 aufgeführt: die Gebrüder v. Trotha, Gustav, Rittmeister, Carl Herrmann, Rittm. und Flügel-Adjutant und Franz Woldemar Albrecht, Major, auf Obhausen im Kr. Querfurt; Thilo v. Trotha, Domdechant, auf Schkopau im Kr. Merseburg; Ferdinand Anton v. Tr. auf Bittkau im Kr. Stendal; Wolf Heinrich v. Tr., k. sächs. Oberst-Lieutenant a. D. auf Goldschau im Kr. Weissenfels und v. Tr. auf Rybinice und Wymislowo im Kr. Kulm.

v. Dreyhaupt, II. S. 219. Nr. 118. — *Beckmann*, VII. S. 278—80. — *Gauhe*, I. S. 2599 und 600. — *Zedler*, 45. S. 1208—16. — *Grundmann*, Vers. einer Uckerm. Adelshistorie, Vorrede. — *v. Uechtritz*, Geschl.-Erzählungen, I. Tab. 76. — N Pr. A.-L. IV. S. 276. — *Freih. v. Ledebur*, III. S. 30. — *Thilo v. Trotha*, Major im k. preuss. 1. Rhein. Infant.-Regim. (Nr. 25), Vorstudien zur Geschichte des Geschlechts v. Trotha. Mit Wappen, Karte der Gegend von Halle, Stammtafel u. s. w. 267 S. 1860. Druck von Struder in Neuwied. (Ein für die Geschichte der Familie sehr wichtiges Werk). — *Siebmacher*, I. 151: v. Throth. — *Tyroff*, II. 127: F. H. v. Trott. — W. B. d. Sächs. Staaten, XI. 34.

Trott, Trotte, Trotta (in Blau eine weisse Lilie und unter derselben ein rothes Herz). Altes, brandenburgisches, auch in der ersten Hälfte des 17. Jahrhunderts in Meklenburg begütertes Adelsgeschlecht, welches 1587 mit denen v. Trott in Hessen und Trotha im Magdeburgischen eine Erbverbrüderung schloss und welchem Kurfürst Johann Georg im genannten Jahre die gesammte Hand ertheilte. — Friedrich v. Trotte, angeblich aus dem Hause Soltz in Hessen, war Feldmarschall in Ungarn und stand auch von 1531—36 in Kurbrandenburgischen Diensten. Der Sohn desselben, Adam, gest.

1572 war Reichsfeldmarschall und Kurbrandenburgischer Oberhofmarschall und desgleichen auch des Letzteren Sohn Adam (II.), gest. 1587, Brandenburgischer Oberhofmarschall. — Georg Friedrich v. Trotte starb 1660 als kurbrandenburg. General-Major u. Gouverneur von Peitz und später, 1730, ist der alte Stamm mit Friedrich Wedige v. Trott, Herrn auf Badingen, Bredereiche, Himmelpforth, Mildenberg, Ruthenberg, Stegelitz, Storkow und Alt- u. Neu-Thymen, sämmtlich unweit Templin, erloschen.

Freih. v. Ledebur, III. S. 30. — *Siebmacher*, I. 170: v. Trotta, Sächsisch. — *Hüpping's de insigniis et armorum jure*, S. 437. — v. *Trotha*, zur Geschichte des Geschlechts v. Trotha, S. 30, Fig. 19.

Trotta, genannt v. Treyden, Trott, Treiden, auch Freiherren u. Ritter (Wappen ganz wie das der Familie v. Trotha: es haben nämlich die dem Ursprunge nach verschiedenen Geschlechter v. Trotha, v. Trotte u. Trotta oder Trott sich, die Wappen austauschend, 1587 als gemeinsames Geschlecht anerkannt. — Das unten angeführte Ritterdiplom von 1811 giebt folgendes Wappen an: Schild geviert: 1 und 4 in Blau ein von Roth und Silber in zwei Reihen geschachter Sparren und 2 u. 3 in Silber auf einem Dreiberge ein rechtsgekehrter, schwarzer Rabe, im Schnabel einen goldenen Ring mit rechtsgewendetem Steine haltend). Reichsfreiherrn- und erbl.-österr. Ritterstand. Freiherrndiplom von 1778 für Adolph v. Trott, kais. Reichs-Kammergerichts-Beisitzer u. Ritterdiplom vom 1. Mai 1811 für Carl v. Trott, k. k. Oberlieutenant in d. A. — Altes, sächsisches Adelsgeschlecht, von dessen Sprossen nach Knauth Mehrere zu Freiberg und Dresden begraben liegen. Die Familie kommt in Hessen und Thüringen gewöhnlich unter dem Namen v. Trott vor und sass 1475 und noch 1804 zu Solz in Hessen, 1587 zu Treffurth unweit Mühlhausen und 1788 zu Imshausen, Liebenz, Lispenhausen an der Fulda u. Schwarzenhasel, sämmtlich in Hessen. In der Mark Brandenburg trat das Geschlecht auch unter dem Namen: v. Treiden auf und war 1817 zu Altehölle, Mahlsdorf, Neuhütten, Reetz und Reppinichen, sämmtlich im Kr. Zauche-Belzig, begütert. In Preussen war der Stamm unter dem Namen: Trotta, gen. Treyden mehrfach in der Armee vertreten und führte diesen Namen auch in Curland, wo die Familie den Beinamen „Treyden" von einem festen Orte in Letten, unweit Riga angenommen, sich auf dem Sitze Plattergallen niedergelassen hatte und bereits 1656 zu Bernkau, 1660 zu Karnall, 1680 zu Scholkoff, 1795 zu Kogeln und 1770 zu Cadeln, Glien, Leipnitz, Rudbur und Wiesenburg begütert war. Aus Curland war die Familie auch in die Ober-Lausitz gekommen und sass zu Klix bei Bauzen.

Knauth, S. 564. — *Gauhe*, I. S. 2603 und 2604. — *Megerle v. Mühlfeld*, Erg.-Bd. S. 218. — N. Pr. A.-L. IV. S. 576. — *Freih. v. Ledebur*, III. S. 30 und 31. — *Tyroff*, II. 127: F. H. v. Trott. — *Neimbt's Curländisches W. B.* Tab. 42. — W. B. d. Sächs. Staaten, XI. 34. — *Kneschke*, IV. S. 414 und 15.

Troyer, Freiherren und Grafen (Schild geviert, mit von Roth, Silber und Roth quergetheiltem Mittelschilde und in demselben ein rechtssehender Adler von gewechselten Farben. 1 u. 4 in Roth das Vordertheil eines rechtsgekehrten, silbernen Gemsbockes mit goldenen Hörnern: Stammwappen und 2 u. 3 in Schwarz ein goldenes, mit den schwarzen, goldenen Buchstaben F. L. S. bezeichnetes Herz. Erbl.-österr. Freiherrn- u. Grafenstand. Freiherrndiplom von 1660 (nach einer anderen Angabe vom 27. April 1671) für Christoph v. Troyer, k. k. Rath u. 1647 Botschafter an der Ottomanischen Pforte, Herrn zu Ansheim, Aufkirchen und Gisspach u. für Cyriacus Troyer v. Gisspach (geb. 1619 und gest. 1687), k. k. Kämm., Geh. Rath und tirolschen Hof- und oberösterr. Vice-Canzler und Grafendiplom für den einzigen Sohn des Letzteren: Franz Anton Freih. v. Tr. (geb. 1652 u. gest. 1712), k. k. w. Geh. Rath u. s. w. — Altes, aus Luxemburg stammendes, tiroler und österr. Adelsgeschlecht, dessen Name zuerst 1258 vorkommt. Leonhard T. war 1370 Hauptmann des K. Carl IV. und lebte noch unter K. Ruprecht von der Pfalz nach 1400. Der Enkel desselben, Christian T., kaufte sich 1411 in Tirol an und zu seinen Nachkommen gehörte Freih. Christoph, s. oben, welcher mit Cyriacus v. T. 1660 den Freiherrnstand erhielt. Der Sohn des Letzteren, Franz Anton, brachte, wie oben angegeben, den Grafenstand in die Familie. Von seinen Söhnen wurde Graf Ferdinand Julius, geb. 1689 und gest. 1758, 1745 Bischof zu Olmütz, 1747 Cardinal und 1751 Protector von Deutschland und Graf Christoph Everist, Freih. v. Troyenstein zu Gisspach und Strassfried, Herr zu Obermostitz, geb. 1701 und vermählt mit einer Grf. v. Oppersdorf, setzte den Stamm fort u. wurde der Grossvater der Grafen Johann Baptist, Ferdinand und Franz. Graf Johann Baptist, geb. 1776 und gest. 1837, fürsterzbisch. olmützer Lehenshofrichter, k. k. Kämmerer, vermählte sich 1807 mit Josephe Grf. v. Althan, geb. 1789 und gest. 1862 und aus dieser Ehe stammt eine Tochter, Grf. Stephanie, geb. 1816, St. D. zu Brünn. Von den Brüdern des Grafen Johann Baptist ist Graf Ferdinand, geb. 1780, k. k. Kämmerer und Geh. Rath, 1851 gestorben, Graf Franz aber, geb. 1783, k. k. Kämm. u. Major in d. A., hatte sich 1811 mit Josephine Grf. v. und zu Fünfkirchen, geb. 1789 und gest. 1854, vermählt, hinterliess, nachdem sein Sohn: Graf Rudolph, geb. 1818, k. k. Kämm. u. Major 1850 gestorben, nur eine Tochter: Grf. Constantine, geb. 1817, Capitularin des Damenstifts zu Prag und schloss 18. Sept. 1854 den Mannsstamm seines alten Geschlechts, welches in Mähren das Lehengut Braneck im Kr. Neu-Titschein und das Lehengut Ober-Moschtienitz besass. Die Schwester der Grafen Johann Baptist, Ferdinand und Franz: Grf. Josephine, geb. 1789, vermählte sich 1832 mit Simon Chevalier v. Fitzgerald, k. k. Feldmarschall-Lieutenant und Inhaber des 6. Chev.-Regiments und wurde 1845 Wittwe.

Bucelini Stemmatogr. P. IV. — Gr. v. Brandis, II. — Gauhe, I. S. 2604 u. 5. — Zedler, 45. S. 1729. — Deutsche Grafenhäuser der Gegenw. II. S. 580 und 81. — General.-Taschenb. der gräfl. Häuser, 1838, S. 508, 1848, S. 702, 1864, S. 928 und histor. Handbuch zu Demselben, S. 1020. — Siebmacher, II. 39: v. T. Tirollisch. — W. B. der Oesterr. Monarchie, VII. 98. Gr. v. T. und berichtigt XVII. 12.

Troyff, auch Freiherren (in Blau ein silberner, nach der linken, oder auch nach der rechten Seite springender Hirsch mit goldenem, zehnendigen Geweihe). Im Kgr. Württemberg 12. Dec. 1823, unter Aufnahme in die Adelsmatrikel des Königreichs, anerkannter Freiherrnstand der Familie. — Altes, ursprünglich aus dem Herzogthume Jülich stammendes Adelsgeschlecht, welches später in Sachsen, namentlich im Meissenschen, vorkam und seit hundert Jahren im Württembergischen blüht. Als erster Ahnherr wird Hans Troyfkow, genannt Weserling (Weiserling), Ritter, aufgeführt, welcher in der zweiten Hälfte des 12. Jahrh. lebte, um 1176 in Diensten des Markgrafen Otto des Reichen von Meissen stand und demselben auf der Jagd in dem Augenblicke, als ihn ein weisser Edelhirsch anrennen wollte, das Leben rettete, worauf er den Ritterschlag und den erwähnten Beinamen und das Wappen erhielt. — Zu den ältesten Besitzungen der Stammlinie in Sachsen gehörten die Güter Welsa, Klitschen und Boilbar, auch waren Stammgüter der Familie: Deumen, Gräfendorf, Knau, Schiebelau, Klein-Eichstädt, Leimbach, Lindenberg, Neuhaus u. Unteressa. — Die fortlaufende Stammreihe beginnt nach dem von Valent. König begründeten Stammbaume mit Ernst v. Troyff auf Welsa, geb. 1435, welcher 1493 auf seinem Gute Klitschen starb. Derselbe hinterliess aus der Ehe mit Magdalena v. Dieskau einen Sohn: Sigismund, von welchem der als Ober-Stallmeister in Diensten des Kurfürsten Johann Friedrich des Grossmüthigen gestandene und als warmer Anhänger der Lutherischen Lehre bekannte Johann v. Troyff abstammte, welcher seinen Eifer für die Reformation und für die Sache des Kurfürsten, an dessen Seite er bei Mühlberg gefangen wurde, mit dem Verluste des grösseren Theils seines Vermögens und seiner Güter büssen musste. Unter vier Kindern, die ihm in der Ehe mit Magdalena v. Spiegel geboren wurden, war Hans Ernst v. T. auf Klitschen und Gräfendorf der einzige Sohn. Von Letzterem stammte Hans Wilhelm, welcher mit Agnes v. Blücher a. d. H. Doberkau vermählt war und als pommer. Kammerjunker und Amtshauptmann zu Loiz und Ludwigsburg starb. Zu seinen Nachkommen gehörte Hans Ernst (II.), Sachsen-Eisenb. Kammerdirector, Amtshauptmann zu Roda und Hofmeister der Gothaischen Prinzen, welcher, nicht nur bei den Gliedern seines Fürstenhauses, sondern auch bei mehreren deutschen Höfen in grossem Ansehen stehend, 1705 starb. Zuerst mit Lucretia v. Harstall und in zweiter Ehe mit Elisabeth v. Einsiedel vermählt, hatte er sechs Söhne, von welchen zwei auf dem Felde der Ehre blieben, während der dritte im Duell fiel. Der ältere Sohn aus erster Ehe: Hans Wilhelm v. Tr., geb. 1668 und gest. 1709, Herr auf Lindenberg, Leimbach und Deumen, k. poln. u. chursächs. Kammerherr, Ober-Stallmeister u. Landeshauptmann in Thüringen, setzte den Stamm fort und zwar durch Hans Friedrich v. Tr., herz. sachs.-Weimar. Jägermeister, welcher mit Johanna v. Witzleben vermählt war und von welchem Hans August Wilhelm v. Tr., geb. 1735 und gest. 1810, stammte. Letzterer trat während des siebenjährigen Krieges in herz. württemb. Dienste, wurde Kammerherr und Oberforstmeister und war in erster Ehe vermählt mit Charlotte Freiin v. Göllnitz, gest. 1788 und in zweiter mit Julie Freiin v. Bernerdin zum Pernthurm, gest. 1803, nach deren Ableben er in den Mitbesitz der reichsfreien Herrschaft Adelmannsfelden u. des Ibingerhofs gelangte und dadurch in den Verband mit der unmittelbaren Reichsritterschaft im Canton Kocher kam. Beide Besitzungen gingen aber später wieder in andere Hände über, dagegen erwarb sein Sohn, das spätere Haupt des freiherrlichen Hauses: Freih. Franz Carl, geb. 1792, 1830 durch Kauf das im Jaxtkreise gelegene Rittergut Domenek nebst Seehof. — Freih. Franz Carl, Herr auf Domenek, k. württemb. Generalmajor a. D., vermählte sich 1823 mit Clementine Freiin v. Eberstein zu Gehofen, aus welcher Ehe, neben einer Tochter, Freiin Wilhelmine, geb. 1801, verm. 1841 mit Gustav Freih. v. Racknitz auf Laibach, Wittwe, ein Sohn entspross: Freih. Hans Max Wilhelm Ludwig, geb. 1826, welcher als k. württemb. Justiz - Referendarius 5. Juli 1860 gestorben ist.

Bucelini Stemmatogr. II. S. 45. — *Knauth*, S. 584: v. Trohen auf Welsa (Welsau im A. Torgau). — *Horen's Coburgsche Chronik*, II. S. 154. — *Müller's Sächs. Annalen*, S. 480. — *Val. König*, I. S. 999—1005. — *Gauhe*, I. S. 2605 und 2606. — *Zedler*, 45. S. 1236. — *v. Uechtritz*, diplom. Nachr., II. S. 154 - 60; Nachr. von 1634—54. — *Cast*, Adelsbuch des Kgr. Württemberg, S. 55—57. — Geneal. Taschenb. d. freih. Häuser, 1853, S. 483 und 84, 1855. S. 636, 1861, 1001, 1863, S. 980 u. ff. Jahrgg. — *Freih. v. Ledebur*, III. S. 34 und 352. — *Siebmacher*, I. 156; v. Troyffen, Sächsisch. — *v. Meding*, I. S. 618; v. Troyff (der Name wird gewöhnlich „Truhf" ausgesprochen. — *W. B. d. Kgr. Württemberg*, Nr. 147 und S. 40. — *Kneschke*, I. S. 427 ud 28.

Truchsess v. Baldersheim (in Gold ein sitzendes, rechtssehendes, nach Siebmacher's Declaration „rothes Thier"). Altes, fränkisches, früher im vormaligen fränkischen Rittercanton Ottenwald begütert gewesenes Adelsgeschlecht.

Biedermann, Canton Ottenwald, Tab. 420 und 21. — *Salver*, S. 433. — *Siebmacher*, I. 102: Die Truchsess v. Baldersheim, Fränkisch.

Truchsess v. Borna, Truchsess v. Born und Wellerswalde, s. Truchsess v. Wellerswalde.

Truchsess v. Bumersfelden, s. Truchsess v. Pommersfelden.

Truchsess v. Diessenhofen (Disenhoven). Altes, ursprünglich schweizerisches Adelsgeschlecht, welches auch in Schwaben begütert wurde und für eine Nebenlinie der schwäbischen Truchsesse gehalten wird.

Bucelini Stemmatogr. IV. S. 57. — *Zedler*, 45. S. 7 und 124. — *Siebmacher*, II, 87.

Truchsess v. Eggenmühl. Altes, früher zu dem bayerischen Adel zählendes Geschlecht.

Siebmacher, II. 55.

Truchsess v. Emerberg, oder Eimerberg (in Roth ein goldener Eimer, oben und unten mit einem silbernen Bande, desgleichen einem in die Höhe gekehrten, oder aufrecht stehenden, silbernen Seile). Altes, steiermärkisches Adelsgeschlecht, welchem das Erbtruchsessen-Amt in Steyer zustand. Dasselbe ist nach Spangenberg und Spener mit Diethock oder Dietwig Tr. v. E. ausgegangen, doch geben Beide das Jahr des Erlöschens nicht an.

Spangenberg, I. S. 349. — *Spener*, S. 350. — *Zedler*, 45. S. 1249. — Von der Veranlassung des Adels der Familie: Freimüthiger, 1817, S. 206. — *Siebmacher*, 44. — *v. Meding*, I. S. 618.

Truchsess v. Götzersdorf. Ein früher zu dem alten, österr. Adel zählendes Geschlecht.

Zedler, 45. S. 1249.

Truchsess v. Gronsperg. Altes, früher zu dem bayerischen Adel zählendes Geschlecht, welches aber Wig. Hund nicht erwähnt hat.
Siebmacher, II. 67.

Truchsess v. Heimertingen. Altes, früher zu dem schwäbischen Adel gehörendes Geschlecht.
Zedler, 12. S. 1183 und 45. S. 1250.

Truchsess v. Henneberg (Schild von Silber und Schwarz quergetheilt, mit einer stehenden, oben abgeschnittenen Greifsklaue von gewechselten Tincturen). — Altes, fränkisches Adelsgeschlecht, welches mit Hans Friedrich Truchsess v. Henneberg 1643 erloschen sein soll, während nach einer anderen Angabe ein Veit Ulrich Tr. v. H. noch im 18. Jahrh. als coburgischer Hofmarschall lebte.
Schannat, S. 168. — *v. Hattstein,* II. S. 447. — *Hoenn's* Coburg. Chronik, I. S. 96 und 251. — *Biedermann,* Canton Baunach, Tab. 262 und 63. — *Salver,* S. 406 und 524. — *Siebmacher,* I. 103: Die Truchsess v. Hennenberg, Fränkisch. — *v. Meding,* I. S. 619.

Truchsess v. Hoefingen, Truchses v. Hefingen (in Silber ein gekrönter, schwarzer Löwe, mit weissen Flammen an der Brust). Altes, schwäbisches Adelsgeschlecht, welches schon in der zweiten Hälfte des 10. Jahrh. geblüht haben soll. Das Stammschloss Höfingen lag nahe bei Leonberg und wurde im Schlegel-Kriege, weil die v. Hoefingen in der Schlegler-Gesellschaft die Mächtigsten u. Vornehmsten waren, 1377 zerstört. — Johannes Tr. v. H. lebte um 1280 und der Enkel desselben, Conrad, war zur Zeit des K. Carl IV. ein berühmter Kriegsheld. Von Conrad sind drei Enkel bekannt: Heinrich, Dom-Propst zu Augsburg, Wilhelm, Abt zu Bobenhausen und Burchard, welcher den Stamm fortsetzte. — Von den Nachkommen war Ludwig Juris Canonici Doctor und der vierte Rector der 1477 gestifteten Universität Tübingen. — Christoph, welcher um 1660 noch lebte, hinterliess einige Söhne.
Bucelini Stemmatogr. P. IV. — *Gauhe,* I. S. 2609 und 10: nach Bürgermeister, vom Schwäbischen Reichsadel. — *Zedler,* 45. S. 1256. — *Siebmacher,* I. 115: Die Truchsess v. Höfingen, Schwäbisch.

Truchsess v. Holenstein. Altes, früher zu dem fränkischen Adel zählendes Geschlecht.
Siebmacher, II. 80.

Truchsess v. Infeld. Altes, fränkisches Adelsgeschlecht, aus welchem Hans Truchsess v. Infeld 1547 bei der Gefangennehmung des Kurfürsten Johann Friedrich I. zu Sachsen bei Mühlberg mit im Felde war.
Hoenn's Coburgische Chronik, II. S. 150, 272 und 300. — *Zedler,* 45. S. 1247 und 1250.

Truchsess v. Külenthal. Altes, schwäbisches, nur dem Wappen nach bekanntes Adelsgeschlecht.
Siebmacher, II. 84.

Truchsess v. Kemnater, s. Kemnater, Bd. V. S. 62.

Truchsess v. Pommerfelden, Bomersfelden, Pumersfelden (in Silber ein gekrönter, blauer Löwe mit doppeltem Schweife und zwei quer über dem Löwen durch das Feld gezogenen, schmalen, rothen Balken). Altes, fränkisches Adelsgeschlecht, aus welchem bereits

1235 Conrad v. Pommersfelden gelebt haben soll. Das Stammschloss Pommersfelden liegt am Flusse Reich-Eborach und die Familie verwaltete anstatt Chur-Pfalz das Erbtruchsessen-Amt im Hochstifte Bamberg. Conrad Tr. v. P. wird von Hönn 1420 angeführt; Margaretha v. Pommersfelden, Aebtissin zu Pirckenfeld, starb 1494 und Vitus Tr. v. P. 1503 als Bischof zu Bamberg und Laurentius Tr. v. P. befand sich 1520 als kurmainzischer Gesandter auf dem Wahltage zu Frankfurt a. M. Später, 1710, schloss Friedrich Ernst Truchsess v. Pommersfelden, kurmainzischer Kammerherr als Letzter des alten Geschlechts den Stamm.

G. Helwich, Elenchus nobilitatis ecclesiae Mogunt. in: Joannis Rer. Mogunt. II. S. 334 und 35. — *Hoenn*, Coburg. Chronik, II. S. 97. — v. *Hattstein*, II. S. 451—53. — v. *Falkenstein*, Annal. Nordgav., IV. Nachl. S. 335. — *Doederlein's* histor. Nachr. v. d. Marsch. v. Calatin. S. 369. — *Ritter's* evang. Denkmäler der Stadt Frankfurt a. M., S. 41 und 42. — *Gauhe*, I. S. 2610 und 11. — *Zedler*, 45. S. 1251 und 52. — *Biedermann*, Canton Steigerwald, Tab. 251—57. — *Salver*, S. 323, 360, 363 und 397. — *Siebmacher*, I. 101: Die Truchsess v. Pommersfelden, Fränkisch. — Fuldaischer Stifts-Kalender. — v. *Meding*, I. S. 619. — Supplem. zu Siebm. W. B. VII. 24: F. H. Tr. v. P.

Truchsess v. Rheinfelden. Altes, schweizerisches Adelsgeschlecht, welches später auch zu dem schwäbischen Adel zählte. Ein Sprosse des Stammes lebte noch 1676 als deutscher Ordens-Comthur zu Frankfurt a. M. und Regenfried Tr. v. Rh. wurde noch 1738 zu den Capitular-Herren der Abtei Murbach und Lüders gerechnet.

Uratisli Chronic. Basil., S. 396. — *Gauhe*, I. S. 2608. — *Zedler*, 45. S. 1252.

Truchsess v. Rieneck (Reineck) (Schild in der Mitte achtmal von Roth u. Gold quergestreift). Altes, fränkisches Rittergeschlecht, s. den Artikel: Reineck, Rheineck, Rhenick, Grafen, Bd. VII. S. 433.

Truchsess v. Ringingen. Altes, früher zu dem schwäbischen Adel gehörendes Geschlecht.

Siebmacher, II. 100.

Truchsess v. Schlotheim. Altes, thüringisches, schon unter K. Lothar oder Ludwig III. mit dem Erbtruchsessen-Amte bekleidetes Rittergeschlecht, s. den Artikel: Schlotheim, Schlottheim, Bd. VIII. S. 223—25.

Truchsess v. Wellerswalde, früher: Truchsess v. Borna (in Blau ein von Silber u. Roth mit schmalen Streifen vielmals quergestreifter Adler). Altes, meissensches Adelsgeschlecht, welchem das Erbtruchsessen-Amt der Markgrafen von Meissen zustand und welches sich früher nach dem Gute Borna bei Oschatz, später aber nach dem Sitze Wellerswalde, ebenfalls bei Oschatz, nannte. Die Familie sass bereits 1200 und noch 1498 zu Borna und 1472 und noch 1620 zu Wellerswalde und brachte auch mehrere andere Güter an sich. So sass dieselbe 1535 zu Naundorf und 1550 zu Glaubitz, beide Güter unweit Hayn, 1692 zu Falkenberg bei Liebenwerda, 1745 zu Ober-Sohland in der Ober-Lausitz, wurde auch in der Nieder-Lausitz begütert und kam in neuerer Zeit auch nach Ostpreussen, wo dieselbe noch 1849 zu Grzegorz unweit Culm und zu Zelgno bei Thorn angesessen war.

Peckenstein, Theatr. Saxonic. S. 110. — *Knauth*, S. 584. — *Schannat*, S. 168. — *Horn's* Sächs. Handbibl. S. 150. — *Gauhe*, I. S. 2608. — *Zedler*, 45. S. 1247—52. — *Estor*, A. Pr. S. 406: nennt dieses Geschlecht: Truchsess v. Born und Wellerswalde. — *Freih. v. Ledebur*, III. S. 32. — *Siebmacher*, I. 101: Die Truchsess v. Welderswald, Meissnisch. — *Rudolphi*, Heraldica curiosa, S. 178.

Truchsess v. Wetzhausen, auch Freiherren und Grafen (in Gold zwei in zwei Reihen von Roth und Silber acht- oder zehnmal geschachte Querbalken: Stammwappen und Freiherrliches Wappen und gräfliches Wappen: Schild geviert mit gekröntem, das ganze Stammwappen so zeigenden Mittelschilde, dass unten in Gold die zwei Schachbalken sind. Der obere derselben ist mit einer Krone und diese mit dem Helmzeichen der Familie, dem zwischen hier blauen Büffelshörnern befindlichen Rumpf, mit fliegenden Haaren, besetzt. Das erste Feld des Hauptschildes ist roth, das zweite blau, das dritte golden und das vierte silbern. In jedem dieser Felder erscheint ein einwärtsgekehrter Adler, welcher im ersten und vierten Felde schwarz, im zweiten und dritten aber silbern ist. v. Hattstein hat den Schild mit einem schwarzen, ausgebogenen Kreuze belegt und das dritte und vierte Feld sind golden). Reichs-Freiherrn- und Grafenstand. Freiherrnstand der Familie, bei Eintragung in die Freiherrnklasse der Adelsmatrikel des Kgr. Bayern durch Lehenbriefe nachgewiesen. Das Diplom wird gewöhnlich von 1676 angenommen und als Empfänger wird Joachim Ernst Truchsess v. Wetzhausen, Ritterhauptmann des Ortes Baunach, mit dem Bruder desselben, Wolf Dietrich mit den Nachkommen genannt u. Grafendiplom von 1686 für die Gebrüder Truchsess v. Wetzhausen: Hans Anhelm, k. k. General-Feldzeugmeister; Wilhelm, ebenfalls kaiserl. General-Feldzeugmeister; Martin Sigismund und Erhard Ferdinand, später k. k. Kämm., Rath und Oberst-Landeshauptmann des Fürstenthums Breslau. — Altes, fränkisches Adelsgeschlecht, dessen Stammhaus Wetzhausen, welches bis auf die neueste Zeit im Besitze der Familie geblieben ist, eine Stunde von Schweinfurt liegt. Der Name der Familie kommt bereits in der ersten Hälfte des 13. Jahrhunderts vor. Dietz Tr. v. W., Ritter, wurde 1343 von dem Bischofe Otto von Würzburg als Erbburgmann der Veste Bramberg beliehen und von dem Sohne desselben, Johann, stammen alle späteren Sprossen des Stammes ab, die sich nach ihren Gütern: Bundorff, Bettenburg, Rottenstein, Lanckheim, Unsleber, Eysfelder, Dürrenhoff, Dachsbach u. s. w. nannten, von welchen Häusern Einige bald wieder ausgegangen sind. Die nach Preussen gekommenen Glieder der Familie stammten aus dem Hause Dachsbach u. blühten später in vier Linien, auch war das Geschlecht mit Erhard Ferdinand, s. oben, welcher mit seinen Brüdern, wie angegeben, den Grafenstand erhielt, nach Schlesien gekommen. Von Johanns Nachkommen sind besonders zu nennen: Cunigunda, gest. 1498 als Aebtissin des Theodori-Klosters zu Bamberg, Hans um die genannte Zeit Fürstl. Württembergischer Rath, Marschall und Amtmann zu Raveneck, George, welcher zu Luthers Zeiten der letzte Abt im Kloster Anhusen war und Veit Ulrich, Domherr in Würzburg, welcher 1568 resignirte und sich verheirathete, auch die Wetzhausensche Linie fortsetzte, die sonst im genannten Jahre ausgestorben wäre: Derselbe wurde Fürstl. Würzburgischer Rath und Amtmann zu Neustadt und starb später als der Letzte

Katholik aus diesem Geschlecht. Ein Anderer dieses Namens war 1630 herz. sachsen-coburg. Rath, Hofrichter und Ober-Hauptmann und in demselben Jahre starb Wolf Dietrich als kaiserl. Oberst. Joachim Ernst, s. oben, erhielt mit seinem Bruder, Wolf Dietrich, kurmainz. Ober-Jägermeister und Amtmann zu Aschaffenburg, später Geh. Rath und Gesandter, 1676 den Freiherrnstand. — Freih. Veit Heinrich starb 1710 als k. k. General-Feldmarschall-Lieutenant, ohne Erben, nachdem er zwanzig Tausend Gulden für Studirende aus seinem Stamme ausgesetzt hatte und seine Wittwe, eine Freiin v. Jöstelsberg, stiftete 1733 auf ihrem Rittergute Weitzenbach ein adeliges Fräulein-Stift für vier Personen. Der genannte Freiherr Veit Heinrich war übrigens der Letzte der Wetzhausenschen Linie und so fielen denn seine Güter an die Linie zu Bundorff, aus welcher zu Gauhe's Zeit bekannt waren: Albrecht Dietrich, Grenadier-Oberst des Fränkischen Kreises, später ohne Erben gestorben; Hans Eitel, kaiserl. Oberst, der eine zahlreiche Nachkommenschaft hatte und Hans George zu Bettenburg. — Ueber die Linien in Preussen, zu denen Martin Tr. v. W. gehörte, der von 1477—89 Hochmeister des deutschen Ordens war, im 16. und 17. Jahrh., hat Gauhe viel und Näheres mitgetheilt. — In neuerer Zeit blüht die Familie noch in Bayern und in die Freiherrnklasse der bayer. Adelsmatrikel wurden aufgenommen: aus der Bundorfer Linie die Brüder: Adam Gottlob, geb. 1750, Senior Familiae, ehemaliger Ritter-Rath des Cantons an der Baunach, Christian, geb. 1755, vormaliger Hessen-Casselscher Major u. Christian Dietrich, geb. 1790, Sachsen-Hildburghaus. Ober-Forstmeister, aus der Linie zu Wetzhausen aber die Brüder: Wilhelm Philipp Ernst, geb. 1781; Gottlob Friedrich Carl, geb. 1784, grossh. bad. Forstmeister zu Neckargmünd; Carl Ferdinand, geb. 1790, k. bayer. Oberlieutenant der Grenadier-Garde; Franz Ernst, geb. 1793, ebenfalls in k. bayer. Militair-Diensten und Philipp Ernst, geb. 1796, später k. bayer. charact. Forstmeister zu Wetzhausen. — Die Familie, welche schon, vor dem Freiherrndiplome vom 4. März 1676, 1442 einen Reichsfreiherrenbrief vom K. Friedrich III erhalten hatte, blüht jetzt nur noch in den beiden, nach den in Franken liegenden Besitzungen genannten Linien zu Wetzhausen und zu Bundorf. Die Zweige in Preussen sind längst erloschen. — Haupt der Linie zu Wetzhausen und Senior der Familie war in neuester Zeit der schon oben genannte Freih. Franz Ernst, geb. 1793, k. bayer. pens. Rittmeister, von welchem, neben zwei Töchtern, drei Söhne stammen: Freih. Hugo, k. bayer. Rittm.; Freih. Hermann, k. bayer. Stadtgerichts-Assessor zu Ansbach, verm. mit Henriette Freiin v. Pöllnitz, geb. 1829, aus welcher Ehe, neben einer Tochter, zwei Söhne, Hans, geb. 1858 und Kurd, geb. 1859, entsprossten und Freih. Otto, geb. 1825 und gest. 1863, k. bayer. Artillerie-Hauptmann, aus dessen Ehe mit Emma v. Kobell eine Tochter lebt: Clara, geb. 1860. — Der Bruder des Freiherrn Franz Ernst: Freih. Carl Ferdinand zu Birnfeld, geb. 1790 und gest. 1851, hat aus der Ehe mit Adelheid de Luze zwei Söhne hinterlassen, die Freiherren Friedrich, geb. 1825,

k. bayer. Legat.-Secretair und Ferdinand, geb. 1827, verm. 1856 mit Anna Freiin Truchsess v. Wetzhausen aus Bundorf, geb. 1837. — Haupt der Linie zu Bundorf ist: Freih. Max zu Bundorf u. Bettenburg, geb. 1824 — Sohn des 1857 verstorbenen Freih. Gottbardt, h. sachs. cob.-goth. Kammerh. und Major à la suite aus der Ehe mit Emma Freiin v. Hanstein a. d. H. Besenhausen, geb. 1799 und verm. 1818 —. k. bayer. Oberstlieutenant a. D., verm. 1851 mit Sophie Grf. v. Pückler-Limpurg aus Burg-Farrenbach, geb. 1827, aus welcher Ehe drei Töchter u. ein Sohn: Gotthardt Veit, geb. 1860, stammen. Weiteres ergeben die geneal. Taschenbb. der freih. Häuser.

Bucelini Stemmatogr. I. S. 260. — *Gryphius*, von Ritterorden, S. 86. — *Abel*, deutsch. Alterth. III. S. 773. — *v. Gleichenstein*, Nr. 93. — *Sinapius*, II. S. 245 und 66. — *Schannat*, S. 168. — *v. Hattstein*, II. S. 429 und Tab. V. und S. 483—99 und Supplem. revis. I. S. 66 u. 67. — *Gauhe*, I. S. 2612—14, und II. S. 1190—92. — *Zedler*, 45. S. 1445—48. — *Biedermann*, Cant. Baunach, Tab. 164—209, Cant. Gebürg: Vorrede und Rhön-Werra und Ottenwald: Supplem. — *Salver*, S. 263, 266, 277, 286 u. a. v. a. O. — *v. Lang*, Supplem. 73 und 74. — *Freih. v. Ledebur*, III. S. 32 und 33. — Geneal. Taschenb. d. freiherrl. Häuser, 1859, S. 830—38, 1862, S. 824—26, 1864, S. 867—69 u. ff. Jahrgg. — *Siebmacher*, I. 101: Die Truchsess v. Wetzhausen, Fränkisch, IV. 6: Gr. Tr. v. W. und Suppl. VII. 24: Tr. v. W. — *Rudolphi*, Herald. cur., Tab. 3 und S. 172. — *v. Meding*, I. S. 620—22: Tr. v. W. und Gr. Tr. v. W. — *Tyroff*, I. 134. — W. B. d. Kgr. Bayern, IV. 29: Freih. Tr. v. W. und v. Wülckern. Abth. 4. S. 69 und 70.

Truhendingen. Grafen. Altes, fränkisches Grafengeschlecht, dessen Stammhaus gleichen Namens das Schloss und spätere Amt im Ansbachschen, am Riess gelegen, war. Zuerst wird Ernst genannt, der um 800 lebte. Von den Nachkommen hat Gauhe nach v. Falkenstein Mehrere genannt. Graf Conrad — ein Sohn des Grafen Friedrich IX. aus der Ehe mit Elisabeth Grf. v. Henneberg — welcher 1408 ohne männliche Erben starb, wird gewöhnlich für den Letzten seines Stammes gehalten, doch stand noch Wierich Graf v. Truhendingen vor der Mitte des 15. Jahrhunderts bei dem Kurfürsten Friedrich I. von Brandenburg als Hofmeister und Rath in Diensten.

Lucae Grafensaal, S. 1010. — *Prevenhueber*, Annal. Styr. S. 417. — *v. Falkenstein*, Nordgauische Alterthümer, S. 340 und Desselben Codex diplom. Nordgav. und Analecta Nordgav. — *Gauhe*, II. S. 1191—94. — *Zedler*, 45. S. 1261—62. — *J. Fr. Gruner* Prog. de Comitibus de Truhendingen, Ducum Meraniae haeredibus, Gryphisw. 1756 und in Desselben Opusc. Vol. I.

Trueber v. Steinfeld. Erbl.-österr. Adelsstand. Diplom von 1758 für Andreas Trüber, Hauptmann im k. k. Infanterie-Regimente Graf v. Harsch, mit: v. Steinfeld.

Megerle v. Mühlfeld, Erg.-Bd. S. 475.

Trückel, Freiherren. Erbl.-österr. Freiherrnstand. Diplom von 1776 für Ferdinand v. Trückel, Oberstlieutenant im k. k. Cuirassier-Regimente Graf Trautmannsdorf.

Megerle v. Mühlfeld, Erg.-Bd. S. 109.

Trüebeneckh, Triebenegg und Trübeneck (nach Bartschens Wappen-Buche: ein von dem rechten Unterwinkel bis zur Hälfte des linken Schildesrandes sich erhebender, steiler Felsen oder silberne Steinklippe, auf welcher ein linksgekehrter, brauner, fleckiger Tiger hinanläuft, oder nach Siebmacher: in einem rothen, golden eingefassten Schilde ein gelöwter, oder aufrechtstehender Leoparde). — Altes, steiermärkisches, schon im 17. Jahrh. ausgestorbenes Adelsgeschlecht, welches das gleichnamige Schloss, nicht aber das Städtchen dieses Namens, besass.

Zedler, 45. S. 1264. — *Siebmacher*, I. 49: v. Triebenegg, Steyerisch. — *v. Meding*, III. S. 676: nach Bartschens W. B.: Trüebeneckh.

Truegleben, Trugeleben. Altes, längst erloschenes, thüringisches Adelsgeschlecht, welches das eine Stunde von Gotha gelegene, gleichnamige Dorf besessen haben mag und aus welchem Wichmann de Trugeleben 1271 und Heinrich v. Trügeleben 1327 in Urkunden auftreten.

Brückner, Kirchen- und Schulen-Staat des Herz. Gotha, II. S. Stck. 69 und 70.

Truembach, Trumpbach (Schild durch Spitzenschnitt quer- und in der oberen Hälfte der Länge nach getheilt, dreifeldrig: 1, oben rechts, in Silber eine rothe, 2, oben links, in Roth eine silberne Rose und 3, untere Schildeshälfte, in Blau zwei neben einander stehende, rothe Rosen). Altes, fränkisches Adelsgeschlecht, welches sich in älterer Zeit Trübenbach, Drumbach und Trüembach schrieb und aus welchem urkundlich zuerst 1336 Hartard v. Trümbach vorkommt. Die Familie gehörte ehedem zu dem Reichsadel in Buchen und noch im vorigen Jahrhunderte zu der damaligen Reichsritterschaft des Fränkischen Cantons Rhön-Werra. — Das gleichnamige Stammschloss der Familie liegt nahe bei Wehrda in Ruinen.

v. Hattstein, III. Supplem. S. 146. b und c. — *Biedermann*, Canton Rhön-Werra, Tab. 350. — N. geneal. Handbuch, 1778, S. 213. — *Siebmacher*, I. 108: v. Trupbach, Fränkisch.

Trüppenbach, Ritter, s. Trippenbach S. 271.

Trütschler, Trütschler v. Falkenstein (in Gold ein schräglinker, schwarzer Balken). Altes meissensches Adelsgeschlecht, welches in zwei Hauptäste zerfiel, nämlich in den, welcher ehemals wieder in die Häuser Falkenstein im Voigtlande, Dorfstädt bei Falkenstein und Ober-Lauterbach bei Crimmitschau sich theilte und in den Ast der Trütschler v. Eichelberg auf Stein u. Leimnitz, welche, nach Gauhe ein verschiedenes Wappen führten und 1632 ausstarben, worauf ihre Güter an die Lehnsherren, die damaligen Freiherren, späteren Grafen zu Schönburg kamen. — Den Beinamen: Falkenstein führte die Familie von dem mehr als dreihundertjährigen Besitze des Schlosses Falkenstein mit Oberlauterbach, Dorfstadt u. s. w. im Voigtlande. Zuerst wird in den Meissenschen Chroniken Conrad Trütschler in einem Diplom von 1305 als Burgmann, oder Castellan zu Crimmitschau genannt, auch kommt in einem Klosterbriefe von 1349 ein Trütschler vor. Später, von 1476 bis 1480 war Hildebrand Tr. Schösser zu Rochlitz und ein anderer Hildebrand T. starb 1513 als Stiftshauptmann zu Naumburg; um 1530, war George T. Amtshauptmann zu Grünhayn und Wolf T. 1560 Amtshauptmann zu Zwickau und Berghauptmann zu Schneeberg. Moritz Salomon T. blieb 1685 bei Calamada auf Morea in einem Treffen mit den Türken. Jobst Christoph T. — die v. Trütschler gehörten übrigens zu den verschiedenen Altadeligen Familien, die früher von dem Wörtchen: von keinen Gebrauch zu machen pflegten — lebte 1708 als k. poln. und kursächs. Kammerjunker und Hans Ernst Tr., welcher unter dem Könige Christian V. nach Dänemark gekommen und in die Armee getreten war, starb 1718 im 75. Lebensjahre als k. dänischer Generallieutenant in Norwegen und soll Nachkommen hinterlassen haben.

Hans Heinrich Tr. auf Berbisdorf bei Chemnitz, Rackewitz u. Graebnitz, kursächs. Kammerherr, wie auch Kammer- und Bergrath, starb 1734 im 78. Jahre als Geh. Rath und hinterliess einen einzigen Sohn, der damals als herz. sächs. merseburgischer Hofmarschall lebte, und zu derselben Zeit war Carl August Tr. v. Falkenstein k. poln. und kursächs. Ober-Appellationsrath. — Der Stamm blühte fort und mehrere Glieder der Familie traten in kur- u. k. sächs. u. k. preuss. Militair- u. Staatsdienste, auch sind aus diesem Stamme die Grafen Zedlitz-Trützschler v. Falkenstein, s. den dieselben betreffenden Artikel, hervorgegangen. — Im Kgr. Sachsen sind Ober-Lauterbach, Falkenstein und Dorfstädt die Hauptbesitzungen des Geschlechts, welches in neuerer Zeit auch in Pommern begütert wurde. Nach Kauer war 1857 ein Trützschler v. Falkenstein Herr auf Klein-Rambin im Kr. Belgard und ein Anderer dieses Geschlechts Herr auf Klein-Dewsberg, ebenfalls im Kr. Belgard.

Knauth, S. 585. — *Hoenn*, Coburg. Histor. II. S. 153. — *Sinapius*, II. S. 1007. — *Schöttgen*, Diplomat. Nachlese von Ober-Sachsen, X. S. 203, 204 und 207. — *Gauhe*, I. S. 2614 und 15. — *Zedler*, 45. S. 1271—73. — *Klotzschens* und *Grundigs* Samml. zur Sächs. Geschichte, I. S. 277 und 78: Nachrichten von den Trützschlern v. Eichelberg zu Stein u. II. S. 364: C. G. G. Kleine Nachlese und Anmerk. zu der Geschichte des Geschlechts der Trützschler v. Eichelberg, besonders des Hildebrands v. Tr. — N. Pr. A.-L. IV. S. 278 und 79. — *Freih. v. Ledebur*, III. S. 33 und 252. — *Siebmacher*, I. 164: v. Trütschler, Meisnisch. — W. B. der Sächs. Staaten, IV. 90.

Trunkh v. Guettenberg. Erbl.-österr. Adelsstand. Bestätigungsdiplom des der Familie zustehenden Adelsstandes von 1708 für Johann Laurenz Trunkh v. Guettenberg, Stadtrichter in Wien.

Megerle v. Mühlfeld, Erg.-Bd. S. 475.

Truppach. Altes fränkisches Adelsgeschlecht, welches früher zu der ehemaligen Reichsritterschaft im Canton Gebürg gehörte und wohl eines Stammes und Wappens mit der fränkischen Familie v. Trümbach war.

v. Hattstein, II. Supplem. S. 73 und 74. — *Biedermann*, Canton Gebürg, Tab. 375 und 76. — *Siebmacher*, I. 108: Trupbach, Fränkisch.

Truzettel v. Wiesenfeld. Erbl.-österr. Adelsstand. Diplom von 1819 für Wilhelm Truzettel, Rittmeister der k. k. ersten Arcieren-Leibgarde, mit: v. Wiesenfeld. Der gleichnamige Sohn des Diploms-Empfängers war um 1857 Major im 7. k. k. Infant.-Regim.

Megerle v. Mühlfeld, Erg.-Bd. S. 476. — Militair-Schematism. des Oesterr. Kaiserthums.

Tschammer, auch Freiherren (Schild von Silber und Roth der Länge nach getheilt: rechts die rechte Stange eines achtendigen Hirschgeweihes (von den Enden kommen auch fünf u. sechs vor) und links ein linkes Büffelshorn mit Mundstück, beide Bilder von gewechselten Farben: Stamm Rogala). Böhmischer Freiherrnstand. Diplom vom 8. Juli 1725 für Ernst Balthasar und Heinrich Oswald v. Tschammer und Osten, Vettern. — Die Freiherren v. Tschammer stammen, wie die Herren Rogala v. Biberstein, von den Grafen v. Biberstein ab, die vor fast tausend Jahren den Ober-Aargau beherrschten. Mit Anna Grf. v. Biberstein, Gemahlin des Christoph Poppel v. Lobkowitz, erlosch 1651 der Hauptast des uralten Stammes. Ein Zweig desselben aber war 1094, zur Zeit des Königs Boleslaw III. Krzywousty, nach Polen ausgewandert und wurde dort, nach seinem

Wappen, Rogala genannt. Die Rogala bekleideten hohe Aemter in Polen, wie die Castellans-Würde von Danzig, das Palatinat von Masovien u. s. w. und nannten sich nach damaliger Sitte, nach ihren Besitzungen, nämlich ein Zweig Czambor, Andere aber Krasicky, Losky, Chynowsky und Zawadzky. Die Rogala, genannt Krasicky, wurden 1631 in den Reichsgrafenstand ihrer Vorfahren versetzt. Ein Zweig der Rogala fügte seinem Namen wieder den Namen v. Biberstein hinzu und nennt sich noch jetzt Rogalo v. Biberstein, der Beiname eines anderen Zweiges: Czambor verwandelte sich durch verschiedene Schreibarten in: Tschambor und Tschammor und zuletzt in den heutigen Namen: Tschammer. — Der Name des Geschlechts von Tschammer findet sich überall da, wo die Special-Geschichte Schlesiens für das Land wichtige Ereignisse erzählt. Vielfach wurden die Tschammer mit Gesandtschaften an die deutschen Kaiser und die Könige von Ungarn und Polen betraut und Glieder der Familie fochten in allen Kriegen, an welchen sich Schlesien betheiligte, seit den ältesten bis auf die neueste Zeit. — Jetzt blühen in Schlesien zwei Linien des Geschlechts, deren gemeinschaftlicher Stammvater Freiherr Oswald Wilhelm auf Peterwitz u. s. w., vermählt mit Johanna Grf. zu Nostitz und Rieueck aus Böhmen, war. Von seinen beiden Söhnen wurde Freih. Theodor, welcher von seinem Oheim, dem Freih. Georg Ernst v. Tschammer-Quaritz die Majoratsherrschaft Quaritz erbte und mit Helene v. Haugwitz a. d. H. Reichenau vermählt war, der Stifter des Hauses Quaritz u. Freih. Oswald Wilhelm, Herr auf Schlaupp und Jonasberg, verm. mit Magdalene v. Sommerfeld und Falkenhayn a. d. H. Roth-Kirschdorf, der Stifter des Hauses Dromsdorf. — Haupt des Hauses Quaritz ist: Freih. August — Sohn des Freih. Theodor, Majoratsherrn auf Quaritz mit Tschirne und Meschkau und der Helene v. Haugwitz a. d. H. Reichenau — Herr der Majoratsherrschaft Quaritz im Kr. Glogau mit Gross-Nieder-Tschirnau im Kr. Guhrau und der Allodial-Güter Meschkau im Kr. Glogau und Ober-Mittel- und Nieder-Brunzelwalde im Kr. Freistadt, verm. 1834 mit Therese Freiin v. Wackerbarth, genannt v. Bomsdorff, geb. 1816; aus welcher Ehe, neben zwei Töchtern, Clara vermählte Freifrau v. Seherr und Thoss-Hohenfriedeberg und Freiin Anna, zwei Söhne stammen: Eugen und Arthur, k. pr. Lieutenant. Die Schwester des Freih. August: Freiin Charlotte, geb. 1797, vermählte sich 1817 mit Friedrich Grafen v. Seherr und Thoss-Hohenfriedeberg und ist seit 1857 Wittwe. — Haupt des Hauses Dromsdorf ist Conrad Freih. v. Tschammer-Osten und Quaritz — Sohn des 1857 verstorbenen Freiherrn Ernst, Herrn der Güter Dromsdorf und Lohnig, welche er vom Freiherrn Gotthardt Oswald, letztem Freih. v. Tschammer-Osten, a. d. H. Dromsdorf ererbte, Landschafts-Director der Fürstenthümer Schweidnitz und Jauer, aus der Ehe mit Adelaide v. Schack und Enkel des Oswald Wilhelm Freih. v. Tschammer und Quaritz, Herrn auf Schlaupp u. Jonasberg, verm. mit Magdalena v. Sommerfeld und Falkenhayn — Herr der Güter Dromsdorf und Lohnig im Kr. Striegau, k. preuss. Lieutenant im 1.

schweren Landwehr-Reiter-Regimente, verm. 1862 mit Johanna Synold v. Schüz. Der Bruder des Freih. Conrad, Freiherr Leopold, ist Mitbesitzer der Güter Dromsdorf und Lohnig. — Von früheren Sprossen des Geschlechts sind namentlich zu nennen ein v. Tschammer, welcher, nachdem sein Vater als Oberst in k. russ. Dienste getreten, als k. russ. Generallieutenant 1714 zu Moskau starb; Ernst Adolph v. Tschammer wurde als k. preuss. Generalmajor pensionirt und Friedrich Wilhelm Alexander starb 1809 als Generalmajor und Commandant des Berliner Invaliden-Corps.

<small>*Sinapius*, I. S. 983—98 und II. S. 1069—71. — *Beckmann*, Anhaltsche Histor. VII. Tab. C. — *Gauhe*, I. S. 2415 und 10. — *Zedler*, 45. S. 1360—65. — *Megerle v. Mühlfeld*, Erg.-Bd. S. 109.— N. Pr. A.-L. IV. S. 279 und 80. — *Freih. v. Ledebur*, III. S. 34 und 852. — Geneal. Taschenbuch d. freih. Häuser, 1863. S. 980—83 u. ff. Jahrgg. — *Siebmacher*, I. 50: Die Tschammer, Schlesisch. — *v. Meding*, III. S. 679. — Schlesisch, W. B. I. 30.</small>

Tschepe v. Weidenbach, Ritter (in Blau ein golden gekrönter, silberner Schwan u. auf dem gekrönten Helme der Schwan zwischen zwei Adlersflügeln, von denen der rechte von Gold und Schwarz und der linke von Silber und Blau getheilt ist). Böhmischer Ritterstand. Diplom vom 16. März 1702 für David Tschepe, Gutsbesitzer und für den Bruder desselben, Johann Heinrich Tschepe, mit: v. Weidenbach. Das der Familie verliehene Prädicat wurde dem derselben zustehenden Gute Weidenbach im Oelsischen entnommen, nach welchem sich das Geschlecht übrigens schon früher geschrieben hatte, denn David v. Tschepe und Weydenbach kommt schon im 30jährigen Kriege als Oberstlieutenant und Generalquartiermeister in dänischen und niederländischen Diensten vor. Die Adelswürde hatte Michael Tschepe, — wohl der Vorfahre des Daniel Tschepe v. Weidenbach — Armgeldsschreiber bei der Hof- und Niederösterreichischen Kammer, 1637 erhalten. — Das Geschlecht brachte im Laufe der Zeit mehrere andere Güter an sich und sass noch 1812 zu Nendorf unweit Nimptsch. Von den Sprossen des Stammes standen mehrere in der k. preuss. Armee. Von zwei Majoren v. Tschepe starb der Eine 1816 und der Andere 1823 und Carl v. Tschepe, k. preuss. Generalmajor und Chef eines Infanterie-Regiments, ging hochbejahrt und erblindet 3. Febr. 1826 zu Breslau mit Tode ab. Derselbe war, wenn nicht der Letzte, doch Einer der Letzten des Stammes.

<small>*Sinapius*, I. S. 990 und dessellben Olsnographia, S. 892 und 93. — *Zedler*, 45. S. 1370. — *Megerle v. Mühlfeld*, Erg.-Bd. S. 218. — N. Pr. A.-L. IV. S. 280. — *Freih. v. Ledebur*, III. S. 35 und S. 852. — *v. Meding*, III. S. 679 und 80.</small>

Tschepe, sonst genannt **Tschepius** (in ovalen, runden, mit einem schmalen, himmelblauen Rande umgebenen Schilde ein silberner, golden gekrönter, auf silbernen Wellen schwimmender Schwan und auf dem gekrönten Helme ein aufrecht stehendes, goldenes Bund Waizen zwischen zwei Adlersflügeln, von welchen der rechte von Gold und Schwarz, der linke von Silber und Blau quergetheilt ist). Adelsstand des Grossherzogth. Warschau. Diplom von 1810 vom Könige Friedrich August von Sachsen als Grossherzog von Warschau für Samuel Ludwig Tschepius, k. preuss. Kriegs- und Domainenrath a. D. (gest. 12. Sept. 1831), mit dem Namen: v. Tschepe. Der Sohn desselben, Ludwig Ednard v. Tschepe, Herr auf Broniewice und Wierzejewice im posenschen Kr. Mogilno, starb 1844 als Landschaftsrath und der Sohn des Letzteren, Ludwig v. Tschepe, besass noch 1856 die genannten, väterlichen Güter.

Freih. v. Ledebur, III. S. 35.

Tschernembl, Tschernembel, auch Tschervenibel, Herren (Schild geviert, mit silbernem Mittelschilde und in demselben ein von Roth u. Schwarz in drei oder vier Reihen gerauteter, schräglinker Balken: Stammwappen des Geschlechts, welches eines Stammes und Wappens mit den v. Neuhaus am Karst und den abgestorbenen v. Eckenstein war. 1 und 4 in Roth ein silberner Adler, mit linkskehrendem Kopfe, goldener Krone, Schnabel und Füssen, der mit einem von Schwarz und Roth in drei Reihen gerauteten, schräglinken Balken belegt ist: nach Spener: Gnadenzeichen, nach v. Meding: Wappen des Herzogthums Krain, dessen Erbschenken die Herren v. Tschernembel waren und 2 und 3 in Silber ein roth gezäumter, schwarzer Pferdekopf und Hals: ausgegangenes Geschlecht v. Hopfenbach oder Hoppenbach). Altes, schon in der Mitte des 12. Jahrhunderts im Herzogthume Krain vorgekommenes Rittergeschlecht, welches, dem Herrenstande zugerechnet, die Herrschaften Stattenberg und Poppersdorf in Steiermark besass und mit dem Erbschenken-Amte des Herzogthums Krain und der Windischen Mark, welches Amt im 15. Jahrh. noch die Herren von Osterwitz verwalteten, bekleidet war. Das Stammschloss, Herrschaft und Stadt Tschernembel liegt zehn Meilen von Laibach und soll um die Mitte des 12. Jahrh. von Otto v. Karstberg erbaut worden sein, welcher das Schloss nach dem nahen Tschernembel nannte und diesen Namen selbst annahm. Die Nachkommen breiteten sich auch in Oesterreich aus, wo sie um 1676 ausstarben, worauf Schloss und Herrschaft Tschernembel an die Schweigger gelangten. Die Stadt Tschernembel, in welcher sich eine Comthurei des deutschen Ordens befand, kam schon 1373 an die Grafen v. Görtz und nach Abgang derselben an den Landesfürsten.

Bucellini Stemmatogr. P. II. — *Frevenhuber*, Annal. Styrens. S. 337, 345 u. 347. — *Valvasor*, L. 2. — *Gauhe*, II. S. 1194 u. 95. — *Zedler*, 45. S. 1371 u. 72. — *Schmutz*, IV. S. 725. — *Siebmacher*, I. 21: Freih. v. Tschernembl. — *Spener*, S. 301 u. Tab. 14. — v. *Meding*, III. S. 680—82.

Tscherny (Schild von Silber und Roth geviert, ohne Bilder). Altes, schlesisches Adelsgeschlecht, nicht zu verwechseln mit der alten, böhmischen Familie Czernin. — Hippolytus v. Tscherny oder Czerny und Saborzi, des Breslauischen Fürstenthums Landeshauptmann, war im 1567 Herr vom Fuchswinkel unweit Neisse und zu Kemnitz bei Hirschberg. Der Sohn desselben, Joachim v. Tscherny vermählte sich im genannten Jahre im 22. Lebensjahre mit einer v. Hohlberg, verw. v. Mühlheim, die ihm unter zehn Kindern acht Söhne gebar, von denen nur Einer jung starb, doch scheint der Stamm schon im 17. Jahrh. erloschen zu sein.

Sinapius, I. S. 992 und 93. — *Gauhe*, II. S. 1195. — *Freih. v. Ledebur*, III. S. 35. — *Siebmacher*, I. 18: v. Tscherny, Schlesisch. — v. *Meding*, III. S. 682.

Tscherny v. Edelmuth. Erbl.-österr. Adelsstand. Diplom von 1797 für Jacob Tscherny, Criminalrath zu Bernau, wegen seiner Magistrats-Dienste und Militairverpflegung, mit: v. Edelmuth.

Megerle v. Mühlfeld, S. 150.

Tschesch, Tzeschen und vorzeiten Tscheschow (Schild von Schwarz und Silber geviert, mit einem darüber gezogenen, rothen Querbalken). Altes, schlesisches und niederlausitzisches Adelsgeschlecht, aus welchem Conradus de Tscheschow bereits 1321 in Liegnitzischen Urkunden vorkommt. — Balthasar und Caspar v. Tschech besassen 1478 die Herrschaft Amlitz bei Guben und wurden wegen gebrochenen Landfriedens in die Acht erklärt. Ersterer lebte noch 1512 als Land-Richter in der Niederlausitz. In Schlesien stand der Familie noch in der ersten Hälfte des 17. Jahrh. als alter Stammsitz das Gut Krippitz im Briegischen Fürstenthume zu. Von Friedrich v. Tschech, Herrn auf Krippitz und Dammelwitz, stammte aus der Ehe mit einer v. Pannwitz: Johann Theodor v. Tschech, geb. 1595 und gest. 1649, welcher zu seiner Zeit durch mehrere mystische Schriften, die meist nach seinem Tode gedruckt wurden, sich bekannt machte. — Im Besitze des Rittergutes Drehna unweit Sorau blühte die Familie in der Nieder-Lausitz noch in das 18. Jahrh. hinein und sass zu Drehna noch 1720. Nach dieser Zeit ist nach Allem der alte Stamm ausgegangen.

Lucae Schlesische Denkwürdigk. S. 509. — Sinapius, I. S. 991 und II. 1071. — Gauhe, I. S. 2616. — Zedler, 45. S. 1374. — Freih. v. Ledebur, III. S. 35 und 36. — Siebmacher, I. 69: v. Tzeschen, Schlesisch. — v. Meding, III. S. 842: Tschech, vorzeiten Tschechow.

Tscheterwang, Zetterwang (in Roth ein aus dem Schildesfusse so aufwachsender, vorwärtssehender Mönch in grauer Ordenskleidung, dass man die Füsse nicht sieht u. welcher in jeder Hand einen Zipfel einer silbernen Decke oder eines weissen Tuches so hält, dass dasselbe in die Höhe über seinem Kopfe einen halben Zirkel bildet). — Altes, schlesisches im 16. Jahrhundert noch vorgekommenes Adelsgeschlecht, welches 1580 im Falkenbergischen zu Guschwitz sass. Dasselbe kommt zuerst 1366 vor.

Sinapius, I. S. 993 und II. S. 574. — Zedler, 61. S. 871. — Freih. v. Ledebur, III. S. 36. — Siebmacher, I. 60: v. Tscheterwang, Schlesisch. — v. Meding, III. S. 682 und 83.

Tschetschau, Tschettschau (in Silber ein grüner Löwe). Altes, schlesisches Adelsgeschlecht, eines Stammes und Wappens mit den v. Mettich. Die Familie sass 1540 zu Halbendorf im Oppelnschen und 1640 zu Gortsch im Strehlenschen.

Freih. v. Ledebur, III. S. 36.

Tscheterwitz (in Roth ein Mohren-Brustbild). Altes, früher zu dem schlesischen Adel zählendes Geschlecht.

Sinapius, I. S. 993. — Siebmacher, I. 52: Die Tscheterwitz, Schlesisch. — v. Meding, III. S. 683.

Tschetschke (in Blau ein silbernes Patriarchen- oder ungarisches Kreuz, dessen unterster Balken halb gekrückt ist und zwar geht die Krücke niederwärts, oder: der linke Arm des Doppelkreuzes ist nach unten verlängert). — Altes, dem polnischen Stamme Swienczye einverleibtes Adelsgeschlecht, aus welchem um 1449 Vincenz und Melchior Tschetscke lebten und welches in Schlesien u. Böhmen begütert wurde. Dasselbe sass 1462 und noch 1594 zu Rothkirch im Liegnitzischen, 1455 zu Reichen unweit Lüben, 1469 zu Liebenau im Liegnitzischen und war im Böhmen noch 1570 zu Herrndorf begütert.

Sinapius, I. S. 993. — *Freih. v. Ledebur*, III. S. 36. — *Siebmacher*, II. 48. — *v. Meding*, III. S. 683 und 84.

Tschiderer v. Gleiffheim, auch Freiherren (Freiherrliches Wappen: Schild geviert mit goldenem Mittelschilde und in demselben ein golden gekrönter und bewehrter, schwarzer Adler: bei Erhebung in den Freiherrnstand hinzugekommen. 1 und 4 in Silber eine golden besaamte, vierblättrige, rothe Rose und 2 und 3 in Schwarz eine goldene Lilie). Reichs- und erbl.-österr. Freiherrnstand. Diplom von 1737 für Joseph Ignaz Anton Tschiderer v. Gleiffheim (nach anderen Angaben Franz Joseph Ignaz. Tsch. v. G.), älterer Linie, k. k. Hof-Kammerrath und Tirolischen Landmann. — Altes, tirolisches Adelsgeschlecht, aus welchem Hans (III.) Tschiderer, Landschafts-Secretair in Tirol, mit seinen Brüdern, Adam u. Christoph vom K. Ferdinand II. 9. April 1603 und zwar weil dieselben auf dem sogenannten Gleiff bei Eppan wohnten, mit dem Prädicate: v. Gleiffheim, den erbl.-österr. Adelsstand erhalten hatte. Der Vater derselben, Hans (II.) Tschiderer, ein Enkel des aus Graubündten stammenden Hans (I.) Tschiderer, welcher um 1530 nach Tirol gekommen war und sich auf dem Gleiff angebaut, hatte vom K. Ferdinand II. 1620 einen Wappenbrief empfangen. Die Enkel des Hans (III.) Tsch. v. G.: Franz Anton und Anton Benno, gründeten zwei Linien, eine ältere und eine jüngere. Aus der älteren Linie wurde, wie angegeben, Joseph Ignaz Anton 1737 in den Freiherrnstand erhoben, doch erlosch die Linie desselben im Mannsstamme schon 1806 mit dem Sohne desselben: Franz. Später, 7. Juli 1838, wurde der Freiherrnstand auf die jüngere Linie in der Person des k. k. Appellationsgerichts-Raths zu Innsbruck: Ignaz T. v. G., geb. 1778 u. gest. 1858, übergetragen, aus dessen zweiter Ehe mit Magdalena Freiin v. Schneeburg zu Salthaus und Platten, geb. 1804 und verm. 1828, drei Söhne stammten, die Freiherren August, Ernst und Johann, geb. 1832 und gest. um 1856. Haupt des freih. Hauses ist: Freih. August, geb. 1829, k. k. Kämmerer und Statthalterei-Concipist. Der Bruder desselben, Freih. Ernst, geb. 1830, hat sich vermählt mit Bertha Freiin Zephyris zu Greit, geb. 1832. — Ein Bruder des Freih. Ignaz: Johann Nepomuk T. v. G., geb. 1779 ist als Fürstbischof zu Trient gestorben.

v. Lang, S. 574. — *Megerle v. Mühlfeld*, Erg.-Bd. S. 91. — Geneal. Taschenb. d. freih. Häuser, 1848, S. 363—65, 1853, S. 485 und 86, 1857, S. 776, 1863, S. 964 u. ff. Jahrgg. — *Siebmacher*, IV. 189: Stammwappen. — *Tyroff*, II. 216: Freih. v. T. — W. B. d. Kgr. Bayern, IX. 10, v. T. — W. B. der Oesterr. Monarchie, 13. 74. — *v. Hefner*, tirol. Adel, Tab. 21 und S. 19. — *Kneschke*, IV. S. 515—17.

Tschirnhauss, Tschirnhausen, Tschirnhäuser, auch Freiherren und Grafen (Stammwappen: Schild der Länge nach getheilt: rechts Roth ohne Bild und links von Schwarz, Silber, Roth und Schwarz quergetheilt und freiherrliches u. gräfliches Wappen: Schild geviert:

1 und 4 das Stammwappen und 2 und 3 in Gold zwei über Kreuz gelegte, geastete, schwarze Baumstämme: Wappen der alten Herren Berka v. der Dub und Leipa). Böhmischer Freiherrn- und Grafenstand. Freiherrndiplom zu Anfange des 17. Jahrhunderts für die Gebrüder Hans, David, Heinrich und Friedrich v. Tschirnhauss (Hans v. T. war kaiserl. Kriegsrath, Mundschenk und Oberst und besass Gräfenstein) und Grafendiplom vom 29. Mai 1721 für Sigmund Freiherrn v. Tschirnhauss, Majoratsherrn auf Nieder-Baumgarten bei Bolkenhayn in Schlesien, k. k. Kämmerer, Deputirter bei der Schlesischen Steuer-Raitung u. s. w. — Altes, ursprünglich böhmisches Rittergeschlecht, welches nach Sinapius von zwei Brüdern, Host und Czernaus, abstammen soll, welche der Sage nach, zwischen den Jahren 657 und 661 unter dem Fürsten Czecho in Böhmen ein hohes Haus bauten, welches sie Czernaus nannten u. den Namen desselben, der später Tschirnhaus ausgesprochen wurde, annahmen. — Haus v. Tschirnhaus wird 1447 als Hauptmann zu Friedland im Schweidnitzischen genannt und Christoph v. Tschirnhaus war um 1554 Appellationsrath zu Prag. Das genannte Stammhaus Czernhaus in Böhmen besass noch 1572 Christoph Czernhaus v. Czernhaus, nach dieser Zeit aber scheint in Böhmen der Stamm ausgegangen zu sein und sich dafür in Schlesien aus der Hauptlinie zu Bolkenhain und den Neben-Aesten zu Baumgarten und Wederau weit ausgebreitet zu haben. Um 1500 lebte noch Fabian v. T., auf Bolkenhain, Hauptmann, fiel aber dann in einem Duelle. Sein Sohn, Hans, soll um 1560 das wüste Haus Mittelwalde erkauft und zwei Söhne, David und Michael, hinterlassen haben. Letzterer setzte den Stamm durch drei Söhne, Hans, David, Heinrich und Friedrich, fort, die, wie oben angegeben, den Freiherrnstand in die Familie brachten. — Zu Michaels Nachkommenschaft gehörte unter anderen Enkeln Georg auf Baumgarten und Petersdorff, der 1671 starb und einen Sohn, Georg Sigismund, kaiserl. Oberst-Lieutenant und Landes-Aeltesten der Fürstenthümer Jauer und Schweidnitz, hinterliess, dessen Enkel, Sigismund, Herr des freiherrlichen Majorats Baumgarten und Heinzenwalde, wie auch zu Wederau, Falkenberg und Bartsch, k. k. Kämmerer, in den Grafenstand versetzt wurde u. sich 1721 mit Theresia Grf. v. Rappach, Hof-Dame am kaiserl. Hofe, vermählte, doch ist nicht bekannt, dass er seine Linie fortgesetzt. Zu dieser Schlesischen Linie gehörten übrigens auch folgende Glieder der Familie: Abraham v. T., der Schlesischen Fürsten und Stände um 1611 über viertausend Mann Infanterie-Oberst-Lieutenant; Hans George auf Häslicht, kaiserl. Rittmeister, welcher 1692, einen Sohn, Johann Friedrich, hinterlassend, starb; Hiob Christoph auf Seifersdorf, um 1693 der Fürstenthümer Schweidnitz und Jauer Landes-Canzler; Wolf Bernhard, dessen gleichnamiger Vater Hockenau und Laubgrund im Liegnitzischen besass, und der sich durch Uebersetzung geistlicher, Englischer Schriften und durch seine Reisen mit vornehmen Söhnen vom Adel bekannt gemacht hatte u. noch 1717 lebte; Friedrich Wilhelm, der 1718 eine „Einleitung zur Wappenkunst" zu Nürnberg in Folio

erscheinen liess und Conrad v. T., um 1720 Herr auf Grunau und später Landes-Canzler im Schweidnitzischen Fürstenthume u. Landes-Aeltester des Strieganischen Weichbildes. — In der Ober-Lausitz war Kieslingswalde unweit Görlitz der älteste Stammsitz der Familie, welches Gut dem Geschlechte 422 Jahre zugestanden hatte, nach Anfange des 18. Jahrh. aber in den Besitz der v. Falckenhain kam. Friedrich v. T. auf Kieslingswalde war 1592 Landeshauptmann des Budissiner Kreises. Von dem gleichnamigen Sohne desselben, welcher des Fürstenthums Görlitz Landeshauptmann war, stammte Hans Friedrich, über welchen Näheres nicht bekannt ist. Später, 1684, starb Christop v. T., kursächs. Rath und seit 1655 Landeshauptmann des Görlitzischen Fürstenthums, im 84. Lebensjahre und hinterliess drei Söhne: Georg Albrecht auf Ober-Schönfeld, Hartlieb und Ehrenfried Walther. Letzterer, geb. 1651 und gest. 1708 auf seinem Gute Kieslingswalde, kam in der gelehrten Welt als ausgezeichneter Mathematiker, Naturforscher u. Philosoph zu grossem Rufe. Nachdem er von Jugend auf mit vieler Vorliebe Mathematik getrieben und dann auf der Universität zu Leyden sich fast ausschiesslich mit derselben beschäftigt hatte, trat er 1672 als Freiwilliger in holländische Dienste und machte seit 1674 eine grosse Reise durch Frankreich, Italien, Sicilien und Malta und lebte dann längere Zeit am Kaiserhofe zu Wien, von wo er abermals nach Frankreich reis'te. Bei seiner dritten Anwesenheit in Paris wurde er 1682 von der dortigen Academie der Wissenschaften zum Mitgliede aufgenommen, begab sich dann wieder nach Holland, wo er sich längere Zeit aufhielt, kehrte später nach Sachsen zurück, wurde zum kursächs. Rathe ernannt und beschäftigte sich auf seinem Gute Kieslingswalde, nach seiner Rückkehr aus dem Auslande, namentlich mit optischen und mechanischen Arbeiten. Er legte nicht nur in Sachsen die drei ersten Glashütten an, sondern unter seiner Leitung und in seinem Laboratorium vollendete auch Böttger die Erfindung des Porcellans. Seine wichtigste Erfindung bestand aber in Verfertigung eines Brennspiegels aus Kupfer von ausserordentlicher, bisher noch nicht vorgekommener Grösse und einem Gewichte von 160 Pfund, welcher die bewunderungswürdigsten Wirkungen hervorbrachte und den er der Academie der Wissenschaften zu Paris schenkte, in deren Cabinete er sich noch befindet. Nächstdem liess er eine Menge anderer Brennspiegel von seltener Vollkommenheit herstellen, von denen einer von sechs Fuss Durchmesser u. 4 Fuss Brennweite noch gegenwärtig auf dem mathematischen Salon zu Dresden zu sehen ist. Die von ihm hinterlassenen zwei Söhne, Gottlob Ehrenfried und Georg Friedrich verkauften nach seinem Tode das durch ihn so bekannt gewordene Gut Kieslingswalde. — Nach dieser Zeit ist der Stamm der Freiherren und Grafen v. Tschirnhaus erloschen und später blühte nur noch eine im Adelsstande verbliebene Linie, aus welcher um 1837 Eduard v. Tschirnhaus Herr auf Nieder-Baumgarten im Kr. Bolkenhain war, welches Gut, wo sich auch das gräfl. Diplom von 1721 fand, nachher an die Familie v. Treskow gekommen ist.

Balbini Böhmische Chronik, II. Lib. 1. c. 19. — *Aelurii* Glaciograph. S. 483. — *Lucae* Schles. Merkwürdigk. S. 1858. — *Sinapius*, I. S. 994 und II. S. 264 und 1073. — *Gauhe*, I. S. 1021—23. — *Zedler*, 45. S. 1878—84. — *Megerle v. Mühlfeld*, Erg.-Bd. S. 34. — N. Pr. A -L. IV, S. 200. — *Freih. v. Ledebur*, III. S. 36 und 37. — *Siebmacher*, I. 60: Die Tschirnhauser, Schlesisch und IV. 10: Freih. v. T. — v. *Meding*, III. S. 685 und 86. — *Dorst*, Allgem. W. B. S. 121—23 und S. 200 und Tab. 98: Gr. v. T.

Tschirschky, Tschiersky, Tchirsky, Tschirschky u. Bögendorff (in Roth ein vorwärts gekehrter, schwarzer Büffelskopf, durch dessen Nase ein goldener Ring gezogen ist: polnischer Stamm Wieniawa). Altes, ursprünglich polnisches Adelsgeschlecht, als dessen Ahnherrn Okolski und Paprocius einen tapfern Krieger: Wieniawa angeben. Das Geschlecht kam aus Polen nach Böhmen und aus Böhmen nach Schlesien, und zwar ins Schweidnitzische, wo Rohstock die erste Besitzung und Tscherske der frühere Name war. Die Familie soll mit der böhmischen Familie Pernstein gleichen Ursprung haben, worauf sich auch die Sage von der Entstehung des Wappens gründet, indem Persten einen Ring bedeutet. Der Familienname wird von dem Besitze des Gutes Czirayt in Böhmen abgeleitet. Im 13. Jahrh. kommen die ersten Herren von Tschirschky als Besitzer des Gutes Bögendorff bei Schweidnitz vor. Das Geschlecht breitete sich in Schlesien aus, kam zu grossem Grundbesitz und theilte sich in drei Linien, in die kunsdorf-tadelwitzer, in die mechwitz-weigwitzer und in die in neuester Zeit erloschene wilkauer Linie. Aus der kunsdorf-tadelwitzer Linie stammte der unten genannte k. preuss. General-major Carl Wilhelm v. T., gest. 1803. Der ältere Bruder desselben, Joachim Conrad v. T., geb. 1728 und gest. 1805, Herr auf Gerlachs-dorf, hatte aus der Ehe mit Beate Christiana v. Schickfuss zwei Söhne und vier Töchter. Von den Söhnen vermählte sich der Aeltere, Carl Conrad Leopold Joachim, geb. 1766 und gest. 1851, k. preuss. Major in der Garde-du-Corps, 1797 mit Charlotte Freiin v. Reichell, geb. 1777, gest. 1837, Erbfrau der Schlanzer Güter, deren ältester Sohn, Benno, s. den nachstehenden Artikel: v. Tschirschky-Reichell, Freiherrn, durch mütterliches Testament bestimmt wurde, Namen und Wappen der v. Reichell fortzusetzen. — Genauere Nachrichten über die Familie beginnen erst um 1607 mit den Brüdern: Franz v. Tschirschky, Herrn auf Ullersdorf und Adam v. Tschirschky, Herrn auf Arnsdorf. Von Ersterem stammte Joachim v. T., Herr auf Ullersdorf, von Letzterem aber in zweiter Ehe Leonhard v. T. auf Arnsdorf, Herr auf Schmitzdorf, Pristam und Kunsdorff, des Briegi-schen Fürstenthums Landes-Aeltester. Von den vier Söhnen des-selben pflanzten drei den Stamm durch mehrere Söhne fort: Joachim Friedrich v. T. auf Kunsdorf u. Kobelau, herz. holstein. Plönscher, Hauptmann, Ernst Leonhard v. T. auf Mechwitz, Weichwitz u. s. w., kaiserl. Consistorialrath und des Ohlauschen Weichbildes, später aber des Briegschen Fürstenthums Landes-Aeltester und Hans Adam v. T., Herr auf Pistram. Die Nachkommenschaft der beiden Ersteren wurde dauernd fortgesetzt. — Der Beiname: Boegendorff, dessen sich ein Theil der Familie bedient, ist der Name einer alten schlesischen, im Schweidnitzischen liegenden Besitzung. Von den Sprossen des Stammes haben Mehrere in k. pr. Militair- u. Staatsdiensten gestanden

u. sind zu hohen Ehrenstellen gelangt. Friedrich Albrecht v. T. starb als Generalmajor 1803 und Carl Wilhelm v. T. wurde 1789 k. preuss. Generalmajor und Chef eines Dragoner-Regiments und starb 1803. Christian August v. T. war um 1837 k. preuss. Geh. Ober-Tribunal-Rath u. s. w. Als begütert im Kgr. Preussen nannte Rauer 1857 folgende Glieder der Familie: v. Tschirschky, K. Landrath Belziger Kreises auf Glien im Kr. Zauche-Belzig; Heinrich v. T., Lieutenant a. D., auf Kobelau im Kr. Nimptsch; v. T., K. Landrath a. D., auf Nieda bei Görlitz und Theodor v. T., Lieutenant a. D., auf Dolzig bei Sorau. Im Anfange dieses Jahrh. ist die Familie auch nach Sachsen gekommen und zwar zunächst in die Oberlausitz, wo dieselbe das Gut Wanscha erwarb. Sprossen der sächsischen Linie traten in k. sächs. Hof-, Militair- und Staatsdienste. — Ein v. Tschirschky und Boegendorff starb als k. sächs. Kriegsrath; Carl Friedrich August v. T. u. B., Major von d. A., wurde Hofmarschall, Kammerherr und Chef der Hofhaltung Sr. K. Hoh. des Prinzen Georg; Otto Julius v. T. u. B. stieg zum Geh. Finanzrath und Vorsitzenden bei der Staats-Eisenbahn-Direction und Adolph Leopold v. T. u. B., k. sächs. Hauptmann, war in neuester Zeit im Generalstabe angestellt.

<small>Sinapius, I. S. 1000 und II. S. 1075. — Gauhe, I. S. 2624. — Zedler, 45 S. 1385. — N. Pr. A.-L. IV. S. 261. — Freih. v. Ledebur, III. S. 36 und 352. — Siebmacher, V. 75: Die Tschirschky, Schlesisch. — W. B. d. Sächs. Staaten, IV. 91. — Schles. W. B. 23. 194. — Kneschke, III. S. 432 und 23.</small>

Tschirschky-Reichell, Freiherren (Schild geviert: 1 und 4 in Roth ein vorwärts gekehrter, schwarzer Büffelskopf, durch dessen Nase ein goldener Ring gezogen ist (Tschirschky) und 2 und 3 von Schwarz und Gold quergetheilt, mit einem aufrecht stehenden, doppelt geschweiften Löwen von gewechselten Farben, der in den Vorderpranken eine Sichel hält: Reichell). — Allerhöchste Genehmigung durch Cabinets-Ordre vom 13. Mai 1838 für Benno v. Tschirschky, in Folge testamentarischer Verfügung seiner Mutter, Charlotte Freiin v. Reichell, den Namen und das Wappen der erloschenen Freiherren v. Reichell mit seinem angeborenen Namen und Wappen zu vereinigen. Das ausgestorbene freiherrliche Geschlecht von Reichell, s. auch den Artikel: Reichel, Reichell, Freiherren, Bd. VII. S. 413, stammte aus Polen, von wo dasselbe um 1340 durch Johannes von Reichell nach Schlesien verpflanzt wurde. Vier Jahrhunderte lang sass immer ein Herr v. Reichell im Rathe der Stadt Breslau und so zählt die Familie fünfzehn Rathsherren, sieben königliche Männer und Landes-Aelteste und zwei kaiserliche Landeshauptleute des Fürstenthums Breslau zu ihren Vorfahren. Hans Wilhelm v. Reichell, geb. 1631 und gest. 1690, verm. mit Anna v. Rantzau, war fürstl. schlesw.-holstein. und bischöfl. lübeckscher Geh. Rath und Oberamtmann des Bisthums Eutin und auch in Kriegsdiensten zeichneten sich Sprossen des Geschlechts aus. Carl Briedo v. R., geb. 1683, war schlesw.-holsteinischer General und Gesandter in Schweden. In der Schlacht bei Oudenarde fochten 1708 vier Herren v. Reichell, von denen drei fielen. Nachdem die Familie einen mehr als zweihundertjährigen Grundbesitz nachgewiesen, ertheilte derselben K. Carl V.

durch Diplom vom 9. Sept. 1554, unter Bestätigung des alten Adels und Wappens, das Indignat in Schlesien und Böhmen. Hans Benedict Freih. v. Reichell, geb. 1677 und gest. 1741, fürstl. schleswig-holsteinischer Oberst, kaufte 1713 die Schlanzer Güter bei Breslau. Aus seiner Ehe mit Elisabeth Freiin v. Schmettow hinterliess derselbe einen Sohn: Carl Wilhelm, geb. 1728 und gest. 23. Oct. 1790, k. preuss. Rittmeister a. D. und Landschafts-Director des breslauer Fürstenthums, welcher, vermählt mit Henriette Gottliebe v. Netz, der letzte männliche Sprosse seines Geschlechts war. Aus seiner Ehe stammten nur zwei Töchter, Charlotte, geb. 1771 u. gest. 1837, Erbin der Güter, verm. mit dem k. preuss. Major Carl Conrad Leopold Joachim v. Tschirschky, s. den vorstehenden Artikel und Wilhelmine Amalie, geb. 1777 und gest. 1810, Gemahlin des Hans v. Eisenhardt, — Namen und Wappen kamen, s. oben, an den älteren Sohn des Majors Carl Conrad Leopold Joachim v. Tschirschky, an: Benno Freiherrn v. Tschirschky-Reichell, geb. 1810, Majoratsherrn auf Schlanz, Kreiselwitz, Haberstroh und Sirnig, k. pr. Rittmeister im ersten schweren Landwehr-Cavalerie-Regimente, Mitglied des k. preuss. Herrenhauses auf Lebenszeit, verm. in erster Ehe 1842 mit Maria Grf. v. Renard a. d. H. Gross.-Strehlitz, geb. 1826 und gest. 1847 und in zweiter 1857 mit Emma Sartorius v. Schwanenfeld, geb. 1829. Aus der ersten Ehe stammt, neben einer Tochter, Euphemia, geb. 1846, ein Sohn, Mortimer, geb. 1844, auch wurde in der zweiten Ehe der Stamm fortgesetzt. Der jüngere Bruder des Benno Freih. v. Tschirschky-Reichell ist: Fedor Carl Lothar v. Tschirschky, Besitzer von Doltzig bei Sommerfeld, k. preuss. Lieutenant a. D.

Freih. v. Ledebur, III. S. 46. — General. Taschenb. d. freih. Häuser, 1858, S. 777—79, 1862, S. 896 und 27 u. ff. Jahrg.

Tschischwitz, Zschischwitz (Schild von Blau und Roth geviert und mit einem Querbalken überlegt, welcher in zwei Reihen, jede von fünf Plätzen, von Roth und Blau geschacht und oben sowohl als unten mit Silber schmal eingefasst ist). — Altes, schlesisches Adelsgeschlecht, nach Einigen meissenschen Ursprunges, welches nach einem gleichnamigen Sitze bei Wurzen genannt worden sein soll, doch findet sich in dieser Gegend ein Gut dieses Namens jetzt nicht vor. — Bereits im 14. Jahrh. machte sich eine Linie des Geschlechts in der Grafschaft Glatz ansässig, wo Gabersdorf die älteste Besitzung war, auf welcher bereits um die Mitte des 15. Jahrh. die Brüder Heinrich, Christoph u. Hans v. Tschiwitz, welche 1449 vom Herzoge Heinrich einen Gnadenbrief über ihre Erbgüter in der Grafschaft Glatz erhalten hatten, wohnten. Um 1547 war unter Anderen Balthasar v. Tschischwitz und Gabersdorf, Landeshauptmann des Münsterbergischen Fürstenthums, bekannt und nicht lange nachher setzte ein v. Tschischwitz u. Gabersdorf sein Geschlecht in der Grafschaft Glatz fort und die Nachkommenschaft blühte noch zu Gauhe's Zeiten. Die Schlesische Linie stammte nach Sinapins von Nicol v. Tschosswitz (wie der Name auch geschrieben wurde), und sass zuerst zu Gross-Wangern und zu Baerwalde im Münsterbergischen. Aus dem

Rittergute Baerwalde stammte Adam v. Tschischwitz, kursächs. Oberstlieutenant, dessen Sohn, Gustav v. T., um 1720, Herr auf Pirschen unweit Neumarkt, des Fürstenthums Glogau Landescommissarius, seine Linie fortsetzte. Im Laufe der Zeit hatte die Familie mehrere Güter in Schlesien an sich gebracht und sass noch 1700 zu Schwenz im Glatzischen, 1720 zu Pirschen bei Neumarkt, 1728 zu Stein im Oelsischen, 1729 zu Dittersbach im Wohlauschen und 1770 zu Scheidewinkel und Tuntschendorf, auch hat der Stamm bis in die neue Zeit fortgeblüht, denn nach Rauer war noch 1857 Oscar v. Tschischwitz, Lieutenant a. D., Herr auf Ober-Walditz und Scheidewinkel im Kr. Neurode. — Erwähnt sei noch, dass, als Bernhard III. v. Stillfried-Rattonitz 1680 für sich und seine Nachkommen den erbländisch böhmischen Freiherrnstand erhielt, mit seinem angestammten Wappen, in Folge der letzten Glieder seiner Ahnentafel, die Wappen der erloschenen Familien v. Tschischwitz, Werder und Walditz vereinigt wurden und so erscheint denn in dem Wappen der Grafen v. Stillfried-Rattonitz jetzt das Wappen der Familie v. Tschischwitz in der oberen, der Länge nach quergetheilten Schildeshälfte rechts.

Sinapius, I. S. 1001 und II. S. 1076. — *Gauhe*, I. S. 2025 und 26. — *Zedler*, 45. S. 1387. — N. Pr. A.-L. IV. S. 281. — *Freih. v. Ledebur*, III. S. 37. — *Siebmacher*, I. 61 mit dem unrichtigen Namen: Christwitz. — *v. Meding*, III. S. 686: Tschischwitz, Tscheschwitz.

Tschoffen, Edle. Erbl.-österr. Adelsstand. Diplom von 1789 für Engelbert Tschoffen, bürgerlichen Handelsmann in Wien, wegen Errichtung einer Knopf-, englischen Schnallenherz-Stahl- und Metallwaaren-Fabrik, mit Edler v.

Megerle v. Mühlfeld, S. 276.

Tschoggl, Edle v. Ruhethal. Erbl.-österr. Adelsstand. Diplom von 1815 für Joseph Anton Tschoggl, pensionirten Cameral-Verwalter der Staatsherrschaft Seitz und Eigenthümer der Herrschaft Sanegg in Steiermark mit Edler v. Ruhethal.

Megerle v. Mühlfeld, S. 276.

Tschudi v. Creplang, Meyer von Glarus (in Gold ein grüner Baum mit rothem Stamm u. einigen rothen Blättern, nach Siebmacher's Declaration: Tannzapfen). — Eins der ältesten und ansehnlichsten Geschlechter der Schweiz, ehemals auch Tschudy und Schudy genannt, welches sich auch im Canton Uri in der Stadt Rapperschwyl, im Canton St. Gallen und in Lothringen und Franken ausbreitete und aus welchem in neuerer Zeit mehrere Sprossen in k. preuss. Militairdienste traten. Andere, jetzt ausgestorbene Linien gehörten zu den Erbbürgern zu Zürich, Basel und Bern. Das Haus zählte zu denjenigen, welche ihre Genealogie diplomatisch erwiesen bis zum Jahre 906 hinauf führen können, wie aus einem Lehnsscheine Rudolph's Tschudy v. Creplang, Meyers v. Glarus, an die Aebtissin des Stiftes Seckingen, Bertha, von 1029 hervorgeht, in welcher Urkunde die Vorfahren Rudolph's, alle Freigeboren u. seit 906 mit dem Erb-Amte der Majorei von Glarus, von dem Stifte Seckingen beliehen, aufgeführt werden. Die Majorei besass die Familie bis 1256 und die Herrschaft Creplang mit Unterbrechung bis 1651, auch besass das Geschlecht die Burg Flums als bischöfliches und churisches Vitzthumat, welches König Friedrich dem Heinrich Tschudi v. Creplang, Mayer v. Glarus, den er 1219 zum Ritter schlug, zu einer Freiherrschaft erhob. Seitdem der Canton von Glarus 1352 Theil der Eidgenossenschaft wurde, ist die Landammanns-Würde fast nie aus dieser Familie gekommen. Vor der Revolution war 1789 die in Lothringen blühenden Linie im Besitze des Erbamts des Grandbaillif vom Metzer und Messiner Adel. Das Geschlecht erhielt 20. April 1539 vom römischen Könige Ferdinand I. eine Bestätigung seines alten Adels und der französischen Linie wurde ihr Adel bestätigt und 1660 vom Könige Ludwig XIV. der französische Adelsstand verliehen. Die Zahl der Helden und Staatsmänner, welches das Haus Tschudi dem Lande Glarus und dem Auslande gebracht hat, ist gross und Mehrere derselben sind in dem Neuen Preussischen Adels-Lexicon genannt. Der Stamm hat dauernd fortgeblüht und noch 1856 stand ein v. Tschudi als Hauptmann im k. preuss. 15. Infanterie-Regimente.

Leu, Schweiz. Lexicon, XVIII. S. 330—55. — May histoire milit. de la Suisse, Tom. II S. 138—173 und VIII a. v. O. — Leiz, Nekrolog denkw. Schweizer, S. 537—30. — N. Preuss. Adels-Lex. V. S. 449 und 50. — Freih. v. Ledebur, III. S. 37. — Siebmacher, I. 200: Die Tschudi, Schweizerisch.

Tschuegg v. Piehlheimb, Graunburg und Mayenfeldt, Ritter und Edle. Reichs- und erbl.-österr. Ritterstand. Diplom von 1765 für Leonhard Tschuegg v. Piehlheimb, Graunburg und Mayenfeldt, Gutsbesitzer in Tirol, mit: Edler v.

Megerle v. Mühlfeld, Erg.-Bd. S. 218.

Tschusi. Erbl.-österr. Adelsstand. Diplom von 1737 für Johann Joseph Tschusi, Stadtschreiber zu Brunegg.

Megerle v. Mühlfeld, Erg.-Bd. S. 475.

Tubeuf, Freiherren (in Silber drei, 2 u. 1, gestümmelte, schwarze Vögel mit ausgespreizten Flügeln). — Altes, aus der Normandie stammendes Adelsgeschlecht, wo sich auch das Stammgut, die Baronie Tubeuf, befand. Die Familie, deren Freiherrnstand, in Ermangelung eines Diploms, durch legale Urkunden bis auf das Jahr 1751 zurück nachgewiesen werden konnte, wurde in der Person des Simon Friedrich Carl Freih. v. Tubeuf (geb. 1752), ehemaligen Rheinpfälzischen Forstmeister und Markgräflich Ansbachischen Kämmerer, in die Freiherrnclasse der Adelsmatrikel des Kgr. Bayern eingetragen.

Lang, Supplem. S. 74. — W. B. d. Kgr. Bayern, IV. 30 und v. Wölckern, Abth. 4. S. 70.

Tucher v. Simmelsdorf, Freiherren (Schild quergetheilt: oben von Silber und Schwarz sechsmal schrägrechts gestreift und unten in Gold ein Mohrenkopf, oder das Brustbild eines Mohren mit silbernem Ohrgehänge, ohne Kopfzierde). — Althergebrachter Freiherrnstand. Im Königreiche Bayern beiden Linien bestätigt und anerkannt. Bestätigungsdiplom vom 10. April 1815 u. zwar für die ältere Linie unter dem Namen: Tucher v. Simmelsdorf auf Majach und für die jüngere Linie, unter dem Namen: Tucher v. Simmelsdorf auf Behringersdorf. — Altes, reichsritterschaftliches, stiftsfähiges Geschlecht, welches in Nürnberg, laut Bestätigung eines Raths-Decrets von 1521, schon 1332 unter die altadeligen, rathsfähigen Geschlechter daselbst gezählt wurde. Der ursprüngliche Stammsitz der Familie soll das Castell Tuchern zwischen Leipzig und Merseburg gewesen sein, welches aber schon in dem Kriege zwischen K. Heinrich III. und dem erwählten Könige Rudolph zerstört wurde. Die Familie verliess Sachsen und nahm ihren Wohnsitz in Nürnberg. Bei der daselbst 1349 ausgebrochenen Bürger-Rebellion gegen Rath und Patriciat wurde ein grosser Theil der städtischen Urkunden vernichtet und daher sind auch von den Tuchern, die im 12. Jahrhunderte lebten, nur die Namen von Wolf und Sigmund Tucher aufbewahrt worden, von welchen Ersterer auf dem vom K. Heinrich VI. zu Nürnberg gehaltenen Turniere als Turniervogt, und Letzterer unter den Turnierenden selbst erschienen war. Von Conrad Tucher (geb. 1260 und gest. 1326) an kann die fortlaufende Stammreihe sicher nachgewiesen werden. Von den beiden Enkeln desselben wurde Hans Stammherr der damaligen älteren und Andreas Stammherr der jüngeren Linie. — Bei Eintragung der Familie in die Freiherrnclasse der Adelsmatrikel des Kgr. Bayern wurde in dieselbe aus der älteren Linie aufgenommen: Freiherr Johann Gottlieb Friedrich, geb. 1780, Herr auf Majach und Mitbesitzer der Familiengüter Simmelsdorf, Rüsselbach, Mönchreuth, Grossengsee und Lohe, so wie aus der jüngeren Linie: Freih. Friedrich Wilhelm Carl, geb. 1736, auf Behringersdorf, ehemaliger Reichsstadt Nürnbergischer Raths-Director und Mitbesitzer der genannten Güter. — In neuester Zeit wurde der Personalbestand des freiherrlichen Hauses in zwei Linien, der Aelteren, Hans-Linie und der jüngeren, Endres-Linie, aufgeführt. Haupt der älteren Linie ist: Freih. Christoph auf Majach, geb. 1841 — Sohn des 1861 verstorbenen Freiherrn Wilhelm aus der Ehe mit Caroline Faber, geb. 1817. Der Bruder des Freiherrn Christoph ist, neben einer Schwester, Freiin Helena, geb. 1848: Freih. Heinrich, geb. 1853. — Haupt der jüngeren Linie ist: Freih. Sigismund auf Beringersdorf, geb. 1794, k. bayer. Hauptmann à la suite, verm. 1823 mit Maria v. Grundherr, geb. 1802, aus welcher Ehe, neben fünf Töchtern, ein Sohn entspross: Friedrich, geb. 1846. Die beiden Brüder des Freiherrn Siegmund, die Freiherren Gottlieb und Wilhelm, haben eine zahlreiche Nachkommenschaft. Vom Freiherrn Gottlieb, geb. 1798, k. bayer. Ober-Appellations-Gerichtsrathe, stammen aus der Ehe mit Thecla Freiin v. Gemmigen-Steinegg, geb. 1813 und verm. 1836, drei Töchter und drei Söhne, die Freiherren: August, geb. 1839, Sigmund, geb. 1848 und Hermann, geb. 1849, Freih. Wilhelm aber, geb. 1818, k. bayer. Kämm., vermählte sich 1835 mit Friederike Grf. v. Montperny, geb. 1818, aus welcher Ehe, neben drei Töchtern, vier Söhne leben, die Freiherren: Theodor, geb. 1838, Carl, geb. 1842, Maximilian, geb. 1845 und Friedrich Sigmund, geb. 1859.

Biedermann, Nürnberger Patriciat, Tab. 493—526 und Canton Rhön und Werra, Supplem. — *Zedler*, 45. S. 1421 und 22. — *Will's* Nürnbergische Münzbelustigungen, III. S. 162 und IV. S. 79 und 270. — *J. G. Tucher's* summatische Deduction von dem Alterthume, Turnier-Stiftsmässigkeit, auch Reichs-Immedietät des Geschlechts der Tucher v. Simmelsdorf u. Winterstein. Schwabach, 1764.

— N. geneal. Handbuch, 1777, S. 340—42, besonders aber 1778, S. 217—20 und Nachtrag, S. 104—108. — *v. Lang*, S. 253 und 54. — Geneal. Handbuch der jetztlebenden Nürnberger Familien 1815. Dritte Fortsetzung, S. 160. — Geneal. Taschenb. d. freih. Häuser, 1855, S. 637—640, 1856, S. 780 u. 81, 1863, S. 984—86 u ff, Jahrgg. — *Siebmacher*, I. 205: Die Tucher, Nürnberg. Adelige Patricier, VI. 21 und Supplem. IV. 26: v. T. und VII. 13: F. H. v. T. — *Jungendres*, Einleitung zur Heraldik, S. 178 und Tab. III. Nr. 28. — *Tyroff*, I, 2: Wappen des 1805 verstorbenen Johann Georg v. Tucher, k. preuss. Kammerherrn, Kurpfalz-bayer. Regier.-Raths zu Amberg und Siebenkees, I. 13. Stück S. 23—25. — W. B. d. Kgr. Bayern, IV. 31 und v. Wölckern, 4. Abth. S. 71 und 72.

Tuchs v. Todtenfels. Böhmischer Adelsstand. Diplom vom 18. Jan. 1709 für die Gebrüder Andreas Sebastian und Franz Sebastian Tuchs, mit: v. Todtenfels.

v. Hellbach, II. S. 614.

Tuchsen (in Blau ein auf drei Kugeln stehender, goldener Obelisk, begleitet von zwei goldenen Halbmonden und zwei dergleichen Sternen). Dänischer Adelsstand. Diplom vom 6. Oct. 1731 für Johann Ludwig Tuchsen, k. dänischen Major bei der Infanterie. Von den Nachkommen desselben traten Mehrere in die k. preuss. Armee. Der älteste Sohn diente 1806 im Infanterie-Regimente v. Arnim in Berlin und starb 1821 als Major und Kreisbrigadier der Artillerie. Seine Wittwe, eine v. Gontard, lebte 1837 mit zwei Töchtern in Berlin und ein Sohn war Premierlieutenant im 21. Infanterie-Regimente. Ein Anderer v. Tuchsen starb 1813 als Major im 19. Infanterie-Regimente an ehrenvollen Wunden. Derselbe war mit einer v. Haugwitz a. d. H. Rosenthal vermählt. — Die Familie war in den ersten Jahrzehnten der zweiten Hälfte des 18. Jahrhunderts in Pommern in Fürstenthum Camminschen Kreise zu Bonin und Stolzenberg gesessen.

Lexicon over adelige Familier i Danmark, II. S. 228. — N. Pr. A.-L. IV. S. 282, — *Freih. v. Ledebur*, III. S. 37.

Tuchsen (in Roth ein aufgerichteter, mit der Spitze nach oben gekehrter Degen). Adelstand des Kgr. Preussen. Diplom vom 14. März 1815 für Ernst Heinrich Eduard Tuchsen, Major in der k. pr. Artillerie.

v. Hellbach, II. S. 614. — N. Pr. A.-L. IV. S. 282. — *Freih. v. Ledebur*, S. 37. — W. B. der Preuss. Monarchie, IV. 78.

Tüfferer. Altes, steiermärkisches Adelsgeschlecht, welches im 14. Jahrh. die gleichnamige Herrschaft in Steiermark besass.

Schmutz, IV. S. 231.

Tülsner. Reichsadelsstand. Diplom von 1644 für Gregor Tülsner, Hessen-Darmstädtschen Rath und Professor der Rechte zu Marburg.

v. Hellbach, II. S. 614.

Tümpling, Timpling (Schild von Silber und Roth der Länge nach getheilt und in jeder Abtheilung eine aufrecht gestellte, mit der Spitze einwärts gekehrte Handsichel, mit dem Griffe oder Stiele nach des Schildes abwechselnder Tinctur). — Altes, thüringisches Adelsgeschlecht aus dem gleichnamigen Stammhause unweit Camburg, jetzt im Meiningischen. Die Familie blühte schon im 14. Jahrh. Albertus de Timpling starb nach Beyer Architect. Jenens. c. 32, §. 4, S. 359, 1319; Cuno von Timpling lebte um 1359; Hans v. T. war

1402 Vogt zu Saalfeld; Margaretha v. T. stand 1491 als Aebtissin dem Kloster Roda vor und Otto v. T. starb 1610 im 83. Lebensjahre. Philipp Christian v. T. lebte 1668 als Fürstl. Altenburgischer Hofmarschall. Otto Wilhelm v. u. zu Timpling war 1712 Fürstl. Merseburgischer Hofmarschall und Kammerrath und später k. poln. und kursächs. Kammerherr. Derselbe war mit Aemilia Eleonora, Tochter des Herzogs Bernhard zu Jena und der Madame d'Alstedt, geb. v. Kospoth, vermählt, aus welcher Ehe zwei Söhne, Friedrich Wilhelm und Christian Lebrecht v. T., entsprossten. Um diese Zeit lebte auch Rudolph Albrecht v. T., Herr auf Heiligen-Kreutz im Meiningischen, Sachsen-Gothaischer Ober-Steuer-Director u. später k. poln. Kammerherr und Landes-Aeltester des Eisenbergischen Kreises und Wolf Friedrich v. T., Sachs.-Merseburg. Ober-Forstmeister und ältester Kammerjunker. — Der Stamm blühte fort, war im Voigtlande zu Reinsdorf bei Werdau gesessen und in Sachsen bedienstet u. mehrere Glieder der Familie standen in der k. preuss. Armee. Georg Wolff v. T. stieg zum Generalmajor und Commandant von Pillau und Johann Wilhelm Ferdinand v. T. war um 1838 ebenfalls Generalmajor. Als Herren auf Näthern bei Weissenfels werden von Rauer 1857 aufgeführt: Ferdinand Christian Wolf, k. sächs. Premierlieutenant und Wolf v. T., k. bayer. Rittmeister.

Sagittar, Gleichensche Historie, S. 182. — *A. Fr. Glaffei*, Antiquitates Tumplingianae, oder Ehren-Säule des Hauses Tumpling, 1716, drei Bogen. — *Gauhe*, I. S. 2583 und 84; Timpling, Tümpling. — *Zedler*, 45. S. 1619 und 20. — *e. Pechtritz*, diplomat. Nachrichten, V. S. 137—216. — *N. Pr. A.-L.* IV S. 282. — Dresdner Kalender z. Gebr. f. d. Residenz, 1847, S. 191 u. 1849, S. 172. — *Freih. v. Ledebur*, III. S. 38. — *v. Meding*, II. S. 615 und 16. — *W. B. der Sächs. Staaten*, IV. 92.

Türck. Ein früher zu dem schlesischen Adel zählendes Geschlecht, welches im Liegnitzischen begütert war. Zu demselben gehörte Emanuel v. Türck, welcher um 1654 des Münsterbergischen Fürstenthums und Frankensteinischen Weichbildes Landesdeputirter war.

Sinapius, II. S. 1079. — *Gauhe*, I. S. 2627. — *Freih. v. Ledebur*, III. S. 38.

Türck, Türcke (im Schilde ein über einer Zinnenmauer hervorwachsender Türke mit Bogen und Pfeil). — Ein aus den Sächsischen Landen Ernestinischer Linie stammendes Adelsgeschlecht, welches besonders durch zwei Sprossen, Vater und Sohn, bekannt geworden ist. Otto Philipp v. Türck starb 1798 als herz. Sachsen-Weimarscher Geh. Rath und Ober-Hofmarschall und der Sohn desselben, Carl Wilhelm, 31. Juli 1846 als Regierungs- und Schulrath bei der Regierung in Potsdam. Letzterer besass den sogenannten Türkhof in Klein-Glinicke im Kr. Teltow und hat sich namentlich als Wiederhersteller des Seidenbaues in der Mark u. Begründer des Potsdamer Civil-Waisenhauses einen ehrenvollen Namen gemacht.

Freih. v. Ledebur III. S. 38 — *W. B. d. Sächs. Staaten*: v. Türcke 9. 90.

Türckheim v. Altdorf u. Türckheim, genannt v. Baden (**Türckheim v. Altdorf**: Schild geviert: 1 u. 4 in Blau ein goldener, rechtsgekehrter Löwe und 2 und 3 in Gold ein schwarzer, oben und unten von einem schwarzen Stern begleiteter Querbalken und Türckheim, genannt v. Baden: das angegebene Türckheimsche Wappen mit einem von Silber und Schwarz sechszehnfach geschachten Mittelschilde). — Reichsfreiherrn- und Freiherrnstand des Grossherzogthum Baden. Reichsfreiherrndiplom vom 8. März 1782 für Johann IV. Türckheim v. Altdorf zu Strassburg und grossherzogl. Baden'sches Freiherrndiplom vom 31. Dec. 1833 vom Grossherzog Leopold von Baden für Bruno Freih. v. Türckheim, Testamentserben seines mütterlichen Oheims, des Freiherrn Carl v. Baden, des Letzten seines Geschlechts, mit dem Namen: Freih. v. Türckheim und dem Prädicate: genannt v. Baden und mit Vereinigung beider Geschlechtswappen, des Türckheimischen und des Badenschen. — Das in dem ehemaligen Reichsritter-Canton Ortenau, später im Grossherzogthume Baden begüterte Geschlecht der Freiherren v. Türckheim zu Altdorf gehört ursprünglich dem Elsass an und die zuverlässige Stammreihe beginnt mit Hahnemann v. Türinkheim, auch Türck genannt, welcher nach dem Bürgerbuche von 1459 das Bürgerrecht jener Stadt erkaufte und sich daselbst niedergelassen hatte. 1467 errichtete er mit Walther v Tana einen Vertrag wegen des Dorfes Uttlenheim, in welchem Martier v. Lupstein sein Schwiegervater geannt wird. . Hanemann's Enkel, Johann v. Türckheim, welcher bereits 1540 als Rathsherr zu Strassburg vorkommt und 1544 von dieser Reichsstadt den Auftrag erhielt, mit Martin Betschold, Heinrich v. Dachstein und Wolf v. Morschweiler eine Compagnie Fussvolk zu stellen, war Vater von Ullrich und Nicolaus T., welche dem in seinen Vermögensumständen herunter gekommenen Geschlechte wieder aufhalfen und 1552 eine Erneuerung ihrer Adelsrechte und eine Wappen-Verbesserung erhielten. Diese beiden Brüder stifteten besondere Linien. Jene des Ersteren, welcher Mitglied des beständigen Regiments der XIII zu Strassburg war, erlosch um die Mitte des 17. Jahrhunderts, der zweite, Ulrich, gest. 1572, pflanzte aber durch seinen Sohn, Johann Georg, gest. 1623, seinen Enkel, Johann Georg II., gest. 1677 und dessen jüngsten Sohn, Johann III., gest. 1742, das Geschlecht fort. Der Sohn des Letztern, Johann IV., brachte, wie oben erwähnt, den Freiherrnstand in die Familie. Er war vermählt in erster Ehe mit Marie Cleophe v. Goll, in zweiter mit Margarethe Fettich und in dritter mit Maria Magdalena v. Henneberg und hinterliess 1793 bei seinem Tode zwei Söhne, Johann V. und Bernhard Friedrich, welche zwei Linien gründeten, die ältere badische Linie und die jüngere Strassburger Linie und wurden die Grossväter der späteren Stammältesten. — Haupt der älteren, badischen Linie ist Freih. Hans, geb. 1814, — Sohn des 1847 verstorbenen Freih. Johann V., grossh. bad. Kammerherrn und Staatsministers a. D. und der Friederike Freiin v. Günderode, geb. 1793 —.Grundherr zu Altdorf, Orschweiler und Rohrburg, grossh. bad. Kammerh., Legationsrath u. Gesandter am grossh. hessischen Hofe, verm. 1851 mit Fanny Freiin v. Hardenberg a. d. H. Ober-Wiederstedt, geb. 1832, aus welcher Ehe, neben einer Tochter, ein Sohn stammt: Hans, geb. 1853. Die vier Brüder des Freiherrn Hans, neben zwei Schwestern, sind, die Freiherren: Hermann, geb.

1817, k. k. Lieutenant in d. A., Rudolph, geb. 1819, k. k. Oberstlieutenant, Maximilian, geb. 1822 und Otto, geb. 1826, grossh. bad. Rittmeister. verm. 1855 mit Wilhelmine Freiin v. Türckheim zu Altdorf, geb. 1824, aus welcher Ehe zwei Söhne entsprossten: Wilhelm, geb. 1856 u. Rudolph, geb. 1859. — Von dem Bruder des Freih. Hans, dem Freih. Christian Friedrich, gest. 1846, Herrn zu Orschweiler, Liel, Au u. s. w., k. k. Major in d. A., stammen aus der Ehe mit Maria Elisabeth Freiin v. Baden, geb. 1785 und verm. 1821, zwei Söhne: Freih. Carl, geb. 1823 und Freih. Bruno, s. oben, geb. 1826, welcher als Testaments-Erbe seines mütterlichen Oheims, des Carl Freih. v. Baden, des Letzten seines Geschlechts, den Namen; v. Türckheim, genannt v. Baden erhielt und, wie angegeben, in den Freiherrnstand des Grossh. Baden versetzt wurde. Derselbe vermählte sich 1861 mit Emma Freiin v. La Roche, Edle Herrin v. Starkenfels, geb. 1836, aus welcher Ehe ein Sohn stammt: Max, geb. 1861 — Haupt der jüngeren, Strassburger Linie war in letzter Zeit Freiherr Friedrich, geb. 1780, gest. 1850, Präsident des Consistoriums der Augsburger Confession zu Strassburg, verm. 1813 mit Friederike Grf. v. Degenfeld-Schonburg, geb. 1796, aus welcher Ehe, neben einer Tochter, Freiin Francisca, verm. Grf. v. Eckbrecht-Dürckheim-Montmartin, geb. 1816 und verm. 1848, ein Sohn lebt: Freih. Adolph, geb. 1825, garde général adjoint des forêts. Ueber die Nachkommenschaft der Brüder des Freih. Friedrich, der Freiherren Carl, Wilhelm und Heinrich, sind die genealog. Taschenbb. der freih. Häuser nachzuschen.

Jostersheims Elsass. Chronik, I. S. 17. — *Humbracht*, Tab. 136. — *v. Hattstein*, I. S. 349 und II. S. 2. — *Zedler*, 45. S. 1707 und s. — *Estor*, A. Pr. S. 108. 1. — *Cast's* Adelsb. d. Grossh. Baden, Abth. 2. — Geneal. Taschenb. d. freih. Häus. 1854, S. 543—48, 1864, S. 870—73 u. ff. Jahrgg. — *Tyroff*, II. 181: F. H. Turkheim v. Altdorf und Siebenkrees, II. S. 55.

Türkheim, Nebel v. Türkheim, Türkheim v. Geislern, Freiherren (Schild geviert mit einem blauen Mittelschilde und in demselben drei, 2 und 1, goldene Sterne. 1 und 4 in Roth ein goldener, rechtsspringender Löwe u. 2 u. 4 in Gold ein rechtsgewendeter, geharnischter, aufwachsender Mann mit offenem Visir und rothem Helmbusche, in der Rechten ein Schwert emporhaltend und die Linke in die Seite stemmend). — Erbl.-österr. Freiherrnstand. Diplom vom 28. Mai 1801 für Ludwig v. Türkheim, k. k. Staats- und Conferenz-Rath. — Der Empfänger des Diploms gehörte zu einem, aus dem Mainzischen stammenden und daselbst namentlich schon um 1570 in der Stadt Bingen in kurmainzischen Diensten vorgekommenen Geschlechte, welches in früherer Zeit Nebel, genannt Türkheimer, hiess. Aus demselben erlangten 14. Febr. 1613 die Brüder Balthasar, Hans, Wendelin und Philipp, die Nebel, genannt Türkheimer, welche, wie ihre Vorältern, dem Hochstifte Mainz, besonders im Justizfache, langjährige Dienste geleistet hatten, einen Wappenbrief, den schon früher ihr Ahn, Thomas Nebel, genannt Türkheimer, 22. Sept. 1530 erhalten, aber auch wieder im Laufe der Kriegsereignisse verloren hatte. — Philipp Johann Nebel, genannt Türkheimer — ein Sohn Gebhards Nebel und der Anna Schossinger v. Schoss und Enkel des

Philipp Nebel, gen. T. — war kurfürstlicher Amts-Kellermeister zu Mainz und wurde mit Diplom vom 16. Oct. 1689 mit dem Titel: Nebel v. Türkheim in den Reichsadelsstand erhoben. Derselbe war vermählt mit einer Vogel v. Ganenburg und sein Sohn, Carl Ferdinand, mit Theresia, Tochter des Albert Chevalier de Lamotte und der Maria Theresia v. Saitz. Aus letzterer Ehe entspross Carl Ludwig Freih. v. Türkheim, s. oben, dessen Enkel, Ludwig, das jetzige Haupt des freih. Hauses ist. Derselbe, Ludwig Freih. v. Türkheim Geisslern, geb. 1817 — Sohn des 1846 verstorbenen Freiherrn Ludwig I. — Herr der Herrschaft Hoschtitz und Mitherr auf Czernahora in Mähren, nahm 1842 für sich und seine Nachkommen den Namen: „v. Geisslern" an und vermählte sich 1842 mit Elisabeth Freiin Brenner v. Felsach, aus welcher Ehe zwei Söhne entsprossten, die Freiherren: Ludwig, geb.1844 und Joachim, geb. 1847. Die beiden Brüder des Freih. Ludwig sind die Freih. Carl, geb. 1821, k. k. Legationssecretair und Johann, geb. 1830.

Megerle v. Mühlfeld, Erg.-Bd. S. 109. — Geneal. Taschenb. d. freih. Häuser, 1853, S 490 u. 91 1854, S. 548 u. 49, 1863, S. 966 u. 87 u. ff. Jahrgg.

Türkail v. Türkenthal. Erbl.-österr. Adelsstand. Diplom von 1798 für Joseph Türkael, k. k. Capitainlieutenant bei dem Regimente Oguliner, mit: v. Türkenthal.

Megerle v. Mühlfeld, Erg.-Bd. S. 475.

Türler. Erbl.-österr. Adelsstand. Diplom von 1774 für Hieronymus Türler, Oberstwachtmeister im k. k. Infanterie-Regim. Anton Gr. Colloredo-Walsee.

Megerle v. Mühlfeld, Erg.-Bd. S. 475.

Tütticheroda, Tutchenrode. — Altes, thüringisches Adelsgeschlecht, dessen Sprossen besonders im 15. Jahrh. als schwarzburgische Vasallen vorkamen. Der Stamm erlosch 24. März 1576 mit Hans Friedrich v. Tütticheroda und die Güter desselben kamen als eröffnete Lehen an die Häuser Schwarzburg und Stolberg, auch kam damals die dem Geschlechte im Anfange des 15. Jahrh. verpfändete Rothenburg wieder an Schwarzburg zurück.

Hesse's Geschichte von Rothenburg, S. 24 und 51. Note 93 und 97. — *v. Hellbach*, II. S. 616.

Tulendorp (Schild der Länge nach getheilt: rechts in Silber drei rothe Rosen über einander und links in Gold ein an die Theilungslinie angeschlossener, zweiköpfiger, schwarzer, halber Adler). — Altes, meklenburgisches Adelsgeschlecht, welches in der ersten Hälfte des 16. Jahrhunderts erloschen ist. Anna v. Tulendorp, die Letzte des Geschlechts, Gemahlin Burchards v. Roland, lebte noch 1523. — Das Wappen findet sich, wie angegeben, in der Sanitzer Kirche.

v. Meding, III. S. 687; nach dem MS. abgegangener meklenb. Familien.

Tullestete, Doellstedt. Altes, thüringisches auch Tulstede, Tulstedt und Tulistete geschriebenes Adelsgeschlecht, welches das zwei Stunden von Langensalz im Gothaischen gelegene Dorf Döllstedt besass und zwischen 1208 und 1371 urkundlich vorkommt.

Brückner, Kirchen u. Schulen-Staat des Herzogth. Gotha, I. Stck. 7, S. 41 u. II. Stck. 3. S. 11. — *Zedler*, 45. S. 1784 und 85.

Tumberger. Altes, steiermärkisches Adelsgeschlecht, welches im 16. Jahrh. die Herrschaften Stermoll und Königsberg in Steiermark besass.
_{Schmutz, IV. S. 232.}

Tumlirz. Erbl.-österr. Adelsstand. Diplom von 1757 für Adam Franz Anton Emanuel Tumlirz, Hauptmann im k. k. Dragoner-Regimente Herzog von Sachsen-Gotha.
_{Megerle v. Mühlfeld, S. 276.}

Tunauer. Altes, steiermärkisches Adelsgeschlecht, welches im 14. Jahrh. den Thunauerhof bei Schaerrnberg besass.
_{Schmutz, IV. S. 232.}

Tunckel, Tunkl, auch Freiherren (in Blau ein schrägrechtsgestellter, silberner Fisch). Böhmischer Freiherrnstand. Diplom von 1480 für Georg Tunckel u. für die Kinder seines Bruders. — Altes, schlesisches, meist im Liegnitzischen angesessenes Adelsgeschlecht, welches bereits 1427 zu Baudmannsdorf, 1448 zu Eichholz und 1457 zu Pohlwitz begütert war, dann andere Güter an sich brachte und noch 1506 zu Geiersberg, Pohlwitz und Rathmannsdorf, so wie 1626 zu Liebichau im Bunzlauischen sass. Aus Schlesien liess die Familie sich auch in Böhmen nieder. — Nickoln Tunckel v. Baudmannsdorf verkaufte Herzog Friedrich zu Liegnitz 1469 Gut, Veste und Vorwerk Geiersberg; Hertel Tunckel war 1490 der Herzogin zu Liegnitz Hofmeister; Heinrich Tunckel v. Brinzka kommt von 1513 bis 1520 als Oberst-Münzmeister des Königreichs Böhmen vor u. George Tunckel auf Liebichau (Loebichau) lebte noch 1626.
_{Balbini Misc. Bohem. — Redels Sehenswürd. Prag, S. 129. — Sinapius, I. S. 1003. — Gauhe, I. S. 2682 und 83. — Zedler, 45. S. 1804 u. 1829. — Freih. v. Ledebur, III. S. 38. — Suppl. zu Siebm. W. B. VI. 27.}

Tunderfeldt (Schild mit silbernem Schildeshaupte und in demselben drei Kanonenkugeln neben einander und im blauen Schilde drei über einander auf den Laffetten ruhende Kanonen). Schwedischer Adelsstand. Diplom vom 24. Juni 1671 für die Gebrüder Jürgen und Gustav Johann Tunderfeldt. — Zu diesem Geschlechte gehörte Johann Christoph v. Tunderfeldt, welcher sich nach Braunschweig wendete, 1721 h. braunschweigischer Lieutenant und Kammerpage bei dem Herzoge August Ulrich von Braunschweig war, im Braunschweigischen Diensten zum Generalmajor stieg und 1764 starb. Mit dem ältesten Sohne desselben, Carl August Wilhelm v. Tunderfeldt, geb. zu Braunschweig 1746, h. braunschweig. Hauptmann und Kammerherrn, ist die Braunschweigische Linie des Geschlechts 4. Juli 1802 erloschen.
_{Handschriftliche Notizen.}

Tunkler v. Treuinfeld. Erbl.-österr. Adelsstand. Diplom von 1760 für Franz Tunkler, wegen in dem Kriege des Jahres 1757 bekleideter Führungs-Commissars-Stelle, mit v. Treuinfeld.
_{Megerle v. Mühlfeld, S. 276.}

Turteltaub v. Thurnau. Erbl.-österr. Adelsstand. Diplom von 1763 für Joseph Leopold Turteltaub, Religions-Commissar in Kärnten und Landrichter der Herrschaft Ortenburg und für den Bruder desselben, Anton Turteltaub, Cassa-Officier des Wiener Münz-Amtes, mit: v. Thurnau.

Megerle v. Mühlfeld, S. 276 und 77.

Twickel, auch Freiherren (in Silber ein aufrechtgestellter, offener, schwarzer Kesselhaken). Reichs-Freiherrnstand. Diplom vom 19. Juli 1708 für Christoph Bernhard v. Twickel, fürstlich Münsterschen Drosten der Aemter Rheine und Bevergen. — Altes, westphälisches Adelsgeschlecht, welches schon im 8. Jahrh. mehrere Güter bei Vreden erhalten haben soll. Siegfried v. Tw. war 874 Mitglied der Münsterschen Ritterschaft, Bernardus v. Tw. lebte zu Vreden und der Sohn desselben, Egbert, gest. 1300, hinterliess zwei Söhne, Everin und Hermann, von denen Ersterer 1340 die 1600 wieder erloschene Linie zu Vreden gründete, Letzterer aber die noch blühende Linie zu Twickeloe bei Delden. Diese zweite Linie besass mehrere Güter in der Twente und im Holländischen. Von den Sprossen aus derselben vermählte sich Rudolph v. Tw. mit Emigardia v. Bevern und erwarb mit ihr das Haus Havixbeck, das Stammgut der jetzt lebenden Familie. Johann v. Tw. diente als Fähnrich dem Bischofe Waldeck von Münster gegen die Wiedertäufer bei der damaligen Belagerung dieser Stadt, erstürmte 1535 die Stadtmauern, trat dann in k. österr. Kriegsdienste und vermählte sich 1540 mit einem Erbfräulein v. Khaysel in Steiermark. Johann Beyern v. Twickel wurde von dem damaligen Bischofe von Münster mit dem Drosten-Amte zu Rheine begnadigt und eroberte 1652 das Schloss Bevergern und vertrieb die holländische Besatzung. Johann Rudolph v. Tw. war 1723 K. Carl VI. Reichs-Hofrath und Jobst Matthias und Johann Wilhelm v. Tw. waren Fürstbischöfe zu Hildesheim. — Christoph Bernhard Freih. v. Tw. war mit Anna Sibylla v. Droste zu Senden vermählt und sein Sohn, Johann Rudolph zu Habixbeck, mit Charlotte Freiin v. Nesselrode zu Rhade und Lüttinghof. Der Enkel desselben war Freih. Clemens August zu Havixbeck, Erbschenk des Fürstenthums Münster und Grossvater des späteren Stammältesten. Dieser Stammälteste war in neuester Zeit: Freih. Clemens Carl, geb. 1788 — Sohn des 1841 verstorbenen Freih. Clemens August, früher Fürstl. Münsterschen Oberst-Küchenmeisters, Geh. Raths und Drosts der Aemter Rheine und Bevergern aus der Ehe mit Franzisca v. Rump, geb. 1766, verm. 1783 und gest. 1850 — Erbschenk des Fürstenthums Münster, verm. 1827 mit Maria Freiin v. Lilien zu Borck, geb. 1808, aus welcher Ehe, neben zwei Töchtern, zwei Söhne stammen: Freih. Clemens August, geb. 1828, verm. 1860 mit Therese Freiin v. Böselager-Heessen, aus welcher Ehe zwei Söhne entsprossten: Clemens, geb. 1861 und Carl, geb. 1862 und Freih. August, geb. 1832, k. pr. Lieutenant im 4. schweren Landwehr-Reiter-Regimente. Die vier Brüder des Freiherrn Clemens Carl, neben einer Schwester, Mechthilde verw. Freifrau v. Merode zu Hamern, sind: Freih. Ferdinand, geb. 1791, k. preuss. Major a. D.; Freih. Carl, geb. 1793, Besitzer des Rittergutes Köbvink (Köbbing), k. pr. Landrath zu Warendorf;

Freih. August, geb. 1798, h. Anhalt-Dessau-Cöthen-Jägermeister; Freih Franz, geb. 1799, Land- und Stadtgerichts-Assessor zu Dülmen in Westphalen; Freih. Edmund, geb. 1801 und Freih. Joseph, geb. 1807 und gest. 1857, k. preuss. Rittmeister a. D., verm. 1844 mit Mathilde v. Winingen, Besitzerin der Rittergüter Ermelinghof und Braam, aus welcher Ehe, neben zwei Töchtern, vier Söhne stammen: Friedrich, geb. 1847, August, geb. 1849, Ferdinand, geb. 1852 und Joseph, geb. 1856. — In Hannover gehörte die Familie in der Ostfriesischen Landschaft in der Voigtei Emsbüren durch Besitz des Gutes Stoveren zu dem landsässigen Adel. Die Familie darf übrigens nicht, wie geschehen, mit der österr. freih. Familie der v. Zwickel in Wayer und Haynenfeld verwechselt werden.

<small>Hannov. vaterländ. Archiv, 1821, S. 364. — N. Pr. A.-L. IV. S. 263 und V. S. 450. — Freih. v. d. Knesebeck, S. 280. -- Freih. v. Ledebur, III. S. 33). — Geneal. Taschenb. d. freih. Häuser, 1853, S. 491—93, 1864, S. 873 und 74 u. ff. Jahrgg. — Siebmacher, V. 37; v. Tw., Burgundisch. — Hannov. W. B. B. 4 und S. 11: v. Twickel, Freih. — v. Hefner, Hannov. Adel, Tab. 32.</small>

Twiste (im Schilde drei Räder). Altes, hessisches und westphälisches Adelsgeschlecht, dessen Stammsitz Twiste bei Arolsen im Waldecken, welcher schon 1195 genannt wird, lag. Das Geschlecht besass bereits 1364 pfandweise das Schloss Kogelnberg und sass noch 1662 zu Pickelsheim im Paderbornschen. Friedrich v. Twiste gehörte 1541 zur Mindenschen Ritterschaft und Philipp v. Tw. war 1579 Herr auf Klein-Getter im Kirchspiele Amelsbüren bei Münster. Der alte Stamm ist mit Leopold v. Twiste 15. Dec. 1715 im Mannsstamme erloschen.

<small>Freih. v. Ledebur, III. S. 39.</small>

Tzschaschnitz, s. Zaschnitz.

U.

Ubelli v. Siegburg, Freiherren (Schild geviert mit blauem Mittelschilde und in demselben ein schwarzer, golden bewehrter und mit der Reichskrone bedeckter Adler. 1 und 4 in Silber ein doppelter, schwarzer, gekrönter Adler und 2 und 3 in Blau ein einwärts springender Löwe). — Erbl.-böhmischer Freiherrnstand. Diplom vom 13. Nov. 1772 für Ignaz Sigmund Liborius Ubelli v. Siegburg, k. k. Kreisamts-Adjuncten im bunzlauer Kreise des Kgr. Böhmen. — Die Familie Ubelli stammt aus der Lombardei von Bergamo und Brescia. Martin Obelli war 1529 zu Brescia Proveditore und Augustino Obelli 1534 Procurator daselbst. Letzterer war mit Bellina Volpi vermählt und starb 1584. Der Sohn desselben, Daniel, kam nach Deutschland und dessen Sohn aus der Ehe mit Maria Surti: Ignaz Ubelli, nach Prag, wo er als Fortifications-Architect 11. Juli 1641 eine kaiserliche Anerkennung und Bestätigung seines alten Adels erhielt und 1702 starb. Er war zuerst mit Margarethe Bertoni und in zweiter Ehe mit Margarethe v. Lukawetzky v. Lukawez vermählt. Sein Sohn, Liborius Wenzel Ubelli, Herr auf Kolletsch in Böhmen, gest. 1716, k. k. General-Feld-Kriegs-Commissar, wurde 9. Jan. 1705 in den Reichs- und 12. Oct. 1706 in den böhmischen Ritterstand, unter gleichmässiger Verleihung des böhmischen Incolats, mit: Edler v. Siegburg erhoben, auch erhielten später seine Brüder, Daniel Leopold, gest. 1724 und Ignaz Andreas Wenzel, mit demselben Prädicate den böhmischen Ritterstand. Letzterer, gest. 1722, war zweimal vermählt: zuerst mit Theresia Finoni und in zweiter Ehe mit Rosina Barbara v. Reitzenstein. Von ihm stammte der oben genannte Freiherr Ignaz Sigmund Liborius, geb. 1714 und gest. 1784, Herr auf Kolleschowiz, verm. mit Maria Anna Elisabeth Freiin v. Freyenfels, geb. 1719 und gest. 1789. Aus dieser Ehe entspross: Freih. Wenzel Michael, geb. 1761 und gest. 1832, Herr auf Wossow, Wscheradiz und Drahlowiz in Böhmen, k. k. Kämmerer und Hofrath bei dem Appellations-Gerichte zu Prag, verm. 1793 mit Gabriele Grf. Wratislaw v. Mitrowiz, geb. 1773 und aus dieser Ehe stammt: Freih. Wenzel, geb. 1798, k. k. Kämmerer und Präsident des mährisch-schlesischen Ober-Landesgerichtes, verm. 1829 mit Johanna Gr. Kustosch v. Zubry und Lipka, geb. 1796 und gest. 1856. Der gleichnamige Sohn des Freih. Wenzel, Freih. Wenzel (II.), geb. 1830, hat drei Schwestern und trat in k. k. Militairdienste. Von den Brüdern des Freih. Wenzel II. leben: Freih. Wilhelm und Freih. Procop. Freih. Wilhelm, geb. 1799, Herr auf Drahlowitz, k. k. Kämm. u. Ober-Landesgerichts-Rath zu Prag, vermählte sich in erster Ehe 1835 mit Aloysia Grf. v. Beroldingen, verw. Grf. v. Pace, geb. 1798 und gest. 1838 und in zweiter 1841 mit Johanna Grf. v. Wratislaw-Nettolitzky, aus welcher zweiten Ehe, neben einer Tochter, ein Sohn entspross: Oswald, geb. 1847. Freih. Procop aber, geb. 1802, k. k. Kämm. und Hauptmann in d. A., Bergbau-Director des vereinigten Maria-Hilfs-Bleierzgrubenfeldes zu Mils in Böhmen, vermählte sich 1841 mit Maria, geb. 1817, Tochter des Anton Lankisch Ritters v. Hörnitz, aus welcher Ehe eine Tochter lebt: Freiin Maximiliana, geb. 1846.

Zedler, 46. S. 824. — *Megerle v. Mühlfeld*, S. 91 und Erg.-Bd. S. 218 und 19. — Geneal. Taschenb. d. freih. Häuser, 1848, S. 368—71, 1863, S. 987 u. ff. Jahrgg. — Suppl. zu Siebm. W. B. VI. 27: F. H. v. Ubelli.

Uben (in Schwarz ein gestürzter, goldener Flügel). — Altes, früher zu dem in Thüringen begütertern Adel zählendes Geschlecht, welches 1683 zu Klinge im Schwarzburgischen und 1704 zu Brücken unweit Sangerhausen sass.

Freih. v. Ledebur, III. S. 40. — *Siebmacher*, II. 106.

Ubesken (in Roth eine goldene Sonne). Altes, pommersches Adelsgeschlecht, welches im Stettinschen Afterlehen der v. Borken besass und aus welchem bereits 1312. zur Zeit des Herzogs Bogislaus IV., Vidanz Ubesken. Neveling U. u. Conrad U. in alten Briefen als vornehme Männer genannt werden. Tinnios Ubeske, Hauptmann des Herzogs Bogislaus X., begab sich in den geistlichen Stand und war später Parochus zu Pasewalck und Heinrich Ubeske kommt noch als der Herzoge Barnim und Johann Friedrich in Pommern Kammerrath vor. Nach 1692 tritt die Familie nicht mehr auf.

Micrael, lib. 6. S. 382. — *Gauhe*, II. S. 1206. — *Zedler*, 46. S. 837. — *Freih. v. Ledebur*, III. S. 40 und 352. — *Siebmacher*, V. 171 Die Ubesken, Pommerisch. — Pommer. W. B. V. 48.

Uchtenhagen (in Silber ein rothes Wagenrad mit acht Speichen). — Altes, im Brandenburgischen reich begütertes Adelsgeschlecht, welches früher auch Uchtenhain u. Uchtenhoven geschrieben wurde, dessen richtiger Name aber Uchtenhagen war u. welches urkundlich schon 1250 vorkommt. Als Stammsitz der Familie nennen Einige in der Altmark Uchtenhagen unweit Osterburg. Andere aber in Pommern den Sitz dieses Namens bei Saatzig, welcher schon 1243 genannt wird. — Zu dem grossen Besitzthume der Familie im Brandenburgischen gehörte auch die Stadt Freyenwalde. Der Stamm ist mit Hans v. Uchtenhagen, Herrn auf Schmetzdorf im Kr. Ober-Barnim 1618, und zwar vor dem 19. April d. J. ausgegangen.

Zedler, 46. S. 848 und 49. — *Grundmann*, S. 43. — *Th. Ph. v. d. Hagen*, genral. histor. Beschreibung des adeligen, nunmehr ausgegangenen Geschlechts derer v. Uchtenhagen, welches die Stadt Freyenwalde besass. Berlin, 1784. (Das Wappen findet sich in Kupfer gestochen theils auf dem Titelblatte, theils auf der Beilage Nr. V.) — *Freih. v. Ledebur*, III. S. 40 und 41. — *v. Meding*, I. S. 622 und 23.

Uchtländer. Im Kgr. Preussen anerkannter Adelsstand. Anerkennungsdiplom von 1728 für Christoph Gottfried v. Uchtländer. Derselbe, ein Sohn des Christoph Caspar v. Uchtländer, welcher 1696 Premier-Lieutenant in der kurbrandenburgischen Artillerie wurde und 1712 in die k. preuss. Infanterie trat, wurde 1745 als Oberstlieutenant zum Amtshauptmann von Draheim ernannt und starb 1755 als Generalmajor.

Freih. v. Ledebur, III. S. 41.

Uckermann, Ueckermann, Ukermann (im Schilde ein schrägrechter, breiter Balken, über demselben Silber und unten Gold — in den Farben schwankend). Altes Pommernsches Adelsgeschlecht, von Micrael mit dem Zusatze: Ukermann, Stettinisch, aufgeführt. Das Geschlecht sass bereits 1500 zu Roggow bei Regenwalde und zu Gross- und Kleinwachlin unweit Naugard, 1636 zu Karckow und 1673 zu Müggenhahl, Beide bei Saatzig. Der Stamm blühte fort, brachte mehrere andere Güter an sich, hatte als alte Lehne einen Antheil von Gross-Wachlin und Roggow inne, war im Brandenburgischen 1803 zu Cunersdorf begütert und sass in Pommern unweit Stolp noch 1855 zu Bedlin und 1856 zu Machmin. Die Familie ist nicht mit dem in Thüringen u. Sachsen vorgekommenen Geschlechte dieses Namens zu verwechseln.

Micrael, S. 557. — N. Pr. A.-L. IV. S. 286. — *Freih. v. Ledebur*, III. S. 42 u. 353. — *v. Meding* II. S. 617. — Pomm. W. B. V. 18.

Uckermann und Uckermann-Bendeleben, Freiherren. (Stammwappen: Schild quer getheilt: oben in Blau ein gerade emporstehender, goldener Zweig mit Blättern und Eicheln und unten in Silber ein quer gelegter, rother Ziegelstein, oder ein freilediger, rother Querbalken und Wappen der Freiherren v. Uckermann-Bendeleben: Schild geviert mit einem von Schwarz und Silber quer getheilten, ledigen Mittelschilde: erloschene thüringische Familie v. Bendeleben. 1 und 4 gleichfalls quer getheilt: oben im Blau ein gerade emporstehender, goldener Eichenzweig mit seinen Früchten und unten in Silber ein freilediger, rother Querbalken: Uckermann, nach dem Reichsadelsdiplome von 1769 u. 2 u. 3 ein schrägrechter, schwarzer, das silberne Feld durchziehender Balken). Reichs-Adels- und Freiherrnstand und Fürstl. Schwarzburg-Sondershausensche Erlaubniss zur Annahme des Namens und Wappens der v. Bendeleben. Freiherrndiplom vom 31. Dec. 1770 für den Fürstl. hessen-casselschen Geh. Kriegsrath Johann Jacob v. Uckermann, für seine Gemahlin, Johanna Christina Mayern und für seinen Sohn, Johann Jacob (II.) v. Uckermann. — Freih. Johann Jacob (I.), geb. 1716 und gest. 1781 als w. Geh. Rath u. General-Post-Intendant, nach Angabe des geneal. Taschenbuchs der freiherrlichen Häuser aus dem in Pommern ansässigen Geschlechte der v. Uckermann stammend, besass in Thüringen und Sachsen die Güter Bendeleben im Schwarzburgischen und in Sachsen Meusegast und Weesenstein unweit Dohna an der Müglitz. Sein Sohn, Freih. Johann Jacob, geb. 1763, war zuerst Rittmeister in der kursächs. Garde, später Major in d. A., verkaufte 1830 seine sächs. Besitzungen und behielt nur Bendeleben. Bei seinem 1836 erfolgten Tode hinterliess er, neben fünf an thüringische und sächs. Edelleute vermählten Töchtern, sieben Söhne, welche im Condominal-Besitze von Bendeleben blieben und in Folge eines von dem Fürsten zu Schwarzburg-Sondershausen, unter dessen Landeshoheit die gegenwärtigen Familien-Besitzungen liegen, 3. Juli 1841 ausgefertigten Diploms Namen und Wappen der von Bedeleben angenommen haben. — Der Personalbestand der Familie war in den letzten Jahren folgender: Carl Freih. v. Uckermann-Bendeleben, geb. 1803 — Sohn des 1836 verstorbenen Freih. Johann Jacob II. — Haupt des freih. Hauses, Ober-Hofmeister, Hofmarschall und Kammerherr des reg. Fürsten zu Schwarzburg-Sondershausen, k. sächs. Rittmeister a. D., verm. 1841 mit Friederike v. Selchow a. d. H. Hackpfiffel, aus welcher Ehe, neben einer Tochter, zwei Söhne stammen, die Freiherren Felix, geb. 1848 und Hans, geb. 1854. Von den Brüdern des Freiherrn Carl sind die Freih. Otto und August gestorben, die Freih. Hermann, Franz, Robert und Gustav aber leben. Näheres über dieselben ist Folgendes: Freih. Otto, geb. 1804 und gest. 1855 in Californien, vermählte sich 1830 mit Elise, des k. grossbrit. Majors Powell de Banlaban in Irland Tochter (gesch.) und hat aus dieser Ehe drei Söhne: Ottofried, gest. 1836, Melchior, geb. 1838 und Lothar, geb. 1840. — Freih. August, geb. 1806 und gest. 1859, Herr zu Walda bei Dresden, k. k. Rittmeister in d. A., vermählte sich 1840 mit Henriette Freiin Lo Presty di Fontane d'Angiola, aus welcher Ehe, neben einer Tocher, ein Sohn entspross: Freih. August Geisa, geb. 1841;

— Freih. Hermann, geb. 1809, lebt in Sondershausen; — Freih. Franz, geb. 1812, Herr zu Lullowitz bei Bautzen, k. sächs. Lieutenant a. D., vermählte sich 1836 mit Elise v. Ziegler und Klipphausen, aus welcher Ehe, neben zwei Töchtern, zwei Söhne entsprossten: Georg, geb. 1845 und Walter, geb. 1851; — Freih. Robert, geb. 1813, k. sächs. Rittmeister a. D. und herz. sachs.-coburg.-goth. Ober-Stallmeister, verm. 1843 mit Mathilde v. Wuthenau (gesch. 1862), aus welcher Ehe drei Töchter stammen und Freih. Gustav, geb. 1819, verm. 1854 mit Emilie v. Poseck.

Hörschelmann, verm. Sammlung gräfl. freih und adel. Wappen, S. 26—28 mit dem Wappen in Holzschnitt. — v. *Hellbach*, II. S. 619 und 20. — *Freih. v. Ledebur*, III. S. 42. — Geneal. Taschenbuch d. freih. Häuser, 1848, S. 371 und 72, 1853, S. 494—96, 1864, S. 876 u. 77 u. ff. Jahrgg. — W. B. der Sächs. Staaten, IV. 21: F. H. v. U. und IX. 39: F. H. v. U.-Bendeleben.

Uder (im Schilde eine unten im Felde liegende, grosse Kugel, aus welcher neben einander drei Pfeile mit ihren Spitzen hervorkommen, also nur bis zur Hälfte des Pfeils und ohne Gefieder, von welchen die äusseren sich schräg kehren. Ein früher zu dem thüringischen Adel zählendes Geschlecht, als dessen Ahnherr der gelehrte Jurist Friedrich Uder, welcher in der ersten Hälfte des 17. Jahrh. lebte, genannt wird. Derselbe war anfangs des Herzogs Ulrich Friedrich zu Braunschweig vornehmster Rath und Vice-Kanzler, später aber Gräflich Stolbergischer erster Rath, wohnte 1631 dem Convente der evangelischen Stände zu Leipzig als Abgeordneter bei u. brachte, nachdem er den Reichsadel erhalten, um 1641 die Rittergüter Manderode unweit Nordhausen und Buchholz in Hannoverschen Antheile der Grafschaft Hohenstein an sich. Von seinen Nachkommen vermählte sich Caspar Heinrich v. Uder 1699 mit einem Fräulein v. Schwartzenstein, natürlichen Tochter des Otto Grafen v. Wittgenstein. — Die Familie kam übrigens schon im 13. Jahrhunderte als ein ritterliches und Stadtgeschlecht in und um Heiligenstadt vor. Tydericus de Udra zu Rusteberg tritt urkundlich 1205 und 1209 auf und Kurt v. Udra war 1428 Bürgermeister zu Heiligenstadt, in dessen Nähe auch ein Sitz Uder, oder Udra lag.

Gauhe, I. 2636. — *Zedler*, 46. S. 860. — v. *Spilcker*, Grafen v. Everstein, Urk., S. 32 u. 41. — *Wolf's* Geschichte v. Heiligenstadt, S. 212. — *Freih. v. Ledebur*, III. S. 42. — v. *Meding*, II. S. 616: nach dem Grabsteine des Domherrn und Scholasticus v. Cachrdenier von 1075 in der Domkirche zu Naumburg.

Udesheim, Uedesheim (in Gold ein blauer Querbalken und im rechten Oberwinkel ein blaues Jagdhorn). Altes, niederrheinisches Adelsgeschlecht aus dem gleichnamigen Stammhause im Kirchspiele Nievenheim. Ein Junker Alexander v. Udesheim kommt noch 1573 vor. Das Geschlecht sass bereits 1345 zu Dedelrode, dem heutigen Delrath unweit Neuss, 1395 zu Udesheim und noch 1440 zu Sültze im Kirchspiele Nievenheim.

Fahne, I. S. 431. — *Freih. v. Ledebur*, III. S. 42.

Uebel (Schild geviert und damascirt: 1 und 4 Blau und 2 und 3 Silber und das Ganze von einem schrägrechten, rothen, mit drei goldenen Sternen besetzten Balken durchzogen). Adelsstand des Kgr. Preussen. Diplom vom 5. Febr. 1835 für den k. preuss. Rittmeister von d. A. Uebel. Derselbe, ein Sohn des Amtsraths Uebel zu Paretz, war früher Lieutenant im 6. k. preuss. Cuirassier-Regimente gewesen. — In die Familie ist übrigens schon früher, 18. Jan. 1824, und zwar mit folgendem Wappen: Schild geviert; 1 u. 4 damascirtes, silbernes Feld und 2 und 3 in Blau ein goldener Stern, ein Adelsdiplom gekommen.

N. Pr. A.-Lexicon, V. S. 451. — Freih. v. Ledebur, III. S. 40. — W. B. d. Preuss. Monarchie. IV. 79.

Ueblagger, Ulblagger, Ritter und Freiherren (Schild geviert: durch das erste und vierte blaue Feld zieht sich ein schrägrechter, silberner Balken, welcher mit drei, die Stiele abwärtskehrenden, grünen Kleeblättern belegt ist. Feld 2 und 3 von Grün und Silber der Länge nach getheilt mit einem an der Theilungslinie aufwachsenden jungen Manne, dessen enger Leibrock nach den Farben des Feldes der Länge nach, doch mit verwechselten Tincturen und zwar so getheilt ist, dass Kragen, Aufschläge und Gürtel die Tincturen mit dem Rocke und nicht mit dem Felde wechseln, die getheilte Kappe aber, von der zwei grüne Bänder abfliegen, wechselt die Farben mit dem Felde. In der Rechten hält der Mann eine goldene Sichel mit grünem Stiel empor, während er die Linke in die Seite stemmt). Reichs-Adels- und Ritterstand und Freiherrnstand des Kgr. Bayern. Ritterdiplom im Kur-Pfälzischen Reichsvicariate vom 30. April 1792 für Johann Nicolaus Ueblagger, k. k. Landrichter zu Braunau und Freiherrndiplom vom 19. Jan. 1815 für den k. bayer. Landrichter zu Obernberg Johann Nepomuk v. Uebelagger, Herrn auf Massbach, wegen besonderer Verdienste in den Kriegsjahren, welches Diplom von kaiserlich österreichischer Seite anerkannt wurde. Der Stamm blühte fort und vier Söhne des Johann Nicolaus Ritter v. Ueblagger wurden in die Adelsmatrikel des Kgr. Bayern eingetragen und zwar: Maximilian Ritter v. U., geb. 1774, k. bayer. Förster in Ranshofen; Johann Nepomuk Freiherr v. Uebelagger, s. oben, k. bayer. Landrichter zu Obernberg, Besitzer des Patrimonial-Gutes Massbach im Steuerdistricte Andessenhofen und Obernberg; Franz Xaver Bernard Ritter v. U., geb. 1776, k. bayer. Oberförster zu Friedburg und Franz Xeraph Ritter v. U., zu Ranshofen, geb. 1782. — Der Personalbestand des freiherrlichen Hauses war in neuester Zeit folgender: Nepomuk Freih. v. Ueblagger — Sohn des 1783 geborenen und 1855 verstorbenen Freiherrn Johann Nepomuk, k. k. Bezirksrichters zu Wildshut in Ober-Oesterreich — Haupt des freih. Hauses. Die beiden lebenden Brüder desselben waren: Freih. Nicolaus, k. k. Revierförster zu Salzburg und Freih. Aloys, k. k. Rittmeister in Pension, zu Kaplitz in Böhmen. Von den verstorbenen Brüdern des Freiherrn Nepomuk hatte sich Freih. August, k. k. Oberförster zu Ebensee, gest. 1854, 1835 verm. mit Caroline v. Zwerger, aus welcher Ehe, neben vier Töchtern, drei Söhne entsprossten, die Freiherren: August, geb. 1840, Forst-Candidat, Julius, geb. 1842 und Emil, geb. 1843.

Megerle v. Mühlfeld, Erg.-Bd. S. 476. — v. Lang, S. 255: Ulblagger auf Nasbach und S. 575:

Geblagger, Ritter. — Geneal. Taschenb. d. freih. Häuser, 1859, S. 844 und 45, 1864, S. 874 und 75 u. ff. Jahrgg. — W. B. des Kgr. Bayern, IV. 31 u. v. Wölckern, Abth. 4. S. 72 u. 73. — *Knescbke*, II. S. 442 und 43.

Uechtritz, Uichtritz, Üchtritz, auch Freiherren (Stammwappen: Schild von Silber u. Blau der Länge nach getheilt, mit zwei, mit den runden Ringen unterwärts und den Kämmen auswärts, ins Andreaskreuz gelegten, goldenen Schlüsseln, welche auch als Schlüssel mit aufwärts und nach aussen gewendeten Schliessplatten beschrieben werden und freiherrliches Wappen von 1818: der Schild ergiebt das Stammwappen, auf welchem noch ein zweiter, linker, gekrönter Helm steht, aus dem der heidnische Abgott Flynz (wie sein Standbild vor 1100 Jahren am Fusse des Flinsberges stand, als diese Gegend der Obhut des hier in Rede stehenden Geschlechts anvertraut gewesen sein soll, d. h. vorwärts gekehrt, in rothem Gewande, mit blossen Armen und Halse, und in der Rechten ein Flammenschwert haltend, auf seiner Schulter aber stehend ein rechts gewendeter, doch rückwärtssehender, goldener Löwe, der mit der seitwärts gestellten, rechten Hinterpranke auf der erhobenen linken Hand des Götzen ruht, emporwächst). — Böhmischer Freiherrnstand und Freiherrnstand des Kgr. Württemberg. Böhmisches Freiherrndiplom von 1727 für Ernst v. Üchtritz und Württembergisches Freiherrndiplom vom 13. Juni 1818 für Emil v. Uechtritz a. d. H. Fuga, Herrn auf Belgershayn, Koehra, Lindhardt, Baalsdorf, Hirschfeld, Trehna und Rohrbach, Seniorathsherrn auf Gebhardsdorf, Scheibe, Schwarzbach, Estherwalde und Augustthal, Herrn auf Neubronn und Leiningen, k. sächs. w. Geh. Rath, Ober-Kammerherrn u. a. o. Gesandten und bevollm. Minister am kaiserl. Hofe zu Wien u. s. w., unter Eintragung in die Freiherrnclasse der Adelsmatrikel des Kgr. Württemberg. — Altes, aus Böhmen oder Thüringen in die Lausitz gekommenes Adelsgeschlecht, welches sich später in Schlesien, Sachsen u. Preussen weit ausbreitete. Ueber die ältere Geschichte des Stammes finden sich namentlich zwei verschiedene Angaben, die eine in d. genoal. Taschenb. der freiherrl. Häuser, 1858, S. 785 — 96, die andere in dem Neuen Preussischen Adels-Lexicon, V. S. 451—53, von denen die Erstere aus dem Hause Fuga, die Letztere aus dem Hause Steinkirch stammt und die wohl durch einen späteren Familienstreit in Bezug auf die von Christiane v. Uechtritz, geb. v. Metzrad, 1708 gestiftete Umwandelung der Herrschaft Gebhardsdorf bei Friedeberg am Queis zu einem fideicommissarischen Senioratsgute hervorgerufen worden, doch so umfangreich sind, dass hier nur auf diese Angaben im Originale verwiesen werden kann. — In der Ober-Lausitz und dem angrenzenden Schlesien treten die Uechtritze erst im 14. Jahrhunderte auf. Nach Laubaner Angaben war in den Jahren 1301 und 1304, in welcher Zeit bekanntlich noch mehrere Ritter in den Städten wohnten, Johann v. Uechtritz und Steinkirch Bürgermeister in Lauban. Die ältesten Stammhäuser der Familie v. U. in dieser Gegend sind Steinkirch und unweit davon Schwerta und es ist, wie angenommen wurde, ein Grund nicht vorhanden, dass beide Häuser, die einen Namen und ein Wappen führen, nicht auch zu einem und demselben Stamme gehörten. — Auf Grund lausitzischer und schlesischer Archive bildet sich nun folgende Genealogie: Heinrich I. auf Schwerta und Steinkirch, hatte eine v. Uechtritz a. d. H. Langenölsa zur Hausfrau, die 1357 starb und zu Marklissa begraben wurde. Der Sohn desselben, Bernhard I., ebenfalls zu Steinkirch und Schwerta, hatte aus der Ehe mit einer v. Gersdorff zwei Söhne, Bernhard II. und Hieronymus, von welchen Bernhard II. als Stifter der Steinkircher, Hieronymus aber als Stifter der Schwertaer Linie angenommen wird. Bernhard II. wurde von der Herzogin Anna zu Schweidnitz 1387 mit den Steinkircher Gütern belehnt. Seine Söhne waren Heinrich II., Hans I. und Bernhard III., welche 1406 mit denselben Gütern belehnt wurden. Nickel, Hans II., Christoph und Bernhard, Gebrüder v. Uechtritz auf Steinkirch, liessen die Lehnsprivilegien ihrer Eltern 1492 bestätigen und die Genealogie dieser Linie ist von da an ohne Dunkelheit. Hans II. stiftete die Linie Holzkirch in der Ober-Lausitz, so wie sich die Steinkircher Linie überhaupt mit der Zeit in mehrere Zweige zersplitterte. Die zweite Hauptlinie, die zu Schwerta, beginnt mit Hieronymus v. U., dessen Nachkommenschaft bis zu Sebastian und Nicolaus v. U. dunkel, dann aber urkundlich zu erweisen ist, wenn auch die meisten Familien-Papiere 1527 bei dem Brande des Schlosses Schwerta verbrannten. Sebastian u. Nickel schrieben sich noch 1489: „auf Schwerta und Steinkirchen gesessen". — Um 1430 hatte sich der Stamm in die Häuser Schwerta und Hauspach in Böhmen geschieden, nachdem Bastian sämmtliche Stammgüter in der Ober-Lausitz überkommen und der Bruder desselben, Anton I., sich in Hauspach in Böhmen niedergelassen hatte. Nachdem 1592 das ältere Haus Schwerta erloschen, entstanden drei Linien, zu Fuga und Schwerta, zu Meffersdorf u. zu Gebhardsdorf, später aber trennte sich das Geschlecht nach dem Lehnsbriefe des K. Matthias I. in die vier Häuser: Fuga, Nieder-Schwerta, Ober-Schwerta und Gebhardsdorf, oder auch Tirnewan und Osterholz und Rauenthal. Nachdem 1632 das Haus Nieder-Schwerta u. 1646 das ältere Haus Gebhardsdorf ausgestorben, entstand das neuere Haus Gebhardsdorf, welches neben den Häusern Osterholz-Rauenthal und Fuga fortblühte. Das neuere Haus Gebhardsdorf, im Grunde nur eine Nebenlinie des Hauses Osterholz-Rauenthal, erlosch 1698 und das Haus Osterholz-Rauenthal starb 1767 aus, so dass jetzt das Gesammtgeschlecht Uechtritz, nach der Eintheilung des Matthias'schen Lehnsbriefes, nur in dem Hause Fuga, fortblüht. Die Stammreihe des letzteren Hauses ist in neuer Zeit in dem genealog. Taschenb. der freiherrl. Häuser, 1858, S. 790—93, durch siebenzehn Generationen verfolgt worden, wobei bemerkt ist, dass die ersten acht Generationen nur gewöhnliche genealogische Glaubwürdigkeit verdienen u. dass erst von der neunten Generation an die Filiation völlige documentarische Gewissheit erhält. Was übrigens das hier erwähnte genealogische Taschenbuch der freiherrl. Häuser anlangt, so ist bei Benutzung der geschichtlichen Angaben über die hier in Rede stehende Familie nicht zu übersehen, dass nach diesem Werke das altadelige Rittergeschlecht

Uechtritz nicht mit dem eben so alten oberlausitzischen und schlesischen Adelsgeschlechte der Herren v. Uechtritz-Steinkirch und eben so wenig mit dem ebenfalls ebenbürtigen, thüringischen Adelsgeschlechte v. Uechtritz (welches aus dem gleichnamigen Stammhause unweit Weissenfels hergeleitet wird, später zu Freyroda, Lütschena, Medewitsch, Modelwitz, Rösseln und Spansdorf sass und 1793 mit Lebrecht Carl Heinrich v. Uechtritz ausgegangen ist) zu verwechseln sein soll, mithin nicht eine Familie dieses Namens, sondern drei anzunehmen wären und die Linie v. Uechtritz-Steinkirch nicht eines Stammes mit der Linie zu Schwerta u. der aus ihr hervorgegangenen Linie a. d. H. Fuga sei, weshalb auf Erstere in den angezogenen Stammreihen auch nicht Rücksicht genommen ist. Was übrigens die in neuerer Zeit versuchte Wegleugnung der Stammverwandtschaft beider Hauptlinien, der Schwertaer und Steinkircher anlangt, so giebt über dieselbe der oben angeführte Artikel in Bd. V. des Neuen Preussischen Adelslexicons weitere Angaben und Aufschlüsse. — Der Stamm hat in den genannten Hauptlinien und in mehreren, aus denselben hervorgegangenen Häusern, im Besitze ansehnlicher Güter, fortgeblüht und von den Gliedern der Familie sind mehrere zu grossem Ansehen gelangt. Als Güter der Familie wurden im Kgr. Preussen noch in neuer Zeit genannt: Tzschochau im Kr. Lauban, Seifersdorf und Kauffung im Kr. Schönau, Alt-Gebhardsdorf (Fideicommiss) im Kr. Lauban, Mittel- und Nieder-Steinsdorf im Kr. Goldberg-Heinau, Ober-Herzogswaldau, Mühlraedlitz und Krumlinde im Kr. Lüben und Storkow im Kr. Beeskow-Storkow. — Ueber den jetzigen Personalbestand der adeligen Linien fehlen zusammenhängende Angaben, nur der neuere Personalbestand der in den Württembergischen Freiherrnstand erhobenen Linie ist bekannt. Haupt dieser Linie in neuester Zeit war: Freih. Emil (II.), geb. 1808 — Sohn des oben genannten, 1841 verstorbenen Freih. Emil (I.), k. sächs. w. Geh. Raths, Ober-Kammerherrn, Gesandten u. s. w., aus der Ehe mit Henriette Freiin v. Werneck, geb. 1782, verm. 1806 und gest. um 1860 — Senioratsherr auf Gebhardsdorf, Scheibe, Schwarzbach, Estherwalde und Augustthal, verm. in erster Ehe 1841 mit Maria Josepha Grf. Amadé de Várkony, geb. 1809, gerichtl. geschieden 1853, Herrin auf Marczaltheö, Malamezok Csikvand u. s. w. und in zweiter 1853 mit Paula Meyer, geb. 1830. Aus der ersten Ehe stammen zwei Söhne, die Freiherren: Emil, geb. 1841, in k. preuss. Militairdiensten und Zsiga Heinrich Béla, geb. 1846. — Der Bruder des Freih. Emil II. ist, neben einer Schwester, Henriette (Grf. v. Nostitz-Rieneck, geb. 1826 und verm. 1845, Freih. Albert, geb. 1809, k. preuss. Regierungs-Referendar. Von dem Bruder des Freih. Emil I.: Carl, gest. 1828, grossherz. sächs. Kammerherrn, verm. 1808 mit Agnes v. Spesshardt, verw. v. Lindenau, gest. 1828, entspross Paul v. U., geb. 1809, Oberstholmeister Sr. H. des Herzogs von Sachsen-Meiningen, verm. 1832 mit Maria Freiin v. Gablenz, geb. 1808, gerichtlich geschieden 1851 u. gest. 1861, stammt, neben einer Tochter, ein Sohn, Carl, geb. 1835, in k. k. Militairdiensten.

Knauth, S. 585. — *Lucae* Schles. Denkwürdigk., S. 1869. — *Grosser*, Lausitz. Merkwürdigk., I. S. 117 u. II. S. 53. — *Sinapius*, I. S. 1004—8 u. II. S. 1079. — *Val. König*, III. S. 1142—1188. — *Gauhe*, I. S. 2657—60. — *Zedler*, 48. S. 857—879. — *Hirschelmann*, Sammlung von Stammtafeln, S. 64 u. Desselben genealog. Adelshistor. I. S. 37—62. — Lausitzer Magaz. 1778, S. 136—42. S. 151—56, 187—90, 296 und 362. 1781, S. 194, 1783, S. 80 u, 1785, S. 377: Alle Nachrichten von dem Geschlechte v. Uechtritz. — N. geneal. Handb. 1777, S. 342, 1778, S. 391 und Nachtrag, S. 171. — *v. Uechtritz*, Geschlechts-Erzähl. I, Tab. 1—3 u. Desselben diplomat. Nachrichten, I. S. 171—199 und VI. S. 112—20. — *v. Lang*, S. 575. — N. Pr. A.-L. IV. S. 284 und 85 und V. S. 451—58. — *Freih. v. Ledebur*, III. S. 41 und S. 352 und 53. — Geneal. Taschenb. d. freih. Häuser, 1858, S. 765—96, 1859, S. 845—47: mit nachträglichen Bemerkungen, 1864, S. 675 und 76 u. ff. Jahrgg. — *Siebmacher*, I. 60: v. Uechtritz, Schlesisch. — *v. Meding*, I. S. 625 und 26. — W. B. d. Kgr. Bayern, X. 18: v. Uechtritz auf Gebhardsdorf. — W. B. d. Sächs. Staaten, IV. 93: v. Uechtritz.

Uechtritz, Uechtritz auf Heidersdorf (Schild quergetheilt: oben der Länge nach von Silber und Blau getheilt mit zwei ins Andreaskreuz gelegten, goldenen Schlüsseln: Uechtritz und unten in Gold drei, 2 u. 1, schwarze Krähen, oder nach anderer Angabe drei grüne Sittige aus dem v. Berlepschen Wappen). Reichs-Adelsstand. Diplom vom 25. Nov. 1806 für Friedrich Joseph Peter Uechtritz auf Heidersdorf bei Lauban. Aus diesem Stamme entspross: Rudolph v. Uechtritz, k. preuss. w. Geh. Rath und Präsident des evangelischen Ober-Kirchenraths in Berlin, Herr auf Nieder-Heidersdorf.

Freih. v. Ledebur, III. S. 41 und S. 352.

Uetterodt und Grafen v. Uetterodt zum Scharffenberg (Stammwappen: in Silber drei, 2 und 1, blaue, halbe Monde und zwischen der Sichel jedes derselben eine kleine, rothe Sonne; die beiden oberen Halbmonde sind seitwärts von einander abgekehrt und der untere gestürzt. Gräfliches Wappen: Schild geviert, mit das Stammwappen zeigendem Mittelschilde: 1 und 4 in Silber ein schwarzer, doppelt geschweifter Löwe mit offenem Rachen, lechzender Zunge und erhobenen Pranken und 2 und 3 in Silber drei senkrecht laufende Eisenstäbe (Pfähle). Grafenstand des Grossherzogthums Hessen. Diplom vom 3. Febr. 1829 für Wolff Horst v. Uetterodt, grossh. hessischen Kammerherrn, Major und Flügeladjutanten, in Anerkennung seiner Verdienste. Das Diplom wurde vom Grossherzog von Sachsen-Weimar und vom Herzoge von Sachsen-Coburg-Gotha anerkannt u. bestätigt. — Eins der ältesten u. angesehensten, thüringischen Adelsgeschlechter, welches sich später auch in Franken, am Rheine und in Sachsen ausbreitete. Nach alten, thüringischen Chroniken rodete in sehr früher Zeit Ute, oder Uto, ein Edler, nordwestlich von Eisenach den Wald und gründete Uetterode, den ersten bekannten Wohnsitz seines Stammes, im jetzigen Justiz-Amte Creuzburg des Grossherzogthums Sachsen-Weimar. Siegbert U. soll 996 dem in Braunschweig abgehaltenen Turniere als Sieger beigewohnt haben; Heinrich U. steht durch eine Urkunde des K. Heinrich V. von 1114 als zu den vornehmsten thüringischen Herren gehörig, historisch fest und Hans und Berthold U. erwarben um 1442 das Schloss Scharffenberg am nördlichen Saume des Thüringer Waldes und vereinigten eine Anzahl Güter zu einer Herrschaft, mussten aber, nach Zerstörung des Schlosses, sich: „im Thal", bis 1837 dem Hauptsitze der Familie, anderweitig anbauen und ihr Besitzthum 1458 vom Herzoge Wilhelm zu Sachsen als Lehn empfangen. Conrad und nach ihm Nicolaus U., der Vetter desselben, waren von 1499 bis 1547 Landes-Comthure des deutschen Ordens in Thüringen. Später schied sich die Familie in zwei Linien, die ältere zu Thal und die jüngere zu Luppnitz, auch kam noch eine Linie, die zu Schwarzburghausen hinzu, aus welcher Heinrich Wilhelm v. U., Fürstl. Hofmeister und Ober-Forstmeister zu Römhild, 1730 Geschlechts-Aeltester war. Die Linie zu Luppnitz gründete Andreas Friedrich v. Uetterodt, vermählt mit Anna v. Farnrode, einer Erbtochter, welche den grösseren Theil des ehemaligen Thüringer Gaues Lubenzo, den Landstrich längs der nördlichen Abdachung des Hörselberges, ihrem Gemahl zubrachte, welcher noch jetzt seinen Nachkommen zusteht. — Zur älteren Linie gehörte Adolph II. v. U., k. poln. u. kursächs. Geh. Rath und a. o. Gesandter am k. grossbritann. und k. k. Hofe. Der Sohn desselben, Adolph III. war kursächs. General der Cavalerie u. des Letzteren Sohn, Adolph IV., herz. sachs.-gothaischer Ober-Marschall. Auf den thätigen Betrieb Adolph's IV. erlangte Herzog Ernst August Constantin von Sachsen-Weimar vom K. Franz I. die Venia aetatis, trat 1. Jan. 1756 die Regierung an u. vermählte sich 16. März 1756 mit Anna Amalia Prinzessin v. Braunschweig-Wolfenbüttel, welche 3. Sept. 1757 die Mutter des edlen Herzogs Carl August wurde. Adolph IV. starb im hohen Alter und ihm folgte die jüngere Linie unter Wolf Sigismund VI. v. U., Fürstl. hess. Oberst-Kämmerer, welcher unter seiner Hand die sämmtlichen Familiengüter vereinigte u. seinem Sohne, Wolff Horst, dieselben hinterliess. Wolff Horst v. U., geb. 1788 und gest. 1836, erhielt, wie oben angeführt, den Grafenstand des Grossherzogthums Hessen und stiftete ein Familien-Majorat. Aus seiner Ehe mit Elisabeth Freiin v. Breyer, gen. v. Fürth, geb. 1798 und verm. 1817, stammt das jetzige Haupt des gräflichen Hauses: Ludwig Wolff Sigismund Graf Uetterodt zum Scharffenberg, Herr auf Schloss Neu-Scharffenberg bei Eisenach, geb. 1824, verm. 1845 mit Friederike Freiin v. Uetterodt, verw. Freifrau v. Donop, gesch. 1850 und aus dieser Ehe stammt ein Sohn: Graf Wolff, geb. 1846 u. zwei Töchter: Grf. Ottilie, geb. 1847 und Grf. Maria, geb. 1848. — Ludwig Graf Uetterodt zu Scharffenberg ist ein grosser Freund und Kenner der Geschichte und hat sich in neuerer Zeit durch zwei Werke: Günther Graf v. Schwarzburg, erwählter deutscher König, Leipzig, 1862 und 117 S., und Ernest Graf zu Mansfeld 1580—1626. Gotha, 1867, 750 S. den Historikern als gründlichster Forscher bewährt.

Sagittar, Gleichensche Historie, S. 346 und 356. — *v. Gleichenstein*, Nr. 100. — *v. Hattstein*, I. S. 609). — *Gauhe*, I. S. 2724 u. 25. Uterodt. — *Zedler*, 51. S. 1215—18. — *Biedermann*, Canton Ottenwald, Tab. 328. — *Brückner*, Kirchen- u. Schulenstaat d. H. Gotha, I—III, an mehreren Orten. — Deutsche Grafenh. d. Gegenw. II. S. 582 und 83. — *Freih. v. Ledebur*, III. S. 48 und 49. — Geneal. Taschenb. d. Gräfl. Häuser, 1864, S. 933 u. ff. Jahrgg. und histor. Taschenb. zu Demselben, S. 123. — *Siebmacher*, III. 139. — W. B. der Sächs. Staaten, V. 8: Gr. v. U.

Uetze, Uttese (in Gold ein rechtsgekehrtes Mohrenhaupt). Altes, lüneburgisches Adelsgeschlecht, aus welchem sich Herewicus de Uttesen, bereits 1247 mit dem Braunschweigischen Erbkämmerer-Amte bekleidet, schon 1218 im Gefolge des K. Otto befand. Die Familie trug ihr Stammgut Uetze, oder Uttese im Amte Meinersen von dem Stifte Hildesheim und blühte noch bis gegen Anfang des 16.

Jahrh., wo der Stamm mit Jaspar v. Uetze erlosch. Nach dem Tode des Letzteren belehnte 1503 Herzog Heinrich d. J. mit einigen Gütern desselben Heinrich Haverbier und der Bischof von Hildesheim 1505 den Levin v. Veltheim.

Manecke, Beschreibung des Fürstenthum Lüneburg, II. S. 271 (8) und 272 (N. C.) — *Köhler*, von Erblandhofämtern, S. 19. — *Lossii* Ehrengedächtniss Christophs v. Wrisberg. — *v. Meding*, I. S. 628.

Uexküll, Uxkull-Gyllenband, auch Freiherren und Grafen (Gräfliches Wappen: Schild zweimal der Länge nach und einmal quergetheilt, sechsfeldrig mit blauem Mittelschilde und in demselben eine vierfache, goldene Bandschleife: Gnadenzeichen, Gyllenband, hinzugekommen bei Erhebung in den schwedischen Freiherrnstand, mit dem Beinamen: Gyllenband. 1 und 6 in Gold ein rechtsgekehrter, gekrönter, rother Löwe, welcher mit den Vorderpranken eine nach sich gebogene Hellebarde mit rothem Stiele hält, auf welche derselbe mit den Hinterpranken tritt (die vier Pranken des Löwen sind im Halbkreise ähnlich gestellt, wie Felgen im Rade: das norwegische Wappen mit veränderten Farben soll ein Gnadenzeichen für Verdienste um Schweden und Norwegen sein) und 2 und 5 in Schwarz zwei eiserne Bergwerks-Hammer an braunen Stielen, welche durch eine goldene Krone kreuzweise gesteckt sind: die Felder 1 u. 6 und 2 u. 5 sind dem Stammwappen entnommen und 3 u. 4 quergetheilt: oben in Roth drei, 2 u. 1, goldene Garben mit goldenen Bändern und unten in Silber ein rechtssehender, schwarzer Adler). — Schwedischer Freiherrn- u. Reichsgrafenstand. Freiherrndiplom vom 23. Aug. 1648 für Otto v. Uexküll, k. schwed. Kriegsrath und General-Commissar in Esth- und Ingermannland und für die Söhne des Bruders desselben: Reinhold Johann, k. schwed. Obersten und Conrad v. Uexküll, mit dem Beinamen: v. Gyllenband und Grafendiplom vom 9. Oct. 1790 für Carl Gustav Friedrich Freih. v. U.-Gyllenband, Gouverneur der herz. württemb. gefürsteten Grafschaft Mömpelgard und herz. württemb. Oberhofmarschall. — Altes, ursprünglich lief- u. esthländisches Adelsgeschlecht, eines Ursprunges mit dem Meyendorffischen Stamme, aus welchem der liefländische Bischof Albert unter Anderen vom Adel auch zwei aus Holstein gebürtige Brüder, Daniel u. Conrad v. Meyendorff, nach Liefland gebracht haben soll u. als später der bischöfliche Sitz von Ikeskole nach Uexküll oder Uexküll verlegt worden sei, wäre Conrad vom Bischofe mit den Häusern Lennewaden und Uexküll belehnt und ein Sohn desselben, Conrad Conradsson, nach seinem Erbgute Uexküll genannt worden. — Glieder des Geschlechts zeichneten sich unter den Kreuz- und Schwertrittern sehr aus und zwar namentlich Conrad v. U., welcher die von den Kuren belagerte Stadt Riga rettete und als Häuptling im deutschen Heere den Litthauern bei Rodengries eine völlige Niederlage beibrachte. In der zweiten Hälfte des 16. und in der ersten des 17. Jahrh. wurde das Geschlecht in Schweden durch Woldemar v. U. Hofmarschall der Könige Johann III. und Carl IX., bekannt und 15. Januar 1625 in das Ritterhaus zu Stockholm eingeführt, worauf

1648, wie oben angegeben, der schwedische Freiherrnstand in die Familie kam. — Freih. Friedrich Johann Emich, der Enkel Conrads (welcher 1630 mit Gustav Adolph, als dieser den Protestanten zu Hülfe eilte, nach Deutschland kam und mit seinem Könige sein Grab fand), und der Sohn des Freih. Reinhold Johanns oder Conrads II., erlangte im markgr. badischen Staatsdienste die Würde eines Geh. Raths u. Oberhofraths-Präsidenten, verliess aber später diese Dienste und begab sich in herz. württemb. Dienste, in welchen er zum Etats-Minister und erstem Kreis-Directorial-Gesandten ernannt und in dieser Eigenschaft in die Genossenschaft des Ritter-Cantons Craichgau 22. Febr. 1790 aufgenommen wurde. Von seinen mit Maria Ernestine Freiin Göler v. Ravensburg erzeugten fünf Söhnen wurde der Aelteste, Freih. Carl Gustav Friedrich, Gouverneur der Grafschaft Mömpelgard und herz. württemb. Oberhofmarschall, erhielt, s. oben, am Krönungstage des K. Leopold II. den Reichsgrafenstand und starb 1801. Seine Gemahlin, Wilhelmine Freiin v. Wallbrunn, die ihm vier Jahre später im Tode nachfolgte, war Oberhofmeisterin bei der Kurfürstin Charlotte, nachmaligen Königin von Württemberg. Von den aus dieser Ehe stammenden vier Söhnen sind die beiden ältesten, Graf Carl Friedrich Gustav und Graf Eugen Friedrich Wilhelm, kinderlos gestorben, jener 1819 als Major in holländischen Diensten, dieser 1802 als Oberst und herz. Flügeladjutant, die beiden jüngeren aber, Graf Ludwig, geb. 1759 u. gest. 1811 als k. württemb. Oberst und Commandant der Stadt Rottweil, verm. mit Anna Freiin Goeler v. Ravensburg und Graf Carl August Bertram, geb. 1761 und gest. 1812, k. württemb. Kammerherr, w. Geh. Rath, Landjäger- u. Oberforstmeister und Chef der k. Section der Kronforste, verm. 1797 mit Albertine Freiin v. Kaufberg, setzten den Stamm fort. — Haupt des gräflichen Hauses ist: Graf Udo, geb. 1799 — Sohn des 1811 verstorbenen Grafen Ludwig, s. oben — k. württemb. Hauptmann a. D., verm. 1833 mit Mathilde Freiin vom Stain zum Rechtenstein, geb. 1804, aus welcher Ehe, neben einer Tochter, Grf. Anna, geb. 1835, ein Sohn stammt: Graf Leopold, geb. 1834, in k. k. Militairdiensten. Der Bruder des Grafen Udo, Gr. Kuno, geb. 1800, k. württemb. Oberförster zu Ensingen, vermählte sich in erster Ehe 1836 mit Eleonore Zepf, gest. 1847 und in zweiter 1854 mit Franzisca v. Crismar, geb. 1824 u. aus der ersten Ehe entspross, neben drei Töchtern, ein Sohn, Gr. Eduard, geb. 1846. Von dem Bruder des Grafen Ludwig, dem Grafen Carl August Bertram, s. oben, stammen zwei Söhne: Graf Carl, geb. 1801, Mitbesitzer des Ritterguts Hengstfeld im Jaxtkreise, k. württemb. Kammerh. und Forstrath, verm. in erster Ehe 1828 mit Charlotte Freiin v. Varnbühler, gest. 1831, in zweiter 1834 mit Elise Freiin v. Fahnenberg, gest. 1840 und in dritter 1841 mit Maria Freiin v. Fahnenberg, geb. 1818 und Graf Rudolph, geb. 1809, Besitzer des Ritterguts Burleshagen im Jaxtkreise, k. württ. Kammerherr und Oberstholmeister bei Sr. Maj. dem Könige von Württemberg, verm. in erster Ehe 1835 mit Albertine Uhde, gest. 1856 und in zweiter 1860 mit Mathilde Grf. v. Fries, geb. 1839, über welche zwei Brüder und die Nachkommen derselben auf die genealog. Taschenbb. der gräfl. Häuser zu verweisen ist. — Der Stammvater der freiherrlichen Linie in Baden (Schild geviert: 1 und 4 wie Feld 1 und 6 und 2 und 3 wie Feld 2 und 5 des gräflichen Wappens, s. oben) ist eben so, wie der der gräflichen Linie in Württemberg, der erwähnte Freiherr Friedrich Johann Emich, welcher auch das Rittergut Mönchzell erwarb und im 84. Lebensjahre 1768 starb. Von seinen fünf Söhnen aus der Ehe mit Maria Ernestina Freiin Goeler zu Ravensburg stiftete der ältere, Carl Gustav Friedrich, wie angegeben, die gräfliche Linie, während ein jüngerer, Emich Johann Friedrich, geb. 1724 und gest. 1810, Herr auf Mönchzell, k. württ. Staatsminister und Präsident des Geh. Raths-Collegiums, der nähere Stammvater der freiherrl. Linie in Baden wurde. Derselbe, 1790 wegen des Besitzes von Mönchzell unter die freie Reichsritterschaft des Cantons Craichgau aufgenommen, vermählte sich mit Susanna Elisabeth Freiin v. Palm. Von ihm entspross Freih. August, geb. 1765 und gest. 1822, Herr auf Mönchzell u. Stechbach, k. württemb. Kammerherr, Geh. Rath und Landvogt, verm. mit Charlotte Maria Freiin v. Gemmingen-Guttenberg-Bonfeld, geb. 1776 und gest. 1837 und aus dieser Ehe stammt: Eduard Freih. v. Uxkull-Gyllenband, geb. 1800, Grundherr zu Wiesloch und Baierthal, grossh. bad. Kammerherr u. Ober-Forstrath, verm. 1829 mit Pauline Freiin Marschall v. Bieberstein, geb. 1807 und gest. 1860. Derselbe hat seine Linie nicht fortgesetzt.

<small>*Gauhe*, II. S. 1229 und 30. — Collect. Livon, S. 82. — Deutsche Grafenhäuser der Gegenwart, II. S. 584—86; auch nach Stjerman und Hupels Nord. Miscellen. — *Cast*, Adelsb. d. Kgr. Württemb., S. 485—88 und Desselben Adelsbuch des Grossh. Baden, Abtheil. 2. — *Freih. v. Ledebur*, III. S. 49. — Geneal. Taschenb. der freih. Häuser, 1852, S. 543—45. — Taschenb. der gräfl. Häuser, 1864, S. 939—41 u. ff. Jahrgg. und histor. Taschenb. zu Demselben, S. 1024. — *Siebmacher*, III. 168. — Schwed. W. B. Ridd. 76. v. U. — W. B. d. Kgr. Württemb.: Gr. v. U.-G.</small>

Uffel, auch Freiherren (in Gold der roth bekleidete Rumpf eines Mohren, der um den Kopf eine silberne Binde mit links zu Felde schlagenden Bändern trägt. Das Kleid ist mit sechs goldenen Knöpfen zugeknöpft). Reichsfreiherrnstand. Diplom von 1727 für Georg Ludwig v. Uffel, k. k. Feldmarschall (gest. 1733). — Altes, adeliges, später theilweise freiherrliches Geschlecht in Hessen am Diemelstrome, und in Thüringen aus dem alten Stammhause Ost- oder Burg-Uffeln in Hessen, eine Meile von Cassel, welches pfandweise auch das Städtchen Salz-Uffeln von denen v. Pappenheim, nach Anderen von den Grafen v. der Lippe, inne hatte. — Valent. König König beginnt die Stammreihe des Geschlechts mit Heinrich v. Uffel, dessen Enkel, Raban Arnd auf Burg-Uffel das Amt Hardisleben in Thüringen an sich brachte, dasselbe aber vermöge Wiederkauf-Rechts 1693 an Sachsen Weimar für 29000 Thaler abtreten musste. Von seinen Enkeln starb 1712 Friedrich Georg auf Trünzig, Kühdorf und Roschütz, herz. Sächs. Wittums-Rath und Hofmeister und hinterliess einen Sohn: Christian v. U. auf Trünzig, Settendorf und Sorge, welcher herz. sachsen-goth. Geh. Rath, Kammer-Präsident, Ober-Steuer-Einnehmer, Domherr zu Naumburg und Director der Ritterschaft des Erzgebirgischen Kreises wurde. Der Stamm blühte fort und ein v. Uffel wurde 1714 Reise-Marschall am h. Sachs.-Weimarschen Hofe und um dieselbe Zeit setzte Carl Wilhelm v. U., Fürstl. Hessischer Oberst, seine Linie fort, nachdem sein Bruder, Curt Plato v. U., Oberstlieutenant, unvermählt gestorben war. — Das Geschlecht blieb im 17. und 18. Jahrh. in Thüringen und Sachsen begütert und sass noch 1684 zu Hardisleben im Weimarschen, 1712 zu Kühdorf im Reussischen, 1758 zu Zangenberg unweit Zeitz und Roschütz im Altenburgischen, 1760 zu Trünzig im Erzgebirge, 1760 zu Hainichen und 1780 zu Ottenhausen — Sprossen des Stammes waren noch in diesem Jahrhunderte Würdenträger der Sächsischen Hochstifte Meissen, Naumburg und Merseburg: Christian Heinrich August v. U., Herr auf Trünzig, seit 1796 Scholasticus im Hochstifte Naumburg, wird 1800 noch als Domcapitular daselbst genannt und Hermann Carl v. Uffel, kursächs. Hof- und Justitienrath, war seit 1792 Domcapitular zu Meissen und Merseburg und wurde noch 1843 als Dompropst zu Meissen, und als Dompropst zu Naumburg aufgeführt. Mit ihm ist später in Sachsen der Stamm, welcher nicht mit der im nachstehenden Artikel abgehandelten Familie v. Uffeln verwechselt werden darf, ausgegangen, auch gab es drei andere Familien dieses Namens in Westphalen, welche Lehne zu Borgentreich und Höxter besassen, doch schon vor und im 17. Jahrh. erloschen sind.

Valent. König, II. S. 1187—99: mit Ahnen- und Stammtafel. — *Gauhe*, I. S. 2652—55. — *Zedler*, 48. S. 418—23. — *Kuchenbecker*, Annal. Hass. Coll. V. S. 88 u. 89. — *Gr. v. Heust*, Beitr. zur Sächs. Geschichte, Stück 2, S. 12—52. — *v. Uechtritz*, Geschlechts-Erzähl. I. Tab. 20 und 7. — *Freih. v. Ledebur*, III. S. 42 und 43. — *Siebmacher*, I. 186; v. Uffeln, Bremisch. — *v. Meding*, I. S. 624.

Uffeln (in Gold ein natürlicher Mohrenrumpf mit rothem Rocke und weisser Kopfbinde, oben begleitet von zwei sechsstrahligen blauen Sternen.). Schwedischer Adelsstand. Diplom vom Könige Carl XII. von Schweden vom 21. Juni 1707 für Hermann Johann Christian Uffelmann, Justizrath zu Stade, mit dem Namen: v. Uffeln. Der Stamm hat fortgeblüht u. gehört durch Besitz des Gutes Wischhoff im Bremischen zu dem ritterschaftlichen Adel der Bremenschen Landschaft.

Mushard, S. 524 und 25. — *Gauhe*, I. S. 2655. — *Zedler*, 48. S. 424. — *v. Kobbe*, Geschichte der Herzogth. Bremen und Verden, I. Göttingen, 1824, S. 299. — *Freih. v. d. Knesebeck*, S. 280 und 81. — *Freih. v. Ledebur*, III. S. 43. — *v. Meding*, I. S. 624 und 25. — *Hannov. W. B. E.* 10, und S. 14.

Uffel v. Ahlen. Altes, adeliges Patriciergeschlecht im Stifte Münster.

Gauhe, I. S. 2653.

Uffenbach (in Roth ein silberner, schrägrechter Balken, belegt mit drei unter einander stehenden Krebsen von natürlicher Farbe). Ein früher zu dem Frankfurter Adel zählendes Geschlecht, welches der uralten Gesellschaft Frauenstein einverleibt war.

Zedler, 48. S. 426. — *N. genal. Handb.* 1777, S. 342, 1778, S. 301 und Nachr. S. 171. — *Siebmacher*, IV. 186 und Supplem. II. 33.

Uffling, Offling, Freiherren. Böhmisches Freiherrngeschlecht, aus welchem namentlich um 1537 Johann Freih. v. Offling als königl. Geh. Rath und Reichscanzler in grossem Ansehen stand.

Gauhe, I. S. 2655; am Schlusse des Artikels Uffel, Osfelen.

Ugarte, Grafen (Wappen an Feldern und Bildern reich: Schild dreimal der Länge nach- und zweimal quergetheilt, 12feldrig). Böhmischer Grafenstand. Diplom von 1713 für Ernst Franz Freih. Ugarte. — Altes, ursprünglich aus Spanien stammendes Geschlecht, welches sich später nach Oesterreich wendete, in Mähren und Böhmen ansässig wurde, im 17. Jahrh. den böhmischen Freiherrnstand erlangte und dann, wie angegeben, in den Grafenstand versetzt wurde. Der Empfänger des Grafendiploms war k. k. Kämmerer und Geh. Rath und hatte sich in erster Ehe mit Maria Rebecca Grf. v. Bubna u. Littiz u. in zweiter mit Maria Magdalena Freiin v. Kustosch vermählt. Von demselben stieg der Stamm, wie folgt, herab: Graf Johann Nepomuk, k. k. Kämmerer; Wilhelmine Grf. v. Souches; — Gr. Johann Wenzel, gest. 1796, k. k. Kämm. und Geh. Rath, Niederösterr. Oberst-Landrichter und Oberhofmeister der Erzherzogin Clementine: Maria Anna Grf. v. Windischgraetz., geb. 1765 und gest. 1831; — Graf Maximilian, Freiherr auf Grossmeseritz, geb. 1781, gest. 1831, k. k. Kämm. und Hofrath, Herr zu Meldemann (weshalb derselbe auch als Graf Ugarte, Meldemann aufgeführt worden ist) und Blancard, Besitzer der Herrschaften Jaispiz und Rossig in Mähren: Gabriele Grf. v. Lodron, geb. 1786, verm. 1802 und gest. 1830; — Gr. Joseph, geb. 1804, und gest. 1862, k. k. Kämm. und bis 1849 a. o. Gesandter am k. württemb. Hofe, Herr der Allodialherrschaft Rossitz in Mähren im Kr. Brünn: Erste Gemahlin: Helena Grf. v. Stackelberg, geb. 1820, verm. 1842 u. gest. 1843 u. zweite Gemahlin: Elisabeth Freiin v. Rochow-Briest, geb. 1822 und verm. 1845. Aus der zweiten Ehe stammt, neben zwei Töchtern, ein Sohn: Maximilian Graf v. Ugarte, Freih. auf Gross-Meseritz, geb. 1851. — Die steierische Landmannschaft erhielt die Familie 13. Nov. 1807.

Zedler, 48. S. 476. — *Megerle v. Mühlfeld*, Erg.-Bd. S. 34. — *v. Schönfeld*, I. S. 123—25. — Deutsche Grafenh. d. Gegenw. II. S. 587 und 88. — Geneal. Taschenb. d. gräfl. Häuser, 1848, S. 707 und 708, 1864, S. 933 und 34 u. ff. Jahrgg. und histor. Handbuch zu Demselben, S. 1026. — W. B. der Oesterr. Monarchie, VIII. 14.

Uhl, Ritter und Edle. Erbl.-österr. Ritterstand. Diplom von 1791 für Joseph Uhl, mit: Edler von.

Megerle v. Mühlfeld, Erg.-Bd. S. 219.

Uhlfeld, Ulefeld, Ulfeld, auch Grafen (Stammwappen: in Gold ein ganz roth tingirtes Monstrum, welches oben einen golden gekrönten Wolf mit links gekehrtem Kopfe, offenem Rachen und springenden Vorderläufen, unten aber einen Adler mit ausgebreitetem Fluge und Füssen vorstellt und aus diesen beiden Thieren zusammengesetzt ist). Reichsgrafenstand. Diplom vom K. Ferdinand III. vom 7. Aug. 1641 für Cornifiz Ulfeld, k. dänischen Staats-Minister. — Altes, ursprünglich dänisches, in der Geschichte dieses Landes oft genanntes Adelsgeschlecht, welches in Dänemark schon im 14. Jahrhunderte unter dem Namen Ulspitz sehr bekannt war, diesen Namen aber im 14. Jahrh. in den Namen Ulfeld, Ulefeld, Uhlfeld veränderte. — Der Empfänger des Grafendiploms: Cornificius Graf v. Ulfeld, geb. 1585 und gest. 1664 im Elsass zu Neuburg am Rheine, Premier-Minister der Könige von Dänemark Christian IV. und Friedrich III., Reichshofmeister in Dänemark und Vice-Roi in Norwegen — ein Sohn des 1630 verstorbenen k. dänischen Obersten u. Reichscanzlers Jacob Ulfeld — hatte ein sehr bewegtes Leben, welches, kurz zusammen gefasst, auch Gauhe im Geneal.-historischen Adels-Lexicon beschrieben hat, auf welches Werk hier verwiesen sei. Graf Cornificius erhielt 1637 vom Könige Christian IV. von Dänemark seine mit Christiane Munck (Monck) erzeugte zweite Tochter, Eleonora Christiana, zur Gemahlin, aus welcher Ehe drei Söhne stammten. Von diesen Söhnen starb 1718 Graf Leo, kaiserlicher General-Feldmarschall, Vice-Ré in Catalonien, Hatschier-Hauptmann u. s. w. Die hinterlassene Wittwe, eine geborene Grf. v. Sintzendorf, starb 1736 zu Brüssel als Oberthofmeisterin der Erzherzogin und Gouvernantin in den Oesterreichischen Niederlanden. Von den Söhnen der Letzteren wurde Graf Anton Corfitz, nachdem er nieder-österr. Regimentsrath gewesen, 1723 kaiserlicher Kämmerer und 1724 wirklicher Reichs-Hofrath, dann wegen Böhmen Comitial-Gesandter in Regensburg und 1728 Gesandter am Savoyischen Hofe. 1730 vermählte er sich mit einer Grf. Virmond, die schon 1731 starb und ihn zum Universal-Erben ihres grossen Vermögens einsetzte. Er war damals schon Geh. Rath, ging 1734 als bevollmächtigter Minister in die General-Staaten und war 1740 Gesandter an der Ottomanischen Pforte. Später war derselbe k. k. erster Obersthofmeister, brachte 1743 das Böhmische Erbsilberkämmerer-Amt an sein Haus u. starb 31. Dec. 1769 als der Letzte seines Geschlechts. Der Bruder desselben, Graf Franz Anton, k. k. Kämm., wurde 1736 Geh. Rath und ist 1740 als k. k. Oberstwachtmeister im Gefolge seines Bruders, des Gross-Botschafters in Constantinopel, aufgeführt worden.

Le Comte d' Ulefeld. Paris 1677 und die Gegenschrift: Machinationum Cornefici Uhlefeld succincta narratio. — Gauhe, I. S. 2655—57 und II. S. 1877—88. — Zedler, 49. S. 707—19. — Leopold, I. 4. S. 704—19. — Schmutz, IV. S. 237. — Tycho de Hofmann, Portraits historiques des hommes illustrés de Dannemark. Partie IV. S. 12: Wappen vom Grabmale des 1563 verstorbenen Cornifis Ulfeld in Coppenhagen und Partie IV. S. 32: Grafendiplom und S. 96: Vignette des gräfl. Wappens. — v. Meding, II. S. 617—20; v. Ulfeld und Gr. v. U. — Freih. v. Ledebur, III. S. 853. — W. B. der Durchl. Welt, IV. 552. — Schwed. W. B. Ritter, 2. 18.

Uhrendorff, auch Freiherren. Altes, elsassisches Rittergeschlecht, welches sich um 1640 auch in Böhmen ausbreitete, die Güter Uhrendorff und Gross-Sattingen besass und in der Person des Stephans Ritter v. Uhrendorff, welcher als kaiserlicher Oberstwachtmeister in Fürstlich-Hessischen Diensten Oberst wurde, den Freiherrnstand erhielt. Doch ist bald darauf der Stamm wieder ausgestorben.

Seifert's Stammtafel des Geschlechts v. Uhrendorff, 1729. — Gauhe, II. S. 1891 und 92.

Uiberacker, Uiberacker v. Sieghartstein, Grafen v. Ueberacker, Freiherren v. Sieghartstein (Schild geviert mit Mittelschilde, Mittelschild roth und unten abgerundet, mit einem blauen, abgekürzten, unten zugerundeten Pfahle. 1 und 4 in Schwarz zwei halbe, goldene Räder, mit den Felgen so gegen einander gekehrt, dass das eine Rad unten gegen die rechte, das andere oben gegen die linke Seite zu steht (wohl: Herrschaft Sieghartstein) und 2 und 3 ebenfalls in Schwarz ein aus dem linken Seitenrande nach rechts hervorragender, im Ellbogen eingebogener, nackter Arm, welcher in der geballten Faust einen aus der Hand wenig hervorragenden Schlägel, oder eine abgekürzte Keule, nach einer Zeichnung einen Stein, hält). — Reichsgrafenstand und in Kur-Pfalz bestätigt. Grafendiplom von 1688 für Wolfgang Abraham Freih. v. Ueberacker und Bestätigungsdiplom des Grafenstandes der Familie vom 14. Sept. 1711 vom Kurfürsten Johann Wilhelm von der Pfalz für Wolfgang Dominicus Freih. v. Ueberacker, erzbisch. salzburgischen Kämmerer und Pfleger und für den Bruder desselben, Wolfgang Sigismund Freih. v. U., Obersten und Commandanten zu Düsseldorf. — Altes, ursprünglich bayerisches, aus dem Innviertel stammendes Adelsgeschlecht, welches sich aus Bayern nach dem Erzstifte Salzburg wendete. Erhardt Ueberacker focht 1257 in der Fehde, die zwischen dem Erzbischof Philipp von Salzburg und dem Domcapitel entstanden war, 1397 und 1418 wurde Hartreid U. zum lebenslänglichen Pfleger von Alt- und Lichtenthann erwählt und letztere Würde erhielt 1462 Virgil, Herr zu Sieghartstein, mit welchem Bucelinus um 1490 die ordentliche Stammreihe beginnt, für sich und seine Nachkommen erblich. Schon Virgils Sohn, Hans Wolffhardt, welcher 1530 den Erzbischof von Salzburg auf den Reichstag nach Augsburg begleitete, wird als Freiherr v. Sieghartstein aufgeführt, während v. Lang sagt: „wurden freiherrlich 1669 mit dem Prädicate: auf Sieghartstein." Von Hans Wolflhardt stammte Johann Sebastian, erzbisch. salzburgischer Kammerrath, dessen Sohn, Abraham, die väterliche Würde erhielt u. einen Sohn hinterliess: Wolf Caspar, welcher um 1690 als Freih. zu Sieghartstein und Pfregau, so wie als erzbischöfl. salzburg. Kammerherr, Landoberster, der Ritterschaft Verordneter und Erb-Pfleger zu Alt- und Lichtenthann vorkommt. — Vom Grafen Wolfgang Dominicus, s. oben, stammte in dritten Gliede: Graf Wolf Joseph Alois, geb. 1783 und gest. 1823, k. bayer. Kämmerer und Hauptmann à la suite, verm. 1821 mit Theresia Freiin v. Ruffin, geb. 1799, welche sich in zweiter Ehe 1826 mit dem k. bayer. Kämm. Freih. v. Malsen, Herrn auf Marzoll, vermählt hat. Der Personalbestand des gräflichen Hauses in neuester Zeit war folgender: Otto Gr. v. Ueberacker, Freih. zu Sieghartstein, geb. 1822 — Sohn des 1823 verstorbenen Grafen Wolf Joseph Alois — Herr auf Klebing, Güntering, Eggersdorf, Sieghartstein und Pfregau, Erb-Pfleger von Alt- und Lichtenthann, k. k. Kämm. und Lieutenant in d. A., verm. 1844 mit Therese Freiin Rudniánszky v. Dézér, geb. 1826, aus welcher Ehe, neben fünf Töchtern, drei Söhne stammen: Othmar, geb. 1851, Arnulf, geb. 1855 und Joseph Ludwig Fridolin, geb. 1860. Der Bruder des Grafen Otto ist Graf Hieronymus, geb. 1823, k. k. Kämm. und Rittmeister in d. A.

<small>*Gauhe*, I. S. 2657. — *Buddei* allgem. histor. Lexic. IV. S. 617. — *v. Lang*, S. 87. — Deutsche Grafenh. d. Gegenw. II. S. 589 und 590. — Geneal. Taschenb. d. gräfl. Häuser, 1848, S. 708 und 709, 1864, S. 934 und 35 u. ff. Jahrg. und histor. Handbuch zu Demselben; S. 1027. — *Siebmacher*, I. 94: Die Uberacker. Bayerisch. — W. B. d. Kgr. Bayern, II. 40 und v. Wölckern, Abth. 2. S. 76 und 77.</small>

Uiblherr v. Guttheim. Erbl.-österr. Adelsstand. Diplom von

1710 für Johann Chrysostomus Ciblherr, mit dem Prädicate: v. Guttheim.
Megerle v. Mühlfeld, Erg.-Bd. S. 476.

Ulenbrock, Ulenbroich (in Silber eine schwarze Eule). Altes, niederrheinisch-westphälisches Adelsgeschlecht, welches schon 1280 zu Ulenbrock unweit Recklinghausen sass, dann andere Güter an sich brachte, noch 1422 im Kirchspiele Hünxe bei Dinslaken, 1437 zu Recklinghausen, 1460 zu Oefte bei Mettmann und 1480 zu Heinrichsburg unweit Recklinghausen begütert war und noch in der ersten Hälfte des 17. Jahrhunderts vorgekommen sein soll.
Kindlinger, Münst. Beiträge, III. Urkunde. S. 402. — Fahne, II. S. 166. — Freih. v. Ledebur, III. S. 43.

Ullerich v. Adelstein, Ulrich v. A., Ritter (Schild geviert: 1 u. 4 in Roth ein rechtsgekehrter, goldener Löwe; 2 in Blau auf grünem Boden ein weisser Thurm und 3 ebenfalls ein Blau ein schwebendes, silbernes Kreuz, aus dessen hinterer Mitte vier silberne Pfeilspitzen schräg zwischen das Kreuz hervortreten). — Erbl.-österr. Ritterstand. Diplom vom 14. März 1782 für Franz Joseph Ullerich, k. k. Grenadier-Hauptmann im Infanterie-Regimente Olivier Graf Wallis, mit: v. Adelstein.
Megerle v. Mühlfeld, Erg.-Bd. S. 219. — Kneschke, IV. S. 114.

Ullersberg. Böhmischer Adelsstand. Diplom von 1751 für Johann Cornelius Ullersberg, Magistrats-Rath zu Prag.
Megerle v. Mühlfeld, Erg.-Bd. S. 476.

Ullersdorff (im blauen, dreieckigen Schilde eine gleichfalls dreieckige, silberne Gürtelschnalle, welche an jedem Ende mit einem silbernen Kleeblatte endigt. Die Schnalle erscheint ohne Zunge und als ein auf der Spitze stehendes, ausgebrochenes Dreieck, welches an jeder der drei Spitzen kleeblattförmig ausläuft). — Altes, schlesisches Adelsgeschlecht, früher auch Ulersdorf, Ullrichsdorf, Ulbersdorf und Olbersdorf geschrieben, welches bereits 1432 mit dem Gute Ulersdorf in der Grafschaft Glatz belehnt war. Das genannte Gut wird als Stammhaus der Familie angenommen, doch finden sich in Schlesien, und zwar im Schweidnitzschen, gleichnamige Güter, welche wahrscheinlich von dem Geschlechte erbaut worden sind und eins derselben wird zu näherer Bezeichnung von älteren Schriftstellern als im Reichenbachschen Weichbilde gelegen, aufgeführt. Aus Schlesien kam die Familie auch nach Mähren u. von einem in Mähren um 1480 lebenden Sprossen des Geschlechts stammte Sebastian v. und zu Ullersdorf, welcher 1509 als Mannrechts-Beisitzer der Grafschaft Glatz genannt wird. Da Dorst einen Adelsbrief d. d. Ofen, 6. Sept. 1498, vor sich liegen hatte, laut dessen die Brüder Sebastian und Hieronymus v. Ullersdorf und deren eheliche Nachkommen, in Betracht treu geleisteter Dienste und Anhänglichkeit, vom Könige von Ungarn und Böhmen den Adelsstand erlangten, oder bestätigt erhielten, so lässt die Jahreszahl 1498 und der Vorname des einen Bruders, Sebastian, wohl vermuthen, dass Letzterer der oben er-

wähnte Sebastian v. U. gewesen sei. Von dem Sohne Sebastians v. U.,
Mannrechts-Beisitzers der Grafschaft Glatz: Franz v. U., stammten
nach Sinapius sechs Söhne, von welchen vier, Christoph, Hans,
Georg und Heinrich, den Stamm fortsetzten. Christoph's Nachkommenschaft erlosch mit dem Urenkel: Franz Carl, welcher Herr auf
Seiffersdorf im Neisse'schen war; Hans, Herr auf Ullersdorf, hinterliess vier Söhne, von welchen der Eine, den Vornamen des Vaters
führend, sich in der Ober-Lausitz, im Görlitzschen, ansässig machte;
Georg, k. Mannrechts-Beisitzer der Grafschaft Glatz, hatte mehrere
Nachkommen, von denen ein Enkel, Sebastian v. U., 1659 mit seinem
Gegner, einem v. Reichenbach, zugleich in einem Pistolenduelle fiel,
Heinrich aber besass den väterlichen Stammsitz Ullersdorf in Mähren,
sowie auch Albendorff und von demselben stammte Dietrich v. U.,
Herr auf Labitzsch und Ober-Schwedelsdorff, k. Mannrechts-Beisitzer
zu Glatz, welcher 1670 starb. Der Sohn des Letzteren, Johann Georg
v. U., folgte im Besitze der väterlichen Güter und Würde und von
diesem entspross unter anderen Söhnen: Johann Georg II., kais. Rath
und königl. Amts- und Mannrechts-Beisitzer zu Glatz. Später sass
die Familie im Glatzischen noch 1738 und 1745 zu Gellenau. —
Was übrigens die aus der Grafschaft Glatz nach Mähren gekommene
Linie des Geschlechts anlangt, welche nach Allem die Nachkommen
des im oben erwähnten Adelsbriefe von 1498 genannten Hieronymus
v. Ullersdorf umfasst, so führt Sinapius an, dass dieselbe den Beinamen Nimptsch geführt habe und nennt von derselben zuerst den
Christoph v. Ullersdorf und Nimptsch, welcher vier Söhne hinterlassen habe. Von dem Einen dieser Söhne, Christoph v. U. und N.,
stammte unter anderen Kindern: Wilhelm Otto v. U. und N., kais.
Oberst und später kais. Kriegs-Kreis-Hauptmann in Mähren, von
welchem, neben anderen Nachkommen, Ferdinand Bohnslav, 1730
Domherr zu Brünn, und Christian Wilhelm v. U. und N. bekannt geworden sind. Der Sohn des Letzteren, Johann Joseph, war nach
Gauhe noch 1732 fürstl. Ollmützscher Rath und Lehnrechts-Beisitzer
— Von der oben erwähnten schlesischen Linie des Geschlechts v.
Ullersdorff, welche im Reichenbachschen zu Ullersdorf gesessen war,
wird zuerst ein v. Ullersdorff 1550 angeführt; Ernst u. Christoph v. U.
besassen dieses Gut 1626 und Ernst Georg v. U., aus dieser Linie
stammend, Herr auf Lauterbach, lebte noch 1660 als kais. Oberstlieutenant. Spätere Nachrichten über das Geschlecht fehlen.

Bucelini Stemmatogr. II. S. 20. — *Lucae* Schlesische Denkwürdigk. S. 1859. — *Sinapius,* I. S. 1008 und II. S. 1086. — *Gauhe,* I. S. 2682—84. — *Zedler,* 49. S. 733—36. — *Freih. v. Ledebur,* III. S. 43. — *Siebmacher,* I. 69: v. Ulersdorf, Schlesisch. — *Spener,* I. S. 292. — *v. Meding,* I. S. 626: v. Ullersdorf. — *Dorst,* Allgem. W. B. II. S. 171 und 72 und Tab. 269. — *Kneschke,* IV. S. 418—21.

Ullft, Ulfft (in Gold ein rothes, stehendes Kreuz). Altes, am
Niederrhein, in Westphalen und in den Niederlanden begütert gewesenes Adelsgeschlecht, dessen gleichnamiger Stammsitz schon 1135
vorkam. Die Familie war noch 1473 zu Kemnade unweit Bochum,
1480 zu Reeserward bei Rees und zu Zunderich bei Borkuloh im
Geldernschen, 1496 zu Schulenburg im Ober-Ysselschen und 1620 zu

Lackhausen unweit Rees begütert und noch 1681 war Wilhelm v. U. im Geldernschen angesessen.

Fahne, II. S. 166. — *Freih. v. Ledebur*, III. S. 43. — *Siebmacher*, II. 112.

Ullrich v. Ullrichsthal. Galizischer Adelsstand. Diplom von 1798 für Franz Ullrich, k. k. Kreiscommissar, mit: v. Ullrichsthal.

Megerle v. Mühlfeld, Erg.-Bd. S. 476.

Ulm, Ulm in Württemberg, Freiherren und Grafen (Schild geviert, mit goldenem Mittelschilde und in demselben der kaiserliche Doppeladler mit goldenen Scheinen und über dem Kopfe schwebender Krone, dessen Brust mit dem österr. Hausschilde belegt ist, in welchem oben in Roth ein silbernes F., in der Mitte in Silber ein schwarzes M. und unten in Roth ein silbernes R. zu sehen ist. 1 und 4 durch einen silbernen, fünfmal gebrochenen Querbalken in zwei Hälften, eine obere blaue und eine untere rothe getheilt: Stammwappen: Erbishofen; 2 von Gold und Grün geviert, ohne Bild: Ellerbach und 3 quergetheilt: oben in Gold ein nach der rechten Seite gehender, doppelt geschweifter, rother Löwe und unten von Silber und Blau in drei Reihen, die obere zu fünf Feldern, geschacht: Marbach). Reichsfreiherrn und Grafenstand. Freiherrndiplom d. d. Regensburg 20. Oct. 1613 u. Wien 20. Febr. 1622 für Johann Ludwig v. Ulm auf Erbach und Marbach, Wangen und Mittel-Biberach, kais. Geh. Rath und Reichshof-Vicecanzler und zwar mit Wappenvermehrung mit den erloschenen marbach'schen u. ellerbach'schen Wappen und Grafendiplom für Adolph Joseph Ignaz Freiherrn v. Ulm, Jüngerer Linie, k. k. Landvogt zu Burgau und Fürstl. Augsburgischen Hofmeister, vom 27. März 1726. — Altes, schwäbisches, vormals reichsritterschaftliches Rittergeschlecht, dessen früheste Ahnen sich von einem in der Grafschaft Helfenstein gelegenen Schlosse Erbishofen bis 1140 nannten, wo Heinrich v. Erbishofen vom K. Conrad II. als Vogt in die kurz vorher vom K. Lothar zerstörte Reichsstadt Ulm gesetzt wurde u. der Name der Würde „Praefectus Ulmae" bald den Namen der Familie verdrängte. — Die fortlaufende Stammreihe des Geschlechts beginnt mit Heinrich v. Ulm, Ritter, der um 1348 lebte und ein Urenkel jenes Vogts Otto v. Ulm, genannt Erbishofen, war, der 1273 vom K. Rudolph v. Habsburg den Ritterschlag erhielt, sein Reichsvogt in Augsburg war, auch in der dortigen Domkirche begraben wurde. Die Nachkommen seines Sohnes, Johann v. Ulm, der 1363 von der Abtei zu St. Gallen das Schloss Lützelstetten zu Lehn erhielt und mit Adelheid Freiin v. Atticon vermählt war, theilten sich in mehrere Linien, deren Sprossen immer fast bei allen Hoch- und Domstiften des römisch-deutschen Kaiserreichs, so wie bei dem Deutschen- und Johanniter-Orden häufig aufgeschworen hatten. So entstanden die Namen: Ulm zu Marbach, zu Griessenberg im Thurgau, zu Hegenthal, Erbach, Wangen, Mittelbiberach, Langenrhein u. s. w. — Ein Urenkel des oben genannten, die fortlaufende Stammreihe beginnenden Heinrich v. Ulm, Ritters, vermählte sich 1519 mit Barbara zum Thor, welche demselben, der später auch Marbach und

Wangen am Bodensee erwarb, die Herrschaften Teuffen und Berg im Züricher Gebiete zubrachte. — Jacobs Ur-Ur-Enkel, der oben genannte Freiherr Johann Ludwig, hatte fünf Söhne, von denen der Jüngste, Johann Baptist, als Domherr zu Eichstädt starb. Die vier älteren Söhne, deren Wappen durch kaiserliches Diplom vom 2. Juli 1663 mit dem Reichsadler vermehrt worden war, stifteten vier Hauptlinien des Geschlechts, nämlich Luitfried die Linie zu Erbach, Gall die zu Ober-Sulmetingen, Heinrich Bernard die zu Mittelbiberach und Paul Matthias die Linie zu Marbach und Wangen. Die Linien des Luitfried und des Heinrich Bernard erloschen schon mit den Stiftern, Gall und Matthias aber setzten den Stamm dauernd fort. Gall's Linie wurde später die ältere, oder Erbacher und Werenwager, die Linie des Paul Matthias aber die jüngere, oder Marbacher und Mittelbiberacher Linie genannt. Letztere, in welche durch den Enkel des Stifters, den Freih. Adam Joseph Ignaz, s. oben, 1726 der Grafenstand gekommen war, erlosch 1814, worauf sämmtliche Besitzungen an die ältere Linie zu Erbach gelangten. Die Brüder Maximilian Gebhard u. Anton theilten später das auf erwähnte Weise vereinigte Besitzthum: Ersterer erhielt Erbach und Mittelbiberach, Letzterer aber die Herrschaften Werenwag, Kallenberg und Poltringen und so entstanden die jetzt blühenden Linien zu Erbach u. zu Werenwag. — Marbach und Wangen wurden 1829 verkauft. — Die ältere Linie zu Erbach besitzt unter k. württemb. Landeshoheit die Herrschaften Erbach und Mittelbiberach, die jüngere zu Werenwag im Kgr. Württemberg die Herrschaften Werenwag, Kallenberg und Poltringen, im Grossh. Baden die Herrschaft Hainberg und in Nieder-Oesterreich die Herrschaft Lengenfeld. — Haupt der älteren Linie, zu Erbach war in neuester Zeit: Maximilian Freih. v. Ulm zu Erbach, geb. 1802 — Sohn des 1825 verst. Freih. Maximilian Gebhard, k. württemb. Kammerherrn, aus der Ehe mit Lucretia Freiin v. Bubenhofen, gest. 1844 — Herr auf Erbach und Mittel-Biberach, verm. 1829 mit Philippina Grf. Reuttner v. Weyl, geb. 1804, aus welcher Ehe fünf Töchter entsprossten. Die beiden Brüder des Freiherrn Maximilian sind: Freih. Johann, geb. 1803, k. k. Rittm. in d. A., verm. 1843 mit Adelheid Grf. v. Stomm, geb. 1811, aus welcher Ehe, neben einer Tochter, ein Sohn stammt: Maximilian, geb. 1847 und Freih. Carl, geb. 1805, k. k. Lieut. in d. A. — Haupt der jüngeren Linie, zu Werenwag, ist: Freih. Ferdinand, geb. 1800 — Sohn des 1831 verst. Freih. Anton (Bruder des 1825 verst. Freih. Maximilian Gebhard), Herrn auf Werenwag, Kallenberg und Poltringen mit Oberndorf, so wie Hainbach in Baden, aus der Ehe mit M. Catharina Freiin Vogt v. Sumerau — Herr auf Werenwag, Poltringen u. Kallenberg, verm. mit Philippine Freiin v. Posch, geb. 1801, aus welcher Ehe zwei Söhne entsprossten: Freih. Ferdinand, geb. 1823 und Freih. Wilhelm, geb. 1829. — Der Bruder des Freih. Ferdinand ist Freih. Maximilian, geb. 1808.

Bucelini Stemmatogr. P. 1. — Burgermeister, vom Schwäbischen Reichsadel, S. 243. — v. Hattstein, I. S. 600 und 601 und III. Supplem. S. 147—151. — *Gauhe*, I. S. 264 und 85. — *Zedler*, 49.

S. 756—58. — *Megerle v. Mühlfeld*, Erg.-Bd. S. 34: Gr. v. U. — *Cast*, Adelsbuch des Kgr. Württemberg, S. 357—342 und Denselben Adelsb. des Grossh. Baden, S. 192—95. — *Kneschke*, II. S. 416—49. — Geneal. Taschenb. d. freih. Häuser, 1849, S. 496—99, 1854, S. 552 und 53, 1863, S. 989 und 90 u. ff. Jahrgg. — *Siebmacher*, I. 115: v. Ulm zu Wangen, Schwäbisch und I. 199: v. Ulm, Schweizerisch, Stammwappen und Supplem. II. Nr. 11 und 12: Freih. und Edle Herren v. Ulm und IV. 27: Fr. H. v. Ulm zu Erbach — *Tyroff*, I. 112: F. Hn. v. U. — Württemberg. W. B. Nr. 154 und S. 42.

Ulm, Ulm in Oesterreich, Freiherren (Schild quergetheilt: oben in Grün ein der Länge nach mit einer goldenen Kette von siebenundzwanzig Ringen belegter, schrägrechter, silberner Balken u. unten in Silber ein aus der Mitte des Fussrandes des Schildes emporwachsender, natürlicher Ulmenbaum). Erbl.-österr. Freiherrnstand. Diplom vom 22. April und 27. Sept. 1854 für Dr. Franz Ulm, Präsidenten des k. k. dalmatischen Oberlandesgerichts zu Zara, in Anerkennung seiner mehr als 27jährigen, selbst in ausserordentlichen und schwierigen Zeiten, stets ausgezeichneten und erfolgreichen Dienstleistung und der hierbei bewährten Treue und Anhänglichkeit an Kaiserhaus und Staat, gemäss den Statuten des Ordens der eisernen Krone 2. Cl. — Freih. Franz. geb. 1801 — ein Sohn des 1803 verst. Thomas Ulm, Herrn der Herrschaft Sauritsch in Steiermark aus der Ehe mit Thecla Hochenreich, gest. 1835 — vermählte sich 1832 mit Anna, geb. 1809, des Franz Ritters v. Mack Tochter, aus welcher Ehe, neben zwei vermählten Töchtern: Antonie Giunio, geb. 1839 und Maria v. Wallenburg, geb. 1842, ein Sohn stammt: Franz Joseph, geb. 1855.

Geneal. Taschenb. d. freih. Häuser, 1863, S. 990 und 91 u. ff. Jahrgg.

Ulmenstein, auch Freiherren (adeliges Wappen: Schild der Länge nach getheilt, rechts in Blau ein einwärts gekehrtes, silbernes, zaumloses, junges Ross in vollem Sprunge und links in Silber drei, in gleichem Abstande über einander liegende, rothe Querbalken und freiherrliches Wappen: Schild geviert: 1 und 4 das Ross und 2 und 3 die Querbalken). Reichsadels- und Freiherrnstand. Adelsdiplom von 1721 im kurpfälzischen und kurbayerischen Reichsvicariate für Johann Schumacher aus Ulm in Schwaben, kaiserl. Reichskammergerichts-Assessor, früher Oldenburgischen Regierungs-Rath, mit: v. Ulmenstein und kaiserliches Freiherrndiplom von 1737 (10. Sept. 1745) für Denselben. — Sein Sohn, Freih. Anton, wurde 1749 Hofrath zu Zelle und 1751 Ober-Appellationsrath daselbst. — Der Stamm, welcher in dem ehemaligen reichsunmittelbaren, schwäbischen Ritterorte am Kocher sesshaft geworden war, blühte fort und über den neuesten Personalbestand ist folgendes bekannt: Freih. Hermann, geb. 1796 — Sohn des 1840 verst. Freih. Christian Valentin Ulrich, Fürstl. schaumb.-lippeschen Drosten zu Blomberg, aus der Ehe mit Scholastica Freiin v. Scheben, verw. Freifrau v. Weinbach, gest. 1830 — verm. 1827 mit Mathilde Mayer, geb. 1805, aus welcher Ehe, neben zwei Töchtern, drei Söhne entsprossten: Freih. Otto, geb. 1828, Prem.-Lieut. in der Fürstl. schaumb.-lippeschen Jäger-Abtheilung, verm. 1862 mit Emilie Justus, geb. 1832, Freih. Rudolph, geb. 1827, in k. k. Militairdiensten, verm. 1864 mit Magdalone v. Campe und Freih. Eberhard, geb. 1840.

Zedler, 49. S. 700. — *Freih. v. d. Knesebeck*, S. 281. — *Freih. v. Ledebur*, III. S. 43 und 44 und S. 353. — Genealog. Taschenb. d. freih. Häuser, 1851, S. 551 und 54, 1855, S. 649 u. 50, 1862,

S. 884, 1861, S. 878 und 79 u. ff. Jahrgg. — Supplem. zu Siebm. W. B. I. 28: Die v. Ulmenstein. — W. B. d. Preuss. Rheinprovinz, II. Tab. 98. Nr. 96 und S. 152: Freih. v. U. — Hannov. W. B. B. 6 und S. 14: Freih. v. U.

Ulmer. Böhmischer Adelsstand. Diplom vom 25. Jan. 1659 für Daniel Ulmer.

v. Hellbach, II. S. 624.

Ulner, oder **Eulner v. Diepurg (Dieburg)** (in Blau eine schwebende, fast den ganzen Schild einnehmende, gemauerte, goldene Burg mit einem überstehenden, mit drei Zinnenthürmen besetzten Gesimse. Das Feld kommt auch golden und die Burg roth vor u. s. w). — Altes, von Siebmacher zu dem Fränkischen, von Hattstein zu dem Rheinländischen Adel gezähltes Geschlecht, aus welchem Franz Eulner v. Diepurg schon 1239 lebte. — Die Familie gehörte später zu der Ritterschaft des Cantons Ottenwald.

Humbracht, Tab. 162. — *v. Hattstein*, I. S. 602—606. — *Zedler*, VII. S. 846. — *Biedermann*, Canton Ottenwald, Tab. 252. — *Siebmacher*, I. 105: Die Eulner, Fränkisch. — *v. Meding*, II. S. 620 und 621.

Ulrich v. Ulrici. Reichsadelsstand. Diplom von 1701 für Johann Warmund Ulrich, Concipisten bei dem königl. Amte zu Glatz, mit: v. Ulrici. Ein Bestätigungsdiplom des Reichsadels wurde 15. Dec. 1705 ausgefertigt.

Megerle v. Mühlfeld, Erg.Bd. S. 476. — *Freih. v. Ledebur*, III. S. 44.

Ulshagen (in Roth ein schwarzer Querbalken). Altes, meklenburgisches Adelsgeschlecht, welches früher den Namen Krabe oder Krabbe geführt haben soll, später aber nach dem Gute Ulshagen im Amte Stargard sich nannte und auch nach Pommern kam. Busso Krabe v. Ulshagen lebte um 1245.

v. Pritzbuer, S. 65. — *Gauhe*, II. S. 1216.

Ulsinger. Altes, thüringisches, im 15. Jahrh. bekanntes Adelsgeschlecht.

Müller, Annal. Saxon. S. 34. — *Zedler*, 49. S. 870.

Ulstedt. Altes, thüringisches, schon im 12. Jahrh. vorgekommenes Adelsgeschlecht, aus welchem Conrad de Ulstedt den Benedictinern zu Saalfeld, ansehnliche Güter mit Einwilligung der Grafen zu Schwarzburg, welchen dieselben zu Lehn gehörten, schenkte.

Schamel, vom Kloster Saalfeld, S. 153. — *Zedler*, 49. S. 371.

Umbach. Altes, hessisches Adelsgeschlecht, welches schon 1239 urkundlich vorkommt.

Kuchenbecker, Annal. Hassiac. Coll. 4. S. 262. — *Zedler*, 49. S. 371.

Umbscheiden (in Grün auf einem C ein verkehrtes ⊃ und ein quer auf diesem und unter jenem liegendes I, Alles von Gold, oder nach einer anderen Angabe: in Grün zwei gegen einander gekehrte C von Gold, über- und unterlegt von einem gleichfalls goldenen, querliegenden I). Ein in der Person der Frau M. J. v. Umbscheiden, laut Eingabe d. d. Trier, 1. Dec. 1830, in die Adelsmatrikel der Preuss. Rheinprovinz unter Nr. 120 der Classe der Edelleute eingetragenes Adelsgeschlecht. Dasselbe ist nicht zu verwechseln mit dem bis zum 15. Jahrhunderte im Cölnischen und Jülichschen vorgekommenen adeligen Geschlechte v. Unbescheiden, welches nach Fahne, I. S. 432, in Silber einen schrägrechten, schwarzen Balken führte.

Freih. v. Ledebur, III. S. 44. — W. H. d. Preuss. Rheinprovinz, I. Tab. 121. Nr. 242 und S. 112.

Umgelter, s. Ungelter v. Deissenhausen.

Underainer v. Underain, Underreiner v. Underrain, Ritter (Schild geviert mit gekröntem und quer getheiltem Mittelschilde: oben in Blau ein nach der rechten Seite aufwachsender Hirsch mit eehnendigem Geweihe von natürlicher Farbe und unten von Roth zund Silber viermal quergestreift. 1 und 4 in Silber ein einwärtssehender, schwarzer Adler, dessen Brust mit einem silbernen Kreuze belegt ist und 2 und 3 ebenfalls in Silber zwei schrägrechte, rothe Balken). Erbl.-österr. Ritterstand. Diplom vom 12. Juni 1708 für Matthias Christoph Unterainer von Meissing (Mayssing), unter Veränderung des ihm, bei der vom K. Leopold I. 6. Jan. 1689 erfolgten Erhebung in den erbländisch-österr. Adelsstand verliehenen Prädicats v. Meissing in das Prädicat „v. Unterain". Megerle v. Mühlfeld giebt das Diplom von 1708 als Bestätigung des Adels, mit Hinweglassung des Prädicats: v. Meyssing u. mit Annahme der Benennung: v. Unterain an und führt den Diploms-Empfänger als ober-österreich. Landschafts-Beamten auf. Nach dem Wappen mit zwei Helmen ist wohl anzunehmen, dass die, handschriftlichen Notizen entnommene, Angabe, dass das Diplom von 1708 ein Ritterstandsdiplom gewesen, richtig sei.

Megerle v. Mühlfeld, Erg.-Bd. S. 476. — *Kneschke*, IV. S. 421 und 22: nach handschriftl. Notizen.

Undorffer. Erbl.-österr. Adelsstand. Diplom von 1773 für Carl Undorffer, k. k. Titular-Major.

Megerle v. Mühlfeld, Erg.-Bd. S. 476.

Unertl, Freiherren. Ein mit dem freiherrlichen Titel in Bayern vorgekommenes Geschlecht.

Zedler, 49. S. 1280.

Unfried, Unfriede, Scultetus v. Unfriede (Schild geviert: 1 und 4 in Roth ein mit der Spitze nach oben gekehrtes Schwert, begleitet von zwei silbernen Hufeisen und 2 u. 3 in Blau zwei quer über einander gelegte, silberne Pfeile). Reichsadelsstand. Erneuerungsdiplom des der Familie zustehenden Adelsstandes vom 24. Nov. 1678 für Joachim Scultetus, kurbrandenburgischen geheimen Kammerrath, mit dem Beinamen: v. Unfriede und kurbrandenburgisches Bestätigungsdiplom vom 17. Oct. 1698 (18. Juli 1699) für Denselben. Der Diploms-Empfänger stammte aus einem alten schlesischen und märkischen Geschlechte, welches sich auch nach Brandenburg gewendet hatte. Ein Sprosse des Geschlechts schenkte sein Gut Bohnendorf der Kirche zu Sagan, mit Vorbehalt des Schultheiss-Gerichts, wodurch der Name Scultetus auf seine Abkömmlinge überging, die sich dann Scultetus v. Unfriede nannten und von denen zuerst Conrad Scultetus v. Unfried vorkommt. — Joachim S. v. U., später k. preuss.

Staatsminister, hatte vier Söhne, welche nur den Namen: v. Unfriede führten. — Die Familie sass 1693 in der Neumark unweit Friedeberg zu Breitenwerder und Mehrenthin, war auch 1701 und 1706 mit dem Erblehnrichter-Gute zu Lobigs belehnt worden und war auch nach Schlesien und Ostpreussen gekommen. — Friedrich v. Unfried starb 1732 als neumärkischer Regierungsrath und später stand noch ein Major v. Unfried, welcher aus Pommern stammte, in dem Regimente Graf Anhalt zu Liegnitz.

<small>Nova literar. German, 1706. S. 97. — *Sinapius*, I. S. 1009 und II. S. 1089. — *Gauhe*, I. S. 2250: im Artikel Schulten. — *Zedler*, 49. S. 1289—91. — N. Pr. A.-L. IV. S. 266 und 87. — *Freih. v. Ledebur*, III. S. 44. — W. B. der Preuss. Monarchie, IV. 79.</small>

Ungar v. Raab, Ritter und Freiherren. Böhmischer, alter Ritter- und erbl.-österr. Freiherrnstand. Ritterdiplom von 1737 für Franz Leopold Ungar, mit: v. Raab und Freiherrndiplom von 1764 für Johann Ungar v. Raab, Hauptmann im k. k. Infanterie-Regimente Leopold Graf Pálffy.

<small>*Megerle v. Mühlfeld*, S. 91 und Erg.-Bd. 8. 219.</small>

Ungelter, Ungelter v. Deissenhausen, Umgelter (Schild geviert: 1 und 4 von Schwarz, Roth und Silber zinnenweise quergetheilt und 2 u. 3 in Roth ein vorwärtssehender Mann in schwarzer Kleidung mit nach links spitz herabhängender, oben mit sieben goldenen Knöpfen besetzter, roth aufgeschlagener, schwarzer Mütze u. mit auswärts gebogenen Beinen, welcher mit beiden Händen die Mundwinkel aus einander zieht). Reichsfreiherrnstand. Diplom vom 10. Mai 1562 für Christoph Ungelter, Herrn von Theussenhausen, kaiserl. Rath und Taxator der Reichshofcanzlei. — Altes, ulmisches, adeliges Patriciergeschlecht, welches schon im 14. Jahrh. im Ritterstande vorkam. Wilhelm Ungelter v. Theussenhausen wird bereits 1386 urkundlich genannt und Walter v. Ungelter war von 1476 bis 1489 Burgvogt zu Helfenstein. Alte Besitzungen der Familie waren: Theussenhausen, Erbishofen, Waldstetten (österr. Lehen), Gross-Küssendorf (ulmer Lehn) u. s. w. Wegen des Ritterguts Ober-Stotzingen, welches die v. Ungelter länger besassen und welches erst in neuerer Zeit an das gräfliche Haus v. Maldeghem durch Kauf gelangte, war das Geschlecht der unmittelbaren Reichsritterschaft im schwäbischen Canton Donau einverleibt, trat aber durch den Verkauf dieser Besitzung aus dem ritterschaftlichen Verbande. — Der Stamm blühte fort und Haupt des freiherrlichen Hauses war zu Cast's Zeiten (1844): Nepomuk Freih. v. Ungelter, geb. 1796, k. württemb. Lieutenant a. D., verm. mit Josephe Freiin v. Freiberg-Oepfingen, geb. 1797. Als die drei Brüder des Freih. Nepomuk wurden, neben einer Schwester, Freiin Josepha, geb. 1795, aufgeführt die Freiherren: Anton, geb. 1805, verm. 1836 mit Emilie Freiin v. Pflummern, geb. 1813, Franz, geb. 1808 und Carl, geb. 1812.

<small>*Bucelini* Stemmat. P. I. — *v. Hattstein*, III. S. 588—41: nennt in den Stammtafeln die letzten Generationen: Ungelter Freiherren v. Deissenhausen. — *Gauhe*, II. S. 2065: Ungelter v. D. — *Zedler*, 49. S. 974. — *Cast*, Adelsb. d. Kgr. Württemberg, S. 483 u. 84. — Siebmacher, 209: Die Ungelter, Ulm. adel. Patricier und III. 112: Die Ungelter v. Deissenhausen und Supplem. IV. 27: F.-H. v. U. — *v. Meding*, II. S. 621 und 22. — *Tyroff*, II. 20: Ungelter F. H. v. Deissenhausen. — W. B. des Kgr. Württemberg, Nr. 162 und S. 43. — *Kneschke*, II. S. 449 und 50.</small>

Unger (Schild der Länge nach getheilt: rechts in Blau ein auf einem grünen Hügel stehender, vorwärtssehender Ungar in rother, mit Gold besetzter Husarenkleidung, welcher die gebogene Rechte ausstreckt und die Linke in die Seite stemmt und links in Silber zwei mit den Spitzen nach oben gekehrte, ins Andreaskreuz gelegte, gefiederte, rothe Pfeile). Reichsadelsstand. Diplom vom 8. Jan. 1776 für Johann Friedrich Unger, herz. braunschw. Geh. Justizrath. — Glieder der Familie standen in neuer Zeit in der k. preuss. Armee.

<small>Braunschw. Anzeiger, 1776. — v. Hellbach, II. S. 625. — Freih. v. d. Knesebeck, S. 261. — Freih. v. Ledebur, III. S. 44. — Hannov. W. B. F. 5 u. S. 14. — Kneschke, I. S. 833. — v. Hefner, Hannov. Adel, Tab. 32.</small>

Unger. Erbl.-österr. Adelsstand. Diplom von 1780 für Franz Carl Unger, Stabschirurgus bei dem dritten k. k. Artillerie-Regim.

<small>Megerle v. Mühlfeld, Erg.-Bd. S. 476.</small>

Unger, Edle v. Löwenberg. Erbl.-österr. Adelsstand. Diplom von 1794 für Franz Anton Unger, Mährischen Cameral- und Kriegs-Zahl-Amts-Cassier, mit Edler v. Loewenberg.

<small>Megerle v. Mühlfeld, Erg.-Bd. S. 476 und 77.</small>

Unger, Ungar v. Loewenfeld (in Blau über einer Zinnenmauer ein wachsender, goldener Löwe, welcher in den Vorderpranken einen Pfeil hält). Böhmischer Adelsstand. Diplom vom 20. Mai 1573 vom K. Maximilian II. für Johannes Hungar, mit dem Zusatze: v. Löwenfeld und Bestätigungsdiplom des Adels der Familie vom 29. Mai 1597 vom K. Rudolph II. — Johann Thomas Unger v. Loewenfeld, geb. 1662 zu Ratibor, starb als k. k. Hauptmann 25. Dec. 1717 zu Freistadt in Schlesien.

<small>Freih. v. Ledebur, III. S. 44.</small>

Unger, Ungar v. Rittersburg und Unger v. Wallborn, Edle v. Rittersburg, Ritter. Böhmischer Ritterstand und Böhmischer alter Ritterstand. Ritterdiplom von 1701 für die Gebrüder Ernst Ignaz und Christian Ferdinand Ungar v. Rittersburg und Diplom des alten böhmischen Ritterstandes von 1708 für Ernst Ignaz Ritter Ungar v. Rittersburg, mit: Ungarn v. Wallborn und Edler v. Rittersburg.

<small>Megerle v. Mühlfeld, Erg.-Bd. S. 219.</small>

Ungerathen, Ungeraten (Schild durch eine bis zur Mitte aufsteigende Spitze und eine bis zur Mitte herabgesenkte Linie in drei Felder getheilt: Rechts Silber, links blau und unten Roth und in jedem dieser Felder ein goldener Dreschflegel, die mit den Stielen in der Mitte zusammentreffen und in Gestalt eines Schächerkreuzes aus einander fallen). Altes, schlesisches, im Jauerschen Fürstenthume sesshaft gewesenes Adelsgeschlecht, welches bereits 1393 zu Rosenau unweit Liegnitz und 1550 zu Kniegnitz bei Nimptsch fest sass.

<small>Lucae, Schles. Denkwürdigk. S. 976. — Sinapius, I. S. 1010. — Freih. v. Ledebur, III. S. 44. — Siebmacher, I. 70: Die Ungeraten, Schlesisch und III. 67.</small>

Ungern-Sternberg, Freiherren (Schild geviert, mit silbernem Mittelschilde und in demselben ein auf einem grünen Dreihügel stehender, goldener Stern. 1 und 4 in Blau drei, 2 und 1, goldene

Lilien und 2 u. 3 in Gold eine goldene besamte, grüngekelchte, doppelte, silberne, mit drei grünen Nesselblättern, von denen an der rechten und linken Seite der Rose je eins und das dritte oben hervorsteht. Der Stengel der Rose ist nicht sichtbar). Reichs- und Schwedischer Freiherrnstand. Reichsfreiherrnstand vom 16. Juli 1531 für die gesammte Familie und zwar unter Erhebung ihres Besitzthums Pürkel zur Reichs-Baronie und Schwedisches Freiherrndiplom vom 27. Oct. 1653 für Wolmar, Otto u. Reinhold v. U.-St., und für das gesammte Geschlecht, unter Anerkennung der Abstammung desselben von der Sternbergischen Familie und mit Verleihung des oben beschriebenen Wappens. — Altes, seinen Ursprung von der ursprünglich aus Westphalen stammenden, im 10. Jahrhunderte nach Böhmen gekommenen und dort, sowie in Schlesien im gräflichen Stande fortblühenden Sternberg'schen Familie herleitendes Adelsgeschlecht, welches später unter dem Adel in Schweden, Lief- und Curland immatriculirt und auch zu dem in Ostpreussen und Schesien begüterten Adel gerechnet und in Schlesien für gemeinsames Stammes mit den zum polnischen Stamme Rola gehörenden Grafen v. Wengersky gehalten wurde. Hans v. Sternberg — ein Sohn des Sdzislaus v. Sternberg und der Sidonie v. Waldstein — führte 1211 ungarische Hülfsvölker dem liefländischen Schwertbrüder-Orden zu, wirkte selbst mit bei Eroberung des Landes und erwarb später grössere Besitzungen in Liefland. Als Heerführer ungarischer Truppen, wurde er „Hungarius", oder „Ungar" genannt, welchen Namen er fortan, statt seines eigenen Geschlechtsnamens, führte und dieser Hans Ungar ist der Stammvater der Nordischen Linie des Geschlechts Sternberg geworden, die seit 1653 sich „Ungern-Sternberg" nennt. — Durch das oben angeführte Diplom von 1531 wurden die Ungern-Sternberg in den Stand der Freiherren des heil. röm. Reichs gesetzt und später, 1653, wurde, wie angeführt, der Familie der schwedische Freiherrnstand ertheilt. Im 15. Jahrhundert blühte das Geschlecht in drei Linien, welche sich nach den Stammhäusern: Pürkel, Linden-Errastfer und Kidipäh-Lechtigall nannten. Der Stammvater der letzteren Linie war Christoph v. Ungern, Herr zu Sissegal und Fistehl, nach dessen Tode sich diese Linie in mehrere Aeste trennte, welche in Esthland, Schweden und Ostfriesland Sitze hatten. Die in neuerer Zeit im Grossh. Baden lebenden Glieder der Familie gehörten ebenfalls der Linie Kidipüh-Lechtigall an, indem sie in gerader Linie von dem oben genannten Christoph v. Ungern stammen. — Im Grossh. Baden erhielt durch Erlass vom 30. Sept. 1819 das Indigenat für sich und seine ehelichen Nachkommen: Wilhelm Freih. v. Ungern-Sternberg, geb. 1777 und gest. 1847, grossh. bad. Kammerherr und Geh. Rath, verm. in erster Ehe mit Charlotte Freiin v. Fürstenwärther, geb. 1779 und gest. 1813 und in zweiter 1814 mit Rosalie Freiin v. Völderndorf und Waradein, geb. 1788 und gest. 1852. Aus der zweiten Ehe stammt Freih. August, geb. 1817, grossh. bad. Kammerherr, Legationsrath und Vorstand des grossh. Geh. Cabinets, verm. 1855 mit Theodora Freiin v. Bunsen, geb. 1832 und gest. 1862, aus welcher Ehe, neben vier Töchtern, ein Sohn, Reinhold, geb. 1860, entspross.

Sinapius, I. S. 450. — *Gauhe*, I. S. 2451. — *Zedler*, 39, S. 1281. — *Freih. v. Ledebur*, III. S. 44 und 353. — Geneal. Taschenb. d. freih. Häuser, S. 867 und 68, 1863, S. 991 u. ff. Jahrgg. — Schwed. W. B. 54; Frh. v. U.-St. — *Neimbts* Curland. W. B. Tab. 42.

Ungnad v. Weissenwolf, Grafen, s. Weissenwolf, Ungnad v. Weissenwolf, Grafen.

Unna (Schild der Länge nach getheilt: rechts in Gold ein an die Theilungslinie angelehnter schwarzer Adler und links in Silber ein grüner Stamm mit drei Blättern). Altes Adelsgeschlecht der Grafschaft Mark, welches schon in einer Urkunde von 1148 genannt wird und, wie es scheint, zu Anfange des 17. Jahrh. ausgegangen ist.

Kremer's academische Beitr. S. 219 und 20. — *Freih. v. Ledebur*, III. S. 45. — *v. Steinen*, Tab. 381. Nr. 2.

Unold. Reichsadelsstand. Diplom im Kurbayer. Reichsvicariate vom 14. Sept. 1745 für Johann Jacob Unold, Senator in Memmingen. Der Sohn desselben, Johann Jacob Unold (geb. 1723), quiesc. Bürgermeister u. Scholarch der ehemaligen Reichsstadt Memmingen, wurde in die Adelsmatrikel des Kgr. Bayern eingetragen.

v. Lang, S. 575. — W. B. d. Kgr. Bayern, IX. 18.

Unruh, Unruhe, Unrug, auch Freiherren und Grafen u. Unruhe-Bomst, Freiherren (Stammwappen: von Varianten abgesehen, in Gold ein zur Rechten gekehrter, doppelt geschweifter, rother Löwe. Grafendiplom von 1745: Schild geviert mit goldenem Mittelschilde und in demselben ein rechtsgekehrter, goldener Löwe. 1 und 4 in Roth ein an die Theilungslinie angelehnter, halber, gekrönter, silberner (polnischer) Adler und 2 und 3 von Roth und Schwarz der Länge nach getheilt, ohne Bild und nach dem Diplome von 1802: in Blau ein rechtsgekehrter, aufsteigender, gekrönter, goldener Löwe und Wappen der Freiherren v. Unruhe-Bomst: Schild geviert mit goldenem Mittelschilde und in demselben ein rother Löwe. 1 und 4 in Gold ein rechtsgewendeter, doppelt geschwänzter, rother Löwe und 2 und 3 ebenfalls in Gold ein aus dem Schildesrande hervorgehender, etwas gebogener, rothbekleideter Arm, welcher zwischen dem Daumen und Zeigefinger seiner Hand einen goldenen Ring hält). — Böhmischer, alter Freiherrnstand, Reichs-Vicariats-Grafenstand und Freiherrn- und Grafenstand des Kgr. Preussen. Diplom des böhmischen alten Freiherrnstands von 1719 für Johann Wilhelm v. Unruhe, Obersten. Wie eben angegeben, nimmt das Geneal. Taschenbuch der freiherrl. Häuser das Wappen der Freih. v. Unruh-Bomst an und das, dem Unruh'schen Wappen zugesetzte Wappen ist das v. Wiebel'sche, aus welchem Geschlechte die Gemahlin des Freih. Hans August v. U.-B. stammte, deren jüngster Sohn später den Beinamen: v. Unruh, genannt Wiebel, erhielt. Es fragt sich nur, ob dieses zusammengesetzte Wappen Freih. Hans August nach dem Diplome von 1847 führe, oder ob dasselbe nur seinem jüngeren Sohne zustehe? — Grafendiplom vom 13. Sept. 1745 im Kursächs. Reichs-Vicariate für die Gebrüder Christoph v. Unruh, k. poln. und kursächs.

Geh. Rath, Geh. Kriegsraths-Präsidenten, General-Lieutenant und Commandanten von Neustadt-Dresden und Constantin v. Unruh, Kammerherrn und General-Commissarius bei der Stadt Danzig und Diplom des Preuss. Grafenstandes vom 18. Jan. 1802 für Johann Moritz v. Unruhe, k. poln. Kammerherrn und Münz-Director, sowie Diplom des Preussischen, mit dem Besitze der Herrschaft Bomst im Grossh. Posen verknüpften Freiherrnstandes nach dem Rechte der Erstgeburt vom 17. Juni 1847 für Hans August v. Unruhe, Major und Commandanten des k. preuss. 8. Cuirassier-Regiments und dem zweiten Sohne, Hans Alfred Otto Hermann v. U., wurde, unter Beilegung des Namens v. Unruh, genannt v. Wiebel, das angestammte Unruh'sche Wappen mit dem v. Wiebel'schen Wappen vereinigt. — Sehr altes u. angesehenes, weit verzweigtes Adelsgeschlecht, welches, nach Ueberlieferungen, ursprünglich aus dem Elsass stammen soll, aus diesem aber sich über Bayern und Böhmen, nach den Lausitzen, nach Schlesien und Polen ausbreitete. Im Böhmen kommt die Familie schon zu Ende des 12. Jahrh. vor, nach der Lausitz aber kam zuerst um 1304 Johann v. Unruh, welcher Canzler in Böhmen gewesen war und Sigmund Johann v. U. war 1339 als Canzler der Herrschaft Sorau bekannt und in Schlesien tritt zuerst im 14. Jahrh. Hans v. U. im Glogauschen auf. — Christoph v. Unruh aus dem Hause Lawalde in Schlesien kaufte 1594 die Herrschaft Birnbaum im Posenschen und der gleichnamige Enkel desselben, gest. 1689, Herr auf Birnbaum, Punitz, Karge u. Neudorf, war Starost zu Krone und Gnesen, k. poln. Kämm. u. Oberst. Von demselben, stammten vier Söhne, Georg, Wladislaus, Johann Christoph und Boguslaus, von welchen Letzterer, nach Gauhe den Vornamen Siegmund führend, Starost zu Gnesen und 1704 u. 1705 k. poln. Gesandter am k. preuss. Hofe, durch merkwürdige Schicksale in Folge einer, auf ein von seiner Hand vorgefundenes Collectanenbuch auf Gotteslästerung lautenden Anklage zu seiner Zeit sehr bekannt wurde. — In Bezug auf den Personalbestand der Familie in neuester Zeit sei hier nur Folgendes mitgetheilt. Das gräfliche Haus wird in zwei Linien geschieden aufgeführt und der Grafenstand der ersten Linie auf das Reichs-Vicariatsdiplom von 1745, der der zweiten Linie aber auf das Preussische Grafendiplom von 1802 zurückgeführt. Die Stammreihe der ersten Linie ist genau nicht bekannt und aus derselben wurde neuerlich nur aufgeführt: Graf Max, geb. 1831 — Sohn des 1794 geborenen und 1856 verstorbenen Grafen Eduard, herz. sachs. altenburg. Kammerherrn, aus der Ehe mit Josephine Treschcher und Enkel des 1813 in k. preuss. Kriegsdiensten gestorbenen Grafen August. — Haupt der zweiten gräflichen Linie ist: Graf Ludwig, geb. 1833 — Sohn des 1804 geborenen u. 1842 verstorbenen Grafen Moritz Wilhelm, k. preuss. Regierungs-Raths und Zoll-Vereins-Bevollmächtigten zu Carlsruhe, aus erster Ehe mit Luise v. Selasinski, verm. 1833 und gest. 1833 und Enkel des Grafen Johann Moritz I., Empfängers des Grafendiploms — k. preuss. Gerichts-Assessor, verm. 1862 zu Coblenz mit Anna v. Dockum-Dolffs, geb. 1840, aus welcher Ehe eine

Tochter entsproßs, Luise, geb. 1863. Die Stiefmutter des Grafen Ludwig ist: Grf. Anna Maria, geb. Freiin v. Leonhardi, geb. 1811 und verm. 1837. — Der Bruder des Grafen Ludwig, Graf Severin, geb. 1809, k. preuss. Major à la suite, wurde Platzmajor u. Etappen-Inspector zu Erfurt. — Haupt des freiherrl. Hauses v. Unruhe-Bomst ist: Freih. Hans Wilhelm, geb. 1825 — Sohn des 1793 geborenen und 1863 verstorbenen Freiherrn Hans August, Besitzers der Rittergüter Lang-Heinersdorf und Antheil Buckow, so wie der Herrschaft Bomst im Grossh. Posen, k. preuss. Obersten a. D. und Landschafts-Rath der Provinz Posen, aus der Ehe mit Henriette v. Wiebel (einzigen Tochter des 1847 verstorbenen k. preuss. Leibarztes und ersten General-Stabsarztes der Armee Dr. Johann v. Wiebel), geb. 1797 und verm. 1817 — Besitzer der Herrschaft Bomst und k. preuss. Landrath zu Wollstein im Kr. Bomst, verm. 1851 mit Bertha Freiin v. Hanstein a. d. H. Wahlhausen, geb. 1829. Der jüngere Bruder des Freiherrn Hans Wilhelm: Otto v. Unruhe, k. preuss. Lieutenant, hat, wie oben angegeben, den Beinamen: v. Wiebel erhalten und angenommen, schreibt sich: v. Unruhe-Wiebel und führt mit dem angeborenen Wappen auch das v. Wiebel'sche Wappen (in Gold ein roth gekleideter, rechter Arm, der in der Hand einen goldenen Ring hält) und zwar in einem gevierten Schilde mit Mittelschilde, s. oben. — Aus der Familie v. Unruh sind in der k. preuss. Armee mehrere höhere Stabsofficiere hervorgegangen und zu denselben gehörten: Carl v. U., gestorben 1805 als Generallieutenant, Friedrich Christoph Wilhelm v. U. 1835 als Generalmajor und Carl v. U. 1852 als Generallieutenant. Aus den adeligen Linien des Stammes waren nach Rauer noch 1857 begütert: Ferdinand v. U., Landschaftsrath, auf Klein-Münche im Kr. Birnbaum; Gebrüder Heinrich u. Leopold v. U. auf Ziemlin im Kr. Kröben; George v. U. K. Landrath und Justizrath a. D., auf Nieder-Gross-Bohrau im Kr. Guhrau; Stephan v. U. auf Plümenhagen im Kr. Köslin und Frau v. Unruh, geb. v. Unruh auf Ober-Woidnikowe im Kr. Militsch-Trachenberg.

Lucae Schles. Denkwürdigk. — Sinapius, I. S. 1010 und II. S. 1090—92. — Gauhe, I. S. 2686 und 87. — Zedler, 49. S. 1947—57. — Megerle v. Mühlfeld, Erg.-Bd. S. 110. — N. Pr. A.-L. IV. S. 287 und 88. — Cast, Adelsb. d. Kgr. Württemberg, S. 484 und 85. — Deutsche Grafenhäuser d. Gegenw. III. S. 427—29. — Freih. v. Ledebur, III. S. 44 und 45 und S. 353. — Geneal. Taschenb. d. gräfl. Häuser, 1839, S. 510, 1848, S. 709 und 10, 1864, S. 935 und 36 u. ff. Jahrg. und histor. Handb. zu Demselben, S. 1028. — Geneal. Taschenb. d. freih. Häuser, 1857, S. 785 und 86, 1868, S. 797, 1862, S. 835, 1864, S. 879 u. 80 u. ff. Jahrg. — Siebmacher, I. 55: v. Unruhe, Schlesisch und I. 186: v. Unruhe, Sächsisch. — v. Meding, III. S. 692 u. 93. — W. B. der Preuss. Monarch. II. 7: Gr. v. U. — W. B. d. Sächs. Staaten, IX. 49: Frh. v. U. Bomst und X. 91: v. Unruhe. — Knesckke, II. S. 451 und 52.

Unseitig v. Reiffenfels. Erbl.-österr. Adelsstand. Diplom von 1777 für Carl Anton Unseitig, Verpflegs-Rechnungsführer im k. k. Dragoner-Regimente Prinz v. Zweibrücken, mit: v. Reiffenfels.

Megerle v. Mühlfeld, Erg.-Bd. S. 477.

Unterberger, Freiherren. Erbl.-österr. Freiherrnstand. Diplom von 1794 für Leopold Unterberger, k. k. Generalmajor.

Megerle v. Mühlfeld, Erg.-Bd. S. 110.

Unterrichter v. Rechtenthal, Freiherren (Stammwappen: Schild durch eine aus dem Schildesfusse bis an den oberen Schildesrand aufsteigende Spitze in drei Felder getheilt: 1 u. 2, rechts und links, in Gold ein auswärtssehender, schwarzer Adler und 3, in der Spitze, in Blau ein rechtsgekehrter, goldengekrönter, doppelt geschweifter, silberner Löwe, welcher in der rechten Vorderpranke ein Schwert emporhält, oder auch nach dem Wappenbriefe von 1575: in Schwarz ein rechtsgekehrter, doch vorwärtssehender, goldener Löwe, welcher mit beiden Vorderpranken einen goldenen, nach oben zu zweimal, einmal rechts und einmal links, geasteten Zweig oder Ast hält und freiherrliches Wappen: Schild geviert, mit schwarzem Mittelschilde u. in demselben ein gekrönter, doppelt geschweifter, goldener Löwe, welcher in der rechten Vorderpranke einen fünfmal, dreimal rechts u. zweimal links, geasteten, dürren, goldenen Baumstock emporhält. 1 u. 4 in Blau ein einwärtsgekehrter, doppelt geschweifter, silberner Löwe, welcher in der rechten Pranke ein Schwert hält und 2 und 3 in Gold ein einwärtssehender, schwarzer Adler). Erbl.-österr. Freiherrnstand. Diplom vom 4. Mai 1839, oder, nach einer Mittheilung aus der Familie, vom 5. Oct. 1840 (Tag der Ausfertigung des Diploms) für Franz Unterrichter v. Rechtenthal, k. k. Appellations-Gerichts-Vice-Präsidenten zu Klagenfurt. — Altes, tiroler Geschlecht, dessen Vorfahren seit „Schriftgedächtniss" zu den freigesessenen Geschlechtern des Ortes Kaltern in der, den Bischöfen zu Trient zustehenden Grafschaft Botzen gehörten. Die daselbst als Gastaldi (Richter) von den Bischöfen aus dem Adel bestallten Familien setzten dem Orte wieder Sub-Gastaldi, oder Unterrichter, vor und als Herzog Friedrich v. Tirol 1415 Kaltern von Trient zu Lehen empfing, blieb der durch mehrere Generationen fast ununterbrochene, von dem Vorfahren des Geschlechts geführte Amtstitel den Nachkommen als Familienname eigen. Nach v. Lang erhielt die Familie 14. Aug. 1575 einen Wappenbrief u. in der Person des Christoph Valentin Unterrichter, Ober-Oesterreichischen Regierungs-Advocaten und Viertels-Vertreter an der Etsch, 22. Nov. 1732 den erbl.-österr. Adelsstand, mit: v. Rechtenthal, v. Hefner dagegen glaubt, dass die Familie 1575 mit dem Prädicate v. Rechtenthal den Adel und 1733 eine Bestätigung desselben mit Wappenvermehrung erhalten habe. Nach Allem wurde 1575 ein Wappenbrief und 1732 der Adel verliehen. Der Stamm blühte fort und zu den Nachkommen gehörten in neuer Zeit: Franz Unterrichter Freih. v. Rechtenthal, geb. 1775 zu Kaltern in Tirol — Sohn des Joseph U. v. R., Verordneten des Tiroler Herren- und Ritterstandes, aus der Ehe mit Barbara v. Gummer — k. k. Geh. Rath, Landstand in Kärnten und Tirol und vormaliger Präsident des innerösterr.-küstenländisch. Appellations- und Criminal-Obergerichts zu Klagenfurt, verm. 1807 mit Josephine de Drouin de la Verte, gest. 1854, aus welcher Ehe, neben drei vermählten Töchtern, zwei Söhne entsprossten: Freih. Carl, geb. 1816, k. bayer. Kämmerer und Freih. Otto, geb. 1818, Gutsbesitzer auf Rechtenthal in Südtirol. Freih. Carl vermählte sich 1845 mit Amalia Putzer Edlen v. Reibegg, aus welcher Ehe, neben drei Töchtern, acht Söhne stammen. — Die Immatriculation der Familie in die Freiherrnclasse der Adelsmatrikel des Kgr. Bayern ist am 13. Juli 1855 erfolgt.

<small>v. *Lang*, S. 576. — *Megerle v. Mühlfeld*, Erg.-Bd. S. 477. — Geneal. Taschenb. der freiherrl. Häuser, 1848, S. 373, und 74, 1857, S. 786 und 87, 1864, S. 880 und 81 u. ff. Jahrgg. — W. B. des Kgr. Bayern, IX. 19. — v. *Hefner*, II, 65 und S. 61 und IV. 21 und S. 18. — *Kneschke*, II. S. 453 und IV. S. 423—25.</small>

Untzer, Unzer (Schild von Roth und Gold quergetheilt, mit einem silbernen Greife). Altes, Hallesches Pfännergeschlecht, bereits 1704 zu Mordal im Saalkreise gesessen. Die Familie brachte in neuer Zeit in Westphalen das Gut Dorneburg im Kr. Bochum an sich, welches nach Rauer 1857 Gustav und Carl v. Untzer besassen. Um diese Zeit stand ein Hauptmann v. U. im k. preuss. 17. Infant.-Regimente und in Berlin lebte ein Kammergerichtsrath v. Untzer. —

<small>*Freih. v. Ledebur*, III. S. 46. — v. *Dreyhaupt*, Tab. 30. — Suppl. zu Siebm. W. B. IX, 30. Nr. 6: v. *Unzer*.</small>

Unverfaerth (Schild durch ein goldenes, stehendes Kreuz, welches in der Mitte mit einem schwarzen Adler belegt ist und in dessen vier Armen je drei mit den Spitzen nach der Mitte gekehrte, rothe Herzen liegen, in vier Felder getheilt: 1 und 4 in Silber eine rothe Rose und 2 und 3 in Blau eine silberne Lilie). Reichsadelsstand, in Kur-Brandenburg bestätigt. Adelsdiplom vom 15. Febr. 1692, nach anderer Angabe vom 14. Febr. 1699 für Joachim Martin Unverfaerth, Kurbrandenburgischen Geh. Rath u. Kanzler des Fürstenthums Minden u. Bestätigungsdiplom vom 13. Sept. 1699. — Halberstädtsches Adelsgeschlecht, in welches schon 1544 vom K. Carl V. Matthias Unverfaerth, Kurbrandenburg. Kanzler, einen kaiserlichen Adelsbrief gebracht, doch hatte die Familie von demselben keinen Gebrauch gemacht. — Johann Matthias v. Unverfaerth wurde später Canzler des Fürstenthums Halberstadt u. war zuletzt herz. mecklenburg. Geh. Raths-Präsident, hatte 1714 in Pommern die ehemals v. Steinwehrschen Lehen Schwessow mit Zubehör gekauft und besass auch die Güter Nemitz u. Kopplin. Derselbe hinterliess, neben einer Tochter Eva Maria v. U., welche die Gemahlin des k. preuss. Generallieutenants August de la Chevallerie Baron de la Motte wurde, einen Sohn, Daniel Joachim v. Unverfaerth, welcher kurpfälzischer Kammerherr war und 1747 kinderlos als der Letzte seines Stammes starb.

<small>*Müller*, Annal. Saxon. S. 647 und S. 662. — *C. Abels* Preuss. Ritter-Saal, Leipzig, 1735, S. 27. — N. Pr. A.-L. IV. S. 288. und V. S. 454. — *Freih. v. Ledebur*, III. S. 46. — W. B. d. Preuss. Monarchie, IV. 79.</small>

Unverzagt, Herren u. Grafen (Schild geviert, mit Mittelschilde: 1 und 4 schräg geviert: oben und unten in Schwarz ein vorwärtssehender, goldener Löwenkopf und rechts und links in Gold eine schwarze Lilie; 2 und 3 in Roth ein schräglinker Balken und im goldenen Mittelschilde auf einer schrägrechten, schwarzen Mauer ein aufwärtslaufender, schwarzer Hund mit einem eisenfarbigen Panzer). Erbländisch-österreichischer und Reichs-Grafenstand. Diplom des erbl.-österr. Grafenstandes von 1714 und des Reichsgrafenstandes von 1746 für Ferdinand Ignaz Unverzagt, Freiherrn v. Ebenfurth und Retz, k. k. Kämmerer u. Landschafts-Ober-Commissar in Oesterreich unter der Ens. — Altes, österreich. und steiermärkisches Adelsgeschlecht, dessen Ahnherr wohl der in der zweiten Hälfte des 16. Jahrhunderts lebende Wolf Unverzagt war, welcher am Hofe des K. Maximilian II. wegen seiner Gelehrsamkeit und Staatswissenschaften bis zur Würde des Hofcanzlers stieg. Der Stamm, dessen Sprossen in Oesterreich hohe Ehrenstellen bekleideten, blühte im 18. Jahrh. fort und mit Leopoldine Grf. v. Unverzagt scheint, nach Erlöschen des Mannsstammes, auch der Name des Geschlechts ausgegangen zu sein. Grf. Leopoldine vermählte sich 1787 mit dem 1816 verstorbenen Grafen Joseph Ludwig Matthias Vicomte de la Fontagne d'Harnoncourt, k. k. Kämm., General der Cavalerie und Regiments-Inhaber und starb 6. März 1835, worauf Name und Wappen der Grafen Unverzagt auf den älteren Sohn derselben, auf Maximilian Grafen de la Fontagne und Harnoncour-Unverzagt überging.

Gauhe, I. S. 2687. — Zedler, 49. S. 2461. — Megerle v. Mühlfeld, Erg.-Bd. S. 84. — Schmutz, IV. S. 242. — Siebmacher, I. 33: Unverzagt, Herren und Freiherren.

Unwerth, auch Freiherren und Grafen (Schild von Roth und Silber quer getheilt, mit einem schrägrechts liegenden, oben u. unten abgesägten, schwarzen Stamme eines Baumes, an jedem Ende von zwei Seiten geastet). — Alter, böhmischer Freiherrn- u. erbl.-österr. Grafenstand. Freiherrndiplom von 1702 für Johann Carl v. Unwerth und Grafendiplom vom 28. Juni 1764 für Ignaz Joseph Freiherrn v. Unwerth, k. k. Kämmerer u. Herrn auf Mnischek im Berauer Kreise Böhmens. Altes, schlesisches, um 1440 zuerst erwähntes Adelsgeschlecht, welches 1440 zu Neuhaus im Münsterbergischen und 1481 in der Nähe dieses Gutes zu Olbersdorf sass. Dasselbe ist mehrfach mit der Familie v. Unwürde, s. den nachstehenden Artikel, verwechselt worden, doch, wie schon die Wappen ergeben, eines ganz anderen Stammes. Das Geschlecht hat im Adelsstande fortgeblüht, mehrere Sprossen desselben traten in die k. preuss. Armee und noch 1856 stand ein Hauptmann v. Unwerth im 12. Infant.-Regimente. Die Freiherren v. Unwerth, Unwirth, aus denen die Grafen v. Unwerth später hervorgegangen sind, sassen in Böhmen auf den Schlössern Obitz, Kidin und Hoschitz und zu Anfange des 18. Jahrh. lebten fünf Gebrüder und Freiherren v. Unwerth. Der Grafenstand kam, wie angegeben, 1764 in die Familie, doch ist in diesem Jahrh. der Mannsstamm der gräflichen Linie wieder erloschen und der Name derselben ist mit der Erbtochter, Christine Gräfin v. Unwerth, ausgegangen. Dieselbe, geb. 1788, vermählte sich mit dem 1839 verstorbenen Georg Grafen v. Sylva-Tarouca, k. k. Kämm. und Major, und starb 16. April 1851, worauf Name u. Wappen auf den ältesten Sohn derselben, Eugen Grafen Sylva-Tarouca-Unwerth, geb. 1813, Herrn auf Frauenthal und Termeshöfen, so wie des Lehngutes Cisowitz in Böhmen, k. k. Kämm. und Major in d. A., gekommen sind. —

Lucae Schles. Denkwürdigk. S. 1860. — Sinapius, I. S. 1013 und II. S. 1092. — Gauhe, I. S. 2659; am Schlusse des Artikels: Unwürde. — Zedler, 49. S. 2499 u. 2500. — Megerle v. Mühlfeld, Erg.-Bd. S. 84. — Freih. v. Ledebur, S. 46. — Siebmacher, I. 53: v. Unwerdt, Schlesisch. — v. Meding, I. S. 626.

Unwürde, auch Freiherren (in Schwarz ein goldener Löwe, der in der rechten Pranke einen Pfeil hält). Böhmischer Freiherrnstand. Diplom von 1702 für Johann Carl v. Unwürde. Altes schlesisches, aus dem gleichnamigen Stammhause in der sächs. Oberlausitz unweit Löbau stammendes Adelsgeschlecht, welches sich schon im 16. Jahrh. aus der Ober-Lausitz auf den Rittersitzen Pürschen im Glogauischen und Kreischau im Wohlauschen ansässig machte. Zuerst findet sich Friedrich v. Unwürde als Minister des Herzogs Ludwig zu Brieg, welchen er auch 1413 auf das Costnitzer Concil begleitet hatte, aufgezeichnet. Nicol Unwürde war 1477 Hauptmann zu Sprottau im Glogauischen, Hans v. Unwürde kommt 1509 als Verweser des Fürstenthum Glogau vor und um 1593 besass noch Christoph v. U. das Gut Schönborn im Liegnitzischen.

Sinapius, I. S. 1018 und 14 und II. S. 1093. — *Gauhe*, I. S. 2688 und 89. — *Zedler*, 49. S. 2560 und 61. — *Freih. v. Ledebur*, III, S. 47. — *v. Meding*, I. S. 627.

Urach, s. Meyer v. Urach, Bd. VI. S. 279 und 280.

Urban. Erbl.-österr. Adelsstand. Diplom von 1818 für Franz Urban, k. k. Lieutenant.

Megerle v. Mühlfeld, Erg.-Bd. S. 477.

Urban v. Schwabenau, Ritter (Schild quer und oben der Länge nach getheilt, dreifeldrig: 1, oben rechts, in Gold ein rechtssehender, schwarzer Adler; 2, oben links, in Blau ein schwebendes, silbernes Kreuz und 3, untere Hälfte, in Silber auf grünem Boden ein hoher Felsen, unten in der Mitte mit einem Stollen). Erbl.-österr. Ritterstand. Diplom vom 16. Aug. 1808 für Franz Urban, Mährischen Appellationsrath, mit: v. Schwabenau.

Megerle v. Mühlfeld, S. 150. — *Kneschke*, III. S. 428.

Urbann v. Steinhausen. Böhmischer Adelsstand. Diplom von 1734 für Matthaeus Ignaz Urbann, mit: v. Steinhausen.

Megerle v. Mühlfeld, Erg.-Bd. S. 477.

Urbich, Freiherren. Reichsfreiherrnstand. Diplom von 1705 für Johann Christoph Urbich, kaiserl. Reichshofrath.

Megerle v. Mühlfeld, Erg.-Bd. S. 110.

Urendorff, Ritter und Freiherren (Stammwappen: in Gold ein gekrönter, schwarzer Mohr mit einer Hellebarte). Altes, aus dem Elsass stammendes Adelsgeschlecht, welches nach Böhmen kam und dessen Sprossen sich: Ritter v. Urendorff schrieben. Seifert beginnt die Stammtafel der Familie mit Adam Ritter v. Urendorff um 1365, von dessen zwei Söhnen Adam II. das Geschlecht fortsetzte. Von den Nachkommen desselben erlosch eine Linie im Elsass 1634 mit Franz Herrmann, vorher aber hatte Sebastian Ritter v. Urendorff, sich der böhmichen Ritterschaft einverleiben lassen u. zwar mit dem Namen: Ritter v. Urendorff zu Gross-Sotting. Der Enkel desselben, Freiherr Stephan, Ritter auf Urendorff und Gross-Sottingen, kaiserl. Oberstwachtmeister und später Fürstl. Hessen-Darmstädt. Oberst, hatte aus der Ehe mit Sidonia Elisabeth Freiin v. Schiefer einen Sohn, Franz Philipp, welcher in Ungarn jung als Volontair starb und eine Tochter, Octavia Elisabeth Freiin v. Urendorff, welche vom 5. Lebensjahre an in Wien auf kaiserlichen Befehl in der katholischen Religion erzogen wurde, sich 1721 mit Franz Otto Theodor Freiherrn v. Andlern vermählte und die Letzte ihres ganzen Geschlechts war.

<small>*Hertzog's* Elsass. Chronik, S. 274. — *Seiffert*, Stammtafel der Familie der Ritter v. Urendorff, 1724. — *Gauhe*, II. S. 1226 und 27 und S. 1891 und 92 am Schlusse des Artikels: Urne, Uhren.</small>

Urff (in Gold zwei neben einander gestellte, auswärts, also von einander gekehrte, die rothen Zungen ausschlagende, schwarze Adlersköpfe mit Hälsen). Altes, hessisches Adelsgeschlecht aus dem gleichnamigen Stammschlosse in Unterhessen an der Schwalme. Heinrich und Hartwig v. Urff blieben 1475, wie Dillichius angiebt, bei der Belagerung der Stadt Neuss an der Erfte und Wilhelm v. U., Obervorsteher der adeligen Stifte in Hessen, war 1736, wie Gauhe nach handschriftlichen Angaben anführte, der einzige Stammhalter des Geschlechts, aus welchem Sprossen zu hohen Ehrenstellen in der kurhessischen Armee gelangten. Noch 1856 stand ein Lieutenant v. Urff im k. preuss. 8. Husaren-Regimente.

<small>*Gauhe*, I. S. 2712. — *Freih. v. Ledebur*, III. S. 47. — *Siebmacher*, I. 140: v. Urff, Hessisch. — *v. Meding*, III. S. 693. — *Kneschke*, I. S. 433 und 34.</small>

Urlaub (Schild quergetheilt: oben in Silber ein aus der Theilungslinie aufwachsender, im Ellbogen nach rechts gekrümmter, geharnischter Arm, welcher in der Faust einen Säbel mit goldenem Griffe nach links und oben schwingt und unten in Roth ein bis an die Theilungslinie reichender, goldener Sparren). Reichs-Adelsstand. Diplom im Kursächs. Reichsvicariate vom 11. Sept. 1790 für Heinrich Ludwig Urlaub, kursächs. Stabs-Capitain im Chevauxlegers Regimente Prinz zu Sachsen-Weimar. Mit dem Sohne desselben, dem k. preuss. Oberst-Lieutenant und Commandeur des 8. Uhlanen-Regiments, kam die Familie aus Sachsen nach Preussen und um 1850 stand ein Major v. Urlaub im 20. Infant.-Regimente.

<small>N. Pr. A.-L. IV. S. 288. — *Freih. v. Ledebur*, III. S. 47. — *Tyroff*, I. 180. — W. B. d. Sächs. Staaten, IV. 94. — *Kneschke*, I. S. 434.</small>

Ursbach (Schild von Roth und Silber der Länge nach getheilt, ohne Bild). Altes, hessisches Adelsgeschlecht, welches schon 1345 zum Fuldaischen Lehnshofe gehörte.

<small>*Schannat*, S. 177. — *v. Meding*, II. S. 622.</small>

Ursenbeck, Ursenpeck, Urschenbeck, Ursenbeck-Massimo, Grafen (Schild geviert: 1 und 4 von Schwarz und Gold quergetheilt, ohne Bild: Stammwappen und 2 und 3 in Roth zwei ins Andreaskreuz gelegte, silberne Liliensepter: erloschenes, steierisches Adelsgeschlecht v. Pfaffendorf). Erbl.-österr. und Reichsgrafenstand. Grafenstand vom 11. Febr. 1632 für das gesammte Geschlecht und Reichsgrafendiplom vom 17. Dec. 1698 für Christoph Marquis v. Massimo (Massimi). Enkel und Adoptivsohn des Franz Bernhard Grafen v. Ursenbeck, mit dem Namen Ursenbeck-Massimo. — Altes, schon im 12. Jahrhunderte genanntes, ursprünglich bayerisches Adelsgeschlecht, als dessen Stammschloss Ursenpeck, oder Ursenpach im Mittelfelser

Landgerichte genannt wurde. Die ordentliche Stammreihe beginnt Bucelinus mit Peter U., welcher um 1368 Herr zu Prumsveldberg war. Um die Mitte des 15. Jahrhunderts kam die Familie nach Steiermark, wo dieselbe 1596 das Erb-Stabelmeister-Amt in Steiermark erhielt, so wie später auch nach Oesterreich. Durch vier Söhne des Freiherrn Georg Bernhard — Enkel Bernhards U. aus der Ehe mit Veronica v. Pfaffendorf: Christoph Johann, Christoph, Georg Christoph u. Marquard Christoph, welche 1606 Freiherrn geworden waren, bildeten sich vier Linien, die nach und nach ausstarben. Die erbl.-österr. Grafenwürde kam, wie erwähnt, vom K. Ferdinand II. 1632 in die Familie. Bei dem Erlöschen der letzten Linie gelangten Namen und Wappen an das Marquisen-Geschlecht Massimo. Als letzten Grafen v. Ursenbeck nennt Imhof den Sohn des Grafen Georg Bernhard aus der Ehe mit Anna Barbara Grf. v. Liechtenstein: Christoph David, welcher von seiner Gemahlin, einer Freiin v. Jöstelsberg, keine Nachkommen hatte. Namen und Wappen gingen daher mittelst Bestätigung und Erhebung in den Reichsgrafenstand, s. oben, auf den Sohn der Schwester Christoph Davids, Maria Anna Grf. v. Ursenbeck, vermählt mit Alexander Marquis v. Massimo, auf Christoph Marquis v. Massimo über, welcher den neuen Ursenbeck'schen Stamm: Ursenbeck-Massimo, fortsetzte, doch stimmen hinsichtlich der erwähnten Adoption die etwaigen Angaben in Bezug auf den Adoptivvater nicht ganz mit einander, auch wird der Name des Adoptirten von Einigen Franz Christoph Ferdinand genannt. Der ältere Sohn desselben, Joseph, wurde nach Krebel 1735 mit dem Erb-Stabelmeister-Amte belehnt und desselben Bruders-Sohn, Franz Anton, lebte um 1790 noch unvermählt als Einziger der neuen Linie des Geschlechts, vermählte sich aber in nächster Zeit und setzte den Stamm noch fort. Von seinen beiden Söhnen: Ferdinand Graf v. Ursenbeck-Massimo, geb. 1794, k. k. Hauptmann in d. A. und Graf Hugo, geb. 1802, k. k. Hauptmann in d. A., schloss Ersterer 16. Oct. 1863 den Mannsstamm des Geschlechts und als hinterlassene Schwestern desselben wurden aufgeführt: Grf. Henriette, geb. 1795, Stiftsdame in Klagenfurt und Grf. Maria, geb. 1803.

Wig. Hund, I. S. 346. — *Bucelini Stemmatogr.* P. III. — *Imhof*, Notit. Prov. Imper. Mantissa, S. 334. — Gr. v. Warmbrand, S. 323. — *Gauhe*, I. S. 2715. — *Zedler*, 51. S. 519—20; Auszug aus dem Grafendiplome. — Deutsche Grafenh. der Gegenwart II. S. 591 und 92. — General. Taschenbuch d. gräfl. Häuser, 1848, S. 710, 1864, S. 926 und histor. Taschenb. zu Demselben. — *Siebmacher*, I. 79: Die Ursenpecken, Bayerisch und IV. 5. Gr. v. U. — *Spener*, Tab. 24 und S. 557. — *v. Meding*, III. S. 693—96.

Ursprung. Reichs- und erbl.-österr. Adelsstand. Reichsadelsdiplom von 1797 für Franz Ursprung, Breslauer fürstbischöfl. Kammerrath und erbl.-österr. Adelsdiplom von 1798 für Denselben.

Megerle v. Mühlfeld, Erg.-Bd. S. 477.

Usedom (in Silber drei, 2 u. 1, wie Gemshörner gestaltete, rothe Hacken). Altes, pommersches, früher auch Usdom und Usedomb geschriebenes Adelsgeschlecht, welches den Namen von der gleichnamigen im Usedom-Wollin'schen Kreise liegenden Insel führt, seinem Besitzthume nach aber der Insel Rügen angehörte, auf welcher

Bobkewitz, Cartzitz u. Zirmoisel alte Güter der Familie waren, welche
noch in neuer Zeit Fresen, Glutzow und andere Rittersitze inne hatte.
— Von Micrael wird zuerst aus alten Urkunden Jarislaus v. Usedom,
Ritter, um 1410 genannt; Nicolaus U. war 1490 fürstl. Rath zu Wolgast u. wurde dann Professor zu Greifswalde; Johann U., Doctor beider Rechte, Professor zu Greifswalde u. herz. Rath, wurde 1555 wegen
des Stifts Camin und in anderen Angelegenheiten an den kaiserlichen
Hof gesendet, versöhnte die Pommernschen Lande wegen des Schwedischen Bundes völlig mit dem Kaiser, erhielt das Rittergut Gagern
auf Rügen zum Geschenk u. wurde zum Canzler in Wolgast ernannt.
Um dieselbe Zeit bekleidete Georg v. U. die Stelle eines Geh. Raths
bei dem Herzoge zu Wolgast und besass bei Anclam mehrere Rittergüter; Eckhard v. U. war um 1608 kurpfälzischer Hof- und später
Geh. Rath, liess sich aber, da sich die Verhältnisse in der Pfalz ganz
änderten, zum Assessor des kaiserl. Kammergerichts ernennen, als
welcher er 1610 im Elsass bei Dachstein von Soldaten angefallen,
und vielfach verwundet, doch wieder hergestellt wurde. 1623 wurde
er herz. Pommernscher Geh. Legationsrath und dann Canzler, 1625
aber Präsident des Hofgerichts zu Wolgast und zugleich Schlosshauptmann daselbst. Zuletzt wurde er Landvogt der Insel Rügen,
als welcher er, nachdem er den Stamm fortgesetzt, 1642 starb. Die
Stelle eines Landvogts auf Rügen versah in neuerer Zeit von 1785
bis 1805 auch Carl Friedrich v. Usedom. Später war derselbe
Schlosshauptmann bei der k. schwedischen Regierung in Stralsund
und starb 1813. Von den in die k. preuss. Armee eingetretenen
Gliedern der Familie gelangten zwei zur Generals-Würde: Adolph
Detlev v. U., gest. 1792 als Generallieutenant und Chef des Husaren-Regiments Nr. 7 und ein Neffe des Letzteren, Friedrich v. U., ehemaliger Chef des Husaren-Regiments Nr. 10 u. Generalmajor. Derselbe war mit einer Grf. v. Gessler a. d. H. Langenhof vermählt und
starb im Pensionsstande auf seinem Gute Peruschen unweit Wohlau.
Begütert war nach Rauer 1857 im Kr. Preussen noch: Carl Georg
Ludwig Guido v. Usedom, Herr auf Cartzig (alter Besitz und Lehn),
Moisselbritz und Udars auf Rügen und ein v. Usedom auf Quanditten
im Kr. Fischhausen, kurz vorher aber waren gestorben: Christoph
v. U. auf Kabelow, Garlepow, Glutzow, Goldberg und Ventzvitz,
Gottfried v. U. auf Grosow, Otto v. U. auf Zermoisel, sämmtlich auf
Rügen und ein v. U. auf Melochowitz im Kr. Militsch-Trachenberg.
— Ein Sprosse des Stammes, Carl Georg Graf v. U., ist seit 1863
k. preuss. bevollmächt. Minister und a. o. Gesandter am k. italienischen Hofe.

Micrael, Lib. VI. S. 368. — *Wackenroder*, Altes u. Neues Rügen, S. 318. — *Gauhe*, I. S. 2720
und 21. — *Zedler*, 51. S. 654 und 55. — N. Pr. A.-L. IV. S. 268 und 69. — *Freih. v. Ledebur*,
III. S. 47 und S. 353. — *Siebmacher*, V. 169. — Pommersch. W. B. Tab. XVII.

Uslar, Uslar-Gleichen, Freiherren (in Silber ein rother, oben
drei- und unten zweimal abwechselnd gezinnter Querbalken). Erlaubniss für die Familie durch Rescript vom 9. April 1825 vom Könige Georg IV. von Grossbritannien und Hannover, sich künftig v.

Uslar-Gleichen nennen und schreiben zu dürfen und k. hannov. Bestätigung des der Familie zustehenden Freiherrnstandes vom 5. Mai 1847, nachdem schon vorher der freiherrliche Titel vom Könige Hieronymus Napoleon durch Patent vom 10. Juli 1813 für den damaligen Friedensrichter Hans v. Uslar u. vom Könige Friedrich Wilhelm III. von Preussen durch Cabinets-Ordre vom 18. Jan. 1829 für den Landrath Carl v. Uslar anerkannt worden war. — Altes, zum ritterschaftlichen hannoverschen Adel zählendes Geschlecht, dessen Name schon in frühster Zeit, als der Adel bleibende Familiennamen annahm, zweifelsohne von einem später zu Afterlehn gegebenen Gute zu Uslar vorkommt und zwar sehr verschieden geschrieben, nämlich: Uslar, Uslare, Uslare, Usler, Useler, Usseler und Uslaria. Der erste bekannte Stammsitz der Familie scheint auf dem Solling, diesem, wie Sonne, Erdbeschreibung des Kgr. Hannover, S. 55, sagt, Sitze Sächsischer Grossen, das Rittergut Uslar gewesen zu sein, um welches sich nach und nach die Stadt Uslar am Solling anbaute. Urkundlich kommt zuerst Ernestus de Uslare 1141 vor. Aus dem 12. Jahrh. finden sich sonst nur wenige Familien-Nachrichten, häufiger aber tritt der Name des Geschlechts in Urkunden des 13. Jahrh. auf, in welchen Hermann und Ernst v. Uslar, Ritter, mehrfach erwähnt werden. Dieselben mögen auch im Anfange des 13. Jahrh. die Gleichen bei Göttingen erworben haben, wie, ist aber nicht ermittelt: Letzner sagt, dass sie dieselben 1211 vom K. Otto IV. gekauft, Sonne aber, dass die v. Uslar das Gericht Alten-Gleichen vom Kaiser 1208 erhalten hätten. Dass diese Burgen nie von den Grafen v. Gleichen in Thüringen besessen worden sind, haben Wenck, hessische Landesgeschichte, Wolf, Geschichte des Eichfeldes und andere Historiker hinreichend erwiesen. Die Familie Uslar erwarb die Gleichen als freies Allodium und zwar, wie auch angenommen wird, 1211 durch Vergleich mit K. Otto IV. und hat dieselben nicht als Lehne erhalten, was daraus erhellt, dass die Brüder Ernst und Hans v. U., nachdem ihre Kinder und Erben in einer Fehde gegen die Stadt Mühlhausen zu Anfange des 15. Jahrh. gefallen waren, die neue Burg Gleichen, wegen Uneinigkeit mit ihren Vettern auf Alten-Gleichen und ihres frommen Sinnes wegen, 1451 an den Landgrafen Ludwig von Hessen verkauften. Dieselben bedachten durch die Kaufsumme reichlich das Benedictiner-Kloster zu Reinhausen, in welches sie sich zurückgezogen u. stifteten das noch bestehende Siechenhaus bei Reinhausen. — Schon gegen Ende des 13. Jahrh. schloss sich die Familie an die Erzbischöfe von Mainz an u. wurde von denselben für treue Dienste durch mehrfache Belehnungen belohnt, so wie auch von anderen geistlichen und weltlichen Fürsten mit mehreren Gütern belehnt. — Zu Ende des 15. Jahrhunderts lebte von dem ganzen Stamme, und zwar schon bejahrt, Wedekind v. Uslar, welcher sich noch mit einer v. Oldershausen vermählte und das Geschlecht dauernd fortsetzte. Zwei Söhne desselben, Ludolph und Melchior, stifteten die jetzt noch blühenden beiden Linien: die Ludolph'sche und die Melchior'sche. Dieselben theilten die zur Burg Altengleichen gehörenden Lehngüter und Besitzungen zu gleichen Theilen, doch blieben Gerichtsbarkeit, Hoheitsrechte, Jagd u. s. w., so wie die Lehen, gemeinschaftlich und der Aeltere beider Linien wurde zum Lehnsherrn bestimmt. Beide Linien haben sich weit ausgebreitet. Die Ludolph'sche Linie blühte in neuster Zeit in fünf Zweigen. Der erste Zweig sass zu Gelliehausen und Neuen-Gleichen u. dem zweiten Zweige steht das Untergut Appenrode und Sieboldshausen zu. Der vierte Zweig besitzt das Mittelgut Appenrode und Hofehrenthal im hessischen Amte Schenklingsfeld und die männlichen Mitglieder des fünften Zweiges sind Herren und gemeinschaftliche Besitzer vom Obergute Appenrode, Ebbickerode u. Sieboldshausen. Von den sieben Zweigen, in welche die Melchiorsche Linie sich schied, sind der dritte, vierte u. sechste Zweig im Mannsstamme erloschen und der erste Zweig ist zu Sennickerode, Wöllmarshausen, Sieboldshausen und Wunstorf gesessen. — Von den Sprossen der weit verzweigten Familie haben Mehrere mit Auszeichnung in hannoverschen, hessischen und preussischen Diensten gestanden und über den neueren Personalbestand des gesammten Geschlechts geben die genealog. Taschenbb. der freiherrl. Häuser, auf welche hier zu verweisen ist, genaue Nachricht.

Leuckfeld, Antiquit. Poeldens, S. 3. — *Pfeffinger*, Histor. des braunschw. Hauses, III. S. 276. — *Harenberg*, Histor. eccles. Gandersh. S. 1585. — *Heiser*, Antiquit. Kerstlinger., S. 221 — 62. — *Specht*, Stammbuch und Geschlechts.Register der v. Uslar, Hildesheim, 1636. — *v. Steinmetz*, Ursprung der Herren v. Uslar, Göttingen, 1701. — *Pratorius*, Ursprung der Hetzen v. Uslar, Göttingen, 1737. — *Gauhe*, I. S. 2721 u. 22. — *Zedler*, 51. S. 870—74. — *Rommel*, Gesch. v. Hessen, II. Anmer. S. 276 u. 285. — *Gottschalck*, Ritterburgen, III. S. 1. — *Schmidt*, Beitr. zur Geschichte des Adels, I. S. 174 u. II. S. 360. — *Kleinschmidt*, Calenberg. Landtagsabsch. I. S. 330 u. II. S. 343. — Hannov. Ges.-Sammlung, Jahrg. 1825, Abth. I. S. 31. — N. Pr. A.-L. V. S. 454 - 58. — *Freih. v. d. Knesebeck*, S. 281 und 82. — *Freih. v. d. Ledebur*, III. S. 47 und 48. — Genel. Taschenb. d. freih. Häuser, 1864, S. 881—94 u. ff. Jahrgg. — *v. Meding*, I. S. 623; v. Uslar, Eichsfeldisch. — Hannov. W. B. C. 16 und S. 14. — *v. Hefner*, Hannov. Adel, Tab. 32. — *Kneschke*, II. S. 458—56.

Uslar (Schild quergetheilt: oben Schwarz, ohne Bild und unten von Roth und Silber, oder von Silber und Roth vierfach der Länge nach getheilt). — Altes, adeliges Patricier-Geschlecht der früheren Reichsstadt Goslar, welches urkundlich schon im 14. Jahrhunderte auftritt. Zu diesem Geschlechte gehörte Johann v. Uslar, beider Rechte Doctor, Abt zu Marienthal, Fürstl. Braunschw. Rath, welcher 1589 Fürstl. Quedlinburgischer Canzler wurde und der Vater des Heinrich Philipp v. Uslar, Canonicus zu Goslar und einiger Reichsfürsten Rath, war. Das Geschlecht besass das Gut Astfeld bei Goslar und gehörte zu den Gandersheimischen Vasallen.

Gauhe, I. S. 2722; am Schlusse des Artikels Uslar. — *Freih. v. d. Knesebeck*, S. 357. — *Kneschke*, II. S. 456. — Meklenb. W. B. Tab. 50. Nr. 190. — Hannov. W. B. D. 9 und S. 14. — *v. Hefner*, Hannov. Adel, Tab. 32.

Utenhofen (in Silber sechs rothe, ganz schmale Querstreifen, oder quergezogene Fäden u. auf dem Helme ein silberner Delphin). — Nach v. d. Hagen eins der ältesten Adelsgeschlechter Thüringens, des Vogtlandes und der Lausitz, welches 1720 in der Nieder-Lausitz unweit Luckau zu Casel sass und auch am Niederrhein im Gelderschen zu Hogwald u. in Ostpreussen im Schakenschen begütert war. Zu dieser Familie gehörte Carl v. Utenhofen, welcher 1834 als k. preuss. Generalmajor starb und später lebte noch ein v. U., als k. pr.

Generallieutenant a. D. — v. der Hagen, Beschreibung des Geschlechts v. Uchtenhagen, S. 31 und Beilage Nr. V: Wappen.

Freih. v. Ledebur, III. S. 48. — *v. Meding*, I. S. 627 und 28. — *Kneschke*, III. S. 428 u. 29.

Utenhofen, Uttenhofen (in Silber ein oben zweimal gezinnter, schwarzer Querbalken und auf dem Helme ein offener, mit dem schwarzen Querbalken belegter, silberner Flug, zwischen welchem der schwarzbekleidete Rumpf eines vorwärtssehenden Mannes mit einer silbern aufgeschlagenen schwarzen Zipfelmütze aufwächst. Sowohl der gezinnte Balken im Schilde, als der Helmschmuck kommt in mehreren Varianten vor.). — Altes, fränkisches, dem Rittercanton Baunach einverleibt gewesenes Adelsgeschlecht, welches bereits 1328 Burglehne zu Weissenfels besass und noch 1578 im Voigtlande zu Zossen und im Amte Weida begütert war. Zu dieser Familie gehörte der aus der thüringischen, oder coburgischen Linie stammende, 1809 verstorbene Generalmajor und ehemalige Commandant der Festung Plassenburg v. Uttenhofen, so wie der 1835 zu Königsberg in Preussen verstorbene General u. Commandeur der 1. Division v. Uttenhofen u. der um 1837 als Oberstlieutenant im 16. Infant.-Regimente verstorbene v. Uttenhofen. — Dass die Familie bei ganz verschiedenem Wappen eines Stammes mit dem im vorstehenden Artikel erwähnten Geschlechte gewesen sei, ist wohl nicht anzunehmen, es müssten denn verschiedene Linien verschiedene Wappen geführt haben. — Johann v. U. wurde vom Landgrafen Friedrich in Thüringen mit einigen Höfen zu Weissenfels zum Burglehen beliehen; Philipp v. U. blieb 1412 in der Schlacht gegen die Pommern bei dem Cremer Damme; Wolfgang v. U., von v. Seckendorf, Histor. Luther. L. III. §. 73. Nr. 12, als einer vom Adel aus dem Voigtlande u. zwar aus dem Amte Weida genannt, war 1539 Kanzler des Königs Christian III. in Dänemark und David v. U. auf Zossen wurde 1578 herz. sachs.-coburg. Geh. Rath und Canzler zu Coburg.

Gauhe, I. S. 2722 und 23. — *Zedler*, 51. S. 1209—11. — *N. Pr. A.-L.* IV. S. 289 und 290. — *Freih. v. Ledebur*, III. S. 48. — *Siebmacher*, II. 77 und III. 129. — *Tyroff*, II. 209: Herren v. Uttenhof. — W. B. der Preuss. Monarchie, X. 96. — W. B. der Sächs. Staaten, IV. 95. — *Kneschke*, III. S. 429 und 30.

Uthmann, Uthmann a. d. Hause Schmoltz u. Uthmann u. Rathen (Uthmann a. d. Hause Schmoltz: in Roth ein vorwärtssehender, geharnischter Mann, dessen Beine, etwas über dem Knie, weggeschnitten sind. Derselbe trägt einen schwarzen Hut mit schwarzgoldener Schnure und mit einer silbernen, nach links sich überbeugenden Straussenfeder und hält mit der Rechten nach oben und rechts ein entblösstes Schwert, mit der Linken aber die Scheide des Schwertes und v. Uthmann und Rathen: Schild quer- und unten der Länge nach getheilt: oben in Blau ein aufwachsender, weisser Adler und unten in Roth rechts ein goldener Adlerfuss und links ein blau bekleideter, zusammen gebogener Arm). — Altes, schlesisches Adelsgeschlecht, welches sich früher längere Zeit Uthmann und Schmoltz im Breslauischen und Uthmann und Rathen unweit Neumarkt schrieb, in beiden Häusern aber, wenn auch eines Stammes, ganz verschiedene Wappen führte. Dasselbe sass bereits 1445 zu Gross- und Wenig-Rackwitz im Loewenbergschen, 1500 zu Handsfeld im Oelsischen, 1507 zu Kunzendorf im Löbenbergischen, 1514 zu Schebitz im Trebnitzischen und zu Gross- und Klein-Schmoltz (Schmolz), so wie 1570 zu Rathen, brachte im 16. und 17. Jahrhunderte mehrere andere Güter an sich, kam auch in die Lausitz, ins Meissnische und Clevesche und breitete sich auch in Frankreich aus, doch sind die Güter beider Häuser in Schlesien bis jetzt noch nicht genau von einander geschieden worden u. so sind denn beide Häuser nicht zu trennen. — Die Tochter Christophs v. Uthmann, Hedwig verwittw. Thombrockendorf, wurde mit ihren Töchtern 1511 von den Herzögen Carl und Albrecht zu Oels mit den Lehnen ihres Vaters beliehen; Sebastian v. Uthmann wurde, wie Spangenberg angiebt, 1527 vom K. Ferdinand I. nach seinem Einzuge in Breslau mit seiner Gemahlin Anna zum Ritter geschlagen; Nicolaus III. v. Uthmann und Schmoltz starb 1550 im 95. Lebensjahre; ein Vetter desselben, Lambertus v. U. liess sich 1480 in Frankreich nieder und sein Enkel, Johannes v. U., gelangte zu grossem Reichthume; Kilian v. U. legte 1611 dem K. Matthias II. im Namen des Breslauischen Fürstenthums die Erbhuldigung ab u. Otto v. U. war 1613 k. Appellations-Rath zu Prag. — Der Sitz Rathen war noch 1685 im Besitze der Familie, dann aber ist das, nach demselben genannte Haus ausgegangen, während das frühere Haus Uthmann und Schmoltz fortblühte und noch 1625 zu Schmoltz sass. Nach Anfange des 18. Jahrhundert war Sigismund Moritz v. U. Herr auf Ober-Brunau im Briegischen und um diese Zeit besass das Geschlecht auch die Güter Lamsfeld und Rosenthal im Breslauischen. Später, um 1770, wurde die Familie zu Ober-Mahljau im Trebnitzischen begütert und aus diesem Hause standen um 1837 zwei Brüder, Majore v. Uthmann, in der k. preuss. Armee. Der ältere war Ingenieur des Platzes Minden, und der jüngere Commandeur eines Landwehr-Bataillons zu Ratibor. Als Herrn auf Ober-Mahljau wurde von Rauer 1857 angegeben: v. Uthmann, Gerichts-Assessor a. D.

Henel, Silesiogr. renov., cap. 8. S. 754. — *Lucae* Schlm. Denkwürdigk. S. 1860. — *Sinapius*, I. S. 1015 und 16 und II. S. 1095. — *Gauhe*, I. S. 2723. — *Zedler*, 51. S. 1011—1013. — N. Pr. A.-L. IV. S. 289. — *Freih. v. Ledebur*, III. S. 48. — *Siebmacher*, I. 63: Die Utmänner, Schlesisch. — *v. Meding*, III. S. 697 und 98: Uthmann und Rathen und Uthmann und Schmoltz. — *Kneschke*, III. S. 430 und 32.

V.

Vacano (Schild geviert: 1 in Silber ein aus dem rechten Feldesrande hervorkommender, halber, schwarzer Adler mit ausgeschlagener, rother Zunge; 2 Blau und 3 Roth, ohne Bild und 4 in Silber auf einem grünen Hügel drei rothe Rosen an langen, grünblättrigen Stielen). Reichsadelsstand. Diplom vom 25. Mai 1785. Ein zu dem Adel in Belgien, im Nassauischen und in den Rheinlanden gehörendes Geschlecht, welches, laut Eingabe d. d. Coblenz, 20. Juni 1829, in der Person des Clemens Wenceslaus v. Vacano, unter Nr. 49 der Classe der Edelleute, in die Adelsmatrikel der Preussischen Rheinprovinz eingetragen worden ist.

<small>N. Pr. A.-L. V. S. 458. — Freih. v. Ledebur, III. S. 49. — Supplem. zu Siebm. W. B. XI. 21: v. Vagaus, Ritter. — W. B. d. Preuss. Rheinprovinz, I. Tab. 122, Nr. 248 u. S. 112. — Kneschke, II. S. 456.</small>

Vachiery, Vacchiery, Ritter (Schild quer- und in der unteren Hälfte nochmals quergetheilt, dreifeldrig: 1, oben, in Gold ein rechtsehender, golden gekrönter u. bewehrter, schwarzer Adler; 2, oberer Theil der unteren Schildeshälfte: in Blau zwei hinter einander nach der rechten Seite laufende, goldene Kühe mit goldenem Halsbande und daranhängender, goldener Klingel und 3, unterer Theil der unteren Schildeshälfte: in Grün eine dergleichen Kuh). Erbl.-österr. Adels- und Ritterstand. Diplom vom 4. Sept. 1701 für Dr. Carl Ferdinand Cajetan Vachiery, kurbayer. Leibmedicus und für den Bruder desselben, für den kurbayer. Staabs-Oberrichter v. Vachiery in München. Dieselben wurden 1722 in Kurbayern als Edelleute ausgeschrieben und die Familie in der Person des Joseph Ritters v. Vachiery (geb. 1776), pension. Oberförsters von Doggendorf, in die Adelsmatrikel des Kgr. Bayern nach Anlegung derselben eingetragen. Der Ur-Ur-Grossvater des Letzteren, Carl August Vachiery, war mit der Gemahlin des Kurfürsten Ferdinand Maria von Bayern aus Savoyen als Kammerdiener nach München gekommen und der Sohn desselben, Carl Ferdinand Cajetan, hatte Medicin studirt, wurde Leibmedicus des Kurfürsten und erhielt mit seinem Bruder, wie angegeben, den Adel- und Ritterstand.

<small>v. Lang, S. 576 und 77. — Supplem. zu Siebm. W. B. V. 26. Nr. 5: v. Vachiery, altes Wappen, Nr. 6: v. Vachiery di Castel Nuovo, vermehrtes Wappen und Nr. 7: Reichs-Ritter und Edler v. Vacchiery. — W. B. d. Kgr. Bayern, IX. 20: v. Vachiery, Ritter. — Kneschke, II. S. 457 und 58.</small>

Vaelhausen, Veelhusen (in Roth zwei schrägrechte, blaue Balken). Altes, längst erloschenes, westphälisches und braunschw. Adelsgeschlecht, welches schon seit 815 das Erbmarschall-Amt zu Corvey besessen haben soll.

<small>Leisner, Corbeische Chronik, S. 141 a und b und Desselben Dasselsche Chronik, S. 157 b. — Zedler, 46. S. 926. — Falkens Entwurf einer histor. diplom. Geschichte von Corvei, S. 104. — Siebmacher, II. 128: v. Vaelhusen, Braunschweigisch. — v. Meding, I. S. 828 und 29.</small>

Vaerst, Vorst, de Foresto (Schild von Gold u. Roth geständert, mit einem blauen Mittelschildchen). Altes, niederrheinisch-westphälisches Adelsgeschlecht, welches durch seinen Besitz namentlich dem Adel der Grafschaft Mark angehörte. Dasselbe sass schon 1280 zu Olpe unweit Lennep, 1317 zu Overkempine bei Camen unweit Hamm, 1326 zu Heinkhausen bei Dortmund und zu Opherdicke bei Dortmund ebenfalls, 1386 zu Ergste bei Iserlohn, 1391 zu Callenberg bei Hagen, 1400 zu Horst bei Bochum und 1402 zu Ende bei Hagen, brachte dann mehrere andere Güter an sich und wurde später auch in Schlesien u. in der Mark Brandenburg begütert. In der Grafschaft Mark gehörten zu dem Besitze der Familie später auch West-Hemmerde, Heven, Göckinghof u. s. w. — Der Stamm blühte fort, Sprossen desselben standen in der k. preuss. Armee u. nach Rauer waren 1857 noch die Hinterlassenen des Eugen Freih. v. Vaerst, Majors a. D., zu Herrndorf im Kr. Soldin begütert.

N. Pr. A.-L. IV. S. 290. — Freih. v. Ledebur, III. S. 49 und 50 und S. 83. — v. Steinen, Westphäl. Gesch. Tab. 4, Nr. 2.

Vahl (in Gold ein durch Wasser watendes Pferd). Reichsadelsstand. Diplom von 1794 für Gottfried und Peter Vahl. Die Familie wurde in Vorpommern im Kr. Greifswald zu Guhlkow begütert und Carl v. Vahl starb 1843 als Herr des genannten Gutes, eine Wittwe und Kinder hinterlassend. Das Gut war nach Rauer 1857 noch in der Hand der Familie und ein Sohn stand um diese Zeit als Lieutenant im Halberstädtschen Bataillone des Landwehr-Regiments.

Freih. v. Ledebur, III. S. 50 und 353.

Valcke, Falken, Valken, Falcke zu Rockel und Laer (in Silber ein schwarzer, fortschreitender, schwarzer Falke mit erhobenen Flügeln, goldenem Schnabel und goldenen Fängen). Altes, westphälisches und rheinländisches Adelsgeschlecht, welches bereits 1335 zu Laer unweit Steinfurt, 1379 zu Darfeld bei Coesfeld und Hostmar bei Steinfurt, 1563 zu Rockel unweit Coesfeld und 1689 zu Velpe im Tecklenburgischen sass. — Als der Letzte des männlichen Stammes starb 1719 ledigen Standes Friedrich Jobst Ludolph v. Valcke, Herr zu Rockel und Lahr, Horstmar und Steinfurt.

v. Hattstein, II. S. 500—502. — Freih. v. Ledebur, III. S. 50. — Siebmacher, I. 180: Die Falcken, Westphälisch. — v. Meding, II. S. 623.

Valentin v. Treuenfeld, auch Edle v. Treuenfeld. Erbl.-österr. Adelsstand. Diplom von 1759 für Johann Valentin, Rathsmann zu Olmütz, mit: v. Treuenfeld und Diplom von 1794 für Johann Franz Valentin, Vorsteher des chirurgischen Gremiums zu Wien und Examinator, mit: Edler v. Treuenfeld.

Megerle v. Mühlfeld, S. 277 und Erg.-Bd. S. 477.

Valentini (Schild der Länge nach getheilt und rechts quergetheilt: oben in Roth eine goldene Edelkrone und unten in Gold ein schräg gestelltes, silbernes Schwert und links in Roth drei wellenförmig gezogene, silberne Querbalken). Ein aus dem Darmstädtschen stammendes Adelsgeschlecht, welches der k. preuss. Armee mehrere sehr verdiente Officiere gegeben hat. Der Aelteste derselben war der früher bei dem Jäger-Regimente und zuletzt als Oberst und Commandant des Invalidencorps stehende v. Valentini, welcher 1807 starb. Ein Sohn desselben und der berühmteste aus seinem Stamme in der k. preuss. Armee war Georg Wilhelm v. Valentini, welcher als General-Lieutenant u. General-Inspecteur des Militair-Unterrichts- und Bildungswesens 1834 zu Breslau starb. Derselbe, ein tapferer Officier und vortrefflicher Chef des Generalstabes, war ein ausgezeichneter, fleissiger u. berühmter Schriftsteller im Felde der Kriegsgeschichte. Namentlich wurde sein Werk: „die Lehre vom Kriege" allgemein geschätzt.

N. Pr. A.-L. IV. S. 290 und 91. — Freih. v. Ledebur, III. S. 50.

Valentini v. Weinfeld. Erbl.-österr. Adelsstand. Diplom von 1760 für Johann Paul Valentini, Gerichtsschreiber zu Calliana in Tirol, mit: v. Weinfeld.

Megerle v. Mühlfeld, S. 277.

Vangerow (in Blau ein goldener, gespannter Bogen mit einem silbernen Pfeile und unter demselben eine rothe Rose). Altes, pommersches Adelsgeschlecht aus dem gleichnamigen Stammhause in der Nähe von Ratzebuhr an der Czarne. Der Ort Vangerow gehörte der Familie bereits im 16. Jahrhunderte und eben so in der Nähe das alte Lehn Trocken-Glienke. Otto Heinrich v. Vangerow vereinigte einen sehr bedeutenden Grundbesitz, als er 1758 zu den Gütern Vangerow und Trocken-Glienke auch Pielburg, Linde, Hohenhausen und Nemmin ererbte, auch besass in den Marken ein Zweig des Geschlechts das Gut Röstenberg bei Arnswalde. — Der Stamm blühte fort, mehrere Sprossen desselben standen in der k. preuss. Armee und in der Hand der Familie waren 1805 noch Trocken-Glienke und 1835 Vangerow, dann aber ist, soviel bekannt, das alte Geschlecht ausgegangen. — Von demselben ist eine neuere Familie dieses Namens zu unterscheiden, in die mit demselben Wappen, welches aber mit zwei Adlern als Schildhalter versehen ist, durch Diplom vom 6. Juli 1798 der Regierungs-Präsident Vangerow zu Magdeburg den Preussischen Adelsstand brachte. Die Wittwe desselben, Frau Marie v. Vangerow, geb. Freiin v. Coninx, Präsidentin, war nach Rauer noch 1857 Besitzerin des Gutes Berlingerode im Kr. Worbis. Auch ist mit demselben Wappen, doch ohne Schildhalter, eine anderweitige Erhebung in den preussischen Adelsstand durch Diplom vom 23. Jan. 1829 erfolgt.

Micrael, S. 536. — Zedler, 46, S. 515. — N. Pr. A.-L. IV. S. 291. — Freih. v. d. Knesebeck, S. 283; Diplom von 1798. — Freih. v. Ledebur, III. S. 50. — W. B. d. Preuss. Monarchie, IV. 80 (Diplome von 1798 und 1829). — Hannov. W. B. F. 5 und S 14 (Diplom von 1798).

Varchmin, Varchmine (in Roth sechs kleine, goldene Jagdhörner, je zwei und zwei, auf Art eines ausgebogenen Andreaskreuzes, die Stürzen oben und seitwärts gekehrt, zusammen gelegt und durch eine, um beide Stürzen gehende und dann sich oberwärts einmal schlingende Schnur verbunden. Dieselben stehen in der gewöhnlichen Ordnung dreier Figuren, nämlich: 2 und 1.). — Altes, Pommernsches Adelsgeschlecht, welches namentlich im Fürstenthum Caminschen Kreise begütert wurde, wo schon 1315 ein gleichnamiger

Sitz vorkommt, auch sass die Familie im letztgenannten Jahre bereits zu Banzin und Poppenhagen und brachte dann bis zum 18. Jahrhunderte auch andere Güter an sich, doch wurde neuerlich noch Plümenhagen bei Cöslin als Stammhaus genannt, welches aber erst im 17. u. 18. Jahrh. der Familie zustand. Im 18. u. 19. Jahrh. wurde das Geschlecht in Ostpreussen unweit Preuss. Eylau angesessen und wurde zuerst zu Worlack und Wotterlach begütert. In Pommern hatte die Familie noch 1707 das Gut Latzig und 1766 Plümenhagen und in Ostpreussen noch 1820 Heyde unweit Friedland u. Trimmau inne. — Von späteren Sprossen des Stammes wurde nur Hans Ernst v. Varchmin bekannt, welcher Oberst der Cavalerie war und nach und nach sich mit zwei Schwestern v. Tschirschki vermählt hatte.

Micrael, S. 536. — *Zedler*, 46. S. 557. — N. geneal. Handbuch, 1777, S. 343 u. 1778. S. 391 und 92. — N. Pr. A.-L. IV. S. 291. — *Freih. v. Ledebur*, III. S. 50. — *Siebmacher*, V. 171: Vargmine, Pomm. — v. *Meding*, III. S. 699 und 700. — Pommerosch. W. B. I. Tab. 27 und 30.

Varendorf, Vahrendorf (Schild quergetheilt: oben in Gold ein gehender, gekrönter Löwe und unten Roth). Altes, westphälisches und braunschweigisches Adelsgeschlecht, welches schon 1350 zu Schierloh im Tecklenburgischen 1556 zu Sudthausen im Osnabrückschen, 1589 zu Engern unweit Herford, 1600 zu Intrup im Osnabrückschen und zu Milse unweit Bielefeld und noch 1780 zu Riste unweit Osnabrück sass. Ein Sitz Vadrup, früher Varendorp im Münsterschen, kam schon 1160 vor. Der Stamm hatte fortgeblüht und noch in neuer Zeit dienten Sprossen desselben in der k. pr. Armee. Zwei Brüder v. Varendorf standen 1806 im Infanterie-Regimente v. Winning in Berlin. Der ältere schied 1836 als Oberstlieutenant aus dem activen Dienste und starb 1840 in Berlin und der zweite starb 1819 als Capitain des ersten Reichenbachschen Landwehr-Regiments.

N. Pr. A.-L. IV. S. 290. — *Freih. v. Ledebur*, III. S. 50. — *Siebmacher*, I. 188: v. Varendorff, Westphälisch. — v. *Meding*, I. S. 622 und 23.

Varicourt, Freiherren (Schild mit blauem Schildeshaupte und in demselben drei neben einander stehende, fünfstrahlige, silberne Sterne. Im silbernen Schilde ein vom rechten Schildesrande in sechs Spitzen nach links absteigender, schwarzer Berg. Auf der dritten Spitze desselben liegt auf seiner Angel ein gewöhnlicher, eiserner Anker, der sich mit dem Arme, aus dessen Auge ein kleines Stück Tau herabhängt, an die linke, obere Schildesecke anlehnt). Im Kgr. Bayern bestätigter Freiherrnstand. Bestätigungsdiplom desselben vom 28. Juli 1817 für die drei Brüder, Carl, Johann Franz u. Friedrich Freih. v. Varicourt vom Könige Maximilian I. Joseph von Bayern, mit Ausdehnung des Baronats-Prädicates auf den Vater der genannten drei Brüder: Lambert v. Varicourt, vormaligen fürstl. Primatischen Geh. Rath, Staats-Commissair und Schlosshauptmann zu Aschaffenburg. Die drei Söhne des Letzteren (aus der Ehe mit Eleonore Freiin v. Albini zu Dürrenried und Wassmuthhausen in Franken, geb. 1783, verm. 1803 und gest. 1855) hatten 30. März 1808 vom Grossherzoge von Frankfurt und Fürsten-Primas von Aschaffenburg die Freiherrnwürde erhalten. — Altes, aus Savoyen, zunächst aus der unter Heinrich IV. an Frankreich abgetretenen Landschaft Ger stammendes Adelsgeschlecht, welches in das erbliche regimentsfähige Bürgerrecht der Stadt Bern und in die adelige Gesellschaft zum Distelzwang 1817 aufgenommen wurde. — Haupt des freiherrlichen Hauses ist: Franz Lambert Maria Eleonor Rouph Freih. v. Varicourt, geb. 1805, k. bayer. Kämmerer, verm. 1837 mit Theresia Freiin v. Würtzburg, aus welcher Ehe, neben drei Töchtern, ein Sohn stammt: Freih. Lambert, geb. 1844. Der Bruder des Freiherrn Franz Lambert: Freih. Friedrich, geb. 1807, k. k. Major in Pension, lebt zu Marmaros-Szigeth in Ungarn.

<small>v. *Lang*, Supplem. 75 und 76. — Geneal. Taschenb. d. freih. Häuser, 1861, S. 876 u. 77, 1864, S. 895 und 96 u. ff. Jahrgg. — W. B. d. Kgr. Bayern, XI. 39: anstatt der Abbildung, IV. 81. — v. *Hefner*, bayer. Adel, Tab. 65 und S. 61. — *Kneschke*, I. S. 138.</small>

Varnbüler, Varnbüler v. und zu Hemmingen, Freiherren (Schild geviert: 1 und 4 in Blau zwei mit ihren rautenförmigen Knöpfen in die Höhe gerichtete, ihre Stiele aber schräge kreuzende Streitkolben (Stammwappen) und 2 und 3 in Gold ein aus einer innen roth gefütterten, blauen Krone halb hervorwachsender, aus Ohren und Rachen Feuer schnaubender, schwarzer Greif (Hemmingen). Der alte Adel der Familie, welche in die Adelsmatrikel des Kgr. Württemberg bei der Freiherrnklasse eingetragen worden ist, wurde 26. Nov. 1650 bestätigt und dabei erfolgte die Vereinigung der Wappen derer v. Varnbüler und Hemmingen. — Altes, schon im 12. Jahrhunderte in Hohen-Rhätien, wo die Familie die Burg Greiffenberg besass und auch das Schloss Guttenberg in den bündener Alpen inne hatte, blühendes Adelsgeschlecht. Johann Varnbüler v. Greiffenberg, verm. mit Agnes v. Asch, lebte um 1260. Die Nachkommen desselben waren vielfach mit den rhätischen Adelsgeschlechtern verschwägert. Ulrich Varnbühler v. Greiffenberg, geb. 1330, Eques auratus, zog wegen der Unruhen in Graubündten auf sein Gut Weinstein im Rheingau, wurde Mitglied der Patricier-Genossenschaft zum Voltenstein in St. Gallen u. nachher Bürgermeister daselbst. Sein gleichnamiger Sohn unterstützte als Bürgermeister von St. Gallen die Bestrebungen seiner Mitbürger, die sich vom Abte des Klosters St. Gallen frei zu machen suchten. Mit den Appenzellern und den Klosterleuten zerstörten die St. Galler das vom Abte Ulrich Rösch neu erbaute Kloster zu Roschach. In dem hierüber ausgebrochenen Kriege zogen die Eidgenossen dem Abte zu Hülfe und belagerten St. Gallen. Varnbüler sollte ausgeliefert werden, entkam aber nach Lindau, wo er 1496 starb. Aus seiner Ehe mit Agnes Belg v. Belforth stammten zwei Söhne: Johann, gest. 1545, Bürgermeister zu Lindau und Ulrich, erster Präsident der Reichs-Kammergerichts-Canzlei zu Speyer und später Reichs-Statthalter zu Nürnberg. Johanns zwei Söhne setzten das Geschlecht fort. Von diesen war Johann Jacob, geb. 1510, vieljähriger Canzler der Markgrafen von Baden, erhielt adelige Lehengüter und stiftete eine im Hanauischen, Hildesheimischen und Braunschweigischen verzweigt gewesene, aber im vorigen Jahrhunderte wieder erloschene Linie, die seit 1580 der reichsfreien Ritterschaft des Cantons Ortenau angehörte u. das alte Familienprädicat „v. Greiffenberg" beibehalten hatte. Nicolaus, der andere Sohn Johanns, war ein berühmter Rechtslehrer und liess sich in Tübingen nieder. Sein Enkel, Johann Conrad, geb. 1595 trat in Württembergische Dienste und erhielt die Aufgabe, die Verhältnisse Württembergs zu Schweden und den evangelischen Reichsständen zu regeln. Der Vertrag von Heilbronn von 1623 wurde von ihm entworfen. Später war er Gesandter bei dem westphälischen Friedens-Congresse und erlangte die vollständige Restitution des Herzogthums. Nachdem er noch am Friedensvollziehungsgeschäfte zu Nürnberg Theil genommen, wurde er von seinem Fürsten mit dem zum Ritter-Canton Neckar-Schwarzwald gehörigen Rittergute Hemmingen belehnt und darauf, um seine, dem Reiche bei den Friedens-Unterhandlungen geleisteten Dienste zu ehren, vom K. Ferdinand III. 1650, s. oben, nicht nur in seinem nachgewiesenen, vierhundertjährigen Adel bestätigt, sondern es wurde auch gleichzeitig sein Wappen mit dem der ausgestorbenen reichsunmittelbaren Familie v. Hemmingen vermehrt, „damit er und seine Nachkommen sich fortan v. und zu Hemmingen nennen möchten, als ob Name und Stammgut erblich auf sie gekommen." Zugleich erhielt er die Würde eines kaiserlichen Hof- und Pfalzgrafen, mit dem Rechte, sie auf einen seiner Söhne zu vererben. 1652 wurde Johann Conrad von dem Ritter-Directorium des Cantons Neckar-Schwarzwald und Ortenau mit seiner Nachkommenschaft personaliter und realiter der freien Reichs-Ritterschaft einverleibt und nachdem seine Nachkommen unausgesetzt das Rittergut Hemmingen sich erhalten und mit demselben im reichsritterschaftlichen Verbande geblieben, auch das frühere reichsritterschaftliche Gut Höfingen an sich gebracht, wurden dieselben bei Anlegung der Adelsmatrikel des Kgr. Württemberg, in Folge dieser Einverleibung in die reichsfreie Ritterschaft, wie erwähnt, in die Freiherrnklasse eingetragen. Von den Nachkommen Johann Conrads zeichneten sich besonders aus: Ferdinand Friedrich Gottlob V. v. H., geb. 1774 und gest. 1830, k. württemberg. Generallieutenant und General-Quartiermeister, welcher auch als militärischer Schriftsteller und aus den napoleonischen Kriegen bekannt geworden ist und dessen Bruder, Eberhard Friedrich Carl, geb. 1776 und gest. 1832, der sich als Landwirth und landwirthschaftlicher Schriftsteller, so wie als Mitglied der ständischen Verfassung-Commission durch seine Wirksamkeit für das Zustandekommen der württembergischen Verfassung und als Finanz-Minister von 1827 an durch Förderung des Gewerbfleisses Hebung der Landwirthschaft und Mitwirkung zur commerziellen Einigung Deutschlands sehr verdient gemacht hat. — Haupt des freiherrlichen Hauses ist jetzt: Friedrich Gottlob Carl Freiherr Varnbüler v. und zu Hemmingen, geb. 1809 — Sohn des 1832 verstorbenen Freiherrn Eberhard Friedrich Carl, k. württemberg. Finanz-Ministers, aus erster Ehe mit Friederike Freiin v. Wöllwarth, geb. 1776, verm. 1800 und gest. 1832 — k. württemb. Minister der auswärtigen Angelegenheiten und des königl. Hauses, seit 1864 verm.

mit Henriette Freiin v. Süsskind, geb. 1815, aus welcher Ehe, neben vier Töchtern, zwei Söhne stammen; Freih. Conrad, geb. 1837, k. württemb. Lieutenant a. D. und Regierungs-Referendar und Freih. Axel, geb. 1851.

Pfaff, Württemb. Plutarch, S. 126—28. — *Cast*. Adelsbuch des Kgr. Württemberg, S. 362—372. — Geneal. Taschenb. d. freih. Häuser, 1858, S. 715—19, 1863, S. 992—94 u. ff. Jahrg. — *Siebmacher*, II. 141: Varnbuler, Schweizerisch und V. 282: Die Varnbühler, Lindauisches adeliges Geschlecht. — W. B. des Kgr. Württemberg, Nr. 148 und S. 40. — *Kneschke*, I. S. 436—38.

Varnhagen, Varnhagen v. Ense (in Gold eine gestürzte, inwendig gezahnte, schwarze Schneidezange oder Bremse, deren runder Griff nach oben, die gezahnten Blätter nach unten stehen, mit einem rothen Bande, welches drei Schlingen, die eine nach rechts, die andere nach links und die dritte nach unten bildet). Altes, schon im 14. Jahrhunderte begütert gewesenes, niederrheinisches und westphälisches Adelsgeschlecht, welches sich in zwei Linien theilte, in die v. Ense, genannt Varnhagen und in die v. Ense, genannt Schneidewind (Snydewinth) auch v. Kegeler. Erstere Linie führte die Schneidezange in Gold, Letztere in Silber). — Carl August Varnhagen, als Schriftsteller sehr bekannt, geb. 1785 zu Düsseldorf — ein Sohn des kurpfalz-bayer. Medicinalraths u. Stadtphysicus Dr. Varnhagen, welcher nachher sich in Hamburg niederliess und 1799 starb — später k. preuss. Geh. Legationsrath, nahm nach 1810, als k. k. Officier, den alten, ihm durch Abstammung angehörigen Familiennamen: v. Ense wieder an, führte denselben in kaiserl. russischen Diensten fort und erhielt nach 1814 erfolgtem Eintritte in k. preuss. Staatsdienste die königliche Bestätigung des von ihm wieder angenommenen vollen Familiennamens.

N. Pr. A.-L. V. S. 458 und 59. — *Freih. v. Ledebur*, I. S. 205; v. Ense. — *Siebmacher*, II. 114: Ense, Niederrheinländisch. — *v. Steinen*, Tab. VII. Nr. 2; v. Ense. — *Robens*, Elementar-Werkchen, 2. Sammlung, Nr. 45 und S. 58; v. Ense. — *Kneschke*, III. S. 432 und 33: V. v. E.

Varel, Varell. Altes, freiherrliches, ehemals ostfriesländisches, nachher bayerisches, fränkisches und oldenburgisches Geschlecht, als dessen gleichnamiges Stammhaus Schloss und Herrschaft Varel an der Jahde genannt wird. Die eine Linie des Geschlechts, welche Einige für den ganzen Stamm gehalten haben, ging mit Hajo, Häuptling zu Varel 16. Febr. 1481 aus, worauf, in Folge einer früheren Zusage, Graf Gert zu Oldenburg die Herrschaft Varel in Besitz nahm. Eine andere Linie im Jeverschen, die sich v. Varell schrieb, blühte fort und zu derselben gehört Edo Hildericus v. Varell, geb. 1533 zu Jever und gestorben 1599 als Doctor der Theologie und Professor zu Altorf. Einer seiner Söhne war nach Allem Friedrich v. Varell, welcher um 1614 als Fürstlich Beyreuthscher Geh. Rath u. Canzler vorkommt. Von Letzterem stammten Christoph Adam v. V. 1614, Kammerjunker am bayreutschen Hofe und Georg Christoph v. V. auf Unter-Steinach, welcher zu der unmittelbar reichsfreien Ritterschaft am Rheine gerechnet wurde.

Neumark, Neusprossender Palmbaum, S. 381, Nr. 552. — *Gauhe*, I. S. 26, 34 u. 35. — *Zedler*, 46, S. 561. — *Biedermann*, Canton Gebürg, Tab. 246—49.

Vargin, Vargien (Schild quergetheilt: oben in Blau eine aufwachsende, golden bekleidete und einen ringsum in Falten gelegten, abstehenden Halskragen tragende, den Kopf rechtskehrende Jungfrau, welche mit der Rechten eine doppelte Lilie an der mittelsten Spitze des unteren Theils vor sich in die Höhe hält, die linke Hand aber umgekehrt in die Seite setzt u. unten in Roth ein sehr schmaler, silberner, schräg links gezogener Balken). — Altes, pommersches Adelsgeschlecht, welches besonders durch die Gebrüder Johann und Andreas v. Vargin bekannt wurde. Ersterer, vorher Bürgermeister in Gartz, wurde des Herzogs Bogislaus XVI. in Pommern Kammerrath, Letzterer aber, zuerst Propst zu Gartz, und dann Doctor der Theologie und Professor, so wie Vice-Superintendent zu Dorpat, starb 1664 als Bischof in Esthland und Consistorial-Präsident zu Reval im 68. Lebensjahre.

Micrael, S. 530. — *Gauhe*, I. S. 3132. — *Zedler*, 46. S. 593. — *Siebmacher*, V. 171. — *v. Meding*, III. S. 700.

Varssum, Vorshem (von Blau und Silber dreimal schrägrechts getheilt). — Altes, westphälisches Adelsgeschlecht, welches schon 1303 zu Varssem im Kirchspiele Unna und 1392 zu Kaldenhoff unweit Hammer sass, dann andere Güter an sich brachte und noch 1724 Erbgesessen zu Soest war und auch Scheidingen unweit Soest besass.

Freih. v. Ledebur, III. S. 51. — *v. Steinen*, Tab. LVII, Nr. 1.

Vasel (Schild der Länge nach getheilt: rechts in Roth ein an die Theilungslinie angeschlossener, halber rechtssehender, goldener Adler und links in Blau auf einem grünen, mit einer goldenen Krone besetzten Berge drei aus letzterer aufwachsende, goldene Aehren mit goldenen Blättern). Reichsadelsstand. Diplom vom 10. Aug. 1767 für Eberhard Andreas Vasel, h. braunschweig. Amtsrath u. Besitzer des Schriftsassengutes Lehndorf bei Braunschweig. Derselbe war vermählt mit einer v. Witzleben u. starb als h. braunschweig. Drost 7. Oct. 1793, so viel bekannt, ohne männliche Nachkommenschaft.

Handschriftl. Notizen. — *v. Hellbach*, II. S. 634. — Supplem. zu Siebm. W. B, IX. 30.

Vasoldt (Stammwappen: in Silber auf einem schwarzen Hügel ein Pfau und vermehrtes Wappen von 1655: Schild geviert: 1 und 4 in Silber ein auf einem Aste stehender, rechtsgekehrter Pfau und 2 u. 3 in Roth ein goldener, gekrönter Löwe. Bestätigter Reichsadelsstand. Diplom vom 25. März 1655 für Georg Heinrich Fasolt, gräfl. Waldeckschen Geh. Rath und Ober-Hauptmann der Grafschaft Tonna und für den Bruder desselben, Rudolph Fasolt, Rathsverwandten zu Königsberg in Preussen. Letzterer erhielt 28. Sept. 1661 vom Kurfürsten Friedrich Wilhelm zu Brandenburg die Bestätigung seines Adels, doch mit einem anderen Wappen, nämlich in Silber zwei schwarze Pfühle. — Altes, auch Fasolt und Vasold geschriebenes, schon im 14. und 15. Jahrhunderte vorkommendes thüringisches Adelsgeschlecht, aus welchem Ulrich v. Vasold 1316 von dem Grafen Berthold von Henneberg, dem er eine Summe Geld geliehen, mit dem Voigtei-Rechte in Pfaffenhausen im Fuldaischen beliehen worden war. Sprossen des Stammes standen in Kriegsdiensten und der Bekannteste derselben war der früher in der k. pr. Armee gestandene Heinrich Rudolph v. Vasold, welcher als k. poln. und kursächs. Generalmajor mit dem v. Fink'schen Corps 1759 gefangen wurde. Später trat derselbe in k. dänische Dienste.

<small>v. *Gleichenstein*, Nr. 95: mit einer kleinen Stammtafel. — *Brückner*, Kirchen- und Schulen-Staat d. H. Gotha, II. 3. Stck. S. 16, 17 und 40 und III. 4. Stck. S. 71. — v. *Hellbach*, II. S. 684. — N. Pr. A.-L. IV. S. 202. — *Freih. v. Ledebur*, III. S. 54. — *Siebmacher*, V. 100. Nr. 10: Vasold, Fränkische Linie und 139, Nr. 5: Thüringische Linie.</small>

Vaterweis (Schild geviert: 1 Blau ohne Bild; 2 in Silber auf einem grünen Hügel eine schwarze, rechtssehende Henne; 3 in Silber ein schwarzer, nach rechts gekehrter, streitender Löwe und 4 in Blau ein goldener und brauner Berg). Reichs-Adelsstand. Diplom im kursächs. Reichsvicariate vom 2. Oct. 1790 für die Töchter des herz. sachs.-weimarschen Regierungsraths Ernst Wilhelm Vaterweis: Ernestine Luise Auguste, vermählte v. Hopfgarten und Johannette Friederike Wilhelmine Vaterweis.

<small>Handschriftliche Notizen.</small>

Vechelde, Vechtelde (in einem nach der rechten Seite gelehnten, silbernen Schilde ein schrägrechter, schwarzer Balken, belegt mit drei goldenen Rosen mit rothen Butzen). — Die Gebrüder Hermann und drei Albrecht v. Vechelde erhielten mit ihrem Vetter, Hermann v. Vechelde, vom K. Sigismund 1437 einen Gnadenbrief, durch welchen ihr hergebrachtes Wappen bestätigt und vermehrt wurde. Nach diesem Briefe sollte von dem Wappen „in allen ritterlichen Sachen" Gebrauch gemacht werden und Freih. v. d. Knesebeck, welcher S. 381—83 diesen Wappenbrief wörtlich mitgetheilt hat, nimmt an, dass ein solcher Brief aus dem 15. Jahrh. unstreitig einer Adelserhebung gleich zu achten wäre, wenn nicht die Empfänger des Diploms schon in demselben, als mit dem Prädicate „von" versehen, aufgeführt wären. Hiernach ist dasselbe als Adels-Erneuerungdiplom mit Bestätigung u. Verbesserung des Wappens anzunehmen — Reichsritterstand. Diplom von 1437 vom K. Sigismund für Hermann v. Vecheld's Sohn für sich und für seine Nachkommen, mit Bestätigung des von der Familie längst geführten Wappens. — Altes, vormals Vecheld, Vechelt, Vechtelt und Vechtelde geschriebenes Adelsgeschlecht der Stadt Braunschweig, welches von braunschweigischen Geschichtsschreibern seit dem 13. Jahrhunderte mehrfach genannt wurde. Wahrscheinlich verliess dasselbe um die erwähnte Zeit seinen unweit Braunschweig gelegenen Stammsitz, um in den damaligen unruhigen Zeiten den Schutz der Stadt zu geniessen, oder, von den Bürgern zum Schutze derselben aufgefordert, diesen Schutz zu gewähren. — Herrmann v. Vechelde, Bürgermeister zu Braunschweig, wurde 1388 vom Herzoge Friedrich zu Braunschweig, wegen seiner grossen Tapferkeit auf dem Schlachtfelde bei Wissen an der Aller zum Ritter geschlagen und später, 1437, gelangte der erwähnte kaiserliche Gnadenbrief in die Familie. Der Stamm blühte in grossem Ansehen fort, bis August Heinrich v. Vechelde, Particulier zu Braunschweig, 21. April 1864, den Mannsstamm derer v. Vechelde beschloss! Später lebten nur noch von der ganzen Familie des älteren, früher verstorbenen Bruders Wittwe, eine geborene v. Specht, mit ihrer Tochter.

Handschriftliche Notiz. — *Rehtmeier*, Braunschw.-Lüneburg. Chronik, S. 670. — *Ribbentrop*, Beschreibung der Stadt Braunschweig, S. 72 und 83. — *Venturini*, Umriss der Braunschw. Geschichte, S. 81. — *v. Hellbach*, II. S. 635. — *Hagemann*, Gesch. d. Lande Braunschweig u. Lüneburg, Bd. I. Lüneburg, 1837, S. 218. — *Freih. v. d. Knesebeck*, S. 284 und S. 381—383. — Hannov. W. B. D. 3 und S. 14. — *Kneschke*, III. S. 433 und 34.

Vega, Freiherren (in Roth eine freischwebende hochaufbrennende, goldene Bombe). Erbl.-österr. Freiherrnstand. Diplom vom 22. Aug. 1800 für Georg Vega, Major des k. k. Bombardiercorps, wegen seiner Militär- und Literärverdienste. Derselbe, geb. 1754 zu Sagoritza, einem Dorfe in Krain, erhielt bei Errichtung des k. k. Bombardiercorps als Hauptmann die Stelle eines Professors der Mathematik, kämpfte dann gegen die Türken und Franzosen und stieg zum Oberstlieutenant, wurde aber 26. Sept. 1802 von einem Müller beraubt u. in die Donau gestürzt, in welcher man ihn fand. v. Vega, welcher 1802 unter die Landstände des Herzogthums Krain aufgenommen worden war, hatte sich um Verbreitung der mathematischen Wissenschaften sehr grosse Verdienste erworben u. von seinen vielen Schriften haben namentlich die Logarithmentafeln, Wien, 1783 und dritte Auflage, Leipzig, 1814, zwei Bände, seinen Namen bekannt und berühmt gemacht.

Megerle v. Mühlfeld, S. 91. — *Kneschke*, IV. S. 426 und 27.

Vegesack, Fegesack (Schild der Länge nach getheilt: rechts in Blau ein grünbekränzter wilder Mann, welcher in der rechten Hand einen runden Klöpfel und in der linken einen Sack hält und links quer getheilt: oben in Roth ein aufwachsender, goldener Löwe und unten in Roth auf grünem Rasen zwei blaue Blumen, deren grüne Stengel sich schräg kreuzen). Erneuerter, polnischer und schwedischer Adelsstand. Erneuerungsdiplom des polnischen Adels von 1597 für Heise Vegesack, Nachkomme des Bürgermeisters Thomas V., welcher 1536 einen Tumult in Reval gestillt hatte, mit Vermehrung des Wappens durch den wilden Mann und Diplom des schwedischen Adels vom 12. Juli 1651 für Georg Vegesack. — Die Familie besass in Schweden Vegesackholm in Upland, in Finnland: Siwasolm und Sölthoffshof, in Lief-, Cur- und Esthland: Atzendorf, Paikis, Ritener, Serums und Sylack, in der Priegnitz: Frehne und Stresow und in Franken: Dürnhof bei Bayreuth. Bedienstet in Preussen waren in neuer Zeit: Dagobert Roderich Achilles v. V., Major und Polizei-Präsident a. D. zu Danzig, gest. 1850 und der Sohn desselben, Achilles Cäsar v. V., k. preuss. Kreis- und Gerichtsrath, gestorben ebenfalls 1850.

Zedler, 46. S. 940—43. — *Freih. v. Ledebur*, III. S. 50 u. 51 u. 354. — Schwed. W. B. A. 679.

Vehlen, Velen, Edle Herren und Grafen (in Gold drei hintereinander gehende, gestümmelte, rothe Amseln, Merletten). Reichsgrafenstand. Diplom vom 11. Oct. 1641 für Alexander II., Edlen Herrn v. Vehlen. — Altes, in Westphalen u. am Niederrhein begütert gewesenes Geschlecht, welchem bis zu Ende des 13. Jahrh. das Prädicat des höhern Adels zu Theil wurde, später aber als zur Ritterschaft gehörig vorkommt. Als Stammhaus wird von Hübner, Supplem. 27. S. 983, das im Stifte Lüttich unweit Tongern gelegene und zur Brabantischen Lehnkammer gehörige Schloss Völen, oder Velen genannt. — Die ordentliche Stammreihe beginnt zuverlässig mit Hartmann v. Vehlen, geblieben bei Harselt als General der Armee des Herzogs Egmont. Der gleichnamige Sohn desselben, in der Stammreihe der Achte genannt, wurde Statthalter des Stifts Münster und Landgraf zu Meppen, von welchem zwei Söhne stammten: Hermann und Alexander. Ersterer folgte in den väterlichen Herrschaften, ging in kur-cölnische Dienste und hinterliess männliche Erben, über die aber Genaues nicht bekannt ist. Von dem zweiten Sohne Hartmanns: Alexander Edlem Herrn zu Vehlen und Raesfeld, Fürstl. Münsterischem Geh. Rathe, Hofmarschall und General, der als kaiserl. Oberst in Ungarn gegen die Ungarn gekämpft, entspross Alexander II., der den Reichsgrafenstand, s. oben, in die Familie brachte und als Herr der Herrschaft Raesfeld, so wie der ererbten väterlichen Besitzungen in Westphalen u. der durch Kauf erlangten Herrschaft Bretzenheim in das Westphälische Reichs-Grafen-Collegium mit Sitz und Stimme aufgenommen wurde. Die gräfliche Linie, welche auch das Erbmarschallamt von Flandern besass u. den Titel: Vicomte de Bavay, Barone v. Doulieu führte, starb im Mannsstamme 1733 aus, von der freiherrlichen Linie aber lebte 1742 noch Anton Heinrich Herrmann Freih. v. Velen als Senior des Domstifts Münster.

Imhof, Lib. 9. cap. 14. — Durchlaucht. Welt, Ausgabe von 1710, II. S. 755—60. — *Hübner*, II. Tab. 447. — *Gauhe*, I. S. 2036—38. — *Zedler*, 46. S. 961—65. — *Freih. v. Ledebur*, III. S. 82. — *Siebmacher*, I. 191; v. Velen, Westphälisch und VI. 14; Gr. v. V. Reichsgrafen Westphälischer Bank. — *Spener*, Lib. 1, cap. 50, §. 20. — *Trier*, S. 683. — v. *Meding*, II. S. 624 und 25.

Veigl v. Kriegslohn. Erbl.-österr. Adelsstand. Diplom von 1815 für Valentin Veigl, k. k. Obersten, mit: v. Kriegslohn.

Megerle v. Mühlfeld, S. 277.

Veith, v. und zu Veith. Erbl.-österr. Adelsstand. Diplom für die Gebrüder Veith: Joseph, Landschaftsbuchhalter in Tirol; Isak, Arzt und Physicus zu Hall und Johann Baptist, Doctor der Rechte und Vice-Fiscal zu Botzen.

Megerle v. Mühlfeld, Erg.-Bd. S. 478.

Veith v. Schittlersberg. Erbl.-österr. Adelsstand. Diplom von 1774 für Ignaz David Veith, k. k. Hauptmann, mit: v. Schittlersberg (das Prädicat v. S. wurde deshalb beigelegt, weil dieser Name der Familienname seiner Mutter gewesen, die die letzte ihres Stammes war und Diplom von 1774 für Ignaz Veith (Veit), kaiserlichen Feldkriegs-Commissar, ebenfalls mit dem Prädicate: v. Schittlersberg.

Leupold, I. Bd. 4. S. 820 und 21. — *Megerle v. Mühlfeld*, S. 278 und Erg.-Bd. S. 478.

Velckher. Erbl.-österr. Adelsstand. Diplom von 1733 für Gottfried Erasmus Velckher, Doctor der Rechte.

Megerle v. Mühlfeld, Erg.-Bd. S. 478.

Velden. Erbl.-österr. Adelsstand. Diplom von 1718 für die zwei Gebrüder: Peter Paul und Franz Bartholomeus Velden.
Megerle v. Mühlfeld, Erg.-Bd. S. 478.

Vellberg, Velberg. Altes, im Nordgau begütert gewesenes Adelsgeschlecht, welches dem Canton Ottenwald einverleibt war und aus welchem noch 1536 Wolf v. Vellberg als Obervogt zu Crailsheim vorkam.
v. Falkenstein, Annal. Nordgav. III. Nachl. S. 224. — *Zedler,* 46. S. 1062 und 63. — *Biedermann,* Canton Ottenwald, Tab. 426. — *Siebmacher,* II. 74. v. V. Fränkisch.

Vellbrück, Velbrück, Altenbrück, genannt Velbrück, Velbrück, genannt Meirl (in Gold ein blauer Querbalken). Altes, adeliges, später freiherrliches u. zuletzt gräfliches Geschlecht des Niederrheins. Dasselbe sass bereits 1450 zu Altenbrück unweit Düsseldorf und zu Wolmersheim, erwarb dann mehrere Güter, war noch 1700 zu Ophofen und Richrad bei Opladen und zu Vorsl bei Kempen, so wie 1732 zu Lanquit unweit Opladen gesessen und ist dann gegen die Mitte des 18. Jahrhunderts erloschen. Die Familie hatte bei der Bergischen Ritterschaft aufgeschworen und die Tochter des Kurpfälzischen Ober-Stallmeisters Freiherrn v. Vellbrück war die Gemahlin des Herzogs Ernst August zu Holstein-Augustusburg, der 1731 im 71. Lebensjahre starb.
Gauhe, I. S. 2638. — *Fahne,* I. S. 433. — *Freih. v. Ledebur,* III. S. 52. — *Siebmacher,* II. 114 und Supplem. XII. 1: v. Aldebrück, genannt Vellbrück.

Vellnagel (in Silber auf grünem Boden ein grosses, grünes Kleeblatt). Adelsstand des Kgr. Württemberg. Diplom vom 12. Jan. 1807 für Johann Wilhelm Vellnagel, Major bei dem vormaligen schwäbischen Kreis-Dragoner-Regimente.
Cast, Adelsbuch des Kgr. Württemberg, S. 438 und 39. — W. B. d. Kgr. Württemberg, Nr. 186 und S. 47. — *Kneschke,* I. S. 438 und 39.

Vellnagel, Freiherren (in Silber auf grünem Boden ein dreiblättriger, grüner Rosenzweig). Freiherrnstand des Kgr. Württemberg. Diplom vom 6. Nov. 1812 für Christian Ludwig August v. Vellnagel, früher k. württemb. Staats-Secretair, Ordens-Vicecanzler, Präsident der Hof-Domainen-Kammer u. Mitglied des Ober-Hofraths, später Präsident des Ober-Hofraths, Ordenscanzler u. s. w. Der Mannsstamm ist nicht fortgesetzt worden.
Cast, Adelsbuch des Kgr. Württemberg, S. 488 und 89. — W. B. d. Kgr. Württemberg, Nr. 163 und S. 43. — *Kneschke,* I. S. 438 und 39.

Velmede (in Roth ein von Silber und Schwarz geschachter, schräglinker Balken und auf älteren Siegeln ein geschachter Querbalken). Ein in der Grafschaft Mark vorgekommenes, später, zu Anfange des 17. Jahrhunderts, erloschenes; verschiedene Wappen führendes Adelsgeschlecht, welches schon 1260 und noch 1580 zu Velmede unweit Hamm, 1334 zu Methler bei Hamm und 1406 zu Gahrenfeld unweit Dortmund sass u. 1483 u. noch 1604 einen Burgmannssitz zu Camen unfern Hamm inne hatte. Die Burgmänner zu Camen führten Kornähren im Wappen.
v. Steinen, II. S. 942. Tab. 27. Nr. 3: zehn Kornähren: 4, 3, 2 und 1, ohne Ueberbleibsel des

Halmes: Sigill. Johannis de Velmid; S. 945—1505; zuletzt wird eines Everts v. Velmede gedacht Tab. 22, Nr. 8. Sig. Johannis de Velmede, 27, Nr. 11: S. Goswini de Velmede und Tab. 39, Nr. 3: vollständiges, von jenen Siegeln ganz abweichendes Wappen. — *Freih. v. Ledebur*, III. S. 625 und 26. — *v. Meding*, II. S. 675 und 26.

Velsern, auch Ritter. Böhmischer Adels- und Ritterstand. Adelsdiplom von 1737 für Johann Franz Carl Velsern, Canzlei- und Cassa-Director des Fürsten v. Liechtenstein und Ritterdiplom von 1743 für Denselben.

Megerle v. Mühlfeld, Erg.-Bd. S. 219 und S. 478.

Velstein. Altes, niedersächsisches, auch im Oldenburgischen sesshaft gewesenes Adelsgeschlecht, welches noch 1652 blühte.

Winkelmann's Oldenburgische Chronik, S. 447. — *Zedler*, 46. S. 1876. — *Knesckke*, IV. S. 427.

Velten (Schild durch einen goldenen Querbalken getheilt: oben in Silber der Kopf und Hals eines gekrönten, schwarzen Adlers und unten in Blau ein rothgekleideter, einen Säbel schwingender Arm). Adelsstand des Kgr. Preussen. Diplom vom 21. Oct. 1786 für Johann Friedrich Velten, Rittmeister im k. preuss. Husaren-Regimente v. Eben. Der Empfänger des Diploms blieb als Major 6. März 1793 in einem Gefechte unfern Frankfurt a. M. und hinterliess einen Sohn, der Salz-Inspector zu Schwusen wurde.

N. Pr. A.-L. IV. S. 292. — *Freih. v. Ledebur*, III. S. 52. — W. B. d. Preuss. Monarchie, IV. 81.

Veltheim, auch Freiherren und Grafen (adeliges Stammwappen. Schild geviert: 1 und 4 in Gold drei schwarze und zwei silberne, abwechselnd an einander gestellte Querbalken: Stammwappen und 2 und 3 in Silber ein oben abgestümmelter, rother Baumast mit einem rothen Blatte an jeder Seite: Sampleben, doch nicht ganz den bekannten Nachrichten entsprechend und gräfliches Wappen: Schild golden eingefasst, geviert, mit unter dem 3. und 4. Felde eingepfropfter Spitze und mit Mittelschilde. Im mit einer Grafenkrone gekrönten, blauen Mittelschilde ein goldenes, geöffnetes Stadtthor alter Art mit einem Fallgitter und vier Thürmen, an deren beiden mittleren ein rother Adler schwebt: Wappen der Stadt Brandenburg, zur Erinnerung des Antheils, welchen Werner Graf v. Veltheim 1157 an der Eroberung der Stadt Brandenburg gehabt und in der blauen, zwischen dem 3. und 4. Felde eingepfropften Spitze zwei goldene, schräg ins Kreuz gelegte Bischofs-Stäbe). — Eins der angesehensten und berühmtesten, deutschen Rittergeschlechter, welches schon in sehr alter Zeit im Sächsischen, Magdeburgischen, Braunschweigischen, Halberstädtischen und Hildesheimischen, so wie auch in der Altmark in Blüthe war und schon 1313 das Erbkämmerer-Amt und 1514 das Erbküchenmeister-Amt des Herzogthums Braunschweig erhielt, später das Erbschenken-Amt im Hildesheimischen erlangte und in neuerer Zeit, 15. Oct. 1840, mit dem Erbmarschall-Amte von Magdeburg bekleidet wurde. Eine Erneuerung des alten Grafenstandes und des gräflichen Titels der Familie erfolgte, unter Erhebung in den Grafenstand des Kgr. Preussen, durch Diplom vom 6. Juli 1798 für August Ferdinand v. Veltheim, Hannoverschen Berghauptmann. — Aeltere Schriftsteller, zu welchen vor Allen R. A. Noltenius gehört, bringen das Veltheimsche Geschlecht in die nächste Verbindung mit den einstigen Besitzern der märkischen Herrschaften Osterburg und Altenhausen, den alten von 931 bis 1226; von Siegfried v. Veltheim zu Osterburg bis zu Siegfried II., vorgekommenen Grafen zu Osterburg, Altenhausen und Arnsburg, welche sich bekanntlich zugleich v. Veltheim nannten, führen die eben angeführten Grafen als ältere Linie auf und nehmen das Adelsgeschlecht, aus welchem die Freiherren und Grafen v. Veltheim hervorgingen, als jüngere Linie an, welche durch Rotgerus, jüngsten Sohn Werners III., Grafen zu Osterburg, entstand. Diese Annahme hat in neuerer Zeit, als man anfing, ältere Angaben fast durchweg zu bezweifeln, mehrere Gegner gefunden, von welchen der der Beachtungwertheste Kriegs-Rath Wohlbrück ist, s. Freih. v. Ledebur, Archiv für die Geschichte des Preussischen Staates, III. 1. Volle Gewissheit möchte schwer zu erlangen sein und so begnüge die Familie sich damit, dass das Grafendiplom von 1798 dem Wappen zur Erinnerung an Werner IV. Grafen zu Osterburg, welcher 1157, seinem Oheime, Albrecht dem Bären, bei der Wiedereroberung von Brandenburg beistehend, fiel, im Mittelschilde das Wappen der Stadt Brandenburg hinzugefügt hat. — Von den Gliedern des Veltheim'schen Adelsgeschlecht ist Bertram, gest. 1383, erzbischöfl. magdeburg. und herz. braunschweig. Rath, der nächste bekannte Ahnherr des gesammten Stammes. Von seinen Enkeln errichtete Heinrich 1415 die schwarze und der Bruder desselben, Hans, die weisse Part. Erstere kommt als ältere, Letztere als jüngere Linie vor und aus der älteren oder schwarzen Linie sind die Grafen und Freiherren v. V., aus der jüngeren, oder weissen Linie aber die Freiherren v. V. hervorgegangen. — Aus der schwarzen Linie stammte Friedr. Aug. v. Veltheim, geb. 1709 u. gest. 1775, welcher von 1747 bis 1755 Präsident des Hofgerichts zu Wolfenbüttel war. Sein Benehmen als Mitglied der Magdeburgischen und Halberstädtischen Landstände in den Drangsalen des 7jährigen Krieges wurde dem Könige Friedrich II. von so vortheilhafter Seite bekannt, dass der König ihm eine Staatsminister-Stelle anbot, doch verhinderte die schon wankende Gesundheit die Annahme derselben. Er legte von 1754 den herrlichen Park zu Harbke an, führte mit dem Freiherrn v. Münchhausen auf Schwöbber in Deutschland zuerst die Cultur ausländischer Hölzer und Pflanzen ein und weckte mehr und mehr den Sinn für Park-Anlagen. Der älteste Sohn desselben, August Ferdinand, geb. 1741 und gest. 1801 war früher Berghauptmann zu Clausthal, zog sich später auf das Gut Harbke zurück und lebte den Wissenschaften und der Natur. Nachdem er als Deputirter des engeren Ausschusses der magdeburgischen Stände, besonders bei den Verhandlungen über den Entwurf eines neuen Gesetzbuches seine Talente bewährt hatte, wurde er 1798 von der magdeburgischen Ritterschaft zum Deputirten erwählt, um dieselbe bei der Huldigung des Königs Friedrich Wilhelm III. von Preussen zu vertreten, wobei er 6. Juli 1798 für sich und seine Nachkommen den Preussischen Grafenstand, unter Erneuerung des alten Grafenstandes u. des gräflichen

Titels erhielt. Der ältere Sohn des Grafen Friedrich August war Graf Röttger und der jüngere Graf Werner. Graf Röttger, geb. 1781 und gest. 1848, hat aus erster Ehe mit Luise v. Lauterbach nur eine einzige Tochter, Grf. Ottonie, geb. 1805, hinterlassen, welche sich 1827 mit Otto August v. Veltheim, Erbherrn der Familiengüter Veltheimsburg, Samtersleben und Nordgermersleben, k. preuss. Landrath. vermählte und 1848 Wittwe wurde. Auch Graf Werner, geb. 1785 und gest. 1860, Majoratsherr auf Harbke, Kloster-Neuendorf und Groppendorf, Erb-Küchenmeister des Herzogthums Braunschweig, Erb-Marschall des Preussischen Herzogthums Magdeburg, herzogl. braunschw. Staatsminister a. D. und Ober-Jägermeister, verm. in erster Ehe 1810 mit Wilhelmine v. Adelepsen, in zweiter 1812 mit Adelheid Melusine v. Adelepsen und in dritter mit Emilie v. Briesen, geb. 1801 und verm. 1824, hat den Mannsstamm seiner Linie nicht fortgesetzt, da aus der dritten Ehe nur zwei Töchter stammten: Grf. Mechthilde, geb. 1825 und verm. 1845 mit Adelbert v. Cramm auf Oelber, Wittwe seit 1851 und Grf. Armgard, geb. 1829 und verm. 1850 mit Max v. Saldern zu Wilsnack, später zu Aderstedt. So ist denn der Mannsstamm der gräflichen Linie in Folge des Diploms von 1798 ausgegangen und dieselbe ist von der schwarzen Linie der Freiherren v. Veltheim beerbt worden. — Zu der schwarzen, freiherrlichen Linie gehört zunächst, da der gräfliche Zweig im Mannsstamme erloschen ist, der Zweig auf Ostrau, Cösseln u. Weissrand, so wie die fränkische, schwarze Part, die weisse Linie aber blüht in drei freiherrlichen Linien zu Destedt, zu Bartensleben u. in Hannover, über welche Linien besonders Jahrg. 1861 des Taschenbuchs der freiherrl. Häuser nachzusehen ist. — Aus den adeligen Linien des Geschlechts waren im Kgr. Preussen nach Rauer 1857 begütert im Kr. Neuhaldensleben: Georg v. V., Kammerherr, auf Gross-Bartensleben und Aller-Ingersleben, so wie Otto v. V., Lieutenant, auf Veltheimsburg, Nord-Germersleben u. Klein-Samtersleben; im Kr. Nieder-Barnim: v. V., Major a. D., auf Schönfliess, Stolpe und Glienicke im Kr. Bitterfeld: Gebrüder v. V., Carl Achatz, Major a. D., Werner, Carl Burchard und Ludolph Heinrich auf Rösseln (Fideicommiss) und Ostrau. Ausserdem besass Frau v. Veltheim, geb. Grf. v. Veltheim auf Veltheimsburg, im Kr. Naugard das Gut Breitenfelde und Frau v. V., geb. v. Vincke im Kr. Lübbecke das Gut Eickel.

Knauth, S. 5*6. — *Hekrens* Beschreibung des Hauses v. Steinberg. Beilage Nr. 15, S. 105—10. — *Pfeffinger*, I. S. 506—530. — *R. A. Noltenii* diatriba genealogico-histor. de illustr. Veltheimior. familia per saec. XI—XIV diplomatum probatis, historicorum fide descripta. Helmst. 1727. — *v. Falkenstein*, Antiquit. Nordgav II. S. 324. — *Gauhe*, I. S. 2639—12. — *Zedler*, 46. S. 1078—83. — *Pfefferkorn*, Histor. des Herz. Braunschweig, I. S. 506. — Hannov. Beiträge, 1756, Nr. 98 und 99; Samuel Lenz, von dem ehemaligen Grafenstande der Herren v. Veltheim. — *Schmidt*, Beitr. zur Geschichte des Adels, I. S. 111, 159 und 60 und II. S. 369. — N. Pr. A.-L. IV. S. 292 u. 93 und V. S. 459—66: gegen Wohlbrück und auch sonst von Interesse. — *Freih. v. d. Knesebeck*, S. 204 u. 65. — Deutsche Grafenh. d. Gegenw. II. S. 593—95. — *Freih. v. Ledebur*, III. S. 52 u. 53 und S, 354. — Geneal. Taschenb. d. gräfl. Häuser, 1848, S. 712 und 13, 1864, S. 942 und 43 und histor. Handb. zu Denselben, S. 1032. — Geneal. Taschenb. der freih. Häuser, 1855, S. 652 u. 53, 1861, S. 680—92, 1864, S. 897 u. ff. Jahrgg. — *Siebmacher*, I. 167: v. Veltheim, Sächsisch: Die Felder in umgekehrter Ordnung. — *Harenberg*, Histor. dipl. Gandershem. Tab. 36, Nr. 1. — Hannov. Beitr. 1755, Nr. 6, von dem Wappen der Herren v. V. — *v. Meding*, I. S. 629—31. — W. B. der Preuss. Monarchie, II. 8: Gr. v. V. — Hannov. W. B. A. 10; Gr. v. V. und C. 26: v. V. und S. 14.

Vemern (in Silber ein halber, schwarzer Widder mit goldenen Hörnern). Altes, von der Insel Femern stammendes, nach Pommern und ins Meklenburgische gekommenes Adelsgeschlecht, welches schon 1388 zu Neuhof bei Usedom, dann im Camminschen zu Fritzow und Raddack, so wie auch in Rostock angesessen war und mit Lucas v. Vemern, der noch 1593 lebte, erloschen zu sein scheint.

Freih. v. Ledebur, III. S. 53 und S. 354. — Pommernsches W. B. V. 52.

Venediger (in Roth eine silberne, fliegende Taube). Altes, Preussisches Rittergeschlecht aus dem zwei Meilen von Liebemühl gelegenen Stammhause Venedig unweit Mohrungen, dessen Stammreihe Valentin König mit Thomas v. Venediger, des deutschen Ordens Ritter und Hauptmann zu Stumbs, angefangen hat. Von dem Sohne desselben, Martin v. Venediger auf Venedig, stammte der zu seiner Zeit berühmte Theologe, Dr. Georg Venediger, von 1567 bis 1574 Bischof von Pomesanien und zuletzt auch von Culm, welcher im letztgenannten Jahre starb und zwei Söhne hatte, die den Stamm fortsetzten, Hans und Martin. Von den Söhnen war Hans v. V. auf Gross- und Klein-Cosel, Landrichter des Hohensteinschen Landgerichts, dessen Sohn, Georg, wegen eines im Duell gefallenen Officiers aus Preussen flüchtete und das Gut Sporen bei Zörbig kaufte. Die Nachkommenschaft desselben u. die seines Bruders, Wolf Heinrich v. V. auf Trachenstein, k. poln. u. kursächs. General-Lieutenants blühte fort und Valent. König und Gaube haben über dieselbe Mehreres mitgetheilt. Hans v. V. auf Cosel hatte einen Sohn, Joachim, der, Nachkommen hinterlassend, 1706 als herz. sachs.-merseburg. Kammerjunker starb. Wolf Heinrich v. V. auf Trachenstein, gest. 1706, welcher sich im polnisch-schwedischen Kriege sehr ausgezeichnet, hatte drei Brüder, Hans Heinrich, Thomas Georg und Wolf Friedrich und drei Söhne: Christoph Heinrich, Thomas Georg und Wolf Friedrich. — Von den genannten drei Brüdern erhielt Hans Heinrich, k. poln. Oberst, gest. ohne Nachkommen 1706 in Ungarn, das Gut Reinhardsgrimma bei Pirna, Thomas Georg war kais. russ. General, Wolf Friedrich k. poln. Oberst und beide hatten auch keine Nachkommenschaft. Von Wolf Heinrich's drei Söhnen wurde Christoph Heinrich kaiserl. Oberst und Commandant zu Glatz, Hans Heinrich, Venetianischer Oberst, hinterliess einen Enkel: Friedrich, Amtsland-Verweser in Preussen und Christoph Friedrich starb als k. poln. Oberstlieutenant ohne Erben. Die Familie hatte in Ostpreussen ansehnliche Güter und unter diesen um 1727 Worlach und Wotterlack unweit Preusisch-Eylau und sass auch im Oelsischen zu Bunkau, Gross-Totschau u. s. w. — Heinrich Carl v. Venediger nahm 1668 im Namen seiner Gemahlin, einer v. Stralendorf, einen Antheil der Stralendorf'schen Güter zu Heiligenstadt in Besitz. — Erwähnt sei noch, dass ein Diplom vom Kurfürsten Friedr. Wilh. I. zu Brandenburg vom 23. Oct. 1671 nicht ein Anerkennungsdiplom, sondern nur als Zeugniss für den alten Adel des Wolff Heinrich v. Venediger gelten sollte, welcher ein solches Zeugniss Behufs seiner beabsichtigten Aufnahme in den böhmischen Ritterstand haben wollte. — In handschriftlichen grössern genealogischen Sammlungen finden sich von 1550 noch bis 1812 Nachweise über die Familie.

Knauth, S. 586. — *Sinapius*, II. S. 1083, — *Valent. König*, II. 1177—80. — *Gauhe*, I. S. 2642—44. — *Zedler*, 46. S. 1264—68. — N. Pr. A.-L. IV. S. 294. — *Freih. v. Ledebur*, III. S. 53 u. 54. — *Siebmacher*, V. 64 und 65. — W. B. der Preuss. Monarchie, IV. 81.

Venningen, Freiherren (in Silber zwei schrägkreuzweise nach aufwärts gelegte, rothe Lilienstäbe). Eins der ältesten stiftsfähigen Geschlechter des deutschen Reichsadels, welches seit undenklicher Zeit zu den rheinischen und schwäbischen Cantonen der weiland unmittelbaren Reichs-Ritterschaft gehörte. Gottfried v. Venningen war schon 1130 Abt in Weingarten und Gabeno und Hageno v. Venningen treten in Urkunden der Jahre 1228 bis 1251 auf. Die ununterbrochene Stammreihe beginnt um 1340 mit dem Ritter Seyfried v. Venningen und seiner Hausfrau Gutta v. Menzingen. Schon die Enkel desselben: Kunz zu Dassbach, Eberhard zu Eschelborn und Dietrich zu Zuzenhausen, deren Bruder, Seyfried, 1382 des deutschen Ordens Grossmeister war, schieden den Stamm in drei nach denselben genannte Linien. Von diesen sind die beiden ersteren, aus welchen Anselm v. V. der 52. Bischof zu Augsburg, Hans v. V. 1458 Fürst-Bischof zu Basel und der Bruder desselben, Jobst, 1448 ebenfalls Grossmeister des deutschen Ordens war, um 1600 wieder ausgegangen und nur die Linie zu Zuzenhausen, welche von Dietrich v. V. und seiner zweiten Hausfrau, Bertha v. Massenbach, abstammte, blühte dauernd fort. Aus ihr war des Stifters Enkel, Freih. Seyfried, um 1456 Fürst Bischof zu Speier und erlangte für sich und seine Familie vom Papste Pius II. das Vorrecht, seinen und ihren Helm mit der bischöflichen Inful zu bedecken und diese mit den zwei Lilienstäben seines Schildes zu belegen. Der Urenkel seines Bruders, Eberhard v. V., ein Sohn des Ludwig zu Zuzenhausen und der Agnes Nothaft v. Hohenberg, Herr zu Eichtersheim und Aicholtsheim, gest. 1575, war mit Maria Margaretha Landschaden v. Steinach verheirathet u. wurde der nächste Ahnherr aller jetzigen Freiherrn v. Venningen. Aus diesen war im 6. Gliede Freih. Carl Philipp, geb. 1797, ein Sohn des Freih. Carl Ferdinand und der Elisabeth Claudia Grf. v. Reichenstein und wurde Vater zweier Söhne: Franz Anton u. Friedrich Anton, welche die beiden noch blühenden Linien zu Eichtersheim und zu Grombach gründeten. Als Haupt der Linie zu Eichtersheim wurde in neuer Zeit aufgeführt: Freih. Friedrich, geb. 1794 — Sohn des 1799 verstorbenen Freih. Franz Anton aus der Ehe mit Henriette Freiin v. Andlau, geb. 1766 und gest. 1813 — k. k. Kämmerer, verm. 1816 mit Maria Freiin Specht v. Bubenheim, geb. 1797, aus welcher Ehe, neben einer Tochter, drei Söhne entsprossten, die Freiheren Hermann, geb. 1817, nach America ausgewandert; Clemens, geb. 1820, Herr auf Eichtersheim, Eschelborn, Neidenstein und Zuzenhausen im Grossh. Baden, grundherrl. Abgeordneter in die erste Kammer der badenschen Ständeversammlung, k. k. Rittmeister in d. A., verm. 1862 mit Agnes Grf. v. Degenfeld-

Schönburg, geb. 1838 und Carl, geb. 1834, k. k. Rittmeister. — Aus der Linie zu Grombach vermählte sich Carl Freih. v. Venningen, genannt Ulner v. Diepurg, geb. 1806 — Sohn des 1832 verstorbenen Freiherrn Friedrich Anton — Herr zu Grombach, Rohrbach, Weiler am Steinberg, Spechbach und Dühren im Grossh. Baden, Aspach, Riegerting, Spitzenberg u. s. w. in Oesterreich ob der Ens, k. bayer. Kämmerer, 1832 mit Jane, des k. grossbritan. Admirals Henry Digby, Tochter, geb. 1809, aus welcher Ehe, neben einer Tochter, ein Sohn stammt: Freih. Heribert, geb. 1833, k. k. Kämm. u. Rittmeister in d. A.

Bucelini Stemmat. P. I. — *Crusii* Annal. Suev., II. S. 326. — *Humbracht* Tab. 142—44. — *Gauhe* I. S. 2644—16. — *Salver*, S. 225, 229 und 233. — *Cast*, Adelsb. d. Grossh. Baden, Abth. 2. — Geneal. Taschenb. der freih. Häuser, 1848, S. 374—77, 1864, S. 697—99 u. ff. Jahrgg. — Siebmacher, I. 122; v. Venningen, Rheinländisch. — *v. Meding*, II. S. 625. — *Tyroff*, II. 244.

Verbeck, Verbek. Erbl.-österr. Adelsstand. Diplom von 1782 für Anton Bernhard Verbeck, Arzt, mit: Verbeck du Chateau. — Franz Verbek du Chateau stand in neuer Zeit im k. k. 6. Jäger-Bataillon.

Meyerle v. Mühlfeld, Erg.-Bd. S. 478. — Militair-Schematism. d. Oesterr. Kaiserth.

Vercken, Verken (in Schwarz ein silberner Querbalken zwischen drei, 2 und 1, silbernen, rothgezungten und links gekehrten Löwen). Altes, rheinländisches, unter die Jülichsche Ritterschaft aufgeschworenes Geschlecht, welches noch im 17. und 18. Jahrhundert mehrere Güter inne hatte und in die Linie zu Vercken und zu Hemmersbach bei Bergheim geschieden war. Der gleichnamige Stammsitz der Familie wird schon 1226 genannt und dieselbe war 1621 und später bereits zu Hemmersbach bei Bergheim, zu Puffendorf bei Geilenkirchen und zu Sindorf bei Bergheim begütert und sass noch 1730 zu Buir unweit Bergheim und 1737 zu Vercken.

Aeg. Gelenius, de admiranda sacra et civili magnitudine Coloniae, 1645 und in Brewer's vaterländischen Chronik der Pr. Rheinprovinz, Cöln 1825 Heft 5. 95. — *Freih. v. Ledebur*, III. S. 154. — *Siebmacher*, V. 349. — *Tyroff*, II. 27. — *Robens*, Verzeichn. Werkchen, I. 80 und Niederrhein. Adel, I. S. 357. — W. B. d. Preuss. Rheinprov. II. S. 152 und Tab. 49, Nr. 97.

Verdugo, Grafen (Schild geviert: 1 u. 4 in Gold der kaiserliche schwarze Doppeladler und 2 und 3 in Roth ein goldener Löwe, umgeben von einem silbernen Schildesrande u. in demselben acht kleine blaue Kreuze). Reichsgrafenstand. Diplom von 1620 für Wilhelm v. Verdugo, kaiserl. General. Die Familie war in den ersten Jahrzehnten des 18. Jahrhunderts in Schlesien ansehnlich begütert und zwar besonders im Oppelnschen. — Altes, aus Catalonien von den v. Veja in Spanien stammendes Geschlecht, welches sich im 30jährigen Kriege nach Böhmen wendete und dann in Schlesien ansehnlich begütert war. — Das Geschlecht, über welches Gauhe Mehreres mitgetheilt hat, kam namentlich durch Franz Verdugo, gest. 1595, Gouverneur zu Haarlem, k. spanischen General-Feldmarschall und Admiral zur See, so wie durch seine Söhne aus der Ehe mit einer Gräfin v. Mansfeld: Johann, k. span. General-Lieutenant und Gouverneur zu Geldern, Franz, kaiserl. General und Hof-Kriegsrath, Herrn zu Wintwitz und Tuppau in Böhmen und Wilhelm, Herrn in Böhmisch-

Mascha und Neprowit, Spanischen General, gest. 1729, zu sehr grossem Ansehen. — Noch zu Anfange des vorigen Jahrhunderts war in Böhmen Graf Franz Norbert, k. k. Rath und Hauptmann des Saatzer Kreises und in Schlesien besass Graf Franz Julius, gest. 1740, die Herrschaft Tworog und hatte aus seiner Ehe mit einer Grf. v. Guttenstein zwei Söhne: Johann Leopold und Siegfried Julius.

P. Wilhelm a Staden Trophaea Verdugiana, Cöln, 1630. — Sinapius, II. S. 266. — Gauhe, I. S. 2648 und 49 und II. S. 1207 und 1208. — Zedler, 47. S. 873 u. 74. — Freih. v. Ledebur, III. S. 51. — Siebmacher, IV. 7.

Verga, Ritter. Erbl.-österr. Ritterstand. Diplom vom 27. Febr. 1783 (1787) für Carl v. Verga, k. k. Oberst-Lieutenant und Platz-Major zu Grätz.

Megerle v. Mühlfeld, Erg.-Bd. S. 219. — Knechke, III. S. 434 und 35.

Verger, Freiherren (Schild geviert mit einem silbernen Mittelschilde, in welchem ein goldener Löwe in der Vorder-Pranke einen Granatapfel mit grünem Stiele und zwei Blättern hält. 1 und 4 in Silber auf grünem, mit grünem Zaun oder Geländer umgebenen Rasen ein grüner Obstbaum mit goldenen Früchten (Granatäpfeln) und 2 u. 3 in Roth drei, 2 u. 1, goldene Granatäpfel). Kurbayerischer Freiherrnstand. Diplom vom 4. Juli 1748 für die Gebrüder Maximilian Emanuel v. Verger, kurbayerischen Geh. Rath, Regierungsrath und Rentmeister zu Straubing, Franz Joseph, Canonicus des Collegiatstifts zu Straubing und Philipp Nerius, kurbayerischen Regierungsrath, und Freiherrnstand des Kgr. Bayern. Diplom vom 12. Aug. 1812 für Johann Anton Baptist v. Verger, k. bayer. Generalmajor u. Chef der Gensdarmerie (später k. bayer. Generallieutenant und a. o. Gesandter am k. württemb. Hofe) unter Ertheilung des Wappens der Freiherren v. Verger nach dem Diplome von 1748, so wie Diplom vom 18. Dec. 1824 für des Letzteren Adoptivsohn, Ferdinand Clement v. Nouvion, k. bayer. Kämmerer u. Gesandten am grossh. badischen Hofe (später zu Rom, Neapel u. Turin), unter Ertheilung des Namens und Wappens der Freiherren v. Verger. — Altes, ursprünglich aus Capo d'Istria stammendes Adelsgeschlecht, welches zu den angesehensten Familien dieser Stadt gehörte und aus derselben weiter nach Italien, so wie nach Frankreich und in die Schweiz kam u. in diesen Ländern sich weit ausbreitete. Ein Sprosse des Stammes, Peter Paul v. V., 1530 päpstlicher Legat, wurde später Bischof zu Capo d'Istria. — Die bayerischen Freiherren v. V. stammen aus derjenigen Linie des Geschlechts, welche in dem ehemaligen Sitze der Bischöfe von Basel, Bruntrut am Jura, mehrere Jahrhunderte blühte u. aus welcher Mehrere am Hofe der Bischöfe von Basel Träger hoher Würden waren. Aus dieser Linie kam Johann Conrad v. V., geb. 1682, ein Sohn des fürstbisch. Hofrathes Christoph Ignaz v. V. u. der Johanna Münch v. Münchenstein zuerst nach Bayern, wurde kurbayer. Regierungsrath und später Rentmeister der Regierung zu Straubing und erlangte, nachdem er das Rittergut Moosdorf (Mossdorf) an sich gebracht hatte, die Edelmannsfreiheit und Aufnahme unter die Landschaft in Bayern. Aus seiner Ehe mit Maria Anna Freiin v. Unertl stammten die oben genannten drei Empfänger des Freiherrndiploms von 1748. — Die Familie blüht in Bayern jetzt in zwei Linien. Die erste umfasst die Nachkommenschaft des 1842 verstorbenen Freiherrn Maximilian Emanuel, k. bayer. Kämmerer u. Geh. Raths und zwar in der Person des Ludwig Freih. v. Verger auf Moosdorf, geb. 1798, k. bayer. Kämmerers, die zweite aber stiftete der oben genannte k. bayer. Generallieutenant Johann Baptist Anton v. Verger, gest. 1851, doch blüht dieselbe nur im Stamme seines Adoptiv-Sohnes. Da nämlich die Ehe des Freih. Johann Baptist Anton mit Maria Anna Noël v. Angstein kinderlos blieb, wurde schon 1824, s. oben, Ferdinand Clement v. Nouvion als Adoptiv-Sohn angenommen. Letzterer: Ferdinand Clement v. Nouvion Freih. v. Verger, geb. 1806, k. bayer. Kämmerer und Gesandter zu Rom, vermählte sich 1840 mit Anna v. Provenchères, aus welcher Ehe drei Töchter entsprossten.

v. Lang, S. 266. — Geneal. Taschenb. d. freih. Häuser, 1855, S. 655—58, 1856, S. 722 und 23, 1863, S. 995 u. ff. Jahrgg. — W. B. d. Kgr. Bayern, IV. 33 und v. Wölckern, Abtheil. 4. S. 76. — Kneschke, IV. S. 430—32.

Verhovitz, Edle. Erbl.-österr. Adelsstand. Diplom von 1798 für Joseph Verhovitz, Doctor der Medicin in Graetz, wegen seiner Verdienste in den Militairspitälern, mit Edler v.

Megerle v. Mühlfeld, S. 278.

Vering, Ritter und Edle. Erbl.-österr. Ritterstand. Diplom von 1801 für Gerhard Vering, k. k. Stabs-Feldarzt, mit Edler v.

Megerle v. Mühlfeld, Erg.-Bd. S. 220.

Veringen, Grafen. Altes, schwäb. Grafengeschlecht, welches schon 919 vorkam u. 1387 ausstarb. Die bedeutende Grafschaft Veringen lag bei Reutlingen u. gehörte später dem Hause Hohenzollern.

Lucae Grafensaal, S. 692—99. — Hübner, II. Tab. 493. — Zedler, 47. S. 927.

Vernezobre, Vernezobre de Laurieux, Freiherren (Schild mit breitem, silbernen Schildeshaupte und in demselben der von der Brust an aufwachsende, schwarze, preussische Adler. Im blauen Schilde ein mit den Hörnern nach oben gekehrter, silberner Halbmond, hinter welchem zwei goldene Palmzweige ins Andreaskreuz gelegt sind). Im Königreiche Preussen anerkanntes Baronat. Altes, französisches Adelsgeschlecht, welches unter dem Könige Friedrich Wilhelm I. von Preussen mit bedeutendem Vermögen aus Frankreich nach Berlin kam. — Baron Vernezobre erbaute den Palast in der Wilhelmstrasse, welchen nachher Prinzessin Amalie, Schwester des Königs Friedrich II. besass und welchen später Prinz Albrecht von Preussen erwarb. Ersterer erbaute auch das schöne Haus in der Burgstrasse Nr. 25 und brachte im Ober-Barnimer Kreise die bedeutenden Hohen-Finower Güter bei Neustadt-Eberwalde an sich, welche nach dem Tode des Enkels, des k. preuss. Landraths Freih. v. Vernezobre, um 1833 verkauft wurden. Zwei Söhne des Letzteren traten in die k. preuss. Armee. — Eine Tochter aus diesem Hause, Freiin Caroline Ulrike, gest. 1843, war die zweite Gemahlin des Eduard Grafen Zedlitz-Trützschler v. Falkenstein, Freih. v. Wilkau.

N. Pr. A.-L. IV. S. 295. — Freih. v. Ledebur, III. S. 54. — W. B. d. Preuss. Monarchie, II. 68. — Kneschke, I. S. 439 und 40.

Verlet v. Löwengreiff. Reichsadelsstand. Diplom von 1766 für Franz Wilhelm Verlet, k. k. Rath u. Hof-Secretair, mit: v. Loewengreiff.

Megerle v. Mühlfeld, Erg.-Bd. S. 479.

Vermatti v. Vermersfeld, Freiherren. Diplom von 1817 für Aloys Vermatti v. Vermersfeld, kais. Truchsess, Bergrath und ehemaligen Bergoberamts-Director und Bergrichter zu Laibach, wegen 31jähriger Dienstleistung.

Megerle v. Mühlfeld, S. 91 und 92.

Verner, Ritter und Freiherren. Erbl.-österr. Ritter- und Freiherrnstand. Ritterdiplom von 1754 für Johann Adam v. Verner, k. k. Kreishauptmann zu Iglau, wegen Militair- u. Civilleistung und Freiherrndiplom für Denselben von 1757, wegen 30jähriger Dienstleistung.

Megerle v. Mühlfeld, S. 92 und S. 150.

Vernholz v. Vernwald, Freiherren. Erbl.-österr. Freiherrnstand. Diplom von 1812 für Christoph Vernholz, Hauptmann im k. k. Regimente Erzherzog Rainer, mit: v. Vernwald.

Megerle v. Mühlfeld, S. 91.

Vernier, Vernier v. Rougemont u. Orchamp, Freiherren (Stammwappen: in Blau ein gekrönter, doppelt geschweifter, rechtsspringender Löwe und ein über denselben und das ganze Feld gezogener, goldener Querbalken, welcher mit zwei neben einander quergelegten grünen Lorbeerblättern belegt ist. Im gräflichen Wappen trägt der Adler im Mittelschilde diesen Löwen in einem blauen Herzschilde). — Reichs- und Erbl.-österr. Freiherrnstand. Diplom vom 19. Mai 1636 für den kaiserl. Kämmerer und bestallten Obersten Matthaeus Vernier v. Rougemont und Orchamp und für den Bruder desselben, Peter Anton v. R. Der Reichsfreiherrnstand kam 19. Mai 1636 in die Familie und dieselbe erlangte 2. Juli 1636 die Incolate für Böhmen, Mähren und Schlesien, so wie 7. Dec. 1680 die Landmannschaft im Herz. Steiermark. — Altes Rittergeschlecht der Grafschaft Burgund, in welcher auch die ältesten Stammhäuser der Familie: Rougemont u. Orchamp, liegen. Der erste bekannte Ahnherr ist Petrinus de Vernier, um 1330 ritterlicher Vasall der Grafschaft Burgund. Im siebenten Gliede stammte von demselben Freih. Matthaeus, s. oben, — ein Sohn des Jean de Vernier und der Stephanie de Faurolle — der in der kaiserl. Armee zum General-Feldwachtmeister, Hof-Kriegsrath und Oberst eines Regiments zu Pferd und zu Fusse, welche Regimenter er aus eigenen Mitteln errichtet und ausgerüstet hatte, stieg. Theils durch Kauf, theils durch kaiserl. Schenkung erlangte er die im czaslauer Kreise Böhmens gelegenen Herrschaften Gross-Lipnitz u. Swietla und wurde, wie angeführt, Reichsfreiherr. Aus seiner Ehe mit Laura Eleonora Grf. v. Lodron hinterliess er unter mehreren Kindern den Sohn: Johann Bartholomaeus und dieser von Maria Rosina Freiin v. Kaimpach die beiden Söhne: Wenzel Franz und Wenzel Ignaz, welche die Stifter zweier Linien, die fortblühten, wurden. Freih. Wenzel Franz, geb. 1701 und gest. 1757, Herr der Herrschaften Gross-Lipnitz und Swietla, war k. k. Kämmerer und Rittmeister und hatte sich 1719 vermählt mit Maria Anna Grf. v. Kaunitz, Freiherr Wenzel Ignaz aber, geb. 1705 und gest. 1748, besass die böhmischen Güter Morawan, Zbraslowiz und Medleschiz, war k. k. Kämm., Gubernialrath und Kreishauptmann zu Chrudim und hatte sich 1727 vermählt mit Maria Theresia Freiin v. Stracka und Nedabiliz, gest. 1754. — Der Stamm blühte in einer älteren und jüngeren Linie fort und die erstere vertrat nach neueren Angaben nur noch Freih. Wilhelm, geb. 1796, Herr auf Srabow — Sohn des 1759 geborenen u. 1846 verstorbenen Freih. Maria Wenzel Joseph, k. k. Oberlieutenants u. der Josepha Apollonia v. Krauseneck (geb. 1761 und gest. 1827) und Enkel des 1729 geborenen und 1787 verstorbenen Freih. Wenzel Franz de Paula, k. k. Kämmerers, Gubernialraths und Stadthauptmanns zu Prag und der Eleonore v. Langer, verm. 1748 und gest. 1789. — Die Schwester des Freih. Wilhelm: Freiin Henriette, geb. 1798, vermählte sich 1820 mit Franz de Paula Freih. v. Schönau, k. k. Gubernial-Secretair zu Prag, welcher 1850 starb. — Als Haupt der jüngeren Linie wurde genannt: Freih. Franz de Paula, geb. 1808 — Sohn des 1826 verstorbenen Freih. Franz de Paula, Herrn auf Prosetsch, Poschua und Medleschitz in Böhmen, k. k. Kämmerers und Majors, verm. 1807 mit Franzisca Johanna Hruschowska v. Hruschowa, geb. 1784 — aus welcher Ehe ein Sohn stammt, Freih. Johann, geb. 1837, k. k. Conceptions-Practicant bei der Statthalterei-Abtheilung in Steiermark. Der Bruder des Freih. Franz de Paula, k. k. Kämm. u. Geh. Rath, stieg in der k. k. Armee zum Feldmarsch.-Lieutenant und Inhaber des 12. Feld-Artill.-Regim.

Gauhe, II. S. 1208 und 9. *Zedler*, 47. S. 1365. — *Schmutz*, IV. S. 268. — Geneal. Taschenb. d. freih. Häuser, 1848, S. 377—380, 1853, S. 502—4, 1856, S. 723 und 24, 1864, S. 898 und 99 u. ff. Jahrgg. — *Siebm*. IV. 14 und Supplem. VI. 27: F. H. v. V. — *Tyroff*, I. 40: F. H. v. V.

Veronese, Ritter. Erbl.-österr. Ritterstand. Diplom von 1759 für Joseph Jacob Veronese, Niederösterr. Regierungsrath, wegen adeligen Herkommens und wegen 29jähriger Dienstleistung.

Megerle v. Mühlfeld, S. 151.

Verschner, Freiherren (Schild geviert mit einem kleinen Herzschilde. 1 und 4 in Silber zwei auf einem Kreuze stehende, schwarze Kornähren und 2 u. 3 in Blau ein von Silber und Roth schachweise abgetheilter Sparren. In schwarzem Herzschilde ein aufrechtstehender, gewappneter und geharnischter Mann, in der Rechten einen Commandostab ausgestreckt haltend und die Linke in die Seite stemmend). Reichsfreiherrnstand. Diplom vom 9. Febr. 1696 für den niederländischen Artillerie-Obersten und Commandanten Otto Christoph v. Verschuer zu Solz. — Altes, ursprünglich niederländisches Adelsgeschlecht, welches sich ehemals: von der Schuer schrieb und sein Stammhaus, zur Schuer genannt, auf der Velaune in Geldern hatte, wo noch Heinrich von der Schuer um 1477 ansässig war. Bei der im Niederdeutschen gebräuchlichen Zusammenziehung „von der" in „ver" wurde zuletzt der Name „ver Schür" zur Gewohnheit, so dass, als nach wiederholter Verheirathung der Familie von der Schuer mit der v. Trott, wodurch jene zugleich einen Theil der trott-schen Lehengüter in Hessen: Stolz, Borrode, Bauhaus u. s. w. erwarb, dieser zusammengesetzte Name zum einfachen, zusammengezogenen Familiennamen wurde und später, seines Ursprungs unbewusst, sich ein neues „von" hinanzog. — Freih. Otto Christoph, s. oben, geb. 1650 und gest. 1712, war der Einzige seines Stammes. Aus seiner Ehe mit Anna Maria v. d. Reck stammten zwei Söhne, von welchen Freih. Wolff Dietrich, geb. 1676 und gest. 1737, k. schwed. General-lieutenant, die ältere hessische Linie, der zweite aber, Freih. Philipp Wilhelm, geb. 1678 und gest. 1735, niederländischer Brigadier und Artillerie-Commandant, die jüngere, niederländische Linie stiftete. Beide Linien wurden gemeinschaftlich in die trott-verschuer'sche Ge-sammtbelehnung in Hessen, Hannover und Sachsen-Weimar aufge-nommen. Die Stammreihe der älteren Linie in Hessen stieg, wie folgt, herab: Wolf Dietrich, s. oben; — Otto Gottfried, geb. 1719 und gest. 1762, Geh. Kriegsrath: Sophie Spiegel v. Diesenberg; — Carl Wilhelm Friedrich, geb. 1758 und gest. 1822, kurhess. Ober-Forstmeister zu Rothenburg: Charlotte Johanne v. Biesenrodt, geb. 1768, verm. 1786 u. gest. 1836; — Ernst, geb. 1787, fürstl. fürsten-bergischer Ober-Jägermeister und Hofmarschall in Donaueschingen: Adelheid v. Mylius, geb. 1794. Vom Freih. Ernst stammt Freih. Hermann, geb. 1814 und der Bruder des Letzteren, Freih. Carl, gest. 1859, grossh. bad. Kammerherr, hat aus der Ehe mit Emma v. Vlo-then, geb. 1825 und verm. 1850, neben einer Tochter, zwei Söhne, Egon, geb. 1852 u. Wolf Dietrich Friedrich, geb. 1857, hinterlassen. Von den Brüdern des Freiherrn Ernst setzten Zwei den Stamm fort: Freih. Wilhelm und Freih. August. Vom Freih. Wilhelm, geb. 1795 und gest. 1837, kurhess. Oberstlieutenant, entspross aus der Ehe mit Caroline v. Schwertzell, geb. 1795 und verm. 1821, neben einer Tochter, ein Sohn, Freih. Friedrich, geb. 1827, kurhess. Rittm., verm. 1859 mit Julia Freiin v. Trott zu Solz, geb. 1839. Freih. August, geb. 1796, kurhess. Major a. D., vermählte sich 1824 mit Adelheid v. Stockhausen, geb. 1803, verm. 1824 und gest. 1856 und hat, neben vier Töchtern, vier Söhne. Aus der Ehe des ältesten dieser Söhne, des Freih. Ernst, geb. 1825, kurhess. Hauptmanns, mit Anna v. Schwertzell stammen drei Söhne: August, geb. 1852, Otto, geb. 1856 und Ernst, geb. 1857. — Die jüngere Linie in den Niederlanden stieg von ihrem Stifter, dem Freiherrn Philipp Wilhelm, s. oben, wie folgt, herab: Freih. Carl, geb. 1718 und gest. 1762, k. niederländischer Oberst in der Artillerie: Leopoldine Freiin v. Borck, geb. 1735, verm. 1751 und gest. 1803; — Freih. Bernhardus, geb. 1759 u. gest. 1827, k. niederländischer Oberst der Artillerie u. Mitglied der Ritterschaft in Geldern: Anna, Tochter des Aeneas Mackay Esq., geb. 1770, verm. 1792 und gest. 1851; — Freih. Bernhard Friedrich, geb. 1803, k. niederländischer Major der Artillerie a. D. und Mitglied der Ritter-schaft von Geldern: Jacoba Freiin v. Neukirchen, genannt Nyvenheim, geb. 1803 und verm. 1837. Die vier Söhne des Freiherrn Bernhard

Friedrich sind die Freiherren Wolter, geb. 1840, Barthold, geb. 1841, Franz, geb. 1843 und Friedrich, geb. 1845. Den Mannsstamm hat auch von den Brüdern des Freiherrn Bernhard Friedrich Freih. Franz, geb. 1811, k. niederländischer Artillerie-Hauptmann a. D. und Mitglied der Ritterschaft des Herz. Limburg, verm. 1840 mit Wilhelmina v. Riemdyk v. Gemert, geb. 1815, durch drei Söhne, Daniel, Wilhelm und Barthold, fortgepflanzt.

<small>Geneal. Taschenb. der freih. Häuser, 1858, S. 605—8, 1857, S. 798—801, 1863, S. 996—98.</small>

Versen, Fersen, auch Freiherren und Grafen (Stammwappen: in Blau ein silberner, schrägrechtsfliegender, goldgekrönter Fisch mit einem goldenen Ringe im Maule und freiherrliches Wappen: Schild geviert, mit das Stammwappen zeigendem Mittelschilde. 1 u. 4 in Silber ein Löwe, welcher in der Tatze drei Pfeile hält, oder nach Abdrücken ein Greif und 2 und 3 eine, auf einem Schwerte hängende Krone Das gräfliche Wappen zeigt sechs Felder und den Mittelschild mit dem Stammwappen: 1 und 6 in Silber ein Greif mit drei Pfeilen; 2 in Blau zwei goldene gekreuzte Commandostäbe: 3 und 4 in Schwarz zwei durch eine Krone gesteckte, gekreuzte Schwerter und 5 in Blau zwei goldene, schrägrechte Balken). Schwedischer Freiherrn- u. Grafenstand. Freiherrudiplom vom 4. Nov. 1674 für Hans Fabian, Otto Wilhelm und Hermann v. Versen, mit dem Zusatze: Freiherren v. Cronenthal u. Grafendiplom vom 28. März 1712 für Reinhold Johann Freih. v. Fersen. — Altes, meist aus Hessen hergeleitetes Adelsgeschlecht, welches sich weit ausbreitete, aus Hinterpommern mit Joachim Fersen a. d. H. Burtzlaff bei Belgard nach Liefland kam und später namentlich in Schweden, wo es, wie erwähnt, den Freiherrn- und Grafenstand erlangte, zu grossem Ansehen gelangte. In Pommern, wo die Familie sich gewöhnlich Versen schreibt, während man sie in anderen Ländern Fersen geschrieben findet, kommen Eulenburg im Kr. Neu-Stettin, Tytzow unweit Belgard, Pobanz im Caminschen, Burtzlaff u. Mandelatz im Kr. Belgard, Crampe im Caminschen u. s. w. als alte Lehne der Familie vor. — Conrad Versen war um 1304 herzogl. Pommerscher Rath und Johann Wolthusen v. Fersen um 1475 Schwert-Ordens-Ritter u. sollte, nach einer Anzahl Ritter, Heermeister in Liefland werden. Der Ahnherr der Schwedischen Linie war Reinhold Fersen, des Königs Gustav Adolph, Oberstlieutenant, welcher in Schweden den Stamm fortsetzte. Von den Nachkommen war, nach einer Angabe aus der Familie, Freih. Hans General der Infanterie u. Gouverneur in Riga; Fabian Freih. v. Cronenthal, Reichsrath, Kriegs-Präsident, General-Feldmarschall (verlor 1678 bei Beschützung der Festung Malmoe sein Leben); Freih. Otto Wilhelm war General-Feldmarschall und General-Gouverneur über Narva und Ingermanland; Freih. Reinhold Johann, ein Sohn des oben genannten Generals Hans Freih. v. V., wurde wegen seiner, dem Reiche treu geleisteten Dienste, königl. Rath, Präsident im Oberhofgerichte, General-Feldzeugmeister und brachte 1712, s. oben, den Grafenstand in die Familie. Der Sohn desselben, Graf Hans, machte sich zuerst aus Liefland in Schweden ansässig u. schickte 1723 aus Stockholm eine Geschlechts-Beschreibung an Gauhe, nach welcher den Freiherrnstand 1674 die beiden Söhne des k. schwed. Oberstlieutenants Reinhold v. F.: Hans und Fabian, mit dessen Bruders Sohne: Otto Wihelm, erhielten. — Ein Graf v. F. war 1734 Präsident des grossen Raths zu Stockholm, ein Anderer aber 1744 k. schwed. Ambassado-Cavalier in Berlin, um die Braut des Thronfolgers nach Schweden zu holen und Axel Gr. v. Fersen war 1800 k. schwed. General-Major u. Capitain-Lieutenant des Leib-Trabanten-Corps. — Zu den Sprossen des Stammes, die in der k. pr. Armee standen, gehörte besonders: Otto Casimir v. Versen, gest. 1774 als General-Major a. D. Von den zahlreichen Besitzungen, welche das Geschlecht in Preussen an sich brachte, blieben mehrere bis in die neueste Zeit im Besitze desselben. Noch um 1857 war Leopold v. Versen, Major a. D., Herr auf Ogrosen, Bolschwitz, Gahlen und Jeschen im Kr. Kalau, Eduard v. V., Hauptmann a. D., Herr auf Burtzlaff und Mundlatz im Kr. Belgard, ein v. V. Herr auf Krampe im Kr. Cöslin, ein Anderer v. V. Herr auf Achthuben im Kr. Mohrungen und Frau v. Versen besass in Westpreussen das Gut Schönwerder im Kr. Schlochau.

Micrael, S. 342. — Gauhe, I. S. 2060 und 51 und II. S. 1454 und 55. — Zedler, 47. S. 1788 und 89. — Hupel, Materialien zu einer liefländ. Adelsgeschichte, 1786, S. 376 und 1789, S. 110. — N. Pr. A.-L. IV. S. 295 und 96. — Freih. v. Ledebur, III. S. 55 und 354. — Siebmacher, V. 169. — Schwedisch. W. B. Grf. 56. — Pommersch. W. B. I. 3. v. V.

Verweeser v. Weesenthal. Erbl.-österr. Adelsstand. Diplom von 1720 für Georg Andreas Verweeser, mit: v. Weesenthal.

Megerle v. Mühlfeld, Erg.-Bd. S. 470.

Vespa, Freiherren. Erbl.-österr. Freiherrnstand. Diplom von 1803 für Joseph v. Vespa, k. k. Rath u. Leibarzt, aus höchst eigener Bewegung.

Megerle v. Mühlfeld, Erg.-Bd. S. 92.

Vest. Erbl.-österr. Adelsstand. Diplom von 1787 für Laurenz Chrysant Vest, Leibarzt der Erzherzogin Maria Anna u. Protomedicus in Klagenfurt.

Megerle v. Mühlfeld, Erg.-Bd. S. 479.

Vestenberg (in Grün ein silberner Querbalken). Altes, fränkisches, zum Reichsritter-Canton Steigerwald gehörendes Adelsgeschlecht, welches schon im 10. Jahrhundert vorgekommen sein soll und zu Ende des 17. Jahrh. ausstarb.

Zedler, 48. S. 319. — Biedermann, Canton Steigerwald, Tab. 254—64. — Salver, S. 277 u. 348. — Siebmacher, I. 101: v. Vestenberg, Fränkisch.

Vestenburg. Altes, steiermärkisches Rittergeschlecht, welches schon im 12. Jahrh. das gleichnamige Schloss in Steiermark besass.

Schmutz, IV. S. 259. — Siebmacher, III. 67.

Veterani-Mallentheim (Stammwappen: in Blau eine schrägrechts gelegte, goldene Leiter mit fünf Sprossen). Das vollständige, gräfliche, vierfeldrige Wappen ist genau in dem Werke: Deutsche

Grafenhäuser der Gegenwart beschrieben u. abgebildet. — Die Grafen v. Veterani-Mailentheim (früher gewöhnlich Mallenthein), entsprossten zunächst dem Mallentheim'schen Stamme und der Name Veterani ist durch Vermählung hinzugekommen. Das Geschlecht ist eine alte kärntner Familie, die man, dem Stammwappen nach, mit den Abkömmlingen der veronesischen Fürsten de Scala in Verbindung zu bringen gesucht hat. Georg M. wird zuerst im 13. Jahrhunderte im Familien-Archive genannt. Reichsgrafenstand. Diplom vom 15. Juni 1719 für Johann Christoph Ferdinand Herrn v. Mallentheim. Die von Leupold — Allgemeines Adelsarchiv der Oesterr. Monarchie, II. S. 470—481 — gegebene, ununterbrochene Stammreihe des Geschlechts beginnt mit Johann v. Mallentheim um 1424. Von Johann stammte durch Caspar, Leonhard u. Stephan im vierten Gliede Lorenz, welcher sich 1538 in Nieder-Oesterreich mit der Herrschaft Blankenstein ansässig machte und das Wappen desselben vermehrte K. Maximilian II. durch Hinzufügung des Wappens der erloschenen Familie v. Schulthes. Der Enkel des Lorenz, Siegmund II. — Sohn Sigmunds I. — verlor in den Religions-Unruhen der ersten Hälfte des 17. Jahrhunderts alle ererbten Güter bis auf die sogenannten mallentheimer Höfe bei Ried in Nieder-Oesterreich. Auf diesen Höfen sah K. Leopold I., im Vorbeifahren auf der Jagd, den Sohn Sigmunds II.: Johann Peter nahm an demselben Interesse und liess ihn die grosse Jägerei erlernen. Später, 6. März 1686, verfügte K. Leopold I. die Wiederaufnahme in den alten Herrenstand und Johann Peters Sohn aus der Ehe mit Sophie v. Lagelberg, verw. Moser v. Pezelstorf, Herrin auf Kirchberg und Azlstorf: Johann Christoph Ferdinand, erhielt, s. oben, 1719 den Reichsgrafenstand und vermählte sich 1723 mit Maria Constantia, einzigen Tochter des Grafen Julius Marsiki v. Veterani und der Maria Camilla Grf. v. Veterani. Letztere war die einzige Tochter des bekannten k. k. Feldmarschalls Friedrich Gr. v. Veterani aus erster Ehe mit Maria Constantia Grf. v. Breuner. Als noch Einzige ihres alten veronesischen Stammes bat Grf. Maria Camilla, da der Vater oft den Wunsch geäussert, dass durch die Tochter sein Name erhalten bliebe, dass K. Leopold I. ihrem Bräutigam, Grafen Julius Marsiki, welcher, aus einem alten florentinischen Adelsgeschlechte stammend, ihres Vaters Schwestersohn sei, die Erlaubniss geben möchte, dass derselbe zu seinem Namen und Wappen die der Familie Veterani hinzusetzen dürfe. Die Genehmigung des Kaisers erfolgte u. Julius Franz Graf Marsiki, später k. k. General der Cavalerie, schrieb sich Graf Marsiki v. Veterani. Aus seiner Ehe mit der erwähnten Maria Camilla Grf. v. Veterani entspross, neben der oben genannten Maria Constantia Grf. v. Mallentheim, nur ein Sohn, Julius Franz II. Graf Marsiki, k. k. Rittmeister, welcher 1732 unvermählt starb, worauf der General Julius Franz Marsiki v. Veterani, in Erinnerung des Wunsches seines Schwiegervaters und Oheims, des Feldmarschalls Friedrich Grafen v. Veterani, seinem Enkel, Johann Julius Gr. v. Mallentheim, ein grosses Legat mit dem Beifügen vermachte, dass Letzterer mit seinem

Namen den Namen Veterani führen solle u. so kam denn der Name Veterani an die Familie Mallentheim. — Johann Julius Graf v. Mallentheim mit dem Beinamen Veterani, oder Veterani Mallentheim — einziger Sohn des Grafen Johann Christoph Ferdinand, s. oben — geb. 1725 und gest. 1789 Herr auf Kirchberg am Wald, Hirschbach und Mayres, k. k. Kämmerer, vermählte sich 1747 mit Maria Therese Grf. v. Unverzagt, gest. 1769. Von vier aus dieser Ehe stammenden Söhnen wurde zuletzt nur noch aufgeführt: Adam Graf Veterani-Mallentheim, geb. 1769, k. k. Kämmerer und Major in d. A., verm. mit Helene Gräfin Caratti. Adam Graf Veterani, Herr zu Mallentheim, zu Kirchberg am Wald, Hirschbach und Mayres, starb 15. Nov. 1855 und mit ihm ging zu Wien der Mannsstamm des alten Geschlechts aus.

Gauhe, I. S. 2651 und 52. — *Zedler*, 38. S. 357—59. — Nächst Leupold a. a. O.: Deutsche Grafenhäuser, II. S. 596—98. — Geneal. Taschenb. d. gräfl. Häuser, 1836, S. 515, 1848, S. 714, 1864, S. 955 und histor. Handbuch zu Demselben, S. 1036. — Supplem. zu Siebm. W. B. XII. 26: Nr. 3: Gr. Mallendein, Nr. 4: Gr. Mallendein-Veterani, Nr. 5: v. Mallendein, Nr. 6: Gr. Marziky-Veterani und Nr. 7: Altes Wappen v. Veterani.

Vethacke (in Silber drei, 2 und 1, angelförmige Hacken). Ein nach den Listen der k. preuss. Armee in derselben bediensted gewordenes Adelsgeschlecht. Ein Major v. Vethacke stand 1806 in der Niederschlesischen Füsilier-Brigade und nahm 1821 den Abschied und ein Hauptmann v. V. war um 1856 im 6. Infanterie-Regimente angestellt.

Freih. v. Ledebur, III. S. 55.

Vette (in Silber ein schwarzer Hammer, begleitet von zwei rothen Rosen). Reichsadelsstand. Diplom vom 27. Mai 1746 für Christian Rudolph Vette, preuss. und kurbrandenburg. Assessor beim Reichs-Kammergerichte zu Wetzlar, vorher Minden-Ravensbergischer Regierungsrath und dann Landrichter der Grafschaft Tecklenburg. Derselbe führte den Namen eines im 13. und 14. Jahrhunderte im Bentheim-Steinfurthschen vorgekommenen Adelsgeschlechts und bat 1742 die K. Preuss. Regierung, ihm den Adel und sein von dem Vorfahren ererbtes Wappen, wie beschrieben, zu bestätigen, doch blieb sein Gesuch ohne Entscheidung, wohl aber erhielt er 1746 den Reichsadel. Christian Rudolph v. Vette war mit einer v. Lyncker vermählt und starb 30. Oct. 1762 zu Berlin. Seine Schwester, Charlotte Elisabeth v. Vette, hatte sich mit Einem v. Nehem, der im Ravensbergischen und Osnabrückschen begütert war, vermählt.

Jung, Histor. Comit. Benth. II. S. 51 u. 86. — *Kindlinger*, Gesch. d. Hörigk. S. 504 und Desselben Münst. Beitr. I. Urk. S. 77. — *Freih. v. Ledebur*, III. S. 55 und 354.

Vetter, Vetter v. d. Lilie, Grafen (Schild geviert, mit blauem Mittelschilde und in demselben drei, 2 und 1, silberne Lilien: Stammwappen 1 und 4 in Schwarz, abgesehen von Varianten, ein einwärts gekehrter, gekrönter, goldener Löwe und 2 und 3 in Roth ein silbernes Castel, oben mit sechs Zinnen und zwei mit silbernen Fahnen besetzten Thürmen). Erbl.-österr. Grafenstand. Diplom vom 1. Febr. 1653 für Johann Balthasar Vetter, für sich und seine Nachkommen, mit der Erlaubniss, sich Grafen und Herren

v. d. Lilie, Freiherren zu Burgfeistritz schreiben zu dürfen. — Altes, in Steiermark und Mähren begütertes, gräfliches Geschlecht, dessen Ursprung aus Bayern hergeleitet wird und welches 1587 unter die steiermärkischen Landstände aufgenommen wurde. Bald nach der Erhebung in den Grafenstand wurde die Familie auch in Schlesien ansässig und Sinapius giebt über das Geschlecht Folgendes an: Die Grafen v. Vetter werden in Schlesien zu den angesehensten Geschlechtern gezählt u. stammen aus Nieder-Steiermark, wo die Familie Schloss und Herrschaft Feistritz, unweit der Stadt Cilley, zwei Meilen von Grätz, besessen. Dieselben haben im Oppelnschen Fürstenthume, im Coselschen Weichbilde, Schloss und Rittergut Miestitz erhalten, doch wird nur Ferdinand Fortunatus Graf Vetter, Herr v. d. Lilien, aufgeführt, der 1672 mit seiner Gemahlin, einer verw. Freifrau v. Stillfried, lebte. So sorgsam Sinapius auch arbeitete — die älteren genealogischen Verhältnisse der Familie blieben ihm unbekannt und so ist es auch den späteren Schriftstellern gegangen. Nächstdem steht noch sehr in Frage: ob und in welchem Verhältnisse die Grafen Vetter v. d. Lilie zu den Grafen Vetter v. Lilienberg, s. den nachstehenden Artikel, gestanden? Von 1845 bis 1852 fasste das Genealogische Taschenbuch der gräflichen Häuser, was gleich hier erwähnt sein mag, die Grafen Vetter v. d. Lilie und die Grafen Vetter v. Lilienberg unter der Rubrik: Grafen v. Vetter zusammen und besprach unter I. die ersteren, unter II. die letzteren. Vom Jahrgange 1853 an kommen beide, wie früher, unter eigenen Rubriken vor und beide wurden, wohl sehr richtig auch vom heraldischen Standpunkte aus, da die Wappen ganz verschieden sind, von einander getrennt. — Der Stamm der Grafen Vetter v. d. Lilie hat dauernd fortgeblüht und in neuester Zeit war Haupt desselben: Felix Graf v. Vetter und Herr v. d. Lilie, Freih. zu Burg-Feistritz, geb. 1830 — Sohn des Grafen Franz (geb. 1789 u. gest. 1831) und der 1832 verstorbenen Antonia Grf. v. Braida — Besitzer der Fidei-Commiss-Herrschaft Tüffer, Mitbesitzer der Lehengüter Neu-Hübel, Neu-Sykowetz und Kattendorf im Kr. Neu-Titschein in Mähren, k. k. Kämmerer und Rittmeister in d. A., verm. 1855 mit Ida Grf. Arz v. Arzio-Wasegg, geb. 1833, aus welcher Ehe zwei Söhne stammen: Moritz, geb. 1856 und Felix, geb. 1857. Vom Grafen Vincenz, geb. 1785 u. gest. 1862 — Vetter des Grafen Felix — Mitbesitzer der Lehensgüter der Familie und des Allodialgutes Przestwalk, k. k. w. Geh. Rathe und Kämmerer, Präsidenten des fürstbisch. Lehenshofes zu Olmütz, verm. 1810 mit Francisca v. Kainrath, geb. 1792 und gest. 1848, entspross, neben zwei Töchtern, ein Sohn: Graf Rudolph, geb. 1826, Mitbesitzer der Lehengüter der Familie. Ein anderer Vetter des Grafen Felix: Graf Carl, gest. 1833, k. k. Kämmerer und Major in d. A., hat aus der Ehe mit Sophia Grf. v. Dernath, geb. 1794, drei Söhne: die Grafen Ferdinand, Gustav und Carl hinterlassen. Von diesen vermählte sich Graf Ferdinand, geb. 1812, k. k. Kümm. und Generalmajor in d. A., und, wie seine Brüder, Gustav u. Carl, Mitbesitzer der Lehengüter, 1851 mit Josephine v. Wachtler, aus welcher Ehe, neben vier

Töchtern, ein Sohn, Ferdinand, geb. 1856, stammt. Graf Gustav, geb. 1819, k. k. Oberst, hat aus der Ehe mit Julie v. Malter, geb. 1832 und verm. 1852, zwei Söhne: Gustav, geb. 1853 und Arthur, geb. 1856 u. Gr. Carl, geb. 1825, verm. mit Mally v. Malter, setzte die weibl. Linie fort.

<small>*Sinapius*, I, S. 267. — *Gauhe*, I. S. 2652: im Artikel Veterani, — *Zedler*, 48. S. 374. — *Schmutz*, IV, S. 259. — Deutsche Grafenh. d. Gegenw. II. S. 598—600. — *Freih. v. Ledebur*, III. S. 56. — Geneal. Taschenb. d. gräfl. Häuser, 1848, S. 714 und 15, 1864, S. 945—47 u. f. Jahrgg. und historisches Handbuch S. 1086. — *Niebmacher*, I. 92: Die Vetera v. d. Gilgen, Bayerisch und IV. 5: Gr. v. V. — *Tyroff*, 161. Nr. 4: Vetter R. Gr. und Hn. v. Lilien.</small>

Vetter v. Lilienberg, Grafen (Schild geviert, mit Mittelschilde. Im rothen Mittelschilde auf drei Felsenspitzen ein goldener, gekrönter Greif, welcher in der rechten Vorderklaue eine weisse Gartenlilie hält und oben rechts von einem silbernen Stern begleitet ist: Abänderung des Stammwappens bei der 1813 erfolgten Erhebung in den Grafenstand. 1 und 4 in Silber eine gekrönte, goldene, kreisförmige Schlange, welche sich in den Schwanz beisst u. hinter welcher schrägrechts ein grüner Lorbeerzweig liegt und 2 und 3 in Schwarz ein schräglinks fliessender, silberner Strom, welcher oben von einem aufwachsenden, gekrönten, silbernen Adler und unten von einem silbernen Doppelkreuze begleitet ist). Erbl.-österr. Grafenstand. Diplom von 1813 für Wenzel Vetter Ritter v. Lilienberg, k. k. Generalmajor. Der Empfänger des Grafendiploms stammte, nach Angabe von 1836, aus einem ursprünglich holländischen Adelsgeschlechte, welches sich früher Vetter van der Lilien schrieb, sich in Böhmen sesshaft gemacht, unter der Regierung des K. Maximilian II. in den erbländisch-österreichischen Adel aufgenommen wurde und vom K. Ferdinand II., wegen Treue und Tapferkeit des Ritters Eusebius Vetter v. Lilien, welcher als k. k. Oberstlieutenant gegen die böhmischen Aufständigen gefochten, eine Veränderung des Wappens und des Prädicats in „v. Lilienberg" und später in der Person des Wenzel Vetter Ritters v. Lilienberg, wie oben angegeben, wegen vieler Auszeichnung vor dem Feinde, unter abermaliger Veränderung des Wappens, den österreichischen Grafenstand erhielt. Graf Wenzel, geb. 1770 und gest. 1840 als k. k. Feldzeugmeister und Civil- u. Militair-Gouverneur in Dalmatien, hinterliess einen Sohn, den Grafen Walafried Vetter v. Lilienberg, geb. 1811, k. k. Oberstlieutenant in d. A., welcher 25. Aug. 1847 starb und den Mannsstamm des gräflichen Hauses schloss. Später lebte nur noch die Wittwe des Grafen Walafried: Angelica v. Liebenberg, verm. 1842 und die Schwester desselben, Silvino verwittw. Grf. v. Castell, geb. 1810. — Was noch das Grafendiplom von 1813 anlangt, so wurde auch angenommen, dass der Empfänger aus einer Linie der im vorstehenden Artikel besprochenen Grafen Vetter v. d. Lilie abgestammt habe, doch steht diese Angabe nicht fest und da wohl bekannt ist, dass das Wappen bei Aufnahme in den erbl.-österr. Adel auch mit dem Prädicate, so wie später bei Erhebung in den Grafenstand verändert worden sei, das frühere Wappen aber nicht bekannt ist, so kann auch von Seite der Heraldik ein Aufschluss über ein etwaiges Zusammengehören beider Familien nicht gegeben werden. Die 1836 bekannt gewordene, die Familie aus Holland herleitende Angabe dürfte nicht ganz von der Hand zu weisen sein.

Megerle v. Mühlfeld, Erg.-Bd. S. 35. — Deutsche Grafenhäuser der Gegenwart, II. S. 598—600. — Geneal. Taschenb. d. gräfl. Häuser, 1836, S. 517, 1846, S. 668, 1848, S. 715 u. 16 u. 1864, S. 977.

Vetzer v. Geispitzheim (in Silber über einander drei schmale, spitzgezogene, rothe Querbalken, s. den Artikel Geispitzheim, auch Freiherren, Bd. III. S. 470 und 71.

Vetzer v. Ockenhausen, Fetzer v. Ockenhausen (Schild der Länge nach getheilt: rechts in Roth ein silbernes Einhorn und links von Schwarz und Roth fünfmal schrägrechts getheilt). Altes, nördlingisches, adeliges Patricier-Geschlecht.

Hnischlag's Beiträge zur Nördlingische Geschichte, S. 508. — *Siebmacher*, I. 115: Die Fetzer v. Ockenhausen, Schwäbisch.

Vevier v. Blumenberg. Böhmischer Adelsstand. Diplom von 1728 für Valentin Anton Vevier, Doctor und Physicus zu Brünn, mit: v. Blumenberg. Derselbe wurde 15. Dec. 1735 als böhmischer Ritter präsentirt.

Megerle v. Mühlfeld, Erg.-Bd. S. 470. — *v. Hellbach*, II. S. 643.

Veyder-Malberg, Freiherren (Schild geviert: 1 und 4 in Gold ein rechts schreitender, schwarzer Bär mit silbernem Halsbande und gleicher Kette, welche sich über seinen Rücken durch die Hinterfüsse zieht: Stammwappen und 2 und 3 in Silber ein unten rund und in eine Spitze auslaufender, kleiner, rother Schild: Wappen der Freiherrschaft Malberg). Reichsfreiherrnstand. Diplom vom 10. Jan. 1732 für Franz Moritz v. Veyder-Malberg, Erb- und Hochgerichtsherrn auf Malberg, Hohenfels, Mehr und Bettenfeld, Grundherrn zu Oberche und Messerich, Mitglied der reichsunmittelbaren Ritterschaften des Niederrheins, so wie der adeligen Stände des Herzogthums Luxemburg und der Grafschaft Chiny und Statthalter des Herzogthums Arenberg. — Altes, stiftsmässiges und ritterbürtiges, aus Dachsburg im Luxemburgischen stammendes Geschlecht, dessen ununterbrochene Stammreihe, wenn auch einzelne Vorfahren der Familie schon im 11., 12. u. 13. Jahrh. genannt werden, erst mit Peter Anselm v. Veyder beginnt, welcher um 1380 als Oberamtmann und Richter zu St. Veit und Büttgenbach lebte. Derselbe ist der urkundlich erwiesene Stammvater des Geschlechts gewesen. Aus seiner Ehe mit Elisabeth v. Stolzenburg stammten vier Söhne, von denen der Aelteste, Hubert v. V., Ober-Amtmann zu St. Maximin bei Trier und adeliger Richter der feudalen Grafschaft Vianden, den Stamm fortsetzte. Der Sohn desselben, Laurentius v. V., um 1540 adeliger Richter der Grafschaft Vianden und Ober-Amtmann zu Büttgenbach, hinterliess von Catharina v. Biever (auch Bibra genannt) einen einzigen Sohn, Cornelius v. Veyder, welcher Ober-Amtmann zu Nieder-Manderscheid und Reipolskirchen war und durch Vertrag vom 1. Mai 1615 mit Floremund v. Ardre Freiherrn v. Malberg, dem Letzten seines Hauses, in den pfandweisen Besitz der freien Herrschaft Malberg bei Trier nebst Mehr und Bettenfeld gelangte und sich dann Pfandherr von Malberg nannte. Seine beiden Söhne, Johann Heinrich und Johann Christoph, theilten den Stamm in zwei Linien. Johann Heinrich v. V., der Stifter der älteren Linie, folgte seinem Vater, Cornelius, sowohl in der Ober-Amtmannschaft von Nieder-Manderscheit und Reipoltskirchen, als in den Pfandherrschaften Malberg, Mehr und Bettenfeld, welche bald darauf in sein bleibendes Eigenthum übergingen. Von den fünf Söhnen Johann Heinrichs folgte der zweite Sohn, Johann Christoph, dem Vater im Besitze von Malberg, Mehr und Bettenfeld und erwarb hierzu die Güter Hohenfels, Oberehe und Heyer. Er war Statthalter des Herzogthums Arenberg und wurde 9. März 1706 in das Consortium der reichsunmittelbaren Ritterschaft des Niederrheins, so wie 15. Jan. 1710 in die adelige Landstandschaft des Herzogthums Luxemburg und der Grafschaft Chiny aufgenommen. Durch ersteren Act erlangte er zugleich mit seinen Brüdern die freiherrlichen Titel und Rechte. Da aber sein einziger Sohn vor ihm starb, so erlosch diese ältere Linie gleich wieder und Besitzungen, Titel und Würden derselben gingen auf die jüngere Linie über. — Johann Christoph v. Veyer-Malberg, Stifter der jüngeren Linie, Hochgerichtsherr auf Bickendorf, hinterliess aus seiner Ehe mit Maria Catharina v. Solemacher einen Sohn, Johann Jacob, Obersten und Commandanten der Festung Jülich, verm. mit Adelheid Sophie Stopin v. Brandenburg. Der einzige Sohn desselben, Franz Moritz, Statthalter des Herzogthums Arenberg, erbte zunächst, in Folge des Erlöschens der älteren Linie, die Familienbesitzungen derselben, welche er mit den seinigen vereinigte und erhielt, s. oben, unter Erhebung der Herrschaft Malberg zur Freiherrschaft, den Reichsfreiherrnstand. Aus der genannten Herrschaft und den übrigen Gütern stiftete Freih. Franz Moritz ein Familien-Majorat und hinterliess aus seiner Ehe mit Maria Therese de la Neuforge 1764 zwei Söhne: Peter Ernst Joseph und Johann Heinrich, von denen Letzterer 1827 ohne männliche Leibeserben starb. Der Andere, Peter Ernst Joseph, geb. 1726 und gest. 1815, folgte als Erb- und Hochgerichtsherr auf Malberg, Hohenfels und Bettenfeld und Grundherr zu Oberehe und Dudeldorf und war zweimal vermählt, zuerst mit Ottilie Grf. v. Breiten-Landenberg und später mit Maria Elisabeth Ernestine Freiin v. Montigny. Aus der ersten Ehe stammte Freiherr Carl I., welcher in den Familienbesitzungen nachfolgte und dessen Nachkommenschaft aus der Ehe mit Therese Forget de Barst neuerlich als ältere, rheinische Linie aufgeführt wurde. Aus der zweiten Ehe Peter Ernst Josephs entsprossten zwei Söhne: Friedrich und Franz Carl, die Beide in die k. k. Armee traten. Friedrich I., geb. 1772 und gest. 1825, k. k. Kämm. und Oberst, vermählte sich mit Julie v. Wallenburg, geb. 1794 (wieder vermählt 1827 mit ihrem Schwager Franz Carl Freiherr v. Veyder-Malberg, k. k. Generalmajor, welcher 1830 starb) und seine Nachkommenschaft wird als jüngere, österreichische Linie aufgeführt. Der Andere, Franz Carl, geb. 1775 und gest. 1830, k. k. Generalmajor, vermählte sich nach dem Tode seines Bruders 1827, wie angegeben, mit der Wittwe desselben, hat aber Nachkommen nicht hinterlassen. — Zur älteren, rheinischen Linie gehört: Freih. Carl (II.) — Sohn des Freiherrn Carl I., Herr auf Malmberg im Kr. Bittburg, Reg.-Bez. Trier, verm. 1827 mit Caroline Grf. v. Saint-Ignon und die Schwester desselben ist: Freiin Adelheid, geb. 1803, verm. 1844 mit Ferrand Freih. v. Montigny auf Bracht. Zur jüngeren, österr. Linie gehört: Freih. Friedrich (II.) — Sohn des 1825 verst. Freih. Friedrich (I.) und der Julie v. Wallenburg — geb. 1819 und verm. 1849 mit Maria Magdalena Balde, aus welcher Ehe, neben zwei Töchtern, zwei Söhne stammen: Arthur, geb. 1850 und Emil, geb. 1853.

<small>Geneal. Taschenb. der freih. Häuser, 1857, S. 801—805, 1864, S. 899 und 900 u. ff. Jahrgg. — W. B. der Preuss. Rheinprovinz, I. Tab. 123, Nr. 245 und S. 113.</small>

Viatis (Schild von Gold und Silber schräglinks getheilt: in der rechten Hälfte der Vordertheil eines nach der rechten Seite springenden, schwarzen Bracken mit roth ausgeschlagener Zunge und goldenem, nach links beringten Halsbande, dessen Hintertheil in der linken Schildeshälfte der eines rothen Wolfes mit hochaufgeschlagenem Wedel ist). — Altes, Nürnbergisches, gerichtsfähiges Geschlecht, dessen Adelsbesitzstand bis auf 1538 zurück erwiesen ist. Dasselbe kommt 1629 zuerst auch in Schlesien vor und zwar in der Person des Bartholomaeus v. Viatis, welcher im genannten Jahre einer allgemeinen Zusammenkunft der Herren Fürsten und Stände in Schlesien beiwohnte und dessen Nachkommen im Wohlauschen begütert waren, wo um 1730 Heinrich Wilhelm v. Viatis Herr auf Qualwitz war. — Der Stamm blühte in Bayern fort und nach v. Lang wurden in die Adelsmatrikel des Kgr. Bayern drei Brüder eingetragen: Isaac Bartholomaeus v. Viatis, geb. 1761, Georg Christoph Bartholomaeus v. V., geb. 1763 u. Siegmund Friedrich Wilhelm Bartholomaeus v. V., sämmtlich k. bayer. pens. Oberlieutenants.

<small>Sinapius, II. S. 1084. — Gauhe, II. S. 1211. — Zedler, 48. S. 560. — v. Lang, Suppl. S. 347. — Siebmacher, II. 164: Die Viatis, Nürnbergisch. — Tyroff, I. 55. — W. B. d. Kgr. Bayern, IX. 22. — Kneschke, II. S. 460.</small>

Vicari, Vicary, Ritter (Schild geviert: 1 in Gold ein einwärtsgekehrter, rother Löwe; 2 und 3 in Silber auf grünem Boden ein grünes Kleeblatt und 4 in Roth drei goldene, schrägrechte Balken). Erbl.-österr. Ritterstand. Diplom vom 3. Jan. 1777 für Johann Jacob v. Vicari, Oberamtsrath und Landschreiber zu Hohenberg. — Zu der Familie v. Vicari gehörte auch Hermann v. Vicari, welcher 1843 Fürstbischof zu Freiburg wurde und im hohen Alter vor einigen Jahren starb.

<small>Megerle v. Mühlfeld, Erg.-Bd. S. 220. — W. B. d. Kgr. Bayern, IX. 22: Ritter v. Vicary. — Kneschke, III. S. 441 und 42.</small>

Viebahn (in Roth ein goldener, schräglinks gelegter Eichenstamm mit drei grünen Blättern und drei goldenen Eicheln). Adelsstand des Kgr. Preussen. Diplom vom 24. Juni (Januar) 1728 für Johann Heinrich Viebahn, k. preuss. Ober-Appellations-Gerichtsrath und Erbgesessenen zu Hohl und Mühlenthal in der Grafschaft Mark.

Der Sohn desselben, Moritz v. V., stieg später zum k. preuss. Staatsminister. Der Stamm blühte fort u. um 1839 standen noch im preuss. Staatsdienste: der Ober-Regierungsrath v. V. zu Arnsberg, der Land- und Stadtgerichts-Director v. V. zu Brandenburg und der Land- und Stadtgerichts-Director v. V. zu Soest. Carl v. V. war damals Justiz-Commissar und Notarius zu Siegen.

v. Hellbach, II. S. 643 — N. Pr. A.-L. IV. S. 296 u. V. S. 466. — *Freih. v. Ledebur*, III. 56. — *v. Steinen*, Tab. 48. Nr. 3. — W. B. d. Preuss. Monarchie, IV. 82.

Viebig (Schild der Länge nach getheilt: rechts in Schwarz ein silberner, gekrönter Löwe und links in Blau drei über einander gestellte, goldene Sterne). Adelsstand des Kgr. Preussen. Diplom vom 15. Oct. 1786 für Bernhard Christian Ferdinand Viebig, Assessor der Kammer in Breslau.

v. Hellbach, II. S. 296. — N. Pr. A.-L. IV. S. 296. — *Freih. v. Ledebur*, III. S. 56. — W. B. d. Preuss. Monarchie, IV. 82.

Vieheuser (Schild quergetheilt: oben in Gold ein schwarzer Rabe mit einem goldenen Ringe im Schnabel und unten in Blau drei goldene, in einander greifende Ringe). Reichsadelsstand. Diplom vom 20. Sept. 1626 für Martin Vieheuser. Die Familie gehörte zu dem Adel in Westpreussen und sass zu Heiligenbrunn unweit Danzig. Das Wappen kommt übrigens ganz mit dem der alten Familie v. Engelke, s. Bd. III. S. 116 und 117, deren Adel 1805 erneuert worden ist, überein.

Freih. v. Ledebur, III. S. 56.

Vielroggen, Vielrogge (Schild schräglinks getheilt: rechts silbern und ohne Bild und links roth und nach der schrägen Lage des Feldes mit neun, 4, 3 und 2, goldenen, eierförmigen Kugeln belegt, so, dass die vier oberen von dem linken Ober- bis zum rechten Unterwinkel schräg über einander liegen und die anderen Reihen in eben dem Verhältniss der Lage stehen). Der Name des Geschlechts veranlasste v. Meding zu glauben, dass die Eiern gleichsehenden Wappenbilder Roggenbrote sein könnten). — Die Familie v. Vielroggen, Valeroge, Velroggen war ein seit dem 15. Jahrhunderte sich zeigender, in der zweiten Hälfte des 17. Jahrhunderts erloschener Zweig des noch blühenden Geschlechts v. Wartenberg, welcher im Brandenburgischen 1641 zu Dergenthin in der West-Priegnitz, 1547 zu Lüsickow unweit Ruppin, 1568 zu Kuhwinkel und 1610 zu Nebelin, beide Güter in der West-Priegnitz, sass und noch 1685 Dergenthin und Kuhwinkel inne hatte.

Thomas Phil. v. d. Hagen Beschreib. des adeligen Geschlechts v. Brunn, Berlin, 1759 und vermehrt 1788, S. 21, Beilage G und das Wappen auf der Ahnentafel. — *Freih. v. Ledebur*, III. S. 56. — *v. Meding*, III. S. 701 und 702.

Viereck, Vieregge, auch Freiherren u. Grafen (Stammwappen: in Silber drei, 2 u. 1, gestürzte Hörner, welche mit einem schwarzen Haken schräglinks belegt sind. Der Schild des gräflichen Wappens nach dem Diplome von 1790 ist rund, mit goldener, verzierter Einfassung und zeigt das Stammwappen. Auf der den Schild deckenden Grafenkrone steht ein offener, gekrönter Helm, aus dessen Krone der zum Stammwappen gehörige, schwarze Windhund mit goldenem Halsbande und Ringe u. ausschlagender, rother Zunge hervorwächst. Das Ganze umgiebt ein blauer, silbern gefütterter Wappenmantel mit goldenen Franzen. Das Wappen nach dem dänischen Grafendiplome von 1703 findet sich in dem Lexicon over adelige Familier i Danmark, II. Tab. 45, Nr. 1 und S. 351). — Reichsfreiherrn- und Grafenstand, Dänischer und Preussischer Grafenstand. Freiherrndiplom von 1692 für die drei Söhne des Wolf Heinrich v. Vieregg, Kämmerers und Tranchirmeisters am kurbayerischen und cölnischen Hofe: Ferdinand Joseph, Maximilian Joseph und Georg Florian Erasmus v. V., Reichsgrafendiplom im kurpfälzischen Reichsvicariate vom Kurfürsten Carl Theodor vom 1. März 1790 für Matthaeus v. V., kurpfälzischen Conferenzminister, Oberstallmeister, Landvogt und Ober-Forstmeister zu Höchstädt und dänisches Grafendiplom vom 6. Sept. 1703 für die Tochter des k. preuss. Gesandten am k. dänischen Hofe Otto Adam v. V.: Helene Elisabeth v. V., Hofdame der Königin Luise v. Dänemark (doch starb Grf. Helene Elisabeth schon 1704). Den Preussischen Grafenstand erhielt vom Könige Friedrich Wilhelm III. Fräulein v. V., erste Hof- und Staatsdame der hochseligen Königin Luise, Herrin auf Lossow bei Frankfurt, gest. 1854. Dieselbe war eine Tochter des 1796 verstorbenen Ober-Mundschenks Georg Ulrich v. V. — Altes, meklenburgisches Adelsgeschlecht, welches das Erbmarschall-Amt des Bessthums Schwerin erlangte. Dasselbe kam nach v. Pritzbuer im 15. Jahrh. aus Bayern nach Meklenburg und war zuerst im Amte Bützow angesessen, nach v. Lang hingegen durch Paul v. Vieregg gegen die Mitte des 16. Jahrh. aus Meklenburg nach Bayern. Paul kam nach v. Lang aus Meklenburg an den Hof des Herzogs Albert von Bayern, nahm 1552 Kriegsdienste, vermählte sich 1556 mit einer v. Schellenberg und starb als Landvogt zu Höchstädt. Später breitete die Familie sich auch in Pommern und Dänemark aus, kam auch in die Marken und ist, wie in Meklenburg, Bayern und Dänemark, so auch in Preussen zu hohen Ehren gelangt. In Preussen wurden namentlich bekannt: Otto Adam v. V., geb. 1634 zu Güstrow und gest. 1718 als k. preuss Staatsminister, Herr auf Weitendorff, Vatmannshagen, Roggow u. s. w.; Christian Friedrich v. V. auf Weitendorff, starb als k. preuss. Generalmajor 1777 zu Pisa und Ernst Vollrath v. V., ebenfalls k. pr. Generalmajor, starb 1810. Die in der Hand der Familie gewesenen Güter hat Freiherr v. Ledebur sorgsam zusammengestellt. Dieselben lagen in Meklenburg, wo noch 1837 ein Freiherr v. V., Geheimer Kriegsrath, Herr auf Weitendorff war, im Brandenburgischen, in Pommern und im 19. Jahrhundert auch im Bremenschen und in Ostpreussen. Zu ansehnlichem Besitz gelangte die Familie auch in Bayern, brachte die Güter Bertensdorf, Furtharn, Gaerzen, Pähl, Rösselsberg, Sattelthambach, Seyboldsdorf, Thürnthenning und Tutzing an sich und blühte in der gräflichen Linie in Bayern fort. Als Haupt derselben wurde zuletzt genannt: Carl Matthaes Reichsgraf v. Vieregg, geb. 1798, Herr auf Tutzing, Paehl, Rösselsberg u. Gossenhofen, k. bayer.

Kämmerer, Oberst à la suite, Generalmajor u. Erster Kreis-Inspector der Landwehr von Ober-Bayern, verm. 1832 mit Julie Freiin v. Eötvös v. Vássáros-Námény, geb. 1812, aus welcher Ehe, neben einer Tochter, Grf. Helene, geb. 1838, verm. 1856 mit Carl Fürsten v. Wrede, k. bayer. Major à la suite und erbl. Reichsrath der Krone Bayern, ein Sohn stammt: Graf Friedrich, geb. 1833, k. k. Stabsofficier der Cavallerie.

Micrael, S. 382. — *v. Pritzbuer*, Nr. 151. S. 63. — *Dienemann*, S. 341 und 391. — *Gauhe*, I. S. 2660—64. — *Zedler*, 48. S. 1146—49. — *v. Hehr*, R. M. S. 1668. — *v. Lang*, S. 87 und 88. — N. Pr: A.-L. IV. S. 206. — Deutsche Grafenh. d. Gegenwart, II. S. 691 und 692. — *Freih. v. Ledebur*, III. S. 56 und 354. — Geneal. Taschenb. d. gräfl. Häuser, 1848, S. 717, 1864, S. 948 u. ff. Jahrgg. und histor. Handbuch, S. 1038. — *Siebmacher*, V. 154 und 169. — *v. Westphalen*, monum. inedit. IV. Tab. 19, Nr. 24. — *Dänisch*. W. B. II. Tab. 45, Nr. 1 und S. 3 1. — *Tyroff*, I. 300. — Meklenb. W. B. Tab. 51, Nr. 191 und S. 4 und 22. — W. B. des Kgr. Bayern, 11. Tab. 43 und v. Wölckern, 2. Abtheil. S. 79 und 80. — Pommersch. W. B. V. 55.

Viertler, Edle v. Weydach. Erbl.-österr. Adelsstand. Diplom von 1788 für Johann Thaddäus Viertler, Nieder-Oesterr. Landschafts-Rentmeister, mit: Edler v. Weydach.

Megerle v. Mühlfeld, Erg.-Bd. S. 479.

Vieth und Golsenau, Vieth v. Golsenau (Schild der Länge nach und in der linken Hälfte quer getheilt, dreifeldrig. 1, rechts, in Blau zwei ins Andreaskreuz gelegte, goldene Fähnchen, über welchen oben ein sechsstrahliger, goldener Stern steht und welche in der Mitte, rechts und links, je von einem dergleichen Sterne beseitet werden; 2, oben, links, in Silber ein schwarzer Querbalken und 3, unten, links, in Roth drei, 2 und 1, silberne Widerhaken). Reichsadelsstand. Diplom im kursächs. Reichsvicariate vom 7. Oct. 1745 für Johann Justus Vieth, ehemaligen k. preuss. Kriegs- u. Domainenrath, Herrn auf Golssen in der Nieder-Lausitz, mit: v. Vieth und Golsenau. Die Standes-Erhöhung des aus einer magdeburgischen Familie stammenden Diploms-Empfängers wurde in Kursachsen amtlich 23 Juni 1753 bekannt gemacht. Der Stamm blühte fort und von den Sprossen desselben traten Mehrere in kur- u. k. sächs. Militairdienste. Carl Ludwig v. W. lebte noch 1837 als Oberslieutenant a. D. im 85. Lebensjahre und August v. V., Generalmajor a. D., früher Commandant des Cadettencorps, wohnte pensionirt in Dresden. Später wurde Carl Maximilian v. Vieth und Golsenau Amtshauptmann der ersten Amtshauptmannschaft des Dresdner Kreisdirections-Bezirks. Die Familie war auch in der Ober-Lausitz unweit Hoyerswerda zu Burkersdorf, Lindenau und Tettau angesessen.

Genealog. Jahrbuch, I. 2. S. 123. — N. Pr. A.-L. VI. S. 112 und 13. — *Freih. v. Ledebur*, III. S. 57. — W. B. Sächs. Staaten, IX. 85. — *Kneschke*, II. S. 461.

Vietinghoff, genannt Scheel v. Schellenberg, Vittinghoff, gen. Schell (Scheel) v. Schellenberg, auch Freiherren (in Silber ein schwarzer, mit drei goldenen Kugeln oder Muscheln belegter, schrägrechter Balken: Stammwappen). Dänischer und schwedischer Freiherrnstand. Dänische Diplome von 1680 und 1734 (Schild geviert mit das Stammwappen zeigendem Mittelschilde. 1 und 4 in Blau eine aus einer Krone hervorwachsende Bischofsmütze und 2 und 3 in Gold ein schwarzer Doppeladler und schwedisches Diplom vom

21. Dec. 1719 für Eric v. Fitinghof: Schild geviert mit silbernem Mittelschilde. Im Mittelschilde das Stammwappen. 1 in Gold ein rothes Haus; 2 in Roth ein silbernes Ross; 3 in Blau ein Schwan auf Wasser und 4 in Silber ein Ordenskreuz). — Altes, stiftsfähiges und ritterbürtiges, ursprünglich aus dem Hochstifte Essen und der Grafschaft Mark in Westphalen stammendes Adelsgeschlecht, von wo aus sich Zweige desselben, theils schon erloschene, theils noch blühende, nach Curland, Liefland, Preussen und nach allen angrenzenden Ländern verbreiteten und sich, doch mit steter Beibehaltung ihres einfachen Stammwappens im Adelsstande, durch Bei- und Güternamen unterschieden, wie die V., genannt Notkerke, V. gen. Hörde, V. zum Broich, zu Altendorf, zu Scheppen u. s. w. Der Beiname Schele, Schell, kommt zuerst in Belehnungs-Urkunden der Abtei Wehrden von 1325 bis 1344 vor. — Das Stammschloss der edlen Herren von Vietinghoff, in alten Urkunden Vittinch und Vittinchove geschrieben, lag zwischen Rellinghausen und Wehrden am Ruhrflusse, nahe der ehemaligen Grafenburg Isenberg und Ruinen desselben finden sich theilweise noch jetzt. Als um 1226 die Burg Isenberg zerstört wurde, deren Besitzer, Friedrich Graf v. Isenberg, den Erzbischof Engelbert von Cöln erschlagen, verschwand auch das Schloss Vietinghoff und mit der Zeit kamen Zubehör und Güter dieses Schlosses durch Kauf und Schenkung an das adelige Frauenstift zu Rellinghausen, weches dieselben bis zur Aufhebung 1811 unter dem Namen des Vietinghoff-Amtes verwalten liess. Urkundlich kommt der Name des Geschlechts mehrfach von der Mitte des 13. Jahrhunderts an vor und bereits 1350 war Arnold V. Deutsch-Ordens-Comthur zu Marienburg und 1360 oberster Meister dieses Ordens in Liefland. Die Hauptlinie der Herren v. Vietinghoff bewohnte schon im 14. Jahrhundert das Schloss Bruch bei Hattingen an der Ruhr und 1340 war durch die Erbtochter von Aldendorf das gleichnamige bei Niederwenningen an der Ruhr gelegene Schloss an die Familie gekommen. Die urkundlich erwiesene Stammreihe beginnt mit Hunold Vitting, miles, der um 1325 auf Bruch lebte. Die Enkel desselben, Arndt (I.) und Heinrich, theilten später die Güter: Arndt (I.) bekam Aldendorf, Heinrich aber, dessen Linie bald wieder erlosch, erhielt Bruch. Die Enkel des Arndt (I.) Vietinghoff. Arndt (II.) und Johann (I.), theilten abermals die Güter und gründeten zwei Linien: die von Arndt (II.) abgestiegene, aber 1600 wieder erloschene Aldendorfer Linie und die von Johann (I.) herrührende und noch blühende Schellenberger Linie. Der Stifter der Letzteren, Johann (I.), kaufte 1432 das Haus Op dem Berge (von ihm Schellenberg genannt) bei Rellinghausen und hatte Catharina, des Pilgrim v. Kückelsheim Tochter u. Erbin von Scheppen, zur Hausfrau. Die zahlreiche Nachkommenschaft desselben, deren Sprossen bei den Hochstiften zu Cöln, Münster, Paderborn und Osnabrück häufig aufgeschworen hatten und dem deutschen, so wie dem Johanniter Orden viele Comthure und Ritter gab, blühte durch sechs Generationen bis zu Johann (III.) v. Vietinghoff, gen. Scheel v. Schellenberg, Erbdrosten zu Essen, fort,

der durch Vermählung mit Almuth, des Johann Op dem Berge zu
Ripshorst Tochter und Erbin, letzteres Gut an seine Familie brachte.
Demselben folgten in der geraden Stammreihe der Sohn Bernhard
Melchior, der Enkel Arnold Johann, kurpfälz. Geh. Rath und Amtmann zu Angermünde und der Urenkel: Hermann Arnold. Von Letzterem stammte Freih. Clemens August und von diesem: Freih. Friedrich (I.), Herr auf Schellenberg, Ripshorst, Zum Böhl, Schwarzmühlen,
Wittringen, Ober-Feldingen, Burg und Heck, Erbdrost zu Essen, k.
preuss. Kammerherr und Major im 4. westphäl. Landwehr-Regimente
Nr. 17, verm. 1803 mit Elisabeth Grf. v. Spee, gest. 1835, aus welcher
Ehe, neben drei Töchtern, zwei Söhne entsprossten: Freih. Friedrich (II.) und Freih. August. Freih. Friedrich (II.) geb. 1810 und
gest. 1852, k. preuss. Kammerherr, war in erster Ehe vermählt mit
Alexandrine Freiin v. Grüter-Morrien, gest. 1842, aus welcher Ehe,
neben einer Tochter, ein Sohn stammt: Freih. Max, geb. 1840, in k.
preuss. Militair-Diensten. Freih. August, geb. 1822, k. k. Kämm.
und Rittmeister in d. A., vermählte sich 1853 mit Maria Grf. v. Wallis,
geb. 1824, aus welcher Ehe ein Sohn, Maximilian, geb. 1854, lebt. —
Der Bruder des Freih. Friedrich (I.): Freih. Carl Friedrich, Besitzer
der Allodial-Herrschaft Tischnowitz im Kr. Brünn in Mähren, k. k.
Kämm. und Major in d. A., hat aus der Ehe mit Ludonica Freiin v.
Loë zu Wissen, geb. 1794 und gest. 1859 vier vermählte Töchter
hinterlassen. — Der Grundbesitz des Geschlechts, im Laufe der Zeit
mehrfach wechselnd, lag namentlich in Westphalen und am Niederrhein, so wie in Cur- und Liefland, doch wurde die Familie auch in
Kur-Sachsen, in Meklenburg, in Ostpreussen und neuerlich im Posenschen begütert. In Lief- u. Curland waren 1693 Talsen, Darsuppen
und Iggen und 1805 noch Kalkowen, Lissowehnen, Nassullen und
Schöttschen im Besitze des Stammes. — Von früheren Sprossen desselben machten sich besonders bekannt: Hans Wilhelm Freih. v.
Vittinghof, meklenburgischer Linie, k. pr. Kammerherr, h. meklenburgischer General, Herr auf Reetz und Fischeln. Derselbe starb
1738 und hinterliess aus der Ehe mit Catharina Margaretha v. Preen
mehrere Söhne. Zu diesen gehörten: Freih. Detlof, gest. 1789, k.
preuss. Generalmajor und Chef eines Garnisonbataillons zu Colberg,
verm. mit Charlotte v. Amstel, Tochter des bei Prag gebliebenen Generals v. Amstel und Freih. August Wilhelm, jüngerer Bruder des
Freih. Detlof. Derselbe wurde 1787 ebenfalls Generalmajor u. Chef
des 1. Departements in Ober-Kriegs-Collegium, erhielt später das Infanterie-Regiment Nr. 38 in Frankenstein u. starb 1796 als General-Lieutenant. Andere Familienglieder standen mehrfach in der k. pr.
Armee. — Bei Anlegung der Adelsmatrikel der Preussischen Rheinprovinz wurde Freih. Friedrich, s. oben, laut Eingabe d. d. Schellenberg bei Essen, 18. Aug. 1831 in die Freiherrnklasse derselben, und
zwar unter Nr. 81, eingetragen.

Knauth, S. 586. — *Schatten*, Annal. Paderborn. II, S. 83 — *Gauhe*, I. S. 2671—73, II. S. 1213
und 89. — *Zedler*, 49. S. 378 und 79. — *Estor*, Ahn. Pr. S. 406. — *v. Uechtritz*, diplom. Nachr.
I. S. 200—208 und VII. S. 76—80. — *Robens*, Niederrhein. Adel, I. S. 272—77. — N. Pr. A.-L. IV.
S. 296. — *Freih. v. Ledebur*, III. S. 59. — General. Taschenb. d. freih. Häuser, 1853, S. 509—11,

1864, S. 900—902 u. ff. Jahrgg. — *Velter*, Bergische Ritterschaft, Tab. 88. — *Neimbt's* Curländ. W. B. 43. — W. B. d. Preuss. Rheinprov. I. Tab. 134, Nr. 248 und S. 114 und 115.

Vietsch (Schild der Länge nach getheilt: rechts in Gold drei blaue, schrägrechte Balken und links in Blau ein mit einem Schwerte bewaffneter, geharnischter Arm). Adelsstand des Kgr. Preussen. Diplom von 1833 für Eugen August Carl Vietsch, k. preuss. Major, aggregirt dem 1. Cuirassier-Regimente und Adjutanten des Prinzen Friedrich von Preussen. Derselbe, ein Sohn des herz. württemb. Hofraths Vietsch, starb 18. Dec. 1843 auf seinem Gute Carlsthal bei Odessa.

N. Pr. A.-L. V. S. 466 und 67. — *Freih. v. Ledebur*, III. S. 57. — W. B. d. Preuss. Monarch. IV. 82.

Vigili v. Creutzenberg. Reichs-Adelsstand. Diplom von 1712 für die Gebrüder Peter Anton und Franz Vigili, mit v. Creutzenberg.

Megerle v. Mühlfeld, Erg.-Bd. S. 479.

Vignet, Edle. Erbl.-österr. Adelsstand. Diplom von 1793 für Johann Vignet, Landes-Advocaten in Böhmen und Secretair bei dem Prager Mercantil- und Wechselgerichte, mit: Edler v.

Megerle v. Mühlfeld, S. 278.

Villinger, Freiherren. Ein früher in Steiermark vorgekommenes freiherrliches Geschlecht, welches 4. März 1619 die steierische Landmannschaft erlangt hatte.

Schmutz, IV. S. 268.

Vincenz, Freiherren. Erbl.-österr. Freiherrnstand. Diplom von 1726 für die Gebrüder Johann, Ulrich und Lucius Rudolph v. Vincenz.

Megerle v. Mühlfeld, Erg.-Bd. S. 110.

Vincherotti, Edle v. Weidenschlag. Erbl.-österr. Adelsstand. Diplom von 1788 für Valentin Joseph Vincherotti, Protocollistens-Adjuncten des Hofkriegsraths, mit: Edler v. Weidenschlag.

Megerle v. Mühlfeld, S. 278.

Vincke, Vinck, auch Freiherren (in Silber eine rothe, mit der breiten Fläche nach der Linken gekehrte Pflugschaar). Im Königreiche Preussen anerkannter Freiherrnstand vom 23. Sept. 1837. Altes, westphälisches Adelsgeschlecht, verschieden von anderen bereits vor dem 17. Jahrh. erloschenen, gleichnamigen Geschlechtern Westphalens, so von den V. v. Overberge in der Grafschaft Marck, den V. v. Ostenvelde im Münsterschen und den V. v. Walsum in der Grafschaft Marck, die sämmtlich ganz andere Wappen führten. Das hier in Rede stehende Geschlecht kommt urkundlich schon 1270 vor, besass 1254 die Burgmannschaft zu Ravensberg und brachte in Westphalen im 13., 14. Jahrh. und später ansehnlichen Besitz, sowohl in dem preussischen, wie in dem hannoverschen Antheile an sich. Zu Anfange des 16. Jahrh. wurde die Theodorichsburg, der Sitz Theodors Vincke, zerstört, worauf die Nachkommen desselben sich zu Ostenwalde im Osnabrückschen niederliessen und noch in neuester Zeit standen der Familie die Ostenwalder Güter zu. Eine zweite

Linie, die katholische, nannte sich nach dem Gute Kilver im Ravensbergischen, doch kam dasselbe wieder aus der Hand der Familie. Um 1857 besassen Georg Freih. v. Vincke und die Geschwister desselben in Westphalen die Güter Busch im Kr. Hagen, Nieder-Heidemühl und Reck im Kr. Hamm, Ickern im Kr. Dortmund und Vellinghausen im Kr. Soest; ein Freih. v. Vincke, k. preuss. Oberstlieutenant a. D. war um dieselbe Zeit Herr auf Olberdorf im schles. Kreise Strehlen und um 1837 war in Meklenburg eine Majorin v. V. Besitzerin des Gutes Damerow. — Der Stamm blühte fort, doch können hier nur einige Sprossen aus neuer Zeit angeführt werden. Ernst Idel Jobst v. Vincke war Domdechant zu Minden, Ober-Stallmeister des Herzogs von York und Herr auf Osterhausen. Aus seiner Ehe mit Luise Freiin v. Buttlar stammten mehrere Söhne und Töchter. Von den Söhnen war der älteste, Freih. Ernst, Herr auf Osterhausen und hannov. General, der zweite, Freih. Carl Philipp Victor, früher im k. preuss. Regimente v. Tauentzien, starb als Major a. D. 1813 zu Damerow; der dritte, Freih. Friedrich Ludwig Philipp stieg zum wirkl. Geh. Rathe und Ober-Präsidenten der Provinz Westphalen und machte sich um die ihm anvertraute Provinz hochverdient und der vierte, Freih. Carl Clamor, früher im k. preuss. Husaren-Regim. v. Rudorf, starb 1807. Von den Töchtern war die eine Aebtissin zu Quernheim, eine andere war mit dem Geh. Staats- u. Justiz-Minister Freih. v. d. Reck und eine dritte mit dem braunschweig. Oberjägermeister Freih. v. Sierstorpff vermählt. Ein Sohn des Ober-Präsidenten Freih. v. V. stand 1837 als Lieutenant in einem k. preuss. Husaren-Regimente, und aus dem Hause Kilver war um diese Zeit Freih. Carl Hauptmann im k. preuss. Generalstabe und Freih. Franz Land- und Stadtgerichts-Assessor zu Lübbecke. In neuester Zeit ist ein Sprosse des Stammes als ausgezeichneter Kammer-Redner auf den Landtagen zu Berlin zu hohem Rufe gelangt.

Schannat, Client. Fuld. S. 83. — *Zedler,* 48. S. 1555. — N. Pr. A.-L. IV. S. 297. — *Freih. v. d. Knesebeck,* 285. — *Freih. v. Ledebur,* III. S. 57 und 58 und 354. — *Siebmacher,* I. 187: Die Fincken, Westphälisch und 183. — *v. Meding,* II. S. 626 u. 11. Nr. 27: v. Vinck, Robens Elem. W. II. 73. W. B. d. Preuss. Rheinprov. II. Tab. 49, Nr. 98 und S. 153. — Meklenburg. W. B. Tab. 51, Nr. 192 und S. 36. — Hannov. W. B. C. 55 und S. 14.

Vinsterlohe (Schild von Roth und Silber mit einer rechten Stufe getheilt und die silberne Abtheilung damascirt). Altes, fränkisches Adelsgeschlecht, welches in dem ehemaligen Rittercanton an der Altmühl begütert und diesem Canton einverleibt war. — Wilhelmus de Vinsterloe, der Domkirche zu Würzburg Canonicus und Senior, starb 8. Jan. 1501.

Biedermann, Canton Altmühl, Tab. 246—50. — *Salver,* S. 146, Tab. 6, Nr. 16, 480, 550 u. 604. — *Siebmacher,* II. 75; Finsterlohe, Fränkisch. — *v. Meding,* III. S. 703.

Vintersleben, Vintirsleibin. Altes, thüringisches, im 14. Jahrh. bekanntes Adelsgeschlecht.

Sagittar, Gleichensche Histor. S. 92. — *Zedler,* 48. S. 1614.

Vintzelberg, Vinzelberg (im von Roth und Blau der Länge nach getheilten Schilde ein schrägrechts gestellter Bogen). Altes, früher zu dem in der Altmark begüterten Adel gehörendes Geschlecht, welches später auch im Brandenburgischen begütert wurde. Ein den Namen Vinzelberg führender Sitz kommt in der Altmark unweit Gardelegen schon 1290 vor und die Familie sass bereits 1333 zu Hindenburg bei Osterburg, 1485 zu Jarchau, 1501 zu Polkau bei Osterburg, und unweit Stendal 1564 zu Rochow. Das Gut Welle bei Stendal besass die Familie noch 1723, das Gut Sanne 1725 und 1756 noch Jarchau. Im Brandenburgischen gehörte dem Geschlechte 1615 Dreetz bei Ruppin, 1723 Clossow bei Königsberg, 1724 Zorndorf unweit Cüstrin und in der Ost-Priegnitz Frehne 1726 und noch 1753. — Nach dieser Zeit ist der alte Stamm erloschen.

<small>Enzelt Altmärk. Chronik, S. 61. — Zedler, 48. S. 1642. — N. Pr. A.-L. IV S. 297. — Freih. v. Ledebur, III. S. 58. — Siebmacher, V. 145.</small>

Violand, Ritter und Edle. Reichsritterstand. Diplom von 1766 für Franz Violand, Handelsmann in Wien, mit: Edler v.

<small>Megerle v. Mühlfeld, Erg.-Bd. S. 220.</small>

Vippach (Schild schrägrechts von Silber und Schwarz getheilt und in jedem Theile eine schrägrechtsschreitende Taube von gewechselter Farbe). Altes, thüringisches Adelsgeschlecht, welches sich nach dem Sitze Mark-Vippach im grossh. weimarischen Justiz-Amte Grossrudestedt nannte und aus welchem Siebold v. Vippach 1389 in einer, das Kloster Ichtershausen betreffenden Urkunde als Zeuge auftritt. In Gotha diplomatica wird zuerst Heinrich v. Vippach zu Mark-Vippach und Lichtentanna im Erzgebirge, Fürstl. Weimarscher Hofmarschall und Kammerrath, genannt, welcher in der Jugend der Krone Frankreich tapfer gedient und zwei Söhne hinterliess: Georg und Hans Christoph. Georg auf Obernütz (Obernitz) und Lichtenthanna wurde Fürstl. Sächs. Hofrath, Steuer-Director und Amtshauptmann zu Saalfeld und der Sohn desselben, Heinrich Siegmund v. V. auf Hohenschwarm bei Saalfeld kommt noch um 1640 als h. altenburgischer Rath und Amtshauptmann zu Roda und Orlamünde vor. Hans Christoph v. V. und Mark-Vippach, Georgs Bruder, Fürstl. Weimar. Kammer-Junker, wurde der Urheber der Linie des Geschlechts in Schlesien. Der Sohn desselben brachte in Schlesien das Rittergut Schwartze an sich und hinterliess bei seinem Tode 1669 einen Sohn: Friedrich Weighardt, Fürstl. Nassau-Dillenburg. Hofmeister, von welchem zwei Söhne stammten: Friedrich Wigand zu Schwartze, Fürstl. Briegischer Stallmeister und Heinrich Sigismund auf Schwartze und Marckersdorf im Neisseschen, kaiserl. Oberstwachtmeister und Regent der freien Standesherrschaft Wartenberg, von welchem drei Enkel bekannt sind: Ernst Mauritius, Julius Friedrich und Leonhard Sigismund. Julius Friedrich auf Tschanschwitz im Strehlenschen, k. poln. u. kursächs. gewesener Hauptmann, hatte mehrere Söhne und Leonhard Sigismund auf Baerwalde im Münsterbergischen setzte den Stamm mit zwei Söhnen, Johann Sigismund Abraham und Wilhelm Heinrich Gottlob, fort. So weit gehen die von Sinapius gegebenen Nachrichten. Die Nachkommen besassen die Güter Siegroth, Lampersdorf, Bärwalde, Reisezagel u. Tschanschwitz. Zuletzt wird noch um die Mitte des 18. Jahrh. Heinrich Sigismund (II.) a. d. H. Tshanschwitz genannt, welcher 1755 zu Polnisch-Wartenberg als k. preuss. Obert und Chef eines Husaren-Regiments starb. Seine Ehe mit Helene Charlotte Grf. v. Salisch blieb ohne männliche Erben und eine Erbtochter, Helene Elisabeth v. Vippach, brachte später Lampersdorf an die v. Thielau.

<small>Sagittar, Gleichensche Historie, S. 61. — v. Gleichenstein, Nr. 96. — Sinapius, II. S. 1085. — Gauhe, I. S. 2669 und 70. — Zedler, 48. S. 1689 und 90. — N. Pr. A.-L. IV. S. 298. — Freih. v. Ledebur, III. S. 58. — Siebmacher, I. 149; v. Vippach, Thüringisch.</small>

Vischberg, Grafen. Altes, thüringisches, im 14. Jahrhundert bekanntes Grafengeschlecht.

<small>Sagittar, Gleichensche Historie, S. 98. — Zedler, 48. S. 1800.</small>

Vischer, Freiherren. Steiermärkisches, freiherrl. Geschlecht, welches in Steiermark die Herrschaft Massweg besass.

<small>Schmutz, IV. S. 265.</small>

Vischer. Reichsadelsstand. Diplom von 1729 für Johann Vischer, Secretair des Fürsten Joseph Johann Adam Liechtenstein.

<small>Megerle v. Mühlfeld, Erg.-Bd. S. 480.</small>

Vischer v. Trenenburg. Reichsadelsstand. Erneuerungsdiplom des der Familie zustehenden Adels vom K. Carl VII. für Johann Jacob Vischer, h. württemberg. Ober-Justizrath und für den Sohn desselben.

<small>Zedler, 48. S. 180 und 1802.</small>

Vischer v. und zu Vischheim. Erbl.-österr. Adelsstand. Diplom von 1775 für Franz Thaddaeus, Salzamtsrath und Hauptcassier zu Hall in Tirol, mit: v. und zu Vischheim.

<small>Megerle v. Mühlfeld, S. 278.</small>

Vittinghoff, gen. Schell v. Schellenberg, s. Vietinghoff, gen. Schell v. Schellenberg, Freiherren, S. 389—92.

Vitzenhagen (in Roth ein silberner, damascirter Pfahl). Altes, nach Anfange des 18. Jahrh. ausgegangenes Adelsgeschlecht der Grafschaft Mansfeld, in welcher der Stammsitz der Familie in der Nähe von Aschersleben, wo 1383 des Vitzenhagener Holzes gedacht wird, zu suchen ist. Das Geschlecht sass im Mansfeldischen zu Benndorf, 1480 zu Ermsleben und 1629 zu Estendorf und hatte letzteres Gut noch 1707 und Ermsleben noch 1714 inne. — Thilo v. Vitzenhagen wurde 1624 als Gelehrter vom Adel in die Fruchtbringende Gesellschaft aufgenommen und Adam Christoph v. V. lebte noch um 1677.

<small>Neumark's neusprossender Palmbaum, S. 240. — Abel's deutsche Alterthümer, II. S. 593. — Gauhe, I. S. 2682. — Zedler, 49. S. 401. — Freih. v. Ledebur, III. S. 59 und 60. — Beckmann, Anhalt. Histor. Tab. C. — v. Meding, I. S. 634.</small>

Vitzthum v. Apolda (in Gold ein schräglinks liegender, oben und unten abgehauener, schwarzer Stamm, auf der rechten Seite zwei, auf der linken einen rothen Apfel an schwarzen Stielen tragend). Eins der ältesten u. angesehensten, thüringischen und meissenschen Rittergeschlechter, dessen Name von den ehemaligen Vicedominia hergeleitet wird, welche, nach Abgange der thüringischen Könige, an Kaisers-Statt regierten und grosse Gerechtsame an sich gebracht hatten. Dasselbe besass schon um 1265 mit den Schencken v. Apolda das Schloss Apolda mit Zubehör unweit Jena, nach welchem der Stamm sich nannte und nach v. Falkenstein lebten um diese Zeit Theodoricus, Berthold, Werner und Albrecht Vitzdume v. Apolda. Nach den gewöhnlichen, früheren Angaben schied sich im 13. Jahrhunderte der Vitzthum'sche Stamm in zwei Linien, in die Apoldische und in die nach dem Dorfe Eckstädt bei Weimar genannte Linie, doch sind neuerlich gewichtige Stimmen laut geworden, dass es Unrecht sei, die Vitzthume v. Apolda mit denen v. Eckstädt zu einem gemeinsamen Stamme zu machen. Besonders mächtig wurde das Geschlecht V. v. A. im 15. Jahrhunderte, in welchem es zu Dornburg, Nebra, Tannroda, Camburg u. s. w. sass und hatte nächstdem viele Güter, Schlösser und Städte inne. — Busso und Friedrich V. v. A. waren berühmte Kriegsobersten der meissenschen Völker: Ersterer blieb gegen die Hussiten 1426 bei Aussig, Letzterer 1429 in einem Treffen bei Grimma; Apel V. v. A. gest. um 1470, des Herzogs Wilhelm zu Sachsen Geh. Rath, wurde namentlich durch den Antheil, welchen er an der Veranlassung des sog. sächsischen Bruderkrieges (von 1446 bis 1451) gehabt hatte, bekannt; Melchior war um 1460 als Kriegsoberst berühmt, Philipp verglich sich 1486 mit dem Landesherrn wegen Tannroda und Dornburg und ein Anderer dieses Namens war im Schmalkaldischen Kriege 1547 kursächsischer General und Commandant zu Freiberg, als diese Stadt sich unvermuthet für Herzog Moritz zu Sachsen erklärte. Wie gewöhnlich angenommen wurde, erloschen die Vitzthume v. Apolda 1631 mit Anton Friedrich, doch giebt Knauth an, dass dieselben erst 1639 mit Rudolph Vitzthum v. Apolda und Crammen, kursächsischem Geh. Rathe und Ober-Kämmerer, ausgegangen wären. Der genannte Ober-Kämmerer Rudolph Vitzthum v. Apolda, wie derselbe genannt, also zum Stamme Vitzthum v. Apolda gerechnet wird, hinterliess grosse Schätze, die er für milde Stiftungen in Dresden und Freiberg bestimmte und ist auch durch Stiftungs-Urkunde vom 24. Sept. 1638 Stifter des bekannten, sehr angesehenen Vitzthum'schen Gymnasium in Dresden, welches erst 1828 ins Leben trat, später aber, 1861, durch Beschluss des Administrators u. mit Genehmigung des Ministeriums des Cultus und öffentlichen Unterrichts zu einem selbstständigen und öffentlichen umgestaltet und am 16. Oct. 1861 als solches eröffnet worden ist. — Eine Linie des alten Stammes blühte in Böhmen fort. Von den Söhnen Apel's Vitzthum v. Apolda, Herzogs Wilhelm zu Sachsen Geh. Raths, s. oben, besass anfangs ein gleichnamiger Sohn das Schloss Tannroda im Weimarischen, zog sich aber nach Böhmen zurück, weil er gedroht hatte, den Vater zu rächen, wurde 1472 unter die Freiherren in Böhmen aufgenommen und setzte den Stamm fort. Die Gebrüder Christoph und Dietrich V. v. A. studirten 1575 zu Prag und nannten sich später statt Vitzthum v. Apolda: Vitzthum v. Egersberg.

Balbini Misc. Bohem. Dec. II. Lib. XV. Pag. 8. — *Knauth*, S. 586—88. — Gotha diplomat. T. V. S. 246. — v. *Falkenstein*, Thüring. Chronik, Lib. 2. P. II. S. 932. — *Gauhe*, I. S. 2674 und 75 und S. 2680. — *Freih. v. Ledebur*, III. S. 60. — *Siebmacher*, I. 164: Die Vitzthumb, Meissnisch. — v. *Meding*, I. S. 634: Vitzthumb v. Apolda.

Vitzthum v. Eckstaedt, auch Grafen (Stammwappen: in Gold zwei rothe, mit einem silbernen Querbalken belegte Pfähle und gräfliches Wappen: Schild geviert, mit das Stammwappen zeigendem Mittelschilde. 1 u. 4 in Purpur ein gekrönter doppelt geschweifter, einwärts gekehrter, goldener Löwe, welcher im 1. Felde in der linken, im 4. in der rechten Vorderpranke einen grünen Palmzweig hält und 2 u. 3 in Grün ein einwärtssehender, gekrönter und golden bewehrter, schwarzer Adler). Reichsgrafenstand. Diplom im kursächsischen Reichsvicariate vom 18. Juli 1711 für Friedrich Vitzthum v. Eckstaedt, k. poln. und kursächs. Geh. Rath u. s. w. — Eins der ältesten und angesehensten thüring.-sächsischen Adelsgeschlechter, welches sich später in der Lausitz, in Böhmen, Schlesien und anderen Ländern ausbreitete. Dasselbe hatte vom Erzbischofe zu Mainz das Vitzthum-Amt über Erfurt zu Lehn, welches 1352 veräussert wurde, nannte sich nach dem Dorfe Eckstaedt (Eckstedt) im jetzigen grossh. weimarischen Justiz-Amte zu Gross-Rudestedt und wurde bis in neueste Zeit, in welcher diese Annahme angefochten worden ist, als zweite Linie des alten Vitzthum'schen Stammes, als dessen erste Linie die Vitzthume von Apolda galten, gehalten — Bertold Vitzdum (wie damals geschrieben wurde) v. Eckstädt kommt urkundlich 1325 vor und 1336 — nach einer anderen Angabe 1352 — kaufte der Rath zu Erfurt die Freiheiten, Gerichtsbarkeiten und Güter in der Stadt der Familie ab, nachdem sich die Glieder derselben schon auf ihre Rittergüter begeben hatten. — Die fortlaufende Stammreihe der Familie beginnt mit Georg V. v. E. auf Cannenwurff, kursächs. und der gesammten Herzöge weimar. Linie Rath, Statthalter zu Weissenfels und Oberhauptmann in Thüringen, welcher 1593 Ober-Aufscher der Grafschaft Mansfeld wurde. Von demselben stammte Christoph (I.) auf Tiefensee und Petersrode, kursächs. Oberst und Stiftshauptmann zu Quedlinburg. Der dritte Sohn des Letzteren, Georg auf Jahmen, Dürrbach und Kaupa, kurbrandenb. Hauptmann der Aemter Cotbus und Peitz, starb 1641 und sein zweiter Sohn war Christoph (II.) auf Jahmen, Dürrbach und Eselsberg, kursächs. Rath und Kammerherr und seit 1665 Landeshauptmann in der Lausitz, verm. mit Johanna Helena v. Neitschütz, aus welcher Ehe Graf Friedrich, s. oben, der bekannte stete Liebling des Kurfürsten Friedrich August I. von Sachsen entspross. — Die Ahnentafel der jetzigen Grafen V. v. E. beginnt in den ersten Gliedern, wie folgt: Friedrich, Graf — Sohn Christoph's (II.), — geb. 1675, geblieben 1726 im Duell bei Warschau mit Victor Marquis de St. Gile, k. poln. u. kursächs. Cabinetsminister, w. Geh. Rath und Ober-Kämmerer: Gemahlin: Rahel Charlotte Grf. v. Hoym-Droyssig, geb. 1676, verm. 1699 u. gest. 1733; — Ludwig Siegfried, geb. 1716, gest. 1777, Herr auf Lichtenwalde, Auerswalde, Otterwisch, Scaske, kursächs. Oberkammerherr u. Gesandter: Zweite Gemahlin: Auguste Erdmuthe v. Ponikau und Pilgram, geb. 1738, verm. 1761 und gest. 1775; — Graf Friedrich August, Graf Carl und Graf Heinrich, Gebrüder, schieden später das gräfliche Haus in drei Linien. Aus dem neuen Personalbestande dieser drei Linien sei hier nur Folgendes angemerkt: Erste Linie, abstammend vom Grafen Friedrich August, gest. 1803. Graf Albert (II.), geb. 1845, Haupt der Linie, Majoratsherr auf Lichtenwalde und Auerswalde im Kgr. Sachsen und Sohn des 1860 verstorbenen Grafen Albert (I.) Herrn auf Schön-Wölkau und Neusorge, k. sächs. Kammerherrn, aus der Ehe mit Amalia v. Miltitz, geb. 1824 und verm. 1844 (in zweiter Ehe verm. 1862 mit Otto Grafen Vitzthum v. Eckstaedt, zur zweiten Linie gehörig, k. sächs. Oberlieutenant a. D. Die beiden Brüder des Grafen Albert (II.), neben vier Schwestern, sind: Friedrich, geb. 1855 und Gotthold, geb. 1859 und ein Bruder des Grafen Albert (I.) ist Graf Woldemar, geb. 1802. Die zweite Linie stammt ab von dem Grafen Carl Alexander Nicolaus, geb. 1767 und gest. 1834, Herrn auf Ober-Lichtenau, k. sächs. Kammerherrn, w. Geh. Rath und Oberst-Stallmeister, verm. 1818 in zweiter Ehe mit Elisabeth Freiin v. Friesen-Rötha, geb. 1793. Aus dieser zweiten Ehe entspross Graf Carl Friedrich, geb. 1819, k. sächs. Kammerh. und a. o. Gesandter und bevollmächtigter Minister seit 1857 am k. grossbritan. Hofe und seit 1859 am k. portug. Hofe u. s. w. Von den Brüdern desselben, den Grafen Hermann, Otto. u Ernst, vermählte sich 1849 Graf Hermann, geb. 1821, k. sächs. Kammerherr und K. Hofmarschall, mit Paula v. Goetz, geb. 1825, aus welcher Ehe, neben vier Töchtern, zwei Söhne stammten: Paul, geb. 1850 und Rudolph, geb. 1861. Graf Otto, geb. 1829, k. sächs. Oberlieutenant a. D., vermählte sich 1862 mit Amalia v. Miltitz, verw. Grf. Vitzthum v. Eckstädt, geb. 1824, s. erste Linie und Freih. Ernst, geb. 1831, ist k. sächs. Artillerie-Hauptmann u. Adjutant S. K. H. des Kronprinzen Albert v. Sachsen. Die dritte Linie stammt ab vom Grafen Heinrich, geb. 1770 und gest. 1837, k. sächs. Geh. Rathe und Generaldirector der Academie der bildenden Künste, verm. mit Friederike Wilhelmine Grf. v. Hopfgarten. Ein Sohn desselben, Graf Ludwig, k. preuss. Hauptmann, starb 1833 und von demselben entspross zunächst: Graf Benno, geb. 1829, verm. 1858 mit Adele v. Kownacka, in welcher Ehe ein Sohn, Ludwig Joseph Benno, 1859 geboren wurde. Der Bruder des Grafen Benno, Graf Otto, geb. 1831, k. preuss. Lieutenant im 3. Brandenb. Landwehr-Regim. und Landrath des Kr. Sagan, vermählte sich 1863 mit Helene, des Gottlieb Jenisch zu Hamburg und der Caroline v. Lützow a. d. H. Gross-Brütz, verw. Gräfin Westphalen zu Fürstenberg, jüngerer Tochter und Graf Lionel, geb. 1809 — Bruder des Grafen Ludwig u. Sohn des Grafen Heinrich — herz. sachs.-coburggoth. Kammerh. und Major a. D., vermählte sich 1845 mit Christiane Freiin v. Waldenfels, geb. 1828, aus welcher Ehe vier Söhne und vier Töchter entsprossten. — Das Geschlecht breitete sich mit vielen Sprossen weit aus und wurde namentlich in Thüringen, Sachsen und Schlesien ansehnlich begütert. Die älteren Besitzungen in Sachsen hat Knauth zusammengestellt, hinsichtlich der übrigen Besitzungen ist auf Freih. v. Ledebur zu verweisen. Aus der gräflichen Linie, die in Sachsen die Güter Auerswalde, Lichtenwalde und Dornreichenbach inne hatte, war im Kgr. Preussen um 1857 Graf Albert Friedrich, k. sächs. Kammerherr, im Kr. Delitzsch Herr zu Gross-Wölkau und Reibitz, so wie zu Sausedlitz und Graf Hermann, k. sächs. Kammerherr, Herr auf Ober-Lichtenau im Kr. Lauban. — Eine adelige Linie, die sich im 18. Jahrhunderte in Schlesien niedergelassen, sass zu Woitzdorf, Armenruh, Osselwitz, Seifersdorf u. s. w. Diese Güter besassen später namentlich die Söhne des Majors a. D. V. v. E. auf Woitzdorf, doch lebten aus diesem Hause im dritten Jahrzehnt des 19. Jahrh. nur noch Theodor V. v. E., Landschafts-Director, Justizrath a. D. und Herr auf Seifersdorf und Teichenau und die Schwester desselben, die Wittwe des grossh. hessischen Gesandten zu Berlin Freiherrn Schüler v. Senden. — Aus den sächsischen adeligen Linien der Familie standen mehrere Sprossen in kur- und k. sächs. Hof- und Militairdiensten, so wie in der k. preuss. Armee. Johann Ludwig V. v. E. wurde 1851 k. sächs. Major und Platzcommandant in Dresden und O. V. v. E. k. sächs. Oberlieutenant a. D. war um 1862 Telegraphen-Vorstand.

Ivcenstein, Theatr. Saxon. I. S. 299—301. — *Albini* Wertherusche Historie, S. 71. — *Knauth*, S. 586—88. — *Hoenn*, Coburg. Historie, II. S. 103, 111 und 159. — *M. Grosser*, Progr. de insignibus Vitzthumianis, Görl. 1711. — *Sinapius*, Olsnograph. I. S. 603. — *Gauhe*, I. S. 2673—76 und II. S. 1213 und 14. — *Zedler*, 49. S. 412—22. — *Schöttgen*, Nachl. der Historie von Ober-Sachsen, I. 3. Tab. 111. S. 458 u. 9 Th. S. 90 u. 11. S. 148. — *Jacobi*, 1800. II. S. 374. — Thüring. Vaterlandskunde, Jahrg. 1801, 3. Stck. S. 34. Jahrg. 1802, 12. Stck. S. 190 u. Jahrg. 1803, 8. Stck.; S. 130—32. — *v. Lang*, Suppl. S. 28. — Allgem. Geneal. Handbuch, 1824, I. S. 876 u. 77. — N. Pr. A.-L. IV. S. 209. — Deutsch. Grafenh. d. Gegenw. II. S. 608—606. — *Freih. v. Ledebur*, III. S. 60 und 61. — Geneal. Taschenbuch, 1839, S. 515, 1848, S. 717—19, 1859, S. 904, 1861, S. 913, 1864, S 949—51 u. f. Jahrgg. und histor. Handb. zu denselben, S. 1089. — *Siebmacher*, I. 146: Die Vitzthumb v. Eckstedt. — *v. Meding*, I. S. 635 und 36: V. v. E. und Grafen Vitzthumb. — *Tyroff*, II. 39: Gr. V. v. E. — W. B. d. Kgr. Bayern, II. 45 und v. Wölckern, 2. Abth. S. 80—62: Gr. V. v. E. — W. B. d. Sächs. Staaten, V. 94: V. v. E. und II. 9: Gr. V. v. E.

Vitzthum v. Egersberg, Freiherren (in Gold ein schräglinks liegender, oben und unten abgehauener, schwarzer Stamm, auf der rechten Seite zwei, auf der linken einen rothen Apfel an schwarzen Stielen tragend (Vitzthum v. Apolda). — Altes, freiherrliches, wie schon das ganz gleiche Wappen ergiebt, zu dem alten Stamme Vitzthum v. Apolda gehörendes Geschlecht, doch fehlen über den Ursprung und den Fortgang desselben genaue Nachrichten. Bekannt sind nur die Angaben Balbins. Der gleichnamige Sohn des im 15. Jahrhunderte und später in der Sächsischen Geschichte so bekannten Apel v. Vitzthum (Vitzdum) v. Apolda, Geh. Raths des Herzogs Wilhelm zu Sachsen, besass anfangs das Schloss Tannroda in Thüringen, zog sich aber später ebenfalls nach Böhmen zurück, wurde 1472 unter die Freiherren in Böhmen aufgenommen und setzte den Stamm fort und die Nachkommen desselben, von welcher die Gebrüder Christoph und Dietrich um 1575 lebten, vertauschten den Namen Vitzthum v. Apolda mit dem Namen: Vitzthum v. Egersberg. Unter diesem Namen blühte das Geschlecht fort und kam auch in das Weimarische. In neuester Zeit ist im Grossherzogthum Sachsen-Weimar durch Friedrich August Johann Freiherrn Vitzthum v. Egersberg auf Elxleben, Oberhofmeister u. Kammerherrn und Carl Freih. Vitzthum v. Egersberg, Finanzrath u. Kammerherrn, das Geschlecht zu grossem Ansehen gelangt.

Bok Balbini Miscell. histor. regn. Bohem. Dec. II. Lib. 1, cap. XV. S. 8. — *Gauhe*, I. S. 2080. — W. B. d. Sächs. Staaten, V. 28: Freih. V. v. E.

Viviani v. Neuhausfeld. Reichsadelsstand. Diplom von 1800 für Franz Anton Viviani, Doctor der Rechte, mit: v. Neumannsfeld.

Megerle v. Mühlfeld, Erg.-Bd. S. 480.

Voelckening, Volckening (in Schwarz ein Storch von natürlicher Farbe, welcher im aufgehobenen Fusse eine Kugel hält). Reichsadelsstand. Diplom vom 12. Dec. 1730 für Jobst Eberhard Voelckening, h. braunschweig. Generalmajor. Mit dem Sohne desselben, dem Geh. Etatsrathe Anton Ulrich v. V., ist 21. Nov. 1774 das Geschlecht erloschen.

Handschriftl. Notiz: v. Volckening. — *v. Hellbach*, II. S. 649: v. Volckening.

Völcker, Völker (Schild der Länge nach getheilt: rechts in Roth eine aus der Mitte des rechten Schildesrandes gegen die Theilungslinie hervortretende gerade silberne Spitze, belegt mit einer rothen Rose u. links in Blau eine frei in der Mitte stehende Trommel, über welcher ein Klöpfel schwebt). Reichsadelsstand. Diplom vom 17. April 1706 für Caspar Völcker, h. braunschweig. Obersten. Die Familie, welche, wie das Wappenbild der rechten Schildeshälfte ergiebt, aus dem adeligen Patriciergeschlechte in Frankfurt a. M. v. Völcker stammte, besass die Rittergüter Scheppau und Dettum, die aber nach dem Tode des 1770 ohne Nachkommen gestorbenen Kammerdirectors Anton Ulrich subhastirt werden mussten. Der Stamm ist mit dem Kammerjunker Jobst Anton v. Völcker 29. Jan. 1796 ausgegangen.

Handschrift. Notiz. — *Siebmacher*, I. 210: Die Völcker, Frankfurtisch. — *Tyroff*, I. 56: Hn. v. Völcker: Stammwappen.

Völckern, Voelkern. Altes, steiermärkisches Rittergeschlecht, welches in Steiermark Plaankenwart besass.

Sinapius, II. S. 1093. — *Zedler*, 50. S. 98. — *Schmutz*, IV. S. 272.

Voelckern. Reichsadelsstand. Diplom vom 15. Jan. 1780 für den hannov. Lieutenant Johann Dietrich Völckers, in Hannover amtlich bekannt 31. Oct. 1780. Das Geschlecht ist erloschen.

Freih. v. d. Knesebeck, S. 285.

Völckershausen, Völkershausen (in Gold drei kleine, schwarze Blasehörner mit silbernen Mündungen, von denen das Horn oben zur Rechten die Stürze aufwärts, doch etwas links, das zur Linken die Stürze gegen den linken Oberwinkel des Schildes und das dritte, oder untere Horn die Stürze gegen die Mitte des Fussrandes kehrt). — Altes, hessisches Adelsgeschlecht, welches schon 1366 zu Fulda beliehen war. Das gleichnamige Stammhaus lag im Kr. Eschwege und Bertold v. Völckershausen, gest. 1380, war der 46. Abt und Wilhelm v. V. der 53. Abt des Stifts Hersfeld. — Zuletzt war zu Fulda einzig noch Johann Caspar v. V., gest. 1705, beliehen, dessen noch minderjähriger Sohn, Friedrich Aemilius Ernst, seinen Vater nicht lange überlebt hat.

Schannat, S. 177 u. 180. — *Gauhe*, I. S. 2690. — *Biedermann*, Canton Rhön-Werra, Tab. 424. — *Salver*, S. 314. — *v. Meding*, III. S. 707 und 708.

Voelderndorff, Voelderndorff nnd Waradein, Freiherren (Schild geviert mit rothem Mittelschilde und in demselben ein schwebendes, goldenes Kreuz. 1 u. 4 in Silber ein einwärtsgekehrter, schwarzer Adler und 2 und 3 in Roth ein doppelt geschweifter, einwärts gekehrter, goldener Löwe). Reichsfreiherrnstand. Diplom von 1538 für Gotthard v. Voelderndorff, genannt zu Paumgarten (geb. 1504), Hauptmann zu Stuhlweissenburg, wegen seiner bewiesenen Tapferkeit gegen die Türken und Bestätigungsdiplom des der Familie zustehenden Freiherrnstandes vom 16. Juli 1684 für Johann Adam v. Völderndorff, da bei der letzten schwedischen Invasion in Unter-Oesterreich und bei Einnahme der Stadt Krems alle Papiere der Familie verloren gegangen waren. — Altes, früher auch Polterndorff, Vellendorff und Felderndorff geschriebenes Niederösterreichisches Adelsgeschlecht, dessen Vorfahren von 981 bis 1090 mehrfach in Kriegsdiensten der alten Markgrafen der orientalischen Mark oder Pannonien rühmlich gestanden haben sollen und dann bis 1300 und länger in gleicher Weise dem Erzhause Oesterreich dienten und gegen die Türken sich auszeichneten. 1190 waren nach Lazius, Chronik von Wien, die Herren v. Völderndorff von Leopold III. mit „Erd und Feld" der markgräflichen Burg, des späteren Klosters Mölk, belehnt, wo sie auch am Flusse Pielach den Ort Völderndorff unterhalb Mölk erbauten, daselbst wohnten und sich nach demselben als ihrem Stammsitze nannten. In der Reformationszeit wanderte ein protestantisch gewordener Zweig der Familie nach Franken aus und zu demselben gehörte der oben genannte Freiherr Johann Adam v. Völderndorff. Der letzte Sprosse der in Oesterreich gebliebenen katholischen Linien, von denen eine sich Völderndorff zum Untern Stein nannte (zu deren Unterscheidung sich die hier in Rede stehende Linie: v. Völderndorff und Waradein schrieb), starb 23. Jan. 1784 zu Troppau in Schlesien. Auch die nach Franken übergesiedelte Linie war schon bis auf den Grossvater des Freiherrn Alexander, s. unten, den Freih. Carl Friedrich Wilhelm, geb. 1758 und gest. 1832, k. preuss. Regier.-Präsidenten und Landrichter des Burggrafenthums Nürnberg von 1795 bis 1810 und k. bayer. Appellationsgerichts-Präsidenten von 1810 bis 1817, verm. mit Juliane Ernestine Sophie Freiin v. Seckendorff, geb. 1753, gest. 1829, im Mannsstamme erloschen, hat sich aber durch die zahlreiche Nachkommenschaft dieses letzten Stammherrn wieder sehr gehoben. Vom Freih. Carl Friedrich Wilhelm, s. oben, stammten, neben drei Töchtern, vier Söhne, die Freiherren Eduard, Franz, Gustav und Wilhelm, die eine zahlreiche Nachkommenschaft hatten, über welche sich Näheres in den geneal. Taschenbb. der freih. Häuser findet. Erwähnt sei hier nur Folgendes: Freih. Eduard, geb. 1783 und gest. 1847, k. bayer. Kämmerer, Generalmajor und Bevollmächtigter am Deutschen Bundestage, hatte aus erster Ehe mit Elisabeth Grf. v. Oppersdorff a. d. H. Obergross-Glogau einen Sohn: Alexander Freih. v. Voelderndorff und Waradein, geb. 1806, welcher später als Haupt des freih. Hauses aufgeführt wurde. Freih. Franz, geb. 1788 und gest. 1827, k. bayer. Kämm.

und General-Staatsprocurator der Pfalz, war in erster Ehe verm. mit Betty v. Donop, geb. 1791 und gest. 1821, und in zweiter mit Antoinette Grf. v. Roigersberg, geb. 1802 — Freih. Gustav, geb. 1782 und gest. 1857, k. bayer. Ober-Zollrath, vermählte sich 1810 mit Caroline Keerl aus Ansbach und Freih. Wilhelm, geb. 1792 und gest. 1859, k. bayer. Kämmerer und pens. Generalmajor in Augsburg, in erster Ehe 1828 mit Lucie Freiin v. Ungern-Sternberg, geb. 1806 und gest. 1835 und in zweiter 1838 mit Friederike Freiin Pergler v. Perglas, geb. 1820. — Der Stamm hat in der Nachkommenschaft des Freih. Carl Friedrich Wilhelm durch vier Söhne, die Freiherren Eduard, Franz, Gustav und Wilhelm, s. oben, in vielen Sprossen in grossem Ansehen fortgeblüht.

Bucelini Stemmatogr. III. S. 244. — *Hoenn*, Coburg. Chronik, I. S. 105. — *Gr. Wurmbrand*, Coll. geneal. S. 18. — *Gauhe*, I. S. 528 und 29: v. Felderndorff. — *Zedler*, 50. S. 125—131; aus schriftlichen Nachrichten. — *Biedermann*, Canton Altmühl, S. 158—66. — *v. Lang*, S. 257 und 58. — *Freih. v. Ledebur*, III. S. 89 und 354. — Geneal. Taschenb. d. freih. Häuser, 1857, S. 809—13, 1863, S. 1001—1004 u. ff. Jahrgg. — *Tyroff*, I. 40. — Suppl. zu Siebm. W. B. I. 12. — W. B. d. Kgr. Bayern, IV. 34 und v. Wölckern, 4. Abth. S. 78 und 79. — *v. Hefner*, bayer. Adel, 65 und 66 und S. 62. — *Kneschke*, III. S. 442 und 43.

Vogel (in Silber drei, 2 u. 1, schwarze Adlersköpfe mit Hälsen). — Altes, zu dem im Herzogthume Gotha begütert gewesenen Adel gehörendes Geschlecht, dessen ordentliche Stammreihe mit Heinrich Vogel dem Aelteren um 1544 beginnt. Von den Enkeln desselben war Bernhard Gräfl. Gleichenscher Rath und von seinem Bruder, Alexander, stammte Heinr. John v. V., Fürstl. Eisenachscher Landes-Hauptmann, welcher den Stamm fortsetzte. Später, im 18. Jahrhunderte, ist das Geschlecht ausgegangen.

v. Gleichenstein, Nr. 97. — *Gauhe*, I. S. 2690. — *Estor*, Ahn. Pr. S. 404 (rechnet das Geschl. zum Obersächs. Adel). — *Freih. v. Ledebur*, III. S. 61. — *v. Meding*, II. S. 627.

Vogel (Schild durch einen goldenen Querbalken getheilt: oben in Roth ein silberner Greif und unten in Blau drei, 2 und 1, goldene Lilien). — Adelsstand des Kgr. Preussen. Diplom vom 2. Oct. 1786 für Johann Wilhelm Bartholomaeus Vogel, Lieutenant und Adjutant des k. preuss. Feld-Artillerie-Corps und für die beiden Brüder desselben: Samuel Friedrich Vogel, k. preuss. Lieutenant a. D. und Postmeister zu Cosel und August Gottlieb Vogel, Rittmeister in k. russ. Diensten. Zu diesem Geschlechte gehörte: Friedrich Georg v. Vogel, gest. 1845 als k. preuss. Generalmajor a. D. Die Familie war im Brandenburgischen 1795 und noch 1803 zu Kähmen und Morzig unweit Crossen begütert.

N. Pr. A.-L. IV. S. 299. — *Freih. v. Ledebur*, III. 61. — W. B. d. Preuss. Monarchie, IV. 83. — *Kneschke*, I. S. 442.

Vogel. Ein früher in den Listen der k. preuss. Armee aufgeführtes Adelsgeschlecht. Philipp Carl August v. Vogel, k. preuss. Major von der Cavalerie starb 1791 und der Bruder desselben, Johann Friedrich v. V., Lieutenant im Regim. v. Rudberg, 1787. Der Vater stammte aus dem Württemberg., stand früher im Dragoner-Regimente Markgr. v. Anspach-Bayreuth und war zuletzt Commandant von Altena in der Grafschaft Mark.

Freih. v. Ledebur, III. S. 61.

Vogel. Reichsadelsstand. Bestätigungsdiplom des der Familie zustehenden Reichsadelsstandes von 1728 für Johann Niclas v. Vogel, k. k. Reichshofraths-Agenten.

Megerle v. Mühlfeld, Erg.-Bd. S. 480.

Vogel v. Adlersberg. Erbl.-österr. Adelsstand. Diplom von 1778 für Carl Eugen Vogel, Hauptmann im k. k. Infant.-Regimente Johann Gr. Pálffy v. Erdoed, mit: v. Adlersberg.

Megerle v. Mühlfeld, Erg.-Bd. S. 480.

Vogel v. Barthorff. Reichsadelsstand. Diplom von 1712 für Johann Carl Franz Vogel, Hauptmann im k. k. Infanterie-Regimente Graf v. Thürheim und für den Bruder desselben, Lothar Franz Vogel, mit: v. Barthoff.

Megerle v. Mühlfeld, Erg.-Bd. S. 480.

Vogel v. Falckenstein (Schild geviert mit silbernem Mittelschilde und in demselben ein geharnischter Mann mit gezücktem Schwerte. 1 und 4 in Schwarz ein goldener Löwe und 2 und 3 in Silber über Felsen ein Falke, welcher einen grünen Lorbeerzweig hält). Ein im 17. Jahrh. geadeltes Geschlecht, welches in Schlesien 1716 zu Starrwitz unweit Grottkau und 1770 zu Ober-Kunzendorff im Münsterbergischen sass. Der Stamm blühte fort und aus demselben entspross der in der Geschichte der neuesten Zeit so vielfach genannte k. preuss. General E. Vogel v. Falckenstein.

Freih. v. Ledebur, I. S. 213 und III. S. 61. — Siebmacher, IV. 188.

Vogel v. Friesenhof, Freiherren. Erbl.-österr. Freiherrnstand. Diplom von 1790 für Johann Michael Vogel, Associé des Wechselhauses Fries und Comp. in Wien, wegen Errichtung mehrerer Fabriken, mit: v. Friesenhof.

Megerle v. Mühlfeld, S. 92.

Vogel v. Vogelsberg, Edle. Erbl.-österr. Adelsstand. Diplom von 1785 für Adalbert Vogel, Landrechts-Secretair, in Ansehung der von seinem Vater, dem ehemaligen Hofarzte und Sanitäts-Regierungs-Rathe Vogel, dann von ihm selbst durch 26 Jahre erworbenen Verdienste, mit Edler v. Vogelsberg.

Megerle v. Mühlfeld, S. 179.

Vogel v. Vogelstein (Schild quergetheilt: oben in Blau drei schräglinks gestellte, sechseckige, goldene Sterne und unten in Roth auf einem grünen Hügel ein rechtsgekehrter Hahn). Adelsstand des Kgr. Sachsen. Diplom vom 3. Aug. 1831 für Carl Christian Vogel, k. sächs. Hofmaler und ordentlichen Prof. bei der k. Academie der bildenden Künste in Dresden, mit: v. Vogelstein. Derselbe, geb. 1788 zu Wildenfels, war als Künstler sehr berühmt und starb im Pensionsstande 4. März 1868 zu München.

Handschriftl. Notiz. — W. B. d. Sächs. Staaten, IV. 96. — Kneschke, I. S. 441.

Vogelhuber, Edle. Erbl.-österr. Adelsstand. Diplom von 1816 für Joseph Vogelhuber, Advocaten, mit: Edler v.

Megerle v. Mühlfeld, S. 179.

Vogelsang (im Schilde ein rothes Schildeshaupt und ein rother Schildesfuss mit drei Zinnen, auf deren jeder in Silber ein rechtsgekehrter Singvogel sitzt). Ein in Vorpommern im Barthsen Districte bis in die zweite Hälfte des 16. Jahrhunderts begütertes Adelsgeschlecht, dessen Hauptbesitzung noch 1562 Arpshagen war und welches früher auch Vogelgesang geschrieben wurde. Später kam die Familie nach Meklenburg-Schwerin und wurde im Amte Neukalden ansässig. In neuer Zeit, um 1837, war ein v. Vogelsang Herr auf Guthendorf im Meklenburgischen.

Micrael, S. 382. — *v. Fritzbuer*, Nr. 152. — *Gauhe*, I. S. 1691. — *Zedler*, 50. S. 205. — *v. Behr*, R. M. S. 1568. — N. Pr. A.-L. IV. S. 299. — *Freih. v. Ledebur*, III. S. 61. — *Siebmacher*, V. 153. — *v. Meding*, II. S. 627 und 28. — Meklenb. W. B. Tab. 51, Nr. 193 und S. 36. — Pomm. W. B. III. Tab. 49 und Tab. 64, Nr. 1 und 2. — *Kneschke*, I. S. 442 und 43.

Vogelsang (in Blau auf einem grünen Zweige mit drei rothen Kirschen eine weisse Taube). Adelsstand des Kgr. Preussen. Diplom vom 8. Oct. 1741 für Johann Lucas Vogelsang, Hessen-Darmstädt. Obersten und für den Sohn desselben, Moritz Carl Philipp Vogelsang, Regierungsrath zu Halberstadt. Die Familie sass 1741 zu Gröningen im Halberstädtschen.

N. Pr. A.-L. I. S. 40 (giebt das Diplom vom 14. Nov. 1741 an). — *Freih. v. Ledebur*, III. S. 61. — W. B. d. Preuss. Monarchie, IV. 83.

Vogelsang, Freiherren. Erbl.-österr. Freiherrnstand. Diplom von 1793 für Ludwig v. Vogelsang, Obersten im k. k. Infanterie-Regimente Gr. Clerfayt (Clairfait).

Megerle v. Mühlfeld, Erg.-Bd. S. 110.

Vogl, Ritter. Erbl.-österr. Ritterstand. Diplom von 1768 für Johann Adam Vogl.

Megerle v. Mühlfeld, Erg.-Bd. S. 220.

Vogl, Edle. Erbl.-österr. Adelsstand. Diplom von 1777 für Johann Anton Vogl, Geh. Secretair des k. k. Staatsraths, mit Edler v.

Megerle v. Mühlfeld, S. 279.

Vogl. Erbl.-österr. Adelsstand. Diplom von 1807 für Johann Anton Vogl, k. k. Hauptmann.

Megerle v. Mühlfeld, S. 279.

Vogl, Edle zu Hart und Mohrenfeld. Erbl.-österr. Adelsstand. Diplom von 1781 für Joseph Anton Vogl, Doctor und Kreisarzt des Pusterthals, mit: v. Vogl, Edler zu Hart und Mohrenfeld.

Megerle v. Mühlfeld, Erg.-Bd. S. 480.

Vogt von Alten-Summerau und Prassberg, s. Vogt v. Prassberg, Vogt v. Alten-Summerau und Prassberg.

Vogt v. Ammerbach. Erloschenes, aus dem Voigtlande nach Preussen gekommenes Adelsgeschlecht.

Freih. v. Ledebur, III. S. 61.

Vogt zu Castell u. Wartenfels (in Silber eine aufrechtstehende, schwarze Leiter mit vier Sprossen). Altes, schweizerisches, auch nach Schwaben u. Schlesien gekommenes Adelsgeschlecht, als dessen

Stammvater Johannes V. zu C. von Bucelinus genannt wird, doch ohne die Zeit, in welcher er gelebt, anzugeben. Derselbe, aus Italien stammend, musste sich aus Italien, wo er Advocatus de Scala genannt wurde, wegbegeben, worauf er in der Schweiz mit seiner Gemahlin die Herrschaft Wartenfels erhielt. Sein Sohn, der in den zu seiner Zeit entstandenen Bauer-Unruhen viel zu leiden hatte, setzte den Stamm fort. — Für Nebenlinien wurden die Geschlechter v. Letterberg, de Scala, Neckerburg, Schachen u. s. w. gehalten.

Bucelini Stemmatogr. IV. S. 299. — Sinapius, II. S. 478. — Gauhe, I. S. 2691. — Zedler, 50. S. 292.

Vogt v. Ehrenzeit. Erbl.-österr. Adelsstand. Diplom von 1765 für Johann Vogt, Oberlieutenant im k. k. Cuirassier-Regimente Gr. Stampach, mit: v. Ehrenzeit.

Megerle v. Mühlfeld, Erg.-Bd. S. 480 und 81.

Vogt, Voigt v. Elspe (Schild von Silber und Blau der Länge nach getheilt, ohne Bild). — Altes, westphälisches Adelsgeschlecht, welches von dem schon 1270 vorgekommenen Sitze Elspe unweit Olpe im Kr. Bilstein sich nannte, im Laufe der Zeit ansehnlich begütert wurde, noch 1746 zu Bamenohl, Borghausen, Waldmannshausen, Werl und Westhemmerde sass, dann aber erloschen ist, worauf eine Linie der v. Plettenberg-Bodelschwing Namen und Wappen der Vogt v. Elspe annahm.

v. Hattstein, I. S. 607: Vogt v. Elspe. — v. Steinen, S. 1909 und Tab. 16, Nr. 3. — Freih. v. Ledebur, III. S. 61 und 62. — v. Meding, I. S. 637 und 38.

Vogt zu Fronhausen, Frohnhausen (Schild quergetheilt, oben in Blau ein gehender, goldener Löwe mit ausgeschlagener rother Zunge und übergeschlagenem, doppelten Schweife u. unten in Silber vier rothe Rauten, 3 u. 1, und zwar so, dass die mittelste der oberen Reihe von der unteren berührt wird). — Altes, hessisches Adelsgeschlecht aus dem gleichnamigen Stammsitze bei Treis unweit Marburg, vor 1568 erloschen, da in diesem Jahre die Schencken zu Schweinsberg auf dem einen Helme schon die schwarzen Adlersflügel führten, welche sie nach Abgang des Geschlechts derer Vogt v. Fronhausen angenommen haben sollen. Die Vogt v. Treyss, welche 1615 in Ostpreussen im Kr. Osterode zu Raucken im A. Gilgenburg sassen, waren wohl eines Stammes mit den Vogt zu Fronhausen, da Fronhausen nahe bei Treis liegt.

Gauhe, I. S. 2092. — Estor, Ahn.-Prob. S. 123. — Zedler, 50. S. 296. — Freih. v. Ledebur, III. S. 62. — Siebmacher, I. 137: Die Vogt zu Fronhausen, Hessisch. — v. Meding, I. S. 636 u. 37.

Vogt v. Fündingen (in Schwarz ein den ganzen Schild von oben nach unten durchziehender, schrägrechter, auf beiden Seiten eingebogener, silberner Balken, nach Siebmacher's Declaration: eine krumme, weisse Strasse). — Altes, zu dem bayerischen Adel gezähltes, näher aber nicht bekanntes Adelsgeschlecht.

Gauhe, I. S. 2092. — Siebmacher, I. 94: Die Vögt v. Fündingen, Bayerisch.

Vogt v. Hunoltstein, Hunoldstein, auch Grafen (Stammwappen: in Silber zwei rothe Querbalken, von zwölf rothen, querliegenden

Schindeln begleitet, 5, 4 und 3. Die Schindeln der oberen und mittleren Reihe liegen nach allen Angaben neben einander, die der unteren aber nach Einigen zu 2 und 1. Das gräfliche Wappen hat einen quergetheilten Mittelschild: oben in Grün ein nach der rechten Seite springender Leopard und unten Gold, ohne Bild, damascirt: Stein-Kallenfels). — Altes, rheinländisches, schon im 11. Jahrhunderte blühendes Adelsgeschlecht, welches den Beinamen von dem Schlosse Hunoltstein bei Veldenz, vier Meilen von Trier, am nördlichen Abhange des Hundrück führte und den Erz- u. Domstiften Trier, Mainz, Worms und Würzburg mehrere Domherren gegeben hat. Tiburtia Voigtin v. Hunoltstein, Hausfrau des Andreas v. Dalberg, wird bereits 1019 genannt. Die ununterbrochene Stammreihe bis 1700 beginnt Humbracht mit Johann V. v. H., welcher um 1080 lebte und das Geschlecht an dem Rheine fortpflanzte. Anna V. v. und zu H. war um 1482 gefürstete Aebtissin zu Herford. — Das Stammschloss Hunoltstein wurde in der Fehde, welche Franz v. Sickingen von 1523 an mit dem Kurfürsten von Trier führte, zerstört, worauf die Familie sich in ihre Besitzungen in Lothringen, im Nahethal und in der Rhein-Pfalz theilte, wodurch drei Linien, die Linie zu Dürcastell, Merxheim und Söttern, entstanden, welche Letztere 1715 ausgegangen ist. Den Grafenstand erhielt 1811 die in Lothringen begüterte Linie Dürcastell, welche sich seit 1818 Hunolstein schreibt und die Merxheimer Linie, an welche nach Erlöschen des alten reichsfreiherrlichen Geschlechts v. Steinkallenfels Namen, Güter und Wappen desselben gelangten und die von da an den Namen v. Hunoltstein-Steinkallenfels führte, blühte in Bayern, Württemberg u. Baden.

Humbracht, Tab. 88 und 89. — v. *Hattstein*, I. S. 608. — *Gauhe*, I. S. 2692 u. 93. — *Zedler*, 50. S. 298 und 99. — *Salver*, S. 589 und 602. — Deutsche Grafenh. d. Gegenw. I. S. 393 — 95. — *Freih. v. Ledebur*, III. S. 62. — Geneal. Taschenb. d. gräfl. Häuser, 1838, S. 257, 1848, S. 311 u. 13, 1864, S. 388 und 89 u. ff. Jahrgg. und histor. Handbuch, S. 365. — Geneal. Taschenb. d. freih. Häuser, 1853, S. 222, 1854, S. 256, 1856, S. 337, 1862, S. 427 und 28 u. ff. Jahrgg.

Vogt v. Prassberg, Vogt v. Alten-Summerau und Prassberg (Stammwappen: in Gold eine von der Linken zur Rechten im Zirkel gebogene Stange eines schwarzen Hirschgeweihes mit fünf Enden). Erbl.-österr. Freiherrnstand. Diplom vom 1. Aug. 1674, mit Vereinigung des angeerbten Wappens derer v. Schinau, für Franz Rudolph und Georg Wilhelm die Voegte v. Alten-Summerau und Prassberg. Von den Empfängern des Diploms war Ersterer zu Darwang fürstl. Constanz. Rath und Obervogt der Stadt und des Amtes Markdorf und der Letztere Herr zu Leuppolz und fürstl. Constanz. Hofjunker und späteres Freiherrndiplom vom 1. Mai 1745 für Anton Thaddaeus Vogt v. Summerau auf Alten-Summerau, Rappenstein u. zum Thurn, vorderösterr. Regierungsrath, Kammer-Präsidenten und Geh. Rath, mit Ausdehnung vom 3. Aug. 1765 auf die nachgelassenen Kinder seines Bruders, Johann Matthaeus Vogt: Joseph, Maria und Anna. — Die Vögte v. Alten-Summerau und Prassberg (Sumerau u. Prasberg), von Siebmacher zum Schwäbischen Adel gerechnet, sind ein altes und ritterbürtiges Geschlecht, welches aus der Schweiz und aus Graubündten, wo das Stammhaus Summerow hinter Chur im Thale

Schauficken stand, nach Schwaben kam und 1674 den freiherrl. Charakter erhielt, s. oben. Heinrich der Vogt v. Alten-Summerau zu Prassberg war 1478 des K. Friedrich III. Hofmarschall. Letzterer bestätigte ihm und seinen Brüdern, Hans Heinrich, Hans Rudolph und Eitel Hans, nachdem ihren Ahnherren Schloss Leuppolz mit Gewalt abgenommen worden war, die zum Schlosse Leuppolz gehörende Gerichtsbarkeit und eine gleiche Bestätigung, mit dem Rechte, den Blutbann aufzurichten, ertheilte K. Carl V. für Wilhelm und Jacob zu Prassberg u. Leuppolz u. Wilhelm, der Vogt v. Alten-Summerau auf Prassberg, diente als Page dem K. Maximilian I. und nahm dann mit seinem Bruder, Hans Jacob, 1665 an dem ersten und anderen Zuge „in Barbariam" Theil. Die Vögte v. Alten-Summerau trugen seit alter Zeit bei dem fürstlichen Stifte Kempten das Erb-Marschall-Amt und hatten bei mehreren Hochstiften aufgeschworen. Sixtus Werner Vogt, starb 1628 und Franz Johann Vogt 1689 als Fürstbischof zu Constanz. — Durch zwei Brüder, Johann und Albert waren zwei Linien entstanden, die Rhaetische und die zu Prassberg, einem Rittersitze im Allgau, nachdem die Familie sich mehrfach schrieb. Dass die Nachkommenschaft fortgeblüht, ist nicht bekannt.

Burgermeister, Vom Schwäbischen Reichsadel, S. 432, — *Gauhe*, I. S. 2694 und 95. — *Zedler*, 50, S. 402. — *Siebmacher*, I. 116: Die Vögt v. Sumeraw und Prassberg, Schwäbisch. — *v. Meding*, I. 447: Prassberg, genannt Vogt v. Summerau.

Vogt, Voit v. Rieneck, Reineck, auch Grafen (Stammwappen: in Roth ein fortschreitender, silberner Widder mit unterwärts krumm gebogenen Hörnern, Gräfliches Wappen: Schild ganz roth und geviert, mit das Stammwappen zeigendem Mittelschilde. 1 und 4 fünf goldene Querstreifen und 2 und 3 ein breites, das ganze Feld schräg durchschneidendes, goldenes Andreaskreuz). Reichsgrafenstand. Diplom vom 27. Oct. 1697 und nach einer anderen Angabe von 1700 für Carl Friedrich Voit v. Rieneck, Dompropsten zu Würzburg. Altes, fränkisches Adelsgeschlecht, aus welchem Daniel Vogt v. Rieneck 1235 genannt wurde. Philipp Valentin V. v. R. starb 1672 als Bischof zu Bamberg u. 1702 Carl Friedrich V. v. R. als desselben Hochstifts Dompropst. Der oben genannte Empfänger des Grafendiplom von 1697, aus dessen Geschlechte, wie erwähnt, kurz vorher ein Sprosse desselben Fürstbischof von Bamberg gewesen, errichtete für sich und denjenigen, welcher ihm nach dem Rechte der Erstgeburt in das zu errichtende Fideicommiss folgen würde, ein Fideicommiss und Majorat auf die Güter Traustadt, Burg-Gailenreut, Schlopp, Wildenstein, Elbersreut und Heinersreut, welche Stiftung 1701 die kaiserliche Bestätigung erhielt. — Nach Anlegung der Adelsmatrikel des Kgr. Bayern wurde noch in die Grafenklasse derselben eingetragen: Franz Anton Philipp Gr. Voit v. Rineck, geb. 1745, Herr auf Schlopp, Wildenstein, Elberts und Heinersreut, ehemaliger kurcöln. Geh. Rath in Bamberg.

Schannal, S. 177. — *v. Hattstein*, II. S. 503, — *Gauhe*, I. S. 2694. — *Zedler*, 50. S. 801. — *Biedermann*, Canton Gebürg, Tab. 293—99 u. I. Verz., Cant. Rhön-Werra, I. Verz. u. Cant. Steigerwald, I. Verz. — *Struve*, histor. und polit. Archiv, V. S. 265. — *Salver*, S. 258, 265, 453, 487 und a. v. a. O. — *v. Lang*, S. 88 u. 89. — *Siebmacher*, I. 103: Die Voiten v. Rieneck, Fränkisch und V. 314. — *Spener*, I. S. 250. — *v. Meding*, I. S. 638 und 39. — *Tyroff*, I. 164. — W. B. d. Kgr. Bayern, II. 45 und v. Wölckern, Abth. 2. 62—84: V. Gr. v. R.

Vogt v. Saegewitz, Freiherren (Schild geviert nach Siegeln: 1 ein Ritter, 2 und 3 ein Löwe und 4 eine Lilie). Böhmischer Freiherrnstand. Diplom vom 10. Jan. 1694 für Carl Gustav v. Vogt unter dem Namen: v. Vogt oder Vogten v. Westernach. Ein im 17. Jahrh. aus Oesterreich in das Breslauische gekommenes Adelsgeschlecht, aus welchem Gotthard v. Vogt auf Saegewitz, Lohe und Grünhübel 1615 mit einem Wappen: ein Maueranker in Gestalt eines quergelegten H., welches Wappen dem des österr. Geschlechte der Vogten, genannt Wierrandt, s. unten, entspricht, siegelte. Von Hans Vogt v. Saegewitz auf Niclasdorf, Ober-Peilau, Schönheide und Rathsamb, des Briegschen Fürstenthums Hof-Richter u. Landes-Aeltesten, stammte unter anderen Söhnen der obengenannte Empfänger des Freiherrndiploms: Carl v. Vogt und Saegewitz auf Schönheide, Rathsamb und Thomnitz, kais. Oberstlieutenant und später Landrechts Beisitzer des Münsterbergischen Fürstenthums, welcher 1698 starb und drei Töchter und drei Söhne hinterliess, von denen der Aelteste, Freih. Franz Carl auf Thomnitz und Kaubitz, erst kais. Capitain und später fürstl. Münsterberg. Regierungsrath und Landrechts-Beisitzer, noch 1730 lebte. — Im Laufe der Zeit hatte sich der Stamm in zwei Linien geschieden, in die v. Vogten u. Saegewitz u. in die v. Vogten und Westerbach. Die erstere Linie besass Saegewitz, Niclasdorf, Ober-Peilau, Schönheide und Thomnitz, die andere aber in neuester Zeit noch Alt-Schönau im Schönauschen und Mochau im Jauerschen. Zu dieser Linie gehörten neuerlich die Nachkommen des Freih. v. Vogten und Westerbach auf Alt-Schönau, namentlich dessen Sohn, Freih. Gustav, Landrath a. D. zu Hirschberg und dessen Söhne, von welchen der Aeltere, Freih. Rudolph, um 1837 Justizrath bei dem Standesherrlichen Gerichte zu Hermsdorf bei Warmbrunn war, so wie die Söhne des Freih. Anton, der, verm. mit einer Freiin v. Sauerma, als kön. Regierungsrath zu Liegnitz starb.

Sinapius, II. S. 479. — *Gauhe*, I. S. 2698 und 94. — N. Pr. A.-L. IV. S. 300. — *Freih. v. Ledebur*, III. S. 62.

Vogt, Voit von Salzburg, auch Freiherren (in Silber ein spitzgezogener, schwarzer Querbalken). Reichsfreiherrnstand. Diplom von 1715 für Valentin Voit v. und zu Salzburg, Herrn auf Eichenhausen, Querbach und Dürrnhof, fürstl. Brandenb. Onolzbachischen ersten Geh. Rath, Landschafts-Director und Oberamtmann der Städte und Aemter Uffenheim, Mainbernheim, Prichsenstadt, Castell und Stephansberg, wie auch des Fränkischen Kreises Kriegsrath, bei Gelegenheit der Reichs-Belehnung des Ansbachschen Fürstenthums vor dem kaiserlichen Throne. — Fränkisches, seit uralter Zeit dem fränkischen Canton Rhön-Werra einverleibtes Rittergeschlecht, als dessen Stammhaus ein Gut zu Salzburg, einer alten Burg in Franken bei Neustadt an der Saale, wo schon K. Carl der Grosse oft zu residiren pflegte, angenommen wird. Die Familie kommt urkundlich bereits 1206 u. 1212 vor und Eberhard II. V. v. S., Hans Voits v. Salzburg Sohn, wurde 1311 zum Deutschmeister in den deutschen u. welschen Landen erwählt und starb 1327. Melchior Otto V. v. S. besass von

1642 bis 1653 das Bisthum Bamberg und 1715 brachte, wie angegeben, Valentin V. v. S. den Freiherrnstand in die Familie. Friedrich Carl V. v. S. war seit 1726 Oberhofmeister am Markgr. Brandenburg-Bayreuthschen Hofe und starb 1740 als Minister und w. Geh. Rath und Julius Gottlieb V. v. S., Hofmeister bei der Markgräfin Friederike Luise zu Brandenburg-Onolzbach, war 1736 bei der Taufe des Prinzen Christian Friedrich Carl Alexander bedienstet. Um 1791 blühten noch zwei Linien: die evangelische zu Salzburg, in die 1718 der Reichsfreiherrnstand gekommen und die katholische, welche die Rittergüter Querfurt und Roedelmeyer besass. — Nach Anlegung der Adelsmatrikel des Kgr. Bayern wurde in die Freiherrnklasse derselben eingetragen: Friedrich August Valentin Freih. V. v. S., geb. 1795, k. bayer. Lieutenant im Husaren-Regimente, dessen Grossvater, Grossoheim und Oheim sich meist in den obersten Hofämtern der Markgrafen v. Brandenburg befunden hatten. Derselbe, dessen Rufname August war, später k. bayer. Kämmerer und Major à la suite — einziger Sohn des gleichnamigen 1798 verstorbenen k. preuss. Generalmajors F. A. V. Freih. V. v. S. — hatte sich 1819 mit Henriette Freiin v. Reitzenstein a. d. H. Selbitz, gest. 1856, vermählt und lebte um 1857 als der Letzte seines so alten Stammes noch zu München.

Gleichenstein, Nr. 99. — Leichenrede auf Valentin Voit v. Salzburg, Hildburghausen, 1722. — *Schannat*, S. 177. — *Dithmar*, Herrenmeister des Joh.-Ordens, S. 13, Nr. 40. — v. *Hattstein*, II. S. 509—16 und Tab. b. — *Gauhe*, I. S. 2094. — *Zedler*, 10. S. 303 u. 2. — *Estor*, Ahn. Pr. K. S. 514. §. 223. — *Biedermann*, Canton Rhön-Werra, Tab. 72—78. — *Uffenheimische Nebenstunden*, II. S. 673 —88. — *Salver*, S. 146, 268, 309 u. a. m. O. u. Tab. III. — N. geneal. Handbuch, 1777, S. 168— 171 und 1778, S. 220—23. — v. *Lang*, S. 258 und 59. — Die uralte Kaiserburg Salzburg von Aug. Freih. Voit v. Salzburg. Bayreuth, 1832. — General. Taschenb. d. freih. Häuser, 1857, S. 813—815. — *Siebmacher*, I. 107: Die Voiten v. Saltzburg, Fränkisch und Supplem. II. 18: Voit Freih. v. Salzburg. — *Tyroff*, I. 40 und *Siebenkees*, I. S. 381—86. — W. B. d. Krg. Bayern, IV. 85 und v. *Wölckern*, 4. Abtheil. S. 80.

Vogt de Scala und Vogt v. Schachen. Nebenlinien der Vogt v. Castell, und Wartenfels, s. S. 404 und 405.

Vogt, Voigt v. Wendelstein. Altes, fränkisches Adelsgeschlecht, welches aus dem gleichnamigen Stammsitze, dem im Anspachischen gelegenen Marktflecken dieses Namens, zwei Meilen von Nürnberg, stammte. Dasselbe kommt von 1338 bis 1718 vor, in welchem letzteren Jahre Christoph Hieronymus Voigt v. Wendelstein den Stamm schloss.

Zedler, 54. S. 2000. — *Siebmacher*, VI. 23.

Vogt, Vogdt, in der Grafschaft Wernigerode und im Anhaltschen (der Kopf und Hals eines schwarzen Rehes). Das Geschlecht war 1560 zu Osmersleben im Anhaltschen u. noch 1664 zu Sillstedt unweit Osterwick angesessen.

Freih. v. Ledebur, III. S. 62.

Vogt v. Wierand, Wierrandt (Schild von Roth und Blau quergetheilt, mit zwei senkrecht an einander gestellten, goldenen Pferdegebissen, nach der Siebmacherschen Declaration „Rossbissen"). — Altes, aus der Schweiz nach Oesterreich gekommenes Adelsgeschlecht, dessen Stammreihe Bucelinus mit Georg Vogt v. Wierand aus der Schweiz um 1360 beginnt und bis zu Anfange des 17. Jahrhunderts fortführt.

Ducelini Stemmatogr. IV. S. 391. — *Gauhe*, I. S. 2695: Vogt v. Wierant. — *Zedler*, 50. S. 803. — *Siebmacher*, I. 40: Wierrandt, Vogtea genannt.

Vogtberg, Freiherren. Erbl.-österr. Freiherrnstand. Diplom von 1766 für Johann Seyfried v. Vogtberg, Postverwalter in Görz.
Megerle v. Mühlfeld, S. 92.

Vohenstein (in Silber drei, 2 u. 1, goldene Legel (Legel ist ein kleines, hölzernes Gefäss mit umgelegten Bändern und einem Spunde, in welchem die Feldarbeiter in Niedersachsen ihr Getränke mit aufs Feld nehmen). — Altes, schwäbisches Adelsgeschlecht, aus welchem Otto v. Vohenstein, Oberst, um 1602 lebte.
v. Hattstein, II. Suppl. S. 75. — *K. J. Seyfert*, Erläuterte Vohenstein'sche Stammtafel, Wetzlar, 1776. — *Siebmacher*, I. 116: v. Vohenstein, Schwäbisch. — *v. Meding*, III. S. 706.

Vohnsdorff. Altes, steiermärkisches Rittergeschlecht, welches schon im 13. Jahrhundert die gleichnamige Herrschaft im Judenberger Kreise besass und um 1414 mit Rudolph v. Vohnsdorf erlosch.
Schmutz, IV. S. 269.

Voigt. Reichsadelsstand. Diplom vom 13. Febr. 1687 für Arnold Voigt, kurbraunschweig. General, im Bremenschen begütert.
Mushard, S. 527 und 28. — *v. Kobbe*, Gesch. von Bremen und Verden, I. Göttingen, 1824, S. 289. — *Freih. v. d. Knesebeck*, S. 286.

Voigt (in Blau ein schräglinker, goldener Balken, welcher mit drei rothen, golden besaamten Rosen belegt und oben, rechts, so wie unten, links, von einem goldenen, sechsstrahligen Sterne begleitet wird). Reichsadelsstand. Diplom vom 30. Dec. 1776 für die Gebrüder Voigt: Gerhard Ludwig, kurbraunschw. lüneb. Ober-Appell.-Rath, Jobst Ludwig, Amtmann zu Friedland, Johann Friedrich, Amtmann zu Mariengarten, Anton Christoph, Amtsschreiber zu Neuhaus und Friedrich Julius, Amtschreiber zu Wildeshausen, mit ihren Nachkommen und Schwestern, Justine und Margarethe, Canonissinnen zu Marienwerder — ferner für Jobst Adolph Voigt, Ober-Appell.-Rath, für sich und seine Schwester, Maria Anna, Canonissin zu Marienwerder — sodann für Otto Philipp Ludwig Voigt, Ober-Amtmann zu Harste, für sich und seine Nachkommen — und endlich für Johann Eberhard August Voigt, Geh. Canzlei-Secretair, für sich und seine Leibeserben. Die Erhebung der Genannten wurde 2. Juni 1778 in Hannover amtlich bekannt gemacht. Der Stamm blüht in mehreren Sprossen fort.
Freih. v. d. Knesebeck, S. 286 und 87. — Hannov. W. B. F. 6 und S. 14. — *Kneschke*, II. S. 462.

Voigts (in Blau ein dreifacher Widerhaken: zwei kleinere liegen in der Mitte des Schildes schrägrechts über einander und sind mit einem grösseren, aufrecht gestellten Widerhaken belegt, welcher den einen Haken nach oben und links und den anderen nach unten und rechts kehrt. Das ganze Wappenbild wurde neuerlich auch als ein eigenthümlich gestalteter Kesselhaken, mit zwei kleinen Haken schräg überdeckt, aufgeführt). Reichs-Adelsstand. Diplom vom 9. Oct. 1740 für Johann Justus Voigts, kurbraunschw.-lüneburg. Ober-Appellations-Rath zu Celle u. vom 11. Juni 1749 für den Ober-Amtmann Arnold Justus Voigts zu Calenberg für sich und die Nachkommenschaft. Die Erhebung in den Adelsstand in Folge des Diploms von 1740 wurde in Hannover 10. Dec. 1746, die in Folge des Diploms von 1749 aber 9. Dec. 1752 amtlich bekannt gemacht.

Freih. v. d. Knesebeck, S. 287. — *Freih. v. Ledebur*, III. S. 63. — Suppl. zu Siebm. W. B. IX. 30; v. Voigts.

Voigts-König (Schild der Länge nach getheilt: rechts das Wappen der v. Voigts, s. den vorstehenden Artikel und links in Blau eine goldene Krone: v. König). J. F. A. v. Voigts, k. preuss. Geh. Justizrath, fügte zu seinem angeborenen Namen und Wappen Namen und Wappen der Familie v. König. Ein Enkel desselben, Hermann v. Voigts-Koenig, stand 1856 als Lieutenant im k. preuss. 24. Infant.-Regimente.

Freih. v. Ledebur, III. S. 63.

Voigts-Rhetz (Schild pfahlweise in drei Felder getheilt: 1, rechts, das Voigts'sche Wappen, s. oben den Artikel v. Voigts, 2, in der Mitte, in Gold ein Pfeil und 3, links, in Blau über drei schräglinken, goldenen Balken ein wachsendes Pferd). Ein zu dem Adel im Kgr. Preussen gehörendes, aus der ursprünglich hannoverschen Familie v. Voigts hervorgegangenes, den Beinamen Rhetz führendes Adelsgeschlecht, welches in neuester Zeit durch den k. preuss. General der Infanterie v. Voigts-Rhetz, commandirenden General des k. preuss. zehnten Armee-Corps, zu sehr hohem Ansehen gelangt ist.

Freih. v. Ledebur, III. S. 63.

Voit v. Geberaried. In Kur-Bayern erneuerter Adelsstand. Erneuerungsdiplom vom 14. Nov. 1754 für Leonhard Anton Voit v. Geberaried, Landsassen zu Geberaried. Derselbe stammte aus einer Familie, welche wegen Auswanderung zur Zeit der Reformation den Adel abgelegt haben sollte. Zwei Söhne des Empfängers des Adels-Erneuerungsdiploms: Otto Christoph Joseph Anton, geb. 1755, ehemaliger Theatiner-Propst und später Pfarrer und Schul-Inspector zu Ottmaring und Joseph Franz, geb. 1757, k. bayer. Oberlieut. und Platz-Adjutant zu Nürnberg, wurden mit einem Vetter, Franz Stephan, geb. 1775, k. bayer. Hauptmann, bei Anlegung der Adelsmatrikel des Kgr. Bayern in dieselbe eingetragen.

v. Lang, S. 578. — W. B. des Kgr. Bayern, IX. 25.

Voit v. Voitenberg. Ein in die Adelsmatrikel des Kgr. Bayern in der Person des Joseph Anton V. v. V., geb. 1767, Burgguts-Inhaber zu Nittenau und Besitzer von Neunussberg, eingetragenes Adelsgeschlecht. Der Adelsbesitz der Familie wurde bis auf den Urgrossvater Stephan, Hammermeister auf dem Pechhammer, zurückverwiesen.

v. Lang, S. 579. — W. B. d. Kgr. Bayern, IX. 26.

Voith, Edle und Ritter. Adels- und Ritterdiplom im kurpfälzischen Reichsvicariate vom 15. April 1792 für Ignaz Voith, kurpfälz. Bergamts-Oberverweser. Derselbe wurde als k. bayer. oberster Berg-Rath und Gewehr-Fabrik-Commissar in die Adelsmatrikel des Kgr. Bayern eingetragen.

v. Lang, S. 579. — W. B. d. Kgr. Bayern, IX. 25.

Voith v. Voithenberg, Ritter und Freiherren. Freiherrliches Wappen: (Schild geviert, mit einem, von einer Lilienkrone bedeckten, von Roth und Blau der Länge nach getheilten Mittelschilde: rechts zwei goldene Querbalken und links ein goldener, doppelt geschweifter Löwe. 1 und 4 in Blau eine ganz goldbekleidete Mannsperson, welche in der Linken eine silberne Weinhaue mit holzfarbenem Stiele, den sie so auf die Erde stellt, dass die Weinhaue über den Kopf weggeht, hält, während der rechte Arm in die Seite gestemmt wird und 2 und 3 in Roth drei, 2 und 1, silberne Lilien). Reichs-Ritter- und kurpfälzischer Freiherrnstand. Ritterdiplom vom 22. Jan. 1704 für Stephan Voith v. Voithenberg, Herrn auf Vordernlangau und Freiherrndiplom vom Kurfürsten Carl Theodor vom 31. Jan. 1787 für die Gebrüder Wilhelm Voith v. Voithenberg, kurpfalzbayer. Obersten, Johann Zacharias V. v. V. auf Au, kurpfalz-bayer. Regierungsrath zu Straubing und Joseph Ferdinand V. v. V. auf Haidenab, Arnstein, Hiltersried und Thann. — Die heutigen Freiherren V. v. V. hiessen in den älteren Zeiten „die Voithen zu Berg", von einem in Bayern, im Pflegamte Heimburg, gelegenen Landsassen-Gute, welches schon 1379 Adam der Voith und zuletzt noch 1560 Johann der Voith zu Berg, besessen hatte. Des Letzteren Söhne, Hans und Adam die Voith, erlangten vom Kurfürsten Friedrich 7. Jan. 1569 eine erneuerte Anerkennung und Bestätigung ihrer althergebrachten adeligen Landsassen-Freiheit in der Oberpfalz. Die älteren Ahnenproben ergeben absteigend folgende Glieder: Johann Albert V. v. V.: Maria Catharina v. Grumbach; — Stephan auf Vordernlangau, wurde 1704 Reichsritter, s. oben: Maria Barbara v. Hautzenberg; — Johann Zacharias auf Herzogsau: Magdalena Elisabeth v. der Wense. Des Letzteren Söhne waren die obengenannten drei ersten Freiherren V. v. V., von welchen Joseph Ferdinand, geb. 1728 und gest. 1798, verm. 1752 mit Maria Renata Sabina v. Müller-Altammerthal und Frohnhofen, durch seine zwei Söhne, Zacharias Heinrich und Joseph Zacharias, die beiden Linien zu Herzogau und Grafenried gegründet hat. — Beide Linien blühten fort und aus dem neueren Personalbestande derselben mögen hier erwähnt sein: Linie zu Herzogau in Bayern: Nepomuk Freih. V. v. V. zu Herzogau, geb. 1798 — Sohn des 1843 verstorbenen Freih. Zacharias Heinrich — Herr zu Herzogau und Voithenberg-Oed, k. bayer. Kämm., verm. 1821 mit Caroline Freiin v. u. zu Egloffstein, geb. 1791, aus welcher Ehe, neben drei Töchtern, ein Sohn stammte: Freih. Heinrich, geb. 1822. Derselbe vermählte sich 1855 mit Franzisca Freiin v. Reitzenstein a. d. H. Selbitz, geb. 1838 und hat seine Linie auch durch zwei Söhne, Carl, geb. 1860 und Heinrich, geb. 1862, fortgesetzt. — Die Linie zu Grafenried besitzt in Böhmen im Kr. Pilsen das landsässige, vormalige Dominium Grafenried. Freih. Joseph, geb. 1807 — Sohn des 1847 verstorbenen Freih. Joseph Zacharias, k. bayer. Kämmerers, aus der Ehe mit M. Therese Freiin v. Müller auf Alt-Ammerthal und Frohnhofen, geb. 1781 und gest. 1834 — Herr auf Grafenried, verm. 1843 mit Theresia Freiin Voith v. Voithenberg,

Erster Linie, geb. 1825, aus welcher Ehe eine Tochter, Freiin Franziska, geb. 1843, entspross.

<small>v. Lang, S. 259 und 579. — Genral. Taschenb. der freih. Häuser, 1851, S. 864 und 65, 1855, S. 663 und 64, 1861, S. 899 und 900, 1864, S. 902 u. 903 u. ff. Jahrgg. — Tyroff, I. 114: Stammwappen und I. 184: F. H. V. v. V. — Wappen-Kalender des k. bayer. Ordens vom heiligen Michael. — W. B. d. Kgr. Bayern, IV. 35. — Siebenkeess, I. S. 112—14 und v. Wölckern, 4, Abtheil. S. 81 und 82. — v. Hefner, II. 60 und 62. — Kneschke, I. S. 443—45.</small>

Volckersdorff, Herren (altes Wappen: in Silber fünfzehn (5, 4, 3, 2, 1) schwarze Hermelinschwänze. Das spätere Wappen, welches, nach den Abbildungen, mehrere Varianten zeigt, stellt eine Landschaft mit grünem Boden dar, auf welchem ein Geharnischter auf einem weissen Rosse reitet, welcher den Geschlechtsschild mit den Hermelinschwänzen und eine mit Hermelinschwänzen gezierte, silberne Fahne führt. Auf dem Kopfe trägt der Geharnischte den Geschlechtshelm mit Kleinod: ein rothes Kreuz zwischen zwei silbernen Büffelhörnern, von denen jedes mit fünf schwarzen Hermelinschwänzen besetzt ist). Eins der ältesten österreichischen Herrnstandsgeschlechter aus dem gleichnamigen Stammschlosse unweit Cremsmünster, welches mit dem Erbfähnrichs-Amte des Hauses Oesterreich bekleidet war. Otto Herr v. V. lebte um 1142 u. Sigismund taufte 1459 den nachmaligen K. Maximilian I. Die Sprossen des Stammes, die schon vorher zu den Pannerherrn in Oesterreich gehört hatten, erhob K. Friedrich IV. 1458 zu Reichsfreien Edlen, mit dem Rechte mit rothem Wachse zu siegeln. Später, 1616, ist der Stamm mit Wilhelm Freih. v. V. ausgegangen. — Die Stammreihe der Familie hat Bucelinus angegeben und über Weiteres ist namentlich Spener nachzuschen.

<small>Bucelini Stemmat. P. III. — Spener, lib. I. c. 97. p. 375 und Tab. 14. — Freih. v. Hoheneck, II. S. 764. — v. Hattstein, II. Supplem. S. 76. — Gauhe, I. S. 2695 und 96. — Zedler, 50. S. 358. — Siebmacher, I. 27: Volckensdorf, F. II. und VII. 26. — v. Meding, II. S. 628—30; v. Volckersdorff, Herrn.</small>

Volckmann (im Schilde ein roth und blau gekleideter, einen grünen Palmzweig haltender Mann). Adelsstand des Kgr. Preussen. Diplom vom 18. Januar 1701 für Johann Volckmann, Bürgermeister der Stadt Stargard und Landrath in Hinterpommern. Derselbe starb 1708 und sein Sohn, Merten Daniel v. V., 16. Mai 1734 als k. preuss. Oberstlieutenant. — Schon vorher kam in Pommern ein Adelsgeschlecht dieses Namens vor. Der Ahnherr desselben, Joachim v. V. soll der Verfolgungen des Herzogs Alba wegen aus Flandern nach Pommern geflohen sein. Sein Sohn, Hans v. V., war fürstl. Pommerscher Geh. Rath zu Wolgast und der Sohn desselben, Joachim v. V., k. schwed. General, war 1654 Herr auf Grandhof und Repzin unweit Schievelbein, so wie auf Ruhnow bei Regenwalde und starb 1661. Des Letzteren Sohn, Hans Ernst v. V., starb 1672 als Münsterscher Oberstwachtmeister.

<small>Freih. v. Ledebur, III. S. 63 und 354.</small>

Volckommen, Edle v. Ehrenberg. Erbl.-österr. Adelsstand. Diplom von 1768 für Carl Philipp Volckommen, Registrator bei dem Oberst-Bergmeister-Amte in Kärnten, mit Edler v. Ehrenberg.

<small>Megerle v. Mühlfeld, Erg.-Bd. S. 481.</small>

Volckrah, Volkra, Volhra, auch Herren und Grafen (Schild geviert, 1 und 4 in Gold, auch in Silber, in der Mitte des Feldes der Länge nach gestellt ein dünner, schwarzer Stamm mit Wurzeln und abgehackten Aesten, an welchem zu jeder Seite eine Krähe so hängt, oder klebt, als wollte sie an demselben ganz hinaufsteigen und 2 und 3 in Grün ein goldner Querbalken: Wappen der ausgestorbenen v. Missendorf, oder Missingdorf, verliehen 1525 vom K. Ferdinand I.). Ein früher zu den angesehensten gräflichen Familien in Oesterreich gehörendes Geschlecht, welches zu dem eingeborenen österr. Adel zählte und früher in Oesterreich ob, als unter der Ens sich ansässig machte. Dasselbe besass das oberste Erbland-Falkenmeister-Amt in Oesterreich unter der Ens und führte sonst den Beinamen Dornach. Friedrich v. Volckra zu Pach u. Stephan v. V. zu Koppenberg lebten um 1386. — Die Angaben über den in die Familie gekommenen Freiherrnstand stimmen nicht mit einander, richtig ist wohl die Annahme des Freih. v. Hoheneck, dass der Freiherrnstand 1656 und bald darauf der Grafenstand in die Familie gekommen sei. Als erster Graf wird Ferdinand Gottlieb genannt. Derselbe, Herr zu Heydenreichstein, Freih. zu Steinbrunn und Streitdorff, war kaiserl. Kämm. und Kammer-Präsident in Ungarn und lebte noch um 1670. Der Stamm blühte fort und zu grossem Ansehen gelangte Graf Otto Christoph, k. k. Geh. Rath, welcher 1722 Kammer-Präsident in Schlesien und 1729 Landmarschall-Amts-Verweser in Nieder-Oesterreich wurde. Derselbe stand im 74. Lebensjahre, als er 1. März 1734 im Bette todt gefunden wurde und soll nach Hübner u. A. der Letzte seines Stammes gewesen sein.

Bucelini Stemmat. P. III. — Gr. Brandis, Nr. 64. — *Freih. v. Hoheneck*, II. — *Hübner*, III. Tab. 722. — *Gauhe*, I. S. 2690 und 97. — *Zedler*, 50. S. 402. — *Siebmacher*, I. 38; Vollkrahen, Oesterreichisch. — *Spener*, S. 556 und Tab. 24. — *v. Meding*, II. S. 706 und 707.

Volgstädt, Volckstedt, Vollstaedt (Schild quergetheilt: oben von Silber und Roth der Länge nach getheilt und unten Schwarz, ohne Bild). Altes, thüringisches Adelsgeschlecht, welches dem Dorfe und ehemaligen Rittersitze Volgstaedt bei Rudolstadt an der Saale Namen und Ursprung verdankte. Johann v. V., Ritter, kommt von 1305 bis 1316 mehrfach in Gleichenschen Urkunden vor und die Nachkommen desselben werden noch bis in den Anfang des 17. Jahrh. als Gleichensche Vasallen aufgeführt. Dieselben hatten ihre Güter in Günthersleben, Wechmar und Wandersleben, später in Lützensömmern, Wormstaed u. s. w. — Georg v. V. erwarb gegen Erlegung einer Summe Geldes vom Kur-Sachsen das ehemalige Kloster Wallichen zwischen Weimar und Erfurt 1544 als Mannslehn erblich und von seinen Urenkeln besass der Eine gleichen Namens, fürstl. magdeburgischer Ober-Forstmeister, mit Klein-Mölsen diese Besitzung noch 1650 und später. Von Hans George v. V., fürstl. Sächs. Amtmann zu Ichtershausen, stammte Quirin v. V., Fürstl. Weimarscher Rath und Amtmann zu Bercka. Der Sohn desselben, Wolf Dietrich, starb 1660 als Hofmeister des Grafen v. Gleichen und sein gleichnamiger ältester Sohn war noch 1675 herz. sachsen-gothaischer Marschall und hinterliess Nachkommenschaft, über welche aber Näheres nicht aufzufinden ist.

Sagittar. Gleichensche Historie, S. 19, 20, 92, 93, 95, 97, 98, 101, 104, 126, 150 und 471. — *Knauth*, S. 698. — *Hoenn*, Coburg. Chronik, S. 68. — *v. Gleichenstein*, Nr. 96. — *Gauhe*, I. S, 2697. — *Zedler*, 50. S. 413. — N. Pr. A.-L. V. S. 168. — *Freih. v. Ledebur*, III. S. 63. — *Bisbmacher*, I. S. 146: v. Volstedt, Thüringisch.

Volkamer v. Kirchen-Sittenbach (altes Wappen: Schild quergetheilt: oben in Silber ein halbes, mit drei Speichen versehenes, rothes Rad, dessen Schienen über sich gekehrt sind und unten in Blau eine silberne Lilie und vermehrtes Wappen von 1696: Schild geviert, mit Mittelschilde: 1 und 4 das alte Wappen der Familie, 2 u. 3 in Roth ein gekrönter, silberner Löwe und im goldenen Mittelschilde der doppelte schwarze Reichsadler, auf der Brust mit dem goldenen Buchstaben L). Altes, Nürnbergisches Patriciergeschlecht, welches den ersten Sitz in dem Pfälzischen Städtchen Neumarkt hatte, wo an einem Hause auf dem Markte der Name: Heinrich Volkamer mit dem Geschlechtswappen und der Jahreszahl 1347, wie Siebenkees angiebt, in Stein gehauen, sich fand. — Hertwig Volkamer, Ulrich Volkamer's Sohn, war der Erste, der 1337 zu Nürnberg das Bürgerrecht annahm u. der 1362 zu Rath ging. Von seinen Söhnen, Heinrich und Hartung, wurden zwei Linien gestiftet. Die ältere, von Heinrich abstammende, Lorenzer Linie ist 1602 mit Hans Volkamer, der unverheirathet blieb, erloschen, die jüngere Sebalder Linie aber, welche von Hartung V. abstammte, hat fortgeblüht und sich in verschiedenen Nebenlinien ausgebreitet, von welchen die Bartholdische bereits 1427 wieder ausstarb, als Siebenkees jedoch schrieb (1791) und noch 1820, in der Friedrich Wilhelmischen, Christoph Gottliebischen, Georg Carolinischen und Carl Benedictischen Nebenlinie fortbestand, welche sämmtlich von dem 1709 verstorbenen Losunger und Senator Gottlieb V. abstammten. — Nachdem die Verwaltung der wichtigen Jobst Friedrich Tetzelschen Stiftung auf den Aeltesten des Geschlechts gefallen war, nannte die Familie sich Volkamer v. Kirchensittenbach. Von den Nachkommen wurden besonders Peter und Georg V. bekannt, über welche Siebenkees Mehreres angiebt. — Zu den ehemaligen Besitzungen der Familie gehörte namentlich Burgfarrenbach bei Nürnberg, welches Peter V. 1400 kaufte. Das Herrenhaus daselbst, die Rosenburg genannt, baute Barthold Volkamer. Später kam diese Besitzung durch Heirath an die v. Wolfsthal. Hans Volkamer hatte einen Burgsitz zu Oberwolkersdorf erbaut und Andreas trug die Lehne über vier Güter zu Heuchling. Peter V. besass um Rothenburg und Windsheim Güter mit kaiserl. Privilegien. Hermann V. kaufte 1400 den Herrensitz zu Kraftshof, der später wieder an die Kressische Familie gelangte. Gegen Ende des vorigen Jahrhunderts kam an eine Linie der Burgstall zu Tennenlohe und eine andere hatte Güter und Unterthanen zu Rasch und Bubenreut. — Das obenerwähnte, vermehrte Wappen hatte K. Leopold I. 30. Sept. 1696 dem Nürnbergischen Geheimen Rathsmitgliede Gottlieb Volkamer verliehen. — Der Stamm blühte in vielen Sprossen fort, wurde in die Adelsmatrikel des Kgr. Bayern eingetragen und aus derselben hat v. Lang eine grosse Anzahl Familienglieder aufgeführt.

Biedermann, Nürnberger Patriciat, Tab. 327—44. — Wills Nürnberg. Münzbelustigungen, II. S. 326. — N. geneal. Handbuch, 1777. S. 344 und 1778, S. 398. — *v. Lang*, S. 579 n. 80 und Suppl. S. 148 und 49. — *Siebmacher*, I. 205, II. 164 und VI. 22 und Suppl. IV. 2. — *Jungendres*, Einleitung zur Heraldik, S. 192 und Tab. II. Nr. 50.

Volland. Erbl.-österr. Adelsstand. Diplom von 1708 für Lorenz Volland, Niederlags-Verwalter in Wien, wegen 30jähriger Monteurs-Lieferung.

Megerle v. Mühlfeld, S. 279.

Volland v. Vollandsegg (in Gold ein schwarzes Henkelgefäss, oder in Gold das schwarze Henkelgefäss und 2 und 3 in Roth ein silberner Flügel). Altes, früher zu dem Adel der ehemaligen freien Reichsstädte Schwäbisch Hall und Ravensburg zählendes Geschlecht, welches auch in Ostpreussen im Angerburgischen ansässig wurde. Das erstere Wappen wurde dem Geschlechte in Schwäbisch Hall, das letztere dem in Ravensburg beigelegt. Heinrich Volland kommt zuerst 1390 vor.

Zedler, 50. S. 417. — *Freih. v. Ledebur*, III. S. 63. — *Siebmacher*, V. 256 und 279.

Vollard (in Blau drei silberne, schrägrechte Balken). Im Königreiche Preussen erneuerter Adelsstand. Erneuerungsdiplom vom 1. März 1829 für Wilhelm Vollard, k. preuss. Lieutenant im 2. Husaren-Regimente. Derselbe war später k. pr. Rittmeister und Herr auf Starpel unweit Schwiebus. — Die Familie stammte ursprünglich aus Böhmen und der Stammvater, Hans Vollard (Vollhardt), hatte 1596 vom K. Rudolph II. den Adel erhalten. In den böhmischen Unruhen flüchtete die Familie aus Prag nach Dresden und legte den Adel ab. In neuer Zeit kommt die Familie auch mit dem Namen: v. Vollard-Bockelberg vor. Das Geschlecht wurde im Brandenburgischen zu Schönow im Kr. Sternberg angesessen und nach Rauer besass 1857 dieses Gut Alfred v. Vollard, k. pr. Rittmeister a. D.

N. Pr. A.-L. IV. S. 300. — *Freih. v. Ledebur*, III. 63. — W. B. d. Preuss. Monarchie, IV 83.

Vollbracht, Ritter (Schild geviert: 1 und 4 in Silber ein halber, an die Theilungslinie angelehnter, schwarzer Adler und 2 und 3 in Blau ein goldener Anker). Böhmischer Ritterstand. Diplom von 1707 für Anton Philipp Vollbracht, Regierungsrath zu Liegnitz. Die einzige Tochter desselben, Margaretha Aurelia, war mit Maximilian Heinrich Freih. Sobeck v. Kornitz auf Riegersdorf und Landeck vermählt. Der Familie stand noch 1724 das Gut Koiskau im Liegnitzischen zu.

Sinapius, I. S. 1014 und II. S. 1093 und 94. — *Wahrendorf*, Liegnitzische Merkwürdigkeiten, I. S. 143. — *Gauhe*, II. S. 1225 und 26. — *Zedler*, 50. S. 464. — *Megerle v. Mühlfeld*, Erg.-Bd. S. 220. — *Freih. v. Ledebur*, III. S. 63.

Vollenspiet (in Roth ein springendes, silbernes Füllen). Altes, früher zum westphälischen Adel gehörendes Geschlecht.

v. Meding, I. S. 639. — *v. Steinen*, I. Tab. 18.

Vollgnad, Ritter (in Schwarz eine goldene, von einem silbernen Pfeile durchbohrten Lilie). Böhmischer, alter Ritterstand. Diplom vom 12. Oct. 1698 für Heinrich Vollgnad. Schlesisches Adelsgeschlecht, welches sich 1612 im Oesterreichischen Dienste ausgezeichnet hatte. Dasselbe erwarb später mehrere Güter in Trebnitzischen, wo es noch 1723 zu Simsdorf und 1731 zu Langenau sass und hatte im Breslauischen noch 1730 das Gut Blankenau inne.

Sinapius, I. S. 1015 und II. S. 1091 und Desselben Olsnogr. S. 474. — *Megerle v. Mühlfeld*, Erg.-Bd. 220. — *Freih. v. Ledebur*, III. S. 63 und 64.

Vollmar (in Blau der Kopf u. Hals eines aufgezäumten, goldenen Rehes). Ein aus dem Würtembergischen nach Schlesien und in das Brandenburgische gekommenes Adelsgeschlecht. — Johann Heinrich v. Vollmar — des h. württ. Raths Hans Melchior v. V. auf Hohenmauer am Schwarzwalde Sohn — wurde 1607 des Markgrafen Johann Georg, Herzogs zu Jaegerndorf, Hofmarschall und Kammerdirector, 1632 Kammerdirector zu Liegnitz, besass in Schlesien das Gut Neu-Sorge, war demnächst Hofmarschall und Kammerrath des Kurfürsten Georg Wilhelm von Brandenburg und starb zu Berlin 16. Dec. 1636.

Sinapius, I. S. 1015. — *Freih. v. Ledebur*, III. S. 64.

Volusius v. Wolzheim, Ritter und Edle. Reichsritterstand. Diplom von 1719 für Anselm Gottfried Volusius, Niederösterr. Landschafts-Akademie-Director, mit: Edler v. Wolzheim.

Megerle v. Mühlfeld, Erg.-Bd. S. 220.

Volzke, Volske, Foltzsche (in Blau zwei über Kreuz gelegte Lorbeerzweige). Altes, auf Rügen und in Vor-Pommern begütert gewesenes Adelsgeschlecht. Dasselbe sass auf Rügen 1455 zu Neu-Schwertin, 1477 zu Zülitz auf Wittow, 1509 zu Passke und 1510 zu Rente und in Vor-Pommern 1601 und noch 1610 zu Sommersdorf unweit Demmin.

Freih. v. Ledebur, III. S. 64.

Vorbringer, Ritter. Erbl.-österr. Ritterstand. Diplom von 1808 für Franz Vorbringer, Landrath in Mähren.

Megerle v. Mühlfeld, Erg.-Bd. 220.

Vorburg. Altes, rheinländisches Adelsgeschlecht, welches mehrere unmittelbar reichsfreie Güter an sich brachte. Fredelocus Vorburger v. Helmstorff, Abt zu Kempten, starb 1185. Die ordentliche Stammreihe beginnt Humbracht mit einem Anonymus v. V., der 1196 vom Stifte Seckingen das Schloss Vorburg zu Ober-Urna bei Nefals zu Lehn trug. Von den Nachkommen desselben starb Johann Conrad v. V. zu Delsperg 1622 als Fürstl. Baselscher Rath und des kais. Kammergerichts-Assessor und hinterliess zwei Söhne, Johann Philipp, kurmainz. Geh. Rath, gest. 1660 und Christoph Friedrich v. V., von welchem Franz Johann Wolfgang, Fürstl. Würzburgischer Rath und Amtmann zu Hartheim, stammte. Von Letzterem entspross Johann Franz v. V., Herr zu Braunsbach und Grumbach, Fürstl. Würzburg. Regierungsrath, der sich mit einer v. Gemmingen vermählte.

Humbracht, Tab. 145. — *Gauhe*, I. S. 2707 und 8. — *Zedler*, Bd. 50. — *Siebmacher*, III. 185 und V. 89: zum fränkischen und schweiz. Adel gerechnet.

Vorhauer. Altes, im Brandenburgischen und in Ost- und Westpreussen begütert gewesenes Adelsgeschlecht. Dasselbe sass im Brandenburgischen bereits 1350 zu Reetz unweit Arnswalde, war 1571 zu Klein-Gandern bei Sternberg angesessen, hatte schon 1572 das Burglehn Woldenberg bei Friedeberg inne, war in der Nähe auch im genannten Jahre im Besitze des Gutes Wutzig und erwarb dann mehrere andere Güter. Wugarten unweit Friedeberg stand der Familie noch 1724 zu. In Ostpreussen erwarb das Geschlecht Bredienen unweit Sensburg und war 1649 in Westpreussen bei Marienwerder zu Bandtken und Sulawke ansässig.

Freih. v. Ledebur, III. S. 64.

Vormann (in Silber auf grünem Boden ein rother Thurm mit vergittertem Thore und einem offenen Fenster, in welchem eine Eule sitzt). Altes, pommernsches Adelsgeschlecht, welches auch Voremann, Vohrmann, Formann und Fuhrmann geschrieben wurde. Dasselbe besass schon 1396 die Lehne Gumbin und Kriwan im Kr. Stolp, so wie 1476 Seddin, erwarb später mehrere andere Güter u. brachte auch die früher Billerbeck'schen Güter: Billerbeck und Libbehne im Kr. Pyritz, an sich. Der Stamm blühte fort und nach Rauer war Heinrich v. Vormann, k. pr. Lieutenant a. D., Herr auf Klein-Benz im Kr. Naugard und der verw. Frau v. Vormann gehörte Lippehne a.

Micrael, S. 486. — *Brüggemann*, II. 1. S. 132 und II. 2. S. 971. — N. Pr. A.-L. IV. S. 301. — *Freih. v. Ledebur*, III. S. 64 und 364. — *Siebmacher*, III. 159. — *v. Meding*, I. S. 165 und 66. — Pomm. W. B. III. S. 160 und 67 und Tab. 51. — *Kneschke*, I. S. 445 und 46.

Vorneitz. Ein früher zu dem schlesischen Adel gehörendes Geschlecht, aus welchem Balthasar v. Vorneitz 1670 Landeshauptmann der freien Standesherrschaft Wartenberg war.

Sinapius, II. S. 1094. — *Zedler*, 50. S. 1068.

Vorrig v. Hochaus, Vorig v. Hochaus, Freiherren. Reichs- und erbl.-österr. Freiherrnstand. Diplom von 1738 für Johann Carl V. v. H., Landrath in Oesterreich ob der Ens.

Freih. v. Hoheneck, II. S. 752 und 802. — *Zedler*, 50. S. 886. — *Megerle v. Mühlfeld*, S. 92.

Vorst, v. der Vorst, genant Lombeck-Gudenau, Freiherren (in Silber fünf in Form eines Kreuzes (1, 3, und 1) gesetzte schwarze Ringe, auf deren jedem äusseren der zweiten Reihe einwärts gekehrt ein natürlich schwarzer Rabe steht). Spanischer Freiherrnstand. Diplom vom Könige Philipp IV. vom 19. Dec. 1663 für Philipp v. der Vorst zu Lombeck, k. spanischen Kriegsrath und Oberst-Stallmeister des Kurfürsten von Cöln, unter dem Titel: Baron v. Lonbeck (Loenbeck, Lombeck) und unter Erhebung der Herrschaft Lombeck zu einer Baronie. — Die Familie v. der Vorst gehörte zu dem ältesten Adel in Brabant und besass urkundlich schon im 13. und 14. Jahrh. das gleichnamige Schloss mit Herrschaft. Die älteren Ahnenproben beginnen mit Engelbert v. d. V. zu L., der von dem römischen Könige Ferdinand I. als Reichsverweser 9. April 1529, wegen der dem K. Carl V. besonders in der Schlacht bei Pavia geleisteten tapferen Dienste, eine Bestätigung des alten Adels und Wappens erhielt. Ihm folgen in gerader Linie: Johann, der als treuer Anhänger der spanischen Krone in der Rebellion u. bei dem Abfalle der sieben vereinigten niederländ. Provinzen einen beträchtlichen Theil seines Vermögens verlor; Egid v. d. V.-L., Deputirter von Brabant und Gouverneur von Löwen; Philipp Freih. v. d. V. zu Lombeck, s. oben, erhielt durch Vermählung mit Elisabeth Schall v. Bell Schloss und Herrschaft Lüftelberg im Cölnischen, gest. 1670 und Heinrich Degenhard Freih. v. d. V.-L. und Gudenau, der durch seine Gemahlin M. Alexandrine Freiin Waldpott v. Bassenheim in den Besitz der Herrschaft Gudenau, unweit Bonn, der Burggrafschaft Drachenfels und Pfandherrschaft Königswinter gelangte u. von der ersteren fast ausschliesslich den Namen Gudenau annahm und fortführte. Von den Nachkommen war Freiherr Clemens August, kurcöln. Kämm., Geh. Rath, Präsident des Ober-Appell.-Gerichts und Staatsminister und von diesem stammte aus der Ehe mit Maria Anna Freiin Spies v. Büllesheim: Freih. Maximilian Friedrich, geb. 1767, welcher während der französischen Beschlagnahme der Rheinprovinzen sich in Mähren und Böhmen ansässig machte und 1800 mit Ottilie Freiin v. Mirbach zu Harff, geb. 1778 und gest. 1846, vermählte. — Der jüngere Sohn des Freih. Maximilian Friedrich, Freih. Richard, geb. 1810 und gest. 1853, k. preuss. Regierungsrath, folgte 1850 als Universal- und Fidei-Commiss-Erbe seinem 1849 verstorbenen Oheime, Johann Wilhelm Joseph Grafen v. Mirbach Harff, unter Annahme dessen Namens, Wappens und Titels und setzte in der Ehe mit Julie Grf. v. Hoyos Grf. v. Guttenstein, Freiin zu Stüchsenstein, geb. 1816 und verm. 1840, den Stamm der Grafen v. Mirbach-Harff fort, s. den Artikel: Mirbach, Freiherren und Grafen, Bd. VI. S. 305—307. — Die Freiherren v. d. Vorst-Gudenau sind im Mannsstamme erloschen und zwar 18. Jan. 1857 mit Clemens Freih. v. d. Vorst-Lombeck und Gudenau, Burggrafen von Drachenfels, geb. 1806 — Sohn des 1855 verstorbenen Freih. Maximilian — verm. 1850 mit Luise Grf. Ugarte, verw. Grf. Chotek, geb. 1813, Besitzerin der Herrschaften Brenditz und Krawska in Mähren.

Butkens Troph. de Brabant, II. S. 367 und Suppl. II. S. 110. — *Gauhe,* I. S. 2708 und 9. — *Zedler,* 50. S. 1241. — N. Pr. A.-L. VI. S. 113. — General. Taschenb. d. freih. Häuser, 1848, S. 386 —88 u. 1854, S. 502. — *Freih. v. Ledebur,* III. S. 64 u. 354 u. 55. — Supplem. zu Siebm. W. B. I. 16: Die Barone v. Vort und Lomber. — *Robens,* Element.-Werkchen, I. 63 und Niederrhein. Adel, I. S. 289—300. — W. B. d. Preuss. Rheinprovinz, II. Tab. 50, Nr. 99 und 153.

Voss, Grafen (Erhebung von 1800: Schild geviert, mit Mittelschilde, beide mit goldener Einfassung. Im silbernen Mittelschilde ein linksgekehrter, in vollem Laufe begriffener, rother Fuchs: Stammwappen. 1 u. 4 quer und oben der Länge nach getheilt, oben rechts silbern, links roth und unten schwarz, ohne Bild: Pannwitz, Pannewitz und 2 u. 3 in Silber ein an die Theilungslinie gelehnter, golden gekrönter und bewehrter, auf den Flügeln mit goldenen Kleestengeln belegter, halber, schwarzer Adler). Grafenstand des Kgr. Preussen. Diplom vom 11. März 1800 für Frau Sophie Wilhelmine v. Voss, geb. v. Pannwitz — Wittwe des aus der meklenburgischen Linie der Familie stammenden k. preuss. w. Geh. Raths und Oberhofmeisters der Königin Elisabeth Ernst Johann v. Voss, Herrn auf Giewitz, Schönau, Rumshagen u. s. w., Oberhofmeisterin der Königin Luise von Preussen und Grande-Gouvernante der königl. Prinzessinnen (geb. 1729 und gest. 1814), für sich und ihre Nachkommen männlichen und weiblichen Geschlechts. — Von den Nachkommen vermählte sich Graf Felix, geb. 1801 Herr der Gross-Giewitzer und Schönauer Güter und grossh. meklenb. Landrath für das Herzogth. Schwerin — Urenkel der Empfängerin des Grafendiploms, der Grf. Sophie Wilhelmine v. V. und Sohn des 1832 verstorbenen Grafen August aus der Ehe mit Luise v. Berg, geb. 1780 und verm. 1800 — in erster Ehe 1820 mit Luise Wilhelmine Grf. v. Hahn, geb. 1805 und gest. 1833 und in zweiter 1841 mit Therese Grf. Henckel v. Donnersmarck, geb. 1820. Aus der ersten Ehe entspross: Freih. Eugen, geb. 1827, Herr auf Schmorsow und Carlshoff, k. k. Kämm. und Rittmeister in d. Armee, welcher in der Ehe mit Elise Grf. Szápary, verm. 1852 und geb. 1827, seine Linie fortgesetzt hat und aus der zweiten stammt Freih. Aloys, geb. 1842, welcher in die k. k. Armee trat. — Die Familie v. Voss ist ein sehr altes, eingeborenes meklenburgisches Adelsgeschlecht, welches schon früher nicht nur in Meklenburg, sondern auch in Pommern weit ausgebreitete Besitzungen an sich brachte. Die 1800 in den Grafenstand versetzte Linie besitzt im Grossh. Meklenburg-Schwerin die Lehengüter Gross- und Klein-Giewitz und Minenhoff, Schmorsow mit Carlshoff, und die Allodialgüter Alt- und Neu-Schönau, mit Carlsruh und Johannishoff. Gross-Giewitz, der Wohnsitz der Familie, war nach alten Urkunden bereits 1140 im Besitze des Geschlechts und die ältesten Lehnsbriefe sind von 1332.

Micrael, B. 3. S. 431 und B. 6. S. 406. — *v. Pritzbuer*, S. 153. — *Gauhe*, I. S. 2709—11. — *Zedler*, 50. S. 1378. — *v. Behr*, R. M., S. 1670. — Allgem. geneal. Handb. 1824, I. S. 877. — N. Pr. A.-L. IV. S. 301 und 2 und VI. S. 113. — Deutsche Grafenh. d. Gegenw. II. S. 606—8. — *Freih. v. Ledebur*, III. S. 64 und 65 und 355. — Geneal. Taschenb. d. gräfl. Häuser, 1848, S. 719 und 20, 1864, S. 952 u. 53 u. ff. Jahrgg. und histor. Handb. zu Demselben, S. 1040. — *Siebmacher*, I. 187: Die Vossa, Braunschweig. und V. 153 v. V., Meklenburg. — *Tyroff*, II. 143: Hn. v. Voss. — W. B. d. Preuss. Monarchie, II. 9: Gr v. V. — Meklenburg. W. B. Tab. 51, Nr. 194: v. V. und Tab. 52 Nr. 195 und S. 36.

Voss, Voss-Buch, Grafen (im golden eingefassten, silbernen Schilde ein rother, rechtsgekehrter, im vollen Laufe begriffener Fuchs). Grafenstand des Kgr. Preussen nach dem Rechte der Erstgeburt und mit dem Namen v. Voss-Buch. Diplom vom 15. Oct. 1840 für Friedrich Wilhelm Maximilian v. Voss — Sohn des k. pr. Minister-Präsidenten Otto Carl Friedrich v. V. — k. preuss. Rittmeister, Domherrn und Herrn auf Buch im Kr. Nieder-Barnim. Da derselbe 28. Febr. 1847 ohne Nachkommen starb, ging die gräfliche Würde über auf seinen Bruder, Carl Otto Friedrich v. V., geb. 1786, Besitzer der Rittergüter Buch und Carow (Fideicommiss) im Kr. Nieder-Barnim, Nebelin, Premslin, Stavenow, Birkholz und Wartenberg I. und II. im Kr. West-Priegnitz, Trossin im Kr. Königsberg und Kavelsdorf und Flotow in Meklenburg, k. preuss. w. Geh. Rath, Domherrn zu Havelsberg, Kronsyndicus u. s. w. — Letzterer starb 1864 und ihm folgte im Besitze der Vossischen Fideicommiss-Güter und der gräflichen Würde sein Vetter: Ferdinand Graf v. Voss-Buch, geb. 1788, k. preuss. General der Infanterie z. D., verm. 1822 mit Julie Grf. Finck v. Finckenstein a. d. H. Madlitz. Die Ehe ist kinderlos geblieben und nächster Anwärter auf die gräfliche Würde und auf den Besitz des Majorats ist der Neffe desselben: Gustav v. Voss, geb. 1822 — Sohn des verstorbenen Ludwig v. Voss, k. pr. Oberstlieutenants und der Antoinette v. Blankensee — Besitzer der Voss'schen Fideicommissgüter der Secundogenitur: Gross- u. Klein-Flotow und Kavelsdorf im Amte Stavenhagen im Grossh. Meklenb.-Schwerin, k. preuss. Hauptmann a. D., verm. 1850 mit Amalie Grf. Finck v. Finckenstein, geb. 1823.

<small>Deutsche Grafenhäuser d. Gegenw. II. S. 606—608. — Geneal. Taschenb. d. gräfl. Häuser, 1859 und 60, 1864, S. 953 und 1869, S. 961 und 62. — Freih. v. Ledebur, III. S. 64.</small>

Voss (Schild quergetheilt: oben Blau, ohne Bild und unten in Silber ein Fuchs natürlicher Farbe). Adelsstand des Kgr. Preussen. Diplom vom 20. Nov. 1786 für Friedrich Wilhelm Voss, k. pr. Regierungsrath zu Minden und für den Bruder desselben, Ludolph Friedrich V., Hoffiscal zu Stendal.

<small>N. Pr. A.-L. IV. S. 302. — Freih. v. Ledebur, III. S. 65. — W. B. d. Preuss. Monarchie, IV. 83.</small>

Vossberg (in Silber auf einem dürren Aste ein rother Papagei, der einen Ring im Schnabel hält). Altes, pommersches Adelsgeschlecht, welches auf den Inseln Usedom und Wollin begütert war. Dasselbe sass 1484 und noch 1626 zu Chinnow und Rekow.

<small>Gauhe, I. S. 271: am Schlusse des Artikels: Voss. — Freih. v. Ledebur, III. S. 65. — Siebmacher, V. 169. — Pomm. W. B. III. 68.</small>

Voumard v. Wehrburg. Adelsstand des Fürstenthums Hohenzollern-Sigmaringen. Diplom vom 16. Jan. 1818 für Carl Voumard, Obersten, mit: v. Wehrburg.

<small>Freih. v. Ledebur, III. S. 355.</small>

Vrints v. Treuenfels, Freiherren u. Grafen (Freiherrl. Wappen: Schild geviert mit blauem Mittelschilde und in demselben eine vierblättrige, silberne Feldrose an einem grünen Stengel mit vier grünen Blättern, zwei rechts und zwei links. 1 u. 4 in Gold ein schwarzer, mit der Reichskrone bedeckter Doppeladler und 2 und 3 in Schwarz ein schrägrechter, blauer Balken, welcher, zwischen zwei die Hörner nach oben kehrenden Viertelmonden, mit einem sechsstrahligen, goldenen Sterne belegt ist. Die Freiherren v. Vrints-Berberich, s. unten, führten einen gevierten Schild mit rothem Mittelschilde und in demselben eine vorwärtssehende, gekrönte Meerjungfrau, welche in jeder Hand einen mit dem Kopfe einwärtsgekehrten, silbernen Fisch hält u. deren Doppelschwanz sich auf jeder Seite nach aussen kehrt: erloschene Familie der Freih. v. Berberich. Die vier Felder sind die des freiherrlichen Wappens. — Dass das freih. Wappen in Folge der Erhebung in den österr. Grafenstand vermehrt worden sei, ist nicht bekannt). Reichsfreiherren- und österr. Grafenstand. Freiherrndiplom vom 26. Sept. 1744 für Theobald Georg Vrints v. Treuenfeld, k. k. Residenten und Reichs-Posten-Director in Bremen und Grafenstand durch Allerhöchstes Handschreiben Sr. Maj. des K. Franz Joseph I. vom 5. Juli 1860 für Maximilian Freih. Vrints v. Treuenfeld, k. k. a. o. Gesandten und bevollm. Minister am k. belgischen Hofe zu Brüssel. — Altes, aus Spanien und den Niederlanden stammendes Adelsgeschlecht, aus welchem Don Fernando de Vrints schon 1115 unter dem Könige Alphons I. von Arragonien gekämpft haben soll, doch beginnt die fortlaufende Stammreihe der Familie erst mit Don Gaston de Vrints um 1267. Von demselben entspross Don Francisco de Vrints, welcher noch 1323 vorkommt u. von Letzterem stammt im 6. Gliede Don Francesco Diego de Vrints, welcher unter K. Carl V. als zweiter Lieutenant des Amts zu Lille diente und welchem der Sohn ein Epitaphium mit 16 Ahnenschildern in der Kirche zu St. Jacob in Lille errichten liess. — Schon im 16. Jahrh. kam das Geschlecht in Bremen vor, wo das jedesmalige Haupt desselben die kaiserliche Residentur und die Reichsoberpostmeister-Stelle versah, auch bedeutende Güter in Oldenburgischen und in den Niederlanden besass. Sprossen des Stammes fanden Aufnahme in vielen adeligen Stiften und die meisten waren seit vielen Generationen Ehrenritter des Malteser-Ordens. — Ein Urenkel des Don Francesco Diego de Vrints, Johann Baptist v. Vrints der Jüngere, gest. 1702 — Sohn des Johann Baptist des Aelteren, k. span. Raths und Oberschatzmeisters von Antwerpen — war zuerst kais. Legations-Secretair bei dem Friedensschlusse zu Münster und später kaiserl. Resident und Reichspostmeister zu Hamburg. Derselbe erhielt mit seinem Bruder, Johann Gerhard v. Vrints, vom K. Leopold I. 26. April 1664 eine Bestätigung des alten Adels der Familie, so wie den Reichsritterstand mit dem Prädicate: v. Treuenfeld und eine Vermehrung des in einem blauen Schilde eine silberne Feldrose zeigenden Wappens. Von Johann Gerhard Reichsritter Vrints v. Treuenfeld stammte aus zweiter Ehe mit Ambrosina Johanna v. Baums der obengenannte Freiherr Theobald Georg, geb. 1671 und gest. 1745, aus dessen Ehe mit Maria Clara v. Corfey zu Iburg Freih. Conrad Alexander, verm. mit Maria Therese Freiin v. Kurzrock zu Wellingsbüttel entspross. Der Sohn des Letzteren, Freih. Theobald Max Heinrich, gest. 1812, vermählte sich mit Maria Aloysia Freiin v. Guggomos und setzte den Mannsstamm durch zwei Söhne, die Freiherren Alexander Conrad u. Carl Optatus Joseph, fort. Durch dieselben entstanden zwei Linien des Geschlechts, die Linie Vrints-Berberich und Vrints v. Treuenfeld. Die erstere Linie stiftete Freih. Alexander Conrad, geb. 1764, k. k. Kämmerer, k. württemb. Geh. Rath und fürstl. Thurn- und Taxisscher General-Director der Reichsposten. Derselbe vermählte sich mit der Erbtochter des Ober-Postmeisters Freih. v. Berberich und erhielt 24. Febr. 1787 die kaiserl. Erlaubniss, zu seinem Namen und Wappen den Namen und das Wappen seines Schwiegervaters hinzusetzen zu dürfen. Die Vereinigung beider Wappen erfolgte, wie oben angegeben, doch erlosch diese Linie, soviel bekannt, 7. Dec. 1843 mit dem Stifter. — Die Linie Vrints v. Treuenfeld setzte Freiherr Carl Optatus Joseph fort. Derselbe, geb. 1765 und gest. 1852, Herr zu

Treuenfeld, k. k. Kämm., fürstl. Taxisch. Geh. Rath und General-Posten-Director, vermählte sich in erster Ehe mit Cornelia Freiin v. Osy de Zegwaart, aus welcher Ehe vier Söhne stammten, von denen der ältere, Freih. Carl Theobald Cornel, später das Haupt des freih. Hauses wurde. Derselbe, geb. 1797, k. k. w. Kämm., fürstl. Taxisscher Hofrath und Ober-Postmeister zu Frankfurt a. M., vermählte sich in erster Ehe 1822 mit Josepha Grf. zu Buol-Schauenstein, geb. 1798 und gest. 1856 (aus welcher Ehe zwei Töchter entsprossten: Grf. Therese, geb. 1824, verm. 1842 mit Carl Freih. v. Bethmann, k. k. Kämm. und Grf. Cornelie, geb. 1828 und verm. 1857 mit Isidor Freih. v. Mailhényi) und in zweiter Ehe 1858 mit Camilla Freiin v. Roggenbach, geb. 1826. Von den beiden Brüdern des Freih. Carl Theobald Cornel, den Freiherrn Alexander, geb. 1799, in Belgien begütert und Freih. Maximilian, brachte Letzterer, wie oben angegeben, den österreichischen Grafenstand in die Familie. Derselbe, Maximilian Graf Vrints zu Treuenfels und zu Falkenstein, geb. 1802, Besitzer der Grafschaft Falkenstein in Nieder-Oesterreich, k. k. Kämmerer und w. Geh. Rath, vormaliger Gesandter an den k. dänischen und belgischen Höfen, vermählte sich in erster Ehe 1840 mit Franzisca Freiin v. Bartenstein, geb. 1819 und gest. 1847 und in zweiter 1850 mit Eugenia Freiin v. Osy, verw. Freifrau v. Bartenstein, geb. 1807. Aus der ersten Ehe entspross, neben zwei Töchtern, ein Sohn, Maximilian, geb. 1844.

v. Lang, S. 260 und 61: Vrints, gen. v. Berberich v. T. — *v. Hellbach*, II. S. 680 und 61: Vrints v. Berberich zu Treuenfeld. — *Kneschke*, IV. S. 433—36; V. v. Tr. und V.-Berberich, Freih. — Geneal. Taschenb. d. freih. Häuser, 1853, S. 513—17, 1855, S. 665 und 66, 1864, S. 904 und 5 u. ff. Jahrgg.: Vrints v. oder zu Treuenfeld. — Geneal. Taschenb. d. gräfl. Häuser, 1864, S. 953 und 54 und 1869, S. 962: V. zu Tr. und zu Falkenstein. — Suppl. zu Siebm. W. B. V. 14: Ahnen- und Wappen des Theobald Maximilian Freih. v, Vrints u. der Maria Aloysia Freiin v. Guggomos und IX. 7. mit dem unrichtigen Namen: Fh. Vrins v. Pretenfeld. — W. B. Kgr. Bayern, IV. 36 u. v. Wölckern, 4. Abth. S. 82 und 83: Freih. v. V.-Berberich. — *v Hefner*, bayer. Adel. Tab. 66 und S. 62.

Vullerath, Freiherren v. Ende. Reichsfreiherrnstand. Bestätigungsdiplom desselben von 1705 für Christian Vullerath, Freih. v. Ende, Obersten über ein Regiment zu Fuss.

Megerle v. Mühlfeld, Erg.-Bd. S. 111.

Vulpius. Reichsadelsstand. Diplom von 1782 für Georg Ludwig Vulpius, kais. Kammergerichts-Beisitzer.

Megerle v. Mühlfeld, Erg.-Bd. S. 481.

Vultejus. Reichsadelsstand. Diplom von 1792 für Christian Hermann Vultejus, Fürstl. Waldeck'schen Oberstlieutenant. Die Familie war in Ostpreussen im Kr. Darkehmen zu Kiklutschen oder Wilhelmsburg angesessen.

Freih. v. Ledebur, III. S. 65 und 355.

W.

Wabst v. Leidenfeld, Ritter (Schild geviert: 1 und 4 in Gold ein schwarzer Doppeladler, auf der Brust mit dem goldenen Namenszuge M. T. belegt und 2 und 3 in Silber eine in ihren Schwanz beissende, grüne Schlange). Erbl.-österr. Ritterstand. Diplom vom 19. Juni 1760 für Christian Franz Xaver Wabst, Protomedicus bei der k. k. Armee, mit: v. Leidenfeld.

<small>Megerle v. Mühlfeld, S. 151. — Kneschke, III. S. 444.</small>

Wachendorf, Wachendorp (Schild mit goldenem Schildeshaupte, ohne Bild u. im rothen Schilde drei silberne Herzen, oder Seeblätter). Altes Jülichsches Adelsgeschlecht. Ein Sitz dieses Namens kam unweit Lochenich schon 1287 vor. Die Familie war 1580 zu Hocherbach unweit Düren angesessen.

<small>Fahne, II. S. 187. — Freih. v. Ledebur, III. S. 66. — Siebmacher, II. 104.</small>

Wachendorf (in Gold zwei senkrecht gestellte, rothe Schlüssel). Altes, cölnisches Adelsgeschlecht, welches 1567 zu Krombach bei Overrath unweit Mühlheim begütert war und noch im 17. Jahrh. blühte.

<small>Fahne, I. 439. — Freiherrn v. Ledebur, III. S. 66.</small>

Wachenheim (Schild von Gold, roth und Silber quergetheilt, in dessen oberer oder goldener Abtheilung drei schwarze Vögel neben einander zwar die rothe, etwas schmälere Abtheilung nicht berühren, doch dicht über derselben stehen). Altes, zur Reichsritterschaft des Mittelrheins früher gehörendes Adelsgeschlecht. Franz v. Wachenheim lebte 1209 und Conrad, Chor-Herr zu St. Barthlomäi in Frankfurt, um 1222. — Die ordentliche Stammreihe beginnt Humbracht mit einem Anonymus um 1290. — Die Familie sass schon 1209 zu Wachenheim in der Rhein-Pfalz, 1477 zu Selgenstadt am Main, 1640 zu Münzheim und 1665 zu Ziegenberg in der Wetterau. — Hans Merten v. W. zählte 1599 zu den Kurtrierschen Vasallen und Johann Friedrich Freih. v. W. war 1745 kurtrierscher Kämm. und Oberst-Jägermeister.

<small>Humbracht, Tab. 373. — v. Hattstein, I. S. 610 und II. — Gauhe, I. S. 2725. — Zedler, 52. S. 137. — Freih. v. Ledebur, III. S. 66. — Siebmacher, II. 109. — v. Meding, I. S. 640.</small>

Wachholz, Wacholz, Wacholtz, Wacholt (in Blau ein vorwärtsgekehrter, silberner Widderkopf mit einmal hinterwärts rund geschlungenen, dann wieder in die Höhe sich kehrenden Hörnern). Eine der ältesten und angesehensten Adelsfamilien Pommerns, aus welcher schon um 1220 Reimar W. Hof-Rath des Herzogs Bogislaus II. war. Heinrich W. wird 1299 als der zehnte Bischof von Cammin erwähnt. Als Stammhaus wird mehrfach das Gut Wachholzhagen unweit Greiffenberg genannt, welches die Familie bereits 1430 besass, doch standen derselben schon früher mehrere andere

Güter zu. Das Geschlecht war nämlich vom 14. Jahrh. an in Pommern ansehnlich begütert und hatte im 15. Jahrh. auch in Meklenburg im Lande Penzlin Grundbesitz. Der Stamm blühte dauernd fort und von den Sprossen desselben traten mehrere in kurbrandenburgische und k. preuss. Dienste. Georg Christian v. W. wurde 1696 kurbrandenb. Ober-Kammerjunker und war Dompropst zu Colberg und Hauptmann zu Marienflies. Caspar Joachim v. W., vom Könige Friedrich Wilhelm I. hochgeschätzt, stieg zum Obersten und Chef eines Bataillons und Georg Ludwig v. W. war um die Mitte des vorigen Jahrhunderts Oberst und Commandeur des Regiments Alt-Bornstedt. 1806 stand ein v. Wacholz im Infant.-Regim. v. Malschitzki in Brieg, der später Oberstlieutenant im h. braunschweig. Diensten war und ein v. W. war k. preuss. Regierungs-Präsident. — Begütert im Kgr. Preussen waren nach Rauer 1857: Otto v. Wacholtz auf Jarchow a und b im Kr. Cöslin und Ludwig v. Wacholtz auf Schwedt und Althof, ebenfalls im Kr. Cöslin.

Micrael, S. 539. — *Gauhe*, I. S. 2725 und 26. — *Zedler*, 52. S. 182. — N. Pr. A.-L. IV, 302 und 3. — *Freih. v. Ledebur*, III. S. 66. — *Siebmacher*, V. 169. — *v. Meding*, III. S. 709 und 10. — Pomm. W. B. I. 64.

Wachschlager, auch Freiherren (in Silber ein schrägrechter Balken, welcher von Blau und Silber in drei Reihen geschacht ist). Altes, in Preussen schon um 1431 bekanntes Geschlecht, welches sich in Thorn ansässig machte und dann nach Schweden kam, wo Georg Wachschlager, k. schwed. Canzlei-Rath, 3. Oct. 1711 den schwed. Adel und 23. Mai 1719 als Hof-Canzler zu Stockholm den schwedischen Freiherrnstand erhielt.

Hartknoch, Altes und Neues Preussen. S. 447. — *Gauhe*, II. S. 1229 und 30. — *Freih. v. Ledebur*, III. S. 67.

Wachsmann (in Gold eine rothe, weiss ausgefugte Mauer, hinter welcher ein Geharnischter, in der Rechten ein blankes Schwert haltend, hervorwächst). Ein früher zu dem in Westpreussen begüterten Adel zählendes Geschlecht, welches 1730 zu Rexin unweit Danzig sass.

Freih. v. Ledebur, III. S. 67.

Wachsmann, Wachsmann und Treppeln (Schild quer getheilt: oben in Silber ein Leopardenkopf und unten der Länge nach getheilt: rechts in Roth zwei schräge sich kreuzende Pfeile und links in Gold ein wachsender Löwe). Böhmischer Adelsstand. Diplom von 1735 für Andreas Joseph Wachsmann, Bürgermeister zu Namslau in Schlesien, mit: v. Wachsmann und Treppeln. — Die Familie blühte fort und besass 1816 Friedrichsdorf unweit Glogau und 1836 Buschvorwerk bei Hirschberg. Sprossen des Stammes lebten in neuer Zeit in Dresden.

Megerle v. Mühlfeld, Erg.-Bd. S. 450. — N. Pr. A.-L. IV. S. 303. — *Freih. v. Ledebur*, III. S. 67.

Wachtel (im von Silber und Blau der Länge nach getheilten Schilde steht in dessen Mitte eine Wachtel von natürlicher Farbe. Altes, schlesisches Adelsgeschlecht, aus welchem zuerst Caspar v.

Wachtel, der Herzogin Agnes v. Schwaben, Tochter des K. Heinrich IV., Oberhofmeister, genannt wird, welchen K. Conrad III. zum Ritter geschlagen haben soll. Die Familie schied sich in Schlesien später in die Häuser Merzdorf im Briegischen und Herzogswaldau im Grottkauischen. Heinrich v. W. war 1588 kursächs. Rath und Oberstlieutenant über eine Abtheilung Garde, die wegen der Unruhen in Schlesien zu Breslau zusammen gezogen worden war und wurde dann Oberst und um dieselbe Zeit kommt Adam v. W. auf Merzdorf als des Briegischen Fürstenthums Landesältester vor. Derselbe brachte 1591 das Rittergut Schreibersdorf im Strehlenschen an sich. Zu dem Besitze der Familie gehörte auch Panthenau im Nimptschen, wo gegen Mitte des 17. Jahrh. der Stamm erlosch.

Sinapius, I. S. 1017. — *Gauhe*, I. S. 2726 und 27. — *Freih. v. Ledebur*, III. S. 87. — *Siebmacher*, I. 64: Die Wachtel, Schlesisch. — *v. Meding*, I. S. 640.

Wachtell. Reichsadelsstand. Diplom von 1737 für Christoph Wachtell, Fürstl. Esterhazyschen Hofrath.

Megerle v. Mühlfeld, Erg.-Bd. S. 481.

Wachtendonk (in Gold eine rothe Lilie). Altes, niederrheinisches Adelsgeschlecht, welches in Jülich, Cöln, Münster, Cleve und Geldern aufgeschworen hatte. Der Sitz Wachtendonk in spanischen Geldern kam schon 1239 vor. Der Freiherrnstand gelangte 1683 in die Familie und das Geschlecht ist in der zweiten Hälfte des 18. Jahrhunderts erloschen.

Bucelini Germ. sacra, I. 20 und II. S. 167. — *Gryphius* von Ritterorden, S. 47. — *Gauhe*, I. S. 2727 und 28. — *Zedler*, 52. S. 342—45. — *Robens*, Niederrheinischer Adel, II. S. 216—27, — *Freih. v. Ledebur*, III. S 670. — *Siebmacher*, II. 110 und IV. 14.

Wachtmeister, Freiherren und Grafen (Schild geviert mit quergetheiltem Mittelschilde: oben in Roth zwischen drei, 2 und 1, silbernen, sechseckigen Sternen der aus dem oberen Schildesrande kommende Fuss eines Kranichs und unten in Gold ein quer nach rechts gelegter, kurzer Saracenensäbel. 1 in Blau ein aus Wolken hervorgehender, geharnischter Arm, welcher in der Hand 18 goldene Lanzen mit wechselnd roth und goldenen Fähnchen hält; 2 in Gold zwischen zwei unten nicht zusammenstossenden, schwarzen Adlersflügeln ein schwarzes (auch rothes) Kleeblatt; 3 in Gold auf grünem Hügel ein in der linken Kralle einen Stein emporhaltender Kranich und 4 in roth auf einem silbernen, nach rechts sprengenden Pferde ein gewappneter Ritter, in der Rechten ein silbernes, mit einem rothen Kreuze belegtes Fähnchen haltend). Schwedischer Freiherrnstand und Schwedischer u. Preussischer Grafenstand. Schwedisches Freiherrndiplom vom 8. April 1651 für Hans v. Wachtmeister, k. schwedischer Reichsrath und Landrath von Esthland, mit Freih. auf Biörkö; Schwedisches Grafendiplom vom 10. Dec. 1687 für den gleichnamigen, ältesten Sohn des Freih. Hans und vom 17. Juni 1693 für den dritten Sohn, Freih. Axel und Preussisches Grafendiplom vom 17. Jan. 1816, für den k. schwedischen Oberstlieutenant a. D. Hans Freih. v. W. auf Degelsdorf, Bassendorf, Vasekow und Eixen. Letzterer gehörte zu der im Pommern begüterten Linie des Geschlechts, welche aus der Nachkommenschaft des vierten Sohnes des oben genannten Freih. Hans, des Bleichert v. Wachtmeister, Freiherrn v. Biörkoe, Herrn auf Teufelsdorf, Rothenberg und Windö, schwed. Generallieutenants und Landeshauptmanns über Calmarlöhn und Oeland, hervorgegangen war und welche 1847 die Güter Eixen, Degelsdorf, Bisdorf, Spickersdorf und Vasekow im Franzburger- und Bassendorf im Grimmer Kreise besass, die freiherrl. Linie aber, deren Wappen vom gräflichen nur durch die Krone verschieden ist, war um die genannte Zeit und später zu Grammendorf im Kr. Grimme angesessen. Was übrigens die Familie v. Wachtmeister noch anlangt, so gehörte dieselbe nach dem Revalschen Landtags-Protokoll von 1747 zu dem alten Adel Esthlands, wo dieselbe seit 1515 erscheint und die Güter Aumack, Laakt, Neumühlen und Pall besass. — Haupt des Gräflichen Hauses ist jetzt: Axel (II.) Gr. v. Wachtmeister, geb. 1840 — Sohn des Gr. Axel (I.), geb. 1810 und gest. 1866, Herrn auf Bassendorf, k. preuss. (k. schwed.) Majors a. D. aus der Ehe mit Adelaide v. der Lancken, geb. 1820 und verm. 1838 und Enkel des Gr. Hans, geb. 1780 und gest. 1837, Herrn auf Bassendorf, Degelsdorf und Vasekow, k. schwed. Oberstlieutenants a. D., verm. 1806 mit Sophie v. Bilow, geb. 1785. — Der Bruder des Grafen Axel (II.) ist: Gr. Max, geb. 1847, k. preuss. P.-Fähnrich. Die Brüder des Gr. Axel (I.) sind Gr. Erich auf Spickersdorf, geb. 1812, verm. mit Pauline v. Langen, gest. kinderlos und Gr. Leopold auf Wanstatorp in Schweden, geb. 1814 und verm. 1842 mit Thomazine v. Rosenkrantz, geb. 1823, aus welcher Ehe, neben vier Töchtern, zwei Söhne stammen: Carl, geb. 1844 und Elias, geb. 1853.

N. Pr. A.-L. IV. 503. — Deutsche Grafenh. d. Gegenwart, II. S. 608 und 9. — Histor.-herald. Handb. zum Geneal. Taschenb. d. gräfl. Häuser, Gotha, 1855, S. 1042 und 43. — Freih. v. Ledebur, S. 67 und 68. — Geneal. Taschenb. d. gräfl. Häuser, 1864, S. 954 und 55 und 1869, S. 962 und 63. — W. B. d. Preuss. Monarchie, II. 9. — Pomm. W. B. III. Tafel. 49.

Wackenitz, Wakenitz (Schild der Länge nach getheilt: rechts in Silber fünf, 2, 1 und 2, schwarze Rauten und links in Schwarz drei schräglinks über einander gelegte, silberne Kesselhaken). Eins der ältesten und angesehensten Adelsgeschlechter Pommerns, welches zeitig im Wolgastischen, dem jetzigen Kr. Greifswalde, ansehnlich begütert wurde, doch erst später, von der ersten Hälfte des 15. Jahrhunderts an, urkundlich mehrfach vorkommt, in welcher 1431 Heinrich Wakenisse auftritt. Albrecht v. W., Erbgesessen zu Clevenow, erst herz. Archivar zu Wolgast, dann Hofrath und zuletzt Landrath, starb 1636 und stiftete mit seinem Bruder, Jürge v. W., auf der Universität Greifswalde für sechs Studirende ein Stipendium. Der Stamm blühte dauernd fort u. mehrere Sprossen desselben zeichneten sich in Militairdiensten, namentlich in der k. preussischen und dänischen Armee, aus: Friedrich August v. W., k. dänischer Generallieutenant, war 1800 erster Deputirter im norwegischen Generalitäts-Collegium; Wilhelm Dietrich v. W., früher Commandant des k. pr. Regiments Garde du Corps, starb 1805 als hessischer Generallieutenant und ein v. W., welcher 1807 in den Pensionsstand trat, starb 1815. — Später ist Namen und Wappen der v. Wackenitz an die Familie v. der Lancken gekommen. Carl Friedrich Bernhard v. der

Lancken, k. schwed. Oberst und seit 1816 mit der Tochter des Herrn auf Clewenow im Kr. Grimmen, Prov. Pommern, v. Wackenitz vermählt, erhielt nämlich auf Gesuch des Letzteren, welcher männliche Nachkommen nicht hatte, vom Könige Carl XIII. von Schweden die Erlaubniss, Namen u. Wappen der Familie v. Wackenitz mit seinem angestammten Namen u. Wappen zu vereinigen und wurde zugleich in den schwed. Freiherrnstand erhoben, s. den Artikel: Lancken-Wackenitz, Freiherren, Bd. V. S. 369 und 70. — Nach Rauer war die Familie v. Wakenitz noch 1857 zu Boltenhagen (alter Besitz) und zu Kappenhagen im Kr. Greifswalde angesessen.

<small>*Micrael,* S. 540. — *Gauhe,* I. S. 2728. — *Zedler,* 52. S. 1091. — N. Pr. A.-L. IV. S. 303. — *Siebmacher,* V. 169. — v. *Meding,* III. S. 710. — Lexic. over adel. Familier i Danmark, II. Tab. 41. 21. — Pomm. W. B. II. Tab. 17 und S. 47—49. — *Kneschke,* II. S. 463.</small>

Wacker (Schild geviert: 1 in Blau ein goldener, die Hörner nach oben kehrender Halbmond; 2 in Gold ein rechtssehender, schwarzer Adler; 3 in Gold ein einwärtssehender, rother Löwe und 4 in Blau drei, 2 und 1, sechsstrahlige, goldene Sterne). Reichsadelsstand. Diplom im Kursächs. Vicariate vom 6. Juli 1792 für Johann Heinrich Wacker, Herrn auf Groeba und Zitz- und Kattunfabrikanten daselbst. — Das Geschlecht ist ausgegangen.

<small>Handschriftl. Notiz. — *Tyroff,* I. 205. — W. B. d. Sächs. Staaten, IX. 80.</small>

Wackerbarth, Wackerbart, auch Grafen und Freiherren (Schild von Roth und Silber, oder von Silber und Roth geviert, ohne Bild: Stammwappen und freiherrliches Wappen: Schild geviert mit das Stammwappen zeigendem Mittelschilde. 1 und 4 in Gold ein an die Theilungslinie angelehnter, halber, schwarzer Adler und 2 und 3 in Roth ein einwärtsgekehrter, silberner Löwe). Reichsgrafenstand und Freiherrnstand des Kgr. Sachsen. Grafendiplom vom 26. Aug. 1708 für August Christoph v. Wackerbarth, später k. poln. und kursächs. Staatsminister und General-Feldmarschall und Freiherrndiplom vom 10. März 1810 für Ludwig Carl Wilhelm v. W. auf Briesen und Guhrow in der Niederlausitz, s. den nachstehenden Artikel. — Eins der ältesten und angesehensten niedersächsischen Adelsgeschlechter, welches aus Meklenburg und aus dem Lauenburgischen hergeleitet wird. Marquard, ein Sohn Conrad's v. W., war bereits 1261 Domherr zu Ratzeburg und schon 1308 sass die Familie in Meklenburg zu Dützow und 1366 zu Todendorf. Im Lauenburgischen breitete sich dieselbe besonders aus dem Hause Kogel, oder Kugel aus. Georg Christian, zu diesem Hause gehörig, berühmter General des Königs Ludwig XII. von Frankreich, verm. mit einer v. Oppershausen, setzte den Stamm fort und sein Enkel, Hartwig auf Kogel, starb 1602 als herz. Lauenburg. Hofmarschall. Von den vier Urenkeln desselben hinterliess August Heinrich auf Kogel, gest. 1721 als h. braunschw. Hofmeister und Drost zu Ahlden, einen Sohn, Ludwig Anton, k. grossbrit. Oberstlieutenant, der 1735 ohne männliche Erben starb, der zweite Urenkel, Joachim Christoph, wurde der Vater des berühmten Grafen August Christoph, s. oben u. der dritte und vierte Urenkel, August Heinrich und Georg Hartwig, setzten die adeligen Linien des Stammes fort. Graf August Christoph, s. oben, gest. 1733, hatte sich 1707 als Gesandter in Wien mit Catharina Balbiani, verw. Marquisin v. Salmour vermählt, doch blieb die Ehe kinderlos und so nahm er denn vor ihrem 1719 erfolgten Tode ihren Sohn erster Ehe: Joseph Anton Gabaleon Marquis v. Salmour, an Kindesstatt an, welcher sich Gr. v. Wackerbarth-Salmour nannte und schrieb.

v. Priesbuer, Nr. 164. — *Gauhe*, I. S. 2728—35. — *Zedler*, 52. S. 1085. — *v. Behr*, S. 1671. — N. Pr. A.-L. IV. S. 303. — *v. Ledebur*, III. S. 68. — *Siebmacher*, I. 166: mit dem unrichtigen Namen: v. Wackerbrodt, Sächsisch und V. 157: v. W., Meklenb. — *v. Meding*, II. S. 631 und 32. — Meklenb. W. B. Tab. 52, Nr. 196 u. S. 5 u. 36. — W. B. d. Sächs. Staaten, II. 34: Freih. v. W.

Wackerbarth, genannt v. Bomsdorff, Freiherren (Schild geviert mit Mittelschilde. Mittelschild von Silber und Blau schrägrechts getheilt, auf dessen Theilungslinie drei golden besamte und grüngekelchte, rothe Rosen stehen: Bomsdorff. 1 u. 4 von Roth und Silber geviert: Wackerbarth'sches Stammwappen, 2 in Roth ein silberner einwärtsgekehrter Löwe und 3 in Gold ein aus der Theilungslinie halb hervorbrechender, schwarzer Adler). Freiherrnstand des Kgr. Sachsen. Diplom vom 12. Dec. 1811 für Adolph Leberecht v. Bomsdorff, mit dem Namen „Wackerbarth, genannt v. Bomsdorff." — Ludwig Carl Wilhelm v. Wackerbarth auf Gross-Briesen und Guhrow bei Kottbus, vermählt mit Helene v. Bomsdorff a. d. H. Weissagk bei Forst, erhielt, wie im vorstehenden Artikel angegeben, 1810 den Freiherrnstand und hatte seinen Neffen Adolph Leberecht v. Bomsdorff an Kindesstatt angenommen, welche Adoption durch das erwähnte Diplom von 1811 bestätigt wurde. Freih. Adolph Leberecht — ein Sohn des Heinrich v. Bomsdorff aus der Ehe mit einer v. Buxdorff — geb. 1781 und gest. 1862, Besitzer der Güter Mittel-Linderode bei Sorau, Gross-Briesen und Guhrau bei Cottbus, hatte sich 1810 vermählt mit Sophie v. Langenn a. d. H. Kittlitz bei Lübbenau, geb. 1793, aus welcher Ehe, neben zwei Töchtern, zwei Söhne stammten, die Freiherren Ludwig und Otto. Freih. Ludwig, geb. 1811, Besitzer der Güter Ober- und Mittel-Linderode und Tielitz bei Sorau, vermählte sich 1846 mit Clara v. Bünau, geb. 1829, in welcher Ehe ein Sohn, Conrad, 1848 geboren wurde und Freih. Otto, geb. 1823, Herr auf Gross-Briesen, k. preuss. Rittm. und Escadrons-Chef, verm. 1859 mit Gertrud von Bredow, aus welcher Ehe ein Sohn entspross, Erich, geb. 1861.

Geneal. Taschenb. d. freih. Häuser, 1859, S. 863, 1863, S. 1008 u. 9 u. 1868, S. 960. — W. B. d. Sächs. Staaten, IV. 28.

Wackerhagen (Schild geviert: 1 in Blau zwei goldene Adlersflügel; 2 und 3 in Roth zwei quer gelegte, dreimal geastete, goldene Stämme und 4 in Silber auf grünem Boden zwei dürre Dornbüsche). Reichs- und Preussischer Adelsstand. Reichsadelsdiplom vom 12. Juli 1734 für Bernhard Friedrich Wackerhagen, h. Anhalt-Dessauischen Ober-Forstmeister und preussisches Adelsdiplom vom 13. Oct. 1763 für Georg August Christian W., k. preuss. Geh. Kriegsrath und Land-Rentmeister zu Halberstadt und zwar ebenfalls mit dem oben angegebenen Wappen.

N. Pr. A.-L. IV. S. 304. — *Freih. v. Ledebur*, III. S. 68. — W. B. d. Preuss. Monarchie, IV. 84.

Waechter, Freiherren (in Silber auf grünem Boden ein nach rechtsgekehrter Kranich von natürlicher Farbe mit goldenem Schnabel und Füssen, welcher in der rechten, aufgehobenen Kralle einen Stein hält. Auf dem Schilde steht ein gekrönter Helm ohne Schmuck mit blau-silbernen Decken und den Schild halten zwei ein- und vorwärts gekehrte, weibliche Figuren, welche ein hinter dem Helme hervortretendes, grünes Blättergewinde mit den Händen über den Schild halten). Die Familie ist durch Königliche Entschliessung vom 14. Mai 1835 zur Führung des Freiherrlichen Prädicats im Kgr. Württemberg ermächtigt. — Stammvater des Geschlechts ist Carl Eberhard Waechter, k. dänischer Kammerherr, welcher 11. Mai 1779 in den Reichsadelsstand erhoben wurde. Derselbe war später k. dän. Gesandter bei den oberrheinischen und schwäbischen Kreisen und am kurpfälz. Hofe, so wie am h. württemb. Hofe zu Stuttgart und besass längere Zeit das Rittergut Hierlingen, welches nach seinem Tode veräussert wurde. Durch die beiden Söhne desselben, den Freih. Friedrich Carl Eberhard, k. württemb. Kammerherrn u. Geh. Legationsrath und den Freih. Carl Friedrich August, gest. 23. Febr. 1828, k. württemb. Hoftheater-Director, ist das Geschlecht fortgesetzt worden.

<small>*Cast*, Adelsbuch des Kgr. Württemberg, S. 490 und 91. — *Tyroff*, II. 168. — W. B. des Kgr. Württemb. Nr. 150 und S. 41. — *Kneschke*, I. S. 446 und 47.</small>

Waechter, Wächter-Lautenbach, Freiherren (Schild geviert. 1 und 4 in Silber auf grünem Rasen ein rechtsgekehrter, schwarzer Kranich, der in der aufgehobenen rechten Kralle einen weissen Stein hält und 2 und 3 in Blau ein nach der rechten Seite springender, goldener Stier). Adels- und Freiherrnstand des Kgr. Württemberg. Adelsdiplom vom 19. Sept. 1819 für August Heinrich Christoph Waechter, k. württemb. Kammerh. und Geh. Legationsrath und Geschäftsträger am k. niederländischen Hofe und Freiherrndiplom vom 2. Juli 1825 für Denselben. Derselbe hat den Mannsstamm fortgesetzt und die Familie gehört zum ritterschaftlichen Adel des Kgr. Württemberg durch Besitz des vormals reichsritterschaftlichen Gutes Lautenbacherhof im O. A. Neckar-Sulm.

<small>Adelsb. d. Kgr. Württemberg, S. 374. — W. B. d. Kgr. Württemberg, Nr. 149 und S. 40. — *Kneschke*, I. S. 447</small>

Waechter. Die Württembergischen Familien v. Waechter, ursprünglich eines Stammes, sind in der neuesten Zeit in den geneal. Taschenbüchern der freiherrl. Häusern in einem Artikel abgehandelt und in drei Linien, die zweite mit zwei Zweigen, geschieden worden. Erste Linie, zu Lautenbach. Württemb. Adel 19. Sept. 1819, württembergische Freih. 2. Juli 1825. Besitz: das Rittergut Lautenbacherhof im O. A. Neckarsulm. Zweite Linie: Erstor Zweig: Waechter-Spittler. Württemb. Freih. mit Namen und Wappenvereinigung „Waechter-Spittler" 9. Oct. 1841. — Besitz: das Rittergut Horn im O. A. Biberach im Donaukreise. — Zweiter Zweig. Württembergische Freih. 17. April 1855. — Besitz: die Herrschaft Kodkow bei Kuttenberg im Kr. Czaslau in Böhmen. — Dritte Linie.

Reichsadel 11. Mai 1779. Kön. Württemb. Genehmigung zur Führung des freih. Titels 14. Mai 1835.

<small>Geneal. Taschenb. d. freih. Häuser, 1868, S. 952: Geschichtl. Uebersicht und Beschreibung der verschiedenen Wappen und 1869, S. 960—63: Neuester Personalbestand.</small>

Waechter (Schild der Länge nach getheilt. Rechts in Silber auf grünem Boden ein blaugekleideter Nachtwächter mit Spiess und links in Blau auf grünem Boden ein Kranich). Adelsstand des Kgr. Preussen. Diplom vom 3. Oct. 1766, Lieutenant im Cuirassier-Regim. v. Dalwigk.

<small>Freih. v. Ledebur, III. S. 67. — W. B. d. Preuss. Monarchie, IV. 84.</small>

Waffenberg, Freiherren u. Grafen (Schild geviert mit goldenem Mittelschilde und in demselben ein gekrönter, kaiserlicher Doppeladler, dessen Brust mit einem rothen Herzschilde belegt ist, in welchem ein silberner Querbalken mit der Chiffre L. II. erscheint. 1 und 4 in Gold ein einwärts gekehrter, aufwachsender Neger, in der Rechten drei silberne Aehren haltend und 2 und 3 sechsmal von Roth und Silber quergetheilt mit einer aus einem vollständigen Harnische und zwei kleinen, rechts blauen, links goldenen Bannern gebildeten Trophäe und unter dem Harnische zwei kleine ovale, mit den oberen Theilen auswärts gelegte, mit den unteren sich berührende, blaue Schildchen, von welchen das rechte mit einem die Sicheln rechtsgewendeten, silbernen Halbmonde, das linke aber mit einer silbernen Lilie geziert ist). Erbl.-österr. Freiherrn- und böhmischer und Reichsgrafenstand; Freiherrndiplom von 1702 für Ferdinand Franz v. Waffenberg, k. k. Rath u. N. Oesterr. Landrechts-Beisitzer, mit seinen Brüdern, Johann Ludwig, Rittmeister und Carl Joseph, mit dem Prädicate: v. Mödling. Böhmisches Grafendiplom vom 15. Dec. 1718 für Johann Ludwig Waffenberg, Freiherrn zu Mödling und Reichsgrafenstands-Diplom vom 11. Juli 1777 für Franz Frh. v. Waffenberg, Kreishauptmann in Mähren. — Oesterreichisches Adelsgeschlecht, dessen ursprünglicher Name „Mittermayr" gewesen sein soll, zu welchem bei Erhebung in den Adelsstand das Prädicat „v. Waffenberg" gekommen ist. Kaiser Ferdinand III. ertheilte der Familie 1651 die Ritterwürde. — Georg Mittermayr v. Waffenberg war mit Susanna v. Luckner vermählt und die drei Söhne desselben, die Gebrüder Ferdinand Franz, Johann Ludwig und Carl Joseph v. W., waren die drei Empfänger des 1702 mit dem Prädicate: zu Mödling in die Familie gekommenen Freiherrnstandes. Der zweite der genannten Brüder, Johann Ludwig Freih. v. Waffenberg und zu Mödling, war 1737 Pfandinhaber der k. Herrschaft Priborn in Schlesien, k. Landhofrichter und Landesältester, und hatte, s. oben, 1718 den böhmischen Grafenstand mit dem Incolate in Böhmen, Mähren und Schlesien, erhalten. Der Sohn des ältesten der in Rede stehenden drei Brüder, des Freih. Ferdinand Franz: Freih. Franz, k. k. Kreishauptmann in Mähren, wurde, wie erwähnt, 1777 Reichsgraf. Von ihm stammte Graf Johann Nepomuk, verm. mit Maria Aloysia v. Kriesch und aus dieser Ehe entspross Graf Franz, geb.

1788, k. k. Rittm. in d. A., welcher der Letzte des Mannsstammes gewesen sein soll.

Megerle v. Mühlfeld, Erg.-Bd. S. 35 u. S. 111. — Histor.-herald. Handb. zum geneal. Taschenb. d. gräfl. Häuser, S. 1043—45. — Geneal. Taschenb. d. gräfl. Häuser, 1859, S. 910, 1864. S. 955 und 1867, S. 950.

Wagener (Schild der Länge nach getheilt: rechts in Blau auf grünem Boden ein silbernes Einhorn und links in Roth zwei über Kreuz gelegte mit den Spitzen nach unten gekehrte Schwerter). Adelsstand des Kgr. Preussen. Diplom von 1767 für den Stiefsohn des Gutsbesitzers in Meklenburg v. Restorff, Namens Wagener (Wagner). — Ein Hauptmann v. Wagener, der 1806 Stabscapitain im Regimente v. Schimonski gewesen, starb 1811.

N. Pr. A.-L. V. S. 468 und 69. — Freih. v. Ledebur, III. S. 68 und 69. — W. B. d. Preuss. Monarchie, IV. 84.

Wagenfeld (Schild der Länge nach getheilt: rechts Blau, ohne Bild und links in Roth sieben, 4 und 3, pfahlweise gestellte, goldene Sterne). Altes, ursprünglich aus Schweden stammendes Danziger Patriciergeschlecht, zu welchem der 1814 verstorbene k. pr. General-Major Ernst Philipp v. Wagenfeld gehörte. Eine Schwester desselben war die Frau v. Pfuel auf Schulzendorf. — Die Familie war in Ostpreussen zu Birkenfeld bei Welau und noch 1820 zu Körnen unweit Pr. Eylau angesessen.

N. Pr. A.-L. IV. S. 304 und 5. — Freih. v. Ledebur, III. S. 63 und 354.

Wagenhoff, Wagner v. Wagenhofen, Ritter (Schild geviert: 1 und 4 ein gekrönter Greif und 2 und 3 ein Wagenrad). Böhmischer Ritterstand. Diplom von 1719 für Balthasar Ernst Wagner und für die hinterlassenen Söhne seines Bruders Valentin: Johann Valentin und Conrad, mit: v. Wagenhofen, welches Prädicat als Familien-Name fortgeführt wurde. — Johann Samuel v. Wagenhoff war Landesältester im Striegauischen u. Carl Friedrich Wilhelm v. W. blieb als Lieutenant 1813 in der Schlacht bei Gross-Beeren. Ein Capitain v. Wagenhoff stand 1806 im k. preuss. Infant.-Regimente v. Schimonski und wurde als Major 1813 pensionirt.

Megerle v. Mühlfeld, Erg.-Bd S. 221. — N. Pr. A.-L. IV. S. 305. — Freih. v. Ledebur, III. S. 69.

Wagenlehner v. Kriegsfeld. Erbl.-österr. Adelsstand. Diplom von 1758 für Franz Wagenlehner, Hauptmann im k. k. Dragoner-Regimente Herzog v. Modena, mit: v. Kriegsfeld.

Megerle v. Mühlfeld, Erg.-Bd. S. 260.

Wagenschütz (in Grün drei rothe Pfeile). Altes Adelsgeschlecht der Altmark, welches schon im 15. Jahrhundert vorkam und dann mehrere andere Güter an sich brachte. Dasselbe sass noch 1803 zu Streganz im Kr. Storkow-Beeskow und zu Altenzaun im Kr. Osterdurg. — Carl v. Wagenschütz starb 1810 als k. preuss. Major a. D. zu Cosel.

N. Pr. A.-L. IV. S. 305. — Freih. v. Ledebur, III. S. 69.

Wagensperg, Freiherren und Grafen (Schild der Länge nach getheilt: rechts in Roth drei neben einander stehende, mit den gezackten Schärfen rechtsgewendete, mit goldenen Griffen versehene Sicheln und links in Silber ein rother, golden gekrönter Adler). Erbl.-österr. Freiherrn- und Reichsgrafenstand. Die Zeit, in welcher die Erhebung in den Freiherrn- u. Grafenstand stattgefunden, wird mehrfach verschieden angegeben: neuerlich hält man sich gewöhnlich an folgende Angaben: „Frhr. 1559, Gr. 1625 und Oberst-Erbland-Marschall in Kärnten 1639." — Altes, krainer und kärntner Adelsgeschlecht, welches im 16. Jahrh. nach Steiermark und Oesterreich kam. In Krain und Kärnten blühte dasselbe in früher Zeit als Rittergeschlecht unter dem Namen: Wagen, bis das spätere Stammhaus Wagensperg, vier Meilen von Laibach, erbaut wurde. Berthold Wagen kommt um 1190 in einer Urkunde des Bischofs Otto zu Freisingen vor und Otto Wagen v. Wagensperg lebte 1460. — Aus den Ahnentafeln der Familie sei hier zuerst genannt: Rudolph, k. k. Geh. Rath und Oberst-Erb-Land-Marschall in Kärnten, gest. 1679. Der ältere Sohn desselben war Johann Balthasar, gest. 1693, Statthalter der inneren österr. Regierung und Assessor des Geh. Raths, verm. mit einer Fürstin v. Liechtenstein, aus welcher Ehe als dritter Sohn Hannibal Balthasar stammte. Die von demselben absteigende Stammreihe ist folgende: Hannabal Balthasar, Graf, geb. 1676, gest. 1725, k. k. Kämm., Oberst und Commandant zu St. Georgen in Croatien: Maria Rebecca Herrin v. und zu Stubenberg, verm. 1721 und gest. 1761; — Adolph, geb. 1724 und gest. 1773, k. k. Kämm., w. Geh. Rath, Landeshauptmann von Görz und Gradisca, auch Präsident zu Triest: Maria Aloysie Grf. v. Saurau, geb. 1729, verm. 1747, gest. 1789; — Johann Nepomuk Joseph, geb. 1752, k. k. Kämmerer und Landrath in Steiermark: erste Gemahlin: Maria Grf. v. Galler, geb. 1756, verm. 1775 und gest. 1787; — Sigismund, geb. 1777, gest. 1829, k. k. Kämmerer: Caroline Grf. v. Stainach, geb. 1790 u. verm. 1807. Vom Grafen Sigismund stammt Adolph Graf Wagensperg, Freiherr auf Saanegg und Rabenstein, geb. 1809, Haupt des gräfl. Hauses, Besitzer der Herrschaften Greissenegg, Ober-Voitsberg und Alt-Kainach, Erblandmarschall in Kärnten und Landstand in Oesterreich, Kärnten, Steiermark und Krain, k. k. Kämm., verm. 1838 mit Ernestine Freiin Jöchlinger v. Jochenstein, geb. 1818, Besitzerin der Herrschaft Wernberg u. Mitbesitzerin der Herrschaften Tamtschuch und Aichlberg in Ober-Kärnten, aus welcher Ehe, neben zwei Töchtern, drei Söhne stammen: Raimund, geb. 1840, Felix, geb. 1844, k. k. Oberlieut. a. D. und Eugen, geb. 1853. — Der Bruder des Grafen Adolph ist, neben drei vermählten Schwestern: Graf Sigmund, geb. 1817, k. k. Kämm. und Oberlieutenant in d. A.

Knauth, S. 588. — *Hübner*, III. Tab. 890. — *Gauhe*, I. S. 2735 u. 36. — *Zedler*, 52. S. 627—30. — *Jacobi*, 1800, II. S. 375. — Allg. m. geneal. Handbuch, 1824, I. S. 877. — *Schmutz*, IV. S. 292. — D. Grafenh. d. Gegenw., II. S. 610 und 11. — Histor.-herald. Handb. zum Taschenb. der gräfl. Häuser, S. 1045 und 46. — Geneal. Taschenb. d. gräfl. Häuser, 1848, S. 721 u. 22, 1859, S. 910 und 11, 1864, S. 955 und 56 und 1869, S. 963 und 64. — *Siebmacher*, III. 28: Wagensperg, Freiherren. — *v. Meding*, II. S. 632 u. 33: Wagen, Wagensberg. — W. B. d. Durchl. Welt, IV. 433: Gr. v. W. — W. B. der Oesterr. Monarch. VIII. 87: Gr. v. W.

Wagner, Freiherren (im silbernen, mit goldenem Rande (Stabborte) eingefassten Schilde ein brauner, schrägrechts gelegten Baumstamm, welcher oben abgesplittert, unten aber abgeschnitten ist und aus welchem in der Mitte nach links zwei grüne Blätter emporkeimen. Den Schild bedeckt eine freiherrliche, fünfperlige Krone und derselbe steht auf einer Console von braunem Marmor und wird von zwei auswärts sehenden, goldengekrönten, die Zunge rothausschlagenden, grauen Adlern gehalten. Die Einfassung des Schildes, die freiherrliche Krone und die Console mit den Schildhaltern sind bei Erhebung in den Freiherrnstand zu dem Stammwappen hinzugekommen). Reichsadels- u. Freiherrnstand des Kgr. Sachsen. Adelsdiplom im kursächsischen Reichs-Vicariate vom 25. Sept. 1790 für D. Andreas Wagner, kursächs. Geh. Kammer- und Geh. Finanzrath und Freiherrndiplom vom 22. Aug. 1812 für den Sohn desselben, Thomas v. Wagner, k. sächs. Geh. Finanzrath „als bleibendes Merkmal Allerhöchster Zufriedenheit." — Letzterer, Thomas Freih. v. Wagner, geb. 1759 und gest. 1817, k. sächs. Geh. Finanzrath, verm. 1794 mit Johanna Caroline Amalie Freiin v. Mantouffel, geb. 1772, und gest. 1848, hinterliess eine so zahlreiche Nachkommenschaft, dass, was den jetzigen Personalbestand der Familie betrifft, auf die neuesten Jahrgg. der geneal. Taschenbb. der freih. Häuser verwiesen werden muss.

Geneal. Taschenb. der freih. Häuser, 1868, S. 1009—11 und namentlich 1869, S. 963—65. — *Tyroff*, I. 202: Stammwappen. — *Dorst*, N. Allg. W. B. I. S. 63 u. 64 und Tab. 58. — W. B. der Sächs. Staaten, II. 35. — *Kneschke*, I. S. 448.

Wagner (Schild quergetheilt: oben in Gold ein schwarzer Leopard, welcher in den Vorderpranken eine blaue Lilie hält und unten von Schwarz und Gold viermal gestreift). Altes, Königsberger Patriciergeschlecht, welches 1541 vom K. Carl V. den Adel erhielt. Die Familie war noch in der zweiten Hälfte des 18. Jahrh. in Ost- und Westpreussen begütert und sass noch 1773 unweit Strassburg zu Galczewko und Galczewo und 1789 zu Bumbeln bei Gumbinnen.

N. Pr. A.-L. IV. S. 305. — *Freih. v. Ledebur*, III. S. 69.

Wagner. Erbl.-österr. Adelsstand. Diplom von 1762 für Johann Christoph Wagner, freien Bürger zu Dux in Böhmen, wegen im Kriege in den Jahren 1742 bis 1745 mit Lebensgefahr geleisteter Dienste.

Megerle v. Mühlfeld, Erg.-Bd. S. 280.

Wagner. Erbl.-österr. Adelsstand. Diplom von 1766 für Balthasar Wagner, k. k. Hauptmann und Platz-Lieutenant zu Arad.

Megerle v. Mühlfeld, Erg.-Bd. S. 483.

Wagner. Erbl.-österr. Adelsstand. Diplom von 1792 für Joseph Wagner, Ober-Einnehmer des Wiener städtischen Oberkammer-Amts.

Megerle v. Mühlfeld, S. 280.

Wagner (Schild geviert: 1 u. 4 in Blau eine Justitia und 2 und 3 in Silber ein goldenes Horn des Ueberflusses). Adelsstand des Kgr. Preussen. Diplom vom 15. Oct. 1766 für Sophie Friederike Christine Wagner.

Freih. v. Ledebur, III. S. 60. — W. B. des Kgr. Preussen, IV. 64.

Wagner. Adelsstand des Kgr. Preussen. Diplom vom 2. Jan. 1839 für Johann Emil Wagner, k. preuss. Legations-Secretair.

Freih. v. Ledebur, III. S. 69.

Wagner v. Ankerburg. Reichsadelsstand. Bestätigungsdiplom des der Familie zustehenden Reichsadels von 1791 für Matthias Vincenz Wagner v. Ankerburg.

Megerle v. Mühlfeld, Erg.-Bd. S. 483.

Wagner v. Frommenhausen, auch Freiherren (Stammwappen: Schild zweimal quergetheilt, 3feldrig: Oben (Feld 1) in Schwarz ein aufwachsender, rechtssehender, gekrönter, doppelt geschweifter, goldener Löwe, welcher in den Vorder-Pranken ein fünfspeichiges, silbernes Rad hält; in der Mitte (Feld 2) in Roth ein silberner Querbalken, welcher, wie das Feld oben und unten, mit drei goldenen Bienen belegt ist und unten (Feld 3) in Silber auf einem goldenen Dreihügel drei neben einander gestellte, goldene Bienenstöcke). Reichsadels- u. Freiherrnstand des Krg. Württemberg. Adelsdiplom von 1656 für Johannes Wagner, beider Rechte Doctor, k. k. Rath und Landeshauptmannschaft-Verweser der Grafschaft Hohenberg, unter Belehnung mit der Herrschaft Frommenhausen und mit der Erlaubniss, sich nach derselben Wagner v. Frommenhausen zu nennen und Freiherrndiplom vom 12. April 1845 für Carl Wagner v. Frommenhausen, k. württemb. Kammerherrn, Obersten und Hof-Jägermeister. — Die Familie stammt aus der Stadt und dem Schweizer-Canton Solothurn und gehörte zu den angesehensten Patriciergeschlechtern der Stadt Solothurn und genoss in Savoyen und Frankreich stiftsmässige Vorzüge. Als 1806 Frommenhausen mit der Herrschaft Hohenberg unter württemb. Landeshoheit kam, wurde die Familie, nachdem der Adel vom Könige Friedrich I. von Württemberg durch ein besonderes Diplom vom 17. April 1807 bestätigt und erneuert worden war, unter die württemberg. Ritterschaft in der Person des 1817 als grossh. badenscher Ober-Vogt in Baden verstorbenen Ludwig W. v. F. — Vater des späteren Familienchefs, des Freih. Carl — aufgenommen. Von den beiden Söhnen desselben hat der Aeltere, Freih. Carl, geb. 1778 und gest. 1864, verm. 1822 mit Maria Crescentia Epplen v. Hartenstein, geb. 1788, den Mannsstamm durch zwei Söhne fortgesetzt. Letztere sind: Freih. Rudolph, geb. 1822, Besitzer des Ritterguts Frommenhausen bei Rottenburg im Kgr. Württemberg, k. württemb. General-Major und Kriegsminister und Freih. Ottomar, geb. 1829, k. württ. Hauptmann und Batterie-Commandant im Feld-Artillerie-Regimente.

Cast, Adelsbuch des Kgr. Württemberg, S. 375 und 76. — Geneal. Taschenb. d. freih. Häuser, 1857, S. 818 (geschichtl. Uebersicht), 1858, S. 819 (Wappen), 1863, S. 1011 u. 1869, S. 965. — W. B. d. Kgr. Württemberg, Nr. 220 und S. 55. — *Kneschke*, I. S. 448 und 49.

Wagner v. Wagenau, Ritter. Böhmischer Ritterstand. Diplom von 1725 für Johann Heinrich Wagner, Lichtensteinschen Rath zu Troppau, mit: v. Wagenau.

Megerle v. Mühlfeld, Erg.-Bd. S. 221.

Wagner v. Wagenburg, Ritter und Edle. Reichsritterstand. Diplom von 1747 für Eberhard Friedrich Wagner, Secretair des Nieder-Oesterr. Statthalters Grafen v. Windischgraetz, mit: Edler v.

Megerle v. Mühlfeld, Erg.-Bd. S. 221.

Wagner v. Wagenburg, Ritter. Erbl.-österr. Ritterstand. Diplom von 1766 für Johann Christoph v. Wagner, k. k. Siegel-Amts-Administrator, mit: v. Wagenburg.

Megerle v. Mühlfeld, S. 151.

Wagner v. Wagendorf. Erbl.-österr. Adelsstand. Diplom von 1793 für Franz Wagner, Magistratsrath in Wien, mit: v. Wagendorf.

Megerle v. Mühlfeld, S. 260.

Wagner v. Wagenhoffen. Reichsadelsstand. Bestätigungsdiplom desselben von 1733 für Ernst Emanuel Wagner v. Wagenhoffen, Ober-Bereiter der Niederösterr. Landschafts-Academie.

Megerle v. Mühlfeld, Erg.-Bd. S. 482.

Wagner v. Wagensfeld. Erbl.-österr. Adelsstand. Diplom von 1743 für Joseph Anton Wagner, Wirthschafts-Beamten des Bischofs zu Olmütz, mit: v. Wagensfeld.

Megerle v. Mühlfeld, Erg.-Bd. S. 482.

Wagner v. Wagensfeldt, Ritter. Böhmischer Ritterstand. Diplom von 1752 für Joseph Anton Wagner v. Wagensfeldt, Oberamtmann in Mähren.

Megerle v. Mühlfeld, Erg.-Bd. S. 221.

Wagner v. Wagnern. Reichsadelsstand. Diplom von 1733 für Peter Sigmund Wagner, Doctor der Philosophie und Medicin, mit: v. Wagnern.

Megerle v. Mühlfeld, Erg.-Bd. S. 482.

Wahden, Waden (in Roth ein goldener Querbalken, auf welchem ein goldener Pfahl ruht, wodurch der Schild in drei Felder getheilt wird, in deren jedem ein goldener Sparren erscheint). Reichsadelsstand. Diplom vom 19. Dec. 1687 für Johann Heinrich Wahden, kurbrandenburgischen u. Stifts Herfordschen Rath. Das Geschlecht gehörte zu den Ravensbergischen Lehnsträgern und besass im Osnabrückschen die Güter Hetlagé und Sandfort.

Culemann, Ravensburg. Merkwürdigk. I. S. 143. — Freih. v. Ledebur, III. S. 69.

Wahlen (in Blau ein offener Turnierhelm und an demselben zwei silberne Adlersflügel). Altes im Oldenburgischen früher zu Doetlingen begütert gewesenes Adelsgeschlecht.

Freih. v. Ledebur, III. S. 70. — v. Meding, I. S. 640 und 41; nach dem v. Harling'schen Epitaphium von 1598 zu Oldenburg.

Wahlen, genannt Jürgas (in Blau ein schäumendes Meer, auf welchem ein silberner Delphin sowohl aus dem Rachen, als der Nase Wasser auswirft und den links gekrümmten Schwanz in der Gestalt eines grossen lateinischen S. in die Höhe hält). Altes, in der Ost-Priegnitz und im Ruppinschen begütertes Adelsgeschlecht, welches sich schon lange: Wahlen, genannt Jürgas (Jurgas) schreibt und 8. Nov. 1833 mit Alexander v. Wahlen-Jürgas, k. preuss. Generallieutenant a. D., erloschen ist. — Name und Wappen der Familie v. Wahlen-Jürgas kamen mit dem Gute Ganser im Ruppinschen u. s. w. an die Familie v. Rohr. Es erhielt nämlich Otto v. Rohr 28. Juli 1836 die Königliche Erlaubniss, mit seinem angeborenen Namen und Wappen Namen u. Wappen seines Grossoheims, des oben genannten Generallieutenants Alexander v. W.-J., zu verbinden und sich: v. Rohr, Wahlen-Jürgas (Jürgass) zu schreiben. Derselbe wurde von Rauer 1857 als Herr auf Meyenburg (Fideicommiss) in der Ost-Priegnitz und auf Ganzer im Kr. Ruppin aufgeführt.

Dienemann, S. 265. Nr. 27 und Stammtafel, S. 290. — *Freih. v. Ledebur*, im Artikel: Jurgas, Jürgas, Wahlen, genannt Jurgas, I. S. 40 und im N. Allg. Deutschen Adels-Lexic. IV. S. 603 und 4 in demselben Artikel. — *v. Meding*, II. S. 643.

Wahler, Wahler zu Azelberg und Oberbürg. Reichsadelsstand. Diplom von 1753 für Johann Andreas Wahler, Würzburgischen und Bambergischen Commerzienrath. Derselbe stammte aus einem ursprünglichen Kissinger Kaufmannsgeschlechte. Zwei Enkel des Diploms-Empfängers, die Gebrüder: Georg Christoph v. W. in Nürnberg, geb. 1784 und Johann Jacob v. W., geb. 1791, wurden nach Anlegung der Adelsmatrikel des Kgr. Bayern in dieselbe eingetragen.

v. Lang, S. 582 und 83. — W. B. d. Kgr. Bayern, IX. 29.

Wahren (Schild von Roth und Grün der Länge nach getheilt und von einem schräglinken, silbernen Balken überdeckt). Ein früher in der Ober- und Nieder-Lausitz begütertes Adelsgeschlecht. Dasselbe sass in der Ober-Lausitz 1736 zu Klein-Welka und 1738 zu Seifersdorf und in der Nieder-Lausitz 1745 zu Bernsdorf bei Sorau.

Freih. v. Ledebur, III. S. 70. — *Siebmacher*, I. 163: v. Wahren, Meissnisch. — *v. Meding*, I. S. 641.

Wahren, Wahren v. Wedelwitz (Schild quergetheilt: oben in Silber ein rechtsgekehrter, doppelt geschweifter, schwarzer Löwe und unten in drei Reihen von Schwarz und Silber geschacht). Altes, meissensches Adelsgeschlecht, welches noch im vorigen Jahrhundert unweit Eilenburg zu Wedelwitz, Eilenberg und Eilenfeld sass. Dasselbe, dem Wappen nach von dem im vorstehenden Artikel genannten Stamme verschieden, ist von demselben noch nicht genau getrennt.

Knauth, S. 589. — *Gauhe*, I. S. 2737 und 38. — *Freih. v. Ledebur*, III. S. 70. — *Siebmacher*, I. 163: Die Wahren v. Wedelwitz, Meissnisch.

Waidmannsdorf, Freiherren (Schild geviert mit Mittelschilde, Mittelschild mit einer goldenen, fünfzinkigen Krone gekrönt u. quergetheilt: oben schwarz, ohne Bild und unten in Silber ein schwarzer Dreihügel. 1 in Roth ein nach der rechten Seite aufrecht schreitendes, weisses Einhorn; 2 in Gold ein rechtsgekehrter, gekrönter, doppelt geschweifter, rother Löwe; 3 in Gold ein aufwachsender, vorwärts gekehrter Mann in blauem, weiss aufgeschlagenen Rocke, mit Gürtel, schwarzem Brustübergehänge und Hute, welcher mit der Rechten eine Lanze über die Schulter legt und in der Linken einen

Haarbusch hält und 4 in Roth ein silberner Querbalken und ein über das ganze Feld nach rechs springender Hirsch von natürlicher Farbe mit achtendigem Geweihe). — Erbl.-österr. Freiherrnstand. Diplom vom 2. April 1650 für Christoph Carl u. Michael Adolph Waidmann v. Waidmannsdorf, mit dem Prädicate: v. Meran auf Lampertsburg u. Seebach. Dieselben stammten aus einem alten tiroler, der Landes-Matrikel als „die Waidmann" einverleibten Adelsgeschlechte. Johann Waidmann erhielt vom K. Ferdinand I. 1560 mit dem Prädicate: v. Waidmannsdorf den Ritterstand und mit demselben beginnen die älteren, beurkundeten Ahnenproben der freih. Familie, der das Erbland-Falkenmeister-Amt im Herzogthume Steiermark zusteht. — Von Johann I. stammte durch Johann II., Johann III. und Christoph Carl im vierten Gliede der oben genannte Freih. Christoph Carl, welcher den freiherrlichen Stamm dauernd fortsetzte. Von Letzterem stammt nämlich durch die Freiherren Johann Anton, Johann Bonaventura und Maximilian Christoph: Freih. Friedrich, welcher, und zwar allein, im neuesten Jahrgange der freiherrl. Häuser, wie folgt, aufgeführt ist: Friedrich Freih. v. Waidmannsdorf zu Meran auf Lampertsburg und Seebach (des verst. Freih. Maximilian Christoph, k. k. Kämm., Geh. Raths u. Gouverneurs von Tirol, Sohn), Erbland-Falkenmeister im Herzogth. Steiermark, k. k. Kämm. und quiesc. Hofrath, verm. 1829 mit Anna Grf. v. Wurmbrand-Stuppach zu Neuhaus, geb. 1805 und gest. 1853.

_{Geneal. Taschenb. d. freih. Häuser, 1855, S. 666 und 67 und 1869, S. 965 und 66. — W. B. d. Oesterr. Monarchie, XIII. 79. — W. B. d. Kgr. Bayern, IV. 36 u. v. Wölckern, 4. Abth. S. 84 u. 85. — Hyrtl, die fürstl., gräfl. u. freih. österr. Familien, II. S. 65 u. 66. — Kneschke, II. S. 463 u. 64.}

Waidtmann. Reichs-Vicariats-Adelsstand. Diplom von den Kurfürsten Carl Philipp und Carl Albert als Reichsverweser d. d. Manheim 12. Jan. und München 4. März 1740 für Matthias Friedrich Waidtmann, Reichs-Vicariats-Hofgerichts-Herold und Thürhüter (früher Graf Truchsessischer Secretair). Der Stamm hatte fortgeblüht und nach Anlegung der Adelsmatrikel des Kgr. Bayern wurde in dieselbe der Enkel des Diploms-Empfängers: Georg Joseph v. Waidtmann, geb. 1757, k. bayer. quiesc. Hauptmann und Chaussee-Inspector zu Aichach, eingetragen.

_{v. Lang, S. 583. — W. B. d. Kgr. Bayern, IX. 34: v. Waydmann.}

Waiss, Wayss v. Feurbach (in Silber ein blauer Löwe mit ausgeschlagener Zunge und doppeltem Schweife). Altes, ehemaliges unmittelbar reichsfreies Adelsgeschlecht am Rheine, welches, wie Humbracht angiebt, anfangs Vogt v. Feuerbach (Feurbach) hiess, dann aber von einem, nach seines Vaters Tode geborenen und einzigen Sprossen seines Geschlechts, welcher die Waise-von Feuerbach genannt wurde, den Namen Wayss annahm. Die ordentliche Stammreihe wird mit Eberhard Waiss (Wais), Ritter, um 1266 angefangen. Der Sohn desselben, Giselbertus, dictus Orphanus, Ritter, lebte 1312. — Von den Nachkommen waren Mehrere Burggrafen oder Burgmänner von Friedberg. Adam, der als Oberst im Kriege in Frankreich gedient, starb 1577 als kurmainzischer Amtmann zu Steinheim und der einzige Sohn desselben, Johann Caspar, schloss 1620 den alten Mannsstamm.

Humbracht, Tab. 187. — *v. Hattstein*, I. S. 612 und 13. — *Gauhe*, I. S. 2739. — *Zedler*, 53. S. 871. — *Siebmacher*, V. 126. — *v. Meding*, II. S. 683 und 84. — Suppl. zu Siebm. W. B. VII. 24.

Waitz (Walz) v. Eschen, Freiherren (Schild der Länge nach getheilt: rechts auf grünem Boden in Blau drei goldene Waizenähren mit grünen Halmen und Blättern und links in Roth, ebenfalls auf grünem Boden, zwei dergleichen Aehren und in der Mitte ein aufgerichtetes, goldenes Kreuz). Reichsfreiherrnstand. Diplom vom 7. April 1764 für Jacob Siegmund Waitz v. Eschen, kurhess. Geh. Rath, Staats- und Conferenz-Minister und Besitzer der Rittergüter Eschen-Dudendorf und Eschen-Kucksdorf im Meklenburgischen. — Die Familie Waitz soll nach Einigen aus Ungarn stammen, gewisser aber ist, dass dieselbe später ansehnliche Güter zu Schönau, Ernstrode, Hohenkirchen und Herrndorf bei Gotha und Waitzenrodt in Hessen besass, welche sie schon in alter Zeit von den Aebten von Reinhardsbrunn und Georgenthal als Lehen empfangen hatte, doch kam das Geschlecht durch Kriegs- und sonstige Verluste zurück und nach dem dreissigjährigen Kriege erschienen die Glieder der Familie zumeist noch in Aemtern, oder bürgerlichen Verhältnissen. Als näherer Stammherr muss der oben genannte Jacob Siegmund, geb. 1698 zu Gotha, angesehen werden. Nach Ausbruche des siebenjährigen Krieges, als die Franzosen Hessen besetzten, der Landgraf flüchtete und das Land sich selbst überlassen war, ergriff er, der damals Staatsminister war, die Zügel der Regierung. Als Anerkenntniss der hohen Achtung, die er sich in diesem wichtigen Posten bei Freund und Feind erworben, wurde er nach Beendigung des Kriegs vom K. Franz I. in den Freiherrnstand erhoben und obgleich schon hoch bejahrt, berief ihn Friedrich der Grosse 1774 als k. pr. Staatsminister und Chef des Berg- und Salzwesen nach Berlin. Er starb aber bald darauf 7. Nov. 1776. Aus seiner Ehe mit einer geborenen Zumbe hatte er nur einen Sohn, Siegmund, der vor ihm ohne Nachkommen gestorben war. Er adoptirte daher seinen Schwiegersohn, den Ober-Amtmann Johann Friedrich v. Hilchen zu Nauheim, Gemahl seiner einzigen Tochter, Caroline, geb. 1725 und gest. 1786, nach dessen 1781 erfolgten Tode die Fortführung des Namens und Wappens der Waitz v. Eschen auf die aus dieser Ehe entsprossenen Kinder übergingen. — Der Stamm blühte jetzt in einer älteren und jüngeren Linie. Stifter der älteren Linie war Freih. Friedrich Siegmund — Sohn des oben genannten Johann Friedrich v. Hilchen — geb. 1745 und gest. 1808, kurhess. Geh. Rath und Staatsminister, verm. mit Sophie Dorothea v. Rheinfarth, geb. 1761 und gest. 1816. Von ihm stammt Freih. Carl Sigismund, geb. 1795, Herr auf Winterbüren, Waitzrodt und Hirschberg in der Provinz Hessen, Vicemarschall der althessischen Ritterschaft, Mitglied des k. preuss. Herrenhauses a. L. und Vorsitzender des Communal-Landtags des Reg.-Bez. Cassel, verm. 1831 mit Maria Freiin v. Bülow, geb. 1814, aus welcher Ehe, neben vier Töchtern, ein Sohn stammt: Freih. Roderich, geb.

1839. — Die jüngere Linie stammt von dem 1759 geborenen und 1804 als herz. württemb. Minister verstorbenen Freih. Johann Friedrich. Aus seiner Ehe mit Helene Borries aus Hanau, gest. 1804, hinterliess er zwei Söhne: August Sigmund Philipp, geb. 1799 und gest. 1864, welcher Nachkommenschaft hinterliess und Carl, geb. 1801 und unvermählt gest. 1821. — Haupt der jüngeren Linie ist Freih. Carl, geb. 1824 — Sohn des Freiherrn August Siegmund Philipp, s. oben, Herr auf Eschen-Dudendorf u. Kucksdorf in Meklenb.-Schwerin und Emmerichshofen, Hauenstein und Frohnhof in Bayern, aus der Ehe mit Johanna Elisabeth Caroline Rauh, geb. 1803 — Herr auf Eschen-Dudendorf, verm. 1852 mit Wilhelmine Freiin v. Behr a. d. H. Behrendorf, geb. 1834 und gest. 1859, aus welcher Ehe vier Töchter entsprossten. Freih. Carl hat mehrere Schwestern und von seinem Bruder, dem Freih. Friedrich, geb. 1829, verm. 1866 mit Auguste d'Orville, geb. 1839, entspross ein Sohn, Sigmund, geb. 1867.

Freih. v. Ledebur, III. S. 70. — Geneal. Taschenb. d. freih. Häuser, 1853, S. 517—20, 1868, S. 961 und 1869, S. 966 und 67. — Supplem. zu Siebm. W. B. XI. 4, Nr. 12: F. H. v. Wayts. — Meklenb. W. B. Tab. 54, Nr. 208 und S. 57: F. H. Walz v. Eschen.

Walbach (Schild der Länge nach getheilt: rechts in Blau ein schrägrechtsströmender, silberner Bach und links in Gold ein einwärts springender, schwarzer Ziegenbock). Ein früher in Westpreussen begütertes Adelsgeschlecht, welches um 1660 zu Bartlin unweit Behrent sass und von diesem Gute auch Bartlinski genannt wurde.

Freih. v. Ledebur, III. S. 71.

Walbeck (in Silber ein vorwärts gekehrtes, roth gekleidetes Frauenbrustbild). Altes, braunschweigisches Patriciergeschlecht, welches bereits 1726 und noch 1795 zu Bornum ansässig war. Dasselbe hatte früher im Magdeburgischen, wo unweit Gardelegen ein Sitz Walbeck liegt, mehrere Güter an sich gebracht.

Freih. v. Ledebur, III. S. 71. — Hannov. und Braunschw. W. B. D. 5.

Walch (im Schilde auf einem dreihügeligen Berge ein Kleeblatt von drei Blättern. Das Wappen ist nur durch Sinapius aus einem alten, schlesischen Wappenbuche bekannt, doch fehlen die Tincturen). Altes, schlesisches Adelsgeschlecht, aus welchem Hans v. Walch 1343 das Gut Belcke im Breslauischen kaufte und ein anderer dieses Namens 1480 Herr auf Eselsdorff (später Essdorf) im Oelsnischen war und dieses Gut um 1505 an seine Tochter, Catharina, vermählte v. Franckenberg, verfiellte. Um diese Zeit besass ein v. Walch das Rittergut Ulersdorff im Glogauischen, der zwar von seiner Gemahlin, einer v. Nostitz, einen Sohn hinterliess, welcher aber aus der Ehe mit einer v. Mehlhose nur aber eine Tochter, Sabina, hatte, die an Bernhard v. Prittwitz und Gaffron vermählt war.

Sinapius, I. S. 1018 und II. S. 1095. — *Gauhe*, I. S. 1238 und 34. — *Freih. v. Ledebur*, III. S. 71. — *v. Meding*, II. S. 641.

Walchowsky v. Walchenheimb. Reichsadelsstand. Bestätigungsdiplom von 1709 für Johann Franz Walchowsky v. Wachenheimb, Bürgermeister zu Olmütz.

Megerle v. Mühlfeld, Erg.-Bd. S. 482.

Walck, Edle. Reichsadelsstand. Edelndiplom im kurpfälzischen Reichsvicariate vom 7. Juli 1792 vom Kurfürsten Carl Theodor von der Pfalz, für Johann Simon Walck, Neuburgischen Regierungs- und Reichsvicariats-Hofgerichts-Secretair. Derselbe, geb. 1740, wurde als k. bayer. w. Rath u. erster Secretair des k. General-Commissariats des vormaligen Altmühlkreises in Eichstädt in die Adelsmatrikel des Kgr. Bayern eingetragen.

v. Lang, S. 583. — W. B. d. Kgr. Bayern, IX. 29.

Waldau (in Blau drei rothe Monde, die oberen zwei von einander, oder rechts u. links gekehrt, den unteren oben gestürzt). Altes, mit Familien von gleichlautendem Namen nicht zu verwechselndes, schlesisches Adelsgeschlecht, welches schon vom 15. Jahrh. an und später ansehnlich begütert war u. welches Sinapius nach den Häusern Schwanowitz im Briegischen u. Hundsfeld im Oelsnischen benannte. Heinrich v. Waldau auf Schwanowitz, herz. Liegnitzischer Rath und Landeshauptmann der Weichbilder Ohlau und Brieg, kaufte 1588 mit Bernhard v. Waldau das Schloss Hundsfeld mit Zubehör. Der Stamm blühte fort, hatte noch im 17. und 18. Jahrh. mehrere Güter im Besitze und ist erst 1841 mit Carl Bernhard v. Waldau erloschen.

Sinapius, I. S. 1019. — *Gauhe*, I. S. 2744 und 45. — *Freih. v. Ledebur*, III. S. 71. — *Siebmacher*, I. 54; v. Waldow, Schlesisch. — *v. Meding*, III. S. 712.

Waldauf v. Waldenstein. Erbl.-österr. Adelsstand. Bestätigungsdiplom von 1786 für Franz Waldauf v. Waldenstein, Salzabgeber zu Hall.

Megerle v. Mühlfeld, Erg.-Bd. S. 485.

Waldbott v. Bassenheim, Freiherren und Grafen (Schild von Silber und Roth zwölfmal geständert [Stammwappen]. Das jedesmalige Haupt der Familie führt als des deutschen Ordens Erbritter einen runden, wie angegeben, geständerten Schild, welcher zum Rückschilde das deutsche Ordenskreuz, schwarz mit silbernem Saume hat). Reichsfreiherrn- und Grafenstand. Freiherrndiplom vom 10. Jan. 1664 für Damian W. v. B. — Urenkel Antons (II.), s. unten, und für das ganze Geschlecht und Grafendiplom vom 16. Dec. 1722 für die Söhne Johann Lothar's (gest. 1677 als kurcöln. und kurmainz. Geh. Rath) und Enkel Damian's: Casimir Ferdinand Adolph (geb. 1642 und gest. 1729, früher k. k. Obersten, später, in den geistlichen Stand getreten, Domscholaster, Geh. Rath, Statthalter zu Mainz und Domherrn zu Trier u. Franz Emmerich Wilhelm, geb. 1648 u. gest. 1730, Herrn zu Sevenich, kurmainz. w. Geh. Rath u. Ober-Amtmann zu Lahnstein. — Altes, ursprünglich aus Flandern stammendes, später in die Rheingegenden gekommenes Geschlecht. Dasselbe soll schon im 10. Jahrh. die Herrschaft Harlebeck besessen haben und zur Aufsicht und zur Verwaltung der Waldungen bestellt worden sein, wie der auf Befugniss zu Gebot und Verbot in und über Waldungen hindeutende Name Waldbot, Waldbott: ein mit Macht bevollmächtigter Bote, ergiebt. Nach Angaben Einiger liess sich Heinrich v. Harlebeck, genannt Waldpot, um die Mitte des 12. Jahrh. am Rheine nieder und baute unweit Coblenz das Schloss Bassenheim, das Stammhaus der jetzigen Familie W. v. B. Es soll derselbe Heinrich sein, der 1164 in der Stiftungs-Urkunde des Klosters Ansbach vorkommt. Heinrich II. W. focht in den Kreuzzügen und wurde 1190 zum ersten Grossmeister des deutschen Ordens erwählt und bekleidete diese Würde 12 Jahre, bis er im Kampfe mit den Saracenen fiel. Die Verdienste desselben ehrte der Orden dadurch, dass er dem jedesmaligen Familienhaupte die Würde eines Erbritters, ohne Ablegung der Ordensgelübde und ohne Einkommen verlieh, eine Auszeichnung, die stets fortgeerbt hat. Von dem Bruder dieses Heinrich, Balduin, stammte im 10. Gliede Otto W. v. B., welcher um 1480 durch Vermählung mit Apollonia v. Drachenfels die Herrschaften Drachenfels, Olbrück u. s. w. erbte. Drei seiner Enkel, die Söhne Anton's (I.), kurtrierschen Raths und Landhofmeisters u. Amtmanns zu Coblenz, stifteten drei Linien, Anton (II.) die bassenheimische, Johann die Olbrücksche und Otto die Gudenauische Linie. Die Olbrücksche Linie schied sich später in die Königsfeldische, Olbrücksche und Bornheimische Linie. Graf Franz Emmerich Wilhelm brachte das von der Familie schon früher verwaltete Erbschenken-Amt des Erzstifts Mainz wieder an die Familie und der Sohn desselben, Johann Rudolph, erhielt durch Vermählung mit Maria Antonie Grf. v. Ostein einen Theil der Osteinischen Nachlassenschaft. Die wegen Pyrmont und Olbrück früher schon beanspruchte Aufnahme in das Westphälische Grafen-Collegium erfolgte endlich 1787. Durch den Lüneviller Frieden gingen 1801 beide Herrschaften verloren. Der Reichsdeputation Hauptschluss von 1803 gewährte durch die Abtei Heggbach in Schwaben und eine Jahresrente auf Buxheim Entschädigung. Heggbach kam 1806 durch die rheinische Bundesacte standesherrlich unter Württembergische Staatshoheit und Buxheim gelangte 1809 durch Testament des letzten Grafen v. Ostein ganz an Waldbott-Bassenheim. — Die Familie blüht jetzt in zwei Linien, in der gräflichen: Waldbott Bassenheim und in der freiherrlichen: Waldbott v. Bassenheim Bornheim. Die absteigende Stammreihe der gräflichen Linie Waldbott-Bassenheim ist von dem Grafen Franz Emmerich Wilhelm an (s. oben) bis zu dem jetzigen Haupte der Linie genau in dem Werke „Deutsche Grafenhäuser der Gegenwart" angegeben. Haupt der Linie ist jetzt: Graf Hugo Philipp, geb. 1820 — Sohn des 1830 verstorbenen Grafen Friedrich aus der Ehe mit Charlotte Baronin v. Wambolt zu Umstadt, geb. 1793 und verm. 1809 und wiedervermählt 1833 mit dem k. bayer. Kämmerer v. Brandenstein — regierender Graf v. Waldbott-Bassenheim, Graf zu Buxheim und Burggraf zu Winterrieden Herr zu Beuren, Standesherr und erblichen Reichs-Rath im Kgr. Bayern, des Deutschen Ordens Erbritter, verm. 1843 mit Caroline Prinzessin v. Oettingen-Wallerstein, geb. 1824, aus welcher Ehe ein Sohn stammt: Graf

Friedrich, geb. 1844. — Die freiherrliche Linie: W. v. B.-Bornheim stieg in den letzten Gliedern, wie folgt, herab: Clemens August Freiherr Waldbott v. Bassenheim-Bornheim, geb. 1731 und gest. 1792, Herr zu Bornheim, Ollbrück, Königsfeld, Walsdorf, Dettenbach etc., Burggraf zu Drachenfels: Wilhelmine Freiin v. Loë zu Wissen und Mehr; — Freih. Franz, geb. 1760 und gest. 1804, resign. Domherr: Barbara v. Elverfeldt, verm. 1791 und gest. 1828; — Freih. Victor, gest. 1848, verm. mit Ferdinandine Freiin v. Quernheim, gest. 1856; — Freih. Otto, geb. 1838 — jetziges Haupt der freih. Linie W. v. B.-Bornheim, k. k. Oberlieutenant. Derselbe hat, neben drei Schwestern, einen Bruder: Freih. Friedrich, geb. 1845, k. k. Lieutenant a. D. und Official im Oberstkämmerer-Amte Sr. M. des Kaisers. — Vom Freih. Maximilian Friedrich auf Bornheim — Bruder des oben genannten Freih. Franz — stammt aus der Ehe mit Maria Freiin v. Guttenberg: Freih. Clemens, geb. 1803, Ritterhauptmann des rhein. ritterbürt. Adels, Ehrenritter des Malteser-Ordens, Landtags-Marschall des Provincial-Landtags der Rheinprovinz, seit 1851, k. pr. Kammerherr und Schlosshauptmann von Coblenz, verm. 1830 mit Auguste Freiin v. Bongart, geb. 1807, Besitzerin des Rittergutes Bengerhausen und des Hofes zu Ving.

Imhof, Lib. 9, Cap. 15 und Tab. 19. — Durchlaucht. Welt, Ausgabe von 1710. II. S. 260—73. — *Trier*, S. 584 und Tab. 108. — *Humbracht*, Tab. 111. — *v. Hattstein*, I. S. 633. — *Gauhe*, I. S. 2746—50. — *Zedler*, 52. S. 1437 u. ff. — N. geneal. Handb. 1777, S. 171 und 72, 1778, S. 225 und Nachtrag S. 121. — *Jacobi*, 1800, II. S. 221. — *v. Long*, S. 89 und 90. — Allgem. geneal. Handbuch, 1824, I. S. 463—64. — *Robens*, Niederrhein. Adel, II. S. 54—75 — *Cast*, Adelsbuch des Kgr. Württemb. S. 87—90. — Deutsche Grafenhäuser d. Gegenw. II. S. 612—14. — Goth. geneal. Taschenb. 1834, S. 219—21, 1848, S. 294 und 1849, S. 346 und 47. — Geneal. Taschenb. d. freih. Häuser, 1868, S. 607—10 und 1869, S. 908 und 69. — *Freih. v. Ledebur*, III. S. 71 und 72. — *Siebmacher*, I. 132: Die Waldboth v. Passenheim, Rheinländisch, V. 302 und VI. 14. — *v. Meding*, II. S. 637 und 38. — *Tyroff*, I. 148. — W. B. d. Preuss. Rheinprovinz, I. Tab. 125, Nr. 249 und S. 115. — W. B. des Kgr. Bayern, II. 46 und v. Wölckern, 2. Abth. S. 84 und 85.

Waldeck, genannt Sanneck und Uben. Altes, früher unmittelbar reichsfreies Adelsgeschlecht in der Pfalz, unweit Kreuznach angesessen, aus welchem von Humbracht zuerst Emerich, Marschall von Waldeck, Ritter, um 948, genannt wird. Die ordentliche Stammreihe beginnt mit einem Anonymus, Marschall v. Waldeck. Von demselben stammte Heinrich, zu dessen Zeiten 1282 die der Familie zustehenden Schlösser Sanneck und Richenstein zerstört wurden. Heinrichs ältester Sohn, Conrad, wird zuerst 1333 Erbmarschall des Erzstifts Mainz genannt. Von 1391 fingen die Nachkommen an, den Beinamen von Uben anzunehmen und Philipp Melchior v. Waldeck, genannt Uben, gest. 1553 als Erbmarschall des Erzstifts Mainz war der Letzte seines Geschlechts.

Humbracht, Tab. 222. — *Gauhe*, I. S. 2750. — *Zedler*, 52. S. 1269. — *Siebmacher*, II. 104.

Waldecker v. Kempt. Altes, reichsfreies, rheinländisches Adelsgeschlecht, dessen Stammreihe Humbracht mit dem Vater des Johann Waldecker v. Kempt, der im Ausgange des 15. Jahrh. lebte und mit einer v. Syberg vermählt war. Von den Nachkommen lebte Philipp Carl Friedrich, kais. Oberst und Kurmainzischer Hofmarschall, um 1630. Der Bruder desselben, Michael, anfangs Domherr, resignirte und setzte den Stamm fort. Als Enkel desselben werden genannt:

Johann Hugo, kurpfälz. Kammerherr und Oberst-Wachtmeister von der Garde und Philipp Carl, des deutschen Ordens Comthur zu Mergentheim. Später ist der Stamm erloschen.

Humbracht, Tab. 163. — *v. Hattstein*, I. S. 614—17. — *Gauhe*, I. S. 2750 und 51. — *Zedler* 52. S. 1268. — *Siebmacher*, V. 127.

Waldenburg, gen. Schenckern, Waldenberg, gen. Schenckern, auch Freiherren (Stammwappen: von Blau und Gold quergetheilt und oben ein silberner Turnierkragen, oder auch von Silber und Roth quergetheilt und oben ein blauer Turnierkragen und freiherrl. Wappen: Schild geviert: 1 u. 4 in Gold ein zweiköpfiger, schwarzer Adler und 2 und 3 das Stammwappen). Altes, schon im 15. und 16. Jahrh. bekanntes, im Rheinlande, in Westphalen und im Craichgau begütertes Adelsgeschlecht, welches wohl aus dem Jülichschen stammte. Den freiherrlichen Titel führte schon Gerhard Freih. v. Waldenburg, genannt Schenckern (Schenckherr), k. k. und kurmainz. Geh. Rath, Grosshofmeister und Vicedom zu Aschaffenburg, welcher 1649 kaiserl. Executions-Commissar zu Erfurt war. — Der Stamm ist mit Carl Friedrich Caspar Damian Freih. v. W., gen. S., kurtrierschem Geh. Rath und Kammerherrn, 15. Juni 1793 erloschen.

v. Hattstein, I. S. 618—20. — *Gauhe*, I. S. 2732. — *Zedler*, 52. S. 13 B. — *Fahne*, I. S. 44. — *Freih. v. Ledebur*, III. S. 72. — *Siebmacher*, II. 116. — *v. Meding*, I. S. 641 und 42.

Waldenburg (in Gold auf grünem Boden eine rothe Burg mit drei Thürmen, überragt von vier Bäumen). Adelsstand des Kgr. Preussen. Diplom vom 28. Sept. 1810 für die natürlichen Kinder des Prinzen August Ferdinand von Preussen: Eduard und Evelina und für die Mutter derselben, Caroline Wichmann, unter Beilegung des Namens v. Waldenburg. — Eduard v. Waldenburg war um 1837 Hofmarschall des Prinzen August von Preussen K. H. u. die Familie war in der Ober-Lausitz zu Uhyst an der Spree und 1853 in der Provinz Brandenburg zu Stentsch im Kr. Züllichau-Schwiebus angesessen.

N. Pr. A.-L. IV. S. 306. — *Freih. v. Ledebur*, III. S. 72. — W. B. d. Preuss. Monarchie, IV. 85.

Waldenheim, Waldeheim, genannt Pottgiesser (Schild geviert und golden, mit schwarz gezeichneten Wappenbildern: 1 zwei neben einander gestellte Driangel oder zwei Sparren; 2 zwei schräglinke und 3 zwei schrägrechte Balken und 4 ein Kleeblatt). Reichsadelsdiplom vom K. Rudolph II. vom 12. März 1518 für Heinrich Waldenheim, gen. Pottgiesser, Bürgermeister zu Hamm (gest. 1603 als Kanzler der Grafschaft Tecklenburg) und Bestätigungsdiplom vom K. Leopold I. vom 16. Juni 1649 für die Enkel Heinrichs v. W.: Johann Adolph und Arnold Jobst v. W. Die Familie besass in der zweiten Hälfte des 17. Jahrh. in der Grafschaft Mark bei Hamm mehrere Güter.

Freih. v. Ledebur, III. S. 72. — *v. Steinen*, Tab. 57.

Wallerdorff, Freiherren und Grafen (Schild geviert: 1 und 4 in Schwarz ein einwärts gekehrter, goldengekrönter, doppelt geschweifter Löwe, dessen obere Hälfte, d. h. Kopf, Mähne und Vorder-

Pranken, roth und die untere silbern ist (Stammwappen) und 2 u. 3 in Silber zwei rothe Querbalken (Nieder-Isenburg). Reichs-Freiherrn- und Grafenstand. Freiherrndiplom vom K. Leopold I. für Wilderich v. W., Erzbischof zu Wien u. für die Familie, unter Vereinigung des Nieder-Isenburgischen Wappens mit dem Walderdorff'schen und Grafendiplom vom 20. Juli 1767 für Franz Philipp Freih. v. Walderdorff, k. k. und kurtrierschen Geh. Rath. — Altes, zuerst im Alt-Nassauischen Gebiete vorgekommenes, reichsfreies Rittergeschlecht, dessen älteste Urkunden sich aus den Jahren 1232—77 herschreiben. 1315 kommt als Wittthum der Familie das Gut Walderdorff, auch Wallendorff auf dem Westerwald in Nassau vor und nach häufigen Fehden mit Nassau musste das Geschlecht 1353 alle Güter von Nassau zu Lehen nehmen. Später zog sich der Reformation wegen die Familie mehr gegen den Rhein und zuerst in die Gegend von Limburg an der Lahn und nach Limburg selbst, verbreitete sich von da weiter, dehnte sich nach Franken und der Bergstrasse aus u. kam zu immer grösseren Besitz in Gegenden, die jetzt zu beiden Hessen, Nassau und der Rheinprovinz gehören. In der zweiten Hälfte des 17. Jahrh. kam auch die reichsunmittelbare untere Herrschaft Isenburg, gemeinschaftlich mit dem Hause Wied, in den Besitz der Walderdorff'schen Familie. — Die ordentliche Stammreihe beginnt um 1300 mit Wilderich, welcher Name seit dieser Zeit in der Familie vorkommt. Von diesem Stammvater stammte im dritten Gliede Wilderich, welcher zuerst als Wilderich I. aufgeführt wird, in vierten Wilderich II. und im fünften Wilderich III. Zwei Söhne des Letzteren, Johann, geb. 1495 und gest. 1570 und Philipp, geb. 1507 und gest. 1556, gründeten zwei Linien: Ersterer die ältere und Letzterer die jüngere. Die ältere spaltete sich in drei Aeste, ist aber 1704 ganz erloschen. Die von Philipp gestiftete jüngere Linie blühte fort. Philipp's Enkel war Johann Peter, geb. 1575 und gest. 1636, Herr zu Molsberg und Isenburg, verm. mit Magdalena Freiin v. Greiffenclau zu Vollraths und von demselben steigt die Stammreihe, wie folgt, herab: Georg Friedrich, Freiherr: erste Gemahlin: Johanna Elisabeth Freiin v. Dern; — Carl Lothar, gest. 1722: Anna Catharina Elisabeth v. Kesselstadt; — Lothar Wilhelm, geb. 1705, gest. 1752, kurmainz. Geh. Rath und Oberst der Leibgarde: Anna Philippine Grf. v. Stadion zu Thannhausen, verm. 1736 und gest. 1784; — Franz Philipp, Graf, geb. 1740 und gest. 1828, k. k. und kurtrierscher Geh. Rath: Mauritia Freiin v. Freiberg-Hopferau, geb. 1770, verm. 1793 und gest. 1841. — Carl Wilderich, geb. 1799 u. gest. 1862, herz. nassauisch. Staatsminister und Staatsrath: erste Gemahlin: Mauritia Grf. Beissel v. Gymnich, geb. 1801, verm. 1823 und gest. 1851 und zweite Gemahlin: Mauritia Freiin v. Dannenberg, geb. 1828 und verm. 1853; — Graf Wilderich, jetziges Haupt der Familie, geb. 1831, k. bayer. Kämm., verm. 1859 mit Ernestine Grf. Erdödy v. Monyorókék und Monoszló, geb. 1837, aus welcher Ehe, neben drei Töchtern, ein Sohn stammt: Franz Wilderich, geb. 1862. — Die beiden Brüder des Grafen Wilderich sind die Grafen Eduard u. Richard. Graf Eduard, geb. 1833, k. k. Kämmerer und Rittmeister in d. A., vermählte sich 1861 mit Julie Grf. v. Collalto und San Salvatore, geb. 1838, aus welcher Ehe, neben zwei Töchtern, zwei Söhne entsprossten: Joseph, geb. 1862 und Eduard, geb. 1865. Graf Richard, geb. 1837, k. k. Kämm. u. Oberlieutenant in d. A., vermählte sich 1868 mit Wanda Grf. Festetics v. Tolna, geb. 1845. — Aus der zweiten Ehe des 1862 verstorbenen Grafen Wilderich leben zwei Töchter. — Der Bruder des Letztgenannten ist: Graf Eduard, geb. 1801, Herr auf Hauzenstein und Kürn bei Regensburg, k. k. Kämm., verm. 1827 mit Leopoldine Grf. v. Oberndorf, geb. 1801, gest. 1851, aus welcher Ehe zwei Söhne entsprossten: Graf Hugo und Graf Adolph. Graf Hugo, geb. 1828, k. k. Kämmerer und Oberlieutenant in d. A., vermählte sich 1856 mit Amalie Grf. Podstatzky-Liechtenstein, geb. 1827, aus welcher Ehe, neben einer Tochter, drei Söhne stammen: Wilderich, geb. 1857, Leopold, geb. 1860 u. Franz, geb. 1867. Graf Adolph, geb. 1835 — zweiter Sohn des Grafen Eduard — ist k. bayer. Kämmerer.

Humbracht, Tab. 275—7. — *Schannat*, S. 181. — v. *Hattstein*, I. S. 621—32. — *Gauhe*, I, S. 2753—56. — *Zedler*, 52. S. 1635 u. 36. — *Biedermann*, Canton Ottenwald, Tab. 286. — *Salver*, S. 181, 520, 552, 553, 604, 613, 614 und 741. — Allgem. geneal. Handbuch I. S. 881. — Deutsche Grafenh. d. Gegenw. II. S. 622—24. — Histor.-herald. Handbuch zu dem Taschenb. d. gräfl. Häuser, S. 1046 und 47. — Geneal. Taschenb. d. gräfl. Häuser, 1869, S. 965—67. — *Siebmacher*, V. 131. — v. *Meding*, II. S. 635—37. — W. B. d. Kgr. Bayern, XI. 15.

Waldersee, Grafen (Schild geviert mit silbernem Mittelschilde und in demselben der preussische, schwarze Adler, in der rechten Klaue den Zepter und in der linken das Schwert haltend. 1 und 4 Gold und 2 und 3 Roth, ohne Bild). Grafenstand des Kgr. Preussen. Diplom vom 15. Oct. 1786 für Franz Johann Georg v. Waldersee, geb. 1763 — Sohn des Fürsten Leopold Friedrich Franz v. Anhalt-Dessau und der Johanna Eleonora v. Neitzschütz, geb. Hoffmeyer — erst k. preuss. Kriegs- und Domainenrath zu Breslau und nachher k. preuss. Geh. Ober-Finanzrath, Herr auf Gross- und Klein-Bresa in Schlesien, vermählte sich 1787 mit Luise Gräfin zu Anhalt (geb. 1769 und gest. 1842, begab sich später nach Dessau zurück u. starb 1823 als h. anhaltscher Oberhofmeister. Der Name „Waldersee" wurde dem im Dessauischen gelegenen wüsten Schlosse Waldersee, dessen alte Besitzer, die früheren Grafen v. Waldersee, längst erloschen sind, entnommen. — Das gräfliche Haus hat in zahlreichen Sprossen dauernd fortgeblüht und Haupt desselben ist jetzt: Graf Franz Heinrich Georg, geb. 1791 — Sohn des oben genannten Empfängers des Grafendiploms — k. pr. General der Cavalerie und Gouverneur der Haupt- und Residenzstadt Berlin, auch Chef des 1. Schles. Dragoner-Regim., verm. 1823 mit Bertha Freiin v. Hünerbein, geb. 1799 und gest. 1859, aus welcher Ehe, neben einer Tochter, Amélie, geb. 1828, verm. 1850 mit Woldemar Grafen v. Pfeil, k. pr. Kammerherrn und Ceremonienmeister, vier Söhne stammen, die Grafen Georg, Friedrich, Alfred und Franz. Gr. Georg, geb. 1824, k. preuss. Oberst und Chef des Generalstabs des XI. Armee-Corps, vermählte sich 1856 mit Laura v. Knoblauch a. d. H. Pessin, geb. 1836 und die beiden Söhne aus dieser Ehe sind: Georg, geb. 1860 und Franz, geb. 1862. — Gr. Friedrich, geb. 1829, k. pr. Rittmeister und Escadrons-

Chef, verm. sich 1863 mit Geraldine Freiin v. Ende a. d. H. Alt-Jesenitz, geb. 1843, aus welcher Ehe zwei Söhne stammen, Leopold, geb. 1864 und Siegfried, geb. 1866. — Gr. Alfred, geb. 1832, ist k. pr. Major im Generalstabe des X. Armee-Corps und Gr. Franz, geb. 1835, k. pr. Capitain-Lieutenant zur See und Adjutant beim Ober-Commando der Marine. — Von den Geschwistern des Grafen Franz Heinrich Georg hat sowohl Gr. Eduard, als Gr. Friedrich männliche Nachkommen hinterlassen. Gr. Eduard, geb. 1793 und gest. 1867, k. pr. Oberst a. D., war vermählt mit Laurette v. Alvensleben, geb. 1803 und verm. 1821, aus welcher Ehe, neben zwei Töchtern, ein Sohn entsprosste, Gr. Paul, geb. 1831, k. pr. Hauptmann und Compagniechef, Graf Friedrich aber, geb. 1795 und gest. 1864, k. preuss. Generallieut. und ehemaliger Staats- und Kriegsminister, hinterliess aus der Ehe mit Ottilie v. Wedell, geb. 1803, zwei Söhne, die Grafen Gustav und Rudolph. Vom Gr. Gustav, geb. 1826 und gest. 1861, k. preuss. Major, stammt aus der Ehe mit Anna v. Redern, geb. 1830 und verm. 1854 (vermählte sich in zweiter Ehe mit ihrem Schwager Rudolph Grafen v. Waldersee, s. unten), neben einer Tochter, ein Sohn, Albrecht, geb. 1857 und Gr. Rudolph, geb. 1827, k. pr. Major u. Bataillons-Commandeur, verm. 1863 mit seiner verw. Schwägerin Anna v. Redern, gest. 1868 und hat aus dieser Ehe einen Sohn, Gustav, geb. 1864.

N. Pr. A.-L. IV. S. 306. — Deutsche Grafenhäuser der Gegenw. II. S. 624 und 25. — Freih. v. Ledebur, III. S. 73. — Geneal. Taschenb. d. gräfl. Häuser, 1848, S. 723 und 24 und 1869, S. 967—69 und histor.-herald. Handbuch zu Demselben, S. 1048. — W. B. d. Preuss. Monarchie, II. 10.

Waldershausen (in Silber ein schwarzes, gemeines Kreuz). Altes, schon 1336 zu den Fuldaischen Lehnleuten gezähltes, früher Waltratshusen geschriebenes Adelsgeschlecht, welches auch in Thüringen und in der Gothaischen Stadt Waltershausen Besitzungen gehabt, oder eine daselbst erbaut haben soll.

Schannat, S. 181. — Brückner, Kirchen- und Schulenstaat des H. Gotha, III. 12. Stck. S. 2. — v. Meding, II. S. 637.

Waldherr v. Waldhenau, Ritter. Erbl.-österr. Ritterstand. Diplom von 1746 für Ignaz Waldherr, k. k. Artillerie-Hauptmann, mit: v. Waldhenau.

Megerle v. Mühlfeld, Erg.-Bd. S. 221.

Walditz (Schild quergetheilt: oben in Silber ein nach der rechten Seite laufender, braungefleckter Panther mit aufgehobenen Vorder-Pranken und über sich geworfenem Schweife und unten schwarz mit silbernen Rauten. Zahl und Stellung der Rauten sind verschieden: meist werden in zwei Reihen acht Rauten, 4 und 4, angenommen). Altes, schlesisches Adelsgeschlecht, dessen Stammhaus das schon 1258 genannte Rittergut Ober-Walditz vor der Stadt Neurode im Glatzischen war. Später sass die Familie auch zu Lobedan im jetzigen Kr. Goldberg-Hainau, wurde auch in der Ober-Lausitz zu Kreckwitz und Sdier begütert. — Hans Walditz zu Lobedan wird 1477 u. der gleichnamige Sohn desselben noch 1560 genannt. Sigismund v. Walditz lebte in der Grafschaft Glatz und um die Mitte des

17. Jahrh. ist der Stamm erloschen. Güter und Wappen kamen wegen Verwandtschaft an die freiherrliche Familie Stillfried und 1680 wurde bei Erhebung in den böhmischen Freiherrnstand auch das Walditzsche Wappen dem Wappen der Freiherren v. Stillfried einverleibt und wird jetzt von den Grafen v. Stillfried in der unteren Schildeshälfte, wie folgt, geführt: in Silber ein natürlicher Panther, welcher auf einem schwarzen, mit silbernen Fäden schrägkreuzweise übergitterten Schildesfusse nach rechts läuft: Walditz.

Sinapius, I. S. 1021 und II. S. 1697. — *Gauhe*, II. S. 1243. — *Zedler*, 52. S. 1368. — *Freih. v. Ledebur*, III. S. 72. — *Siebmacher*, II. 48. — *Dorst*, Allgem. W. B. I. S. 39 und Tab. 32.

Waldkirch, auch Grafen (in Silber eine schwarze, gestürzte Spitze, belegt mit einem goldenen Ringe). Reichsgrafenstand. Diplom im Kurpfälzischen Reichsvicariate vom 24. Juli 1790 für Johann Theodor v. Waldkirchen, kurpfälz. Geh. Rath u. Ober-Jägermeister, Wild- und Forstmeister zu Neu-Ottingen und Julbach und Pfleger zu Dachau. — Eins der ältesten und angesehensten Geschlechter des Cantons Schaffhausen, welches früher Waldkirch hiess, auch unter dem Namen Waldkirch auf Schöllenberg vorkam, namentlich um Zürich begütert wurde und schon im 16. Jahrh. blühte. Conrad W., Bürgermeister zu Schaffhausen, erhielt 1487 einen kaiserl. Wappen-Bestätigungs-Brief und Balthasar v. W., unter K. Carl V. Rath und Vicecanzler wurde um 1550 Bischof zu Malta. — Graf Johann Theodor, s. oben, gest. 1802, hatte fünf Söhne, von denen der ältere, Graf Clemens August, geb. 1757 und gest. 1840, verm. mit einer Grf. v. Riaucour, gest. 1811, k. bayer. Geh. Rath und grossh. bad. Ober-Jägermeister, den Stamm fortsetzte und zwar durch zwei Söhne, die Grafen Maximilian und Clemens. Graf Maximilian, geb. 1804, grossh. bad. Kammerherr, vermählte sich in erster Ehe 1828 mit Friederike Charlotte v. Abel, geb. 1805 und gest. 1829 u. in zweiter Ehe 1834 mit Stephanie Freiin v. Venningen, geb. 1809 u. gest. 1848, hat aber keine Nachkommen, der Bruder des Grafen Maximilian: Graf Clemens, geb. 1806 und gest. 1858, k. bayer. Staatsrath im a. o. Dienst, Mitglied der Kammer der Reichsräthe a. L., bis 1848 k. bayer. Gesandter am grossh. bad. Hofe u. s. w., hat den Stamm fortgesetzt und aus seiner Ehe mit Mathilde Freiin v. Magerl auf Wiesenfelden, geb. 1815 und verm. 1837 stammen zwei Söhne: Gr. Franz, geb. 1845, Herr auf Schermau, k. bayer. Lieutenant à la suite und Gr. Carl, geb. 1852, k. bayer. Edelknabe.

v. Lang, S. 90 u. 91. — Deutsche Grafenh. d. Gegenw., II. S. 626 u. 27. — Geneal. Taschenb. d. gräfl. Häuser, 1839, S. 520, 1848, S. 724 und 25, 1869, S. 969 und 70 und histor.-herald. Handb. zu Demselben. S. 1048 und 49. — *Siebmacher*, I. 203: Die Waldkirch, Schweizerisch und Supplem. VII. 6; v. W. — *Tyroff*, I. 220. — W. B. des Kgr. Bayerns, II. 47: Gr. v. W. und v. Wölckern, Abth. 2. S. 85 und 86.

Waldner v. Freundstein, Freiherren und Grafen (in Silber drei neben einander aufsteigende, schwarze Spitzen u. auf jeder derselben oben ein rechtsgekehrter, sitzender, rother Vogel). Französischer Grafenstand nach dem Rechte der Erstgeburt. Diplom von 1748 vom Könige Ludwig XV. von Frankreich für Christian Friedrich Dagobert Waldner v. Freundstein, k. französ. Maréchal de Camp,

Herrn zu Olweyler, Bernweyler, Berulzweiler, Rinpachzell, Biessheim, Vogelgrün und Geisswasser. — Altes, aus dem Elsass vom Schlosse Freundstein unweit Sulz in den Vogesen stammendes Adelsgeschlecht, welches sich auch Waldner v. Sulz, Waldner v. Gebwillen und Waldner v. Thann, oder kurzweg Waldenarii schrieb. Alte Urkunden nennen die Glieder der Familie Herren. Als älterer Stammvater wird Kraffto Waldner v. Gebwillen aufgeführt. Später blühte unter Erlangung geistlicher und weltlicher Würden das Geschlecht fort und der Güterbesitz stieg sehr, namentlich durch Beerbung des ausgegangenen Geschlechts der v. Schweighauser. — Im 18. Jahrhunderte schied sich die Familie in eine ältere und jüngere Linie. Die Erstere, zu der die Grafen W. v. F. gehören, stiftete Friedrich Ludwig, früher pfalz-birkenfeld. Geh. und Regierungsrath und dann Geh. Rath, Regierungs- und Kammer-Director, welcher später in Ansbachsche Dienste trat, zu Sendungen an den k. französischen Hof gebraucht wurde, dabei die Gunst des K. Ludwig XV. in hohem Grade erwarb und zuletzt, als Lehenträger aller Walnerischen Lehen, zu Schweighausen wohnte. Aus der Ehe desselben mit Franzisca Wurmser v. Vendenheim stammten fünf Söhne, welche sämmtlich in k. franz. Kriegsdienste gingen, von welchen Franz Ludwig, k. franz. Oberst und Präsident der Ritterschaft in der Ortenau, Ludwig Hermann, k. franz. Brigadier, Leopold Johann, k. franz. Brigadier und Oberst des seinen Namen führenden Regiments, welcher den Titel eines Baron de Colmar erhielt und Graf Christian Friedrich Dagobert, s. oben, verm. mit Louise Françoise de Voleger, namentlich hervor zu heben sind. — Von dem Grafen Christian Friedrich Dagobert stammte Graf Gottfried, geb. 1757 u. von diesem Graf Theodor, geb. 1786 und gest. 1864, Majoratsherr und vormaliger kais. franz. Oberst. Der Sohn desselben, welcher vor dem Vater gestorben, führte nur den freiherrlichen Titel. Derselbe: Freih. Ferdinand, geb. 1819 und gest. 1857, Herr auf dem Freundstein im Elsass und Grundherr zu Schmicheim, hatte sich vermählt mit Sophie Grf. Tascher de la Pagerie und aus dieser Ehe stammt das jetzige Haupt der Familie, Graf Eugen, geb. 1845, Majoratsherr und Grundherr der Herrschaft Schmicheim bei Lahr im Badenschen und Herr des Schlosses Freundstein bei Sulz (Soultz) in den Vogesen, Attaché der k. franz. Botschaft zu Wien. Die beiden Brüder des Grafen Eugen sind die Freiherren Christian, geb. 1850 und Eduard, geb. 1855. Die noch lebenden Nachkommen des Grafen Theodor sind in dem geneal. Taschenb. der gräfl. Häuser aufgeführt.

Dienemann, Nachr. v. Joh. Orden, S. 338, Nr. 30. — N. geneal. Handb. 1778, Nachtr. S. 114—117. — *Cast,* Adelsb. d. Grossherz. Baden, Abth. 2. — Deutsche Grafenh. d. Gegenwart, II. S. 827 und 28. — Geneal. Taschenb. d. gräfl. Häuser, 1859, S. 914 und 1869, S. 970—72 und histor.-herald. Taschenb. zu Demselben, S.1049. — *Siebmacher,* I. 128: Die Waldner v. Frundstein, Rheinländisch. — *v. Meding,* I. S. 642 und 43.

Waldorf, Waldorff, Walldorf. Böhmisches, landtagsfähiges Geschlecht, in welches mehrere Diplome kamen, s. die nachstehenden vier Artikel.

Redel, lehensw. Prag, S. 128. — *Gauhe,* II. S. 1260 und 61. — *Zedler,* 52. S. 1435.

Waldorf, Ritter. Böhmischer Ritterstand und böhmischer alter Ritterstand. Ritterdiplom vom 13. Sept. 1664 für Gottfried v. Waldorf und Diplom des alten böhm. Ritterstandes vom 6. Dec. 1670 für Denselben.

v. Hellbach, II. S. 674.

Waldorf, Ritter. Böhmischer alter Ritterstand. Diplom vom 29. April 1682 für Jacob v. Waldorf.

v. Hellbach, II. S. 674.

Waldorf, Freiherren. Böhmischer alter Freiherrnstand. Diplom von 1702 für Catharina v. Waldorf, Hofraths-Wittwe, mit ihren Söhnen: Gottfried Anton und Gottfried Ignaz und ihrer Tochter: Maria Catharina und Diplom von 1742 für Franz Augustin Waldorf, Kreishauptmann zu Brünn.

Megerle v. Mühlfeld, Erg.-Bd. S. 111 und S. 112.

Waldorf, Grafen. Böhmischer Grafenstand. Diplom von 1727 für Gottfried Ignaz Freih. v. Waldorf, Landrechts-Beisitzer in Mähren. Wie angegeben führt Megerle v. Mühlfeld das Grafendiplom an. Gauhe schreibt die Familie Walldorff und giebt über die Familie folgendes an: Franz v. Walldorff hatte zwei Söhne: Gottfried Ignaz und Joseph Ignaz. Gottfried Ignaz Freih. v. W., Herr auf Osowa, Bitschka, Rogettin und Zadeck, wurde mit seiner Nachkommenschaft 1728 in den Reichsgrafenstand erhoben. Er war damals Landrechtsbeisitzer in Mähren. Joseph Ignaz v. Walldorf, kais. Beisitzer des Landgerichts in Mähren, setzte seinen Stamm durch einen Sohn, Franz Augustin, fort, der noch 1745 lebte.

Gauhe, II. S. 1260 und 61. — Megerle v. Mühlfeld, Erg.-Bd. S. 35. — Supplem. zu Siebm. W. B. VIII. 4.

Waldow, Waldau (in Roth ein silbernes, schrägrechts gestelltes Pfeileisen. — Was die Wappen der verschiedenen Linien und die hin und wieder vorkommenden Abweichungen anlangt, so stimmen alle Linien, da der ganze, oder abgebrochene Pfeil ein und dasselbe mit dem Pfeileisen sein soll, bis auf zwei überein. Die beiden im Wappen abweichenden Linien waren die zu Pleystein und Waldthurn im alten bayerischen Kreise und die Linie zu Schanowitz in Schlesien. Erstere führte in Roth auf einem dreihügeligen, schwarzen Berge einen silbernen Zinnenthurm und Letztere in Blau drei rothe Monde). — Eins der ältesten, deutschen Adelsgeschlechter, welches im Laufe der Zeit sich weit ausbreitete, zu grossem Ansehen und bedeutendem Grundbesitz gelangte und in alten Urkunden bald Waldow, Waldau, Waldaw, Waldav und Waldauw, bald Waldowe, Waldo und Walde geschrieben vorkommt, welche Schreibarten sämmtlich eine und dieselbe Familie bezeichnen. In märkischen Urkunden ist der Name meist „Waldow oder Waldaw" geschrieben. Als Stammschloss der Familie wird das Schloss Waldau, im Norden des alten bayerischen Reichskreises, an der Grenze des fränkischen Kreises, genannt. Wegen dieser Nähe des fränkischen Kreises und weil die Familie auch in demselben angesessen war, wurde das Geschlecht im Mittelalter sowohl zur bayerischen, als fränkischen Ritterschaft gezählt. Ausser dem Schlosse Waldau besass der Stamm noch die Schlösser Pleystein oder Bleistein und Waldthurn im bayerischen Kreise. Diese Linien in Bayern und Franken sind 1540 mit Georg Dominus de Waldauw zu Waldau, Pleystein und Waldthurn, der nur vier Töchter hinterliess, ausgestorben. — Im 10. Jahrh. breitete sich die Familie in der Lausitz aus, nachdem die sarmatischen Sorben in diesem Lande vom K. Heinrich I. besiegt und unterworfen worden waren und erbaute in der Ober-Lausitz das Schloss Waldau drei Meilen von Görlitz, doch ist es auch möglich, dass das Geschlecht aus Bayern, Franken und Schwaben unter den Herzögen Wladislaus und Boleslaus Altus nach Schlesien kam und von hier aus in der nahen Lausitz das genante Schloss erbaute. In Schlesien breitete sich der Stamm in mehrere Linien aus und kam auch in die Neumark, in welcher 1352 Hanns Johann, oder Henslyn v. Waldau, Ritter, Marschall Ludwig des Römers, Markgrafen v. Brandenburg, mit der Stadt und dem Schlosse Kunigswalde (Königswalde) in der Neumark von dem genannten Markgrafen belehnt wurde. Dieser Hans v. W. ist der Stifter der neumärkischen, pommernschen und meklenburgischen Linien. Die lausitzische Linie ist im 16. Jahrhunderte erloschen. Auch die früher sehr ausgebreiteten Linien in Schlesien waren in neuerer Zeit bis auf die Linie zu Schwanowitz im Briegschen ausgestorben und auch letztere Linie ging 1841 mit Carl Bernhard v. W. aus. — Um die Mitte des 15. Jahrh. erscheinen die Herren v. W. der neumärkisch-pommernschen Linie als Besitzer der Burg und Stadt Königswalde, der Schlösser Költschen und Gleissen, so wie der Güter und Dörfer Neu-Költschen (später Hammer), Osterwalde, Herzogswalde, Arensdorf, Rauden, Mittenwalde (später Neudorf), Neuwalde, Stubbenhagen u. s. w., so wie in Pommern als Besitzer der Stadt und Burg Bärnstein, oder Bernstein und der Güter Gottberg und Habusch. Gleichfalls besassen Hans und Caspar v. Waldow Nieder-Schönhausen und Blankenfelde unweit Berlin und pfandweise von dem Kurhause Brandenburg auch die Städte Liebenwalde u. Wriezen, auch war um die Mitte des 15. Jahrh. Hans v. W. zu Königswalde Herr der Stadt und Herrschaft Peitz in der Nieder-Lausitz. — Die Familie, die namentlich im Brandenburgischen und in Pommern ansehnlichen Grundbesitz erlangt hatte, doch auch in Meklenburg, Ost- und Westpreussen und im Posenschen begütert wurde, hat dauernd und in vielen Gliedern fortgeblüht. Früher waren aus derselben Bischöfe, Generale und andere hohe Stabsofficiere in der k. preuss. Armee, Comthure des St. Johann.-Malteser-Ordens hervorgegangen und mehrere Sprossen der Familie haben sich in dem Befreiungskriege 1813 bis 1815 u. später ausgezeichnet. Johann v. W. der Aeltere a. d. H. Königswalde, gest. 1423, wurde 1413 Bischof zu Alt-Brandenburg und 1421 Bischof zu Lebus und der Bruder desselben, Johann v. W. der Jüngere, gest. 1424 war dem Bruder in der bischöfl. Würde zu Lebus gefolgt. — Sigismund Rudolph v. W. auf Gottberg u. Haselbusch starb 1735 als k. preuss.

Generalmajor und Chef des Regiments v. Waldau zu Fuss; Friedrich Sigismund v. W. auf Mehrenthin und Wolgast, früher in k. schwed. Diensten, erhielt 1724 ein k. pr. Cuirassier-Regiment, wurde 1737 Generalmajor und starb 1742; Arnold Dietrich v. W. auf Hammer und Költschen, k. preuss. Generallieutenant, starb als Gouverneur von Breslau 1743 und Carl Wilhelm v. W. a. d. H. Wolgast, seit 1835 k. pr. Generalmajor, früher Commandeur des 6. Uhlanen-Regiments, starb 1836. — Comthure waren: Bastian v. W. auf Königswalde, Gleissen u. s. w., Comthur zu Lietzen, gest. 1682; Christoph Berend, auf Gleissen u. s. w., Comthur zu Werben, gest. 1700; Baltzer Friedrich, Oberstlieutenant, auf Neudorf und Gleissen, Comthur zu Lagow, gest. 1714; Adolph Friedrich auf Königswalde, Gleissen, Dannenwalde u. s. w., Comthur zu Werben, gest. 1717; Adolph Friedrich, Geh. Rath, auf Königswalde, Gleissen und Dannenwalde, Comthur zu Werben, starb 1754 und Adolph Friedrich auf Königswalde, Dannenwalde u. s. w., Domherr zu Camin und Comthur zu Gorgast, 1801. — Der Besitz der Familie wechselte im Laufe der Zeit mehrfach, doch blieben auch alte Güter in der Hand derselben. Um 1857 und später sass namentlich noch das Geschlecht im Kr. Sternberg zu Hammer, Königswalde, Osterwalde und Stubbenhagen, im Kr. Arnswalde zu Fürstenau 1. und Wiesenwerder, im Kr. Friedeberg in der Neumark zu Mehrenthin und Wolgast, im Kr. Soldin zu Kl. Latzkow, im Kr. Saatzig zu Steinhöfel, Sadelberg u. Nöblin, im Kr. Fraustadt zu Nieder-Röhrsdorf und Geyersdorf III. u. s. w.

Micrael, S. 384. — *Sinapius*, I. S. 1018—21 und II. S. 1096. — *Gauhe*, S. 2741—2745. — *Zedler*, 52. S. 1202 u. ff. — v. *Behr*, R. M., S. 1189. — *Brüggemann*, I. S. 170. — N. Pr. A.-L IV. S. 306—11. — *Freih. v. Ledebur*, III. S. 73 und 74 und S. 356. — *Siebmacher*, II. 51 und 76 und V. 21 und 169. — v. *Meding*, III. S. 711—715. — *Dienemann*, S. 186, Nr. 13 und 251, Nr. 5. — *Meklenburg*. W. B. Tab. 52, Nr. 195 und S. 36.

Waldreich zur Ehrenport. Erbl.-österr. Adelsstand. Diplom von 1734 für Balthasar Waldreich, von Zoblach in Tirol, mit Waldreich zur Ehrenporth.

Megerle v. Mühlfeld, Erg.-Bd. 483.

Waldschacher v. Freyenburg. Reichsadelsstand. Diplom von 1714 für Johann Baptist Waldschacher und für den Sohn desselben, Johann Stephan, im Dienste des Fürstbischofs zu Brixen, mit: v. Freyenburg.

Megerle v. Mühlfeld, Erg.-Bd. S. 485 und 86.

Waldstein, Grafen. Wappen der I. Hauptlinie: Waldstein und Wartenberg: Schild geviert mit Mittelschilde, welches oben und unten von einem kleinen Schilde begleitet ist. Im ovalen, mit einem grünen Lorbeerkranze umwundenen, goldenen Mittelschilde ein schwarzer, zweiköpfiger Adler mit goldenen Scheinen und über den Köpfen schwebender, kaiserlichen Krone, welcher in der rechten Klaue einen silbernen Anker, in der linken aber einen grünen Palmzweig hält und auf der Brust einen kleinen, mit einem Fürstenhute bedeckten, rothen Schild trägt, in welchem in Gold der Namenszug F. II. steht. Ueber und unter diesem Mittelschilde steht ein kleiner, ovaler, von Gold und Schwarz der Länge nach getheilter Schild, welcher von einer silbernen, in ihren Schwanz beissenden Eidechse umgeben ist (Wartenberg). 1 und 4 in Gold ein einwärts gekehrter, gekrönter, doppelt geschweifter, blauer Löwe (Stammwappen) und 2 und 3 in Blau ein einwärts gekehrter, gekrönter, doppelt geschweifter, goldener Löwe (Wappen einer ausgestorbenen Linie des Hauses Waldstein. Wappen der II. Hauptlinie: Waldstein-Arnau. Schild geviert mit goldenem Mittelschilde und in demselben ein schwarzer, zweiköpfiger Adler. Die vier Felder des Schildes ganz wie bei Waldstein und Wartenberg). — Erbl.-österr. und Reichsgrafenstand. Erbl.-österr. Grafendiplom vom K. Ferdinand II. gleich in der ersten Zeit seiner Regierung (nach 1619) für Albert Wenzel Eusebius Herrn v. Waldstein, mit dem ganzen Geschlechte u. Reichsgrafendiplom vom 25. Juni 1628 für Maximilian Gr. v. W., kais. Ober-Stallmeister und für die vier Brüder desselben. Albert Gr. v. Waldstein wurde vom K. Ferdinand II. 1623 zum Herzoge von Friedland und zum böhmischen Fürsten, 1628 zum Herzoge von Sagan und zum Reichsfürsten u. 1629 zum Herzoge von Meklenburg erhoben. — Sehr altes, ursprünglich böhmisches Grafenhaus, welches sich in Böhmen und Mähren weit ausbreitete und zu grossem Grundbesitz gelangte. Der bekannte Gründer der Waldsteinschen Familie ist Zdenko, Herr v. Ralsko oder Wartenberg, welcher in einem Walde bei der Stadt Turnau in Böhmen das Stammschloss Waldstein erbaute, nach demselben sich nannte und 1236 starb. Von dem Sohne desselben, Zdenko II., stammte Johann, welcher dem Könige Ottocar von Böhmen 24 Söhne gegen die Preussen stellte, die durch einen Kreuzzug bekehrt werden sollten. Von Johanns Sohne, Zdenko III. stammte Hinko I. und von diesem Zdenko IV. Der Sohn des Letzteren, Henricus, wendete sich nach Turnau, verkaufte das Stammschloss Waldstein an Nicolaus Krapko und die Nachkommenschaft nannte sich nach dem Schlosse Smirticz, — von Hinko I. aber stammte Hinko II., welcher um 1384 lebte. Die Söhne desselben waren Hinko III., zugenannt: mit der eisernen Tasche, Stammvater der Waldsteiner zu Wranow in Mähren und Hassekus, General Feldmarschall des K. Sigismund um 1427, genannt: Skalsky de Waldstein. Von Letzterem stammte Hennicky Skalsky, Herr in Stiepanicz, Oberhofmeister bei der Gemahlin des Königs Podiebrad von Böhmen, vermählt mit Königs Georg Tochter, Agnes de Liticz und Cunstadt, auch Grf. zu Glatz genannt und aus dieser Ehe entspross Johannes, gest. 1506, verm. mit Anna v. Swibowsky. Letzterer wurde durch seine Söhne, Zdenko und Wilhelm, der gemeinschaftliche Stammvater der Hauptlinien zu Waldstein-Arnau und Waldstein-Wartenberg, welche Letztere sich später in die Linien zu Münchengrätz, zu Dux und in die Linie, vormals zu Leutomischl schied. In der Hauptlinie Waldstein-Arnau stammte von Zdenko, Herrn zu Arnow, gest. 1525, verm. mit Ursula v. Wartenberg: Georg, Dynast zu Arnow, welcher zwei Söhne hatte: Wilhelm und Bartholomäus. Von diesen vermählte sich Wilhelm, Herr auf Herzmannicz, mit Margaretha v. Smirticz und der Sohn aus dieser Ehe war Albert Herzog zu Friedland, welcher sich in zweiter Ehe mit Maria Theresia Grf. v. Harrach vermählte und eine Tochter, Maria Theresia hinterliess, die mit Rudolph Grafen v. Kaunitz vermählt war, nach welchen Angaben alle die Fehler zu berichten sind, welche sich in älteren Schriften über den Vater und Grossvater des Herzogs Albert zu Friedland, so wie über seine Gemahlin und Tochter finden. Bertholomäus, Georgs zweiter Sohn, vermählte sich mit Magdalena v. Hodkowa auf Melletin und von dem Sohne desselben, Johann Christoph auf Rozdialowitz, stammte Leopold Wilhelm I., mit welchem die bekannten Ahnentafeln der Linie zu Arnow, jetzt Arnau, beginnen. — Was die Linie Waldstein und Wartenberg anlangt, so war Wilhelm, Sohn des Johannes und Bruder des Zdenko, s. oben, Herr zu Lomnitz und starb 1557. Von demselben stammte Johannes, gest. 1576, Herr zu Hradeck, oberster Richter in Böhmen und von dem Sohne des Letzterem, Adam, Grafen, oberstem Burggrafen in Böhmen, gest. 1638, entspross Maximilian, Reichsgraf, gest. 1654, mit dessen Nachkommen die in dem Werke: Deutsche Grafenhäuser der Gegenwart gegebenen Ahnentafeln der Hauptlinie Waldstein und Wartenberg beginnen. Die in Rede stehende Hauptlinie erhielt übrigens 1636 allein das ungarische Indigenat, wurde im Schwäbischen Grafen-Collegium 1654 eingeführt und später, nach erfüllten Bedingungen, 1774 aufs Neue aufgenommen und bekam 1703 die Oberst-Erdland-Vorschneiderwürde im Kgr. Böhmen, welche der jedesmalige Senior dieser Hauptlinie bekleidet. Die Zulegung des Beinamens: Wartenberg erfolgte 1758, indem die Grafen Joseph Georg und Vincenz Namen und Wappen der ausgestorbenen Herren v. Wartenberg, Abkömmlinge der v. Ralsko, als ihrer ersten Stammältern annahmen und sich Grafen v. Waldstein, Herren v. Wartenberg nannten und schrieben. — Der Personalbestand des gräflichen Hauses wird jetzt in zwei Hauptlinien: Waldstein und Wartenberg und Waldstein-Arnau aufgeführt und die Hauptlinie Waldstein und Wartenberg ist, wie schon angegeben, in die Speciallinien zu Münchengrätz, zu Dux und in die Linie vormals zu Leitomischl geschieden. Haupt der Linie zu Münchengrätz ist: Graf Ernst, geb. 1821 — Sohn des 1858 verstorbenen Grafen Christian, k. k. Kämm. u. Geh. Raths, aus der Ehe mit Maria Grf. v. Thun-Hohenstein — Besitzer der F.-C.-Herrschaften Münchengrätz, Weiswasser, Hühnerwasser, Hirschberg, Neuperstein mit Dauba, Stiablau, Nebillau, Wessela und Kotonitz in Böhmen, so wie der Allod.-Herrschaften Boros-Sebes und Monyasza und der Allodialgüter Szelesan u. Rawna in Ungarn; Oberst-Erbland-Vorschneider in Böhmen, Magnat in Ungarn, erbl. Mitglied des Herrenhauses des Reichsraths, k. k. Kämm., Geh. Rath u. Major in d. A., verm. in erster Ehe 1848 mit Anna Prinzessin v. Schwarzenberg, geb. 1830 und gest. 1849 und in zweiter 1851 mit Maria Prinzessin v. Schwarzenberg, geb. 1833. Aus der ersten Ehe entspross Graf Ernst, geb. 1849, k. k. Lieutenant bei Fürst Franz Liechtenstein Husaren, Nr. 9 und aus der zweiten Ehe stammt, neben vier Töchtern, ein Sohn, Gr. Carl, geb. 1861. — Der Bruder des Grafen Ernst ist, neben vier Schwestern: Gr. Joseph, geb. 1824, General-Major und Brigadier bei der 4. k. k. Truppen-Division. — Die sonst noch zu der Linie zu Münchengrätz gehörenden, lebenden Familienglieder sind in dem neuesten Jahrgange des genealog. Taschenbuchs der gräfl. Häuser auf 1869 nachzusehen. Aus der Linie zu Dux werden nur die beiden Söhne des 1854 verstorbenen Grafen Georg, verm. mit Antonie Bauda, geb. 1827: Wladislaus, geb. 1850 und Georg, geb. 1853, genannt und aus der Linie, vormals zu Leitomischl ist nur noch erwähnt: Graf Johann, geb. 1809 — Sohn des 1809 verstorbenen Grafen Emanuel — Besitzer der Senioratsherrschaft Trebitsch mit dem Gute Wilamowitz in Mähren, Herr der Herrschaft Nagy-Megyer, Dr. pilos. et jur., k. k. Kämm. und Geh. Rath, verm. 1844 mit Theresia Grf. Zichy, geb. 1813 und gest. 1868. — Aus der Hauptlinie Waldstein-Arnau wurde in neuester Zeit noch angeführt: Albrecht Gr. v. W.-Arnau, geb. 1832 — Sohn des 1839 verst. Grafen Joseph, verm. 1867 mit Hermine v. Jeszernitzky.

Tanneri S. J. Amphitheatrum Gloriae, Spectaculis Leonum Waldsteiniorum adornatum. Pragae, 1661. — Imhof, Lib. 7. c. 19. — Spener, S. 564 und Tab. 24. — Durchlaucht. Welt, Ausg. von 1710, S. 476—55. — Hübner, III. Tab. 679—82. — Sinapius, I. S. 223 und II. S. 269. — Pfeiffer, alter Mähr. Adel, S. 74. — Gauhe, I. S. 2757—61. — Zedler, 52. S. 1507—1561. — Jacobi, 1800, II. S. 72—74. — Allgem. geneal. Handb. 1824, S. 882—84. — Deutsche Grafenb. der Gegenw. II. S. 629-33. — Freih. v. Ledebur, III. S. 74. — Geneal. Taschenb. d. gräfl. Häuser, 1848, S. 725-28 und 1869, S. 972—75 und geneal.-herald. Taschenb. zu Demselben, S. 1060—53. — Siebmacher, I. 31; v. Waldstein, Herren und VI. 12. Gr. v. W. — Trier, S. 338 u. 89 u. Tab. 84. — v. Meding, III. S. 716—18. — Suppl. zu Siebm. W. II. VI. 8.

Waldstromer, Waldstromer v. Reichelsdorf. (Altes Wappen: in Roth zwei silberne, in Form eines Andreaskreuzes gelegte, mit den Spitzen in die Höhe gekehrte Streugabeln). Altes Adelsgeschlecht, welches, so weit die Nachrichten hinaufgehen, seine Besitzungen stets bei und um Nürnberg hatte und anfangs Strohmeyer, Stromer hiess, seit dem aber die Familie die kaiserliche Belehnung mit dem Forstmeister-Amte über die Reichswälder um Nürnberg erhalten, den Namen Waldstromer führte, welcher Name schon 1223 vorkam, als Heinrich Waldstromer, Ritter, mit seinem Bruder Gramlich vom K. Friedrich II. mit dem Reichs-Forst- und Jägermeister-Amte auf dem Walde bei Nürnberg von Neuem belehnt wurde, welche Belehnung von Zeit zu Zeit wiederholt wurde, bis 1396 und 1397 die Familie dieses Amt an den Rath zu Nürnberg verkaufte. Die Familie, welche mehrere fromme Stiftungen gemacht, blieb in und um Nürnberg gesessen, bis sich dieselbe 1538, während eines mit der Stadt Nürnberg geführten Processes, völlig aus Nürnberg wegbegab und sich auf das Land setzte, oder Einige an auswärtige Höfe gingen. Hans Waldstromer war der Erste, der 1579 wieder in Nürnbergische Dienste als Pfleger zu Reicheneck trat. Obgleich von je den rathsfähigen Geschlechtern zu Nürnberg gleich gehalten, steht doch nicht fest, dass die Familie in älteren Zeiten zu Rath gegangen. Erst 1729 wurde dem Geschlechte die Rathsfähigkeit förmlich ertheilt und seit 1746 ging es wirklich zu Rathe und zwar zuerst Christoph Jacob. Ein vermehrtes Wappen hatte die Familie vom K. Carl V. 2. Juni 1551 erhalten. — Der Stamm blühte fort und nach Anlegung der Adelsmatrikel des Kgr. Bayern wurden in dieselbe eingetragen die Brüder: Christoph Jacob W. v. R., geb. 1755, Amtmann des Leihhauses zu Nürnberg und Carl Alexander W. v. R., geb. 1757, ehemaliger Stadtgerichts-Assessor zu Nürnberg.

<small>*Biedermann*, Nürnberg, Patriciat, Tab. 545—52. — *Will's* Nürnberg, Münzbelust. I. S. 179. — *Würfels* Nachtr. zu der Nürnberg. Stadt- und Adelsgesch. I. S. 41. — *Gauhe*, I. S. 1895 und 96. — *Zedler*. 52. S. 1561—66. — N. geneal. Handbch. 1777, S. 347 und 48 und 1778, S. 394. — Siebenkees, I. S. 62—64. — v. *Lang*, S. 585. — *Siebmacher*, I. 108, II. 155 und VI. 28. — *Jungendres*, S. 197 u. 98 und Tab. VI, Nr. 56: vermehrtes Wappen. — *Tyroff*, I. 31, Hn. Waldstromer v. Reichelsdorf und Schwaig: Altes Wappen. — W. B. d. Kgr. Bayern, IX. 90.</small>

Wallbrunn, auch Freiherren (in Blau drei, 2 und 1, silberne Rauten). Böhmischer Freiherrnstand. Diplom vom 16. Juli 1724 für Georg Christoph v. Wallbrunn, erst sachsen-lauenburgischen und dann grossh. toscanischen Hofmeister und Oberschenk. Derselbe stammte aus einem Geschlechte, über dessen Rittermässigkeit schon aus der zweiten Hälfte des 13. Jahrh. urkundliche Nachrichten sich finden und seinem Ursprunge nach Böhmen und Oesterreich angehört, aber bereits seit einigen Jahrhunderten in Schwaben und in den Rheinlanden einheimisch geworden ist. 1726 erhielten auch die übrigen Glieder des Geschlechts in Schwaben den Freiherrnstand und Freih. Ferdinand Reinhard empfing ausserdem 14. Aug. 1748 das Erb-Schenken-Amt im Herzogthume Württemberg nebst den damit verbundenen Gütern zu Lehen. Dieses Amt wurde nachher aufgelöst und die Freih. v. Wallbrunn traten 1774, nach Verkaufe ihres Rittergutes Schwieberdingen, aus dem Verbande der Reichsritterschaft in Schwaben. — Das freiherrliche Haus blüht jetzt in einer älteren und jüngeren Linie. Haupt der älteren Linie ist: Freih. Wilhelm, geb. 1796 — Sohn des 1767 geborenen und 1812 in Russland verstorbenen k. württemb. Majors Freih. Gustav Carl Eberhard Friedrich aus der Ehe mit der 1825 verstorbenen Luise v. Reischach und Enkel des Freiherrn Johann Eberhard Friedrich zu Gauersheim — k. württemb. Kämmerh. u. Oberstlieutenant des Ehren-Invalidencorps, verm. 1822 mit Julie Freiin v. Crailsheim, geb. 1803, aus welcher Ehe, neben zwei Töchtern, ein Sohn lebt: Emil, geb. 1829, k. württemb. Assessorats-Verweser. — Haupt der jüngeren Linie ist Freih. Max, geb. 1823 — Sohn des 1783 geborenen und 1836 verstorbenen Freih. Louis, Herrn auf Nieder-Mittlau bei Bunzlau und k. preuss. Obersten und Enkel des Freih. Eugen Reinhard, geb. 1751 und gest. 1787, k. pr. Oberstlieutenants — k. pr. Hauptmann in Pension, verm. 1857 mit Rosa v. Rosenberg, geb. 1827, aus welcher Ehe zwei Söhne entsprossten: Reinhard Wolfgang Max, geb. 1859 und Conrad Otto Carl, geb. 1862.

<small>*Bucelini* Stemmatogr. IV. S. 302. — *Humbracht*, Tab. 119 und 20. — *Schannat*, S. 181. — *Diethmar*, S. 58, Nr. 4. — v. *Hattstein*, II. S. 517. — *Gauhe*, I. S. 2739—41 — *Zedler*, 52. 1626—29. — v. *Lang*, Suppl. S. 77. — *Megerle v. Mühlfeld*, Erg.-Bd. S. 112. — *Cast*, Adelsbuch d. Kgr. Württemberg, S. 492. — *Freih. v. Ledebur*, III. S. 74. — Geneal. Taschenb. d. freih. Häuser, 1854, S. 732 u. 33, 1863, S. 1012 u. 13; auch mit Stammtafel der jüngeren Linie und 1869, S. 970. — *Siebmacher*, I. 129: v. Wallbrunn, Rheinländisch und Suppl. II. 14: Freiherren v. Wallbrunn. — *Spener*, S. 101. — v. *Meding*, I. S. 643. — *Tyroff*, I. 39: F.-H. v. W. — W. B. d. Kgr. Bayern, IV. 37 und v. *Wölckern*, Abth. 4. S. 86 und 87.</small>

Walle (in Silber ein rother Gropen oder runder Topf mit einem in die Höhe stehenden Seile und drei Füssen). Altes, bremensches, um 1500 ausgestorbenes Adelsgeschlecht, welches mit dem v. Gröpeling einen Ursprung gehabt haben soll: eine Meinung, die durch das Wappen sehr unterstützt wird.

Mushard, S. 531. — v. Meding, I. S. 618. — Suppl. zu Siebm. W. B. V. 20.

Wallenberg, Ducius v. Wallenberg, auch Ritter (Schild geviert: 1 und 4 in Blau ein sechseckiger, silberner Stern und 2 und 3 im Grunde des Feldes neben einander drei goldfarbene, steinerne Hügel oder Felsen, von denen der mittlere etwas höher als die nebenstehenden hervorragt: Angabe des Diploms). — Böhmischer Adels- und Ritterstand. Adelsdiplom von 1727 für Ernst Gottlieb Ducius auf Conradswalde u. s. w. in Schlesien, mit dem Prädicate: v. Wallenberg und Ritterdiplom von 1736 für Denselben. Der Stamm wurde fortgesetzt und unterhielt später in Breslau das grosse Bankhaus G. v. Pachaly sel. Neffe, dessen Chef um 1837 C. A. G. v. Wallenberg, Herr auf Peterwitz im Kr. Breslau, war. Später, um 1857, waren Carl Franz Gideon v. Wallenberg zu Kattern und Grunau im Kr. Breslau, Paul Gideon v. W. zu Schmolz, ebenfalls im Kr. Breslau, Guido v. W. zu Klein-Wilkawe im Kr. Trebnitz und ein v. W. in Ostpreussen zu Platteinen im Kr. Osterrode gesessen. — Ein Sprosse des Stammes: Carl Gotthardt Gideon v. Wallenberg, Seconde-Lieutenant im 11. k. pr. Landwehr-Regimente erhielt 21. Jan. 1842 die K. Erlaubniss, Namen und Wappen des erloschenen Geschlechts v. Pachaly dem seinigen beizufügen und sich von Wallenberg-Pachaly zu nennen. Das Wappen der v. Pachaly war in Blau ein auf grünem Rasen gehender, goldener Hirsch.

Megerle v. Mühlfeld, Erg.-Bd. S. 135 und 271. — N. Pr. A.-L. IV. S. 311 und V. S. 469. — Freih. v. Ledebur, III. S. 75. — Dorst, Allgem. W. B. II. S. 113 und 114 und Nr. 225. — W. B. d. Preuss. Monarchie, IX. 10: Wallenberg-Pachaly (das Pachalysche Wappen findet sich im Mittelschilde). — Kneschke, I. S. 449 und 50.

Wallenrodt, auch Freiherren und Grafen (in Roth eine silberne Schnalle von alter Form). Reichs-Freiherrn- und Grafenstand und Grafenstand des Kgr. Preussen. Freiherrndiplom von 1644 für Wolfgang Wilhelm v. Wallenrodt; Reichsgrafendiplom vom 14. Febr. 1676 für Johann Ernst Freiherrn v. W. (derselbe starb 1688 als kursächs. General-Feldmarschall-Lieutenant) u. Preuss. Grafendiplom vom 18. Jan. 1701 bei Gelegenheit der Krönung des Königs Friedrich I. von Preussen für Christoph Freih. v. W. (gest. später als k. preuss. Staats-Minister und Landhofmeister in Preussen, dessen gräfl. Linie mit seinem Sohne ausging). — Altes, ursprünglich Franken angehörendes Adelsgeschlecht, welches im Heimathslande 1767 ausstarb, als dessen ältestes Stammhaus das der Familie noch um 1728 zugestandene Gut Streitau, im ehemaligen Stifte, später Culmbachischen Amte Himmelscron, genannt wird und aus welchem zeitig mit dem deutschen Orden ein Ast nach Preussen kam. Die ordentliche Stammreihe beginnt mit Tiborius v. W., der zu Ende des 14. Jahrh. lebte und eine zahlreiche Nachkommenschaft hinterliess. Von seinen Söhnen werden besonders angeführt Nicolaus v. W. als Stifter der preussischen Linie, Conrad der 1390 der 22. Hochmeister des deutschen Ordens in Preussen wurde, und 1393 starb, Hans v. W., anfangs Erz-Bischof zu Riga, später Bischof zu Lüttich, Friedrich v. W., Ordensmarschall in Preussen u. Christoph v. W., Bischof zu Lübeck. — Martin v. W., ein Sohn des Nicolaus v. W., wurde für seine dem Orden geleisteten Dienste mit dem Gute Pachollen bei Mohrungen belehnt, welches der Familie schon um 1498 und noch 1698 zustand. Nächstdem sass das Geschlecht unweit Mohrungen bereits 1498 zu Proeckelwitz und Königssee, war in der Mitte des 17. Jahrh. auch mit mehreren Gütern im Rheinlande gesessen und hatte im 16., 17. und 18. Jahrhunderte in Ost- u. Westpreussen viele und ansehnliche Güter im Besitze, welche am Genauesten Freih. v. Ledebur nennt. Noch im 19. Jahrh. sass das Geschlecht 1801 zu Heinrichau im K. Rosenberg, 1809 zu Tarse im Kr. Wehlau und 1820 zu Pr. Arnau und zu Wangnicken, beide Güter im Kr. Königsberg und 1830 zu Popehnen im Kr. Wehlau. — Von den Sprossen des Stammes gelangten in Preussen viele früher und später zu grossem Ansehen und zu hohen Ehrenstellen. Später hat nach Allem der Stamm an Gliedern sehr abgenommen. In den letzten Jahrzehnten des vorigen Jahrhunderts war Gottfried Ernst v. Wallenrodt k. preuss. Major. Derselbe hinterliess nur einen Sohn und drei Töchter. Der Sohn starb als Rittmeister a. D. 1808 auf seinem Gute Popehnen. Von den Söhnen desselben besass Hermann v. W. später das genannte Familiengut und der Andere, Gustav v. W., lebte bei seinem Bruder. Beide waren unvermählt und nach einer Angabe im Neuen preuss. Adelslexicon die beiden einzigen damals noch lebenden Glieder dieses alten vornehmen Geschlechts in den diesseitigen Staaten. Die Töchter des genannten Majors v. W. waren durch Vermählung in die Familien der Freih. v. Goldstein, v. Korkwitz und v. Kessel gekommen.

Pastorii Francon. rediv., Anhang, S. 502. — *v. Falkenstein,* Annalecta Nordgav, II. Nachlese, S. 255 und Codex diplomat. S. 442. — *Gauhe,* I. S. 2762—64 und II. S. 1201—65. — *Zedler,* 52 S. 1639—46. — *Biedermann,* Ritterschaft im Voigtlande, Tab. 246—65. — N. Pr. A.-L. IV. S. 312 und 13. — *Freih. v. Ledebur,* III. S. 74 und 75. — *Siebmacher,* I. 102: v. Wallenrodt, Fränkisch und 101: v. Wallenrodt, Streitauer Linie, Fränkisch. — *Spener,* I. S. 290. — *v. Meding,* III. S. 718 und 19. — W. B. d. Preuss. Monarchie, II. 10: Gr. nach dem Diplome von 1701.

Waller zum Wildthurm. Altes, bayerisches Adelsgeschlecht, welches zwischen 1165 und 1548 vorkam, in der Mitte des 16. Jahrhunderts aber erloschen ist.

Wigul Hund, I. S. 364—66.

Wallhofen, Wallhofen, genannt Mathias (in Silber eine rothe, weiss ausgefugte Wallmauer, aus welcher sich zwei Zinnenthürme erheben). Reichsadelsstand. Bestätigungsdiplom des der Familie zustehenden Reichsadels vom 14. Febr. 1709 für Georg Mathias v. Wallhofen. — Altes, zu dem in Schlesien begüterten Adel zählendes Geschlecht, welches namentlich im Rosenbergischen begütert wurde, wo demselben bereits 1725 die Güter Wienskowitz und 1777 Zembowitz zustanden und welches noch 1830 zu Kneja, Leschna, Murkow, Oschietzko, Poczolkau, Pruskau, Thursy, Wachow, Neu-Wachow und Zembowitz, sämmtlich im Kr. Rosenberg, sass. —

Der Stamm blühte fort und nach Rauer war 1857 Franz v. Wallhofen Herr auf Trawnig im Kr. Cosel und Karl v. Wallhofen Herr auf Golkewitz im Kr. Creutzburg.

<small>*Megerle v. Mühlfeld*, Erg.-Bd. S. 484: Wallhoffen. — *Freih. v. Ledebur*, III. S. 16. — Schlesisches W. B., Nr. 505.</small>

Wallich v. Wallensperg. Erbl.-österr. Adelsstand. Diplom von 1722 für Michael Wallich, mit: v. Wallensperg.

<small>*Megerle v. Mühlfeld*, Erg.-Bd. S. 435.</small>

Wallis, Grafen v. Wallis, Freiherren v. Karighmain (Schild der Länge nach einmal und quer zweimal getheilt, sechsfeldrig, mit blauem, mit einer Grafenkrone gekröntem Mittelschilde und in demselben ein rechtsgekehrter, gekrönter, silberner Löwe, über welchen ein von Silber und Roth der Länge nach getheilter Querbalken gezogen ist: Stammwappen. 1 und 6 in Gold ein einwärts gekehrter, gekrönter, doppelt geschweifter, blauer Löwe; 2 und 3 in Roth ein einwärts gekehrter, silbern geharnischter Arm, in der Faust ein auswärts gekehrtes Schwert haltend und 4 u. 5 in Schwarz ein silbernes Castell, oben mit drei Zinnen und mit offenem Thore. Die Wappen beider Linien sind im Haupt- und Mittelschilde von einander nicht verschieden). Böhmischer, Reichsgrafen- und erbl.-österr. Grafenstand. Böhmisches Grafendiplom vom 18. März 1706 für Georg Olivier Wallis Freiherrn auf Karighmain, k. k. Kämm. und Obersten über ein Regiment zu Fuss und für die beiden Brüder desselben, Franz und Johann Hugo Wallis, wegen ihres uralten Geschlechts, mit der Benennung: Grafen v. Wallis und Freiherren v. Karighmain; Reichsgrafendiplom vom 14. Juli 1724 für Franz Wenzel Freih. v. Wallis, k. k. Obersten und Diplom des erbl.-österr. Grafenstandes von 1736 für Denselben als k. k. Feldmarschall-Lieutenant. Noch hat Megerle v. Mühlfeld ein Diplom des erbl.-österr. Grafenstandes von 1767 angeführt und zwar für Patricius Freih. v. Wallis, für den Bruder desselben, Robert und für ihre Vettern Eduard, Philipp, Olivier, Freiherren v. Wallis, wegen uralt adeligen und ritterlichen Herkommens. — Altes, ursprünglich französisches Rittergeschlecht, welches schon in der zweiten Hälfte des 12. Jahrh., zur Zeit des Königs Heinrich II. von England, Schloss und Gebiet von Karighmain in Irland, von welchem dasselbe noch jetzt den freiherrlichen Titel führt, so wie schottische Güter am Abhange des Walliser Gebirges besass. Unter den schottischen Baronen, die im Erbfolgestreite der Häuser Bariol u. Bruce zu ersterem Hause standen u. als Johann v. Bariol 1291 als König von Schottland anerkannt worden war, mit demselben gegen England aufstanden, wird William Walsh genannt, welcher in Folge der Schlacht bei Irwine u. bei Sterling (1297) vom Volke den Namen: Held von Schottland erhielt. Später blühten die Herren zu Karighmain in Schott- und Irland mehrere Jahrhunderte hindurch und waren mit den vornehmsten Häusern verschwägert. — 1622 verliess Richard Wallis auf Karighmain mit seinen Söhnen, Theobald u. Olivier, um der die Katholiken betreffenden Verfolgung zu entgehen, die angestammten Güter u. wendete sich nach Deutschland, wo alle drei Kriegsdienste im Heere des K. Ferdinand II. nahmen. Richard starb an den bei Lützen erhaltenen Wunden. Nach seinem Tode ging Theobald nach Grossbritannien zurück, wo unter Carl I. bessere Verhältnisse für die katholischen Vasallen eintraten und wo der Name Wallis (Walsh) noch in der englischen u. irischen Baronage fortlebt; Olivier aber, Richards jüngerer Sohn, blieb in Deutschland, stieg in der kaiserlichen Armee von Ehrenstelle zu Ehrenstelle, starb 1667 als commandirender General jenseits der Theiss und ist durch seine beiden Söhne, Ernst Georg und Franz Ernst, der gemeinschaftliche Stammvater der jetzt in zwei Linien blühenden gräflichen Familie. Die erste, durch Diplom von 1706 den Grafentitel führende Linie enthält die Nachkommenschaft des Freih. Ernst Georg und seines Sohnes, des Grafen Georg Olivier und dieselbe stieg, wie folgt, herab: Ernst Georg, Freiherr — älterer Sohn des Freih. Olivier, k. k. w. Kämm. u. General-Feldzeugmeister, blieb in der Belagerung vor Mainz 1689: Maria Magdalene Grf. v. Attems-Pezenstein; — Georg Olivier, Graf (Diplom vom 18. März 1706, s. oben), geb. 1673, gest. 1744, k. k. Geh. Rath, General-Feldmarschall: zweite Gemahlin: M. Theresia Grf. v. Kinsky, geb. 1721, verm. 1743 und gest. 1752; — Stephan Olivier, geb. 1744 und gest. 1832, Herr der Herrschaften Koleschowitz und Petrowitz, k. k. w. Kämm. und Niederösterr. Regierungsrath: M. Franzisca Grf. v. Colloredo, geb. 1746, verm. 1766 und gest. 1795; — Rudolph Olivier, geb. 1767 und gest. 1833, Herr zu Koleschowitz, Petrowitz und Hoch-Libin, k. k. Kämm., Major in d. A. und erster Stallmeister: Eleonore Grf. v. Kollonitz, geb. 1776, verm. 1797 und gest. 1827. — Friedrich Olivier, geb. 1800, Haupt der ersten Linie, k. k. Kämm. und Rittmeister in d. A.: erste Gemahlin: Erwine Grf v. Sternberg-Manderscheid, geb. 1803, verm. 1828 und gest. 1840 und zweite Gemahlin: Franzisca Dorner, geb. 1818 und verm. 1843. — Aus der ersten Ehe des Grafen Friedrich Olivier entsprossten zwei Söhne: Graf Carl, geb. 1837, k. k. Kämm. und Rittmeister und Escadrons-Commandant und Graf Franz, geb. 1838, k. k. Kämm. u. Rittmeister und aus der zweiten Ehe stammen fünf Söhne, Graf Rudolph, geb. 1845, k. k. Oberlieutenant, Friedrich, geb. 1853, Georg, geb. 1856, Joseph, geb. 1857 und Olivier, geb. 1860. Der Bruder des Grafen Friedrich Olivier ist Graf Carl, geb. 1801, k. k. Kämm. und Oberstlieutenant in d. A. Die zweite Linie, mit dem reichsgräflichen Titel von 1724, umfasst die Nachkommenschaft des Freiherrn Franz Ernst und seines Sohnes, des Grafen Franz Wenzel und die absteigende Stammreihe ist folgende: Franz Ernst, Freiherr — jüngerer Sohn des Freiherrn Olivier und Bruder Ernst Georgs — gest. 1702, k. k. w. Kämm.: Anna Theresia Herrin v. Rziczan, gest. 1722; — Franz Wenzel, Reichsgraf (Diplom vom 14. Juli 1724, s. oben), geb. 1696, gest. 1774, k. k. w. Geh. Rath und General-Feldmarschall: M. Rosa Regina Grf. v. Thürheim, geb. 1705, verm. 1726 und gest. 1777; — Franz Ernst (II.), geb. 1729, gest. 1784, k. k. Kämm., w. Geh. Rath, Vice-Appell.-Ger.-Präsident u. Oberst-Hof-Lehen-Richter in Böhmen:

M. Maximiliana Grf. v. Schaffgotsch, geb. 1741, verm. 1759, gest. nach 1805; — Joseph, geb. 1767, gest. 1848, k. k. Geh. Rath, Staats- und Conférenz-Minister: M. Luise Grf. v. Waldstein-Dux, geb. 1768, verm. 1788 und gest. um 1828; — Maximilian, geb. 1789 und gest. 1864, k. k. Kämm., Herr der Herrschaften Budwitz, Budischkowitz und Butsch in Mähren und Planitz u. Niemtschitz in Böhmen: Marie Grf. Hoyos, Freiin zu Stüchsenstein, geb. 1800 und verm. 1819; — Joseph Anton, geb. 1822, Haupt der zweiten Linie, Herr der Herrschaften Budischkowitz, Butsch und Budwitz in Mähren und Planitz im Kr. Klattau in Böhmen, k. k. Kämm. u. Oberst-Lieutenant in d. A. Der Bruder des Grafen Joseph Anton: Graf Maximilian, geb. 1833, Herr der Herrschaft Niederleis in Nieder-Oesterreich, vermählte sich 1860 mit Anna Grf. v. Hompesch-Bollheim, geb. 1839, aus welcher Ehe zwei Söhne entsprossten: Ernst, geb. 1861 und Joseph, geb. 1863. Die Seitenverwandten beider Linien sind im geneal. Taschenb. der gräfl. Häuser aufgezeichnet.

<small>*Sinapius*, II S. 1097. — *Gauhe*, I. S. 2764 — 66 und II. S. 1896 und 97. — *Jacobi*, 1800, II. S. 376 und 77. — *Megerle v. Mühlfeld*, S. 31 und Erg.-Bd. S. 35. — *Schmutz*, IV. S. 303. — D. Grafenh. d. Gegenw., II. S. 634—39. — *Freih. v. Ledebur*, III. S. 76. — Geneal. Taschenb. d. gräfl. Häuser, 1843, S. 579: Geschichtl. Uebers., 1848, S. 728: Wappen, 1859, S. 920 u. 21: Besitz, 1869, S. 975—77: neuester Personalbestand und histor.-herald. Handbuch zu Demselben, S. 1053—56. — Suppl. zu Siebm. W. B. VI. 3.</small>

Wallmenich. Reichsadelsstand. Diplom vom 14. Mai 1788 für Gottfried Wallmenich, kurtrierschen Hof- und Regierungsrath und Archivar, später Geh. Rath und Cabinets-Referendar. Bei Anlegung der Adelsmatrikel des Kgr. Bayern wurde der Sohn des Diploms-Empfängers: Anselm Franz v. W., geb. 1786, k. bayer. Accessist des Stadtgerichts Augsburg, vormals kurtrierscher Rath, in dieselbe eingetragen.

<small>*v. Lang*, S. 585. — W. B. d. Kgr. Bayern, IX. 31.</small>

Wallmoden-Gimborn, Grafen. (Schild geviert mit quergetheiltem Mittelschilde: oben in Blau eine goldene Krone und unten in Silber zwei neben einander stehende, von Silber und Blau der Länge nach getheilte, unten mit einer rothen Binde umgebene Eisenhütlein. 1. und 4 in Gold drei, 2 und 1, rechtsspringende, schwarze Böcke mit goldumwundenen, schwarzen Hörnern und goldenen Klauen: Stammwappen; 2 quergetheilt: oben in Blau drei neben einander stehende, rautenförmige, goldene Schnallen und unten Gold, ohne Bild: Herrschaft Gimborn und 3 in Silber zwei Querbalken, von denen der obere in zwei Reihen, jede zu fünf Feldern, von Silber und Roth geschacht, der untere schwarze aber zu beiden Seiten wechselweise gezinnt, oben vier-, unten dreimal, ist: Neustadt, zur Herrschaft Gimborn gehörig. Reichs-Grafenstand. Diplom vom 17. Jan. 1783 für Johann Ludwig v. Wallmoden, Herrn auf Heinde, Listringen u. s. w., k. grossbritan. und kurbraunschweig. General der Cav., welcher 1782 von dem Fürsten v. Schwarzenberg die Reichs-Herrschaft Gimborn-Neustadt in Westphalen kaufte, den Beinamen Gimborn annahm und Sitz und Stimme im Westphälischen Kreise und im Westphälischen Grafen-Collegium auf dem Reichstage erlangte. — Eins der ältesten niedersächsischen Adelsgeschlechter, welches namentlich schon im 13. Jahrh. im Hildesheimschen ansässig war und in der zweiten Hälfte des 13. Jahrh. nach Leuckfeld in Urkunden des Stifts Pölde vorkommt. Detlef v. Wallmoden wurde 1397 Heermeister des Johanniter-Ordens zu Sonneburg und starb 1399. Ludolph und Heinrich Gebrüder v. W. treten 1535 als Zeugen in braunschweig. Urkunden auf und ein Enkel Ludolphs, gest. 1558, Tidel Burchard, war zuerst bischöfl. osnabrückscher Stallmeister und Rath und später Oberhauptmann und Schatzrath im Fürstenthume Wolfenbüttel. Der Enkel des Letzteren, Tidel Aswin, wurde 1690 Schatzrath im Stifte Hildesheim und von demselben stieg der Stamm, wie folgt, herab: Ludwig Achatz v. W., gest. 1730: Anna Elisabeth v. Heimburg; — Adam Gottlieb auf Heinde und Listringen, geb. 1704, k. grossbritan. und kurbraunschw.-lüneburg. Oberhauptmann, gest. 1752: Amalie Sophie Mariane v. Wendt, geb. 1710, verm. 1727, zur Gräfin v. Yarmouth in England 8. April 1739 erhoben und gest. 1765; — Johann Ludwig, Graf, geb. 1736 und gest. 1811, Besitzer der Herrschaft Gimborn-Neustadt etc., k. grossbrit. u. kurbraunschw. Feldmarschall: erste Gemahlin: Charlotte v. Wangenheim, geb. 1740, verm. 1766 und gest. 1783 und zweite Gemahlin: Freiin v. Lichtenstein, Tochter des h. sachs.-goth. Ministers Friedrich Carl Freih. v. Lichtenstein, verm. 1788. Aus der ersten Ehe stammte Graf Ludwig, geb. 1769, Herr der Güter Dieckhoff, Schweetz, Drölitz, Roggow u. s. w. in Meklenburg, welcher unvermählt war und als k. k. FML. und Regiments-Inhaber starb; aus der zweiten Ehe aber entspross Graf Carl, geb. 1792, Besitzer der Güter Heinde, Walshausen und Uhry in Hannover, k. k. Geh. Rath, General der Cavalerie, Regiments-Inhaber, verm. 1833 mit Zoë Grf. v. Grunne-Pinchart, geb. 1810. — Die Herrschaft Gimborn-Neustadt wurde 1806 in der rheinischen Bundesacte dem Grossherzog von Berg, 1815 aber in der Wiener Congressacte der Krone Preussen standesherrlich untergeordnet. Graf Ludwig verkaufte später dieselbe und war dann standesherrlicher Personalist. Zu dem standesherrlich gräflichen Prädicate: Erlaucht war derselbe 1830 von Meklenburg, unter welchem er nur ritterschaftlich begütert war, bei der Bundesversammlung angemeldet worden.

Leuckfeld, Antiquit. Pöldens, S. 361. — *Pfeffinger*, II. S. 158. — *Gauhe*, I. S. 2766 u. 67. — *Zedler*, 53. S. 1725—27. — N. geneal. Handbuch, 1778. Nachtrag, S. 117—21. — *Jacobi*, 1800, II. S. 127. — Allgem. geneal. Handb., 1824, I. S. 886. — *Freih. v. d. Knesebeck*, S. 288. — Deutsche Grafenh. d. Gegenw. II. S. 634—36. — *Freih. v. Ledebur*, III. S. 76 u. 77. — Goth. Hof-Kalender, 1834, S. 222, 1848, S. 286 und 1869, S. 347. — *Siebmacher*, I. 185: v. Walmode, Braunschweigisch. — *Falcke*, Tradit. Corbeiens. Tab. X. Nr. 5: Siegel von 1470. — *v. Meding*, I. S. 644 u. 45: v. W. und II. S. 635—40: Dr. W.-G. — Wappen-Gallerie des höhern Oesterr. Adels, VII. Heft, 3: Gr. v. W.-G. — Meklenb. W. B. Tab. 52. Nr. 198 und S. 36: Gr. W.-G. — Hannov. W. B. A. 6. Gr. v. W.-G. und C. 5: v. W. und S. 14.

Wallpach, Wallpach zu Schwanenfeld. Reichsadelsstand. Diplom vom 12. Mai 1692 für Christoph Wallpach, Pfandhaus-Amtmann zu Hall in Tirol. Später Salzamts-Rath daselbst. — Ein Urenkel desselben, Joseph Christoph v. W., geb. 1748, k. bayer. Salzbeamter zu Donauwörth, wurde nach Anlegung der Adelsmatrikel des Kgr. Bayern in dieselbe eingetragen.

v. Lang, S. 586. — W. B. d. Kgr. Bayern, IX. 32.

Wallwitz, auch Grafen (in Gold ein rechtsspringender, rother, zehnendiger Hirsch). Reichsgrafenstand. Diplom vom 29. April 1762 für Georg Reinhold v. Wallwitz, Herrn auf Schweikershayn, kursächs. Kammerherrn und Major a. D., so wie Kreis-Commissar des Leipziger Kreises, später, s. unten, Conferenzminister. — Altes, soweit die Nachrichten reichen, aus dem Anhaltschen stammendes Adelsgeschlecht. Von 1357 bis 1624 hat ein Glied der Familie, Nicolaus v. Wallwitz, eine vollständige Stammtafel bearbeitet, an die sich die Angaben späterer geneal. Werke anreihen. Durch die Söhne Peters, Georg und Moritz, entstanden im 15. Jahrh. verschiedene Linien. Georg's Söhne, Valentin und Georg II., stifteten zwei Linien: Ersterer die dessauische, Letzterer die dobritzsche Linie und Moritz gründete die grimmesche Linie. Die dobritzsche Linie pflanzte der mittlere Sohn des Georg II.: Sebastian, fort. Derselbe wurde kursächs. Oberst, Oberhauptmann im Kurkreise und 1546 Commandant zu Leipzig, als welcher er sich 1547 bei Belagerung Leipzigs sehr auszeichnete. Von den Söhnen desselben setzte Sebastian II. die Linie zu Dobritz fort und von einem Enkel des Letzteren, Wolf Sebastian, verm. mit Elisabeth v. Strobschütz, entspross Hans Joachim, geb. 1673 u. gest. 1751, Herr auf Schweikershayn, Gepülzig, Schmorkau u. s. w., kursächs. Ober-Lieutenant von der Cavalerie und Kreis-Commissar des Leipziger Kreises, verm. mit Johanna Sophia v. Bünau, gest. 1763. Aus dieser Ehe stammte Graf Georg Reinhard, geb. 1726 und gest. nach 1805, Herr auf Schweikershayn, Schmorkau, Gepülzig u. s. w. und zuletzt kursächs. Cabinets-Minister, verm. in zweiter Ehe 1759 mit Christiane Wilhelmine Grf. vom Loss, geb. 1734 und gest. 1784. Aus dieser Ehe entspross als zweiter Sohn Graf Friedrich Leberecht Sebastian, geb. 1773 und gest. 1836, k. sächs. Kammerherr, verm. mit Luise Grf. v. d. Schulenburg-Burgscheidungen, geb. 1772 und gest. 1846. — Haupt des gräflichen Hauses ist: Graf Georg, geb. 1807 — Sohn des Grafen Friedrich Leberecht Sebastian — Besitzer der Rittergüter Borthen unweit Meissen und Schmorkau in der Sächsischen Oberlausitz, k. sächs. Kammerherr, verm. 1839 mit Maria Anna Grf. Serényi v. Kis-Serény, geb. 1820, aus welcher Ehe, neben zwei Töchtern, von denen Grf. Maria Cäcilia Petronilla, geb. 1842, Hofdame I. K. H. der Frau Kronprinzessin von Sachsen ist, fünf Söhne stammen, die Grafen: Hermann, geb. 1840, k. sächs. Oberlieutenant im 2. Uhlanen-Regimente und Adjutant im Kriegsministerium; Moritz, geb. 1846, Adolph, geb. 1848, Hans, geb. 1849 und Victor, geb. 1852. — Dass adelige Linien des Stammes noch blühen, war nicht aufzufinden.

<small>Stamm- und Geburtslinie des uralten adeligen Geschlechts der v. Wallwitz vom Jahre 1357—1624. — *Zerbst*, 1624. — *Beckmann*, Anhalt. Historie, VII. c. 2. S. 282—85 und Tab. C. — *Val. König*, II. S. 1193—1203. — *Gauhe*, I. S. 2770—72: Wallwitz. — *Zedler*, 52. S. 1983—91. — *Jacobi*, 1800, II. S. 378. — Allgem. genealogisches Handbuch, 1824, I. S. 887. — Deutsche Grafenh. d. Gegenw. II. S. 643 und 44. — Genealogisches Taschenbuch d. gräfl. Häuser, 1848, S. 730 und 849, S. 978 und 79 und histor.-herald. Handb. zu Demselben, S. 1050 und 57. — *Siebmacher*, I. 161; v. Wallwitz, Meissnisch. — W. B. d. Sächs. Staaten, II. 10: Gr. v. W.</small>

Walmerode, genannt Buwinghausen, v. Buwinghausen, gen. Walmerode (in Silber drei rothe Rosen). Altes, niederrheinisch-westphälisches Adelsgeschlecht aus dem Stammsitze Walmeroth unweit Altenkirchen in der Grafschaft Sayn. Dasselbe kam noch im 17. Jahrh. in Schwaben vor.

Fahne, II. S. 188. — *Freih. v. Ledebur*, III. S. 77.

Walrabe, Wallrabe (Schild mit schwarzem, mit zwei silbernen Lilien belegten Schildeshaupte u. im goldenen Schilde ein auf einem dreihügeligen, grünen Berge stehender, schwarzer Rabe. Der Schild kommt auch beinahe quer getheilt vor). Altes, zu dem in Hessen und in der Ober-Pfalz früher begütert gewesenen Adel zählendes Geschlecht, welches schon 1352 einen Burgmannssitz zu Lengsfeld und im 17. Jahrh. die Güter Degmansheim und Hauzendorf besass.

Schannat, S. 181. — *Doederlein* von dem uralten Hause der Marschalle Calatin, S. 357. — *Zedler*, 52. S. 1795. — *Freih. v. Ledebur*, III. S. 77. — *Siebmacher*, V. 83: v. W., Oberpfälzisch. — *v. Meding*, II. S. 640.

Walrawe (Schild geviert mit Mittelschilde und in demselben in Gold auf grünem Boden ein Rabe und in der linken Oberecke ein silberner Stern. 1 und 4 in Silber ein schwarzer Adler; 2 in Roth ein halbes, goldenes Wagenrad, in dessen Nabe ein Dolch steckt und 4 in Roth eine goldene, gezackte Fortificatio nslinie. Adelsstand des Kgr. Preussen. Diplom vom 11. Oct. 1724 für Gerhard Cornelius Walrawe, k. preuss. Ingenieur-Oberstlieutenant (später Generalmajor) und für den Vetter desselben: Friedrich Wilhelm Walrawe.

N. Pr. A.-L. 1. S. 28. — *Freih. v. Ledebur*, III. S. 77. — W. B. d. Preuss. Monarchie, IV. 85.

Walsleben (in Silber drei rothe quer über einander und mit den Mündungen nach der Rechten liegende Jagdhörner, mit einmal unterwärts geschlungenem Bande). Eine der ältesten Adelsfamilien in Pommern, welche früher Walschlaff hiess und im Wolgastischen begütert wurde. Als Stammhaus wird neuerlich der schon zeitig in der Altmark vorgekommene Sitz Walsleben genannt, auch trug im Ruppinschen ein Gut den Namen des Geschlechts. — Als 1244 Pribislau Herzog von Meklenburg sich mit einer Pommernschen Prinzessin vermählte, begab sich Wedige v. Walsleben aus Pommern in das Meklenburgische, setzte daselbst seinen Stamm fort und die Nachkommen erhielten Besseritz im Amte Stargard und Priepert im Amte Fürstenberg. Von den Nachkommen war Johann W. 1338 Plebanus in Germen und zwar eben zu der Zeit, als die Kirche daselbst dem Prior zu St. Jacob in Stettin abgetreten wurde, Caspar lebte um 1501, Ernst Christian war zu Ausgange des 16. Jahrh. Wolgastischer Landrath, Heinrich v. W. 1660 k. schwed. Oberst und ein anderer dieses Namens starb 1684 als Pommernscher Kriegs-Commissar. — Im Laufe der Zeit blieb die Familie in Pommern und Meklenburg ansehnlich begütert und sass in Pommern noch 1742 zu Woelarg, 1747 zu Gatschof und 1796 zu Wolkow, sämmtlich unweit Demmin, sowie in Meklenburg 1700 zu Damerow, Passow und Poserin und 1790 zu Gr. und Kl. Lüsewitz und war auch im Schwarzburgischen noch 1747 zu Froebitz und Koebitz angesessen.

Micrael, S. 540. — *v. Protzbuer*, Nr. 155. — *Gauhe*, I. S. 2768 u. 69. — *Zedler*, 52, S. 1870. — *v. Behr, R. M.* S. 1672. — N. Pr. A.-L. VI. S. 115. — *Freih. v. Ledebur*, III. S. 77. — *Sieb*-

macker, V. 109: Die W. Pommersch. — *v. Westphalen*, Monum. inedita, IV. Tab. 18, Nr. 4: Siegel des Wedige v. Walsleben von 1244. — *v. Meding*, I. S. 645 und 46. — Meklenb. W. B. Tab. 53, Nr. 199 und S. 36. — *Kneschke*, II. S. 465 und 66.

Walspeck, Richter v. Walspeck (Schild der Länge nach getheilt: rechts in Roth ein silberner, in der rechten Vorder-Pranke ein Schwert haltender Löwe und links in Schwarz zwei über das Kreuz gelegte, goldene Bischofsstäbe). Böhmischer Adelsstand. Diplom vom 12. Juli 1730 für Georg Richter, mit: v. Walspeck. — Ein früher in Schlesien begütert gewesenes Geschlecht, welches schon 1719 und noch 1749 zu Slawitz im Oppeln'schen sass und 1752 das Gut Rogau inne hatte. — Erdmann Gustav R. v. W. auf Slawitz starb 1749 als Landrath zu Oppeln. Derselbe war mit einer v. Tschirschky und Bögendorf vermählt und der Stamm blühte fort, bis 11. Juli 1807 zu Kobelau bei Nimptsch Carl Maximilian v. W., k. preuss. Oberst und ehemaliger Commandeur des 3. Bataill. vom Regimente v. Malschitzki, vermählt mit Juliana Eleonora v. Gellhorn a. d. H. Kobelau, als der Letzte des Stammes denselben schloss.

v. Hellbach, II. S. 680. — N. Pr. A.-L. IV. S. 313. — *Freih. v. Ledebur*, III. S. 77 und 78.

Walter (in Gold ein rother Löwe). Böhmischer Adelsstand. Diplom vom 13. Aug. 1699 für Johann Walter. Die Familie wurde in Schlesien mit mehreren Gütern angesessen und nach Rauer waren 1857 im Kr. Neumarkt Eduard v. Walter Herr auf Belkau und Wilhelm Ludwig v. W. Herr auf Wolfsdorf, so wie Hermann v. W., Lieutenant a. D., Herr auf Nieder-Mahliau im Kr. Trebnitz und Ernst Wilhelm v. W. Herr auf Polnisch-Gandau im Kr. Breslau.

v. Hellbach, II. S. 680. — *Freih. v. Ledebur*, III. S. 78.

Walter (Schild quergetheilt: oben der Länge nach getheilt in Roth u. Silber ein Doppel-Adler in abwechselnden Farben und unten in Silber eine schwarze Zinke mit goldenem Stern). Bayer. Adelsbestätigung. Diplom vom 10. Nov. 1815 für Franz Jos. Melch. v. W., Junker im k. bayer. 1. Inf.-Reg. und für dessen Bruder Johann Bapt. Jos. — Altes Geschlecht aus Donauwörth, wo es ein Spital stiftete. Mit Anfang des 15. Jahrh. Augsburger Patrizier. Max W. hob 1484 den bis dahin für unbesiegbar gehaltenen Herzog Christoph v. Bayern in einem Turnier auf dem Frohnhofe in Augsburg aus dem Sattel. Sebastian v. W., k. bayer. Truchsess zu München, gest. 1816, hinterliess Franz Jos., geb. 1800 und Joh. Bapt., geb. 1801, welche die Adelsbestätigung erhielten (s. oben).

v. Hefner, Bayer. Adel, S. 121 T. 32. — *v. Lang*, Suppl. S. 149. — *Siebmacher*, I. 208. — W. B. des Kgr. Bayern, IX. 33. XII. 413.

Walter v. Aland, auch Edle. Erbl.-österr. Adelsstand. Diplom von 1782 für Meinhard Anton Walter, k. k. Oberstwachtmeister, mit: v. Aland und Diplom von 1783 für Heinrich Joseph Walter, kais. Reichshofagenten, mit: Edler v. Aland.

Megerle v. Mühlfeld, Erg.-Bd. S. 484 und 85.

Walter v. Feldmannsdorff. Reichsadelsstand. Diplom von 1712 für die Gebrüder Jacob Anton und Joseph Walter, Gutsbesitzer in Tirol, mit: v. Feldmannsdorf.

Megerle v. Mühlfeld, Erg.-Bd. S. 484.

Walter-Jeschki (Schild geviert mit Mittelschilde. Mittelschild ebenfalls geviert: 1 und 4 in Schwarz ein Arm, in der Faust ein Schwert und 2 und 3 in Roth ein schwarzer Kranich, welcher in der erhobenen Kralle einen weissen Stein hält: v. Jeschki und Hauptschild: 1 u. 4 in Blau ein Kranich mit Krone um den Hals, welcher in der erhobenen Kralle einen Stein hält und 2 und 3 in Roth drei schrägrechts an einander gestellte, silberne Muscheln: v. Walter). — Moritz Gotthelf v. Jeschki (— s. den die Familie v. Jeschki betreffenden Artikel, Bd. IV. S. 563 —), Herr auf Biehla bei Camenz, k. sächs. Kammerjunker, vereinigte mit Königl. Erlaubniss vom April 1828 in Folge testamentarischer Verfügung des am 25. Dec. 1827 in Dresden verstorbenen Moritz Carl Friedrich v. Walter, des Letzten seines sächsisch-oberlausitzischen Geschlechts, als Universal-Erbe desselben Namen und Wappen der Familie v. Walter mit seinem angestammten Namen und Wappen. Zu dem v. Walterschen Nachlasse gehörte das Gut Pietzschwitz unweit Bautzen, welches zu einem Majorate mit der Anordnung bestimmt worden war, dass der jedesmalige Besitzer desselben sich v. Walter-Jeschki nennen und schreiben und mit seinem Wappen das v. Waltersche fortführen solle. Längere Zeit ist später als Majoratsherr auf Pietzschwitz Heinrich v. Walter-Jeschki, k. sächs. Major in d. A. und Mitbesitzer von Biehla, vorgekommen und als derselbe 9. Febr. 1860 im 83. Lebensjahre starb, folgte im Majorate Pietzschwitz sein Bruder, Wolf Friedrich v. W.-J., k. sächs. Oberst in d. A. und Herr auf Biehla, welcher ebenfalls im hohen Alter als Senior des Geschlechts v. Jeschki und als Letzter der Hauptlinie des Stammes 17. Juli 1860 starb. Demselben folgte sein Neffe, Friedrich Ernst W. v. J., Adv. u. Assessor im kath. Consistor. in Bautzen, sowie nach dessen Tode sein Sohn Georg, k. sächs. Cadet, geb. 1858.

Kneschke, I. S. 450 und 51. — W. B. d. Sächs. Staaten, XIII. 64. — *v. Hefner,* Sächs. Adel, S. 51, T. 60. — Handschriftl. Notizen.

Walter v. Pfeilsberg, Edle. Erbl.-österr. Adelsstand. Diplom von 1769 für Johann Constantin Walter, Oberstlieutenant im k. k. Ingenieur-Corps, mit Edler v. Pfeilsberg.

Megerle v. Mühlfeld, Erg.-Bd. S. 280.

Walter v. Waldberg (Schild geviert: 1 und 4 ein verschobenes von Gold und Blau wechselndes Schach und 2 und 3 in Roth ein silberner gekrönter Adlerkopf). Reichsadelsstand. Diplom vom 9. Febr. 1740 für Joh. David W., k. poln. und kurf. sächs. Resident in Breslau.

Handschriftl. Notiz. — *Zedler* 52, S. 1809.

Walters v. Ehrenwald. Böhmischer Adelsstand. Diplom vom 5. Nov. 1708 für Johann Christoph Walters, Bürgermeister zu Hirschberg, mit v. Ehrenwald.

v. Hellbach, II. S. 640. — *Megerle v. Mühlfeld,* Erg.-Bd. S. 485. — *Freih. v. Ledebur,* III. S. 78.

Waltersdorf (im Schilde ein laufendes Ross, mit einem Gurte um den Leib). Ein in der Nieder- und Ober-Lausitz begütertes Adelsgeschlecht, welches in Ersterer bereits 1674 zu Wadelsdorf bei Spremberg, 1750 zu Gross-Bresen unweit Guben und 1752 zu Muckrow bei Spremberg und in Letzterer zu Leuba sass und zu welchem Johann Friedrich Rudolph v. Waltersdorf gehörte, welcher 21. April 1801 als k. preuss. Major im Regimente v. Plötz starb. — Ein Sitz Waltersdorf kam übrigens in der Niederlausitz unweit Luckau schon 1353 vor.

<small>*Freih. v. Ledebur*, III. S. 75. — *Gauhe*, I. S. 2770. — *v. Hellbach*, S. 680.</small>

Walterskirchen, Freiherren (Schild geviert mit gekröntem, rothem Mittelschilde, in welchem aus einem im Grunde sichtbaren Walde eine weisse Kirche mit ihrem Thurme und aufgesetztem Kreuze und bläulichem Schieferdache hervorragt. 1 in Blau ein rothes, doppelt geschwänztes Pantherthier, mit zwei grünen, goldgekrönten Köpfen, die rechts und links gewendet und aus einer, den Hals umgebenden, goldenen Krone hervorragen; 2 quer getheilt: oben von Schwarz und Gold geschacht, unten Silber, ohne Bild; 3 quer getheilt: oben in Roth ein Widder u. unten in Gold ein schwarzer Pfahl und 4 in Blau ein aus einer weissen Wolke hervorragender, roth bekleideter Arm, in der Faust mit einem Schwerte). Erbl.-österr. Freiherrnstand, mit Vereinigung der angeerbten pirkheimerischen und ramingischen Wappen, vom 5. Mai 1643 für den kaiserl. Rath und niederösterr. Land-Unter-Marschall Georg Christoph Edlen Herrn v. Walterskirchen zu Wolfsthal. --- Altes, österr. Rittergeschlecht, dessen Stammhaus Walterskirchen in Nieder-Oesterreich schon 1248 dem Otto Kämmerer v. W. gehörte, der 1249 in einer vom Markgrafen Hermann von Baden für das Stift Zwettel gefertigten Urkunde unter den adeligen Zeugen genannt wird. Ulrich W. zu Altenburg, hatte Anna v. Wolfsthal, die Letzte ihres Hauses, zur Gemahlin. Dieselbe vererbte die gleichnamige Herrschaft in Nieder-Oesterreich, die der Hauptsitz der Familie blieb, an ihren Sohn, Christoph W. zu Wolfsthal, der 17. October 1440 vom K. Albrecht II. das Wolfsthalische, so wie Wolf W. 17. Juni 1485 vom K. Friedrich II. das hundheimische Wappen erlangte. — Georg W. zu Wolfsthal war Dreissiger zu Ungarisch-Altenburg und des Erzherzogs Ferdinand Hofdiener. Demselben, verm. mit Rosalie v. Randegg, wurde 1. Juli 1546 sein althergebrachter guter Adel bestätigt, auch erhielt er mehrere adelige Freiheiten und Vorzüge. Von ihm stieg der Stamm, wie folgt, herab: Wilhelm Christoph: Amalie Pirkheimer; — Wilhelm: Magdalena Knorr v. Rosenroth; — Freiherr Georg Christoph, s. oben: Lucretia Lamplin v. Frohnspurg; — Franz Wilhelm: Eva Hegenmüller v. Dubenweiler; — Johann Wilhelm, k. k. Kämmerer: Catharina Freiin Schuss v. Pailenstein; — Franz Wilhelm, geb. 1689: Franzisca Gostonyi de eadem et Koereszart; — Joseph Wilhelm Freih. W. zu Wolfsthal, Herr zu Wolfsthal, gest. 1776: erste Gemahlin: Maria Anna Freiin v. Moser v. Ebreichsdorf,

gest. 1770; — Georg Wilhelm (I.), geb. 1752, gest. 1811, Herr auf
Wolfsthal: Eleonore Freiin v. Perényi, geb. 1763, verm. 1790 und
gest. 1843, und Freih. Georg Wilhelm (II.), geb. 1796, Sohn des
Freih. Georg Wilhelm I., gest. 1865, Herr auf Wolfsthal, Berg und
Hundheim, k. k. w. Kämmerer und Geh. Rath, verm. 1829 mit Ida
Grf. v. Fries, geb. 1811, aus welcher Ehe, neben vier Töchtern, fünf
Söhne entsprossten, die Freiherren Ernst, jetziges Haupt der Familie,
geb. 1829, verm. 1861 mit Barbara Grf. v. Wenkheim, geb. 1838,
aus welcher Ehe ausser einer Tochter drei Söhne entsprossten: Roderich, geb. 1831, Otto, geb. 1833, Richard, geb. 1836 und Maximilian,
geb. 1843. — Näheres über dieselben, so wie über die beiden Brüder
des Freiherrn Georg Wilhelm II., die Freiherren Anton, geb. 1802,
und Wilhelm, geb. 1808, welche ihre Linie fortgesetzt haben, finden
sich bis 1870 genau in dem geneal. Taschenbuche der freih. Häuser
angegeben.

<small>Geneal. Taschenb. der freih. Häuser, 1848, S. 391—94 und 1870, S. 1002. — *Schmutz*, IV. S. 206.</small>

Walthausen (Schild von Blau und Gold der Länge nach getheilt
mit einer rothen Zinnenburg von zwei Löwen gehalten, darüber drei
Sterne, von gewechselten Farben). Reichsadelsstand. Diplom vom
8. Januar 1570 für Jobst W. Von seinen Nachkommen war Hans
Christoph v. W. (gest. 1709) Brigadier, Commandant von Nienburg
und erster General-Adjutant Herzogs Georg Wilhelm. Dessen Enkel,
der General-Lieut. Georg Rudolph v. W. (gest. 1776) war Commandant von Göttingen. Hans Christoph v. W. stiftete drei Linien, die
zum Theil noch blühen. Die Familie gehört zu dem landsässigen
Adel und besitzt ein Gut in Bodensee im Grubenhagenschen. Carl
Aug. Friedr. v. W. ist Ober-Amtsrichter zu Neuhaus im Lüneburgischen.

<small>*Hörschelmann*, genealog. Adelshist. Bd. I. S. 4. — *Knesebeck*, S. 289. — W. B. des Kgr. Hannover, E. 10.</small>

Walther (Schild geviert: 1 und 4 in Blau ein silberner Stern
und 2 und 3 in Roth auf grünem Boden ein goldener Aehrenhalm).
Adelsstand des Kgr. Preussen. Diplom vom 13. Sept. 1748 für Anton
Balth. W., k. preuss. Kriegs- und Domänen-Rath. Derselbe besass
1779 Oberschönau in Schlesien und starb am 28. Juli 1785.

<small>*Dorst*, schles. W. B. I. S. 31. — *Freih. v. Ledebur*, III. S. 78 u. 11. — N. Pr. A.-L. IV. S. 85.</small>

Walther (Schild geviert: 1 u. 4 in Blau ein goldener Löwe mit
einer Rose und 2 u. 3 in Schwarz ein silberner Querbalken). Reichsadelsstand. Diplom im kursächsischen Reichs-Vicariate vom 8. Aug.
1741 für Georg Wilhelm W., kursächs. Hofrath und Geh. Cabinets-
Secretär.

<small>Handschriftl. Notiz. — *Zedler*, 52. S. 1857.</small>

Walther (in Blau zwei Fichten). Reichsadelsstand. Diplom im
kursächs. Reichs-Vicariate von 1792 für Johann Gottlob W., Rittergutsbesitzer in Jerischke in der Niederlausitz in Pribus.

<small>Handschriftl. Notiz. — *v. Beust*, sächs. Staatsanzeiger, Heft 1. — *Freih. v. Ledebur*, III. S. 78.</small>

Walther u. Cronegk, auch Ritter (Schild geviert: 1 u. 4 in Gold ein halber schwarzer Adler und 2 und 3 von Silber und Roth schräg links getheilt mit einem abwechselnd gefärbten Hirsche). — Böhm. Ritterstand. Diplom vom 5. Oct. 1670 für Herm. Wilh. v. W. u. Cr. Ein aus Steiermark kommendes, nach Mähren und Schlesien gekommenes Adelsgeschlecht, in welches Georg Wilh. W. mit dem Prädicate v. W. u. Cr. vom Kaiser Rudolph II. den Adel gebracht hatte. Der Empfänger des Ritterdiploms war ein Enkel desselben. Im Laufe der Zeit wurde die Familie begütert in Schlesien, bereits 1642 zu Jerschendorf unweit Neumarkt, 1647 zu Dürrjentsch, im Breslauischen, 1681 zu Frankenthal im Militzschen, noch 1804 und 1806 zu Kapatschütz unweit Trebnitz. In der jetzigen Provinz Brandenburg war dieselbe 1706 zu Deulowitz, Kraine und Lauschitz sämmtlich unweit Guben, noch 1755, 1790 zu Gr. Mehnow unweit Kalau. In Ostpreussen im Kr. Friedland 1788 bis 1820 zu Losgehnen. Auch für die Niederlausitz giebt seit dem 30jähr. Kriege Grosser das Gut Grano bei Pfördten an, noch 1738. Von den Sprossen des Stammes erhielt Friedrich Wilhelm v. W. und Cr. 20. Dec. 1788 seinen Abschied als kursächs. Capitain. Balthasar Wilh. v. W. und Cr. starb als preuss. Major 1796 im Invalidenhause zu Berlin, Ernst Ehrenfried, Oberst und Command. des Regim. Alt-Larisch blieb 1806 bei Jena, Sylvius VI. auf Kapatschütz war 1806 Landrath des Kreises Trebnitz und Feuer-Soc.-Director und Joh. Georg, sein Bruder, starb 1808 in Liegnitz als Major. Balthasar Wilh., gest. 1808, hatte 1799 als Generalmajor den Abschied genommen. Ehrenreich, k. pr. Major, lebte 1837 im Invalidenhause in Berlin, und um dieselbe Zeit stand ein Sohn desselben als Premierlieutenant im Grenad.-Regim. Kaiser Alexander. Hermann k. pr. Oberst, 1857 nach Rauer auf Kapatschütz bei Trebnitz.

Grosser, Laus. Merkur, P. 111 S. 43. — *Sinapius*, II. S. 1007. — N. Pr. A.-L. IV. S. 413. — *Freih. v. Ledebur*, III. S. 78 und 79. — *Ihrst*, schles. W. B. III. 596. — *Gauhe*, I. 375 u. 2770. — *Zedler*, 52. S. 1800. — Curt Ehrenreich v. Muschwitz, Andenken Caspar Wilh. v. Walther und Cronegg 1701 fig. — *Dorst*, allg. W. B. 1. 81. — *Kneschke*, I. S. 452. — Wappenbuch der Pr. Monarchie, IX. 10.

Waltier, Waltierer (Schild von Blau und Silber der Länge nach getheilt, rechts drei goldene Sterne, links ein gewappneter Mann mit Streitkolben). Schlesisch, aus Ungarn. Franz v. W. Lieutenant im Husaren-Reg. Wollfrad. 1811 Rittmeister a. D. und Stadtkämmerer zu Gleiwitz. Sein Sohn Carl v. W. 1847 k. preuss. Oberstlieutenant und Commandant des 7. Husaren-Reg. 1867 Cecola v. Waltier Rittmeister im 2. schles. Husaren-Reg. Nr. 6 in Ober-Glogau.

Freih. v. Ledebur, III. S. 79. — Preuss. Armee-Rangliste 1867 und 70.

Wambach, Weinus genannt (Schild von Schwarz u. Silber zehnmal quergetheilt). Altes im Rheinlande und an der Maas begütert gewesenes Adelsgeschlecht, welches zu Wambach bei Venloo, Stammeln bei Bergheim u. Wammen bei Heinsborg angesessen war. Dasselbe ist gegen die Mitte des 17. Jahrh. ausgestorben.

Fahne, I. 444. — *Freih. v. Ledebur*, III. S. 79.

Wambolt von Umbstadt, Freiherren (Schild von Schwarz u. Silber getheilt mit drei neben einander stehenden Rauten von gewechselten Farben). Reichs- und erbländ. österr. alter Freiherrnstand. Diplom vom 6. Mai 1664 für Friedrich W. v. U., kurmainz. Geh.-R., Amtmann zu Diepurg und Obersten zu Ross. — Altes rheinländ. der Ritterschaft des ehemaligen Canton Odenwald einverleibt gewesenes Geschlecht, dessen älterer Geschlechtszweig Humbracht aufführt und welches den Beinamen v. Umstadt seit 1306 führt, in welchem Jahre dasselbe ein bedeutendes Mannlehn in der Stadt U. von Hessen-Darmstadt u. Kurpfalz an sich brachte. Philipp W. v. U., resignirte auf die Stelle eines Domherrn zu Mainz und vermählte sich mit Margarethe v. Dürn, um das dem Erlöschen nahe Geschlecht fortzupflanzen, kurpfälz. Rath, Vicedom zu Neustadt, Statthalter zu Amberg und Oberhofmeister, gest. 1536. Sein Sohn Wolf zu Weinheim, geb. 1513, kurpfälz. Geh.-R., Hofmeister u. Amtmann zu Meisenheim, starb 1578. Von den Söhnen des Letzteren aus der Ehe mit Anna v. Gemmingen: Philipp, geb. 1548, war der mittlere der Vater von Anselm Casimir, Kurfürsten u. Erzbischof v. Mainz, 1629—47. Der jüngere Wolf, stiftete eine Linie, welche zu Pfynn im Canton Thurgau (1634) u. in der Mark Brandenburg mit Friedrich Wilhelm blühte, welcher als Landeshauptmann zu Kottbus und Peitz 1685 starb. Sein Sohn Christoph auf Walsleben, Geh. Rath u. Canzler der Neumärkschen Regierung zu Cüstrin, besass auch seit 1677 das Amt Mügeln u. Schladitz in Sachsen, durch seine Gemahlin, eine v. Wolframsdorf, welches aber, nach seinem 1732 erfolgten Tode, ohne männl. Erben, wieder an das Stift Wurzen fiel. Ein Sohn des älteren Philipp aus vierter Ehe mit Anna Margaretha Knebel v. Katzenellenbogen, geb. 1622, war Friedrich W. v. U., pfälz. Oberst. Derselbe hinterliess von seiner ersten Gemahlin M. Jacobaea v. Metsch zu Brunn (verm. 1627 und gest. 1635) einen Sohn Friedrich W. v. U., welcher 1664 wie angegeben das Freiherrndiplom erhielt und 1688 als kurmainz. Oberst und Kriegsrath starb. Dieser war vermählt in erster Ehe mit Maria Ursula v. Schönborn (gest. 1677) und in zweiter mit Eva Freiin v. Hoheneck (gest. 1694). Obgleich er mehrere Söhne hinterliess, pflanzte doch nur der Sohn zweiter Ehe, Franz Philipp Caspar, kurmainz. General-Feldzeugmeister u. Gouverneur von Mainz, verm. 1719 mit Maria Charlotte Freiin v. Kesselstadt, den Stamm weiter fort. Ihm folgten in grade absteigender Linie: Philipp Franz Carl, geb. 1732 und gest. 1806, k. k. Kämmerer u. Geh. Rath, kurmainz. Kämm. u. Oberst, verm. 1755 mit Maria Caroline Freiin v. Hutten zu Stolzenberg, geb. 1739; — Philipp Hugo, geb. 1762 und gest. 1846, fürstl. primatischer, nachher k. bayer. Oberst, Silberkämmerer, verm. 1790 mit Bernhardine Grf. v. Stadion-Thannhausen, geb. 1764. Letzterer war sein einziger Sohn, Freih. Friedr., geb. 1792, k. bayer. Rittmeister, bereits 1837 im Tode vorausgegangen und aus dessen Ehe mit Adolphine Freiin v. Eynatten zu Trips geb. 1803 entspross das jetzige Haupt der Familie: Freiherr Philipp, geb. 1828, Herr zu Umstadt, Birkenau u. s. w., grossh. hess. Kämmerer, verm. 1856 mit

Josephine Grf. und Edlen Freiin zu Boineburg und Lengsfeld, geb. 1837, Besitzerin der Güter Freimann und Fraid'aigue im Canton Waadt, aus welcher Ehe, neben zwei Töchtern, Ludowica, geb. 1858 und Adolphine, geb. 1859, ein Sohn stammt, Philipp, geb. 1861. — Der Bruder des Freih. Philipp ist: Freih. Franz, geb. 1829, grossh. hess. Kämm., Oberst-Lieutenant und Gesandter in Dresden.

Humbracht, Tab. 77 und 78. — *Val. König*, I. S. 1006—18. — *v. Hattstein*, I. S. 645. — *Gauhe*, I. S. 2772—74. — *Zedler*, 52. S. 1892—98. — *Niedermann*, Canton Ottenwald Tab. 82. — *Estor*, Ahn. Pr. S. 387. — *Köhler*, Münzbelust. 12. S. 193. — *Salver* S. 776. — *v. Lang*, Suppl. S. 77 und 78. — *Freih. v. Ledebur*, III. S. 79. — Geneal. Taschenb. d. freih. Häuser 1858, S. 822 bis 24, 1869, S. 971. — *Siebmacher*, I, 128, Nr. 10 und Suppl. IV, 28. — *Spener*, I. S. 193 §. 27. — *Rudolphi*, Heraldica curiosa I. T. 5. S. 167. — *v. Meding*, I. S. 617. — *Tyroff*, I, 62. — W. B. d. Kgr. Bayern, IV. 38 und Wkrm. Abth. 4. S. 87 u. 88. — *v. Hefner*, bayer. Ad. S. 62. T. 66. *v. Hefner*, hess. Ad. S. 29. T. 33. — *Cast*, Adelsb. f. Baden. — *Knauth*, Origin. Belchling, S. 44.

Wanczura von Rzehnitz (in Blau ein wilder Mann auf einem goldenen Hirschgeweih stehend). Böhmischer alter Freiherrenstand. Diplom vom 5. April 1746 für Wenzel Ferdinand W. v. R., k. k. Kämm., Gub.-R. u. Hauptm. des Königsgrätzer Kr. in Böhmen. — Uraltes böhm. Rittergeschlecht aus d. Zeit der ältesten Przemisliden. Schon 1278 fiel Joh. Ritter W. R. unter König Ottokar auf d. Marchfelde. Urkundlich erscheint 1390 Ritter Wenzel W. v. R. verm. mit Johanna Freiin v. Podoly. Freih. Wenzel Ferd. (s. oben) Sohn des Rudolph W. v. R. und der Johanna Elis Klusack v. Kostelitz und Enkel des Georg Felix und der Elis. Misska v. Zlunitz, gest. am 29. Aug. 1772, war verm. 1) mit M. Anna Gestrzebsky v. Richenberg, 2) mit Barbara Sadlo v. Wrazny. Sein Enkel Joseph Joachim, Sohn des Anton Karl auf Rokolaus u. Radonitz in Böhmen u. der Anna Maria Freiin Hildprandt v. Ottenhausen, geb. am 6. Juli 1766, k. k. Kämm. und Major in d. A., wurde von Johann Paul Zebo Ritter v. Barchfeld, dem Oheime seiner ersten Gemahlin (Johanna Nepom. Z. v. B. gest. 1809) laut Testament vom 27. Sept. 1808 zum Erben seiner Güter Chotieborz, Nemajow und Dobkow im czaslauer Kr. in Böhmen eingesetzt und hat in Folge dessen Namen und Wappen v. Zebo dem seinigen beigefügt. Er starb jedoch ohne männliche Erben am 23. März 1827 als der Letzte seines uralten Hauses, mit Hinterlassung seiner Gemahlin zweiter Ehe, Friederica Maria Freiin Lamotte v. Frintropp, geb. 1789, verm. 1811 und dreier Töchter: Friederica verm. 1837 mit Freih. Johann Dobrzensky v. Dobrzeniz, Aloysia Henriette, geb. 1816, verm. 1838 mit Heinrich Graf v. Attems, Besitzer der Herrschaften Ehrenhausen und Obergomlitz in Steyermark, k. k. Kämm. u. Geh.-R. und Carolina Sophia, geb. 1817, verm. 1841 mit Victor v. Mylius, k. k. Kämm. u. Oberst in d. A. (Unter-Vogau bei Leibnitz in Steyermark).

Meyerle v. Mühlfeld, S. 151, Erg.-Bd. S. 112. Geneal. Taschenb. d. freih. Häuser 1848, S. 456, 1865. S. 804, 1869, S. 972. Siebm. Suppl. IV. Rietstap Arm. gen.

Wander von Grünwald, Ritter (in Blau zwei laufende silberne Hasen übereinander). Erbl.-österr. Ritterstand. Diplom von 1818 für den k. k. Rath und böhm. Strassenbaudirektor W. v. G.

Meyerle v. Mühlfeld, S. 151. — *v. Hellbach*, II. S. 652.

Wangelin (Schild der Länge nach von Roth und Silber getheilt, ohne Bild). Altes mecklenb. Adelsgeschlecht aus dem gleichnamigen schon 1322 genannten Sitze. Heinrich v. W. besass von 1417 bis 1427 die bischöfliche Würde zu Schwerin und wurde 1419 Canzler der neugestifteten Universität in Rostock. 1419 besass die Familie Lütkedorf, 1608 Grabow, Rotermannshagen und Vielitz, 1610 Nossentin und Schönhausen, 1655—65 Domersleben b. Wanzleben im Magdeburgischen. 1660 starb Clemens II. v. W., herz. braunschw. Hofmarschall, Bernd Christoph v. W., k. schwedischer Extraordinair. Envoyé am kurbrandenb. Hofe 1673, Bernd Carl v. W., k. schwed. Oberst und Commandant von Rathenow, später General-Major und oberster Commandant von Wismar starb 1686 auf Nossentin, 1743 v. W. meklenb. Oberst, Carl Moritz v. W. in k. poln. kurs. Militärdiensten, 1795 auf Bandekow, 1796 auf Alt-Schwerin, Ulrich Christoph war seit 1806 Hauptmann im k. sächs. Regimente v. Low noch 1813, sowie noch 1828 der Familie das Gut Buckow im brandenb. Kreise Züllichau-Schwiebus zuständ u. Carl Gottlieb Friedrich v. W., seit 1812 k. sächs. Hauptmann, am 17. März 1847 zu Weissenfels starb, er war verm. 2. Febr. 1809 mit der verw. Charlotte Elise v. Walther-Cronegk zu Grossjeser und Name und Wappen ging mit seiner Tochter auf den Landrath Jacobi über.

_{Pritzbuer, Nr. 156. — Pfeffinger, III. S. 151. — Gauhe, I, 2774. — Zedler, 52, S. 1974. — Behr, Ref. Mekl. S. 1672. — N. Pr. A.-L. IV. S. 313. — Freih. v. Ledebur, III. S. 79. — Siebmacher, I, 147. V, 153. — v. Meding, I. S. 647. — Meklenb. W. II. T. 58. Nr. 200 und S. 5 und 37.}

Wangen, Freiherren (Schild geviert: 1 u. 4 in Roth ein silberner Löwe (Wangen); und 2 u. 3 ein silberner Löwe mit blauen Schindeln umgeben (Geroldseck). Reichsfreiherrnstand. Diplom vom 3. Mai 1678 für Friedrich Christoph v. W. und G., kais. Reichs-Hof-Rath. Sehr altes zur vormaligen Reichsritterschaft am Rhein und im Elsass gehöriges Geschlecht, dessen gleichnamiges Stammhaus bei Strassburg und dessen Stammreihe mit Logeths v. W. 1190 beginnt. In der Kirche des Benedictiner-Klosters zu Mauer-Münster im Elsass finden sich in der sogenannten Wangischen Kapelle, dem Erbbegräbniss der Familie, die Grabschriften des Hermannus dominus in W. und der Pulcheria Schonstam domina zu der Dyck und Steinfeld 1216; Burcard v. W. und Ita v. Vinstingen 1225; Johannes v. W. und Amalia von Giersperg 1238; Friedrich v. W. und Udenhilda v. Greffenstein 1306. Erhard v. W. und Adelheid Baronina v. Geroldseck, dem 3. Oct. 1414 vom Kaiser Sigmund Namen, Wappen und Titel des erloschenen Herrengeschlechts auf Geroldseck am Wassingen verliehen wurde. Johann v. W. war verm. mit Gertrud v. Schwalbach, Georg v. W., des Bischof von Augsburg Hofmeister, gest. 1577, verm. mit Susanna v. Schönau. Ihm folgten in grader Stammlinie der Sohn Christoph 1596, Erzherzog Leopold Wilhelms, Bischofs zu Strassburg und Passau, Kämm., Oberamtmann und Pfleger zu Wanzenau: Ursula v. Brandscheit: Jacob Christoph, gest. 1657; Anna Marie Zandt v. Merl. Dieser Letztere hatte zwei Söhne, Franz Christoph, geb. 1629 und Johann Friedrich, geb. 1632. Der Erstere

(s. oben) setzte mit seiner Gemahlin M. Barbara v. Neuenstein die nun im Mannsstamme erloschene ältere Linie fort. Ihm folgte sein Sohn, Franz Dominik, verm. mit Anna Magdalena v. Bödingheim, diesem Johann Ludwig, diesem Beatus Ludwig Conrad, gest. 1815, dessen Sohn Friedrich Ludwig, Freih. v. W. und G., geb. 1769, k. k. Kämm. und General-Maj. in d. A., verm. 1826 mit Augusta Zorn v. Bulach, am 15. März 1851 als letzter männlicher Sprosse seines Geschlechts seine Wittwe u. 3 Töchter hinterliess: Augusta, geb. 1827, verm. 1845 mit Franz Freih. v. Falkenstein, grossh. bad. Kammerh., Luise, geb. 1829, verm. 1851 mit Franz Freih. Neveu v. Windschläg, Grundherrn zu Dietenbach, Rain und Biengen im Grossh. Baden, grossh. bad. Kammerh. und Franziska Ernestine, geb. 1830, verm. 1857 mit Julius Freih. v. Roggenbach, grossh. bad. Rittmeister a. D.

<small>Genealog. Taschenb. d. freih. Häuser 1849, 1853 S. 521, 1870 S. 1004. — Cast, Adelsbuch von Baden. — S. 1. 133.</small>

Wangenheim, Freiherren auch Grafen (Schild der Länge nach getheilt: rechts in Silber ein an die rechte Seite des Schildes grade hinan laufendes Windspiel und links in Gold drei schwarze Zwillingsbalken). Grafenstand des Kgr. Preussen nach dem Rechte der Erstgeburt. Diplom vom 15. Oct. 1840 für Georg Ernst Christian Ludwig August v. Wangenheim, Wintersteinscher Hauptlinie, k. hannov. Hofmarschall u. Geh.-R., Herren auf Wangenheim u. s. w. Im Kgr. Bayern, als Freiherren, immatriculirt den 31. Aug. 1842. Im Herzogthume Sachsen-Coburg-Gotha anerkannter Freiherrenstand vom 7. Aug. 1855, vom 8. Febr. 1856 und vom 22. März 1858. Im Kgr. Hannover anerkannter Freiherrenstand vom 2. Aug. 1856. — Eins der angesehensten thüring. Dynastengeschlechter, dessen Stammhaus bei Gotha. Abgesehen von Berichten der Chronikenschreiber über den Ursprung des Geschlechts, dass es unter Hugo mit den Hunnen 456 oder Sachsen 936 nach Thüringen gekommen, mit den Erflüs den Namen Grynhund (Greyhound, Windhund) führend, sind die ersten Spuren in den Erwerbungen des Stiftes Fulda zu suchen, wenn wir mit dem Verfasser der Regesten und Urkunden des Geschlechtes v. W., Hannover 1857 S. 10, auch noch die Nummern 1—12 vom Jahre 770 an, als widerlegte Hypothesen oder Citate aus gefälschten Urkunden, bis zu Anfang des 11. Jahrh. überspringen. Hiernach beginnen wir mit Dietmar, welcher seine Güter in Wangenheim und Waltrich de Wangenheim, welcher ebenfalls dergleichen dem St. Bonifacius zum Lehn giebt. Mit erster Jahreszahl erscheint 1133 Ludwig I. als Zeuge bei einem Gütertausche zwischen Fulda und Paulinzelle, dessen Sohn Berthous 1156 und dessen Sohn Ludwig II. 1195. Sehen wir den dritten Ludwig mit dem Landgrafen Hermann, in dessen Hofe das schönste Zeitalter des deutschen Minnegesanges erblühte, urkundlich 1207 auftreten, so schloss sich Ludwig IV. bis ca. 1268 dem neuen Meissner Markgrafen Heinrich, nach dem Absterben Heinrich Raspe's 1247 an, vermählte sich mit einer Treffurt, die seinen Enkeln die bedeutenden Behringer Güter zubrachte (nach minder glaubhafter Lesart in Folge der Besiegung jenes Geschlechts damit beliehen). Die Söhne Albrechts oder Apels 1304—1331, Ludwig oder Lutze 1335—40 und Albert oder Apel 1335—37 trennten den Stamm in die beiden Hauptäste der Wangenheimer und Wintersteiner Linien. Erstere hat bis in die neueste Zeit in zwei Unterlinien geblüht, letztere, nachdem sie sich in sogenannte Viertel getheilt, mit Aussterben des vierten 1844 in noch drei. Der älteste Lehnbrief der Familie überhaupt 1321 von den Grafen Friedrich und Hermann von Orlamünde, Herren zu Weimar, über einen Theil ihrer Besitzungen betrifft Hayn, Osterbehringen, Wyda, Lo, Hohenheim, Westhusen, Vorchte, Pfullendorf, Gotzerode, Melborn, Hartrungsfeld, Leichberg, Rath, Methebach, Mungerthal, Frankenrode, doch war dies eben nur der neuere. In einer Urkunde von 1349 stellt sich heraus, dass die festen Schlösser Wangenheim (also vielleicht seit Dietmar im zehnten Jahrh.), Winterstein und Kalenberg, so wie der Antheil an Brandenfels noch freier Allodialbesitz war, wobei Friedrich namentlich als nobilis gegenüber den strenuis erscheint. Demselben, Landvoigt von Thüringen ward noch im hohen Alter 1346 nach der Schlacht von Crequi gegen die Franzosen, die Ehre zu Theil, als tapferster Ritter des Heeres, der nie geflohen, seinen eigenen Herren, den jungen Landgrafen Friedrich den Ernsthaften, im Lager König Eduard III. von England zum Ritter zu schlagen. Die Reihenfolge in absteigender Linie des Hauptastes Wangenheim-Wangenheim ist nach Ludwig bis 1340: Lutz jun., Ritter, 1349—77, bleibt bei Plauen: Friedrich, Ritter, 1375 gest. 1431 (in derselben Zeit erscheint Agnes als Aebtissin zu St. Cathar. in Eisenach): Claus, Ritter, 1435 (sein Bruder Jacob bleibt 1426 bei Aussig): Claus, Ritter, 1462: Bernhard, 1483, gest 1519. Dieser hinterliess zwei Söhne, von denen Hans 1533 Stammvater des Zweiges zu Graitschen: Jobst sen., gest. 1591: Balthasar, gest. c. 1630: Hans Georg, gest. 1681: Georg, gest. 1711: Joh. Georg, gest. 1721, Johann Georg, gest. 1759: Friedrich Albert, verm. mit Christiane Henriette v. Brandt: Hermann, geb. 1802, herz. Sachs. Altenb. Kammerherr und Oberforstmeister zu Hummelshayn, verm. 1834 mit Mathilde von der Gabelentz, geb. 1810, aus welcher Ehe ein Sohn und mehrere Töchter. Den zweiten Zweig des Wangenheim-Wangenheimchen Astes stiftete Georg 1533, auf ihn folgte Reinhard, gest. 1599 und im 6. Gliede Carl August, geb. 1773, gest. 1850, k. württemb. Staatsminister, welcher zwei Söhne hinterliess: Wilhelm, geb. 1808, k. k. Beamter im Ministerio der Landwirthschaft, verm. mit Caroline v. Früss, u. Hermann, geb. 1809, k. pr. Geh. Reg.-R., verm. mit Maria Freiin Aichner v. Heppenstein. Den Wangenheim-Wintersteinschen Hauptast des Albert jun. pflanzte fort Friedrich jun., 1337—75, Ritter, Landeshauptmann: Lutze bis 1409: Hans bis 1469 (in dieser Zeit erscheint wieder eine Aebtissin v. St. Cathar., Anno 1460, welche Betrachtungen über das Hohe Lied Salomonis geschrieben), dessen Sohn Friedrich durch seine Söhne Friedrich und Apel Stammvater des dritten u. vierten Viertels, sowie sein Sohn Lutze II. 1508 durch seine Enkel Lutze III. und Friedrich Stammvater des zweiten und ersten Viertels. In letzterem folgte dem Friedrich 1508 bis 75, Melchior Ludwig, gest. 1585; Hans Reinhard, gest. 1633; Johann Levin, gest. 1678; Adam Georg, gest. 1721. Dieses Söhne theilen das Viertel wieder in zwei Theile: Adam Melchior, gest. 1747; Adam Melch. Joh., gest. 1769, dessen drei Söhne wieder drei Nebenzweige stiften: Friedrich Ludwig, gest. 1801, Friedrich Aug., gest. 1806 und Julius Heinrich, gest. 1811. Von ersterem stammt Ernst Friedrich, geb. 1793, herzogl. Sachs. Goth. Oberforstmeister und Kammerh., auf Brüheim, verm. 1) mit Auguste v. Wangenheim (geb. 1796, gest. 1862), 2) Mathilde v. Benning 1865, welcher sechs Söhne u. zwei Töchter; Fritz, geb. 1822, k. württemb. Oberlieutenant; Constantin, geb. 1824, herz. Sachs. Meining. Referendarius; Hermann, geb. 1825; Ernst, geb. 1827, auf Jägerswalde in Ostpreussen; Hubert, geb. 1828, Lieut.; Albert, geb. 1830, k. preuss. Artillerie-Lieut. Von Friedrich August stammt Heinrich Ludwig Carl, geb. 1797, verm. 1828 mit Auguste Lobedon (geb. 1809), gest. 1852, k. preuss. Landgerichts-R. auf Neu-Lobitz und Bahnwerder in Pommern, welcher sechs Söhne, Ernst, geb. 1829, k. preuss. Gerichts-Assessor a. D. auf Neu-Lobitz, verm. 1854 mit Sophie Pogge 1832 (welche drei Söhne u. vier Töchter); Heinrich, geb. 1843, k. preuss. Lieut. im Garde-Pionier-Corps; Walter, geb. 1847; Conrad, geb. 1849. Von Julius Heinrich stammt Bernhard, geb. 1808, kurhessischer Oberst a. D., verm. mit Amalie v. Schmerfeld (geb. 1820, gest. 1865), aus welcher Ehe drei Söhne und zwei Töchter, Julius, geb. 1837, kurhess. Lieut., Albert, geb. 1839, Ottobald, geb. 1840. Adam Georg's (s. oben) zweiter Sohn Georg Friedrich, gest. 1759, stiftete nun im ersten Viertel die zweite Linie: Friedrich Bernhard, gest. 1804; Adam Carl Friedrich, Geh.-R., geb. 1770, gest. 1846, dessen vier Söhne wieder vier Nebenzweige bilden: Ernst, geb. 1797, gest. 1860; Alexander, geb. 1829, herzogl. Sachs. Coburg-Gothaischer Forstmeister auf Schieferschloss Sonneborn 1, verm. mit Sophia v. Zech (geb. 1838) mit zwei Söhnen und zwei Töchtern; Gustav Udo, geb. 1801, gest. 1855; Gustav, geb. 1855 auf Schieferschloss Sonneborn 2; Eduard, geb. 1802, gest. 1834; Hugo, geb. 1834, lebt in Oesterreich; Max, geb. 1810, herz. Sachs. Cob.-Goth. Oberhofmarschall, auf Schieferschloss Wangenheim, verm. mit Christiane v. Hausen auf Stutternheim, aus welcher Ehe zwei Söhne. Das zweite Viertel des Wintersteinschen Hauptastes, gestiftet durch Lutze III: Wolf Veit; Hans Friedrich; Walrab Adolph, geb. 1589, gest. 1639, dessen Sohn Johann Friedemann, gest. 1674, wiederum eine Nebenlinie bildete, welche unter seinem Enkel Walrab Adolph sich nochmals theilte, blüht in den Nachkommen Adolphs, geb. 1797, gest. 1858, k. hannov. Präsident des Obersteuer- u. Schatz-Collegiums, verm. mit Amalie v. Hacko (geb. 1806): Georg, geb. 1830, gest. 1861, verm. mit Cecilie Petronolla v. Wangenheim (Tochter des General Alexander v. W. III. Viertel), Besitzer des Thümmel'schen Gutes Sonneborn; Walrab, geb. 1864, und dem Bruder Georg's Walrab, geb. 1831, k. hannov. Rittm. auf Holtensen b. Hamm, Rothhof 1 u. Oberstlieutenant's Gut in Wangenheim, verm. mit Elisabeth v. d. Decken-Ringelheim (geb. 1837) nebst zwei Töchtern und den Söhnen Ernst's, geb. 1806, k. hannov. Amtmann a. D. auf Rothhof 2 u. Oberstlieutenant's Gut in Wangenheim, Rittergut Syke u. Meyerhof Brukeberg bei Rinteln, verm. mit Helene v. Hacke: Friedrich, geb. 1840, k. sächs. Prem.-Lieut. der Cav., Max, geb. 1841, Referendar, Hermann, geb. 1845, k. sächs. Prem.-Lieut. der Inf. Dazu gehört noch die Nebenlinie Johann Levins (des Bruders Joh. Friedemann's, s. oben), gest. 1684, dessen Ur-Ur-Enkel (Söhne des Ernst Heinr. Levi) Anton, geb. 1804, herz. Sachs. Cob.-Goth. Hauptm. a. D., verm. mit Ottilie Arnoldi (geb. 1815) mit zwei Söhnen und einer Tochter u. Constantin, geb. 1806, herz. Sachs. Cob.-Goth. Jagdjunker a. D. zu Ohrdruff, verm. 1835 mit Emilie Schildbach, mit drei Söhnen und einer Tochter das Rittergut Wölfis besitzen. — Das III. Viertel des Winterstein'schen Hauptastes durch Friedrich (s. oben) gestiftet und dessen Sohn Melchior sen., gest. 1588, theilte sich wieder mit dessen Söhnen, Christoph, geb. 1573, gest. 1638 und Melchior jun., gest. 1610 in zwei Branchen, in deren ersterer auch der Graf Georg Ernst Christian Ludwig v. W. (s. oben) gehörte, welcher geb. 1780, verm. 1806, mit Johanna v. d. Decken (geb. 1786, gest. 1860), als k. hannov. Ober-Hofmarschall u. Geh.-R., auf Wangenheim, Tüngeda, Hayna, Hochheim, Sonneborn, Fischbach, Behringen, Hütscherode, Hesswinkel und Reichenbach im Herzogth. Cob.-Gotha, Waake und Harste im Fürstenth. Göttingen und Eldenburg in der Westpriegnitz, am 21. Nov. 1851 starb, und in welcher nur noch von Christoph's Sohne Georg, fürstl. Braunschw. Jägermeister, von dessen Sohne Christoph Adolph, k. preuss. General-Maj. und von dessen Sohne Friedrich Wilhelm, k. poln. kursächs. General-Adjutanten abstammend, August, geb. 1821, k. preuss. Lieut. a. D., Wangenheim'scher Stiftsdirector und Familien-R. auf Vordergut Winterstein und gelbes Schloss Sonneborn, sodann auf Hütscherode, Hesswinkel u. Reichenbach, als aus mit dem k. sächs. Kammerh. Ernst Wilh. 1844 ausgestorbenen vierten Viertel angefallen, blüht. Verm. 1855 mit Wilhelmine von der Mülbe (geb. 1827), stammen aus dieser Ehe fünf Söhne und drei Töchter. Die zweite Branche ist die zahlreichste, indem sie sich wieder in drei Zweigen mit fünf Subdivisionen verbreitet. Von Melchior jun. (s. oben stammend) und zunächst von dessen Ur-Ur-Enkel Adam Julius, geb. 1721, gest. 1763, welcher das Mittelgut Winterstein und zu Sonneborn das Vorder- und Hintergut besass, stiftete dessen ältester Sohn Friedrich den ersten Zweig, geb. 1749, gest. 1800, k. preuss Oberforstmeister in Gumbinnen, verm. mit Wilhelmine v. Bornstädt (gest. 1840), hinterliess derselbe (I. Subdivision) von Julius, geb. 1788, gest. 1859, herz. Sachs.-Coth.-Goth. Oberkammerh. und Landjägerm., verm. 1821 mit Amalie v. Münchingen (geb. 1849): Otto, geb. 1823, herz. Sachs. Cob.-Goth.-Reg.-R. und Forstmeister zu Georgenthal, verm. 1861 mit Emma v. Henning, nebst vier Söhnen; Adolph, geb. 1824, herz. Sachs. Cob.-Goth.-Reg.-R., unvermählt; Julius, geb. 1826, k. preuss. Hauptmann

a. D. zu Coburg, verm. 1858 mit Adele v. Plessen (geb. 1835) nebst einem Sohne. (II. Subdivision) von Alexander, geb. 1792, gest. 1861, k. preuss. General-Lieut. a. D. verm. 1820 mit Ernestine von dem Borne (gest. 1854): Friedrich, geb. 1824, k. preuss. Maj. in Düsseldorf, unvermählt; Ernst, geb. 1829, k. preuss. Oberstlieut. und Dirigent der Ingen.-Abth. im Kriegs-Ministerio, verm. 1856 mit Cecilie v. d. Osten, nebst zwei Söhnen und zwei Töchtern. Der zweite Zweig stammt von Friedrich Ludwig Constantin, geb. 1751, gest. 1827, herz. Sachs. Cob.-Goth. Landjägerm. zu Georgenthal, verm. mit Auguste v. Hopfgarten, deren Sohn Julius, geb. 1801, gest. 1864 aus seiner Ehe mit Mathilde v. Benning (geb. 1818) zwei Söhne hinterliess: Paul, geb. 1842, k. preuss. Lieut. in Breslau u Alfred, geb. 1843, verm. 1866 mit Caroline Rohmann, welche Vorder- u. Hinter-Sonneborn besitzen. Der dritte Zweig stammt von August Friedrich, geb. 1761, gest. 1834, herz. Sachs. Meining. Oberforstmeister, verm. 1) mit Wilhelmine v. Lettow (gest. 1802); 2) verm. mit Wilhelmine Meyer (geb. 1784, gest. 1817). Die I. Subdivision bilden die Söhne des ältesten Sohnes Wilhelm, geb. 1788, gest. 1852, herz. Sachs. Meining. Oberst, verm. 1) mit Dorette v. Seefried (gest. 1816); 2) verm. mit Victorie v. Meyern Hohenberg (gest. 1837): Udo, geb. 1816, k. preuss. Oberstlieut. zu Coblenz, verm. 1840 mit Maria v. Moltke nebst zwei Töchtern u. einem Sohn Arthur, k. preuss. Prem.-Lieut. in Posen; Wilhelm, geb. 1823, herz. Sachs. Meining. Förster, unvermählt. II. Subdivision, der zweite Sohn August's, Constantin, geb. 1794, herz. Sachs. Cob.-Goth. Maj., verm. mit Luise v. Gökel (gest. 1831; 2) verm. mit Auguste Möhring. Ihr einziger Sohn Hugo blieb als k. k. österr. Officier b. Königsgrätz. Subdivision III, der dritte Sohn Hermann Friedrich Albert, geb. 1807, k. hannov. Kloster-Kammer-Director, verm. mit Johanna Charlotte Juliane Friederike v. Wangenheim, geb. 1828 (Adolph's II. Viertels, I. Branche, I. Zweiges Tochter) besitzt das Fidei-Commiss Wake mit Kescheroë und Eldenburg, hat einen Sohn Adolph, geb. 1854 und vier Töchter und ist der Verfasser der Regesten und Urkunden des Geschlechtes v. Wangenheim, Hannover 1857, so wie die Redaction demselben die Revision derselben bis auf die neueste Zeit verdankt.

<small>Albini, Gesch. d. Gr. Werthern 72. — Bagmihl III. 168. — Biedermann, Rhön und Werra. I. Verz. — Binhard, thüring. Chronik, Vorrede c. 2—d. — Brückner, I. Th., I St., S. 48, St. 2, S. 133, 134, Th. 3, St. 2, 3. — Diplom. Jahrb. d. preuss. Staats, 1841, Abth. I, S. 60. — Gauhe, I. S. 29, 43. Gleichenstein, Tab. 102. — Grov, hannov. Wappenb. A. 19 — Hattstein, II. Suppl. 78. — v. Hellbach, II, S. 683. — v. Hefner, bayer. Ad., S. 62, T. 66; hannov. Ad., S. 30, T. 311l; hess. Ad., S. 29, T. 33; preuss. Ad., S. 31, T. 35; sächs. Ad., S. 17, T. 17, S. 52, S. 60. — Histor. herald. Handbuch, 2. geneal. Taschenb. d. gräfl. Hauser, 1855, S. 1037. Geneal. Taschenb. d. gräfl. Häuser, 1860, S. 901, 1861, S. 1024. — Knaut, prodrom. Misn, p. 589. Freih. v. Ledebur, III. S. 79, S. 356. — v. Meding, I. S. 932. — Schannat, fuld. Lehnhof, S. 181, 183—185. — Siebmacher, I. 127, n. 12 und 148, n. 5. — Tyroff, I, 39; sächs. Wappenb. V. T. 95. — Zedler, 52, S. 1979. — Und Regesten und Urkunden des Geschlechtes v. W., Hannover 1857, herausgeg. v. Hermann v. W., k. hannov. Kloster-Kammer-Director, sowie handschriftl. Additamenta desselben.</small>

Warberge, Werberge, Edle Herren (im Schilde ein schwarzer Lindenstock oben verhauen mit zwei Blättern und unten mit drei Wurzeln). Altes den Titel Edle Herren führendes braunschw. Geschlecht, welches auf dem später fürstl. Wolfenbüttelschen Amte gleichen Namens unweit Helmstedt sass, von den Schriftstellern bald für Grafen ausgegeben wurde und bald mit den Grafen v. Wartberg, bald mit denen v. Wartburg verwechselt worden ist. Hermann Edler Herr zu Warberg befand sich 1272 auf dem Landtage der Herzöge zu Braunschweig, und ein anderer dieses Namens zählte 1355 zu den Heermeistern des Johanniter-Ordens zu Sonneburg. — Konrad, Bischof v. Minden 1274—1295. — Heinrich Julius v. Werberge starb 1672 als der Letzte seines Hauses und hinterliess einige Töchter. Mit Agnes Elisabeth v. Werberge, die man noch 1680 findet, ist auch der weibliche Stamm dieses alten Geschlechts erloschen.

Hoppenrod, Stammbuch S. 99. — *Gryphius* vom Ritterorden, S. 48. — *Falkenstein*, Cod. dipl. Antiq. Nordgav. S. 50. — *Gauhe*, I. S. 2778 und II. S. 1266. — *Zedler* 52, S. 2094. — *Jens*, histor. Abh. v. d. edlen Herren v. W. in den hannov. gelehrten Anzeigen 1751, 37 Stück und in Schott's jurist. Jahrg. oder im Magazin f. Rechtsgelehrt. u. Geschichtsforscher I. Nr. 7. S. 252. — *v. Meding*, III. S. 720, n. 911. — *Praun*, adl. Europa 675. — *Dithmar* 24—33. — *v. Hellbach*, II. S. 684. — *Hopf*, Atlas, S. 200.

Warburg (in Silber ein mit drei dergleichen Rosen belegter schräg rechter Balken). Altes meklenburgisches Adelsgeschlecht. Ob dasselbe, wie nach alten Stammtafeln, von den alten Grafen an der Diemel in Westphalen direct abstamme, oder der Tradition der Familie nach, von einem Lieblinge Heinrich des Löwen, Eckbert, welcher ihn auf seinen Nordzügen begleitete, dort von demselben mit Grundbesitz belehnt, als jüngerer Zweig seines Geschlechts eine neue Familie begründete, ist vorläufig noch nicht zu constatiren, da mit den Urkunden so vieler anderen meklenburgischen Geschlechter die Warburg'schen älteren Familien-Nachweise durch den Brand des Rathhauses in Neu-Brandenburg zerstört sind. Uebrigens fehlt es keineswegs an Dokumenten, die schon bis in das 13. Jahrhundert zurück gehen, indem sowohl in den Urkunden des Klosters Dargun, als Zeuge für den Fürsten Borwin von Rostok, Hinricus de Warborch 1244 erscheint, wie auch derselbe 1251 als dominus und andere des Geschlechts, auch nach Behr (s. unten) zu den nobiles entgegen den milites gezählt werden, und im Amte Stargardt und Stavenhagen ein 500jähriger Grundbesitz nachzuweisen. Joachim, Enkel Achim's zu Quaden-Schönfeld 1389 ebendaselbst und zu Stolpe 1459, war verm. mit Sophia v. Kerberg; — Heinrich 1514: Adelheid v. Zerneckow; — Claus auf Lichtenberg 1546: Anna v. Kratzen; — Hermann auf Quaden-Schönfeld, Oberstlieutenant der Cav. 1608: Margarethe v. Glöden (sein Bruder Heinrich, auf Quaden-Schönfeld, Stolpe, Ballin, Badresch, Oldendorff, Gramelow, Warbende, Flatow, Koldenhoff, Dolgen, 1567 Meklenb. Oberster, früher Rittmeister bei Franz I. und Heinrich II. von Frankreich). — Joachim, Landrath 1620: Sabine v. Lehsten; — Claus Heinrich auf Ballin, Rehberg, Stolpe, pfändet Neverin 1650: Isabella v. Bülow-Hundorff. — Joachim Mathias, ebendaselbst: Isabella v. Aschersleben, 1700. — Claus Ehrenreich auf Quaden-Schönfeld und Stolpe, geb. 1682, gest. 1761, verm. 1) Ursula v. Greiffenberg (gest. 1721), 2) Dorothea v. Düringshofen (gest. 1746); — Ernst Sigismund auf Quadenschönfeld-Stolpe, geb. 1718, Meklenb. Landrath im Herzogth. Güstrow, Stargarder Kreises 1762, gest. 1770; verm. 1) Eva v. Warburg-Stolpe (gest. 1757), 2) Christiane v. Thomstorff-Watzkendorff (gest. 1768); — dessen Bruder zweiter Ehe Friedrich Ernst Wilhelm, geb. 1732, Meklenb. Landdrost, auf Quaden-Schönfeld und Stolpe, gest. 1800, verm. 1762 mit Dorothea v. Tornow-Wittenhagen (geb. 1738, gest. 1808), durch dessen Söhne sich der Stamm theilt. Der ältere Adolph Friedrich Sigismund, geb. 1763, k. preuss. Rittmeister auf Hohen-Landin, Quaden-Schönfeld und Stolpe, gest. 1823, war verm. 1798 mit Wilhelmine Lufft (geb. 1770), aus welcher Ehe entsprossen, neben einer Tochter Emilie, geb. 1802, verm. an Eduard v. Schlichting, k. preuss. General der Infanterie, noch zwei Söhne leben: Albert Ernst, geb. 1799, k. preuss. Prem.-Lieut. der Garde du Corps, gest. 1831, verm. 1827 mit Ernestine v. Rabe-Carmzow, aus welcher Ehe zwei Söhne: Erich, geb. 1828 auf Ober-Altwaltersdorf, verm. mit Hildegarde v. Prittwitz-Gaffron und Georg, geb. 1830, k. preuss. Kammerh. u. Major, verm. mit Emilie Freiin v. d. Goltz. Der zweite Sohn: Eduard Friedrich Wilhelm, geb. 1800, k. preuss. Lieutenant, auf Quaden-Schönfeld, verm. mit Sophie v. Scheve, der dritte Helmuth Otto Friedrich, geb. 1809, k. preuss. Lieutenant, auf Stolpe, verm. 1838 mit Luise v. Rabe-Carmzow, aus welcher Ehe neben drei Töchtern: Clementine, verm. v. Orzen, Anna, Emma, ein Sohn: Albert. Der jüngere Sohn Friedrich Ernst Wilhelm's, Ernst Christoph Friedrich Wilhelm Freih. v. W., geb. 1765, auf Hohen-Landin, k. preuss. General-Maj., gest. 1835, verm. 1817 mit Auguste Grf. Blankensee-Filehne, hinterliess neben mehreren früh gestorbenen Kindern nur einen Sohn: Georg Wilhelm, Freih. v. W., geb. 1820, auf Libbehne und Hohen-Landin, jetzt in Dresden auf Villa Rosa, verm. mit Elisabeth v. Bonin, Tochter des ehem. k. preuss. Kriegsministers.

<small>Handschriftl. Notizen. — *Bagmihl*, II. 81. — *Behr*, M. J. v., ter. Meklenb. I. lib. 8. p. 1673. — *Frenke*, Alt- und neues Meklenb. 1753. — *Gauhe*, I. S. 2779. — v. *Hellbach*, II. S. 694. — *Klüver*, Beschreib. d. Herzogth. Meklenburg. — *Müller*, geneal. Tab. *Lisch*, meklenb. Urkunden, Schwerin 1834. — Meklenb. Urkundenbuch, Schwerin 1863. — Meklenb. Wappenb. LIII. 201. — *Freih. v. Ledebur*, III. S. 80. — v. *Hefner*, meklenb. Ad. S. 21, T. 20. — *Prätorius*, Versuch einer meklenb Adelsgesch. (Warburg). *Fahne*, kleine deutsche Höfe. — N. Pr. A.-L. IV. S. 306.</small>

Wardenburg (in Blau ein quergelegter goldener Eichstamm (Ast) mit Blättern und Eicheln). Oldenburgischer Uradel, k. dän. Adelsstand. Diplom 1829, unter Anerkennung des alten Wappens. Stammburg Wardenburg bei Oldenburg schon 1345. N. v. Wardenburg-oldenburg, Canzlei-R., dessen Sohn August 1773 nach Schleswig ging und dort als Major starb, war verm. mit Marie Vitzthum v. Eckstädt, aus welcher Ehe entspross als älterer Sohn Detlef Friedrich v. Wardenburg, geb. 1783, gest. 1863, verm. mit Pauline v. Blücher, aus welcher Ehe stammen neben vier Töchtern: Friedericke verm. Präsident v. Stemann in Copenhagen, Sophie verm. Dr. Valentiner, Luise verm. v. Blücher, Pauline und Caroline unverm., vier Söhne: Heinrich Friedrich v. Wardenburg-oldenburg, Oberstlieutenant, geb. 1811, gest. 1869, verm. 1842 mit Caroline v. Blücher (geb. 1801), Kinder: Carl und Luise, Ludwig von Wardenburg, Forstmeister in Russland, geb. 1812, verm. mit Hermine von Güldenstubbe, Gustav, oldenburg. Major, geb. 1816, verm. mit Natalie v. Anderten, Christian, Hauptmann a. D., geb. 1820, verm. mit N. Finger. Der jüngere Sohn August v. Wardenburg, Bürgermeister von Apenrade, hinterliess: Friedrich Owe Sophus Ludwig v. Wardenburg, grossherzogl. sachs.-weim. Geh. Legations-R., verm. mit Marie v. Beulwitz.

<small>Handschriftl. Notizen. — v. Hefner, sächs. Ad. S. 53, T. 60.</small>

' **Wardener Freiherren** (in Blau drei (2 und 1) silberne Kleeblätter und aus dem unteren Schildesrande 3 wachsende Knappen in silberner Rüstung). Reichsfreiherrenstand. Diplom von 1791 für Claude Baron de Wardener unter Bestätigung der althergebrachten Freiherrenwürde der Familie. Derselbe, geb. 1733 und gest. 1813, verm. 1784 mit Cathérine Marquise de Boucher, gest. 1849, stammte aus einem franz. Geschlecht, welches Jahrhunderte hindurch im Lande begütert zum höhern Adel gehörte, als k. französ. Oberstlieutenant unter Louis XVI., beim Ausbruche der ersten französ. Revolution sein Vaterland verlassen und in k. k. österr. Kriegsdienste getreten war. Des in Frankreich geführten Beinamens „Reud" bedient sich die Familie seit ihrer Auswanderung nicht mehr. Der ältere Sohn des Baron Claude de Wardener, Freiherr August, k. k. Feldmarschall-Lieut., geb. 1785, gest. 1848, hatte sich 1827 mit Louise v. Czernik und Orvath, gest. 1851, verm., aus welcher Ehe stammen drei Söhne: Freih. Hippolyt, geb. 1828, k. k. Lieut. in der Armee, Freih. Edmund, geb. 1833 und Freih. Rudolph, geb. 1837.

<small>Geneal. Taschenb. d. freih. Häuser, 1859, S. 867, 868 und 1869, S. 972.</small>

Warendorf, Warendorp (im Schilde ein nach beiden Seiten gezinnter schräg-rechter Balken, begleitet von zwei Schrägstreifen: nach Siegeln von 1390, 1447 und 1511). Altes längst erloschenes Münster'sches Erbmanns-Geschlecht, welches 1346 die Bispingsmühle in Münster, 1379 den Hof Walgarden im Kirchspiele Trenkenhorst, den Hof Wigberinch im Kirchspiele Greven und einen Zehnten von Ahlen besass. — Bernd Warendorp v. Kuckelsheim, wohl dem Stamme v. Kuckelsheim angehörend und Sohn einer Erbtochter v. Warendorp führte 1657 das Wappen, wie folgt: Schild der Länge nach getheilt: rechts der Kuckelsheim'sche Helm und links der Warendorf'sche gezinnte Balken, doch hier schräg links.

<small>Freih. v. Ledebur, III. S. 80.</small>

Warendorf (in Gold drei blaue Balken, bald schräg rechts, bald quer gelegt und im mittleren derselben drei goldene Lerchen). Altes aus dem Münster'schen stammendes Lübecker Patriziergeschlecht: Ecke v. Warendorf 1122 in Rath, Johann v. Warendorf, Domherr zu Lübeck 1681, einen einzigen Sohn hinterlassend.

<small>Freih. v. Ledebur, III. S. 80. — Siebmacher, III. 197.</small>

Warkotsch, Freiherren (in Roth zwei ins Andreaskreuz gelegte, oben jede mit einer heraldischen silbernen Lilie besetzte ausgerissene Stauden). Böhm. Freiherrenstand. Diplom vom 12. Januar 1735 für Carl Ferdinand von Warkotsch, Hauptmann. Eins der ältesten und angesehensten schles. Adelsgeschlechter (auch Warkotzsch,

Warkosch geschrieben) und aus dem Königreich Ungarn übersiedelte. Von den früheren bekannten Ahnherrn des Stammes war Nicolaus Warkotsch v. Nobschütz im Ratibor'schen 1503, Beisitzer bei dem unter dem Herzoge Carl I. zu Münsterberg gehaltenen Ritterrechte zu Frankenstein, und Georg von Warkotsch, ein schles. Ritter, diente 1540 als Oberst unter Ferdinand im Türkenkriege, und machte die Belagerung von Ofen mit, 1543 vertheidigte er als kaiserl. General und Commandant die Festung Stuhl-Weissenburg gegen die Türken und fiel im Kampfe noch während der Belagerung als tapferer Officier. Zu derselben Zeit war Thomas v. Warkotsch, Adoptivsohn des Palatin Grafen Pereny, kais. Oberst und Gouverneur zu Erla, auch bekleideten im 15. Jahrh. viele Edle v. Warkotsch in Kriegs- und Staatsdiensten zum Theil hohe Aemter und Würden. In Schlesien hatte die Familie sich zeitig in unterschiedene Häuser: zu Langenhennersdorf im Glogauischen, Nobschütz im Münsterbergischen, Silbitz und Wilmsdorf im Briegischen geschieden und besass später auch Rennersdorf, Schwesterwitz und Merzdorf im Münsterbergischen, Grunau und Neudorf im Oppelschen, Klein-Tchunkawe bei Militsch, Warkotsch bei Strehlen, und neuerlich Strachwitz im Breslauischen. Von der Linie zu Silbitz lebte Anfang des 16. Jahrhunderts Nicolaus v. Warkotsch, verm. mit einer v. Pogrell und Lampersdorf, der gleichnamige Sohn hatte eine v. Tschesch und Krippitz zur Gemahlin und eine Tochter, Eva, vermählte sich 1589 mit Hans v. Reinsperg. Von der Linie zu Wilmsdorf war gegen Mitte des 16. Jahrhunderts Heinrich v. Warkotsch mit Ursula v. Brauchitsch vermählt. Der Sohn Johann Dietrich hatte Ursula v. Kopatsch zur Gemahlin und der Sohn desselben, Christian, war mit Sabine v. Gay in der Mark b. Frankf. a. O. vermählt. Demselben folgte Heinrich Wenzel, verm. 1663 mit Salome v. Suchodolskina und Walislawitz, aus welcher Ehe er drei Kinder hatte. Später erleiden die Familiennachrichten eine grosse Unterbrechung bis zu der Zeit, in welcher der Freiherrenstand in die Familie gekommen war (s. oben). 1741 wurde ein Baron v. Warkotsch k. preuss. Kammerherr. Auch Heinrich Gottlob war als Freiherr anerkannt worden. Derselbe hatte bis 1756 im k. k. Heere als Hauptmann gedient und war luther. Glaubens. Durch den Tod seines Bruders wurde sein Besitz mit Schönbrunn und Ob- und Nied-Rosen im Strehlenschen vermehrt, so dass er die ganze Herrschaft Strehlen, über 23 Güter besass. Seine Anhänglichkeit an das Kaiserhaus bewog ihn 1761 zum Verrathe an dem neuen Könige, welche durch Einziehung sämmtlicher Güter freilich auch den unschuldigen Lehnsvettern ihr Anrecht an dieselben entzog. Der Baron starb zu Raab und mit seinem mit einer Gräfin Königsdorf verm. Sohne erlosch später sein Zweig. Freiherr Carl Ferdinand, welcher, als der König von Preussen 1741 die niederschles. Huldigung annahm, die k. preuss. Kammerherrenwürde erhalten hatte, war Besitzer des Gutes Ciasno im lublinitzer Kreise, welches er aber später wieder verkaufte, und sich in Rybna im beuthner Kreise niederliess. Durch das wunderthätige Marienbild in Cubetzko bewogen, bekannte er sich zur katholischen Kirche. Ihm folgte sein Sohn zweiter Ehe, Freih. Anton, k. preuss. Hauptmann im Regim. v. Sanitz, gest. 1824, verm. mit Julia, Tochter des k. preuss. Maj. v. Bosse u. der Julie v. Cheranger. Aus dieser Ehe entspross Freih. Carl Anton Leopold, geb. 1784, Herr auf Strachwitz, k. preuss. Major, gest. 1848, verm. 1815 mit Charlotte Christine Friederike Henriette, Tochter des k. preuss. Lieutenant und Amtshauptmanns Johann Christian v. Wilkens und der Sophie v. Meyern, verw. v. Honrodt, aus welcher Ehe, neben einer Tochter, Freiin Antonie, geb. 1816, verm. 1835 mit Eugen Graf v. Sauerma, Besitzer des Majorats Ruppersdorf bei Strehlen, zwei Söhne stammten: Freih. Ernst, geb. 1818, Erb- und Ger.-Herr von Strachwitz, k. k. Major in Pension und Joh.-O.-E.-R. und Freih. Oscar, geb. 1827.

Buccelini Stemmatogr. P. 1. — Lucae, Schles. Denkw. S. 703 u. 1861. — Henel, Silesiogr. renov., c. 8. S. 756. — Sinapius, Olsnogr. II. S. 321 und dess. Schles. Curiosit. I. 1021 und II. S. 1008. — Gauhe, I. S. 2779 — 81. — Zedler, 52. S. 2126 — 29. — Megerle v. Mühlfeld, Erg.-Bd. N. 112. — N. Pr. Adels-Lex. IV. S. 314. — Geneal. Taschenb. d. freih. Häuser, 1853, S. 528–25, 1864, S. 215 und 1870, S. 1004. — Meding, II. 937. — Freih. v. Ledebur, III. S. 60 und 81. — Siebmacher, I. 56. — Dorst, Schles. W. B. N. 239. — Kneschke, I. S. 457. — Isthuanzy, ungar. Gesch. — Schickfuss, lib. 2. p. 78 und lib. 3. p. 313 und 451.

Warmuth v. Schlachtenfeld. Erbl. österr. Adelsstand. Diplom von 1810 für den Rittmeister im k. k. Cürassier-Regiment Herzog Albert von Sachsen-Teschen, mit v. Schlachtenfeld.

Megerle v. Mühlfeld, S. 261. — v. Hellbach, II. 685.

Warnsdorf (in Blau ein liegender silberner Halbmond, darüber ein silberner Stern). Altes sächs.-lausitz.-schles.-böhm. Adelsgeschlecht. Etwa 100 Jahre vor der Reformation Polen verlassend, verlegte es seinen Wohnsitz nach Böhmen in Warnsdorf bei Rumburg, sich auch danach nennend. Die neue Lehre annehmend verkaufte es den Ort und machte sich in der Lausitz ansässig, wo es im 16. und 17. Jahrh. zu den sechs Hauptgeschlechtern des Markgrafenthums gehörte. In Schlesien scheint sich schon früher ein Zweig niedergelassen zu haben, da Nicolaus Ritter v. Warnsdorf 1414 auf dem Concil zu Costnitz, Hans v. Warnsdorf k. böhm. Rath und Hauptmann zu Glatz, Georg v. Warnsdorf zu Giessmannsdorf 1556 Statthalter zu Liegnitz und Kaspar v. Warnsdorf kais. Rath und Landeshauptmann im Fürstenthum Schweidnitz und Jauer, gest. 1634. Adalbert v. Warnsdorf zu Giessmannsdorf war 1647 Hofrichter zu Liegnitz; Ernst Gotthard v. Warnsdorf 1712 k. poln., churfürstl.-sächs. Kammerjunker. Für die jetzt noch in Sachsen und Preussen aus der Lausitz stammende Linie Schreibersdorf und Gersdorf war Hans v. Warnsdorf auf Kuhna, Ober- und Mittel-Schreibersdorf, Reichenbach, Haugsdorf, gest. 1604, kais. Rath u. Landesältester zu Görlitz, verm. mit Sabina von Schafgotsch; — Hans Georg v. Warnsdorf auf Mittel- und Oberschreibersdorf, gest. 1655: Catharina v. Saltza; — Georg Caspar v. W. auf ganz Schreibersdorf, gest. 1693: Anna v. Gersdorf-Baruth; — Kaspar Rudolph v. W. auf Mittelschreibersdorf und Gruna, gest. 1730: Johanna v. Warnsdorf-Tauchritz; — Carl Friedrich v. W. auf Pielitz, Mersdorf, Ober-Amtshofmeister zu Bautzen: Helene v. Klüx-Herwigsdorf; — Ernst Heinrich v. W., auf Ober- u. Nieder-Gersdorf,

Gerlachsheim u. s. w.: Erdmuthe v. Leubnitz-Friedersdorf; — Carl Heinrich v. Warnsdorf, auf Gersdorf, k. preuss. Maj., geb. 1777, gest. 1855, verm.: 1) mit einer Grf. Nostitz, 2) Ernestine v. Kiesewetter, 3) Margarethe Zimmermann, aus welchen Ehen entsprossen: Georg v. W., k. preuss. Hauptmann, gest. 1848, verm. mit Anna Schubert; Ernst Rudolph v. W., k. sächs. Ober-Bergrath, geb. 1806, verm. mit Henriette Freiesleben (geb. 1808); Bernhard v. W., geb. 1812 auf Roitz bei Spremberg; Conrad v. W., k. pr. Prem.-Lieut. in Marienberg, u. Leopold v. W., Buchhändler in Berlin, beide auch vermählt.

Carpzov, Ehrentempel d. Oberlausitz, I. S. 157 und 163, II. S. 60. — *Freih. v. Ledebur*, III. S. 86. — *v. Meding*, I. 925. — *Gauhe*, I. S. 2781. — *Grosser*, III. S. — *v. Hellbach*, II, S. 686. — N. Pr. Adels-Lex., IV. S. 314. — Oberlausitz. Nachlese 1766, S. 215. — Siebmacher, I. 160, 8. — *Sinapius*, I. S. 1020, II. S. 1089. — *Tyroff*, I. 116. — *Zedler*, 52. S. 2162. — *v. Hefner*, sächs. Ad. S. 52. T. 60; — hess. Ad. S. 29. T. 85. — Kneschke, Wapp. I. S. 451.

Warsberg, Freiherren (in Schwarz ein silberner gekrönter doppelgeschwänzter Löwe). Altes stiftsfähiges rheinländ. Geschlecht, dessen Sprossen seit undenklicher Zeit zu den Mitgliedern der rheinländ. ritterschaftl. weil. reichsunmittelbaren Cantone gehörten und welche ursprünglich aus Lothringen, aus der Gegend von Metz, stammten, wo Ruinen der gleichnamigen Stammburg noch zu sehen sind. Die Stammreihe beginnt um 1150 mit Werner v. Warsberg, einem zu seiner Zeit kampfgeübten Ritter. Der Enkel desselben, Bömund v. Warsberg, ein Sohn des Johann v. Warsberg und der Elisabeth v. Dienheim, war 1299 Erzbischof und Kurfürst zu Trier und der Erste von ihnen, der das Münzrecht ausübte. Sein Bruder Philipp v. Warsberg war mit Agathe v. Sandenberg vermählt u. die weitere Nachkommenschaft derselben verbreitete sich in mehrere bald wieder erloschene Linien, deren Sprossen mit vielen Familien vom stiftsfähigen Adel des ehemaligen römisch-deutschen Reiches mehrfach verschwägert und bei allen deutschen Hochstiften und bei dem Deutschen und Johanniter-Orden oft aufgeschworen waren. Der nächste allgemeine Stammvater aller späteren und neueren Freiherren v. Warsberg ist Johann v. Warsberg, verm. mit Marie v. Elter. Der Ur-Urenkel desselben verm. sich mit Mezza, Tochter und Erbin des letzten Burggrafen Johann zu Rheineck und kam so in den Besitz dieser Burggrafschaft die dessen Urenkel Samson, ein Sohn des Johann zu Warbelstein und Burggrafen zu Rheineck, geb. 1604, aus erster Ehe mit Ursula v. Schwarzenburg, Erbin v. Heuweiler, an die Grafen v. Sinzendorf verkaufte. Samsons Ur-Ur-Enkel, Freih. Carl Anselm, gest. 1797, ein Sohn des Carl Heinrich und der Anna v. Greiffenclau und Enkel des Lothar Friedrich und der Maria Margaretha v. Hoheneck, war kurtrier. Kämmerer, Geh.-Rath, Ober-Amtmann zu Saarburg und Mertzing und k. franz. Oberst und hatte sich mit Maria Louise, Gräfin v. Nesselrode-Ereshoven, gest. 1791, verm. Unter mehreren Kindern hinterliess Freih. Carl Anselm auch den Sohn Alexander Anton, geb. 1767 und gest. 1814, kurtrier. Kämmerer, aus dessen Ehe mit Maria Theresia Freiin Schenck v. Schmidberg, Erbtochter des Joseph Franz Ignaz Freih. Schenck v. Schmidberg, das jetzige Haupt des freih. Hauses stammt, nämlich: Joseph Freih. v. Warsberg, geb. 1807,

Herr auf Wartelstein, Wiltingen, Reblingen, Hausbach, Brottdorf u. s. w., k. preuss. Kammerherr, verm. 1835 mit Elisabeth Freiin v. Wittenbach zu Ratten und Thurnstein, geb. 1809, aus welcher Ehe drei Söhne entsprossen: Alexander, geb. 1836, k. k. Kämmerer, Hof- u. Ministerial-Concipist im Ministerium des kaiserl. Hauses und des Aeusseren; Oscar, geb. 1837, lebt zu Batavia auf der Insel Java und Gustav, geb. 1838, k. k. Kämmerer und Hauptmann. Die beiden Schwestern des Freih. Joseph sind: Anna Maria, geb. 1811, St.-K.-D., verm. 1829 mit Rudolph Freih. v. Dörth zu Neckar-Steinach, Herrn zu Wartenstein u. s. w. und Ludovica, geb. 1814 (St.-K.-D. u. P.-D.), auch Inhaberin des Devotionskreuzes des Maltheser-Ordens, verm. 1834 mit Cajetan Graf v. Bissingen-Nippenburg, k. k. Kämmerer und Geh.-Rath.

Gauhe, I. S. 2784. II. S. 1266. — Geneal. Taschenbuch der freih. Häuser, 1848, S. 894, 1870, S. 1005. — *Hattstein*, I. S. 651 und 55. — *Humbracht*, Tab. 76. — *Freih. v. Ledebur*, III. S. 81. — *v. Meding*, II. S. 642. — *Salver*, S. 710. — *Siebmacher*, I. S. 131, V. 175, Suppl. IV. 2d. — *Vetter*, berg. Ritterschaft, Tab. 92. — W. B. d. preuss. Rheinprovinz 1, Tab. 125, n. 250 u. S. 115. — *Zedler*, Ad. 52, S. 2171 und 72.

Warsing (Schild durch einen schmalen rothen Querbalken getheilt, oben in Gold ein schwarzes springendes Ross und unten in Silber auf grünem Boden drei Getreidehalme). Adelsstand des Kgr. Preussen, Diplom vom 5. Decbr. 1786 für Heinrich Ludwig Warsing, k. preuss. Hof- und Kammer-Ger.-Rath.

Freih. v. Ledebur, III. S. 82. — W. B. d. preuss. Monarchie, IV, 86.

Wartensleben, Grafen (Schild mit Schildeshaupt, im goldenen Schilde ein aus grünem Busche auf grünem Boden springender (rother) Wolf: Stammwappen. Im von Gold und Silber längsgetheilten Schilde ein schwarzer Doppeladler. Auch: Schild geziert mit Mittelschilde, im letzteren das Stammwappen, im 1 und 4 der preuss. Adler, in 2 und 3 ein gepanzerter mit einem Schwerte bewaffneter Arm). Preuss. Grafenstand vom 1. Jan. 1703 u. Reichsgrafenstand vom 29. März 1706, für Alexander Herrmann v. W., k. preuss. General-Feldmarschall u. Bestätigung des Reichsgrafenstandes 1745 für Carl Friedrich, seinen Vetter Carl Philipp Christian u. für die ganze Familie. — Uraltes berühmtes, besonders a. d. hess. Grafschaft Schaumburg, Schloss Exter bei Rinteln, stammendes nach Nieder- u. Obersachsen, Brandenburg u. Oesterreich sich verbreitendes Geschlecht, welches sich früher auch Bartensleben nannte. Zahlreich an Gliedern wie Besitz. Laut Chroniken half der sächs. Heerführer Bartenbald 524 dem Könige der Franken, Theodorich, bei der Unterwerfung Ermannfrieds von Thüringen. Bei der Theilung erhielt der Unterheerführer Bardo grosse Landstriche, die Carl der Grosse seinen Nachkommen bestätigte. Von den drei Hauptlinien starb die Schweriner, gestiftet von Gunzel v. Bartensleben, den Heinrich der Löwe, Herzog v. Sachsen, nach Besiegung Nicolots, des Königs der Wenden und Obotriten 1159 zum Statthalter über die Mecklenburger ernannte und nachdem sieben Generationen die Grafschaft besessen, mit Otto 1360 aus, dessen Erbtochter Richardis, dieselbe bei ihrer Vermählung mit Albrecht II. Herzog v. Mecklenburg an dies Haus brachte. Die Bartensleben'sche

Linie in der Altmark, von Hermann, dem Bruder Gunzels, gestiftet, starb gleichfalls 1683 mit Vollrath Christoph v. B. aus, so dass nur noch die Extersche, durch Hermann II. mit der Erbtochter Agnete v. Eckerstein bei Rinteln 1244 gestiftete, blüht. Sie ist urkundlich bis 1471 auf Bodo v. Wartensleben zurückzuführen. Von ihm stammen im siebenten Gliede die Brüder Alexander Hermann (s. oben), geb. 1650, gest. 1734, k. preuss. Feldmarschall und Simon Elmershausen, geb. 1653, gest. 1720, k. preuss. Regierungs-Rath, Drost zu Hausberge. Vom Ersteren (preuss. Linie) bilden die Nachkommen seines jüngsten Sohnes Leopold Alexander, geb. 1710, gest. 1775, k. preuss. Generallieutenant, die ältere Linie, deren Häupter (erster Zweig): Gustav Ludwig, Sohn des Grafen Ludwig Christian, k. preuss Schlosshauptmann, Enkel des Grafen Wilhelm Friedrich, Hofmarschall der verw. Prinzessin v. Preussen, geb. 1796 zu Carow, Senior der Familie, Majoratsherr auf Carow bei Genthin, Excellenz, Jh.-O.-R.-R., k. preuss Kammerherr und Oberstlieut. a. D., verm. 1825 mit Elisabeth v. Goldbeck (gest. 1869), dessen Söhne: Hermann, geb. 1826, Jh.-O.-E.-R., k. preuss. Oberst, verm. 1866 mit Agnes v. Podbielski; Alexander, geb. 1828, Jh.-O.-R.-R., k. preuss. Lieutenant a. D., verm. 1859 mit Editha v. Goldacker; Gustav, geb. 1830, Erbherr auf Seedorf b. Genthin, Jh.-O.-E-R., k. preuss. Major, verm. II. 1863 mit Dorothea v. Mutius; Ludwig, geb. 1831, Erbherr auf Rogaosen b. Magdeburg u. Gränert bei Brandenburg, Jh.-O.-E.-R., k. preuss. Hauptmann a. D., verm. 1856 mit Mathilde Gräfin v. Blumenthal; Friedrich, geb. 1833, Besitzer des Rittergutes Raakow in der Lausitz, Jh.-O.-E.-R., preuss. Rittmeister a. D., verm. 1862 mit Veronika v. Plötz, deren Mehrere den Stamm fortgesetzt. (Zweiter Zweig) A., Haus Krippitz: Victor, geb. 1836, k. preuss. Premier-Lieut. — Sohn des Grafen Gustav, k. reuss. Kammerherr und Lieutenant a. D., Enkel des Grafen Gustav, k. preuss. General-Major. — B., Haus Schwirsen: Alexander, geb. 1807, Sohn des Grafen Constantin, k. k. Kämmerer und Major in d. A., Herr auf Schwirsen in Pommern, verm. 1833 mit Emilie v. Borwitz, mit vier Söhnen und vier Töchtern. C., Haus Osniszczewo: Julius, geb. 1809 zu Kl.-Wirsitz b. Guhrau, Jh.-O.-R.-R., Dr.jur. und k. preuss. Stadtgerichts-Rath in Berlin, verm. 1847 mit Luise v. Schmeling. (Dritter Zweig): Boguslaw — Sohn des Grafen Alexander, k. preuss. Landrath a. D., Enkel des Grafen Ferdinand Moritz, k. preuss. Hofmarschall des Prinzen Heinrich v. Preussen — geb. 1804, Besitzer der Fideicomissherrschaft Minkowsky bei Namslau in Schlesien, Jh.-O.-E.-R., k. preuss. Kammerger.-Assessor a. D., verm. 1863 mit Luise Meckel v. Hemsbach. Gemeinsamer Stammvater der jüngeren (österreichischen) Linie war Wilhelm Ludwig Gustav, geb. 1734, gest. 1798, k. k. General-Feldzeugmeister, verm. mit einer Gräfin Telecki — Sohn des Grafen Carl Phil. Christian (s. oben), Enkel des Simon Elmershausen, Freiherr — dessen Urenkel das jetzige Haupt August Wilhelm Casslo, geb. 1804, Erbherr auf Jarkasd b. Pesth, k. k. Oberlieutenant in d. A., verm. 1830 mit Barbara Patay de Baj-Beniz, den Stamm zahlreich fortgepflanzt, indess das Stammhaus Exten in der Grafschaft Schaumburg, mit der Tochter des Grafen Carl Ludwig Christian, geb. 1733, gest. 1806, Generallieutenant in holländ. Diensten und kurpfälz. Kammerherrn und der Gräfin Isabelle Lynar, gest. 1849 als Wittwe des Hans Freiherrn v. Manteuffel, k. preuss. wirkl. Geh.-Rath und Chefpräsident des Oberlandesgerichts zu Magdeburg — als Wittwe des 1853 verstorbenen k. preuss. Obertribunalsrath Eckard Pabst v. Ohain, Catharina Gräfin Wartensleben, geb. 1804, ausstirbt.

<small>*Abel*, d. u. s. Alterth. II. S. 514. — Allgem. geneal. Lexicon, I. S. 889. — *Brüggemann*, Beschreib. von Pomm. 1. Th. II, 179. — *Dienemann*, S. 250. — *Diethmar*, S. 38, 58 u. 64. — *Dorst*, schles. Wappenb., II. 92. — *Gauhe*, I. S. 2057, II. 1266. — Geneal. und biogr. Notizen v. d. Geschlechte derer v. W. Berlin 1831. — Geneal. Taschenb. d. gräfl. Häuser, 1870, S. 1158 und 1869 u. 1848. — v. *Hefner*, preuss. Adel, S. 31. T. 88; — hess. Adel S. 30. T. 34. — Histor. herald. Handbuch. d. Taschenb. d. gräfl. Häuser, S. 1059. — *Kneschke*, deutsche Grafenhäuser, II. S. 645. — *Freih. v. Ledebur*, III. S. 82 u. 356. — v. *Meding*, I. S. 936 und II. S. 941. — N. Pr. Adels-Lex., IV. S. 816. — *Zedler*, 52. S. 2367—2343.</small>

Washington, Freiherren (in Silber zwei rothe Querbalken und im silbernen Schildeshaupte drei rothe neben einander stehende Sterne). Freiherrenstand des Königreichs Bayern. Diplom vom 8. December 1829 für Jacob v. Washington, k. bayer. General-Major. Ein altes Geschlecht in England, welches sich von da nach Nordamerika, Holland und von hier auch nach Deutschland verzweigte. Als erster erscheint: Jacob Freih. v. W. (s. oben), geb. 1788, Herr auf Notzing in Oberbayern, k. bayer. Kämmerer, Generallieutenant und General-Adjutant, verm. 1) mit Antonie Freiin v. Verger, verw. Freiin Lochner v. Hüttenbach (geb. 1788, gest. 1831), 2) mit Caroline Freiin Segesser v. Brunegg (geb. 1802, gest. 1841), gest. 5. April 1848. Dessen Sohn: Max Emanuel Willibald Freih. v. W., Besitzer der Herrschaft Pools in Steyermark, Jh.-O.-E.-R., Vicepräsident der k. bayr. Landwirthschaftsges., geb. 2. August 1829, verm. 15. August 1855 mit Friederike, Herzogin v. Oldenburg, geb. 8. Juni 1820. Aus welcher Ehe stammen: George, geb. 31. Juli 1856 und Stephan, geb. 17. Juni 1858. Dessen Halbbruder aus des Vaters zweiter Ehe: Carl, k. bayr. Kämmerer und Rittm. a. D., geb. 27. Oct. 1833.

<small>Geneal. Taschenb. der freih. Häuser, 1857, S. 822, 1870, S. 1006. — v. *Hefner*, bayer. Adel, S. 62. T. 66.</small>

Wasmer (Wasmar) (in Roth drei schräg rechts unter einander gestellte silberne Rauten; auch geviert und mit rothem Mittelschilde, worin das Stammwappen, 1 und 4 in Silber ein schwarzer Flügel und 2 und 3 in Gold eine rothe zweithürmige Burg). Reichsadelsstand. Diplom 1689 für Conrad W., holsteinischer Canzler. — Altes bremen-verdensches Geschlecht, welches schon — unter Kaiser Heinrich I. geblüht und aus welchem Anton v. W. im neunten Turnier zu Cöln den ersten Preis erlangt haben soll. Später findet sich Johann v. W. als regierender Bürgermeister in Bremen, 1430 bei einem Aufruhr unschuldig hingerichtet. Auf Klage der Familie, welche aus der Stadt verbannt worden, kam Bremen in die Acht und Aberacht u. wurde vom Kaiser Sigismund nicht eher freigegeben, bis die verbannte Familie wieder aufgenommen und derselben die an ihrem Familienhaupte verübte That von einer Deputation der Stadt auf den Knieen abgeboten und das Geschlecht in alle Ehrenstellen und Prärogative wieder eingesetzt worden war, auch musste in der Neustadt zu Bremen ein Denkmal mit der Inschrift: dem unschuldigen Wasmer, errichtet werden. Die späteren Glieder der Familie waren namentlich im Dithmarschen angesessen. In Schlesien auf Noldau, bei Namslau und Steinsdorf. In der Nieder-Lausitz auf Bahnsdorf bei Calau und Rosendorf 1783. Doch blühten auch einzelne Zweige in andern deutschen Ländern. Friedrich Ferdinand v. W., verm. mit Catharine v. Hillesheim, lebte in der ersten Hälfte des vorigen Jahrhunderts zu Cöln. Der Sohn derselben Ignatius Joseph, geb. 1750, war herz. Sachs. Coburg. Hof- und Kammerjunker und Major und brachte das ritterschaftl. Gut Hanenberg in die Familie. Ein Enkel des Letzteren, Gustav Adam Theodor, geb. 1808, gest. 1855, bekleidete die Stelle eines fürstl. Reuss. Forstmeisters und gelangte durch Vermählung mit der Ganerbentochter Cornelie Wilhelmine Amalie Therese Henriette Freiin v. Günderode 1832 (1837) in die altadl. Ganerbschaft des Hauses Alten-Limpurg in Frankfurt a. M. — Einem andern Zweige gehörte an Detlev Wilhelm, k. poln. u. kurf. sächs. Prem.-Lieut. 1735 und Carl Max Wilhelm, k. preuss. Oberstlieutenant a. D., gest. 4. Dec. 1794, eben so in der preuss. Armee 1870 ein Hauptmann im 75. Inf.-Reg. und ein Sec.-Lieut. im 5. westphälischen Uhlanen-Reg. Angesessen auf Himmelmark, Linsenburg und Schnaups in Schleswig-Holstein. Johann v. W. ist 1870 k. k. österr. Rittmeister 1. Classe im 13. böhm. Dragon.-Reg.

v. Hefner, hannov. Ad., S. 30, T. 34. — Derselbe, frankf. Ad., S. 5, T. 3. — Derselbe, schlesw.-holst. Adel, S. 21, T. 18. — *v. Hellbach*, II 629. — *Kneschke*, Wappen, IV, S. 438. — *Freih. v. Ledebur*, III. S. 84. — *Schematismus*, k. k. Militär, 1870, S. 579. — *Siebmacher*, Suppl., VII. S. 15. — *Spangenberg*, Chronik, I. S. 111, 115. — *Tyroff*, I. 25. — *Vieth*, Beschreibung des Landes Dithmarsen, S. 83. — *Zedler*, 53. S. 48—50.

Wassenberg, v. Hoengen genannt (in Blau ein goldenes Andreas-Kreuz, begleitet von vier wiedergekreuzten goldenen Kreuzen). Reichsadel. Diplom vom 10. März 1557 und vom 12. Mai 1566 für Johann v. H., geb. W. Derselbe war Herr auf Höhe oder Hoengen unweit Aachen in den Rheinlanden, welches Gut die Familie noch 1646 inne hatte. Dieselbe sass auch 1560 zu Obbendorf im Jülichschen, 1569 zu Mechtzig, 1678 zu Wammen bei Heinsberg, 1759 zu Forst ebenfalls bei Heinsberg, zu Lorsbeck im Jülichschen und zu Stammeln unweit Bergheim noch 1830 u. später, zu Thorr bei Bergheim und zu Nothberg bei Düren. Laut Eingabe aus letzterem Sitze wurde sie in die Adelsmatrikel der preuss. Rheinprovinz und zwar unter Nr. 116 der Klasse der Edelleute eingetragen. Um 1839 war August v. W. Herr auf Nothberg und Bernhard August Friedrich Philipp v. W. Herr auf Thorr.

Freih. v. Ledebur, III. S. 84. — N. Pr. A.-L., V. S. 470. — W. B. d. preuss. Rheinprovinz, I. T. 126, n. 251, und S. 115.

Wassermann (in Gold im Fuss ein silbernes Wasser, darin stehend ein laubbekränzter, beschurzter Wildermann, in jeder Hand einen Fisch). Görzer Patricier. Nobilis Georgius Baserman, testis

1429. Im 16. Jahrh. in Gradiska; 1653 in Steiermark die Landmannschaft erhaltend; 1754 anerkannter Herrenstand in Görz.

<small>v. *Hefner*, Görzer Ad. S. 31, T. 29. — *Hellbach*, II. 690. — *Schmutz*, IV. 313.</small>

Wasserschleben (in Blau ein niedriger goldener Sparren, zwischen zwei goldenen Lilien und einem doppelbethürmten goldenen Castell. Das Schildeshaupt ist in der Mitte mit einem rothen, das silbern umrandete Eisernekreuz enthaltenden Ehrenstücke belegt). Adelsstand des Kgr. Preussen. Diplom vom 9. Juni 1858 für Ludwig Carl Christian W., k. preuss. General-Maj. Derselbe 1798 zu Bialystok (damals preussisch) geb., wo sein Vater k. preuss. Kriegs-, Forst- und Domainen-R. war (aus einer früher Schleswig-Holstein. Familie stammend), starb 1867 als General der Infanterie, Chef des k. preuss. Ingenieur- u. Pion.-Corps, General-Inspecteur sämmtlicher Festungen des pr. Staats, verm. 1832 mit Auguste Pilaski, Tochter des k. preuss. Regierungsrath P. in Liegnitz, aus welcher Ehe entsprossen neben zwei Töchtern: Anna Victorine, geb. 1837, Stiftsdame in Mariäflies, Maria Victorine, geb. 1839, verm. 1866 mit Reinhold Wagner, k. preuss. Hauptmann im Ingen.-Corps, zwei Söhne: Franz Victor, geb. 1833, k. preuss. Ingen.-Hauptm. u. Comp.-Commandant im Magdeb. Pionier-Bat. Nr. 4, verm. 1867 mit Luise Caroline v. Branconi, und Ernst Victor, geb. 1846.

<small>Handschriftl. Notiz. Familien-Nachr.</small>

Wassmuth, auch **Freiherren**. Adelsstand des Kgr. Böhmen. Diplom vom 10. März 1713 für Johann Georg, Bürger zu Prag; böhmischer Ritterstand vom 18. Febr. 1719 für denselben u. erbl.-österr. Freiherrenstand 1759 für den Appellationsrath Johann Wenzel v. W.

<small>v. *Hellbach*, II. S. 690. — Titular- und Fam.-Kalender f. Böhmen, 1787, S. 148. — *Megerle v. Mühlfeld*, S. 93 und Erg.-Bd. S. 222 und 489.</small>

Wattenheim (Schild von Roth und Gold mit drei goldenen ins Rothe steigenden Spitzen quergetheilt). Altes früher zum fuldaischen Lehnhofe gehörendes Adelsgeschlecht. Heinrich v. W. lebte 1374.

<small>*Schannat* in cl. Fuld. p. 181. — v. *Meding*, I. S. 650 und 51.</small>

Watterich v. Watterichsburg. Erbl.-österr. Adelsstand. Diplom von 1810 für Joseph W., k. k. Hauptm. wegen einundvierzigjähriger Dienstleistung mit v. W. 1870 Friedrich W. v. W., k. k. österr. Hauptmann 2. Cl. im 41. Bukowiner Inf.-Reg. in Lemberg (Pat. 4. Juli 1866), Hugo v. W., Lieut. im 16. Feldjäger-Bat.

<small>*Megerle v. Mühlfeld*, S. 281. — K. k. österr. Militär-Schematismus, 1870.</small>

Wattmann-Maëlcamp-Beaulieu, Freiherren (Schild geviert mit blauem Mittelschilde mit schrägrechtem silbernen Balken mit rothem Löwenkopf belegt; 1 und 4 in Roth ein silberner Hirsch mit einem Pfeil durch den Hals (Maëlcamp), 2 und 3 in Blau eine silberne Lilie (Beaulieu). Erbl.-österr. Freiherrenstand. Diplom vom 5. September 1653 für Joseph Ritter v. W., mit der Gestattung den Namen und das Wappen seiner Gemahlin (s. unten), der letzten ihres Stammes, mit dem seinigen zu vereinen. Derselbe, geb. 1789 zu Ebensee im k. k. österr. Salzkammergute, ward wegen seiner hervorragenden Verdienste im Gebiete der medic.-chirurg. Wissenschaften in den erbl.-österr. Adelsstand 1826 mit Edler v. erhoben u. in Folge des in weiterer Anerkennung ihm verliehenen Ritterkreuzes des Leopold-Ordens zum erbl.-österr. Ritter 1849 und Hofrath ernannt, als welcher und als emeritirter Professor an der k. k. Universität zu Wien, derselbe starb 1866. Er war verm. mit Anna Elisabeth Estelle, Baronin v. Maëlcamp-Beaulieu, früher Stiftsdame im hradschiner Damenstift, Tochter des Gustav Adolph Baron v. Maëlcamp-Beaulieu u. der Ludvika Isabella Freiin v. Beaulieu, aus welcher Ehe entsprossen: Ludwig, Freiherr v. Wattmann-Maëlcamp-Beaulieu, geb. 1827, k. k. Oberst in P., verm. 1860 mit Henriette Freiin Brunicka, geb. 1839, auf Ruda rozaniecka, bei Cieszanow in Galizien, Nicolaus, geb. 1828, k. k. Rittmeister i. d. A., verm. 1864 mit Apollonia Csemes de Galantha, geb. 1829 und Mathilde, geb. 1835.

<small>Geneal. Taschenh. d. freih. Häuser, 1859. S. 869. S. 974. — K. k. Militär-Schematismus 1870. — v. Hellbach, II. S. 690.</small>

Watzdorf, auch Freiherren und Grafen (Schild von Schwarz und Gold, der Länge nach getheilt, ohne Bild). Reichsgrafenstand. Diplom vom 19. August 1719 für Christoph Heinrich v. Watzdorf, k. poln.-kursächs. Kabinetsminister, wirkl. Geh. Rath, Generalaccisdirector u. s. w., zugleich Freiherr v. Forst und Pfoerdten. — Freiherrenstand des Grossherzogthums Sachsen-Weimar. Diplom vom 10. März 1837 für Carl Herrmann v. Watzdorf, k. k. Lieuten. im Uhlanenregimente Erzherzog Carl. — Eines der ältesten und angesehensten thüring. Adelsgeschlechter dessen Namen schon beim ersten Auftreten der Schwarzburgischen Dynasten genannt wird. Graf Sizzo v. Schwarzburg belieh im Jahre 1137 Conrad von Watzdorf, Burgmann des Schlosses Blankenburg, wo nachmals der edle deutsche König Günther (gest. 1348) das Licht der Welt erblickte, mit einer zwischen jenem und dem Edelsitze Watzdorf belegenen Landstriche. Von da breitete sich die Familie unter Erwerbung reichen Güterbesitzes nach dem Voigtlande, Meissen, bis ins Mansfeldsche und die Lausitz aus. Zu jenen oben erwähnten ersten urkundlich constatirten Namen gesellen sich, ohne gerade genauer die Linie dafür angeben zu können, Otto, Abt zu Saalfeld, 1297, Cune (gunde), Novize des Klosters Roda, sowie Georg, Abt des Klosters Bürgeln. Nach mehreren noch darauf folgenden Conrads der Hauptlinie (worunter auch deutsche Ordens-Comthure) theilt sich der Stamm durch die Söhne des Asmus (1368) in zwei Hauptäste, wovon Wilhelm (gest. 1416) der Stifter der jetzt noch blühenden, späteren zahlreichen Abzweigungen, Erdeborn-Kauschwitz, sowie Altengesäss-Lichtentanne-Berga, der andere (Neidenburg) durch seinen Sohn Rudolph, der Stifter des ebenfalls jetzt noch blühenden Zweiges Serbitz; sowie 1430 Catharina v. Watzdorf als Aebtissin von Saalburg u. Helene v. Watzdorf als Priorin von Stadt Ilm 1440 erscheint. Von den Söhnen des Enkels jenes Wilhelm begründete Rudolph, gräfl. Mansfeld. Hofmarschall und Rath, geb. 1460, gest. 1501, auf Erdeborn, Syrau, Kauschwitz, verm.

mit Anna v. Steinsdorf, den Hauptzweig Erdeborn, dessen Söhne und
Enkel Stifter mehrerer wieder ausgestorbener Linien, (noch Anfangs
dieses Jahrh. Syrau) und des noch blühenden Hauptzweiges Kauschwitz waren. Aus einer jener stammte Margarethe v. Watzdorf,
Aebtissin von Weissenfels, gest. ca. 1560, welche neben ihrer angesehenen Stellung überhaupt und zur damaligen Kurfürstin, noch
desshalb erwähnt zu werden verdient, weil sie sich im Geschlechte
selbst ein dauerndes dankbares Andenken erworben, indem sie ein
Capital von 9000 Thlr. dazu bestimmte, die Zinsen zur Unterstützung
solcher Angehörigen zu verwenden, welche theils auf Universitäten
studiren, theils zur Universität sich vorbereiten, welche Stiftung noch
heute von der Universität Leipzig verwaltet wird. In einer anderen
ausgestorbenen Branche ward der Sohn des Christian Wilhelm, welcher sich 1665 bei seiner Vermählung mit Eva von Seidlitz, in die
Oberlausitz gewendet, Christoph Heinrich, als k. poln. kurf. sächs.
Minister und Besitzer v. Crostau, Rodewitz, Birkenhain, Wiesa, Auerswald, Forst und Pfördten, 1719 Reichsgraf (s. oben). Aus der Ehe
mit Friederike Wilhelm. v. Bock, hinterliess er 1725 zwei Söhne, von
denen der ältere, Friedrich Carl Graf v. Watzdorf, k. poln. kurf. sächs.
Oberst, Kammerherr und wirkl. Geheimer Rath auf Lichtenwalde,
sich 1723 mit Henriette Sophia Reichsgräfin Vitzthum v. Eckstädt
vermählte, welche, nachdem er 1764 kinderlos gestorben, auf seinen
Wunsch ein Capital von 20,000 Thlr. dem v. Watzdorfschen Geschlechte zur Vertheilung der Zinsen zur Verfügung stellte, nach ihrem
Tode aber mittelst Testaments Lichtenwalde ihren Brüdern vermachte,
wodurch dieser Besitz der Familie v. Watzdorf verloren ging. Der
jüngere Sohn, Christ. Heinr. Reichsgraf v. Watzdorf, k. poln. u. kurf.
sächs. Kammerherr, Hof- und Justizrath, Gesandter in Parma und
Piacenza, geb. 1698, starb auf dem Königstein unvermählt 1797 (siehe
dessen Lebensbeschreibung in v. Webers vier Jahrhunderten). Die
Linie Kauschwitz, deren näherer Stammvater Adam Friedrich v.
Watzdorf, geb. 1718, gest. 1781, durch Vermählung mit Luise Sophie
Brand v. Lindau, auch Besitzer v. Wiesenburg geworden, theilte
sich wieder durch dessen vier Söhne in vier Unterlinien, von denen
der Gründer der Wiesenburger: Adam Friedrich August, geb. 1753,
gest. 1809, Hofrichter zu Wittenberg, auf Wiesenburg, Jessnitz und
Röttis, verm. mit Albertine v. Oppen-Jütrichau (geb. 1767, gest. 1811),
deren drei Söhne wiederum drei Unterlinien stifteten: 1) Curt, geb.
1800, gest. 1848, verm. 1838 mit Luise Freiin v. Hügel (geb. 1813,
wiederverm. 1852 mit dem Oberkammerherrn v. Miltitz-Siebeneichen),
einen gleichnamigen Sohn hinterlassend, auf Wiesenburg, Hagelsberg,
Setzteich und Sandberg III, geb. 1839, verm. 1862 mit Elisabeth
Gräfin Fürstenstein le Camus, geb. 1842, 2) Otto, auf Leichnam
und Schönfeld, k. sächs. Kammerherr, geb. 1801, verm. 1837 mit
Maria v. Reitzenstein (geb. 1816), 1860 drei Söhne hinterlassend:
Otto, auf Schönfeld, k. preuss. Lieutenant a. D., geb. 1841, verm.
1865 mit Helene v. Lieres, (geb. 1845), Leo, auf Leichnam, k. preuss.
Lieutenant, geb. 1843; Thilo, auf Klüx, k. preuss. Lieutenant, geb.

1848, nebst drei in die Familien v. Kleist, v. Schimonski und v. Selchow vermählten Töchtern: Therese, Lucie, Sophie. 3) Rudolph, auf Störmthal und Liebertwolkwitz, k. sächs. Kammerherr, Mitglied der sächsischen I. Kammer auf Lebenszeit vom Könige erwählt, der Z. Senior des Geschlechts (dem die Redaction besonders viele Mittheilungen über das Geschlecht verdankt), verm. 1829 mit Amalia Gräfin v. d. Schulenburg-Betzendorf (geb. 1809), aus welcher Ehe entsprossten, neben zwei Töchtern, Agnes, geb. 1813, gest. 1853, vermählte Freifrau v. Egloffstein, Mathilde, geb. 1840, verm. 1866 mit Otto Graf Münster, k. sächs. Amtshauptmann zu Plauen, Benno, auf Sollschwitz, geb. 1833, verm. 1860 mit Ottonie Freiin Uckermann (gest. 1861), wiederverm. 1864 mit Caroline v. Heygendorf (gest. 1865) und Werner, k. sächs. Regierungs-Rath, geb. 1836, verm. 1868 mit Therese, Tochter des Kreisdirector Geh.-Rath v. Könneritz. Der zweite Sohn des älteren Adam Friedrich (Stammvater der Kauschwitz-Wiesenburger Linie, s. oben) war Carl Friedrich Ludwig, k. sächs. General-Lieutenant und Hausminister, geb. 1759, verm. 1786 mit Antonie Maria Freiin Stöcken (gest. 1800), wiederverm. mit Charlotte Gräfin Hopfgarten (gest. 1864), gest. 1840, von dessen neben mehreren Töchtern auch verstorbenem Sohne Carl Herrmann, grossherzogl. sächs. Freiherren v. Watzdorf (s. oben), geb. 1807, gest. 1846, verm. 1840 mit Wilhelmine Gräfin Reichenbach-Lessonitz (wiederverm. mit Graf Luckner, gest. 1858) zwei Söhne stammen: Wilhelm Freiherr v. Watzdorf, geb. 1842, verm. 1866 mit Laura v. Witzleben und Conrad, Freiherr v. Watzdorf, geb. 1844, k. sächs. Lieutenant der Cavallerie, verm. 1870 mit Gräfin Zichy. Der dritte Sohn des älteren Adam Friedrich (s. oben), Ferdinand Bernhard, früher auf Kauschwitz-Syrau, später auf Meineweh, Stiftskanzler in Wurzen und Zeitz, Vicepräsident in Naumburg, geb. 1760, verm. 1796 mit Marianne Freiin v. Ferber (gest. 1815), gest. 1840, hinterliess sechs Töchter, von denen Henriette verw. v. Vietinghoff, geb. 1797 und Julie verm. v. Goldacker, geb. 1808, noch am Leben. Vom jüngsten Sohn des älteren Adam Fried. (s. oben), Georg Friedr., früher auf Brumbach und Röttis, k. sächs. Obersteuerdirector, geb. 1771, gest. 1830, verm. mit Henriette v. Döring, stammen zwei Söhne: Georg Bernhard, früher auf Kötteritzsch, geb. 1815, verm. 1849 mit Therese aus dem Winkel, geb. 1830, (welcher wieder zwei Söhne; Bernhard Georg, geb. 1850, k. sächs. Cadet und Bernhard Adolph, geb. 1853) und Carl Gustav, Domherr zu Meissen, geb. 1818, Wittwer seit 1860 v. N. aus dem Winkel. Die ebenfalls alte noch blühende (ältere) Jessnitzer Linie, aus der Abzweigung des Erdeborner älteren Hauptastes, gestiftet durch den Bruder des älteren Kauschwitzer Adam Friedrich, Gottlieb August, also früher auf Jessnitz und Röttis, Kreiscommissar, geb. 1723, gest. 1787, verm. 1756 mit Christiane Magdalene v. Röder, besteht zur Zeit aus dem Sohne des Johann Christian (Lieutenant und Postmeister, geb. 1757, gest. 1800, verm. mit Rahel Lobeck), Heinrich Wilhelm, k. sächs. Kreisdirector a. D., geb. 1800, verm. mit Emilie Becker (gest. 1860) und neben einer

Tochter Anna (geb. 1837, verm. Wolf in Altenburg), aus dessen Sohn, Camillo, k. sächs. Oberlieutenant der Artillerie, geb. 1843. Ausser dem Hauptzweige Erdeborn blühen durch den Bruder des Rudolph (s. oben), Conrad, (gest. 1482), aus dem Hauptzweige Altengesäss die Nebenzweige Lichtentanne und Berga. Ersterer nach dem Verkauf von Lichtentanne 1729 durch Hans Heinrich (geb. 1697, gest. 1798) mit dem Sohne Johann Christoph, geb. 1731, gest. 1809, k. k. österr. Oberstlieut., nach Oesterreich übersiedelnd, dessen Sohn Joh. Baptista k. k. österr. Finanzrath a. D., geb. 1793, verm. mit einer d'Adda, aus welcher Ehe entspross Johann Baptist, k. k. österr. Eisenbahn-Director, geb. 1818, verm. mit Josephine v. Paumgarten, von dem wieder drei Söhne stammen. Letzterer (Altengesäss) vermehrt durch Lothra, Reuth, Berga, Hohenölsen, in welchem sich Christoph Heinrich, fürstlich reuss. Forstmeister, Besitzer von Schloss Berga 1740 besonders durch Anfertigung eines Stammbaumes u. einer Geschichte um das Geschlecht verdient gemacht hat, besteht jetzt im Grossherzogthum Sachs.-Weimar noch aus dem Sohne Christian Wilhelm's und der Auguste v. Logau: Gotthardt Heinrich, grossherzogl. sachs.-weim. Oberstlieutenant a. D., geb. 1804, verm. 1837 mit Luise Freiin v. Egloffstein und zwei Töchtern, so wie aus dem Sohne Christian Ferdinands und der Luise v. Dieskau: Bernhard Christian, auf Schloss Berga, grossherzogl. sachs.-weim. Minister, geb. 1804, verm. 1841 mit Armgard v. Könneritz, geb. 1820. — Vom alten zweiten Hauptaste, einem Sohne des Asmus 1368 (s. oben) Neidenburg, als näheren Stammvaters von Carl Heinrich v. W. auf Serbitz, kurfürstl. sächs. Oberstlieutenant der Artillerie, geb. 1707, gest. 1779, stammt Johann Friedrich v. W., k. sächs. Oberstlieutenant der Artillerie, geb. 1814, verm. 1853 mit Laura Käuffler, geb. 1832, welcher zwei Söhne und eine Tochter, Carl, k. k. österr. Oberstlieutenant, geb. 1836, u. Adolph Vatersbruderssohn, geb. 1829, der Zeit in England.

<small>Handschriftl. Notizen. — Familien-Nachrichten. — *Vollrath v. Watzdorf* bis auf 1630 erstreckter Stammbaum, Zwickau 1639. — *Kirchmaier*, de antiquitate gentis Watzdorfiae, Vita 1728. — Leben des Grafen v. Flemming, Vitzthum u. Watzdorf, Naumburg 1732. — General. Staatshandbuch v. Schumann, 1743, Th. 2, S. 260. — *Knauth*, S. 540. — *Gauhe*, II. S. 2800. — *König*, I. S. 79—1051. — *v. Meding*, I. S. 651. — *v. Hellbach*, II. S. 690. — N. Pr. Adels-Lex. IV. S. 317. — *Freih. v. Ledebur*, III. S. 85. — *v. Hefner*, sächs. Adel, S. 17. T. 17. S. 52. T. 60. — *Zedler*, 53, S. 833. — *Siebmacher*, I. S. 164, n. 11. — Fortges. n. geneal. Nachr., Th. 45, S. 892. — *Seifert*, Ahn. der v. W. 1712. — *Gleichenstein*, n. 103.</small>

Watzesch von Waldbach. Erbl.-österr. Adelsstand. Diplom von 1814 für Niclas W., Rittmeister im k. k. österr. Cürass.-Reg. Albert Herzog v. Sachsen-Teschen, mit v. W. — 1870 Moritz W. v. W., Oberst und Commandant des steyr. kärntner-krain. Dragoner-Reg. Nr. 5, Kaiser Nic. I. von Russland u. Nicolaus, Oberstlieut. des galiz. Uhlanen-Reg. Nr. 4. Kaiser Franz Joseph.

<small>*Megerle v. Mühlfeld*, S. 481 — K. k. Militär-Schemat. 1870.</small>

Wayckarth v. Zinkenthal, Ritter (Schild mit goldenem Schildeshaupt, worin ein grüner Lorbeerkranz, und in Blau ein auf einem dreihügeligen grünen Berge aufgerichteter goldener Löwe ein Blas-Horn haltend). Erbl.-österr. Ritterstand. Diplom von 1818 für Johann Christian W. mit: v. Z.

<small>*Megerle v. Mühlfeld*, Erg.-Bd. S. 222. — *v. Hellbach*, II. S. 691.</small>

Wayna, Edle von. Erbl.-österr. Adelsstand. Diplom von 1817 für Joseph W., Grosshändler in Wien, wegen seiner Verdienste um den österr. Handel mit Edler v.

Megerle v. Mühlfeld, S. 281.

Weber, Freiherren (Schild der Länge nach getheilt, vorn in Gold ein silberner Halbmond, hinten in Blau ein goldner Stern). Johann Baptist W., Dr. jur. und getreuer Diener mehrerer deutschen Kaiser in Ober-Oesterreich, geb. c. 1550 auf der Herrschaft Pisamberg im Unter-Mannhardskreise und Krumbach im Unter-Wiener Waldkreise, ward 1568 in den Ritterstand von Nieder-Oesterreich aufgenommen, 1609 Reichs-Hof- u. Kammerrath im Dienste Kaiser Rudolph II. und 1622 zum Reichsfreiherrn vom Kaiser Ferdinand II. erhoben. Bei seinem 1642 erfolgten Tode nur eine Tochter Ursula hinterlassend, fiel die Herrschaft Petronell an deren Gemahl, einen Grafen Traun, die andern Güter an die Familie W. in Ober-Schwaben, namentlich Joseph Franz Xavier. Die Brüder H. und Fridolin, letzterer Amtmann der freiherrlich Schönau'schen Herrschaft und kais. Rath, verm. mit Eva Schlor, gest. 1754, nahmen den Adel wieder auf. Seine Söhne waren Fridolin II., geb. 1733, verm. 1756 mit Maria Cäcilie Stamm aus Mannheim, und Franz Anton, geb. 1734, welcher theils als Militär beim Kurfürsten von der Pfalz und von Trier (Major), theils als Musik- und Theaterdirector ein bewegtes Leben führte, war verm. 1757 in erster Ehe mit Maria Anna v. Fumetti (gest. 1783), zum zweiten Male 1785 mit Genofeva von Brenner, gest. 1798, der Mutter Carl Maria's, geb. 1786, gest. 1826, berühmter Componist und k. sächs. Hof-Capellmeister seit 1816 in Dresden, verm. mit Caroline Brand (geb. 1794, gest. 1852), der neben einem in der Jugendblüthe als talentvoller Maler 1844 gestorbenen Sohne, nur noch hinterliess Max Maria, k. sächs. Finanzrath u. Eisenbahn-Director, geb. 1822, welcher neben zwei Töchtern, Caroline Maria, geb. 1847, Maria Caroline, geb. 1848, einen Sohn Carl Maria, geb. 1849.

Gauhe, II. 1274. — Hellbach, II. 694. — Freih. v. Ledebur, III. 86. — v. Meding, II. S. 647, n. 943. — Schannat, Client. Fuld. p. 181. — Siebmacher, I. S. 39, n. 11.

Weber (in Roth, ein aus dem Schildesfusse emporspriessender Blumenstengel, belegt mit einem goldenen schräg linken Balken). Adelstand des Kgr. Sachsen. Diplom vom 24. Nov. 1829 für Dr. Carl Gottlob W., k. sächs. Vice-Appell.-Ger.-Präsident, früher berühmter Professor des Kirchenrechts in Leipzig, Herr auf Zöschau bei Oschatz, geb. 1773 in Leipzig (die Vorfahren aus St. Kilian in Thüringen), gest. 1849, als k. sächs. Geh. Rath u. Präsident des Landes-Consistoriums. Dessen Nachkommen erster Ehe mit Luise Kopp aus Leipzig (gest. 1801): Carl, geb. 1806, Dr. jur., k. sächs. Ministerialrath, bekannt eben so als höchst kenntnissreicher histor. Schriftsteller und gründlicher Forscher (Maria Antonie Walpurgis, Kurfürstin von Sachsen, Dresden 1857. Aus vier Jahrhunderten, Leipzig 1857 und neue Folge 1861; Moritz Gr. v. Sachsen 1863, Archiv für sächs. Geschichte I—VIII. Bd., 1864 bis jetzt u. s. w. u. s. w., so wie als höchst liberaler und gefälliger Director des Hauptstaats-Archivs in Dresden, dem namentlich die Redaction zu grossem Dank verpflichtet), verm. mit Sophie Tenge, geb. 1835, aus welcher Ehe, neben einer Tochter Ida, geb. 1854, zwei Söhne entsprossten: Gustav, geb. 1836, k. sächs. Assessor und Erhard, geb. 1848; Ferdinand, geb. 1807, k. sächs. Geh. Reg.-R; Adolph, geb. 1809, k. sächs. Oberstlieutenant, verm. mit Rosalie v. Schletter; Caroline, geb. 1813, vermählte Molinari in Breslau, gest. 1836; Anton, geb. 1817, k. sächs. Appell.-Ger.-Präsident, verm. 1853 mit Adolphine Freiin v. Berlepsch, aus welcher Ehe stammen, neben zwei Töchtern: Luise, geb. 1854 und Clara, geb. 1855: Curt, geb. 1857 u. Otto, geb. 1860 Aus zweiter Ehe, mit Emma Fleischmann, gest. 1847: Wilhelm, k. sächs. Lieut., geb. 1821, gest. 1842, Mathilde, geb. 1824, verm. mit Dr. v. Wackerbarth, gest. 1867, Isidore, geb. 1825, Albert, Rittergutsbesitzer, geb. 1828, gest. 1859, Ernst, geb. 1830 und Maria, geb. 1832, gest. 1837.

Kneschke, Wapp. I. S. 456. — *v. Hefner*, sächs. Ad. S. 52, T. 63. — Famil.-Nachr.

Weber v. Rosenkranz (Schild geviert mit silbernem Mittelschilde, worin eine bis zur Mitte aufsteigende rothe Spitze, aus welcher über einer Krampe drei goldene Kornähren hervorgehen; 1 und 4 durch einen schrägrechten von Silber und Schwarz geschachten Balken in Blau und Roth getheilt; 2 und 3 über von Blau und Roth schräg rechts getheilt ein silberner Löwe). — Herzogl. sachs.-cob.-goth. Freiherrnstand. Diplom vom 6. Sept. 1862 für Robert W., k. dän. Bestätigung vom 19. Dec. 1862. Derselbe Erbherr der adligen Güter Rosenkranz u. Rathmannsdorf (früher als Majorat seiner Gemahlin zugehörig, dermalen ist dieses Rosenkranz'sche Majorat in Capitalien umgesetzt), Dr. jur. und k. dän. Hofjägermeister a. D., war verm. 1824 mit Axeline Luise Sophie v. Rosenkranz-Söbysögaard auf Fühnen (gest. 1867), aus welcher Ehe stammen: Ida, geb. 1825, verm. mit Friedrich Lowelörn v. Lesser, Wittwe; Axel, geb. 1828, nunmehr Majoratsherr, k. k. Lieut. in d. A., verm. mit Emma Preyer, deren Söhne Axel Erich Richard, geb. 1865, Axel Eduard William Louis, geb. 1866, Ernst Rudolph Waldemar, geb. 1868; Cäcilie, geb. 1831; Eduard, geb. 1833, gest. 1867 zu Bonn; Thecla, geb. 1835, verm. mit Wilhelm Osterroth; Elise, geb. 1838, verm. mit Peter v. Eynern.

Geneal. Taschenb. der freih. Häuser, 1870, S. 1006, 1009.

Wechelde (in Gold zwei rothe in der linken Hälfte des Schildes angebrachte Pfähle). Altes vom 13. bis 17. Jahrh. in der Grafschaft Hoya begütert gewesenes Adelsgeschlecht, welches auch Mindensche Lehen besass. Dasselbe war, wie schon das Wappen ergiebt, ganz verschieden von dem alten Adelsgeschlechte der Stadt Braunschweig v. Vechelde (ein mit drei goldenen Rosen belegter schrägrechter schwarzer Balken), s. Bd. IX, S. 363 und 364.

Freih. v. Ledebur, III. S. 86.

Wechmar, **Freiherren** (Schild von Roth u. Silber viermal quer gespitzt). Uraltes thüring., sächs., fränk. Geschlecht, schon 1019 turnierfähig, dessen Stammhaus gleichen Namens in der zum Herzogthum Gotha gehörigen Grafschaft Gleichen gelegen. 1168 Winold v. Wechmar, hersfelder Ministerial, 1216 Frowin, 1289 Otto, miles mit seinen Söhnen Hartmann, Ludwig, Otto, Christoph, Zeugen. 1348 filii Theodorici Wechmaris in Wechmar. Johannes de W. curicam in Mulberg. 1407 Heinrich, Domherr zu Zeitz und Naumburg, Rector magnificus der Universität Erfurt. Als bekannte Stammreihe abwärts, Reinhard 1400: Cunigunde v. Raueneck; Erhard 1427: Anna v. Schaumberg; Heinrich sen. zu Rossdorf, henneberg. R. und Amtmann zu Meiningen: N. v. Eschwege 1441; Heinrich jun., Amtmann zu Auersberg und Fladungen: Anna Margaretha v. Bastheim 1491; Claus auf Rossdorf u. Wenigenschweina: Agathe v. Rosenau 1537; Melchior, k. franz. Lieut., auf R. u. W., gest. 1591: Veronica von Herda v. Brandenburg, gest. 1638; Philipp, auf Rossdorf, W. und Helmershausen, gest. 1698: 1) Susanna Barbara Haustein v. Eusenheim, 2) Sidonie v. Boyneburg, gest. 1703. Dieser hatte zwar noch einen Bruder, Rabanus sen., hess. R., geb. 1626, gest. 1693, verm. mit Juliane v. Herda, dessen gleichnamiger Sohn, Enkel (schwed. und hess.-kass. Oberst und General-Adjutant) und Urenkel auch diesen Zweig fortpflanzten, der indess doch mit den Töchtern des Bruders des Letzteren Ende des vorigen Jahrh. abstarb, sowie auch die Quirin'sche Linie, später burggräfl. Rotenberg'sche bald erlosch, so dass Philipp durch seinen Sohn Conrad und seine Enkel Ludwig Anton und Heinrich Friedrich als der nähere Stammvater aller jetzt noch blühenden Zweige anzusehen. Es folgte also Conrad Reinhold auf Rossdorf, Wenigenschweina und Helmershausen, herz. sachs. meining. Hof-R. und Ober-Amtmann zu Salzungen, geb. 1670, gest. 1724, verm. 1706 mit Maria Beata Auerochs v. Opfershausen (geb. 1684, gest. 1746), dessen ältesten Sohnes Ludwig Anton's, auf Rossdorf, Wenigenschweina, Helmershausen, Zedlitz, Teschnitz, Guhrau, k. preuss. Oberst u. Inhaber des braunschw. Husaren-Reg., Ritter d. O. pour le merite, geb. 1712, gest. 1787, verm. 1) 1739 mit Auguste v. Witzleben (geb. 1720, gest. 1783, 2) 1783 mit Sophie v. Witzleben (geb. 1722, gest. 1797) Söhne, die Stifter der Fränk.- Rossdorfer und der Schlesischen Linien, indess der zweite Sohn Conrads Heinrich (s. unten), Stifter der Fränk.-Anspacher Linie wurde. Ludwig Anton's ältester Sohn war Friedrich Albert, auf Rossdorf, Geba, Wenigenschweina und Helmershausen, f. waldeckscher Geh.-R. und Kammerpräs., k. preuss. Kammerh., geb. 1746, gest. 1813, verm. 1770, Ernest. v. Wechmar (geb. 1745, gest. 1819), sowie dessen Sohn August Carl, herz. sachs.-meining. Reisestallmeister auf Rossdorf, Geba und Helmershausen, geb. 1775, gest. 1811, verm. 1) 1797 mit Wilhelmine v. Bibra (gest. 1798), 2) 1799 mit Friederike v. Steuben, geb. 1780, aus welcher Ehe, neben zwei Töchtern: Wilhelmine (geb. 1804, gest. 1811 und Charlotte, geb. 1806, gest. 1870) drei Söhne entsprossen: Rudolph Hermann auf Rossdorf u. Geba, herz. sachs.-

meining. Staatsminister a. D., geb. 1800, gest. 1861. Friedrich Freih. v. W., das jetzige Haupt dieser Linie, Herr zu Rossdorf, Geba und Helmershausen, grossherz. bad. Kammerh., w. Geh.-R. u. vorm. Präsident des grossherz. Ministerium des Innern und der Justiz, verm. 1) 1847 mit Elise Freiin v. Berlichingen (gest. 1849), 2) 1868 mit Charlotte Freiin v. Racknitz, geb. 1835, u. Wolf Gustav, kais. brasil. Prem.-Lieut. im zweiten ausländ. Grenadierbat., geb. 1803, gest. 1838, dessen Wittwe Enalia Justiniana, geb. Rodriques und dessen Sohn Frederico João, geb. 1831. Der schles. Linie ersten Zweig stiftete Ludwig Anton's zweiter Sohn Hans Carl auf Teschwitz, k. pr. Maj., geb. 1747, gest. 1804, verm. 1) 1780 mit Christiane Luise Baumgarten (geb. 1752, gest. 1796), 2) mit Charlotte v. Johnston (gest. 1827), dessen Sohn Ferdinand Ludwig, auf Teschnitz, k. pr. Rittmeister, geb. 1785, gest. 1834, verm. 1812 mit Charlotte v. Johnston (geb. 1798, gest. 1865), dessen Sohn und jetziges Haupt dieser Linie Carl Rudolph Freih. v. W., k. preuss. Oberst a. D., dermalen grossherz. bad. Oberst und Commandeur des Leib-Reg., verm. 1852 mit Clara v. Koszutzki (geb. 1830), aus welcher Ehe stammen, neben einer Tochter Margaretha, geb. 1854, vier Söhne: Hans, geb. 1853, Reinhard, geb. 1856, Wilhelm, geb. 1862, Friedrich, geb. 1867. Der schles. Linie zweiten Zweig stiftete Ludwig Anton's dritter Sohn, Wolfgang Gustav auf Zedlitz, k. preuss. Landrath, geb. 1753, gest. 1821, verm. 1785 mit Charlotte v. Nikisch Rosenegg, dessen Sohn und jetziges Haupt dieser Linie Carl Heinrich Gustav Freih. v. W., Herr zu Zedlitz, k. preuss. Geh. Reg.-R. a. D., geb. 1796, verm. 1821 mit Adolfine Grf. v. Pfeil und Kl.-Ellgut (geb. 1802, gest. 1856), aus welcher Ehe entsprossten, neben zwei Töchtern: Philippine, geb. 1822 und Anna, geb. 1824, verm. 1844 mit Alexander v. Borstell, Erbherrn der Mannlehnrittergüter Grossschwarzlosen und Brunkau in der Altmark, k. preuss. Oberstlieut. a. D., Reinhold, k. preuss. Lieut. a. D., geb. 1826, verm. 1859 mit Luise Freiin v. Bissing (geb. 1835). Deren Kinder Siegfried, geb. 1864 und Emma, geb. 1867. Der schles. Linie dritten Zweig stiftete Ludwig Anton's vierter Sohn Gottlob Rudolph auf Guhrau, geb. 1760, gest. 1828, verm. mit Amalie v. Schlieben (gest. 1800), dessen Sohn Carl Anton, k. preuss. Maj., geb. 1786, gest. 1844, verm. 1828 mit Tecla v. Minckwitz (geb. 1803), aus welcher Ehe stammen das jetzige Haupt dieser Linie, Friedrich Freih. v. W., Besitzer des Ritterguts Köslitz b. Görlitz, k. preuss. Hauptmann a. D., geb. 1836, verm. 1864 mit Friedericke v. Geusau, dessen Kinder Dietrich, geb. 1865, Eberhard, geb. 1866, Veronica, geb. 1868, und noch lebende Geschwister Clara, geb. 1831, verm. 1854 mit Julius Curd v. Polenz auf Ober- und Mittel-Kunewalde und Klipphausen, Helene, geb. 1815, Stiftsdame im gräfl. Wallensteinschen Stift zu Fulda und Carl, geb. 1843, so wie Vaters Bruders (Heinrich, geb. 1789, gest. 1846, k. preuss. Maj.) Wittwe Wilhelmine, geb. Korweck und Söhne Ernst, geb. 1835, k. k. Eisenbahnbeamter in Wien und Gustav, geb. 1836, Oekonom in Ostpreussen. Die Fränkisch-Ansbacher Linie stammt von dem zweiten Sohne Conrad

Reinholds (s. oben) Heinrich Friedr., k. preuss. Geh.-Rath u. Minister, Reg.-Präs. zu Ansbach, geb. 1715, gest. 1792, verm. 1) 1768 mit Luise Burggrf. Rhodis-Tunderfeldt (geb. 1741, gest. 1781), 2) 1782 Friederike v. Bölzig, geb. 1746, gest. 1811, dessen Sohn Carl Aug., grossherz. bad. Kammerherr, w. Geh.-R. und Staats-R., geb. 1772, verm. 1792 mit Henriette v. Wasmer (geb. 1792, gest. 1833), einen Sohn hinterliess, Carl Friedrich, grossherz. bad. General-Maj. i. P., geb. 1813, gest. 1866, verm. 1837 mit Maria Freiin v. Seutter, geb. 1815, aus welcher Ehe, neben einer Tochter Mathilde (geb. 1838, verm. mit Albert Uhde-Rodney, k. k. Rittm. i. d. A.) das jetzige Haupt dieser Linie Carl Wilhelm Freih. v. W., geb. 1843, grossherz. bad. Lieut. im 2. Dragoner-R.

Brückner, I. Th. 1 St. S. 67, 6 St. S. 20, II. Th. 2 St. S. 8, 4 St. S. 19, 11 St. S. 28, III. Th. 9 St. S. 26, 27. — *Biedermann*, Rhön und Werra, T. 321. Voigtl. Tab. 10. — *Cast*, Adelsb. von Baden — Dipl. Jahrb. f. d. preuss. Adel, 1843, S. 305. — *Kator*, Ahnenprobe S. 300. — *Gauhe*, I. S. 2805. — Genera. Taschenb. d. freih. Häuser, 1855, 56, 70. — *Gleichenstein*, n. 5. — *Hattstein*, III. T. 551. — *v. Hefner*, sächs. Adel, S 18, T. 17. — *Hellbach*, II. S. 692. — *Hörschelmann*, Samml. St. und Allerh. 69. — *Kuchenbecker*, Ann. hass. Coll. V. S. 50. — *Freih. v. Ledebur*, III. S. 86. — *v. Meding*, II. S. 944. — N. Pr. Adels-Lex., IV. S. 317. — *Schannat*, Client. Fuld. p. 181. — *Salver*, 217, 220, 225, 226, 227, 229, 230, 235, 236, 261. — *Tyroff*, I. 162, sächs. Wappenb., III. T. 54. — *Zedler*, 53, S. 927.

Weeus (Schild quergetheilt, oben in Silber ein rother fliegender Fischaar (Weihe), welcher im Schnabel einen Fisch hält, unten Blau ohne Bild). Ein zu dem Adel, welcher am Niederrheine begütert wurde, gehörendes Geschlecht, welches 1743 zu Müllen, 1783 zu Birlinghofen unweit Siegburg und 1799 zu Junkersbroich unweit Mettmann und noch 1800 auf ersterem sass. — Joseph v. W. zur Mühlen, blieb als Hauptmann im grossherz. bergisch. Grenadier-Reg. im Feldzuge gegen Russland 1812. Von einem Bruder desselben lebten 1837 noch Nachkommen.

Fahne, I. S. 444. — *Freih. v. Ledebur*, III. S. 86. — Wappenb. d. Preuss. Rheinprovinz, II. Tab. 61, n. 101 und S. 155. — N. Pr. Adels-Lex. IV. S. 317.

Weddig, Wedig, Wedigen (in Silber ein vor einem Baume auf grünem Boden schreitender Hirsch). Reichsadelstand. Diplom vom 9. März 1735 für den hannov. Obersten Friedrich W. Die erfolgte Erhebung in den Adelstand wurde in Hannover amtlich am 13. Oct. 1736 bekannt gemacht. Von den Söhnen desselben war Georg Friedrich v. W. 1762 Capitain im k. preuss. Grenad.-Reg. v. Hachenberg, und Friedrich Wilhelm v. W. stand als Lieut. in Emden. Später besass die Familie das Gut Morsum im Hoyaischen und 1837 standen Glieder derselben in k. preuss. Staatsdiensten, wie 1860 ein Second-Lieut. im k. preuss.-oldenburg. Inf.-Reg. Nr. 91 und ein Unterlieut. zur See.

Handschriftl. Notizen. — N. Pr. Ad.-Lex., IV. S. 319. — *Freih. v. Ledebur*, III. S. 89. — *Freih. v. Knesebeck*, S. 290.

Wedigh, Weddigh (in Silber ein schwarzer Sparren, begleitet von drei blauen Blättern). Altes längst ausgestorbenes cölnisches Patriziergeschlecht.

Fahne, I. S. 445. — *Freih. v. Ledebur*, III. S. 90.

Wedekind, Freiherren (Schild geviert: 1 in Blau ein rother Hahn, 2 in Roth eine grüne Schlange mit einem goldenen Handspiegel im Rachen, 3 in Blau ein silberner Halbmond, 4 in Roth zwei silberne Sterne). Freiherrenstand des Grossherzogth. Hessen. Diplom vom 16. Mai 1809 für Georg Christian Gottlieb W., grossherzoglich hess. Leibarzt und Geh.-R., und Wappenbrief vom 30. März 1810. Derselbe, geb. 1761, gest. 1831, hinterliess Georg Wilhelm Freih. v. W., grossherzogl. hess. Geh.-Oberforst-R., geb. 1796, verm. 1821 mit Margarethe Wilhelmine Schubert und starb 1856, aus welcher Ehe stammen das jetzige Haupt der Familie Georg Ferdinand Rudolph Freih. v. W., geb. 1825, Dr. jur. und grossherzogl. hess. Hofgerichtsadvocat u. Procurator zu Darmstadt, verm. 1849 mit Henriette Magdalene Merck, deren Kinder neben fünf Töchtern, die zwei Söhne Georg Emanuel, geb. 1852 und Rudolph, geb. 1857; und die Geschwister Wilhelmine Margarethe Sophie, geb. 1822, verm. 1844 mit Walo von Greyerz, Oberst zu Lenzburg im Canton Aargau in der Schweiz; Luise Caroline Henriette Wilhelmine (geb. 1826); Wilhelm Georg Rudolph (geb. 1830), Gutsbesitzer zu Hiltersklingen im Odenwald, verm. 1857 mit Emma Gertrude Christiane Knapp, deren Töchter Emma (geb. 1858), Magdalene (geb. 1861); Friedrich Georg, geb. 1841, grossherzogl. hess. Lieut. im zweiten Reiter-Reg., verm. 1868 mit Bertha Friederike Becker.

Geneal. Taschenbuch d. freih. Häuser, 1853, 1857, 1870. — v. Hefner, hess. Adel, S. 30. T. 34.

Wedel, Wedell, auch **Grafen** (Schild geviert mit einem von Gold und Silber der Länge nach getheilten Mittelschilde, worin ein rothes Kammrad mit zwölf, auch sechszehn Zacken, in welchem das Brustbild eines schwarz und roth gekleideten wachsenden Mannes, mit am Ellenbogen abgehauenen Armen und einem Krempelhut [Stammwappen], 1 und 4 in Blau ein silbernes Castell mit zwei Thürmen, 2/3 in Gold eine Krone, durch welche sieben Lanzen mit rothen Fähnchen). Grafenstand des Kgr. Dänemark. Diplom vom 8. Jan. 1684. Grafenstand des Kgr. Preussen. Diplom vom 21. Jan. 1776; erbliche Virilstimme in der ersten Kammer der hannöv. Stündeversammlung 16. Juni 1836. Eine der ältesten und berühmtesten an Gliedern und Grundbesitz reichsten Adelsfamilien in den Marken und in Pommern, aus welcher später sich mehrere Glieder nach Dänemark wendeten und in diesem Lande zu hohen Ehren gelangten, jetzt blüht das Geschlecht namentlich in Preussen. Der Name Wedel soll schon urkundlich seit dem 8. Jahrh. vorkommen und zwar immer mit dem Beisatze: nobilis und lateinisch: Wedilo, Widelo, Withulo, 1059 kommt in einer Urkunde des Bischofs zu Hamburg Adalbert, ein comes Wedilo vor, Widelo war 1159 Bischof zu Minden und Hinricus, Hasso et Reimbertus, fratres milites de Wedele, bezeugen 1212 eine Urkunde Albrecht's v. Orlamünde, Grafen v. Nordalbingen. Als Stammvater des Geschlechtes der Wedele auch Wedile, Widele, Weddele, welcher Name sich in Wedel abgekürzt hat, wird Reimbernus genannt. Nach mehreren Urkunden des Domcapitel-Archivs zu Hamburg, blühte die Familie durch fünf Generationen in Nordalbingen und besass Wedele, eine Stadt in Stormarn, zwei Meilen unterhalb Hamburg und viele andere benachbarte Orte. Als in der zweiten Hälfte des 13. Jahrh. die Markgrafen v. Brandenburg zur Eroberung des Landes jenseits der Oder, der jetzigen Neumark, deutsche Ritter aufforderten, verkauften sieben Brüder v. W., sämmtlich Ritter, welche in brandenburg. und pommer. Urkunden von 1265 bis 1300 häufig als reiche und mächtige Grundbesitzer vorkommen, ihre nordalbingischen Güter an das Domcapitel zu Hamburg, warben Söldner und eroberten grosse Landstrecken jenseits der Oder, mit welchen dieselben von den Markgrafen beliehen wurden. Die Vettern an der Elbe folgten diesem Beispiele und nach 1350 kommt in diesen Gegenden kein Wedel mehr vor. Ausser den neumärkischen Lehen kaufte das Geschlecht grosse Besitzungen in Pommern, den späteren wedeler Kreis und erwarb ansehnliche Güter im Kreise Posen unter polnischer Hoheit. Nach den Lehnbriefen Kaiser Ludwigs des Bayern von 1328 und Kaiser Carls IV. von 1374 über die neumärkischen Besitzungen gehörte dem Geschlechte v. Wedele fast die ganze Neumark, namentlich die Städte Cüstrin, Bernau, Mellen, Hogzit, Nörnberg, Reetz, Jütz, Callies, Neuenwalde, Schiefelbein (1219), Falkenburg (1291) mit allen dazwischen liegenden Gebieten und noch 5000 Hufen Landes am Flusse Cuddowa an der preuss. Grenze. In diesen Lehnsbriefen geben die Kaiser den Herren v. Wedele, den ihnen auch vom deutschen Orden zugestandenen Titel: nobiles. In ihren Ländereien hatten sie ihre Söldner, unter welchen auch Edle waren, als After-Vasallen belehnt und geboten so über eine grosse Streitmacht. Das damalige Wappen der nordalbingischen, märkischen und pommerschen Wedele war ein ausgezacktes Rad mit acht Speichen, erst im fünfzehnten Jahrhundert ersetzte der armlose Mann die Speichen und wurde seitdem von allen Zweigen der Familie als Wappenzeichen angenommen. Was die jetzigen Grafen v. W. anlangt, so ist Jürgen Ernst Herr zu Spiegel, Reetz, Nörnberg und Butow, geb. c. 1590, gest. 1661, der gemeinschaftliche Stammvater derselben zu Wedelsburg in Fühnen, zu Jarlsberg in Norwegen und zu Evenburg und Gödens in Ostfriesland, und es sind nach dieser Annahme, welche sich wohl aus der Familie selbst im Geneal. Taschenbuche der gräfl. Häuser (1852 S. 745) findet, die Angaben bei Gauhe und Anderen über verschiedenen Ursprung jener Linien zu berichtigen. Jürgen Ernst's ältester Sohn Wilhelm Friedrich vermählte sich mit einer Tochter des bekannten dänisch. Staatsministers Hunnibal v. Sehested, erhielt dadurch die sehested'schen Güter in Fühnen, welche König Christian V. von Dänemark zur Lehnsgrafschaft Wedelsborg und den Besitzer derselben zum Grafen Wedel von Wedelsborg erhob. Wahrscheinlich ist dieser Stamm schon mit dem Erhobenen Enkel, einem Sohne des Grafen Hannibal, erloschen. — Der zweite Sohn Jürgen Ernst's, Gustav Wilhelm (derselbe soll mit münsterschen Truppen in dänische Dienste gekommen und 1676 General-Major und 1717 Feldmarschall-Lieut. geworden sein), vermählte sich mit der Erbtochter von Evenburg, Maria v. Ehrentreiter, kaufte mit dem Erlöse seiner märkischen Güter die Grafschaft Jarlsberg in Norwegen und wurde vom König Christian V. am 8. Jan. 1684 als Graf v. Wedel-Jarlsberg in den dänischen Grafenstand erhoben. Derselbe hinterliess seinem ältesten Sohne Georg Ernst die norwegischen, dem jüngeren Freiherren Erhard die Herrlichkeit Evenburg und das Rittergut Nesse in Ostfriesland. Die jetzigen Glieder der gräfl. Familie sind: Carl Georg Ferdinand Gr. v. W., geb. 7. Aug. 1827, Edler Herr zu Gödens und Evenburg, Majoratsherr der gleichnamigen Fideicommissherrschaften und der Rittergüter Loppelt und Nosse in Ostfriesland, Besitzer der Allodialgüter Oberahm und Wedelfeld im Grossherzogth. Oldenburg, JhOER., vormals k. hannöv. Major und extraordin. Flügeladjutant Sr. Maj. des Königs; verm. 1859 mit Frida Freiin v. Wangenheim-Sonneborn (geb. 1838), deren Kinder: Erhard, geb. 1861 und Botho, geb. 1862, und Schwestern Ida, geb. 1824, Elfride, geb. 1833, Clotilde, geb. 1838. Als Vaters Brüder und deren Nachkommen: 1) Carl Erhard Leopold's (geb. 1789, gest. 1860), Majoratsherren und k. preuss. Oberst-Lieut. a. D. und k. hannov. Kammerh. Wittwe: Rosalie de Latte, geb. 1801, Besitzerin des Ritterguts Herrenhof in Ostfriesland (verm. 1816); 2) Wilhelm, geb. 1798, JhOER., grossherzogl. oldenb. Kammerherr, Generallieut. und Generaladjut. in P., verm. 1827 mit Bertha Freiin v. Glaubitz, geb. 1804, aus welcher Ehe entsprossten: Eugen, geb. 1828, grossherzogl. oldenb. Kammerh. und k. preuss. Hauptmann im Inf.-Reg. Nr. 81; Clemens, geb. 1829, grossherzogl. oldenb. Kammerh., Hofstallmeister und Vorstand des Hofstallmeisterstabes, verm. 1863 mit Constanze v. Falkenstein (Tochter des Dr. Johann Paul v. F., k. sächs. Staatsministers u. Ministers des Cultus und öffentlichen Unterrichts), geb. 1842, deren Kinder, Anna, geb. 1864 und Clemens, geb. 1866; Clementine, geb. 1832, verm. 1855 mit Ferdinand Bar. v. Wedel-Jarlsberg, k. schwed. Kammerh. und Schlosshauptmann sowie Corvettencapitain; Clara, geb. 1835, verm. 1856 mit Gustav Gr. Bentinck, Besitzer der Herrschaften Friedau und Kirchberg in Nieder-Oesterreich; Wilhelm, geb. 1837, JhOER., k. preuss. Hauptmann im Grossen Generalstabe, verm. 1861 mit Luise Freiin Bodelschwingh-Plettenberg, geb. 1839, deren Kinder: Bertha, geb. 1862, Luise, geb. 1864, Clara, geb. 1865, Frida, geb. 1867, Ernst Adolf, geb. 1869; Hermann, geb. 1839, k. preuss. Prem.-Lieut. im Niederrhein. Füsilier-Reg. Nr. 39; Carl, geb. 1842, k. pr. Prem.-Lieut. im ersten Westph. Husaren-Reg. Nr. 8. Als dritten Vaters Bruders: Clemens (geb. 1801, gest. 1857, k. hannöv. Forstmeister a. D.) Wittwe: Clotilde v. Bockum-Dolffs, geb. 1811, verm. 1832. Als Hinterbliebene des Grossvaters-Brudersohn Carl (geb. 1790, gest. 1853, k. hannöv. Geh.-R. u. Mitglied des Staats-R., verm. 1827 mit Caroline von dem Bussche-Hünefeld (geb. 1805, gest. 1828) sind noch der Zeit am Leben, dessen zweite Gemahlin und Wittwe: Wilhelmine v. d. Bussche-Hünefeld, geb. 1805 (Zwillingsschwester der vorigen), verm. 1830, Staatsdame J. M. der Königin v. Hannover,

und die Söhne, erster Ehe: Erhard, geb. 1828, vorm. k. hannöv. Maj.
u. Flügeladjut. S. M. des Königs, verm. 1867 mit Luise v. Eschwege,
geb. 1847, deren Kinder Georg, geb. 1868, und zweiter Ehe: Alfred,
geb. 1833, vorm. k. hannöv. Kammerh., Schlosshauptmann u. Reise-
marschall, verm. 1860 mit Emilie Stieglitz, geb. 1836, deren Tochter
Friederike, geb. 1866; sowie Oskar, geb. 1835, grossherzogl. sächs.
Kammerh., und Ernst August, geb. 1838, vorm. k. hannöv. Prem.-
Lieut. — Was die nicht gräflichen deutschen Branchen betrifft, so
war Hasso v. W. 1370 Hauptmann des Markgrafen zu Brandenburg,
darauf ein anderer Hasso v. W. vom Markgrafen Ludwig dem Römer
zum obersten Hofmeister über die ganze Mark Brandenburg und
Lausitz gesetzt und ihm dabei unumschränkte Gewalt gegeben. Matthias v. W. l. U. D. und herz. Pomm. R. ward 1469 an den Kaiser
geschickt, dass er die Donation des Herzogth. Stettin an die Kurmark
Brandenburg aufheben möchte. Otto v. W. wurde vom Herzog Bo-
geslaw X. auf der Reise ins gelobte Land zu Jerusalem zum Ritter
geschlagen und darauf Oberhofmarschall des Herzogs Philipp I., wie
auch Hauptmann zu Loytz, dessen Sohn Martin Comthur zu Wildenbruch, Caspar v. W. ist des Herzog Barnim's, Wedigo v. W. des
Herzog Boleslaw's XIII. u. Jürge v. W. des Herzog Boleslaw's XIV.
Oberhofmarschall gewesen. Wolf v. W. wurde am Sonntag nach
Johannes Baptista 1552 vom Markgrafen Johann von Brandenburg
mit 50 Pferden in Dienst genommen. Joachim sen. auf Kremzo und
Caspar, Marschall, wohnten 1593 der stettiner Synode bei, Joachim jun., herzogl. R., hat eine pomm. Chronik hinterlassen. 1630
hat sich Jürge v. W. als schwed. General-Maj. hervorgethan. Georg
Ernst commandirte 1633 das neumärksche Landvolk. Rüdiger Christian v. W.-Neu-Wedel starb 1704 als k. preuss. Geh.-Rath, Hof-
und Kammerger.-Director, Landeshauptmann zu Beskow und Storkow und JOR., sein einziger Sohn 1719 als k. preuss. Geh.-R. und
Maitre des Requêtes. Johann v. W., k. preuss. General-Maj., erlag
1742 seinen bei Chotusitz erhaltenen Wunden. Carl Heinrich v. W.
starb 2. April 1782 als k. preuss. Generallieut., w. Geh.-Staats-
und Kriegsminister, Ritter d. O. pour le mérite; Carl Alexander, k.
preuss. General-Major, zu Bielefeld 1807, sowie Conrad Heinrich
als k. preuss. General-Major 1813. Sein Sohn Carl Friedrich war
1840 k. preuss. Generallieut., verm. mit Friederike v. Prittwitz,
starb 1858 auf Ludwigsdorf bei Oels, so wie sein Bruder Heinrich
Leopold 1855 k. preuss. General d. Cav. u. Gouverneur von Luxemburg, geb. 1784, verm. 1824 mit Charlotte Auguste Reichsgräfin
Pückler, Wittwer seit 1860, gest. zu Berlin 22. Jan. 1861. — Carl
Friedrich v. W. auf Hameberg, später Landrath auf Greiffenberg in
der Uckermark, erhielt 1806 die Erlaubniss Namen und Wappen des
ausgestorbenen Geschlechts v. Parlow dem seinen beizufügen. Aus
dieser Linie ist der 1837 und von Rauer 1857 noch aufgeführte Albert v. W.-P., Landrath a. D. auf Greiffenberg, Schlossgut und Gün-
tersberg im Kreise Angermünde, mit seinem Sohne Albert Otto gemeinschaftlich die Herrschaft Naumburg a. B., Kreis Sagan, besitzend.

Der Hauptmann M. v. W.-P. auf Polzen, Kr. Angermünde. Heinrich v. W., k. preuss. Rittmeister a. D., erhielt am 2. Oct. 1832 die Erlaubniss sich v. W.-Burghagen zu nennen und besitzt d. Fideicommiss Burghagen, Kr. West-Briegnitz und Pumptow. Nach Rauer 1857 noch Hermann v. W., Landrath auf Crempzow (Pyritz), Schönwalde und Jacobsdorf (Regenwalde), Lupold v. W. auf Repplin und Brallentin (Pyritz) Rudolph v. W. auf Gerzlow (Soldin), Bernhard v. W. auf Schwerin (Regenwalde), Hugo auf Braunsdorf (Saatzig, von je an bis 1868) Ernst v. W., Oberstlieut. a. D. auf Kanenberg (Saatzig), Albert v. W. auf Vehlingsdorf (Saatzig) Eduard v. W. auf Mellen (1333), Silligsdorf und Altenfliess (Regenwalde), Hermann v. W., Prem.-Lieut. a. D. auf Vossberg (Saatzig, noch 1868), Achatz v. W., Kreisdeputirter auf Fürstensee (Pyritz, noch 1868), Ernst v. W., Lieut., auf Blankensee (Pyritz). Gustav v. W. zu Pinnow a. W., Carstnitz und Rambow (Stolpe), Wilhelm v. W. auf Zernikow (Soldin), Wartenberg (Königsberg in der Neumark), Florian v. W., Kreisdeputirter auf Karkow (Saatzig), Hermann v. W. auf Sarranzig (Dramburg), Heinrich v. W. auf Testin (Fürstenthum), Magnus v. W. auf Menzlin (Greifswald), Carl v. W., Oberstlieut. a. D. auf Göritz (Prenzlau), Friedrich v. W., Ritterschafts-R. auf Malchow, Polzow, Roggow, Wczenow, Trampe (Prenzlau), Erich v. W. auf Neu-Wedel (Arnswalde), Wilhelm v. W., Ober-Präsident a. D., Mitglied des Herrenhauses, Magnus v. W., Oberforstmeister und Bruno v. Wedel, Reg.-Präsident in Merseburg auf Piesdorf (Mansfelder Seekreis), Ferdinand v. W. auf Althof u. Bammeln (Friedland), Ernst v. W., Prem.-Lieut. a. D. auf Esgerischken (Darkehmen), Rudolph v. W. auf Gorky (Inowraclaw), Robert v. W. auf Hammer (Friedeberg in d. Neumark). Wie das Geschlecht stets im preuss. Heere zahlreich vertreten war, zählt auch jetzt 1870 die Rang- und Quartierliste: 1 General-Major, 2 Obersten, 4 Majore, 3 Prem.- u. 20 Seconde-Lieutenants. Summa: 34.

Abel, deutsch. und sächs. Alterth., III. S. 774. — *Angeli*, märk. Chronik. — *Baymihl*, II. T. 31, 32. — *Behr*, Pomm. Lehnshist., S. 1689. — *Berghaus*, Pomm. Landbuch. — *Dienemann*, S. 250, 308. — *Gauhe*, I. S. 2806. — Gencal. Taschenb. d. gräfl. Häuser, 1852, 1870. — *Gerken*, Diplomat, I. S. 60, 130, 135. — *Grote*, hanov. Wappenb. A. 5. — *Grundmann*, S. 28. — v. *Hefner*, preuss. Adel, S. 31, T. 35. Derselbe, hannov. Adel, S. 30, T. 31. — *Hering*, dissert. de gente W. 1738. — *Hübner*, Tab. 1300. — *König*, I. S. 650. — *Freih.* v. *Ledebur*, II. 86, 357. — v. *Mading*, IV. n. 920. — *Micrillius*, S. 40, 111 Bd., Cap. 35. — N. Pr. Adels-Lex., IV. S. 318. — *Pfeffinger*, Hist. des Hauses Braunschweig, III. S. 252, 539. — *Siebmacher*, I. S. 177, V. S. 101, n. 8. S. 191, n. 10. — *Sinapius*, I. S. 1025. — Wappenbuch des Pr. Mon., IV. S. 86, II. 12. — *Zedler*, 53. S. 1794—1802. — *Kneschke*, deutsches Grafenhaus, II. S. 630. — Hist. herald. Handbuch zu d. gräfl. Hausern, S. 1060.

Wedelbusch (Schild geviert, 1 und 4 in Gold ein schwarzer Adler, 2 und 3 in Roth ein goldener Löwe mit Anker). Reichsadelsstand, Diplom 1661 für den kurf. sächs. Oberst Detlof W. Ursprünglich pomm. Geschlecht auf Rügen: Ludwig W. auf Speichern, Erbsasse, k. k. Kriegshauptmann, in Ungarn, war verm. mit Anna v. Plötz a. d. H. Bosen, Joachim W. auf Speichern, Oberhauptmann der gräfl. Ebersteinschen Grafschaft Naugart: Veronica v. Lettow-Drawin, Detlof W. auf Speichern, Kämmerer des Herzogs Barnim in Pommern: Elisabeth v. Lichtenfuss-Lanckwen, Johann W. auf Speichern, Bürgermeister in Rügenwalde: Dedola v. Adebar-Busten,

Detleff v. W. (s. oben) auf Liebstadt, Rödern und Grabendorf, geb. 1604 in k. k., dann schwed., dann sächs. Kriegsdiensten, verm. 1) 1640 mit Maria Elisabeth geb. v. Minkwitz-Lindenau, verw. v. Bünau, 2) 1659 mit Anna Sophie v. Liebenau-Krummhennersdorf, gest. 1670. Derselbe hinterliess nebst einer Tocher Sophie Johanna, nur einen Sohn Johann Christoph, geb. 1661, mit welchem aber 1674 das Geschlecht in Sachsen ausstarb.

<small>Gauhe, I. S. 2070. — Knaut, prodrom. misn. S. 590. — Freih. v. Ledebur, III. S. 89. — Zedler, 53. S. 1826.</small>

Weech (Schild geviert: 1 und 4 der Länge nach getheilt, vorn von Roth und Silber gerankt, hinten in Schwarz eine grüne Lilie; 2 und 3 in Schwarz ein silberner Schrägbalken, darin ein Windspiel). Adelsstand des Kgr. Bayern. Diplom vom 24. Nov. 1843 für Franz und Joseph W. Gebrüder und Otto Aristides deren Vetter.

<small>v. Hefner, bayer. Adel, S. 122. T. 150.</small>

Weferling, Weferlingen, Weverlingen, Weberling (Schild von Blau und Silber der Länge nach getheilt und belegt mit fünf schräglinks an einander gestellten, rothen Rosen). Altes, im Braunschweigischen und Halberstädtschen begütert gewesenes Adelsgeschlecht, dessen Stammsitz das schon 1290 genannte Gut Weferling bei Schöppenstedt war. Dasselbe sass zeitig zu Wahlberg, bereits 1316 zu Locklum, 1426 zu Watzum, 1604 zu Apelnstädt, Gardessen und Schandelege und noch 1610 und später zu Vahlberg. Der alte Stamm blühte fort, bis derselbe 28. März 1760 mit Albrecht Ferdinand Heinrich v. Weferling, k. preuss. Geh. Rath und erstem Regierungs-Director des Fürstenthums Halberstadt, Herrn auf Watzum, Gr. Vahlberg, Bornum und Volkenrode erloschen ist.

<small>Handschriftl. Notiz. — Gauhe, II. S. 1287. — Freih. v. Ledebur, III. S. 9°. — Siebmacher, I. 187: v. Weberling. Braunschweigisch.</small>

Wegner, gen. v. Lincker und Lützenwick, Freiherren (in Roth ein goldener Stern). Grossherzogl. Sachs.-Weimar. Freiherrenstand. Diplom vom 18. Juli 1856 für Wassili v. Wegner, k. preuss. Anerkennung 1858. Derselbe geb. 1824 ist der Sohn des 1833 gest. Dr. Wilhelm v. W., grossherzogl. sächs. Kammerh. und Geh. Staatsrath a. D. und der 1830 gest. Mathilde Tochter des 1844 gest. Carl Freih. v. Lincker und Lützenwick auf Dennstädt, grossherzogl. sächs. Kammerherr, Land-Jägermeister und Landrath, adoptirt von dem 1856 gest. August Freih. v. L. und L., grossherzogl. sächs. Kammerh. und General-Maj. a. D., verm. 1848 mit Thecla, geb. 1826, des Ludwig v. Thompson, kais. russ. Maj. a. D. Tochter, aus welcher Ehe entsprossten, neben zwei Töchtern, Gertrud Caroline, geb. 1850 und Elisabeth Thecla, geb. 1865; Ludwig Wilhelm, geb. 1849, k. preuss. P.-Fähnrich. Schwester Olga v. W., geb. 1825, verm. mit Johann v. Grant auf Ossmannstädt, grossherzogl. sächs. Kammerherr.

<small>Allgem. Augsb. Zeitg. 1856. — Geneal. Taschenb. d. freih. Häuser, 1861, 1863, 1869.</small>

Wehren (in Schwarz ein goldener schräg rechter oben u. unten abgehauener Baumstamm, rechts wie links zweimal geästet und oben wie an den vier Aesten mit einer Feuerflamme besetzt). Hannover. — Eine aus einem alten Patriziergeschlechte der Stadt Duderstadt (im Fürstenthum Grubenhagen, auf dem 1813 an Hannover gekommenen Eichsfelde, stammende Adelsfamilie, welche von dem Freih. v. d. Knesebeck unter den das von führenden Patriziergeschlechtern aufgeführt wird. 1870 Max v. W. Amtsassessor zu Himmelspfordten (Stade), ein Major im k. preuss. 8. westphäl. Inf.-Reg. Nr. 57, ein Hauptmann im 4. Inf.-Reg. und ein Rittm. im 3. schles. Dragoner-Reg. Nr. 15.

Wappenb. d. Kgr. Hannover, D. 13 und S. 15. — Freih. v. d. Knesebeck, S. 257.

Wehrs (Schild zweimal quergetheilt: oben in Blau ein silberner Mond mit Gesicht, in der Mitte Gold ohne Bild, unten in Roth eine aufwärtsgestellte silberne Pflugschaar). Reichsadelsstand. Diplom vom 25. Nov. 1803 für den herzogl. meklenb. Geh. Legat.-R. Georg Friedrich W. in Hannover. — Der Stamm blühte fort und Gustav v. W. trat in die hannov. Armee und wurde 1851 Prem.-Lieut. im Garde-Regiment.

Freih. v. d. Knesebeck, S. 292. — Kneschke, II. S. 469. — Hannov. Wappenb. T. 10, S. 15.

Weichs, Freiherren (in Silber eine schwarze Spitze [Stammwappen], auch [die ältere jetzt bayer. Linie] geviert: 1 und 4 Stammwappen, 2 und 3 von Schwarz und Gold quer getheilt: oben eine Zange (Zenger v. Zangenstein). Reichs-Freiherrenstand. Diplom vom 2. April 1624 für Hans Christoph v. W. — Altes bayer. Turniergeschlecht, dessen Stammhaus W. an der Glon im Landgericht Dachau in Ober-Bayern. Ritter Rachevin v. W. stirbt 1100. Im 9. Gliede Ritter Paul von und zu W., verm. mit Elisabeth v. Aham, sein Bruder Fürstbischof von Freisingen 1416—25. Wigaleus, Stammvater der altbayerischen und Engelhard der westphäl-rheinischen Linie. Der nähere Stammvater der bayerischen Linie Hans Christoph Freih. v. W. (s. oben), dessen Enkel Johann Joseph, kurbayer. w. Geh.-R. und Erbkämmerer im Stifte Freising. Sein Sohn Johann Joseph Clemens, kurpfälz. Geh. R. und dessen Sohn Joseph Georg, geb. 1726, verm. mit Marie Reichsfreiin v. Gumppenberg, so wie dessen Sohn Joseph Maria, geb. 1756, gest. 1819, k. bayer. Kämmerer und Geh.-R., verm. mit Anna Reichsgräfin Ingenheim. — Also I. Bayersche Hauptlinie: Clemens, Reichs-Freih. v. W., k. bayer. Kämmerer, Major à la suite, Hoftheater-Intendant in München, Oberhofm. I. M. d. Königin von Griechenland, geb. 16. März 1793, gest. 1838, verm. 1) mit Stephanie Enders, gest. 24. Mai 1824, wieder verm. 6. April 1825 mit Dorothea Enders, aus welcher Ehe entsprossen, neben zwei Töchtern: Caroline Henriette geb. 19. Mai 1826, verm. mit Carl v. Pausinger, k. k. Oberlieut. in d. A. und Herrn auf Alnek in Ober-Oesterr., Henriette Stephan., geb. 1. März 1828, verm. mit Felix v. Pausinger, Herrn auf Kogl in Ober-Oesterreich, das jetzige Haupt der Familie: Carl Ant. Heinrich Freih. von und zu W. an der Glon, Herr der Herrschaften Walchen, Wildenhaag, Litzelberg und Oberberghum in Ober-Oesterreich, k. bayer.

Kämmerer k. k. Rittmeister in d. A. u. Landstand im Erzherzogthume Oesterreich ob d. Ens, geb. 24. Mai 1829, verm. 17. Oct. 1853 mit Gabriele Freiin Zessner v. Spitzenberg, geb. 27. Juni 1831, Gabriele, geb. 22. Oct. 1854, Heinrich, geb. 1. Febr. 1856, Therese, geb. 16. Aug. 1857. — II. Rheinische Hauptlinie: 1) Niederrheinische Speciallinie zu Rösberg: Ferdinand Joseph, grossherzogl. hess. Kammerherr und General-Lieut., Herr auf Rösberg b. Bonn, dessen Sohn Wilhelm Joseph Max Anton Freih. von und zu W.-Rösberg, Herr auf Rösberg b. Bonn, Mitglied des k. preuss. Herrenhauses auf Lebenszeit, k. preuss. Prem.-Lieut., geb. 12. Nov. 1825, verm. 16. Mai 1849 mit Marie Ludw. Freiin v. Spies, geb. 28. April 1829, aus welcher Ehe entsprossen, neben zwei Töchtern: Antonie, geb. 1. Januar 1861, und Paula, geb. 19. Jan. 1864, Dietrich, geb. 1. Juli 1850, Franz, geb. 7. Nov. 1851, Carl Otto, geb. 10. Mai 1853, Carl Wilhelm, geb. 20. Mai 1859. 2) Speciallinie zur Wenne oder Geistern: Freih. bestätigt im Kgr. Preussen 1841: Caspar Carl Freih. von und zu W. zur Wenne, Drost zu Eslohe, Herr zu Geistern. Clemens Freih. von und zu W. zur Wenne, Besitzer d. Majorats-Güter Wenne-Reiste und Eichholz in Westphalen und Geistern, Spraland und Schimern im Herzogth. Limburg, Malthes. OER. Dr. jur., Mitglied der westphäl. und limburg. Ritterschaft, geb. 12. Mai 1807, verm. 18. Oct. 1838 mit Emma Franziska Freiin v. Loë zu Imstenrath-Mheer, geb. 27. Febr. 1818, aus welcher Ehe drei Söhne und sechs Töchter stammen. Von zwei Schwestern derselben ist Antonia (Nini), geb. 8. Sept. 1808, Erbfrau v. Hugenpoth, verm. 1827 mit Clemens Freih. v. Fürstenberg, grossherzog. hess. Kammerh. und Major à la Suite, Wittwe seit 1844, Theresia, geb. 1810, verm. 1833 mit Clemens Freih. v. Loë, Herren der Güter Wissen und Conradsheim, indess zwei Brüder: Adolph, geb. 1813, k. k. Kämmerer und Major in d. A., verm. 1859 mit Maria, Freiin Henn v. Henneberg, geb. 1833, wieder zwei Söhne: Max, geb. 1860 und Friedrich, geb. 1865, so wie dessen Bruder Friedrich Freih. v. W., geb. 1818, Herr auf Niershof in der preuss. Rheinprovinz, Malt.-OER., k. niederl. Lieutenant a. D., verm. 1858 mit Maria Freiin v. Scherpenzel, Wittwer seit 1860.

Ducalin, germ. sacr. et prof. p. 11. — Diplom. Jahrb. f. d. pr. St., 1848, S. 306. — *Gauhe*, I. S. 2072. — Geneal. Taschenb. d. freih. Häuser, 1856, 57, 61, 70. — *Hattstein*, III. S. 557. — v. *Hefner*, bayer. Adel, S. 62, T. 67. — v. *Hellbach*, II. S. 696. — v. *Hohenech*, II. S. 760. — v. *Hund*, II. S. 356. — v. *Lang*, S. 262. — *Freih. v. Ledebur*, III. S. 51. — v. *Meding*, III. S. 822. — N. genral. Handb., 1777, S. 349, 1778, S. 398. — *Robens*, II. S. 281. — *Siebmacher*, I. S. 79. n. 4. — *Zedler*, 51. S. 205.

Weigelsperg, Freiherren (Schild von Gold, Blau und Silber quergetheilt: unten in einer blauen Spitze ein Adler mit Kreuz und Lorbeerzweig, darüber ein goldener Stern; aus der Mitte der beiden Seitenränder erhebt sich bis zur Mitte ein Sparren, dessen rechte schwarze Hälfte mit zwei schräg links neben einander gestellten goldenen Rosen, die linke rothe Hälfte mit drei schräg rechts über einander gestellten silbernen Schwertern belegt ist.). Erbl.-österr. Freiherrenstand. Diplom vom 21. Febr. 1849 für Franz Edlen v. W.,

k. k. österr. Feldmarschall-Lieut. Derselbe, geb. 1786, war verm. 1) mit Aloysia v. Hammer (geb. 1791, gest. 1818), 2) mit Elise Contessa Negri (geb. 1821, gest. 1848), gest. 1850. Sein Sohn und jetziges Haupt der Familie: Friedrich Freih. v. W., geb. 1812, k. k. Feldmarschall-Lieut. in P., verm. 1841 mit Franziska v. Gludovacz, geb. 1815, deren Kinder, neben einer Tochter, Octavie, geb. 1853: Béla, geb. 1843, k. k. Ministerial-Conceptsadjunct im Ministerium für Handel u. Volkswirthschaft, Friedrich, geb. 1844, k. k. Oberlieut. bei Fürst Alfred Windisch-Grätz Dragoner Nr. 14, Gejza, geb. 1846, k. k. Oberlieut. bei EH. Carl Uhlanen Nr. 3. Geschwister aus zweiter Ehe: Franziska, geb. 1840, Adolf, geb. 1842, k. k. Lieut. b. Prinz Wilhelm zu Schleswig-Holstein-Glücksburg Infanterie Nr. 80, Eduard, geb. 1847, k. k. Lieut. b. EH. Franz Ferdinand d'Este Infanterie Nr. 32.

General. Taschenb. der freih. Häuser, 1856, 1869.

Weiler zu Weiler, Freiherren (in Silber ein rother schräg rechter Balken). Uralte Dynasten-Freiherren (letztere Anf. d. 14. Jahrh.) in Franken, Oberschwaben, Weiler bei Heilbronn. Abgesehen von Hermann v. W., welcher bei der Gründung des Kl. St. Georg im Schwarzwalde 813, erscheinen schon 1127 Conrad und Otto, Adelheid 1250 als Priorin des schon im 11. Jahrh. von der Familie gestifteten Klosters W. im Blauthale, Rüdiger Prior zu Reichenbach, Ulrich auf Weiler im Blauthale 1323. Burkard — 1468 Abt des Stiftes Sinsheim, Wolf v. W., geb. 1508, gest. 1585, nahm 1530 die augsb. Confession an und war mit Herzog Christoph von Würtemberg in Frankreich. Dietrich, herzogl. württemb. Oberhofmeister, geb. 1542, gest. 1602, vereinigte alle Herrschaften in seiner Hand. Seine Söhne stifteten die 3 Unterlinien Weiler, Magenfels und Lichtenberg. 1799 vereinigte Alles wieder Friedrich Freih. v. W., kais. Rath und Ritter-R. Dessen Enkel Sohn jetziges Haupt der Familie: Friedrich Wilhelm Franz Freih. v. W., Herr zu Weiler, Friedrichshof, Lichtenberg, Magenfels u. s. w., geb. 1819, k. württemb. Kammerherr, ist verm. 1841 mit Sophie Freiin v. Cotta, geb. 1852, aus welcher Ehe stammen: Wolf, geb. 1842, k. württemb. Kammerherr und Stallmeister, dienstthuender Kammerh. I. K. Hoh. der Prinzessin Auguste von Sachsen-Weimar-Eisenach, geb. Prinzessin von Würtemberg, verm. 1868 mit Julie Freiin von und zu Egloffstein, geb. 1847; Sophie, geb. 1851, Hermann, geb. 1854, Adelheid, geb. 1857.

Dorst, württemb. Wappenb. — *Gauhe*, I. S. 2818. — General. Taschenb. d. freih. Häuser, 1853, 54, 56, 70. — *Griesinger*, 1535. — *v. Hefner*, württemb. Adel, S. 13, T. 17. — *v. Hellbach*, II. S. 6 u. — *v. Meding*, III. S 945. — Salv. 524, 31, 34. — *Siebmacher*, II. S. 100. a. 6. — *Spener*, theor. ins. 150. — *Tyroff*, württemb. Wappenb. — *Zedler*, 54. S. 348.

Weiler, Freiherren (Schild geviert mit schwarzem Mittelschilde, worin eine goldene Säule mit einem Kreuze, 1 und 4 in Blau ein wachsender goldener Greif, 2 u. 3 in Roth zwei silberne Querbalken mit zwei und einer blauen Raute belegt). Reichsfreiherrenstand. Diplom vom 12. Sept. 1790 für die Gebrüder Franz Joseph v. W., kurpfälz. Reg.-R. und Oberbergamts-Director und Wilhelm Anton

v. W., kurpfälz. Hofger.-R. Dieselben waren die Söhne des 1745 in den Reichs-Ritterstand erhobenen Theodor W., kurpfälz. Geh.-R. Franz Joseph. Freih. v. W. war verm. mit Josepha v. Stengel, aus welcher Ehe, neben vier in die Familien v. Hauer, v. Durras, v. Dusch und Manera vermählten Töchtern: Georg Leopold Alois Freih. v. W., grossherzogl. bad. w. Geh.-Rath und Staats-R., geb. 1776, gest. 1835, verm. in erster Ehe mit Amalie v. Schmalz (gest. 1801). Deren Kinder Wilhelm Freih. v. W. (jetziges Haupt der Familie), geb. 1807, grossherzogl. bad. Kammerh. u. Oberingen, verm. 1845 mit Frances Kennedy (aus der Familie der Marq. v. Ailsa); Maria, geb. 1804, verm. 1826 mit Ferdinand Freih. v. Schweitzer, grossherzogl. bad. Geh.-R. und ausserord. Gesandten und bevollm. Minister zu Paris; Adolph, geb. 1812, grossherzogl. bad. General-Major und Commandant v. Kehl, verm. 1843 mit Luise Leblanc, deren Sohn Arthur, geb. 1844, grossherzogl. bad. Hofjunker. Aus zweiter Ehe mit Auguste Schmalz (der obigen Schwester), geb. 1790: Josephine, geb. 1822, verm. 1852 mit Joh. Anton Freih. v. Tillier, Altlandammann des Cantons Bern; Wittwe seit 1854, wiederverm. 1855 mit François Michaud comte de Beauretour; Caroline, geb. 1826, verm. mit Levita v. Rechten, grossherzogl. hess. Geh. Justiz-R.

<small>Cast, Adelsb. von Baden, S. 843. General. Taschenb. d. freih. Häuser, 1857, S. 830 u. 1870, S. 1015. — v. Hefner, bayer. Adel, S. 63, T. 67. v. Hellbach, II. S. 699. — Kneschke, I. S. 457. — Lang, S. 263. — Wappenbuch d. Kgr. Bayern, IV. T. 40; Wölkern, 4. Abth.</small>

Weinbach, auch Freiherren (Schild geviert: 1/4 in Blau drei silberne Flüsse über einander; 2 und 3 in Gold auf grünem Berge ein Rabe; das freih. Wappen vermehrt durch ein goldenes Mittelschild mit einem schwarzen Adler). Reichsfreiherrenstand. Diplom vom 11. Sept. 1790 für Wilhelm Joseph v. W., kurbayer. Reg.-R., später w. Geh.-R. Reichsritterstand. Diplom vom 16. Sept. 1745 für Georg Adam W., schwäb. Kreisdirectorial-Secretär, würtemb. Hofkammer-R. und Amtskeller zu Boselsheim. Hierher gehören: Wilhelm Freih. v. W., k. bayer. Kämmerer und Rittmeister in P., verm. mit Maria v. Krapp. N. Freih. v. W., k. bayer. Reg.-Präsident, verm. mit Barbara Freiin v. Reitzenstein, deren Tochter Catharina, verm. 1828 mit Nepomuk Freih. Poissl v. Loifling, k. bayer. Geh.-Rath u. Oberstkämmerer a. D., Wittwe 1865. N. Freih. v. W., k. bayer. Generalmajor's Töchter: Amanda, verm. 1846 mit Friedrich Gr. v. Reigersberg, k. bayer. Kammerjunker u. Hauptmann, Wittwe 1852, Laura, verm. 1848 mit August Gr. v. Kreith, k. bayer. Major, Wittwe 1862. Josephine, verm. 1846 mit Franz Freih. v. Stengel, k. bayer. Oberstlieut. der Artillerie.

<small>v. Hefner, bayer. Adel, S. 63, T. 67, S. 122, T. 151. — v. Hellbach, II. S. 700. — v. Lang, S. 263 und 586. — Wappenb. d. Kgr. Bayern.</small>

Weinberger auf Sinnleuthen (Schild geviert: 1 und 4 in Silber eine blaue Weintraube mit zwei grünen Blättern und 2 und 3 in Silber ein goldener Stern). Adelstand des Kgr. Bayern. Diplom vom 19. März 1819 für Joseph Anton W., Mitinhaber des Landsassengutes Sinnleuthen und früher Mauthbeamter zu Auerbach, in die Adelsmatrikel des Kgr. Bayern eingetragen am 24. März 1819.

<small>Wappenb. des Kgr. Bayern, IX. 37. — v. Lang, Suppl. S. 160. — v. Hellbach, II. S. 700.</small>

Weindler auf Schönbichel (Schild quergetheilt: oben in Roth ein wachsender silberner Löwe, zwei Kleeblätter haltend, unten in Schwarz ein schräg rechter goldener Balken). Adelsstand des Kgr. Bayern. Diplom vom 29. Nov. 1819 für Franz Joseph W., Herren der Hofmark Schönbichel und quitt. k. bayer. Lieut., in die Adelsmatrikel des Kgr. Bayern eingetragen.

<small>v. Hefner, bayer. Adel, S. 122. T. 151. — v. Hellbach, II. S. 701. — v. Lang, Suppl. S. 150. — Wappenb. des Kgr. Bayern. IX. T. 38.</small>

Weis v. Teufenstein, Freiherren (Schild geviert: 1 und 4 golden und ledig und 2 und 3 in Roth eine silberne Lilie, über dem Ganzen ein schräg rechter mit drei goldenen Bienen belegter blauer Balken). Erbl.-österr. Freiherrenstand. Diplom vom 10. Juli 1867 für Carl Gottlieb W., k. k. Sectionschef im Ministerium für Handel und Volkswirthschaft, als Ritter des Ordens der eisernen Krone 2. Cl., in Anerkennung seiner Verdienste um die Förderung der Bodencultur, insbesondere des Bergbaues. Derselbe ist der Sohn des 1830 gestorbenen Gutsbesitzers W. und der 1852 gest. Maria Maschek. Sein Grossvater war zur Zeit des siebenjährigen Krieges aus der Umgegend v. Eichstädt in Bayern, von wo die Familie herstammt, nach dem südlichen Böhmen gekommen. Carl Freih. W. v. T. ist geb. 1810, Ehrenbürger der Stadt Mies, verm. 1840 mit Friederike Liebetreu, geb. 1811, deren Kinder: Carl, geb. 1844, Besitzer des Ritterguts Harmsdorf bei Gratz in Steyermark, verm. 1867 mit Amalie Dimitrievics, geb. 1841, deren Sohn Friedrich, geb. 1868; Maria, geb. 1847.

<small>Geneal. Taschenb. der freih. Häuser, 1869, S. 977.</small>

Weissenbach, Freiherren, auch Grafen (in Silber ein schwarzer Büffelkopf). Reichserbvierritterstand. Diplom für Otto v. W. vom 20. März 1506. Freiherrenstand des Kgr. Sachsen. Anerkennungsdiplom vom 21. Febr. 1853 für Carl Adolph Hermann v. W., k. sächs. Geh.-Finanz-R. und Director der Ober-Rechnungskammer. Reichsgrafenstand. Diplom vom 18. Febr. 1730 für Johann Bernhard v. W., kais. russ. General. — Uradel des Pleissner Landes, Stammhaus bei Schmölln. Abgesehen von Hans v. W., Turniergenosse 1019 zu Trier, erscheint urkundlich schon 1217, Heinrich v. W. Angesessen auf Weissbach, Crimmitschau, Noboditz, Schönfels und Steinbrück, vermehrte sich der Besitz durch Altenberga, Selka, Mannichwalde, Samburg, Fuchshayn und Ponitz. Unter Reinhard v. W.'s Söhnen theilte sich der Stamm in die Hauptäste Weissenbach-Schönfels durch Otto, und Altenberga durch Hermann, welcher letztere aber im 16. Jahrhundert wieder abstirbt. Otto's ältester Sohn war Johann, von 1476—1487 Bischof von Meissen, der jüngere Hermann, Amtshauptmann im Voigtlande und Kurfürst Ernst's Geh.-R. Von seinen Söhnen pflanzte Wolf die

Weissbacher Linie fort, welche bis 1570 auf dem alten Stammschlosse, später auf Audigast, Mitte des 17. Jahrhunderts erlosch. Der zweite Sohn war Otto, jener erste Reichserbvierritter (s. oben) und sein Bruder Hans v. W., auf Crimmitschau und Thurm, der nähere Stammvater aller ferneren Glieder, dessen jüngster Sohn auf Heckstädt und seine Nachfolger auf Droyssig, Altranstädt zwar noch längere Zeit fortblühten, aber mit Hans Georg v. W. k. sächs. Kammer- und Berg-R. 1729 ausstarb, dessen Schwester Christine, verm. an Georg Victor v. Zeutsch die Stammmutter des jetzigen russ. Kaiserhauses durch die Kaiserin Katharine war. Der ältere Sohn des Hans v. W., Hermann und dessen Sohn Hans auf Lauterbach, verm. mit Anna v. Ende, gest. 1584, war der nächste Stammvater aller noch jetzt blühenden Glieder der Familie, indem sein Bruder Hermann auf Thurm, gest. 1596, zwar zahlreiche Nachkommenschaft hinterliess, welche jedoch in den dreissiger Jahren mit Ludwig v. W., k. sächs. Kammerh. auf Weissenborn bei Freiberg erlosch. Die Ur-Ur-Enkel des Hans auf Lauterbach theilten sich wieder in zwei Linien, von denen die jüngere, deren Stammvater Hans Hermann v. W. auf Mosen, gest. 1747 und dessen Sohn Christian Friedrich Hermann, auf Frauenhayn, k. k. Oberst, geb. 1735, gest. 1807, verm. mit Johanne Caroline v. Seydlitz, neben einer Tochter Charlotte Luise, vermählte v. Fabrice, nur einen Sohn hinterliess, Friedrich Carl Hermann v. W. auf Frauenhayn und Zabeltitz, k. sächs. Oberhofmundschenk und Kammerh., geb. 1788, gest. 1852, verm. 1813 mit Marie Charlotte Xaverine Princesse d'Esclignac (Enkelin des Prinzen Xavier, Administrator Kursachsens, Sohn König August III. von Polen), mit dessen einzigem Sohne Anton (neben einer Tochter Therese, geb. 1817, verwittwete von Globig, Oberhofmeisterin I. M. der Königin von Sachsen), geb. 1821, verm. mit Luise v. Nauendorf, 1861 ebenfalls ausging. Die ältere Linie (Lauterbach), Reichstädt, genannt noch Christian Ernst, auf R., gest. 1731, verm. mit Magdalena v. Schönberg, ward fortgepflanzt durch Carl Haubold, k. poln. kursächs. Capitain, gest. 1754, verm. mit Dorothea Eleonore v. Weissenbach-Thurm, dessen Sohn Carl Christian, k. k. Oberst, geb. 1720, gest. 1777, verm. mit Maria Catharine v. Lauko (gest. 1806), und dessen Sohn Carl Christian Emil, k. sächs. Geh.-Legat.-R. und Geh.-Cabinets-Archivar, geb. 1752, gest. 1820, verm. 1797 mit Henriette Charlotte Wilhelmine Freiin v. Seckendorf (geb. 1767, gest. 1837), dessen älterer Sohn Carl Gustav Albert, k. sächs. Geh.-Reg.-R., geb. 1797, verm. 1827 mit Ludolfine Freiin v. Seckendorf-Gudent (geb. 1805) bei seinem 1846 erfolgten Tode, nachdem ihm drei Söhne vorangegangen, nur zwei Töchter hinterliess, Meta, geb. 1838 und Anna, geb. 1843. Der jüngere, Adolf Carl Hermann Freiherr v. Weissenbach (s. oben), k. sächs. w. Geh.-R., Director der Ober-Rechnungskammer und der 1. Abtheilung des Finanzministeriums, geb. 1802, verm. 1832 mit Therese Rosalie Freiin v. Seckendorf-Gudent a. d. Hause Weischlitz, geb. 1812, setzte den Stamm durch drei Söhne fort: Bernhard Ernst, geb. 1833, k. k.

Linienschiffs-Lieut., Paul Georg, geb. 1837, k. sächs. Regierungs-Referendar zu Dresden, und Hans Adolf, geb. 1847, stud. juris.

Ducelin, III. 2. Abth. S. 205 — *Dorst*, schles. Wappenb. S. 465. — *Fabric.*, Orig. Sax. 57, fol. 767. — *Gauhe*, I. S. 2820. — Geneal. Taschenb. der freih. Häuser, 1857 und 1869, S. 978. — *v. Hefner*, sächs. Adel, S. 18. T. 17. — *v. Hellbach*, II. S. 704. — *Hopf*, Cob. Hist., II. S. 163. — *Hopperodt*, Stammb., Vorrede. — *Knauth*, pindr. mis. S. 591 u. Orig. Büchling p. 58 — *Kneschke*, Wappenb. I. S. 459. — *König*, III. S. 210. — *Freih. v. Ledebur*, III. S. 94, n. 1 und Nachtrag 357? — *Megerle v. Mühlfeld*, Erg.-Bd. S. 36. — *v. Meding*, I. S. 943. — N. Pr. Ad.-Lex., V, 473. — *Peckenstein*, theatr. Sax. I. S. 111. — *Schöttgen*, Nachlese, III. S. 54, IV. S. 694, X. S. 266, XI. S. 64. — *Siebmacher*, I. S. 161, n. 10. — *Sinapius*, II. S. 481 und 1101. — *Tyroff*, sächs. Wappenb. III. T. 65. — *Wilhelmi*, carm. de hac gente 1632. — *Zedler*, 54, S. 12—42.

Weiss (in Gold ein halber schwarzer Steinbock). Herzogl. Sächs.-Meining. Adelsstand. Diplom vom 2. April 1836 für Johann Christian W. aus Langensalza, wegen seiner Verdienste um die Kammgarnwollspinnerei und um den Steinkohlenbau, mit Beilegung des Wappens der 1611 ausgestorbenen Familie v. Gotzmann (welches die Roch bereits früher von Bayern erhalten).

v. Hefner, sächs. Adel, S. 52, T. 60.

Weisz (in Blau ein schwimmender Schwan, über welchem drei silberne Sterne). Reichsadelsstand. Diplom vom 31. Juli 1790 für die Gebrüder Johann Jacob Heinrich und Carl August Ludwig und Carl Friedrich Maximilian W., Söhne des Kammerrath W. Die Familie ist in Sachsen ausgegangen.

Handschriftl. Notiz. — *v. Hrust*, sächs. Staatsanzeiger, 1. Heft. — *v. Hellbach*, II. S. 703. — *Kneschke*, Wappenb. III. S. 446. — *Tyroff*, X. 1. S. 85.

Weisz von Horstenstein, Freiherren (geviert: 1 und 4 in Roth ein Ritter mit belorbeertem Schwerdt, 2 in Blau ein Stieglitz, 3 in Blau drei Kornähren). Ungar. Freiherrenstand. Diplom vom 18. Dec. 1729 für Bartholomäus Hartwig v. W., kais. Oberst und Commandant zu Szegedin. Derselbe (Sohn des Landvoigts Christoph Hartwig v. S. und der Margaretha geb. v. Seldern, stammt aus dem Bambergischen), verm. mit Margaretha Fröhlich v. Fröhlichsburg. Sein Sohn Christoph Helmuth Freih. W. v. H. hatte Clara v. Szidanitz zur Gemahlin. Ihre späteren Nachkommen sind: Rudolph Freih. v. W.-H., geb. 14. Juli 1803 (Sohn des Freih. Joseph Edmund, geb. 1766), k. k. Kämmerer und Oberstlieut. in d. A., Geschwister Wilhelm, geb. 1802, Maria Adelheid, geb. 1813.

Geneal. Taschenb. der freih. Häuser, 1858, S. 527. 1867, S. 1023. — *Kneschke*, Wappenbuch. I. S. 457.

Weisz von Limburg (Schild durch einen rothen Querbalken mit drei silbernen Rosen getheilt, oben ein schwarzer wachsender Adler in Gold, unten Gold ohne Bild). Frankfurter Patriziergeschlecht, dessen Stammvater Heinrich W. war, der um das Jahr 1306 in der Stadt Limburg an der Lahn lebte, in Folge seines hohen Alters erblindete und 125 Jahr alt starb. Seine Schwester Lusa W. war an Gerlach Herrn v. Limburg vermählt, woher vielleicht das Geschlecht, als es durch Heinrichs Sohn Rulmann W., gest. 1346, nach Frankfurt verpflanzt ward, den Beinamen L. behielt. Rulmann W. ward durch seine Frau Adelheid v. Goldstein Ganerbe von Alten-Limburg. Seine Nachkommen blühten in zahlreichen Linien durch

mehrere Jahrhunderte in Frankfurt a. M., bis das Geschlecht mit
Hector Philipp W. v. L. am 3. Febr. 1656 erlosch.

Humbracht, Rhld. — Siebmacher, I. 210. 2.

Weiszenwolf, Ungnad von, Grafen (Schild geviert: in Roth
ein silberner Wolf [Stammwappen]; 2 und 3 in Blau eine goldene
Mauer; 4 in Roth 2 silberne Hunde dos à dos). — Reichsfreiherrenstand. Diplom vom 9. Oct. 1462 mit von Sonneck für Johann Ungnad, k. k. Kammermeister. Reichsgrafenstand. Diplom vom 6.
März 1646, mit von Weiszenwolf für David Freiherren v. Ungnad,
k. k. w. Geh.-R., Hof- und Kammerpräsident. — Sehr altes fränk.
(Bamberger Ministerial-) Geschlecht. Der Enkel Arnold's v. W.
(der 955 in der Schlacht wider die Ungarn blieb), Dietrich zog mit
K. Conrad III. gegen die Sarazenen, wo er, weil er das Meiste zum
Siege beim Flusse Mäander beigetragen, zum Ritter geschlagen und
nach seiner Rückkehr vom Bischofe Eberhard zu Bamberg nach
Kärnthen, die dortigen Besitzungen des Hochstifts zu verwalten, geschickt wurde. Seine Nachkommen erwarben im Herzogthum be-
trächtliches Landeigenthum. Conrad zog mit K. Friedrich II. 1228
ins gelobte Land und soll bei Ersteigung der Mäuer von Damas-
cus dieselbe in sein Wappen erhalten haben. Sein älterer Bruder
Heinrich erhielt im Dienste des Herzogs Ulrich v. Kärnthen, bei der
Erstürmung eines Schlosses des sich auflehnenden Turpin v. Scha-
chenstein 1240 den Namen Ungnad. Otto war 1273 tapferer Vertheidiger Friesachs gegen den Feldherrn Ottocars v. Böhmen Zawisch
v. Rosenberg und stand 1278 Rudolph v. Habsburg gegen Herbert
v. Fullstein auf dem Marchfelde zur Seite, wobei er ein Auge verlor.
Bernhard wurde mit Friedrich dem Schönen bei Ampfing gefangen.
Johann (s. oben) Reichsfreiherr. Sein Enkel Hans, Kämmerer des
K. Ferdinand I., Feldherr gegen die Türken, Landeshauptmann von
Steyermark, ging nach Confiscirung seiner Güter, da er der Reformation zugethan, zum Herzog Ulrich v. Württemberg, legte sogar
eine grosse Buchdruckerei zur Verbreitung seiner Schriften an und
ward 1564 in der fürstl. Gruft in Tübingen begraben. Der Sohn
seines Bruders Andreas, David, gest. 1600, war Gesandter in Constantinopel. Sein Enkel David II. (gest. 1672), liess sich zuerst in
Oesterreich nieder, wo er durch die Vermählung mit Elisabeth v.
Jörger zu grossem Besitzthum gelangte, er wurde (s. oben) Reichsgraf und Oberst-Erbland-Hofmeister in Oesterreich o. d. Ens. Die
Abstammung der jetzigen Familienglieder ist folgende: Helmhard
Christoph (geb. 1635, gest. 1702), k. k. Geh.-R., Landeshauptmann
in Ö. o. d. E., dritte Gemahlin Maria Elisabeth Gräfin v. Lengheim
(geb. 1667, verm. 1691, gest. als wiederverm. und verw. Gräfin v.
Traun 1719); Ferdinand Bonaventura (geb. 1693, gest. 1681), k. k.
Geh.-R. u. s. w.: Maria Theresia Gräfin v. Starhemberg (geb.
1694, verm. 1716, gest. 1738); Guidobald (geb. 1725, gest. 1784),
k. k. Kämmerer und General-Feldwachtmeister; Josephe Freiin
v. Salza (geb. 1741, verm. 1757, gest. 1798); Johann Nepomuk
(geb. 1779), k. k. Kämmerer, Oberstlieut. in d. A., Präses des vaterl.

Museums in Linz: Sophie Gräfin Breuner, geb. 1794, verm. 1815, gest. 1847; Paul (jüngerer Bruder Johann Nepomuk's), geb. 1780, gest. 1848, k. k. Kämmerer und Oberstlieut. in d. A.: Therese Gräfin Sadnicka (geb. 1788, verm. 1817), deren Sohn und Haupt der Familie: Guidobald, Gr. Ungnad v. Weiszenwolf, Freih. zu Sonneck und Ennseck, geb. 1817, Besitzer der Fideicommissherrschaften Steyeregg, Spielberg, Luftenberg, Lustelfelden und Parz, terner der Herrschaft Ruska-Wies in Galizien, Oberst-Erblandhofmeister in Oesterreich ob der Ens, verm. 1853 mit Hedwig Gräfin v. Krasicka, welche neben einer Tochter Maria Henriette, geb. 1862: Conrad, geb. 1855.

<small>Allgem. geneal. Handb. I. S. 897. — *Krebel* (1790) II. S. 69. — *Brandis*, tyr. Ehrenkränzlein S. 64. — *Calins*, theatr. gentis W., 1675. — *Dresser*, Chronik der Fam. W. 1602. — *Ganhe*, I. S. 7827. — Geneal. herald. Handb. zu den gräfl. Häusern, S. 1063. — *Hoheneck*, II. S. 766. — *Hübner*, III. T. 667. — *v. Meding*, III. n. 875. — *Prevenhuber*, Ann. Styr., S. 311. — *Siebmacher*, I. S. 20. 7., VI. S. 12. n. 10. — *Spener*, hist. Insign. S. 546. T. 24. — *Valvasor*, Ehre Krains, II. S. 346. — *Zedler*, 59. S. 1559. — *Kneschke*, Grafenhäuser, II. S. 654.</small>

Weiszmann von Weiszenstein, Freiherren (in Roth eine gestürzte silberne Spitze mit einer Hellebarde). Freiherrenstand des Kgr. Bayern. Diplom vom 19. Dec. 1841 für Richard Heinrich W. v. W., k. bayer. Kämmerer. — Altes oberpfälz. Geschlecht, Reichs-Adelsstand. Diplom vom 18. Jan. 1615 für Michael W., fürstl. Lobkowitz. R. und Hauptmann der gefürsteten Grafschaft Sternstein in der Neustadt, denselben nochmals anerkannt am 31. Nov. 1697. Hans Christoph Adam W. v. W., geb. 1702, gest. 1767, Herr auf Arnstein und Gaisach, verm. mit Maria Franzisca Genofeva Freiin v. Lilienau zu Culmain. Heinrich Joseph Adam W. v. W., geb. 1733, gest. 1809, k. franz. Oberstlieut., verm. mit Christiane Störzbacher, gest. 1826. Dessen Sohn Richard Heinrich, Freih. W. v. W., geb. 16. Juni 1802, k. bayer. Kämmerer und Oberst a. D., verm. 1834 mit Anna Kolb, geb. 1813, deren einziger Sohn Heinrich Sebastian Renatus Richard, geb. 1836. Alois v. Weiszmann ist 1870 Lieut. beim Militär-Fuhrwesen in k. k. österr. Diensten.

<small>Bayer. Wappenbuch, XIII. 30. — Geneal. Taschenb. d. freih. Häuser, 1856, S. 746, 1857, S. 833, 1870, S. 1018. — *v. Hefner*, bayer. Adel, S. 63. T. 67. — Erg. S. 21. — *v. Hellbach*, II, S. 705. — *Lang*, S. 539.</small>

Weiszpriach, Freiherren und Grafen (Schild der Länge nach getheilt, vorn in Silber drei schwarze rechte Spitzen, hinten schwarz). Stammhaus die kolossale Burg, deren Trümmer noch jetzt am Eingange des Weissbruchwinkels im Lungau (Kärnthen) stehen, nachdem die ganze Ortschaft und Kirche W. aus ihrem Gemäuer erbaut wurde. Dort wo der Kobalt bricht, tauschte 1040 Oudelprecht vom Salzburger Domcapitel diesen über 3000 Fuss hoch gelegenen Besitz ein. Seine Descendenten kommen 1272 begütert als Salzburgsche Ministerialen vor. Ulrich 1372, verm. mit einer v. Eberstein; sein Sohn Adam, verm. mit einer Burggräfin v. Luentz; dessen Sohn Burckard verm. mit Margaretha v. Wildeck; dessen vier Söhne: Ulrich, kais. Pfleger von Rabenstein 1488, 1500 Landeshauptmann und Herr zu Knobelsdorf, Andrä, Ritter, welcher 1438 zu Zederhaus Messen im Gotteshause stiftete, das seine Ahnen bauten, ward 1445

Pfandinhaber auf Lebenszeit des Schlosses Obertrixen, 1448 Pfleger zu Gmünd und Erbhofmeister zu Tyrol, als welcher er zum Herrenstande gehörte, 1452 zog er mit nach Rom, als Marschall des König Ladislaus fungirend, 1453 ist er Hauptmann zu Oberdrauburg, 1457 ward er vom Kaiser mit der Fischerei im Millstädtersee belehnt, 1475 focht er nebst seinem Sohne Sigmund ritterlich gegen die Türken und 1477 war er Anführer der siegreichen Schaaren, die gegen Matthias Corvinus in Ungarn einfielen, 1489 war er todt. Der dritte Sohn war Burckard, welcher mit Anna v. Liechtenstein: 1) Ritter Sigmund 1457 in Cilli, 1462 kais. R. u. Hauptmann zu Forchtenstein, von wo er nach Wiener Neustadt zu Hülfe kam, 1465 ist er erzbischöflicher Hauptmann zu Pettau und Freih. v. Modwig; 2) Balthasar war 1452 mit in Rom, war in bamberg. u. salzburg. Diensten, 1463 kaiserl. Kämmerer, 1468 stürmte er an der Seite der beiden Kreutzer das Schloss Hollenberg für den Landesfürsten, 1475 war er Einnehmer im Türkenkriege, 1484 starb er und ruht zu Villach im herrlichen Gotteshause, dessen Emporkirche sein Werk. Seine Gemahlin war Apollonia, Tochter des Bernhard Sax, sie heirathete in zweiter Ehe Peter Schweinshaupt, besass Schloss Sanzenberg und starb kinderlos. Ritter Hans war Gurker Vasall; 3) Burkart erscheint 1432 als Besitzer erkaufter Güter im Jauntthal und sass von 1461 bis 1466 als Cardinal auf dem Erzstuhl zu Salzburg. Niclas v. W., Sohn Sigismunds, 1444, verm. mit Sigaun v. Hag aus Bayern, starb 1468, seine Kinder waren Hans Erasm., Niclas, Ulrich und Barbara. Er gehörte zum Lungauischen Stamme, welcher in der zweiten Hälfte des 16. Jahrhunderts ausstarb. Auch Lienhart zwischen 1455 — 68, Sohn weiland Enderleins v. W.; Ulrichs Tochter hatte Augustin Khevenhüller, der 1519 starb, zum Gemahl, Christoph und David verkauften 1507 ihre Antheile an Hardegg. Der letzte W. Hans starb 1570/71 im Besitz der Herrschaften Eisenstadt u. Forchtenheim, er führte (von Kaiser Ferdinand I. in den Grafenstand erhoben) das Wappen geviert mit einem gekrönten halbmondbelegten Adler in Silber, welches nach seinem Tode 1572 an Sigunas Nachkommen, die Khevenhüller, verliehen wurde.

Bucelin, Germ. — Gauhe, I, 2826. — v. Hellbach, S. 700. — Pverenhuber, Annal. Styrens. S. 147. — Schmuts, IV. S. 325. — Siebmacher, IV. S. 15. u. 3. — Spener, hist. Insig. — Weiss, Küruth. Adel (1869) S. 158 und 258. — Zedler, 54, S. 1463.

Weitelshausen gen. Schrautenbach (in Roth auf grünem Hügel ein gehendes Lamm). Alte rheinl.-hess.-nassauische Familie, aus welcher im 14. Jahrh. Heinrich v. Sch. als Ritter v. Erlickheim vorkommt; zum Canton Odenwald gehörig, war Balthasar v. W. gen. Sch. fürstlich hess. Rath und Amtmann zu Giessen und wurde ein Grossvater Balthasar's, fürstlich hess. Haushofmeisters und Amtmanns zu Lichtenberg, dessen jüngster Sohn Johann Wolf 1634, fürstlich hess. Rath, Oberstlieut. und Commandant von Giessen, der ältere aber, Johann Balthasar ebenfalls fürstlich hess. Rath bei der Erbverbrüderungs-Erneuung zu Erfurt unter dem Comitat des Landgrafen Ludwig von Hessen-Darmstadt. Von seinen Söhnen war Balthasar zu Bodenburg bei Giessen fürstlich hess.-darmst. Obereinnehmer, Burgmann zu Giessen, und gräflich Nassau-Saarbrückscher Ober-Märker zu Wissmar, der seinen Stamm fortgesetzt, Georg Friedrich Balthas. zu Roden, fürstlich hess.-darmst. Kammerjunker und Oberst-Wachtmeister, der 1685 starb, u. Ludwig Balthasar, fürstlich hess.-darmst. General-Major.

<small>Gauhe, I. 2226. — v. Hattstein, II. 545. — v. Hellbach, II. 706. — Humbracht, T. 94. — Freih. v. Ledebur, II. 406, III. 95. — v. Meding, II. n. 951. — Siebmacher, I, 141, 6. — Zedler, 55. S. 1108.</small>

Weitershausen, Freiherren (von Schwarz und Silber schräglinks sechsfach getheilt). Grossherzogl. hess. Freiherrenbestätigung vom 11. Mai 1868. Eine zum Stift Kauffungen gehörige althess. Familie, welche schon seit dem 13. Jahrh. bekannt ist (1280 Widenhusin urkundlich). 1410 erscheint ein W. als Deutschmeister des deutschen Ordens. Witekind v. W. war 1429 Domherr in Mainz. Georg v. W. war 1464 Comthur des D. O., sein Wappen hängt in St. Elisabeth in Marburg. Der Stamm theilte sich in zwei Hauptäste, deren älterer kurhessische zu Merzhausen, auch zu Fritzlar angesessen, als dasselbe unter Kurmainz. Hoheit stand. Er bekannte sich stets zur kathol. Kirche und erlosch in den dreissiger Jahren dieses Jahrhunderts. Zu demselben gehörte Philipp Ludwig, Freih. v. W., gest. 1795 zu Bayreuth, k. preuss. Geh.-R., einer seiner Söhne Friedrich Freib. v. W., k. preuss. Major a. D., starb am 7. Juli 1836. Der noch blühende jüngere Ast führte bis zum Anfang des 18. Jahrhunderts das Prädicat „zur Niedling" von einem zu Hatzdorf bei Marburg eingepfarrten Familiengute, welches 1699 verkauft wurde. Zur Zeit des Landgrafen Philipp des Grossmüthigen nahm dieser Zweig den evangelischen Glauben an, in welchem er bis auf Johann Ludwig Franz, dem Ur-Grossvater des jetzigen Familien-Chefs beharrte. Der genannte trat aus landgräfl. hess. in kurmainz. Dienste über und vermählte sich mit einem Fräulein v. Reuss gen. Haberkorn, welche ihm das Gut Steinheim in der heutigen grossherzogl. Provinz Rheinhessen zubrachte. In Folge dieser Vermählung trat er aber wieder zur katholischen Kirche zurück. Die fortlaufende Stammreihe dieses jüngeren Astes seit seiner Abtrennung von dem älteren ist: Georg v. W., geb. 1564: N. v. Dornbach; Bernhard, geb. 1604: N. v. Barleben; Johann Philipp, geb. 1632: N. v. Hanxleden; Georg Bernhard, geb. 1661: N. v. Löwenstein; Johann Conrad, geb. 1687: N. v. Gelsa; Johann Ludwig Franz, geb. 1723: N. v. Reuss gen. Haberkorn; Georg, geb. 1753, kurmainz. Hauptmann: N. v. Schwartz; Heinrich Freih. v. W., grossherzogl. hess. General-Lieut., Excellenz, zweiter Inhaber des 3. Inf.-Reg. und Commandeur der Armee-Division, verm. mit Elisabeth Hoch. Derselbe, geb. 1792, gest. 1864, hinterliess neben zwei Töchtern, Franziska, geb. 1826 und Henriette, geb. 1822, drei Söhne: Heinrich Freih. v. W., jetziges Haupt der Familie, geb. 1820, grossherzogl. hess. Oberförster zu Erbach, verm. 1855 mit Auguste Dickel, geb. 1833, dessen Tochter Sophie Elisabeth, geb. 1864; Georg Carl Ludwig (geb. 1817, gest.

1865, grossherzogl. hess. Officier), dessen Wittwe Elisabeth Darmstädter, geb. 1825, dessen Tochter Angelica Elisabeth Natalie, geb. 1845; Carl, geb. 1830, grossherzogl. hess. Hauptmann im 2. Jäger-Bat., verm. 1865 mit Philippine Freiin Gedult v. Jungenfeld, geb. 1845, dessen Sohn Edmund Franz Ferdinand, geb. 1868.

<small>General. Taschenb. d. freih. Häuser, 1867, S. 1023. 1868, S. 979. — *Hauttstein*, III. Suppl. S. 152. — *v. Hefner*, hess. Adel, S. 30. T. 34. — *v. Hellbach*, II. S. 706. — *König*, II. S. 109. — *Freih. v. Ledebur*, III. S. 95. — *v. Meding*, I, n. 944. — *Schannat*, Client. Fuld. S. 181. — *Siebmacher*, I. S. 136, n. 14. — *Zedler*, 54, S. 1474.</small>

Welttenthal, Kleinpauer von, Freiherren (halb der Länge nach und quergetheilt [3 Felder] mit blauem Mittelschilde, worin 3 goldene Sterne; 1 in Gold ein schwarzer Adler, dessen rechter Flügel mit einem goldenen M, der linke mit einem goldenen T belegt [Maria Theresia]; 2 in Schwarz ein goldener Löwe; 3 in Silber ein schräg linker rother Balken, mit einem silbernen Degen belegt). — Erbl.-österr. und Reichsfreiherrenstand. Diplom vom 16. April 1759 für Carl Sebastian Kl. v. W., k. k. Oberst. Derselbe (der Sohn eines kaiserl. Obercommissärs 1688 Lieut. im Regiment Mansfeld), geb. 1717 zu Mailand, kämpfte als Hauptmann im Regiment Alt-Königsegg in der Schlacht bei Mehadia, Cornia, Widin und Kroska gegen die Türken. 1741 während des bayer. Successionskrieges nahm er den starken Pass Wasserfall ein, nachdem er die aus Infanterie und 100 Schützen bestehende Besatzung vernichtet und sechs Blockhäuser verbrannt hatte. Am Tage hierauf erstürmte er Reichenhall und das Schloss Marquardstein und drang beim Angriff auf München mit seiner Mannschaft zuerst in die Stadt ein. 1745 zeichnete er sich in den Schlachten b. Striegau, Trautenau und Kesselsdorf und später in den Niederlanden bei Turgau aus. Aus seiner Ehe mit Maria Josepha Losy von Losenau hinterliess er 1793: Carl Kl., Reichsfreih. v. W., geb. 1783, gest. 1848, k. k. Holzahlmeister zu Wien, verm. 1812 mit Franzisca Edle Schleichart v. Wiesenthal, geb. 1792, aus welcher Ehe stammen: Franz Kl. Reichsfreih. v. W., geb. 1818 und neben noch zwei Schwestern Amalie, geb. 1813 und Ludwica, geb. 1814, Carl, geb. 1824, gest. 1861, k. k. Hauptmann, Auditor beim Landwehr-Militär-Gericht, verm. 1856 mit Pauline Varga v. Deesi, geb. 1829.

<small>General. Taschenb. d. freih. Häuser, 1859, S. 882. 1863, S. 1021. 1865, S. 994. 1867, S. 1026. — d. *Hefner*, bayer. Adel, I. 63. II. 67. — *v. Hellbach*, II. S. 706. — *v. Lang*, S. 264. — Wappenb. des Kgr. Bayern, IV. S. 42.</small>

Weitzenbeck (Schild geviert: 1 u. 4 in Blau auf grünem Hügel drei neben einander stehende goldene Waitzenähren und 2 und 3 in Silber ein schwarzer Löwe mit Schwert). Kurpfalzbayr. Adelsstand. Diplom vom 20. Jan. 1778 für Anton W., früher k. k. Proviant-Commissar, später kurbayer. Hofkammer-R., Polizei-R. u. Arbeitshaus-Commissar. Sein Sohn Johann Baptist, geb. 1752, k. bayr. Hauptmann, wurde in die Adelsmatrikel des Kgr. Bayern eingetragen.

<small>v. *Hefner*, bayer. Adel, S. 172, T. 151. — v. *Hellbach*, II. S. 707. — v. *Lang*, S. 707. — Wappenb. d. Kgr. Bayern, IX. 41.</small>

Wei(t)zenbeck (Schild geviert: 1 u. 4 in Blau eine auf grünen Dreihügel aufgestellte Garbe u. 2 u. 3 in Roth ein goldenes Becken).

Kurpfalzbayer. Adelstand. Diplom vom 16. Juli 1792 für Franz Joseph W., kurpfälz. Rath und Hofger.-Secretär, geb. 1752, später in die Adelsmatrikel des Kgr. Bayern eingetragen.

<small>v. *Hellbach*, II. S. 701. — v. *Lang*, S. 690. — Wappenb. d. Kgr. Bayern, IX. S. 41.</small>

Welck, auch Freiherren (Schild der Länge nach getheilt, vorn in Silber eine rothe Rose [im freih. Wappen nicht gestielt], hinten von Roth, Gold, Blau, Gold, Roth quergetheilt [im freih. Wappen oben Blau, Gold, unten Gold, Blau quer getheilt, in der Mitte mit einem schwarzen Querbalken belegt], in der mittleren Abtheilung gegen die Rechte 2 goldene [im freih. Wappen zwei silberne] über einandergestellte Geckige [im freih. Wappen 8eckige] Sterne, gegen die Linke aber ein zunehmender silberner Mond erscheint). — Reichsadelsstand. Diplom vom 3. März 1785 für Carl Max W., kurfürstl. sächs. Kreisamtmann zu Meissen und Hofrath und für seinen Bruder Otto Rudolph, kurfürstl. sächs. Kammerrath und Oberpostamts-Director zu Leipzig (Söhne des Wolf Georg W., kurfürstl. sächs. Justizrath und Oberpostamts-Director zu Leipzig). Reichsfreiherrenstand. Diplom vom 22. Juni 1792 für Carl Max v. W., kurfürstl. sächs. Hofrath und Kreisamtmann zu Meissen, geb. 1745, verm. 1) mit Amalie Siegbert (gest. 1790), Erbtochter auf Oberrabenstein; 2) 1791 mit Henriette Wilhelmine Grf. Seydewitz, geb. 1770. In dieser freih. Linie im älteren Zweig Limbach, folgte Georg Ludwig, geb. 1773, Herr auf Oberrabenstein, k. preuss. Oberstlieut., verm. 1) mit Caroline, Tochter des k. preuss. General v. Byern (gest. 1803), verm. 2) 1817 mit Rosalie Adelheid v. Schönberg-Niederrheinsberg, Wittwe seit 1851. Dessen Söhne: Carl Otto Freih. v. W., Herr auf Limbach, geb. 1818, verm. 1849 mit Emilie v. Schönberg-Niederrheinsberg, geb. 1821; Robert Heinrich, geb. 1828 auf Oberrabenstein, k. sächs. Major und Commandant des Cadettenhauses in Dresden, verm. 1) 1852 mit Anna Editha Freiin v. Welck-Riesa, geb. 1829, gest. 1856; 2) 1858 mit deren Schwester Elisabeth Maria Freiin v. W.-R., geb. 1832. Kinder erster Ehe: Ida Mathilde, geb. 1853, zweiter Ehe: Maria Editha, geb. 1859, Curt Ludwig, geb. 1860, Catharina, geb. 1861, Curt Otto, geb. 1863, Frida, geb. 1864, Maria Elisabeth, geb. 1866. Den jüngeren Zweig Riesa stiftete Curt Robert (zweiter Sohn des Carl Max, s. oben), geb. 1798, Herr auf Riesa, k. sächs. Amtshauptmann, verm. 1824 mit Emma Luise Freiin v. Beust-Thossfell, geb. 1805, Wittwe 1866, aus welcher Ehe entsprossten: Heinrich Curt, Freih. v. W., geb. 1827, Herr auf Riesa, verm. 1) 1854 mit Clara Weiss aus Langensalza (geb. 1833, gest. 1862); 2) 1863 mit Catharina Grf. Schlieffen-Gross-Krausche in Schlesien, geb. 1836, dessen Kinder erster Ehe Gertrud, geb. 1855, Margaretha, geb. 1856, Eberhard, geb. 1857, Christian, geb. 1858, Maximilian, geb. 1859, Maria, geb. 1861; zweiter Ehe: Magnus, geb. 1864, Anna, geb. 1865, Alfred, geb. 1866; Elisabeth Maria, geb. 1832, verm. 1858 mit Robert Freih. v. Welck, k. sächs. Major (s. oben); Maria Clementine, geb. 1835, verm. 1859 mit Ernst Freih.

v. Palm, Herrn auf Linz und Ponikau; Alfred Curt, geb. 1838, Besitzer von Teichwolmsdorf im Grossherzogth. Sachsen, Jh.-O.-E.-R., k. sächs. Rittm. und Escadron-Chef im 1. Reit.-Reg., verm. 1864 mit Maria Weiss aus Langensalza, Kinder Magdalena, geb. 1865, Pia, geb. 1866, Robert, geb. 1869; Georg Johann, geb. 1839. — Die Nachkommen Otto Carl Rudolphs v. W., Oberpostamts-Director zu Leipzig (s. oben), gest. 1775, verm. mit Caroline Christine Sophie Rummel, gest. 1840, welche im adligen Stande verblieben, theilen sich wieder in zwei Linien, die ältere gestiftet durch den älteren Sohn Curt v. W., geb. 1793, gest. 1868, Amtshauptmann in Grimma, verm. 1) mit Friederike Voigt (gest. 1831), 2) mit Bertha v. Könneritz (geb. 1809, gest. 1854), welcher aus erster Ehe hinterliess: Curt v. W., geb. 1821, herzogl. anhalt. Kammerh. zu Ballenstädt, verm. mit Antonie v. Dietz, Clementine, geb. 1825, verm. mit Rittm. Edlen v. d. Planitz, Wittwe seit 1866, Constanze, geb. 1827, verm. mit N. Lautier in Freiburg in Baden, Clara, geb. 1831; zweiter Ehe eine Tochter Helene und Otto, geb. 1836, k. sächs. Hauptmann im 2. Jäger-Bat. Nr. 13 in Meissen. Die jüngere Linie stiftete der jüngere Sohn Otto Carl Rudolph's: Georg Rudolph, geb. 1796, k. sächs. Amtshauptmann in Zwickau, Geh.-Reg.-R. a. D., verm. 1829 mit Julie v. Zanthier, geb. 1803, aus welcher Ehe stammen: Curt 1833, Oekonom, Rudolph, k. sächs. Hauptmann im 3. Inf.-Reg. Nr. 102 in Zwickau, geb. 1835, Bertha, geb. 1840, verm. 1859 dem k. sächs. Ober-Appellat.-R. Einert und Otto, geb. 1848, Polytechniker.

Beust, Gr. sächs. Staatsanzeig. 1. Heft. — General. Taschenbuch d. freih. Häuser, 1855, S. 679. 1870, S. 1018. — v. Hefner, sächs. Adel, S. 52, T. 60; S. 18, T. 17. — v. Hellbach, II. S. 707. — Kneschke, Wappen, S. 460. — Freih. v. Ledebur, III. S. 95. — Archiv, II. S. 147. — N. Pr. Ad.-Lex., V. S. 116. — Tyroff, I. 185. — Derselbe, sächs. Wappenbuch, II. S. 36.

Welczeck, Freiherren (in Roth der Länge nach getheilt, vorn ein goldener gekrönter doppelschwänziger Löwe mit einem Schwert, hinten eine silberne Mauer mit zwei Thürmen). Reichsfreiherrenstand. Diplom vom 8. Nov. 1656 für Johann W. Eins der ältesten und vornehmsten freih. Häuser Schlesiens, welches ursprünglich aus Polen stammt. Schon 1239 waren die Welczeck, Wilczek, in Polen ein angesehenes Geschlecht. Nicolaus v. W. tritt daselbst 1369 als Wojwode von Sendomir auf. Unter Kaiser Ferdinand hatten Nachkommen aus diesem Hause bereits seit vierhundert Jahren dem Erzhause Oesterreich gedient und waren in Oberschlesien angesessen und begütert. Derselbe deutsche Kaiser verlieh laut Diplom vom 8. Nov. 1656 dem Johann W. von und zu Gross-Dubensko u. Petersdorf, Amtsverweser der Fürstenthümer Oppeln und Ratibor, den Reichsfreiherrenstand und vermehrte ihm sein altes Familienwappen. — Joseph, Reichsfreiherr und Alter Herr v. W., geb. 1780, gest. 1839, verm. mit Antonie Grf. Strachwitz-Susky Gross-Zauche und Kamminietz (geb. 1783). Carl Robert Freiherr und Alter Herr v. W., Herr von und auf Gross-Dubensko und Petersdorf, geb. 27. März 1802, verm. 1) 3. Mai 1825 mit Luise v. Gröling (geb. 5. Febr. 1802, gest. 5. Sept. 1828), 2) 1829 mit Henriette

v. Gröling (geb. 1800, gest. 8. März 1835), 3) 4. Dec. 1853 mit Justine v. Bernuth (geb. 18. Jan. 1818), aus welchen Ehen zwei Töchter entsprossten: Clara, geb. 14. Jan. 1830, verm. 10. Oct. 1855 mit Lindor v. Görtz auf Grüneiche b. Breslau, k. preuss. Lieut. und Adelheid, geb. 3. Nov. 1856. Ausser drei Schwestern: Franziska, geb. 31. Juli 1811, verm. 20. Febr. 1832 mit Carl v. Rheinbaben auf Michalkowitz, Landesältester des Kreises Beuthen (gest. 24. Oct. 1855), Maria, geb. 15. Mai 1816, verm. 12. Mai 1835 mit Joseph v. Madeyski-Poray auf Gross-Giraltowitz in Ober-Schlesien (gest. 13. Dec. 1857) und Eleonore, geb. 10. Juli 1823, verm. 15. März 1843 mit Gustav v. Paczenski und Tenczyn auf Knusow und Priewald in Ober-Schlesien, hinterliess ein 27. Febr. 1862 gestorbener Bruder Bernhard (geb. 6. Jan. 1804, Erbherr der Herrschaft Laband in Ober-Schlesien, Familien-Fideicommiss auch in weibl. grader Linie, Landesältester und Kreis-Deput. von Tost-Gleiwitz, k. preuss. Lieut.), seine Wittwe Maria Freiin Saurma von und zu der Jeltsch (geb. 15. Sept. 1815, verm. 5. Jan. 1836) und neben zwei Töchtern, Maria, geb. 28. Sept. 1838, verm. 17. Mai 1858 mit Titus v. List, preuss. Prem.-Lieut. (gest. 30. Juli 1867) und Antonie, geb. 18. März 1840, verm. 21. Febr. 1859 mit Gustav von Stockmann auf Broslawitz in Ober-Schlesien, k. preuss. Prem.-Lieut a. D., einen Sohn Bernhard, geb. 29. Jan. 1844, Erbherr der Fideicommiss-Herrschaft Laband in Ober-Schlesien (7 Ortschaften mit 3,700 Einw.), Malth.- O.-Eh.-R., k. preuss. Lieut. im Garde-Cür.-Reg., commandirt zur k. preuss. Gesandtschaft in Petersburg. Grossvaters Bruders Sohn, Wilhelm (geb. 27. Febr. 1796, gest. 3. Sept. 1866 zu Frankf. a. O.), k. preuss. Oberförster a. D., verm. 1827 mit Wilhelmine Röstel (geb. 16. Sept. 1795, gest. im Dec. 1862) neben einer Tochter Mathilde, geb. 22. Nov. 1834, Gustav, geb. 13. Jan. 1829, k. preuss. Lieut. a. D., Ober-Steuer-Controleur zu Creutzburg in Ober-Schlesien, verm. 25. Nov. 1863 mit Anna Rapp-Alt-Grottkaw (geb. 23. Oct. 1829), deren drei Kinder: Johannes, geb. 24. Sept. 1864 und Margaretha, geb. 28. Jan. 1866 und Hedwig, geb. 1867.

Dorst, schles. Wappenbuch n. 286. — Geneal. Taschenb. d. freih. Häuser, 1855, S. 682; 1856, S. 749. 1869, S. 980. — *Freih. v. Ledebur*, III. S. 95. — *Okolski*, I. 495. — *Sinapius*, schles. Curios.

Welden, Freiherren (Schild der Länge nach getheilt, vorn Roth ohne Bild, hinten in Grün ein silberner Querbalken). Altes reichsritterschaftliches schwäb. Geschlecht, das schon um 980 dem Adelsstande angehört haben soll und den Turnieren beiwohnte. Michael und Carl, bischöfl. Augsb. Räthe 1591 auf Eroltzheim. Im 17. Jahrhundert in den Reichsfreiherrenstand erhoben, besass die Familie das Erbmundschenkenamt im ehemaligen Stifte Augsburg. Hieronymus Freih. v. W. 1706, bischöfl. Eichstädt. Oberhofmarschall und Pfleger des Amtes Nassenfels. Johann Alexander Freih. v. W., Ritter-Rath und Ausschuss der Schwäb. Reichs-Ritterschaft. Johann Ludwig Joseph 1739 Dom-Dechant. — I. Gross-Lanpheimer Linie: Carl Albrecht, gest. 1808, Ritter-R., k. k. Kämmerer, kurfürstl. bayer.

w. Geh.-R. und Ober-Amtmann zu Mayenberg, verm. 1) mit Josepha Freiin Speth v. Zwiefalten, 2) 1790 mit Judith (geb. 1769, gest. 1857). Dessen Söhne erster Ehe: Constantin, geb. 1771, gest. 1842, k. bayer. Kämmerer, Geh.-Staats-R., General-Commissar, Ober-Appell.-Ger.-Präsident zu München, verm. 1797 mit Freiin Ritter zu Grünstein (geb. 1772, gest. 1827), verm. 2) mit Charlotte Freiin Redwitz-Küps (gest. 1865), Töchter erster Ehe: Therese, geb. 1799, k. bayer. Theres.-O.-Ehr.-Dame, Fanny, geb. 1807, verm. 1828 mit Carl Freih. v. Dobeneck, k. bayer. Kämmerer, Reg.-R., Wittwe 1865; Ludwig, geb. 1780, gest. 1853, k. k. Kämmerer und w. Geh.-R., Feldzeugmeister in d. A., Inhaber des 20. Inf.-Reg., verm. 1) mit Grf. Soppranza (gest. 1831), 2) 1833 mit Maria Freiin Aretin (gest. 1838), 3) Caroline v. Lamay, Stkr.-D. Pal.-D.J.M. der Kaiserin Caroline von Oesterreich, k. bayer. St. Anna- u. Theres.-O.-Eh.-D., Tochter Anna, geb. 1834, Stkr.- und Pal.-D., verm. 1854 mit Richard Gr.-Belcredi, k. k. Kämmerer, Geh.-R. und Staatsminister a. D.; Franz Xavier, geb. 1785, gest. 1856, k. württemb. Kammerh. und Reg.-Dir., verm. 2) mit Margaretha Fischer, Kinder erster Ehe Sophie, verm. 1836 mit Christian Freih. v. Thon-Dittmer, k. bayer. Reg.-R., Wittwe 1850, wiederverm. mit Wilhelm v. Branca, k. bayer. Reg.-R., und vierter Sohn erster Ehe Carl Albrechts (s. oben), Leopold Carl, geb. 1794, k. bayer. Kämmerer und quiesc. Landrichter, verm. 1826 mit Eleonore Freiin Aretin, Wittwe 1855, dessen Sohn und jetziges Haupt der Laupheimer Linie, Majoratsherr des für die Linie allein bestehenden Familien-Fideicommiss-Vermögens und des in Würtemberg gelegenen Ritterguts Edelbeuern, sowie Herr des Rittergutes Leutstetten in Bayern, k. bayer. Kammerh., verm. 1864 mit Clodilde Freiin v. Welden-Gross-Laupheim, geb. 1837, dessen Kinder: Max Leopold, geb. 1865, Maria Eleonore, geb. 1866, Carl, geb. 1867. Aus des Grossvaters Carl Albrecht (s. oben) zweiter Ehe: Carl Georg, geb. 1795, Senior der Familie, Gutsbesitzer auf Schloss Hürbel in Würtemberg, Malth.-O.-Eh.-R., k. bayer. Kämmerer und Maj. à la suite, verm. 1836 mit Walburga Freiin Hornstein-Bussmannshausen, geb. 1815, Kinder: Clotilde, geb. 1837, verm. 1864 mit Max Aug. Freih. v. Welden, Majoratsherr (s. oben), Maria, geb. 1838, Franz, geb. 1839, August, geb. 1851, Carl, geb. 1857, und 6. Sohn Carl Albrechts (s. oben), Alexander, geb. 1796, k. k. Maj. und Platzcommandant zu Salzburg, verm. 1843 mit Eleonore Edle v. Matei, geb. 1815, Kinder Therese, geb. 1844, Luise, geb. 1846 und Wilhelm 1851. II. Kl. Laupheimer Linie: Ludwig, geb. 1776, k. württemb. Kämmerer und Landvogt a. D., gest. 1857, verm. mit Elisabeth Freiin Rüpplin von und zu Keffikon (geb. 1797), Sohn Carl, geb. 1822, k. württemb. Oberlieut., gest. 1859, verm. 1848 mit Pauline Henner, geb. 1826, Sohn Carl Moritz, geb. 1849, Schwester Olga, geb. 1853. III. Hochholdinger Linie: Max Freih. v. W., gest. 1858, des Freih. Max auf Klein-Nördlingen, k. bayer. Kämmerer und der 1857 gest. Amalie Freiin v. Speth Unter-Marchthal Sohn, k. bayer. Rittmeister i. P., Geschwister August, k. bayer. Major a. D., verm.

mit Maria Freiin Pflummern, Tochter Sophia, verm. mit dem k. bayer. Oberlieut. Dambör, Mauritia, Ehrendame des k. bayer. Marien- und St. Anna-O.

<small>Bayer. Wappenbuch, IV. 41, XV. 49. — *Bürgermeister*, schwäb. Adel, S. 281. — *Cast*. Adelsb. von Württemb. — *Dorst*, württemb. Wappenb. — *Gauhe*, I. S. 2085. — Geneal. Taschenb. d. freih. Häuser, 1856, S. 750. 1867, S. 1030. — v. *Hefner*, württemb. Adel, S. 14, T. 17. — Detselbe, bayer. Adel, S. 63, T. 67. — *Griesinger*, S. 1543. — v. *Hellbach*, II. S. 707. — v. *Lang*, S. 265. — *Salver*, S. 664. — *Siebmacher*, 1, 103, n. 10. — *Tyroff*, württemb. Wappenbuch — *Zedler*, 54, 1523—27.</small>

Well, Erbl.-österr. Adelsstand von 1774 für Johann Jacob W., Apotheker in Wien; von 1811 für Joseph W., Apotheker in Wien, mit Edler von.

<small>*Megerle v. Mühlfeld*, S. 283 und Erg. S. 489. — v. *Hellbach*.</small>

Welling, Freiherren (Schild der Länge nach getheilt, vorn in Schwarz zwei goldene Flügel, hinten in Roth eine aufrechte silberne Egge, Pflugschleife). Altschwäbisch-rheinländ. Adelsgeschlecht seit 1572 durch Lehnbriefe nachgewiesen. Die schwäb. Linie mit Heinrich Eberhard Freih. v. W., geb. 1772, k. k. Officier, gest. 1854, der letzte von 13 Geschwistern und ausgestorben. Ein Glied der rheinl. Linie, der in die Adelsmatrikel d. Kgr. Bayern eingetragene fürstl. nassau-saarbrückische Kammerh. Johann Philipp v. W., vermählte sich 1783 mit Henriette Elisabeth v. Ochsenstein aus Frankfurt a. M. und machte sich in dieser Stadt ansässig, wo noch Nachkommen von ihm leben. Lina v. W. ist Ehrenstiftsdame zu Keppel in Westphalen. Die schwedischen Freiherren und Grafen v. W., deren Stammvater 1580 in Riga, von König Stephan von Polen geadelt worden, gehören nicht dieser Familie an, sie führen ein anderes Wappen.

<small>Geneal. Taschenbuch d. freih. Häuser, 1855, S. 740 und 746. — v. *Lang*, Nachtrag, S. 150. — *Kneschke*, Wappen, III. S. 416. — *Siebmacher*, V. S. 115, Suppl. — *Gauhe*, II. 1819. — *Pfeffinger*, Historie von Braunschweig, II. S. 1899. — *Zedler*, 54, S. 1580. — v. *Hefner*, Frankfurter Adel, S. 9, T. 8.</small>

Welser, Freiherren (Wappen der Ulmer Linie: Schild geviert: 1 in Gold ein rother Adler; 2 in Silber und Roth der Länge nach getheilt mit einem silbernen Querbalken mit drei Rosen belegt [von Grandner]; 3 in Silber drei rothe Querbalken oben und unten gezinnt [Zinnenberg] und 4 von Silber und Roth der Länge nach getheilt mit einer Lilie von gewechselten Farben [Stammwappen]; Wappen der Nürnberger Linie: Schild der Länge nach von Silber u. Roth getheilt mit einer Lilie von gewechselten Farben.). Reichsfreiherren seit 1368, 1567 und 1713, Anerkennung neuer Zeit: k. bayer. Bestätigung 1819. Altes turnier- und stiftsmässiges schwäbisches und fränkisches Adelsgeschlecht, dessen Ursprung sich in Sagen verliert (Belisar), welche in eine Zeit fallen, wo zuverlässige Nachrichten fehlen. Als entfernter Stammvater des Geschlechts wird Philipp Walser genannt, welcher 859 im Kloster Dissentis in der Schweiz (Canton Graubündten) begraben wurde. Der Enkel desselben Julius W., Feldhauptmann des Königs Otto I., wurde 971 zum Ritter geschlagen und der Sohn desselben Octavian, Feldhauptmann des Königs Conrad II. und der Stadt Augsburg, liess sich daselbst nieder und gelangte in das Patriciat. Von Octavian im 12. Gliede stammte Lucas W., Senator in Augsburg, welcher der nähere gemeinschaftliche Stammvater des ganzen Geschlechts, da durch seine zwei Söhne Anton (I.) und Jacob alle Linien der Familien, welche blühten und noch blühen, gestiftet wurden. Aus Anton's Ehe mit Catharine Vöhlin entsprossen vier Söhne, Anton II., Barthelmä, Friedrich (der Vater der durch Tugend und Schönheit hochberühmten Philippine Welser, nachherigen Gemahlin des Erzherzogs Ferdinand von Oesterreich) und Christoph (I.). Letzterer wurde Domprobst in Regensburg. Die ersteren drei aber gründeten drei Speciallinien. Barthelmä setzte den Hauptstamm in Augsburg dauernd fort. Derselbe war, wie bekannt, einer der reichsten Kaufleute seiner Zeit, wurde vom Kaiser Carl V. für Vorschüsse von 12 Tonnen Goldes zum Geh.-R. erhoben und erhielt die Provinz Venezuela in Süd-Amerika als Pfand. Mit drei in Spanien ausgerüsteten Schiffen nahm er 1528 das Land in Besitz, verlor es aber nach dem Tode des Kaisers wieder durch die Spanier. Mit seinen beiden Enkeln Christoph II. und Heinrich theilte sich die Augsburger Linie in zwei Hauptäste, zu Ulm und zu Augsburg. Letzterer, dessen Sprossen zu hohen Würden und Ehrenstellen kamen, erlosch 1797. Der Ulmer Ast hat fortgeblüht und ein Urenkel des Stifters Christoph II., Marcus Christoph, Proviantherr in Ulm, erhielt von Kaiser Carl VI. den Freiherrenstand (s. oben) 1713. Jacob W., des oben erwähnten Lucas Sohn und Anton's II. Bruder, liess sich zu Anfang des 16. Jahrhunderts in Nürnberg nieder und wurde daselbst der Senator. Mit den Söhnen seines Enkels Sebastian I.: Sebald und Sebastian II. trennte sich der Nürnberger Ast in zwei Hauptzweige, zu Nürnberg und in Oesterreich. Der von Sebald gestiftete Nürnberger Zweig theilte sich wieder in mehrere Nebenzweige, deren Sprossen in Nürnberg zu den höchsten Ehrenstellen gelangten und für die Vaterstadt und für Altdorf viele grossartige Stiftungen geschaffen haben. Sebastians II. vier Enkel Carl Friedrich, Peter Paul, Hans Georg, und Hans Adam wurden von K. Ferdinand III. am 27. Febr. 1651 mit dem Prädicat von Welsersheimb in den Reichsfreiherrenstand erhoben und der Sohn des Freih. Hans Adam: Sigismund Friedrich, k. k. w. Geh.-R., wurde von Kaiser Carl VI. am 29. Nov. 1719 in den Reichsgrafenstand (s. Welsersheimb) versetzt. — I. Hauptlinie zu Ulm: Johann Michael Freih. v. W., geb. 1808 (des gest. Freih. Marcus Theodosius, Senators zu Ulm Sohn), k. bayer. Kämmerer und Director des Bezirksgerichts in Nünberg, verm. 1) 1838 mit Friederike Freiin Leonrod (geb. 1817, gest. 1839), 2) 1840 mit deren Schwester Cölestine, geb. 1820, Kinder erster Ehe Rosa, geb. 1839, verm. 1860 mit Leopold Freih. v. Leonrod, k. bayer. Kämmerer und Stadtrichter zu München, zweiter Ehe, Ludwig, geb. 1841, Rechtspracticant, verm. 1867 mit Charlotte Freiin Haller v. Hallerstein, geb. 1844, Tochter Laura Eleonore, geb. 1868; Carl, geb. 1842; Julie, geb. 1843, verm. 1864 mit Gottfried Freih. v. Rotenhan zu Rentweinsdorf; Friedrich, geb. 1844. II. Hauptlinie zu Nürnberg: Carl Christoph

Jacob Freih. v. W. zu Neuhof und Rothenbach b. St. Wolfgang, geb.
1808 (Sohn des 1819 verstorbenen Freih. Carl, Assessor's beim
Reichsstädtischen Land- und Bauerngericht und der Maria Freiin
Kress v. Kressenstein, geb. 1774, gest. 1816), verm. 1842 mit
Auguste Rufina Sophie Dargler, geb. 1818.

<small>*Buscelin*, Stemmatogr. I. III. — *Biedermann*, Patriciat in Nürnberg, S. 553—570. — *Gauhe*, I.
S. 2834—36. — Genral. Taschenb. d. freih. Häuser, 1858, S. 752, 1869, S. 985. — Hist.-herald.
Taschenb. zu d. gräfl. Hausern, S. 1064. — *Hoheneck*, III. S. 796. — v. *Hefner*, bayer. Adel, S. 63,
T. 67 u. 68. — *Hellbach*, II. S. 709. — *Kneschke*, titafenhäuser, II. S. 657. — *Lang*, S. 265 und
S. 590. — *Roth*, Geschichte des Geschlechts W., 1784. — *Siebmacher*, I. S. 26; V. S. 19. — *Zedler*,
54, S. 1633. — Wappenb. des Kgr. Bayern, IV. S. 42.</small>

Welsersheimb, Grafen (Schild geviert mit blauem Mittelschilde,
worin auf einer goldenen Krone ein schwarzer mit silberner Lilie
belegter gekrönter Hut; 1 und 4 in schwarz ein silberner Löwe; 2
und 3 der Länge nach getheilt, vorn in Blau ein der Länge nach von
Roth und Silber getheilter spitziger länglicher Stein, hinten in Roth
zwei schräg rechte goldene Balken). Reichsgrafenstand. Diplom
vom 29. März 1719 für Sigmund Friedrich Freih. v. Welsersheimb
zu Gumptenstein auf Frauenburg und Thunau, kaiserl. Rath, sammt
seinen Vettern: Georg Friedrich u. Wolf Christoph. — Die jetzigen
Grafen von W. stammen in grader Linie von Sigmund Friedrich ab
und sind Söhne und Enkel des Gr. Joseph, gest. 1811, verm. 1788
mit Grf. Suardi (gest. 1841): Leopold Caspar Vincenz Welser Gr.
v. Welsersheimb, Freiherr v. Gumptenstein, geb. 5. Jan. 1793, k. k.
Kämmerer, Geh.-R. und ehemal. Gouverneur von Illyrien, verm.
1815 mit Antonia Grf. Szapary (geb. 1796, gest. 1858), aus welcher
Ehe entsprossten, neben sechs Töchtern, Josepha, geb. 1801, Stkr.-D.,
Hofdame J. M. d. verw. Kaiserin Caroline Auguste von Oesterreich,
Clementine, geb. 1819 Stkr.-D., verm. 1844 mit Carl Gr. zu Kuen-
burg, k. k. Kämmerer, Antonie, geb. 1820, verm. 1849 mit Stephan
Freih. v. Hauer, k. k. Kämmerer und Geh.-R., Maria, geb. 1824,
verm. 1845 mit Peter Gr. v. Goëss, k. k. Geh.-R. (gest. 1852), Oberhofmeisterin J. Kais. Hoh. der Erzherzogin Maria Annunciata, Gemahlin S. Kais. Hoh. des Erzh. Carl Ludwig von Oesterreich, Emma,
geb. 1825, Stiftsdame im k. k. Theresianischen adeligen Damenstift
am Hradschin in Prag, Mathilde, geb. 1830, im Orden der Barm-
herzigen Schwestern, drei Söhne: Vincenz, geb. 1818, gest. 1863,
k. k. Kämmerer und Oberlandger.-R., dessen Wittwe Charlotte Grf.
v. Normann Ehrenfels, geb. 1824, Stkr.-D., verm. 1854, deren
Tochter: Gisela, geb. 1857, Otto, geb. 1822, k. k. Kämm., General-
Major und Brigadier b. der 8. Truppendivision in Triest, Zeno, geb.
1835, k. k. Kämmerer, Oberst-Lieut. b. EH. Albrecht Inf. Nr. 44
und Militär-Attaché bei der kais. Botschaft in Paris. Geschwister,
neben zwei Schwestern: Antonie, geb. 1790, Stkr.-D., verm. 1812
mit Ferdinand Gr. v. Aichelburg, k. k. Kämmerer, und Maria, geb.
1805, Klosterfrau des Allerheiligen Erlösers, Gottfried, geb. 1795,
gest. 1867, k. k. Kämm., Gubernial-R. und k. k. General-Consul im
Kirchenstaate, dessen Wittwe Seraphina, Freiin Zois v. Edelstein,
verm. 1839, deren Kinder: Caroline, geb. 1840, Rudolph, geb. 1842,

Attaché bei der k. k. österr. Botschaft zu Constantinopel; Carl, geb. 1798, Domcapitularherr zu Olmütz; Franz, geb. 1800, gest. 1868, k. k. Kämmerer und Major in der Armee, dessen Wittwe Bertha Freiin Hingenau, geb. 1821, Stkr.-D., verm. 1842.

Gauhe, I. S. 2088. — Geneal. Taschenb. der freih. Häuser, 1856, S. 752. — Geneal. Taschenb. der gräfl. Häuser, 1857 und 1870, S. 1169. — *Hellbach*, S. 710. — Hist.-herald. Handb. zu d. gräfl. Häusern, S. 1064. — *Kneschke*, Grafenhäuser, II. S. 157—59. — *Megerle v. Mühlfeld*, Erg.-Bd. S. 36. — *Schmuts*, IV. S. 341. — *Zedler*, 54, S. 1631.

Welsperg zu Raitenau und Primör, Grafen (Schild geviert mit von Silber u. Schwarz geviertetem Mittelschilde [Stammwappen], 1 und 4 in Schwarz ein goldener Löwe [Michaelsburg], 2 und 3 in Roth ein silberner eckig gezogener Querbalken [Villanders und Pardell] in einer silbernen Spitze, zwischen dem 3. und 4. Felde eine schwarze Kugel [Raitenau]). — Erbl.-österr. Freiherrenstand. Diplom vom 3. Juli 1539 für Sigmund Johann v. W., mit: zu Primör und Langenstein und dem michaelsburgischen Wappen; Reichsfreiherrenstand. Diplom vom 9. Juni 1567 für die Söhne desselben Jacob Hannibal und Sigmund Wolf; erbl.-österr. Grafenstand vom 15. April 1693 für Guidobald, Herr in Rosegg u. Langenstein, k. k. w. Geh.-R. und Landvoigt der Grafschaft Nellenburg. — Aus Etrurien flüchtend, erbauten sie bei Chur das Schloss Faganio, begaben sich aber, als der Rhein unterwühlt hatte, nach Tirol und Friaul 1060. Ruprecht v. W. ward schon 1152 von Albrecht Gr. v. Görz mit dem Grund u. Boden belehnt, auf welchem noch jetzt bei Brunecken im Pusterthale Schloss und Dorf Welsperg stehen. 1269 erscheinen ebenfalls urkundlich, Heinrich u. Otto, Gebrüder und Paul v. W. 1318 wird Hans vom Grafen v. Görz mit dem Oberhaus zu Welsperg belehnt und Nicolaus machte zu Brixen 1322 eine grosse Stiftung. Sigmund Johann, später des Kaisers Ferdinand I. Geh.-R. und Kämmerer, ward Freih. (s. oben), seine Söhne Reichsfreiherren (s. oben) und 1571 kam das Erb-Land-Küchen- und Stabelmeister-Amt in Tirol (am 16. März 1816 neu bestätigt) in die Familie, sowie die Erbmarschallswürde im Hochstifte Brixen 1625 und der Grafenstand (s. oben) 1693 an das Geschlecht. Die Abstammung der jetzigen Glieder der Familie ergiebt sich aus nachstehenden Angaben: Caspar, Georgs Sohn, kaufte 1401 Schloss und Herrschaft Primör in Welschtirol an der Valltugana, verm. mit Ursula v. Villanders, stammten aus dieser Ehe zwei Söhne Johann III. und Balthasar, welche zuerst das Geschlecht in zwei Linien theilten, von denen die ältere im 6. Gliede mit dem Freiherrn Paris Ferdinand erlosch. Balthasar, gest. 1501, Marschall zu Brixen, war mit Dorothea v. Wolkenstein vermählt, aus welcher Ehe Christoph zu Primör entspross, gest. 1508, verm. mit Veronica v. Neydeck zu Anger. Der Sohn des Letzteren, Sigmund Johann, vermählte sich in erster Ehe mit Margaretha Grf. v. Lupfen, aus welcher Ehe stammte Christoph (I.), verm. mit Eva Luzia v. Firmian, dessen Sohn Sigmund Johann (II.) (s. oben) den Freiherrenstand erlangte. Aus der Ehe mit Clara Grf. v. Hohenems entsprossten zwei Söhne, Jacob Hannibal und Sigmund

Wolf, welche zwei neue Speciallinien der jüngeren Hauptlinie stifteten. Die von Jacob Hannibal gegründete ältere Speciallinie zu Primör, welche mit der jüngeren Speciallinie den Reichsfreiherren-, so wie den Grafenstand erhalten hatte, erlosch 1740 mit des Stifters Enkel, dem Gr. Johann Nepomuk Maria. Die jüngere von Sigmund Wolf ausgegangene Speciallinie zu Langenstein oder Raitenau wurde dauernd fortgepflanzt und die jetzigen Glieder der Familie stammen von dessen Enkel, dem Grafen Philipp Nerius, geb. 1735, gest. 1806, k. k. Kämmerer, Geh.-R. und Gouverneur von Inner-Oesterreich, verm. 1776 mit Dominica Grf. v. Thurn-Valsassina, geb. 1753, gest. 1818: Carl Joseph Anton Graf zu Welsperg-Raitenau und Primör, geb. 1779, Oberst-Erblandstabel- und Küchenmeister der gefürsteten Grafschaft Tirol, k. k. Kämmerer, w. Geh.-R. und vorm. Gubernial-Vicepräsident des Gubernium zu Laibach, verm. 1) 1807 mit Henriette Freiin Türkheim (gest. 1840), 2) mit Maria Grf. v. Thurn-Valsassina-Como-Vercelli (verw. Grf. v. Stainach, geb. 1804, gest. 1864). Kinder 1. Ehe: Eugen, geb. 1808, gest. 1867, k. k. Major in P., dessen Wittwe Elisabeth, Grf. Spaur, geb. 1821, verm. 1849, dessen Kinder, neben zwei Töchtern: Maria, geb. 1852 und Johanna Eugenie, geb. 1854, Heinrich Carl, geb. 1850, clericus tonsuratus und Prior zu Castrozea; Valeria, geb. 1809, verm. 1833 mit Max v. Fichard gen. Baur v. Eysseneck, k. k. Oberst im Geniecorps und Fortificationsdistrict-Director zu Brünn, Wittwe 1846; Helene, geb. 1812, verm. 1851 mit Ferdinand Gustav Gr. Orsic de Slavetic, k. k. Kämmerer und Oberfinanz-R. zu Agram; Richard, geb. 1813, k. k. General-Major im Geniestabe und Vorstand der Genie-Abtheilung bei dem k. k. Niederösterr. Generalcommando; Wolfgang, geb. 1820, k. k. Oberst-Lieut. im Geniestabe und Geniechef beim 16. Truppendivisions- und Militärcommando zu Hermannstadt.

Brandis, tyr. Ehrenkr. n. 66. — *Bucelin*, stemmat. T. III. — *Gauhe*, I. S. 2835. — Geneal. Taschenbuch der gräfl. Häuser, 1870, S. 1171. — v. *Hefner*, tyr. Adel, S. 19, T. 22; bayer. Adel, S. 24, T. 19, Erg.-Bd. S. 10 und 27. — Histor. herald. Handb. d. gräfl. Häuser, S. 1066. — *Hoheneck*, II. S. 796. — Jahrb. d. deutschen Adels f. 1847. — *Kneschke*, Grafenhäuser, II. S. 649. — *Siebmacher*, I. S. 26 n. 2, V. S. 19 n. 7. — Wappenb. d. Kgr. Bayern, II. S. 49. — *Wurmbrand*, coll. gen. Austr. S. 181. — *Zedler*, 54, S. 1633—37.

Weltzien (in Silber zwei rothe Flügel, dazwischen eine rothe Pferdebremse oder zwei rothe gekerbte Pfriemen). Meklenburgischer Uradel, im Amte Goldberg, Burgmühle b. Parchim 1373, auch in Vorpommern im Barthschen ansässig. Zuerst kommt Matthias W. 1438 als Dompropst von Güstrow vor. Von Joachim v. W. auf Sammit stammen alle jetzt noch blühende Glieder der Familie, denn sein Enkel Daniel, Provisor des Jungfrauenklosters Malchow, hinterliess Lütken und Alexandern v. W., welche beide eigene Linien stifteten, der erstere zu Fischhausen im Jeverschen war k. dän. Drost zu Nienburg und gräfl. Aldenburgscher Drost zu Kniphausen und ein Vater Christophs, fürstl. anhält. Schlosshauptmanns u. Commandeur zu Jever und Ulrich Friedrichs auf Fischhausen und Schönengrod, k. schwed. Capitain, 1713 gräfl. Aldenburgscher Drost zu Kniphausen, 1719 Teichgraf und fürstl. Kammerrath zu Jever, der seinen

Stamm mit unterschiedenen Söhnen fortgesetzt. Alexander stiftete die Branche zu Sammit, er besass zugleich Pomershagen, Tessin u. s. w. und war fürstl. meklenb. Hauptmann zu Plau und Vater des Daniel Joachim Christoph, und Gustav Carl, welche beide zahlreiche Nachkommen hinterliessen. Wilhelm v. W. aus dem Hause Finkenberg bei Rostock, k. preuss. General-Lieut., Commandant von Neisse, Erfurt und Cosel, Ritter des eisernen Kreuzes erster Classe, 1825 pensionirt, starb in Liegnitz 1827. Jetzt ist Peter Friedrich Ludwig wiederum k. preuss. General-Lieut. und Command. der 15. Division des VIII. Armeecorps in Cöln; Wilhelm Hauptmann des meklenburgschen Jäger Bat. Nr. 14 in Schwerin, mit seinem Bruder, dem k. preuss. Prem.-Lieut. im 4. Garde-Reg. in Coblenz, Besitzer der Rittergüter Gross- und Kl.-Tessin in Meklenburg-Schwerin, so wie acht Conventualinnen in den Klöstern Dobbertin, Malchow u. Ribnitz.

Behr, rer. meklenb., Hb. N, p. 1674. — *Gauhe*, I. S. 2839. — *v. Hefner*, meklenb. Adel, S. 21, T. 20. — *v. Hellbach*, II. S. 711. — *Knesehke*, Wappen, II. S. 473. — *Freih. v. Ledebur*, III. S. 96. — Meklenb. Wappenbuch, T. 54, S. 206. — *v. Meding*, II. S. 653. — N. Pr. Ad.-Lex., IV. S. 322. — *Pritzbuer*, Ind. conc. n. 157. — *Siebmacher*, V. S. 155, n. 1. — Westphal. mon. ined., T. IV. t. 18, n. 14. — Zedler, 54, S. 1892.

Welz (Schild quer- und in der obern Hälfte der Länge nach getheilt; 1) in Roth drei [2. 1.] silberne Kugeln; 2) in Silber ein rother Löwe eine Kugel haltend; 3) in Blau ein silberner Schwan im Schnabel ein Hufeisen). Reichsadelstand. Diplom vom 24. März 1718 für Thomas W., Syndikus der ehemal. freien Reichsstadt Lindau. Derselbe stammte aus einem Lindauer Patrizier-Geschlecht, welches aus Constanz dahin gekommen. Ein Urenkel desselben, Georg Christoph Heinrich v. W., geb. 1764, erster Assessor des Landgerichts Lindau und Patrizier von Rabensburg, wurde in die Adelsmatrikel des Kgr. Bayern eingetragen.

v. Hellbach, II. S. 711. — *v. Lang*, S. 591. — Wappenb. d. Kgr. Bayern, IX. 43.

Wenckheim, Freiherren, auch Grafen (Schild geviert mit goldenem Mittelschilde, worin zwei getrennte Adlerflügel, der rechte schwarz, der linke roth; 1 und 4 in Silber ein rother schräg rechter Balken mit 3 goldenen Sternen; 2 und 3 in Blau ein silberner Halbmond mit Gesicht). — Johann Wenk, geb. zu Onolzbach, war 1518 Abt zu Heilbronn, Daniel W. erlangte 1559 vom Kaiser Ferdinand I. einen Wappenbrief und August den Reichsadel am 16. Jan. 1603, mit v. Wenkheim. Im 17. Jahrh. sollen Unglücksfälle den Adel abzulegen veranlasst haben. Von Johann W., verm. mit Josepha Wiederhold v. Wiedersbach, stammte Johann Baptist, Hofmedicus in Gratz, verm. mit Maria Anna Gobleis zu Eggerswald, aus welcher Ehe entspross Johann Joseph August W. v. W., welcher als niederösterr. Regierungskanzler am 27. April 1748 mit v. Wenkheim in den Reichsritterstand erhoben wurde. Derselbe, verm. mit Maria Cäcilie Freiin v. Harrucker, hatte drei Söhne, Johann Nepomuk, k. k. niederösterr. Rath, Joseph und Franz Xaver, welche vom Kaiser Joseph II. am 18. Dec. 1776 den erbl. Freiherrenstand erlangten, Letztere erhielten am 7. April 1781 den ungarischen Freiherrenstand,

indess Ersterer als k. k. Feldmarschall-Lieut. und Inhaber eines
ungar. Regiments am 9. April 1802 wegen 53jähr. Militärdienste
vom Kaiser Franz II. die Grafenwürde erhielt. Sein Sohn Franz,
gest. 1838, k. k. Kämm., verm. mit Barbara Grf. Palffy (geb. 1787,
verm. 1808), hinterliess Joseph, das jetzige Haupt der Familie, Graf
v. Wenckheim, Besitzer der Herrschaft Gyula im Bekeser Comitat.
k. k. Kämmerer, verm. 1) 1834 mit Maria Grf. Niczky (geb. 1812,
gest. 1837), 2) 1838 mit Stephanie Jankovich v. Prieber, geb. 1814,
Stkr.-D u. P.-D., dessen Kinder 1. Ehe: neben einer Tochter Stephanie, geb. 1837, P.-D.-J.-M. der Kaiserin Elisabeth von Oesterreich,
verm. 1855 mit Kolomann Gr. Almaly v. Zsadany und Török-Szent-Miklós; so wie die Brüder dieses: Carl, geb. 1811, k. k. Kämmerer,
verm. 1838 mit Friederike Grf. Radetzki (geb. 1816, gest. 1866),
Stkr.-D. und P.-D., deren Kinder, neben zwei Töchtern: Barbara,
geb. 1838, verm. 1861, mit Ernst Freih. v. Walterskirchen, k. k.
Kümmerer, und Mathilde, geb. 1852, sowie die Söhne Friedrich, geb.
1842, Honorairconcipist der k. ungar. Tafel und Geysa, geb. 1847;
Anton, geb. 1813, gest. 1864, k. k. Kämmerer, dessen Wittwe Maria
Grf. Zichy, geb. 1822, verm. 1851, Stkr.-D. u. P.-D., dessen Kinder
neben den Töchtern Maria, geb. 1854, Helene und Caroline, Zwillinge, geb. 1860, Stephanie, geb. 1863, die Söhne Franz, geb. 1855,
Heinrich, geb. 1857, Istvan, geb. 1858 und Dionys, geb. 1861; Rudolph, geb. 1814, k. k. Kämmerer; sowie noch eine Tochter des 1852
gest. Gr. Joseph, Senior's der Familie, Besitzers der Herrschaften
Békés und Riggos im Bekeser Comitat, Szent-Marton und Szekudvár
im Arader Comitat und Apacza im Csanáder Comitat und der 1849
verstorbenen Christine Scherez: Christine, geb. 1849, Besitzerin der
Herrschaften Békés, Riggos, Szent-Marton und Szekudvár. — Der
freiherrliche Ast blüht durch Bela (Sohn des 1830 gest. Freih. Joseph, verm. 1807 mit Theresia Freiin Orczy, geb. 1790), geb. 1811,
k. ungar. Minister des Innern und dessen Geschwister, neben den
Schwestern Mary, geb. 1809, verm. 1829 mit Nepomuk Freih. Kray
v. Krajow, Wittwe 1854, Pauline, geb. 1817, Palastdame J. M. der
Kaiserin Elisabeth von Oesterreich, verm. 1836 mit Emil Gr. Dessewffy v. Czernek und Tarkò, k. k. Kämmerer und Präsident der
k. ungar. Academie der Wissenschaften, Wittwe 1866; die Brüder:
Ladislaus, geb. 1814, Präses des Flussregulirungsvereins für Hoszusek, verm. 1845 mit Fanny Grf. Szapary, geb. 1825, Stkr.-D. und
P.-D., dessen Kinder Joh., geb. 1846, Maria, geb. 1848, verm. 1869
mit Philipp Gr. Lamberg, k. k. Kämmerer und Major in d. Armee,
Joseph, geb. 1850; Victor, geb. 1815, verm. 1) 1840 mit Marie
Czindery v. Nagy Attadt (gest. 1847), 2) 1852 mit Maria Grf. Appony v. Nagy Appony, verwittw. Grf. Esterhazy-Galantha, geb.
1821, Stkr.-D.- u. P.-D.; Kinder 1. Ehe: Leontine, geb. 1841, verm.
1862 mit Alador Gr. Andrassy, vorm. Obrgespann des Gömörer Comitats, Bela, geb. 1842, dem am 30. Juli 1860 gestattet Namen und
Wappen seines Grossvaters Ladislaus Czindery v. Nagy Attadt zu
führen.

<small>Geneal. Taschenb. d. gräfl. Häuser, 1870, S. 1172; der freih. Häuser, 1870, S. 1020. — Hist.-herald. Handb. d. gräfl. Häuser, S. 1068. — *Siebmacher*, I. 101, n. 13. — *Kneschke*, Grafenhäuser, III. 442. — v. *Meding*, II. u. 964. — *Megerle v. Mühlfeld*, S. 32, Erg. S. 228.</small>

Wendland, Freiherren (Schild der Länge nach getheilt, vorn quergetheilt, oben in Silber 3 (2. 1.) rothe Sterne, unten in Blau ein goldener Sparren, oben von 2, unten von 1 silbernen Stern begleitet). Adelsstand des Kgr. Bayern. Diplom vom 26. März 1847 für Aug. W., k. bayer. Legationsrath zu Paris und k. bayer. Freiherrenstand, Diplom vom 9. Sept. 1853 für denselben als k. bayer. Kämmerer und Gesandter. Derselbe, Sohn eines Pfarrers in Pommern, nicht aus dem meklenburg. Geschlecht, wovon Christoph Friedrich v. W. auf Tressau im Kr. Neustadt und Cornelius Heinrich v. W. als meklenb.-schwerinscher Geh.-Kammerrath von 1798—1803 und noch 1835 als Ober-Landdrost vorkommt.

<small>Bayer. Wappenb. XVII. S. 28. — General. Taschenb. d. freih. Häuser, 1868, S. 985. — v. *Hefner*, bayer. Adel, S. 63, T. 68. — *Freih. v. Ledebur*, III. S. 97.</small>

Wenig (Schild geviert: 1 und 4 in Gold ein rother Greif, 2 und 3 in Blau ein silberner Stern). Adelsstand des Kgr. Bayern. Diplom vom 9. April 1839 für den Stadtger.-Director Dr. Franz Xavier W. in Donauwörth.

<small>v. *Hefner*, bayer. Adel, S. 123, T. 159.</small>

Wendt, Freiherren (in Gold drei der Länge nach von Silber und Blau getheilte Sturmhauben, indess die Linie Papenburg durch k. preuss. Genehmigung vom 24. Jan. 1843, in Anbetracht der erwiesenen Abstammung ihres Hauses von einem alten Edeln Geschlechte der Wenden und dass die Linie sich bis zur Gegenwart im Besitz von alt-wendischen Gütern und Gerechtsamen zu Lemgo erhalten, das Nationalwappen also geviertet: 1 und 4 in Blau einen goldenen Greifen, hinzufügte). Mittelst k. preuss. Cabinetsordre vom 9. Dec. 1844 ist dem Gutsbesitzer von Wendt-Crassenstein im Kr. Beckum, sowie dem Gutsbesitzer von Wendt-Papenhausen im Kr. Brilon für sich, ihre Descendenz und Geschwister die Fortführung des freiherrl. Titels gestattet worden. Die in Westphalen noch bestehenden freiherrl. Familien dieses Namens stammen von Wenden ab, welche sich im heutigen Lippe'schen niederliessen und Lemgo erbauen halfen, wo sie ein eigenes Stadtviertel besassen. Nach dem 13. Jahrh. sich über das ganze Land ausbreitend erscheinen sie als Inhaber der Herrschaften Varnholtz, Crassenstein, Holtfeldt und Möhler, sowie zeitweise als Vasallen, Burgmänner und Pfandinhaber der Schlösser Averdissen, Sternberg, Lipperode, Falkenberg, Vlotho und Lymberg, auch vergaben sie schon sehr früh eine grosse Anzahl von Gütern u. s. w. als Lehen an lemgoer Bürger und adlige Geschlechter. Die ununterbrochene Stammreihe beginnt mit Heinrich de Wendt, Ritter und seiner Gemahlin Agnes, einer Burggräfin von Stromberg 1330, durch welche Verbindung seine Nachkommen, nach dem Tode des letzten in die Acht erklärten Burggrafen, die Allodialgüter desselben, namentlich die freie Grafschaft Crassenstein, ein Rittberger Lehen, gewannen. Von den fünf Söhnen war Werner

Domherr zu Münster. Hermann verkaufte seine Güter zu Lemgo und bezog Delwig, in der Grafschaft Mark, welches er mit seiner Gemahlin, der einzigen Tochter des Ritters v. Witten ererbt, doch erlosch seine Linie schon in der fünften Generation mit Conrad de Wend 1584. Eben so die Linie Heinrich's (verm. mit der Tochter des Schweder von dem Busche), gewöhnlich von Steinheim genannt, noch vor 1548 mit Levin de Wend. Nicht minder die Friedrich's, welcher die Herrschaft Varnholtz erhalten und dessen Söhne durch ihre Mutter die sehr bedeutenden Calldorp'schen Güter ererbten, mit Simon de Wend, dessen ihn überlebender Mutter Margaretha von Saldern Erben, im Jahre 1563 die Allodien mit dem Schloss und der Herrschaft Varnholtz für 100,000 Species-Thaler an die Grafen zur Lippe verkauft. Nur allein der Ast Lubbert's I. zu Crassenstein blüht noch, und zwar in dem älteren Zweige zu Papenhausen (Wiedenbrück), gestiftet durch Johann, seinen Urenkel, kaiserl. Oberst, und in dem jüngeren holtfelder Zweige, welcher vom jüngeren Sohne Otto abstammend später die Alt-Crassensteiner Linie (Lubbert's II.) beerbend, jetzt sich zu Crassenstein nennt. I. Carl Joseph Friedrich Freih. v. W., geb. 1715, gest. 1763, verm. mit Henriette Dorothea Freiin Eberstein — Gross-Leinungen (gest. 1758); dessen Sohn Simon August, geb. 1751, gest. 1822, verm. 1797 mit Philippine Freiin v. Wrede-Amecke (geb. 1751, gest. 1822), aus welcher Ehe entsprossten das jetzige Haupt dieser Linie: Franz Wilhelm Freih. v. W., geb. 1800, Herr der Güter Papenhausen, Gevelinghausen und Schellenstein, verm. 1) mit Ida Bernhardine, Reichsgrf. Plettenberg-Lehnhausen, 2) 1837 mit Luise Reichsfreiin v. Vittinghoff gen. Schell v. Schellenberg (geb. 1812, gest. 1847). Dessen Kinder erster Ehe Carl, geb. 1832, k. preuss. Prem.-Lieut., verm. 1868 mit Antonie Grf. Mervelt, Tochter Antonie, geb. 1869; zweiter Ehe Sophie, geb. 1838, Franziska, geb. 1839, Clemens, geb. 1841, August, geb. 1845 und dessen Schwestern Caroline, geb. 1802, verm. 1826 mit Constantin Deckenbröck, Freih. Droste zu Hülshoff, sowie Luise, geb. 1804 und Julia, geb. 1812. II. Oswald Freih. v. W., k. k. Oberst-Lieut. in d. A. und dessen Geschwister: Rudolph Freih. v. W., Herr der vormaligen freien Grafschaft Crassenstein (1350), Herrschaft Hardenberg (1655), der Güter Holtfeld (1500), Horst, Mitglied des k. preuss. Herrenhauses auf Lebenszeit, gest. 1863, dessen Wittwe Clotilde Reichsgrf. Ansembourg (geb. 1807, verm. 1845) und Leonie, geb. 1815, verm. 1837 mit Oscar Reichsgr. Ansembourg-Neuburg. — 1814 erhielt Friedrich W. durch den bayer. Civilverdienst-Orden den persönlichen Adel. 1818 ward Christian Ernst v. W. in die Adelsmatrikel des Kgr. Bayern eingetragen. Beide führen gleiches Wappen mit dem alten rheinisch-westphäl. Geschlechte dieses Namens.

Fahne, II. S. 191. — *Gauhe*, I. 2841. — Geneal. Taschenb. der freih. Häuser, 1864, S. 931. 1870, S. 1022. *v. Hefner*, bayer. Adel, S. 123. T. 152. — *v. Hellbach*, II. S. 712. — Hoheneck, II. S. 813. — *Freih. v. Ledebur*, II. 98. — *König*, I. 548, II. 71, III. 10, S. 430. — *Sagitt*, S. 189. — *Siebenkees*, I. S. 209. — *Siebmacher*, I. 182, 188, Suppl. I. 11. — *Tyroff*, I. 80. — *Zedler*, 54. S. 1977.

Wenger (Schild geviert: 1 u. 4 von Silber und Schwarz schräg links getheilt mit einem Einhorn von gewechselten Farben; 2 und 3 in Blau eine gestürzte mit einer blauen Lilie belegte und von zwei Sternen begleitete Spitze). Kurpfälzischer Adelsstand. Diplom vom 13. Sept. 1788 für Emanuel Franz W., Präses der Hofkirche zum heil. Cajetan zu München und für seinen Bruder Johann Emanuel Clemens W., kurpfälz. Jagdökonomie-R. Ersterer, geb. 1749, wurde später als k. bayer. geistl. R. mit den beiden Söhnen seines obengenannten verstorbenen Bruders, Ignaz Wilhelm v. W., geb. 1789, k. bayer. Auditor in München, und Joseph Emanuel Gabriel v. W., geb. 1790, Beamten a. d. k. Berg- und Jagdbureau, in die Adelsmatrikel des Kgr. Bayern eingetragen.

<small>*v. Hefner*, bayer. Adel, S. 123, T. 152. — *v. Hellbach*, II. S. 714. — *v. Lang*, S. 592. — Wappenbuch d. Kgr. Bayern, IX. 45.</small>

Weng(i)ersky, Grafen (Schild geviert mit rothem Mittelschilde mit silbernen Querbalken; 1 in Gold ein schwarzer Adler; 2 in Roth eine silberne Rose, aus welcher drei Pflugeisen in Form eines Schächerkreuzes hervorgehen (Stammwappen: Rola); 3 in Schwarz ein goldener Löwe; 4 in Gold ein schwarzer Löwe, jeder mit einem Schwert). Reichsgrafenstand. Diplom vom 30. Sept. 1714 für Carl Gabriel Freih. v. Wengersky. Nicht aus der Familie Belina (Hufeisen), sondern Rola, altpolnisch, kam Albert Christoph v. W., k. k. Oberst, nach Schlesien und hatte 1627 durch Vermählung das Gut Nimpka im Breslau'schen erhalten, wo er später Landeshauptmann war. Der Sohn desselben, k. k. Oberst, war Herr auf Gimmel, Gellendorf und Kolteig. Gabriel v. W. wurde am 31. Mai 1656 in den Freiherrenstand u. Carl Gabriel Freih. v. W. (s. oben) in den Reichsgrafenstand erhoben. Die von der Familie bekannte Ahnentafel ist: Gabriel Freih. v. W., verm. mit Juliane Constanze Grf. Herberstein. — Carl Gabriel Gr. v. W.: Rosa Antonia Grf. Podstadzki v. Prusenowitz. — Franz Carl: Josepha Amalia Grf. Praschma. — Emanuel: Theresia Grf. Frankenberg. — Joseph, geb. 1758, gest. 1807, k. preuss. Kammerh. — Anton (Bruder), gest. 1814, verm. 1781 mit Anna Freiin Skrbensky v. Hrzistie (geb. 1764). Aus dieser Ehe entsprossen vier Söhne und zwei Töchter. Davon leben nur noch die Brüder August Wilhelm, geb. 1789, k. k. Oberlieut. in d. A., und Eduard, geb. 1793, k. k. Kämmerer, Geh.-R., Feldmarschall-Lieut. und zweiter Inhaber des 48. Inf.-Reg. Erzherzog Ernst, verm. 1850 mit Caroline Freiin Roden v. Hirzenau (geb. 1823), St.-K.-D. Auch der Vater des jetzigen Hauptes der Familie, Friedrich, geb. 1785, ist 1832 gestorben. Er war Majoratsherr der Herrschaften Pischowitz und Grossdubenski in Oberschlesien (welche aber in einzelnen Gütern veräussert wurde) und Landrath des Kreises Rybnik, verm. mit Caroline Grf. Tomatis, stammen aus dieser Ehe 3 Söhne und 1 Tochter: Friedrich Gr. v. Wengersky, Freih. v. Ungerschütz, geb. 1817, Besitzer der Herrschaft Pschow in Oberschlesien, Malteser-OER., k. preuss. Oberstlieut. a. D., verm. 1855 mit Octavia Maria Grf. Matuschka v. Toppolczan, Freiin v. Spöttgen, geb. 1828, deren Kinder Anna, geb. 1858, Johannes, geb. 1860, Lory, geb. 1861 und Aloysia, geb. 1863. Geschwister also sind: Victor, geb. 1819, Herr auf Lebos bei Eperies in Ungarn, k. k. Hauptmann in d. A., verm. 1854 mit Eleonore Grf. Haller v. Hallerstein, Kinder: Hugo, geb. 1858, Luise, geb. 1864, Victor, geb. 1866; Maria, geb. 1821, Stiftsdame des freih. v. Zedlitz'schen Damenstifts Kapsdorf in Schlesien, verm. 1856 mit Polydor v. Rymultowsky und Kornitz, k. preuss. Kammerh. und fürstl. hohenlohe-öhringschen Hofmarschall; und Hugo, geb. 1824, Malthesor-OER., k. preuss. Major und etatsm. Stabsofficier im 2. Pomm. Uhlanen-Reg. Nr. 2, verm. 1860 mit Luise v. Sydow, dessen Kinder Wilhelm, geb. 1861, Ferdinand, geb. 1862, Marie Luise, geb. 1864 und Hugo 1868.

Gauhe, II. S. 1281. — Geneal. Taschenb. d. freih. Häuser, 1870, S. 1173. — *Hensel*, Siles. S. 641. — Hist.-herald. Handbuch der gräfl. Häuser, S. 1061. — *Kneschke*, Grafenh., III. S. 440. — *Freih. v. Ledebur*, III. 98. — *Lucae*, schles. Chronik, S. 872. — N. Pr. Adels-Lex., IV. S. 322. — *Sinapius*, II. S. 482. — *Zedler*, 64, S. 6.

Wenin, Edle von (Schild geviert, 1 und 4 in Blau auf grüner Erde ein natürlicher Kranich, 2 und 3 in Silber auf grünem Hügel ein natürlicher Eichbaum). Erbl.-österr. Adelsstand. Diplom vom 30. Juni 1792 für Joseph W., fürstl. bathyany'scher Rath. Sohn desselben Joseph Paul, geb. 1767, gest. 1830, k. k. Hofagent, verm. mit Therese Edle v. Paburg-Pagatsch, geb. 1791, aus welcher Ehe entsprossten, neben einer Tochter Adelheid, geb. 1827, verm. 1847 mit Eduard Ritter Streiner v. Pfaugen, k. k. Ministerial-R. in Wien; Ernst, geb. 1819, gest. 1856, k. k. Bezirksamts-Actuar; Wilhelm, geb. 1822, Besitzer des Gutes Chwalkowitz-Komarow bei Wischau in Mähren, verm. 1) 1853 mit Anna Edle v. Strassern (gest. 1867), 2) mit Pauline Edle von Nahlik, geb. 1845, Tochter erster Ehe Therese, geb. 1858; Carl, geb. 1823, k. k. Hauptmann in P. in Wien.

Megerle v. Mühlfeld, S. 284. — v. *Hellbach*, II. S. 715. — Geneal. Taschenb. d. Ritter- und Adelsgesch., 1870, S. 451.

Wense, von der (in Gold ein schwarzer Querbalken mit einer goldenen Weinranke mit drei grünen Trauben). Niedersächs. Uradel, landsässig im Lüneburgischen. Stammschloss in Ruinen an der Aller. Schon 1324 bekannt. Heinrich v. d. W. auf Moisburg bis 1549. Georg v. d. W., Grossvoigt zu Zelle, 1555 Mitvormund und Regent für die fürstl. zelleschen Lande nach des Herzogs Ernst Tode. Jürgen 1571 fürstl. Drost zu Rethem. Walther, Kammerj. am fürstl. würtemb. Hofe. Wilhelm, fürstl. altenb. Rath. Georg hatte bis zu seinem Ableben 1641 das Amt Fallersleben in Pfand. Christian Ldw. 1699 kurf. brandenb. Oberküchenmeister u. Kammerh. Hans Joachim, k. preuss. General-Maj., gest. 3. Aug. 1725. Noch jetzt reich begütert, ist Bodo v. d. W. auf Wense, Dorfmark und Westendorf, Landrath von der verden. Ritterschaft, verm. 1854 mit Luise Freiin Hodenberg, geb. 1827; Adolf v. d. W., Kammerh. auf Bargfeld, verm. 1844 mit Helene Grf. Kielmansegge, geb. 1821. Ausserdem noch Bodenwerder, Dedenhausen, Eldingen, Eicklingen, Hattorf, Holdenstedt, Mörse, Oppershausen, Wohlenrode. In k. preuss. Militärdiensten stehen der Zeit, Friedrich v. d. W., Hauptm.

im 5. Pomm. Inf.-Reg. Nr. 42 und August v. d. W., Hauptmann im 4. Posen. Inf.-Reg. Nr. 59, sowie drei Lieutenants im Rhein. Inf.-Reg. Nr. 29, im 2. Hanseat. Inf-Reg. Nr. 76 und im 3. Hessischen Nr. 83, 1867 der Oberst und Commandant des 3. Brandenb. Inf.-Reg. Nr. 20 in Cüstrin.

Dienemann, S. 254, n. 23. — *Gauhe*, I. 2844. — *Grote*, hannov. Wappenb. C. 3. — v. *Hefner*, hannov. Adel, S. 30, T. 34. — v. *Hellbach*, II. S. 215. — *Knesebeck*, Wappenb. I. S. 463. — v. d. *Knesebeck*, S. 293. — *Freih. v. Ledebur*, III. S. 99. — *Mascke*, Lüneburg, II. S. 482. — v. *Meding*, I. S. 352. — N. Pr. Adels-Lex. IV. S. 324. — *Pfeffinger*, histor., II. S. 357. — *Siebmacher*, I. S. 184. — *Schmidt*, Beitr. z. Gesch. d. Adels, II. S. 358. — *Zedler*, 55. S. 17.

Wentzel (Schild geviert: 1 und 4 in Silber ein grüner Baum auf grünem Boden, 2 und 3 in Blau ein silberner Anker). Adelsstand des Kgr. Preussen. Diplom vom 20. April 1769 für Friedrich Wilhelm W., k. preuss. Major im Feld-Artillerie-Corps, nachmaliger Oberst; 1856 ein General-Maj. in der preuss. Armee. Der Zeit Otto v. W., k. preuss. Geh.-Leg.-R., ausserdem Gesandter und bevollm. Minister am grossherzogl. hess. Hofe in Darmstadt.

v. *Hellbach*, II. S. 715. — *Köhne*, Pr. Wappenb., IV. 189. — *Freih. v. Ledebur*, III. S. 100. — N. Pr. Adels-Lex. IV. S. 324.

Wenz zu Niederlahnstein, Freiherren (in Roth ein silberner Querbalken, begleitet im oberen rechten Hauptwinkel von einem goldenen Stern). Altes rheinländ. Geschlecht, dessen ältest bekannter Ahnherr Johann W. v. N. 1350 in der Unter-Grafschaft Katzenellenbogen bei der Lahn am Rhein Coblenz gegenüber. Von dessen Nachkommen lebten zu Ausgange des 17. Jahrh. Hermann Ernst, der als lothring. Hauptmann geblieben, dessen Söhne Philipp Adolph, kurkölnischer Hauptmann, Johann Georg, der als päpstl. Gardehauptmann in Candia geblieben, Johann Emerich, kaiserl. Hauptmann, Johann Friedrich, der seinen Ast mit zwei Söhnen fortpflanzte und dessen Tochter Anna Catharina, welche Aebtissin zu Engelpfort war. Trotz zahlreicher Nachkommenschaft, indem N. W. v. N., kurtrier. Kämmerer und Geh.-R. zu Coblenz, vier Söhne hinterliess: Johann, kurkölln. Kämmerer und Geh.-R., Philipp, Probst zu Hirsenach, Leopold, k. k. Oberstlieut., gest. zu Königsgrätz und Johann Joseph, kurtrier. Kämmerer, General u. Gouverneur von Coblenz und Ehrenbreitenstein, gest. 1813, welcher zehn Söhne hatte, starben davon 6 im Knabenalter und von den andern als letzter männl. Spross: Ferdinand, Freih. W. v. N., k. k. General-Major in P. 1856 in Linz lebend, daselbst 1858. Von weiblichen Gliedern lebten nur noch die Tochter Carl Anton Friedrichs Freih. W. v. N., kurköln. Geh.-R. und markgr. brandenb. Minister-Resident in Cöln, verm. mit Maria Anna Amalie Girardon de la Roche: Maria Anna Ferdinande, geb. 1776, verm. mit Friedrich Freih. v. Feilitsch, k. bayer. Lieut. a. D., Wittwe 1819 und die Tochter Caspar's, Freih. W. v. N., Herr auf Buch, verm. mit Ernestine Henriette Wilhelmine Freiin Seckendorf: Franziska Caroline Amalie, geb. 1822, verm. mit Ludwig Freih. v. Feilitsch, k. bayer. Lieut. a. D., welche ebenfalls beide die erstere am 20. Jan. 1864 zu München, die zweite am 16. Juli 1866 starben und so das alte freiherrl. Haus nunmehr gänzlich erloschen.

General. Taschenbuch der freih. Häuser, 1856, S. 758. — 1869, S. 989. — 1870, S. 1098. —

v. *Hellbach*, II. 706. — v. *Hefner*, bayer. Adel, S. 123, T. 152. — *Humbracht*, T. 151. — v. *Meding*, I. S. 658. — Wappenb. des Kgr. Bayern. — *Zedler*, 55. S. 64.

Werklein, Freiherren. Erbl.-österr. Freiherrenstand. Diplom vom 24. April 1820 für Joseph v. W. und Ungar. Freiherrenstand. Diplom vom 22. Aug. 1823 für denselben. — Ursprünglich Werklian und vor der Eroberung Croatiens durch die Türken im Knesenrang und im Besitz mehrerer Güter. Durch die Türken vertrieben, verliert sich ihr Name bis zum Jahre 1689, wo nach Eroberung der Grafschaft Licca Peter W., Führer eines eigenen Häufleins, das von den Türken vertheidigte Schloss Vranick bei Lovinacz zur Uebergabe zwang. Sein Enkel Stephan W. (dessen Vater Nicolaus 1739 bei Varup gegen die Türken fiel) wurde Knes von Lovinacz, diente dem Hause Oesterreich im siebenjährigen Kriege und im türkischen Kriege als Hauptmann des Liccaer Grenz-Inf.-Reg. und erlangte 1793 den 27. Oct. die Adelsbestätigung. Sein Enkel Joseph (s. oben) den Freiherrenstand, als k. k. Kämmerer und Oberst in d. A., verm. 1) 1822 mit Maria Grf. Hoyos (geb. 1805, gest. 1826), St.-K.-D., 2) 1827 mit Maria Grf. Almásy von Zsadany und Török-Szent-Miklos, geb. 1809, Wittwe am 4. März 1849.

Geneal. Taschenb. d. freih. Häuser, 1863, S. 1023. — 1867, S. 1035. — 1869, S. 989.

Werder (in Blau ein mit drei silbernen Lilien belegter, oben von vier, unten von drei goldenen Sternen begleiteter, rother schräg rechter Balken). Altes brandenburg.-magdeburg. Adelsgeschlecht. Ob aus einem der vorhandenen gleichnamigen (aber verschiedenen Wappens: Pferd, Bock) braunschweig.-anhalt.-merseb. Ursprungs, ist noch nicht constatirt. Der Besitz concentrirt sich um die Havel, Stremme und Buckau, wo es wahrscheinlich früher markgräfl., seit 1363 als Vasall des Erzbischofs auftrat. Busso, Henning, Claus Gebrüder, Albrecht und Friedrich, Franz I. und Conrad von 1369—90 auf Rogäsen, Jerchel, Kützkow, Knobeloch, Mylow, Gr.- und Kl.-Wusterwitz, wozu durch die Söhne noch Gollwitz, Schlagenthin, Woltersdorf, Brettin und Rosenthal gelangte. Albrecht's (1387 auf Mylow, verm. mit Elisabeth v. Borchdorf) Neffe Franz II. (Sohn Friedrichs oder Franz I.), welchem von den Stammgütern Rogäsen, Belecke und Kl.-Wusterwitz zugefallen, ist der beglaubigte Stammvater der gesammten jetzt bestehenden Familie. Auf dessen Sohn Claus folgte Hans, welcher Kade (ein Afterlehen der Plotho) 1489 dazu erwarb, geb. 1423, gest. 1495, verm. mit Elisabeth v. Stechow, und als Stifter der Kade-Rogäsener Linie wieder der nähere Stammvater aller jetzt lebenden v. Werder wurde. Eine Seitenlinie, abstammend von Heidenreich I. (dem ältesten Sohne Albrechts und der Anna v. Klöden, (dessen ältester Sohn Nicolaus Domher zu Magdeburg und Halberstadt, und General-Vicar des Erzbischofs), sich durch dessen Enkel Hermann und Christoph nochmals in die Linien Woltersdorf und Brettin theilend, erlosch, letztere 1731 mit Christoph Ludwig, erstere 1773 am 7. Sept. mit Wolfgang Hans Christoph, k. pr. Präsident des Kriegs- und Domainen-Amtes Mörs auf Woltersdorf, Gollwitz, Gross-Wusterwitz und Brettin, welches letztere auch an ihn gefallen. Die Stammtafel des Hans auf Kade (s. oben) ist nun absteigend: Heinrich sen. auf Kade, gest. 1550: Tugendreich von Brietzke (gest. 1544); Hans, geb. 1536: 1) Ilse v. Werder, 2) Catharine v. Treskow; Heinrich, Domherr zu Magdeburg 1595: Maria v. Thümen, kauft 1619 den zweiten Theil von Rogäsen; Moritz, geb. 1601, auf Kade und Rogäsen, verm. mit Ottilie v. Werder, gest. 1680. Von seinen Söhnen hinterliess der älteste Heinrich, verm. mit Dorothea v. Biesenbrow, k. preuss. Hauptmann, gest. 1727, zwar zwei Söhne, von denen aber Gebhard Heinrich, geb. 1678, verm. mit Maria v. Sehlen, den Schmerz erlebte, dass seine zwei Söhne vor ihm, der das hohe Alter von 86 Jahren erlebte, starben und so seine Linie wieder erlosch. Vom zweiten Sohne des Moritz Hans Christoph hat, wie der Verfasser der Nachrichten der Familie v. W. sagt, die Geschichte zu berichten, dass er im kurbrandenb. Dienste bis zum Fähnrich oder jüngsten Officier der Compagnie emporstieg und dann aber nicht allein auf seinem Antheil von Kade lebte und wie Gellert von ihm sagen könnte, ein Weib nahm und starb, sondern in der Familie sein Andenken durch eine nützliche Stiftung begründete, welche die Frucht seines eingezogenen Lebens und der damit verbundenen Ersparnisse war, so dass ein Capital von 4000 Thalern noch jetzt in den Zinsen den Mitgliedern des Geschlechts zu gute kommt. Die beiden folgenden Söhne wurden aber die nächsten Stammväter der Hauptlinien Kade und Rogäsen, von denen die erstere sich durch vier Söhne wieder in vier Linien theilte und dieser Nachkommen wiederum in noch sieben Zweigen blühen, so wie die zweite sich durch die Enkel in zwei, durch die Urenkel sich in vier noch blühende Linien theilte. I. Hauptlinie Kade. Deren Stifter Cuno Ludwig, geb. 1655, verm. mit Christiane Sophie von Brösigke, geb. 1736. Von seinem ältesten Sohne Max Moritz, geb. 1702, verm. mit Maria Charlotte v. Kalmers, gest. 1776 ohne Leibeserben, fielen die ihm aus dem Nachlasse des Kammer-Präsidenten Wolf August v. W. 1773 (s. oben) überkommenen ansehnlichen Lehnstücke auf den jüngeren Marquard Ludwig, welcher, geb. 1716, in seiner Hand die Güter Kade, Brettin, Belecke und Kl.-Wusterwitz vereinigte und sich mit Dorothea Metzing, Tochter des Bürgermeister M. zu Schwedt vermählte und 1788 starb. 1) Speciallinie, gestiftet durch Leberecht Simon, welcher den früheren und meisten späteren militärischen Neigungen des Geschlechts gegenüber, Kammer-Secretär in Magdeburg wurde, verm. mit N. Butze, in seinen Nachkommen dem Vaterlande in der Gefahr Nichts schuldig blieb, indem die beiden ältesten Söhne, Wilhelm als Hauptmann im Gefecht bei Lübeck 1806 unter Blücher, Friedrich als Prem.-Lieut. in der Schlacht bei Jena 1806 fielen, der dritte und vierte zum Major und General-Major gelangten, welches Letzteren (Hans, gest. 1851, verm. mit Caroline Wöhrmann) jüngster Sohn Hermann, geb. 1826, verm. mit Elisabeth Schede, der Zeit k. preuss. Major in der Garde-Artillerie und Lehrer in der Kriegsacademie in Berlin, auch durch einen Sohn Hans, geb. 1868, den Stamm fortgesetzt. 2) Speciallinie, begründet durch Marquard Ludwigs zweiten Sohn Fritz Moritz Ludwig, verm. mit Agnes Juliane v. Rauchhaupt-Trebnitz, k. preuss. Hauptmann in der zweiten Hälfte des 7jährigen Krieges, gest. 1780, welcher nur einen Sohn hatte, Simon Ludwig, geb. 1780, ebenfalls Soldat, in und nach dem Befreiungskriege, gest. 1852 als k. preuss. General-Major. Aus seiner Ehe mit Wilhelmine Caroline v. Rauchhaupt, blieb ihm nur ein Sohn Bruno, geb. 1809, k. preuss. Forstmeister a. D. und Rittergutsbesitzer auf Sagisdorf b. Halle (welches schon sein Vater 1815 erkauft und dadurch das Verdienst erworben, der hereinbrechenden Besitzlosigkeit der Familie nach dieser Seite hin ein Ziel zu setzen). Verm. mit Clara v. Rauchhaupt, machte er mit zweien seiner Söhne (Curt, geb. 1842, k. preuss. Prem.-Lieut. im 10. Husar-Reg. und Gebhard, geb. 1847, Lieut. im k. pr. 1. Garde-Reg.) den siegreichen böhmischen Feldzug als Johanniter-Ritter mit, wobei er in der Werkthätigkeit seines Ordens sich auszuzeichnen Gelegenheit fand. Durch seine dem Druck übergebenen „Erlebnisse eines Johanniter-Ritters während des Feldzuges in Böhmen" ist die Thätigkeit des Ordens in interessanter und lebendiger Weise geschildert, sowie er durch Inslebenrufen mehrerer Familienstiftungen, als Rendant seit zwanzig Jahren, sich auch diesen gewidmet hat. Marquard Ludwigs dritter Sohn Friedrich Wilhelm, geb. 1747, erhielt aus der väterlichen Erbschaft Kade mit Belecke, er war der Stifter der 3. Speciallinie, verm. 1) mit Luise v. Wulffen-Pietzpuhl (gest. 1800), durch welche er noch die Güter Parchan und Ziegelsdorf erwarb, 2) mit Marianne Bahrdt (einer Tochter B. „mit der eisernen Stirn") und starb 1820 als k. preuss. General-Major, nachdem er durch den schlimmen Einfluss des Krieges veranlasst, Kade und Belecke verkauft hatte. Auch seine Söhne widmeten sich wieder der militärischen Laufbahn und erreichten darin zwei, Ferdinand (geb. 1785, unverm. gestorben 1861) und Wilhelm, geb. 1786, verm. mit Luise Mörs, die Stelle eines k. preuss. General-Lieut., so wie ein Enkel Theodor, Oberst a. D., verm. mit Emilie Nagel, und zwei Urenkel ebenfalls preuss. Officiere. Der vierten Speciallinie Haupt war Marquard Ludwigs vierter Sohn Johann Carl, geb. 1751, auf Brettin und Kl.-Wusterwitz. Wenngleich derselbe ausnahmsweise sich dem Civildienste widmete und als Zolldirector in Magdeburg 1808 starb, so überlebten ihn aus seiner Ehe mit Christiane von Rauchhaupt vier Söhne, welche wieder den in der Familie einheimischen militärischen Geist glänzend bekundet, indem Wilhelm auf dem Felde der Ehre 1813 als Lieut. fiel, Hans, geb. 1782 auf Brettin, welches er verkauft, verm. 1) mit Isabelle v. Wedell, 2) mit Minette v. Byern, als Oberst 1860, mit Hinterlassung Alexanders, Hauptmann im 81. Inf.-Reg., und des Enkels Dietrich, geb. 1847, ebenfalls preuss. Officier, starb, ein dritter Sohn Albert, geb. 1793, als Sec.-Lieut. schon das eiserne Kreuz 1. Classe erwerbend, der Zeit als k. preuss. Oberst und Senior der Familie, aus seiner Ehe mit Julie v. Münchhausen, wieder drei Söhne in der preuss. Armee: Albert, geb. 1826, Hauptmann im 66. Inf.-Reg., verm. mit Dorothea von der Bernwordt, Fedor, geb. 1828, Hauptmann im 27. Inf.-Reg., verm. mit Hedwig Rhan, und Wolf, geb. 1841, Prem.-Lieut. im 66. Inf.-Reg., so wie Hans, geb. 1846, als Referendar in Genthin. Der vierte Sohn Johann Carl's (s. oben) gelangte aber zu den höchsten militärischen Ehren und Auszeichnungen, indem er in seinem 81. Jahre 1869, als k. preuss. General der Infanterie Oberbefehlshaber über 4 Armeecorps, 1866 General-Gouverneur des Kurfürstenthums Hessen, Ritter des k. preuss. schwarzen Adlerordens, so wie der höchsten russischen und österreichischen Insignien, von Fürst und Volk geehrt starb. Er war verm. mit Wilhelmine v. Alvensleben-Hundisburg und hinterliess neben fünf Töchtern einen Sohn Bernhard, geb. 1823, welcher 1866 als Oberst des Garde-Füselier-Reg. dasselbe bei Chlum zu den glänzenden Erfolgen führte, und 1870 Militär-Bevollmächtigter in Petersburg, auch Georgen-O.-R. — II. Hauptlinie Rogäsen. Gestiftet vom jüngsten Sohne des Moritz, gest. 1680 (s. oben), Ernst Friedrich, hinterliess derselbe aus der Ehe mit Catharina von Werder-Kade, Hans Christoph, geb. 1705, verm. mit Eleonore von Schieck, starb aber schon in seinem 36. Jahre 1741 zu Genthin. Sein einziger Sohn Hans Ernst Dietrich, geb. 1740, auf Rogäsen, bekleidete seit 1782 unter drei Königen das Amt eines Geh.-Staatsministers und starb 1800. Verm. 1764 1) mit Sophie Charlotte von Werder-Kade, entsprossten aus dieser Hans Ernst und Carl. Der erstere, 1) Speciallinie, geb. 1772, war verm. mit Friederike Wodde und starb 1836 als k. preuss. General-Lieut., hinterlassend Hans, verm. mit Elisabeth v. Beguelin, aus welcher Ehe, unter sieben Söhnen, wieder mehrere Militärs stammen, als Hans, geb. 1834, Major im Generalstabe, Alexander und Hermann, Hauptleute u. s. w., sowie Ernst, Rittergutsbesitzer auf Guttowy (Posen), 1868 verm. mit Frida Grf. Blumenthal. Hans Ernst's (s. oben) zweiter Sohn Albert, geb. 1805, Geh. u. Ober-Reg.-R. a. D., verm. mit Bertha Freiin Loën, von welcher 2 Söhne, hat sich durch Herausgabe einer werthvollen Familiengeschichte „Nachrichten über die Familie v. Werder, Merseburg 1854" (dem auch die Redaction zu Dank verpflichtet) um das Geschlecht wohl verdient gemacht. Der dritte Sohn Hans Ernst's ist August, k. preuss. General-Lieut. und Divis.-Command. zu Stettin, geb. 1808, nahm er früh schon Theil an dem russ. Kriege im Kaukasus, 1866 hat derselbe durch energisches Vorgehen, wie durch Ausdauer bei Gitschin, wie bei Königsgrätz zum glücklichen Ausgange viel beigetragen. Verm. mit Hedwig v. Borke-Tolksdorf, aus welcher Ehe ein Sohn, ist er im Besitz der Güter Ober- und Unter-Plehnen in Ostpreussen. Der zweite Sohn erster Ehe des Ministers Hans Ernst Dietrich war Carl, auf Rogäsen und Gr.-Wusterwitz, starb unverm. 1813 im Lager bei Teplitz in Folge eines Sturzes vom Pferde, nachdem er schon im russischen Feldzuge 1812 an der Spitze der grossen Napoleonischen Armee und durch ausgezeichnete Führung seiner Reiterschaar im Feldzuge 1813 bereits zum Obersten und Brigade-Commandeur sich aufgeschwungen. Aus zweiter Ehe des Staatsministers

Hans Ernst Dietrich mit Johanne Wilhelmine v. Witzleben-Gaditz (gest. 1782) entsprossten die Söhne Friedrich und Wilhelm, von denen der erstere, verm. mit Caroline von der Goltz, Domherr zu Brandenburg, keine Nachkommen hatte, indess der zweite Wilhelm, Rittmeister und letzter Mitbesitzer von Rogäsen, verm. mit Henriette Schöndörfer, später auf Sciffroda in Schlesien, zwei Söhne hinterliess, Ludwig und Friedrich Leopold, welches letzteren Sohn Oscar, geb. 1841, Referendar in Cöln, den Stammbaum hiermit beschliesst, welcher, wie gesagt, vorherrschend in den auch jetzt noch lebenden Gliedern, im k. preuss. Militärdienst (37) vertreten.

<small>Handschriftl. Notizen. — Nachrichten von der Familie v. Werder, 1854. — Gauhe, I. S. 2850. — v. Hellbach, II. S. 718. — N. Pr. Ad.-Lex. IV. S. 325. — Freih. v. Ledebur, II. S. 101. — v. Meding, I. S. 661, n. 957.</small>

Werlhof (Schild geviert: 1 und 4 ein silberner Reichsapfel und 2 und 3 in Silber ein braunes Geländer, hinter welchem ein grün beblätterter Baum). Reichsadel. Diplom vom 18. März 1776 für Wilhelm Gottfried W., kurbraunschw.-lüneburg. Oberappell.-R. und nachmaliger Vicepräsident in Hannover. Die Familie, ursprünglich aus Lübeck, führt ihren Stammbaum zurück auf Claus v. Werle, ca. 1430; Eler v. Werle, ca. 1450; Johann v. Werle, geb. zu Werle in Westphalen, gest. zu Lübeck 1616; Christine von Werle (geb. 1595, gest. 1651), verm. mit Gerhard Hermann Werlhof, Kaufmann in Lübeck (gest. 1640), dessen Vater Hermann Werlhof, verm. mit Gertrude Dreyer; Johann W., Rathsherr zu Lübeck, geb. 1627, gest. 1667, verm. 1649 mit Dorothea Elisabeth Meibom (gest. 1683); Johann W., geb. 1660, gest. 1711, Hof-R. und Prof. der Rechte zu Helmstädt, gest. 1711, verm. 1690 mit Maria Dorothea Heigel; Paul Gottlieb W., geb. 1699, Dr. med., Hof-R., Leibarzt des Königs Georg II., gest. 1767, verm. 2) mit einer Tochter des Etats-R. Scriver; Wilhelm Gottfried W., geb. 1744, Oberappellationsgerichts-Vice-Präsident in Zelle, geadelt 1776 (s. oben), gest. 1832, verm. mit Elisabeth Henriette Kramer (geb. 1751, gest. 1832). Aus welcher Ehe entsprossten von elf Kindern, neben früh verstorbenen und den Töchtern Luise Georgine Elisabeth (geb. 1780, verm. mit Hof-R. Ludwig Soest, gest. 1801); Theodore Elisabeth (geb. 1783, Conventualin des Klosters Wülffinghausen, gest. 1843), die Söhne: Gottlieb Friedrich Christian v. W., Canzlei-Director in Göttingen (geb. 1772, verm. 1806 mit Charlotte Catharina Soest (geb. 1767, gest. 1842); Theodor Wilhelm Arnim v. W. (geb. 1774, fällt als Officier in der Schlacht von Houschooten in Flandern 1793); Gustav Georg v. W. (geb. 1775, k. hannöv. Hauptmann, gest. 1821); Georg Heinrich (geb. 1776, gest. 1808 als Lieut. im zweiten leichten Dragoner-Reg. der engl.-deutschen Legion); Ernst August v. W. (geb. 1778, Geh.-R., Präsident des Obergerichts zu Hannover, verm. mit Luise Dorette von der Wense, geb. 1793, gest. 1818, deren Sohn Louis Wilhelm v. W., geb. 1818, gest. als Student in Göttingen 1836) und Theodor Heinrich (geb. 1791, Regierungs-R. in Hannover, gest. 1854). Des ältesten Sohnes Gottlieb Friedrich v. W. (s. oben) und überhaupt die einzigen Nachkommen sind nun Ferdinand Friedrich Ludwig Wilhelm v. W., geb. 1807, Lieut. a. D., verm. mit einer Tochter des Superintendent Starke, deren Kinder Friedrich, geb. 1807 und Adolf, geb. 1849, und August Carl Ernst v. W., geb. 1809, Obergerichts-Director in Lüneburg, auf Vethem (Lüneburg), verm. 1) 1828 mit Emilie Charlotte von Berlepsch (geb. 1817, gest. 1855), 2) 1856 mit Thuisca v. Einsiedel (geb. 1825), deren Kinder aus erster Ehe Paul Friedrich Carl, geb. 1838, Landwirth in Ungarn, verm. 1869 mit Agnes v. Kuntsch (geb. 1850); Helene Luise Jul., geb. 1840, verm. 1869 mit Wilhelm v. Hayn, k. preuss. Hauptmann im 17. Inf.-Reg.; Gustav Adolph Theodor, geb. 1843, k. sächs. Prem.-Lieut.; Julie Marie Emma, geb. 1847; Ernst Ludwig Wilhelm, geb. 1853; aus zweiter Ehe: Anna, geb. 1858 und Bodo, geb. 1860.

v. Hellbach, II. S. 719. — Freih. v. Knesebeck, S. 294. — Spangenberg, n. vaterl. Archiv, 1832, I. S. 356. — Wappenb. d. Kgr. Hannover, F. 3 und S. 15. — Familien-Nachrichten.

Werner, Warner (in Silber ein blauer Querbalken mit drei silbernen Sternen belegt). Altes Geschlecht (Warner) des Redingerlandes in Hannover seit dem 14. Jahrh. August Jacob Johann W., geb. 1687 zu Freiburg a. Elbe, gest. 1765 zu Poppentin in Meklenburg, Lieut. im Regiment Schwendis, Gutsbesitzer in Drochterson, verm. mit Catharina Elisabeth v. Below-Wendhof. Seine Söhne Hans Jacob, Daniel Gustav und Otto traten im 7jähr. Kriege in die preuss. Armee. Ersterer besass dann Trebitsch bei Gr.-Glogau in Schlesien, der zweite Tolitz bei Stargard in Pommern. Später war noch Jareschau bei Gr.-Strehlitz und Strien bei Winzig in Schlesien im Besitz der Familie. Nach Familienmittheilung gehört dazu: Paul v. W., k. preuss. General-Lieut., Führer des braunen Husaren-Reg., geb. 1707 zu Raab in Ungarn, gest. 1785 auf seinem Gute Bydchyn (Pitschen) bei Tost in Schlesien, hinterliess von seiner Gemahlin Maria Dorothea v. Schimonski nur einen Sohn August Albrecht Ludwig. Unter den jetzt blühenden Linien ist Otto (der Sohn Daniel Gustav's (s. oben) Oberst-Lieut. a. D. in Oels in Schlesien, geb. 17. Oct. 1791, verm. mit Luise v. Liebermann aus Dalchau, er focht in seiner Jugend unter Schill; dessen Sohn Gustav, Major im pommer. Dragoner-Reg. Nr. 11 zu Belgard, geb. 4. Oct. 1827, verm. mit Johanna v. Rosenberg-Lipinski aus Jacobine, aus welcher Ehe wieder ein Sohn entspross, Paul, geb. 1858, Cadett in Wahlstadt. Von einem zweiten Sohne Daniel Gustav's (s. oben), gest. in Erfurt, stammt Fritz v. W., k. preuss. Lieut. a. D. und Bürgermeister in Stolberg bei Aachen, dessen Sohn Ludwig v. W. Lieut. in der k. preuss. 9. Artilleriebrigade. Ein anderer Sohn, gest. in Schlawe in Pommern, stammt Julius v. W., Rechtsanwalt in Graudenz, dessen Sohn Paul v. W., k. preuss. Leut. der Reserve der 1. Artillerie-Brigade. Als Grossneffen Daniel Gustav's (s. oben) steht aber Oscar v. W. als Lieut. im k. preuss. posensch. Uhlanen-Reg. Nr. 10 in Züllichau, wie Constantin (dessen Bruder) als Lieut. und Adjutant im 3. schles. Dragoner-Reg. Nr. 15 in Gr.-Strehlitz.

Handschriftl. Notizen. — Siebmacher, Suppl. V. T. 20. — Familien-Nachrichten.

Werner, Freiherren (ein durch eine aufsteigende silberne gezinnte Mauer quer getheilter, oben von Gold und Blau, der Länge nach getheilter Schild, in dessen erstem goldenem Felde, ein schwarzer gekrönter Adler mit der Chiffre F. II. auf der Brust, im zweiten blauen Felde ein goldenes Wagenrad, worauf eine Taube mit einem Oelzweige). Reichsfreiherrenstand. Diplom vom 13. April 1805, Incolat von Steyermark 1811 und von Böhmen 1822, für Johann Ludwig W., k. k. Geh.-R. und Präsident der Justizgesetzgebungs-Commission, geb. 1759, gest. 1829, verm. 1790 mit Agnes v. Brenning (geb. 1768, gest. 1802), 2) 1804 mit Anna v. Hackher zu Hart (gest. 1824), 3) 1814 mit Maria Margaretha Freiin v. Lago. Dessen Sohn erster Ehe: Joseph Reichsfreih. v. W., k. k. Geh.-R., Mitglied des Herrenhauses des Reichsraths auf Lebenszeit und ehemal. ausserordentlicher Gesandter und bevollm. Minister zu Dresden, geb. 1791, verm. 1842 mit Henriette v. Friedau (geb. 1815), Geschwister: Max Raphael, k. k. Hof-R. in P. und jubil. Präses der akathol. Consistorien, geb. 1794, gest. 1867, verm. 1831, mit Rosa Freiin v. Barbier (geb. 1799), deren Töchter: Ludwika, geb. 1834, Apollonia, geb. 1836, Maria, geb. 1837, verm. 1857 mit Carl Freih. v. Kielmannsegge, Freih. u. Erbherrn auf Gsöhl, Besitzer der Güter Hainstetten und Leutzmannsdorf in Niederösterreich; Franz, k. k. Oberlands-Ger.-R. in P., geb. 1798, verm. 1) 1833 mit Josepha v. Petteneck (gest. 1838), 2) 1841 mit Caroline Ettlinger; aus erster Ehe: Franziska, geb. 1836, verm. 1857 mit Adam Ritter v. Tustonowski, aus zweiter Ehe neben einer Tochter Henriette, geb. 1842, ein Sohn Franz, geb. 1844.

<small>General. Taschenb. d. freih. Häuser, 1849, S. 481. — 1853, S. 530. — 1870, S. 1023. — v. Hellbach, II. S. 720. — Megerle v. Mühlfeld, Erg.-Bd. S. 113.</small>

Wernhardt, Freiherren (Schild geviert mit rothem Mittelschilde, worin ein Löwe mit Säbel u. Tartsche, 1 in Roth eine goldene Sonne; 2 und 3 in Silber eine eiserne brennende Bombe; 4 in Roth ein silberner Halbmond). Ungar. erbl. Freiherrenstand. Diplom 6. Nov. 1818 für den k. k. Gen.-Maj. und Brigadier in Ungarn Paul v. W. Ungar. Adel, 25. Sept. 1646, für Stephan W., der unter Schwarzenberg bei Papa und Kanischa gegen die Türken sich hervorgethan. Wappenbrief ebenfalls für Stephan W. vom kais. Com. palat. Florian Drosdowsky v. Drostowiz, 15. Febr. 1621. Paul Freih. v. W. (s. oben) war zuletzt k. k. Geh.-R., General der Cavallerie, Oberst-Inhaber des 3. Chev.-leg.-Reg. und commandirender General in Siebenbürgen, geb. 25. Jan. 1776, verm. 6. Mai 1804 mit M. Anna Aloisia Freiin Cerrini de Monte Varchi (geb. 27. Juni 1784), gest. 13. Sept. 1846. Deren Sohn: Stephan Wilhelm Freih. v. W., k. k. Kämmerer, Geh.-R., Feldmarschall-Lieut., Oberlieut. in d. k. ungar. adeligen Leibgarde und Inhaber des 16. Inf.-Reg., geb. 26. März 1806, verm. 29. Nov. 1847 mit Charlotte Freiin Kemeny de Gyerö-Monostor (geb. 17. März 1831, gest. 8. März 1859). Aus welcher Ehe entsprossten, neben zwei Töchtern, Anna, geb. 1848, gest. 17. Aug. 1869 und Charlotte Maria, geb. 1849, die beiden Söhne: Paul, geb. 1851, Zögling der k. k. Militär-Academie zu Wiener-Neustadt und Stephan, geb. 1854, Edelknabe und Zögling der Theresian. Academie. Schwestern: Isabella, geb. 1807, verm. mit Friedrich Dorsner v. Dornimthal, k. k. Oberst in d. A.; Pauline, geb. 1810, verm. mit Jacob Freih. v. Kavanagh.-Ballyane, k. k. Kämmerer und Oberst im 52. Inf.-Reg., Wittwe seit 10. Juni 1848; Amalie, geb. 1812, verm. 11. Aug. 1831 mit Ludwig Freih. de Vaux, k. k. Hofsecretär im Finanzministerium, Wittwe seit 20. Mai 1861.

<small>Geneal. Taschenb. d. freih. Häuser, 1848, S. 396. — 1855, S. 684. — 1869, S. 988.</small>

Werthern, auch Freiherren und Grafen (Schild geviertet: 1 u. 4 in Gold ein rother Löwe, 2 und 3 in Schwarz ein schräg rechter goldener oben und unten abgehauener Baumast mit drei Blättern). Freiherrenwappen vom 18. Mai 1714. Schild zweimal der Länge nach und einmal quergetheilt (sechs Felder), 1) in Silber drei rothe Querbalken (Beichlingen), 2) in Gold ein schwarzer Doppeladler mit rothem Schilde auf der Brust, worin ein silberner Querbalken (kais. Gnadenzeichen), 3) über Schach von Roth und Silber ein goldener Adler (Wiehe), 4) in Blau ein silberner Strauss mit Pfeilen in der rechten Klaue (Frohnsdorf), 5) geviertet 1 und 4 in Gold ein rother Löwe (Reichskammerthürhüteramt), 2 u. 3 in Schwarz der goldene Baumast (Werthern), 6) in Roth ein silberner bethürmter Elephant. Reichsgrafen- und k. preuss. Erstgeburtsgrafen-Wappen von 1702, 1706, 1708 und 1840: ebenfalls wie das freiherrliche, der Länge nach zweimal und einmal quergetheilt, das geviertete Stammwappen aber als Mittelschild, und abweichend im dritten goldenen Felde noch ein Leopard (Rabenswald), im fünften der Elephant, im sechsten der Adler über Schach. — Den Reichsfreiherrenstand soll schon Johann (der Gerechte, Glückselige) gegen Ende des 15. Jahrh. vom Kaiser Max 1. erhalten (den 1509 angebotenen Grafenstand abgelehnt) haben. Nach den gewöhnlichen Angaben kam er 1520 durch Carl V. in die Familie und wurde im kursächs. Reichs-Vicariat am 3. Dec. 1711 erneut. Reichsgrafenstand (nachdem er, s. oben und später, vom Freiherrn Philipp [s. unten] nicht angenommen). Diplom vom 12. Aug. 1702 für Georg I., aus der Beichling'schen Linie der Georg'schen Hauptlinie, k. poln. kursächs. Geh.-R., Gesandter in Regensburg, später Cabinetsminister u. s. w., Anerkennung im Kgr. Preussen vom 5. März 1703. Diplom vom 20. Febr. 1706 für Georg Wilhelm aus der bachora'schen Linie der Johann-Heinrichs Hauptlinie und Diplom vom 17. Jan. 1708 für den kursächs. Kammerherrn Friedemann, den Halbbruder des Reichsgrafen Georg I., Grafenstand nach dem Rechte der Erstgeburt mit der Benennung Grafen Werthern-Beichlingen des Kgr. Preussen. Diplom vom 15. Oct. 1840 für den Freih. Hans Carl Ottobald, grossherzogl. sachs.-weim. Oberkammerh. u. s. w., aus der Georg'schen-Beichling. Hauptlinie. — Uraltes angesehenes reichbegütertes thüring. Herrengeschlecht. Der Sage nach erhielt Odobald (gest. 813), eines der vornehmsten longobardischen Herrn, Illibrands (773) Sohn, vom Kaiser Carl dem

Grossen 802, Schloss und Herrschaft Werthern am Harz. Aus seiner Ehe mit Juditta Käfernburg hatte er einen Sohn Carl I., welcher Hofdiener Ludwig des Frommen, verm. mit einer v. Bardesleben, 864 im Kampfe gegen die Wenden fiel. Auf dessen Sohn Theodorich, verm. mit einer v. Sondershausen, folgte Jodocus I., verm. mit Oda v. Wangenheim. Jodocus II., verm. 1) mit einer v. Hagen, 2) mit einer v. Ebersberg, blieb 983 gegen die Sarazenen in Italien. Jodocus III. aus erster Ehe, war verm. mit Mechtild Grf. v. Arnstein, dessen Sohn Hugo II., verm. mit Jutta v. Kranichfeld, 1055 gegen die Wenden sein Leben verlor. Mit diesem soll, nach Einigen, das Geschlecht erloschen sein und Kaiser Heinrich IV. die Herrschaft Werthern als Reichslehn dem jüngsten Sohne des Grafen Ludwig in Thüringen, Hermann, mit dem Beinamen der Wachsame, wegen treuer Dienste überlassen und denselben 1086 mit dem Erbkämmererthürhüter-Amte des heil. röm. Reichs beliehen haben. Gewiss ist nur, dass ein Hermann um diese Zeit der erste näher bekannte Ahnherr der Familie, verm. mit Helene von Querfurt, gest. 1108. Die ununterbrochene Stammreihe nach ihm ist folgende: Theodorich: Agnes v. Rossdorf, Hermann: 1) N. v. Witzleben, 2) Maria Grf. Rawenswald, Gerhard: 1) Magdalena Schenkin v. Vargula, 2) N. v. Brandenstein, dessen Bruder Hermann mit Ingenberga die Herrschaften Zahna und Seide im sächs. Kurkreise erheirathete, welche Linie aber 1366 mit Hermann VIII. wieder ausstarb. Gerhard pflanzte den Stamm fort, zog 1177 nach Italien, verfiel nach seiner Rückkehr mit dem Grafen Clettenberg in Fehde, in der er unterlag und seine Besitzungen mit Ausnahme der dem Reichskammerhüter-Amt angehörigen, welche Reichslehn verblieben, gräfl. Clettenberg, später gräfl. Hohensteinisches Lehn wurden und starb 1213. Sein jüngerer Sohn Heinrich stiftete die Linie Thalheim, welche aber auch wieder in seinem Urenkel, Berthold II., 1373 erlosch. Der ältere, Friedrich, zog 1227 mit Kaiser Friedrich II. ins gelobte Land und hinterliess aus der Ehe mit Sophie v. Lobdaburg Anton 1247—1250, der verm. 1) mit Ida v. Krösigk, 2) Maria v. Wangenheim, einen Sohn, Theodorich VII. aus erster Ehe hatte, welcher den Markgrafen Friedrich und Diezmann, gegenüber ihrem Vater Albert dem Unartigen, Landgrafen von Thüringen, getreulich beistand, und dreimal vermählt, mit Mechtild v. Hadmersleben, Catharine v. Kromsdorf und Anna Grf. Rawenswald, 1319 starb. Sein Sohn Siegfried erster Ehe, war Vogt von Hohenstein, verm. 1) mit Elisabeth v. Heldrungen, 2) mit Anna v. Kranichfeld und hatte zum Nachfolger Friedrich IV., erster Ehe, der neben den neu erworbenen Gütern Kl.-Ballhausen und Grossen-Furro alle Besitzungen der Seitenlinien wieder vereinte. Er war verm. 1) mit Jutta v. Sickingen, 2) Adelheid v. Bodenhausen, 3) Margarethe v. Wangenheim und starb 1396. Nach zwei seiner Söhne, Johann, Herrn in Werthern (zog 1413 mit Landgraf Friedrich dem Streitbaren auf das Concil zu Costnitz, bekam 1420 vom Kaiser Sigismund die Bestätigung des Erbreichskammerthürhüter-Amtes mit Uebergehung seiner Brüder, war verm. mit Hedwig Burggräfin v. Leisnig und starb 1437) und Thilo, Herrn auf Ballhausen, gest. 1435, wurden zwei Linien benannt, von denen aber die letztere 1710 6. Nov. mit Freiherrn Johann Heinrich II. erlosch. Johann's Sohn Theodorich, verm. mit Elisabeth v. Hoym, herzogl. Weimar. Rath und Kriegs-Oberst, erkaufte 1452 vom Grafen Heinrich v. Schwarzburg Schloss und Herrschaft Wiehe und starb 1470. Sein Sohn Hans, geb. 1443, verm. 1) 1460 mit Susanna v. Seebach (gest. 1464), 2) 1465 mit Elisabeth v. Hopfgarten (gest. 1485), 3) 1488 mit Elisabeth v. Schönberg (gest. 1519), vermehrte den Besitz noch bedeutend durch Ankauf der Herrschaft Brücken 1501, der Herrschaft und des Schlosses Frohndorf mit 12 Dörfern 1505, Wallendorf's 1516 und des Schlosses und der Grafschaft Beichlingen nebst Stadt Cölleda 1519, sowie später Leubingens und Wernigerode's, wesshalb man ihn auch den Reichen und Glückseligen nannte. Er war Herzog Albrechts von Sachsen Geh.-Rath und Statthalter im Osterlande, Verweser in Thüringen und Hauptmann zu Weissenfels, dabei ein gelehrter Herr, eifriger Katholik und starb 1533 zu Wiehe, nachdem er den von zwei Kaisern ihm angetragenen Grafenstand abgelehnt. Von seinen Söhnen setzten Dietrich und Hans das Geschlecht fort. Jener auf Beichlingen, zu Bologna der deutschen Nation Syndicus und 1495 J.U.D., dann Canzler beim Hoch-Teutschmeister Herzog Friedrich in Preussen, zuletzt Herzog Georg's von Sachsen und kaiserl. Rath. Bei seinem 1536 erfolgten Tode, hinterliess er unter anderen Söhnen Wolfgang und Philipp, ein gelehrter und beredter Cavalier, welcher die Session wegen der Grafschaft Beichlingen auf den Reichstagen zu erlangen suchte, wobei ihm aber Herzog Moritz zu Sachsen hinderlich war, und nahm mit seinen Vettern die lutherische Lehre an, ohne Erben 1583 sterbend. Sein Bruder Philipp war kursächs. Rath und Oberhofgerichts-Assessor zu Leipzig, lehnte auch den Reichsgrafenstand ab und starb ebenfalls ohne directe Erben 1588. Hans (der Bruder des obigen Dietrich) Herr auf Wiehe, ein gelehrter Herr und Herzog Georg's zu Sachsen Geh.-R., und Stiftshauptmann zu Halberstadt, verm. 1) 1503 mit Isabella Grf. Spiegelberg (gest. 1505), 2) 1506 mit Anna v. Miltitz (gest. 1538), gest. 1534 war ein Vater Georg's zweiter Ehe, kursächs. Rathes und Assessors im Oberhofgericht und Obersteuer-Einnehmers in Thüringen, geb. 1515, verm. 1) 1549 mit Catharina v. Brandenstein (gest. 1563), 2) 1566 mit Elisabeth v. Ebeleben, dessen Sohn Johann IX., erster Ehe, der bei Abgang der Beichling'schen Linie 1588 die gesammten Werthern'schen Lande erhielt und Hauptmann zu Sangerhausen wurde, geb. 1555, verm. 1) 1578 mit Anna v. Ponikau (gest. 1592), 2) 1593 mit Maria v. Trotha (gest. 1630), gest. 1633, war er der nähere gemeinschaftliche Stammvater der drei noch heute blühenden Hauptlinien dieses Geschlechts. Er hatte aus beiden Ehen dreizehn Kinder und vertheilte seine Güter unter drei seiner Söhne: Georg, Georg Thilo und Hans Heinrich, welche die beichlingen'sche, die brücken'sche und die wiehe'sche Linie gründeten.

I. Die Georg-Beichlingen'sche Hauptlinie, also Stifter

Georg VI., geb. 1581, gest. 1636, Herr der Herrschaft Beichlingen und Frohndorf, auch Wasserthalheim, des heil. röm. Reichs Erb-Kammer-Thürhüter, anfangs sachs.-weim. Kammer-R., 1619 kursächs. Geh.-R. und 1621 Premier-Gesandter am kaiserl. Hofe, 1629 Oberhofrichter zu Leipzig und 1630 Oberhauptmann in Thüringen, 1635 beim Prager Friedensschluss, wesshalb seine Güter von den Schweden hart mitgenommen und doch hinterliess er bei seinem Tode drei Tonnen Goldes ausstehender Activ-Schulden, welches Vermögen er durch seine zwei Heirathen erlangt, 1) 1607 mit Eleonore v. Hoym-Ermsleben (geb. 1582, gest. 1622), 2) 1625 mit Rahel geborne v. Einsiedel-Schweinsburg, des reichen Hans Dietrich v. Schönberg zu Rothschönberg Wittwe (geb. 1599, gest. 1667). 1) **Frohndorfer Speciallinie.** Von Georg's Söhnen folgte Dietrich XIII. zunächst auf Frohndorf, anfangs kursächs. Appellations-R., dann Kammer-Präsident, endlich Geh.-R. und Obersteuer-Einnehmer, er hatte mit seiner Gemahlin Catharine Sophie v. Schönberg, seiner Stiefmutter Rahel (s. oben) Tochter, ein sehr grosses Vermögen erhalten und davon die Güter Eytra, Mauschwitz, Nehmitz, Tristewitz, Buchwalde u. s. w. angekauft und bei seinem Tode 1658 nur eine Tochter Rahel hinterlassen, verm. mit Johann Georg Freiherrn v. Rechenberg auf Reichenau und Hermsdorf, kursächs. Oberhofmarschall, Geh.-R., Oberkämmerer, Oberstallmeister u. s. w., dem sie ausser den Gütern noch fünftehalb Tonnen Goldes zugebracht. Ihm folgte sein Bruder Wolfgang II., als kursächs. Obersteuer-Einnehmer und Geh.-R., Bergdirector u. Oberhauptmann des Erzgebirg. Kreises, nach dessen 1666 erfolgtem Tode, der dritte Bruder Hans X. die Herrschaft Frohndorf erhielt, geb. 1626, kursächs. Kammerh., verm. 1651 mit Maria Christine v. Hessler-Burghessler (geb. 1636, gest. 1691), gest. 1693. Sein Sohn Christoph Ludwig, geb. 1664, gest. 1706, auf Frohndorf u. Guttmannshausen, kaiserl. Oberst, war verm. 1) mit N. v. Götzen aus Schlesien (gest. 1699), 2) mit N. v. Berbisdorf-Starkenberg und dessen Sohn und Nachfolger Hans Georg, erster Ehe, k. k. Hauptmann, geb. 1699, gest. 1739, verm. mit Johanna Friederike v. Kalitsch-Dobritz, geb. 1703, gest. 1800. Der Vater des jetzigen Hauptes dieser Linie Christian Ferdinand Georg, geb. 1738, verm. 1775 mit Amalie des k. grossbritt. kurbraunschw. Staatsministers v. Münchhausen-Heinburg Tochter, geschieden 1788, 2) 1789 mit Juliane Freiin v. Ziegesar-Drakendorf, des herzogl. sachs.-goth. Geh.-R. und Canzlers Tochter (geb. 1773), war herzogl. sachs.-weimar'scher Oberkammerherr, Senior der Georg'schen Speciallinie und Erbkammerthürhüter, welches Amt er 1790 und 1792 bei Gelegenheit der Kaiserkrönung in eigner Person verrichtete und 1800 starb. Ihm folgte Ottobald Hans Carl, geb. 1794, aber nicht allein auf Frohndorf und Cölleda, sondern nach dem Aussterben der Speciallinie Beichlingen, 1806 auch als Herr der Grafschaft Beichlingen mit Grossneuhausen und seit 15. Oct. 1840 als preuss. Graf (nach dem Rechte der Erstgeburt) und Herr v. Werthern-Beichlingen, Jh.-OER., grossherzogl. sächs. Geh.-R. u. Oberkammerherr, auch k. preuss. Kammerherr, Prälat des Hochstiftes Naumburg und erbl. Mitglied des k. preuss. Herrenhauses, verm. 1816 mit Luise Amalie Freiin von Rotberg (geb. 1794, gest. 1857), aus welcher Ehe entsprossten: Georg Freih. und Herr von W., geb. 1816, k. preuss. Kammerh. und ausserordentl. Gesandter und bevollmächt. Minister zu München, verm. 1863 mit Gertrud von Bülow (geb. 1841), deren Kinder: Hans, geb. 1864, Elisabeth, geb. 1866 und Ottobald, geb. 1868; Thilo Freih. und Herr v. W., geb. 1818, Jh.-OER., k. preuss. Maj. a. D., verm. 1858 mit Maria v. Heyden-Linden (gest. 1860), deren Kinder: Georg, geb. 1859 und Ida, geb. 1860; sowie noch eine Schwester des Grafen Ottobald: Luise Clara, geb. 1798, Wittwe 1863 von Hans Heinrich Grafen v. Könneritz, k. sächs. w. Geh.-R., Oberhofmeister und Oberkammerherr. — 2) Beichlingen-Gross-Neuhaussener Speciallinie. Ihr Stifter war Friedrich, der jüngere Bruder Johann's (des Stifters der Frohndorfer Speciallinie), geb. 1630, kursächs. w. Geh.-R., Oberhofrichter zu Leipzig, Oberconsistorial-Präsident und Oberhauptmann von Thüringen, verm. 1) 1655 mit Agnes v. Hessler-Burghessler (gest. 1665), 2) mit Just. Elisabeth v. Löser-Ahlsdorf (geb. 1654, gest. 1701), gest. 1686. Von seinen zwei Söhnen aus beiden Ehen bekam der älteste Georg I., geb. 1663, Gross-Neuhausen, war k. poln. und kursächs. Geh. Cabinetsminister, w. Geh.-R., Canzler und Oberhauptmann von Thüringen und wurde am 12. Aug. 1702 in den Reichsgrafenstand erhoben (s. oben), mit Rahel v. Miltitz-Scharfenberg 1689 verm. starb er 1721. Der jüngere Friedemann, geb. 1684, erhielt in der Theilung mit seinem Bruder 1708 Beichlingen, war kursächs. Kammerh. und wurde ebenfalls am 17. Jan. 1708 in den Reichsgrafenstand erhoben. Verm. 1) 1708 mit Maria Renate Grf. Geyersberg (geb. 1708, gest. 1739) und 2) 1740 mit Constantia Grf. Windischgrätz (geb. 1721, gest. 1798) hinterliess er aber bei seinem Tode 1763 keine Kinder, so dass sein Neffe Georg II. (VIII.) die Besitzungen dieser Speciallinie wieder vereinte. Dieser, geb. 1700, gest. 1768, k. poln., kursächs. Kammerh. und w. Geh.-R., war verm. 1724 mit Jac. Henriette Grf. Flemming, zugleich Herr auf Eytra und Neunheiligen. Bei dem Tode seines ältesten Sohnes Johann Georg (geb. 1735, k. preuss. w. Staats- u. Kriegsminister und Grand maitre de la Garderobe), welcher nach zwei Ehen, 1) 1762 mit Johanna Schack v. Buchwald (geb. 1740, gest. 1764), 2) 1777 mit Christine v. Globig (geb. 1759) 1790 kinderlos erfolgte, erbte der jüngere Sohn Jacob Friedemann den grossen Besitz, welcher indess gleichfalls (geb. 1739, kursächs. w. Geh.-R., des Stifts Naumburg Kammerdirector zu Zeitz, verm. 1773 mit Luise Freiin vom und zum Stein) nur mit Hinterlassung einer Tochter Luise (geb. 1774, verm. 1802 mit Friedrich Christian Ludwig Senft v. Pilsach gen. Lauhn, späterer Graf und k. k. Geh.-R., gest. 1836) 1806 starb und so die Lehne an die ältere Speciallinie Frohndorf zurückfielen. — II. Die Georg Thilo'sche oder Brückensche Hauptlinie, gestiftet von Georg Thilo, zweitem Sohne Johann's (s. oben), geb. 1595.

verm. 1) mit Elica Freiin v. Warberg-Warberg (bei Helmstädt), 2) 1652 mit Gisela Catharine v. Zengen-Postleben (gest. 1680), welcher zwei Söhne hinterliess, die sofort zwei noch lebende Speciallinien begründeten, wovon jede wieder in zwei Unterlinien zerfällt. 1) Aeltere, Kl.-Werthern'sche Speciallinie: Christoph Werner, geb. 1624, gest. 1702, verm. mit N. v. Zengen; Georg Christoph, geb. 1662, braunschw.-lüneb. Oberst-Lieut., verm. 1) 1688 mit Anna Elise v. Werthern-Bachra (geb. 1661, gest. 1703), 2) 1704 mit Philippine Christine v. Eberstein-Gehofen. Seine zwei Söhne stifteten wieder zwei Unterlinien, deren a) ältere zum Stammvater Georg Christoph, geb. 1691, gest. 1766, k. preuss. Geh.-R. und Gesandter in Kurland, verm. mit Elisabeth v. Keyserlingk. Sein Sohn Anton Günther, geb. 1735, gest. 1770, war Oberhofmeister des Erbprinzen v. Schwarzburg-Sondershausen, verm. 1761 mit Christiane Wilhelmine v. Zeutsch (geb. 1741, gest. 1790) und dessen Sohn Günther Carl Albert, geb. 1768, gest. 1812, verm. mit N. Erich aus Nordhausen, hinterliess zwei Söhne: Günther Friedrich Wilhelm, k. preuss. Kreis-Ger.-R. zu Strasburg und Hans Carl Albrecht. b) Jüngere Unterlinie. Stammvater August Heinrich Dettloff, geb. 1698, gest. 1736, verm. 1742 mit Sophie Luise Therese v. Wilken (geb. 1718, gest. 1760). Dessen Sohn Ludwig Georg Christoph, geb. 1744, gest. 1814, war k. preuss. Rittmeister und verm. 1794 mit Antoinette v. Arnstedt (geb. 1774), aus welcher Ehe entsprossen Carl Ludwig, geb. 1796, gest. 1855, k. preuss. Ober-Rechnungs-R. a. D. und Friedrich Carl Anton, geb. 1804, k. preuss. Reg.-Vice-Präsident zu Stettin. Letzterer verm. mit Bertha v. Mauderode, setzte neben einer Tochter Elsbeth, geb. 1844, durch vier Söhne seinen Stamm fort: Heinrich, geb. 1838, Wolf, geb. 1840, Friedrich, geb. 1842 und Thilo, geb. 1848. Ersterer hinterliess Ludwig, k. preuss. Hauptmann a. D., verm. mit Elise v. Lilienfeld, welcher vier Töchter. Der Besitz dieser jüngeren Unterlinie besteht in dem Kl.-Werthern'schen Mannlehen Rittergut zu Brücken im Kr. Sangerhausen und den Rittergütern Kl.-Werthern, Wernigerode u. Wechsungen im Kr. Nordhausen. 2) Jüngere Gr.-Werthern'sche Speciallinie. Begründet von dem jüngeren Sohne Georg Thilo's Carl Heinrich, geb. 1660, gest. 1724, sachs.-goth. Oberst-Lieut., verm. 1679 mit Lucie v. Arnstedt-Gr.-Werthern, theilte sich dieselbe durch seine Söhne wieder in zwei Unterlinien. a) Aeltere U.-L.: Johann Georg, gest. 1738, k. preuss. Hauptmann, verm. 1712 mit Sophia v. Krakenhofen (gest. 1719), 2) mit Friederike v. Arnstedt (geb. 1703, gest. 1770); Georg Friedrich, geb. 1734, gest. 1802, verm. mit Charlotte v. Schneidewind (geb. 1740); August Georg Wilhelm, geb. 1762, gest. 1821, Major, verm. 1) mit Christiane v. Voss (gest. 1807), 2) mit Eleonore v. Voss (gest. 1824), dessen ältester Sohn Rudolph, geb. 1804, gest. 1841, wieder zwei Söhne Hans Otto, geb. 1830 und Hans Hugo, geb. 1840, sowie der jüngere Hermann Alfred, neben drei Töchtern, einen Sohn Alfred Hermann Thilo, geb. 1842. Der Besitz dieser älteren Unter-Linie ist das Gr.-

Werthern'sche Mannlehn-Rittergut zu Brücken im Kr. Sangerhausen. b) Jüngere U.-L. Gestiftet durch Johann Georg's Bruder Jobst Christian, geb. 1688, gest. 1739, verm. 1718 mit Ottilie v. Meusebach, wurde dieselbe fortgepflanzt durch Carl Gustav, geb. 1727, verm. 1758 mit Maria Thomas (gest. 1768), dessen Sohn Carl Ernst Christian, geb. 1762, verm. 1796 mit Anna Franziska v. Michels (geb. 1766) und dessen drei Enkel Carl Heinrich Ludwig, Gottfried Carl Heinrich und Albert Ludwig August, welche Letztere wieder zwei Söhne Albert Heinrich Ernst, geb. 1836 und Julius, geb. 1839. — III. Die Hans Heinrich'sche oder Wiehe'sche Haupt-Linie. Der gleichnamige Stammvater, geb. 1597, gest. 1658, dritter Sohn Johann's (s. oben, gest. 1553) auf Wiehe, Bachra und Lossa, war viermal verm. 1) 1621 mit N. v. Draxdorf (gest. 1622), 2) 1623 mit Agnese v. Bünau (gest. 1638), 3) 1640 mit Sabine v. Wurm (gest. 1648), 4) 1649 mit Margaretha v. Pflug (gest. 1670), aus welchen Ehen drei Söhne entsprossten, welche die drei Speciallinien Bachra, Unterhaus Wiehe u. Oberhaus Wiehe stifteten. a) Bachra: Georg Adam, geb. 1625, gest. 1671, verm. 1646 mit Sabina v. Kromsdorf, mit dessen Enkel Georg Wilhelm, seit 1706 Reichsgraf, kurtrier'scher w. Geh.-R., verm. 1716 mit Maria Antonia Freiin Knebel v. Katzenellenbogen (geb. 1698, gest. 1760), 1767 diese Linie aber wieder erlosch. b) Unterhaus Wiehe: Adam Ludwig, geb. 1642, gest. 1689, verm. 1) mit Wilhelmine v. Tangel (gest. 1678), 2) mit Sophie v. Mandelsloh (gest. 1720), mit dessen Urenkel Hans Adolph Erdmann, auf Wiehe, Bachra und Allerstedt, kursächs. Oberhof-Richter zu Leipzig, geb. 1721, verm. 1752 mit Sabine Henriette v. Bodenhausen, auch diese Linie 1803 ausstirbt. c) Oberhaus Wiehe: Wolf Adolph, geb. 1643, gest. 1701, verm. 1) 1667 mit Christine v. Tangel-Dennstedt (geb. 1650, gest. 1677), 2) 1685 Eva v. Mandelsloh-Eckstedt (gest. 1701); Adolph Heinrich, geb. 1669, gest. 1724, Reichsfreih. 1714, Herr auf Wiehe und Lossa, Erbkammerthürhüther, Domh. des Stifts Merseburg, verm. 1697 mit Benedicta v. Schleinitz-Zottwitz (geb. 1676, gest. 1730); Adolph Georg, geb. 1700, gest. 1765, verm. 1722 mit Christina Beata v. Wrangel (geb. 1707, gest. 1735), Administrator des Klosters Donndorf; Christian Carl, geb. 1732, gest. 1795, verm. 1773 mit Luise v. Wangenheim-Sonneborn (geb. 1754), sachs.-goth. Kammerh. und Oberst-Lieut. Dessen zwei Söhne bilden in ihren Nachkommen wieder zwei Unterlinien, indem Ernst Friedr. Carl Emil, geb. 1774, gest. 1829, k. sächs. Conferenzminister, verm. mit Henriette Luise Armgard v. Wuthenau, neben zwei Töchtern Susanna (geb. 1812, verm. mit Hans Ludwig v. Oppell, k. sächs. Geh.-R.) und Auguste (geb. 1822, verm. mit Alexander Freih. v. Pawel-Gemingen, sachs.-cob.-goth. Kammerh.), einen Sohn hinterliess Hans Traugott, geb. 1809, gest. 1861, Erbherr des Fideicommisses, Kloster Donndorf, Bachra, Lossa, Rothenburg u. Allerstedt, JhOER. und k. preuss. Lieut., verm. mit Johanna Clementine v. Carlowitz-Gr.-Hartmannsdorf (geb. 1815), aus welcher Ehe entsprossten, neben einer Tochter Luise (geb. 1844, verm. 1863 mit Ferdinand Freih. v. Leeson zu Netschke), das jetzige Haupt der Linie Hans Ernst Anton Freih. v. W., geb. 1836, Erbherr der Mannlehnrittergüter Lossa, Rothenberga, Allerstedt und Bachra in der preuss. Provinz Sachsen, JhOER., k. preuss. Prem.-Lieut., verm. 1862 mit Luise v. Nostitz (geb. 1840, deren Töchter Elise, geb. 1863 und Margarethe, geb. 1866), und Wolf Ottobald, geb. 1854. Der jüngere Sohn Carl Christian's (s. oben) war Hans Carl Leopold, geb. 1790, grossherzogl. sächs. Kammerh., gest., verm. 1) mit Elise v. Ziegesar, 2) mit Bertha v. Wangenheim-Sonneborn (geb. 1798, gest. 1866), dessen Kinder erster Ehe: Ida, verm. 1837 mit Moritz Graf v. Holtzendorf, k. sächs. Oberst a. D., Oberhofmeisterin J. k. H. d. Prinzess Georg zu Sachsen; zweiter Ehe, Maximiliane, geb. 1827, verm. mit N. v. Metzradt, k. sächs. Major in d. A., Wittwe u. Stiftshofmeisterin des freiweltlich adligen Fräulein-Stiftes Joachimstein bei Radmeritz in der Ober-Lausitz, und Friedrich Georg Christian, geb. 1834, Erbherr des Mannlehnrittergutes Wiehe im Kr. Eckartsberga in der preuss. Provinz Sachsen, JhOER., Erbadministrator der Klosterschule zu Donndorf b. Artern, verm. 1) 1858 mit Ida v. Hinckeldey (gest. 1867), 2) 1868 mit Marianne v. Dewitz, dessen Tochter erster Ehe: Ida Bertha Caroline Maximiliane, geb. 1867.

Abel, d. und s. Alterthümer, II. 575. — *Albin*, Frt., Historie v. d. uralt. Geschl. d. Gr. und H. v. Werthern, Lpz. 1705. 1710. — *Besser*, Pyramis perenit. Lpz. 1659. — *Duddaeus*, hist. Lex. W. — *Gauhe*, I. S. 2858. — Geneal. Taschenb. d. gräfl. Häuser, 1870, S. 1175. — Geneal. Taschenb. d. freih. Häuser, 1857, S. 841, 1858, S. 839, 1868, S. 988. — *Gleichenstein*, nr. 104. — *v. Hellbach*, II. S. 723. — Hist.-herald. Handb. zu d. gräfl. Häusern, S. 1008. — *Hübner*, III, T. 783—94. — *Imhof*, notit. proces. Imp., II. S. 146. — *Knauth*, prodrom. misn. S. 592. — *Kneschke*, deutsche Grafenhäuser, II. S. 662. — *Knitter*, Stemmatographia Wertheriana. Erf. — *Freih. v. Ledebur*, III. 104. — *v. Meding*, I, n. 958, 69, 60. — N. Pr. Adels-Lex., V. S. 476. — Neues geneal. Handb., 1771, S. 351—57. 1778, S. 400—57. — *Reinhardt*, F. S., Stammb. d. Herren v. Werthern, 1615, 1709. — *Seifert*, J., das Haus der Werthern, 1707. — Dessen Ahnen hoher Familien, T. 55—57. — *Siebmacher*, I. 148, 19. — *Zedler*, 55, 680.

Wesdehlen, Grafen (in Roth ein mit den Sicheln aufwärts gekehrter goldener Halbmond, über welchem im oberen Theile des Schildes zwei goldene fünfstrahlige Sterne). — Grafenstand des Kgr. Preussen. Diplom vom 13. Jan. 1832 für Georg Friedrich v. Petit-Pierre, k. preuss. Legat.-R. und Mitglied des Staats-R. im Fürstenthum Neuenburg, mit dem Prädicat „v. Wesdehlen." — Aus dem Geschlechte Petit-Pierre der Stadt Neufchâtel, wo die Gebrüder Jean David und Henry, und ihr Neffe Abraham am 26. April 1694 von der Herzogin v. Nemours in den Adelsstand erhoben und den 16. Juni in die Adelsregister des Landes eingetragen wurden. Das Haupt der Familie ist Georg Friedrich Graf v. Wesdehlen, geb. 1791 (Sohn des 1830 gest. Johann Friedrich v. Petit-Pierre zu St. Aubin in Neuenburg und der 1833 verst. Charlotte v. Rougemont), k. preuss. Legat.-R. a. D. und gewesenes Mitglied des Staats-R. im vorm. preuss. Fürstenthum Neuenburg, verm. 1832 mit Hermine Grf. zu Waldburg-Truchsess-Capustigall (geb. 1805), aus welcher Ehe neben zwei Töchtern Maria, geb. 1835, verm. 1855 mit Hannibal Fürst Simonetti aus Ancona, Wittwe 1857, und Mathilde, geb. 1842, verm. 1865 mit Raoul Vicomte de Couëdic de Kergoualer, k. franz. Lieut. a. D., drei Söhne entsprossten: Ludwig Friedrich, geb. 1833, k. preuss.

Legat.-R. b. d. Gesandtschaft in Florenz, verm. 1868 mit Alexandrine Grf. Pourtales (geb. 1850); Hermann Gottfr., geb. 1851, k. preuss. Prem.-Lieut. a. D., verm. 1) 1862 mit Elise v. Montmollin (geb. 1843, gest. 1863), 2) 1866 mit Cecilie Grf. Pourtales (geb. 1848), aus beiden Ehen Töchter: Elise (geb. 1863) und Maria Auguste (geb. 1867); Georg Friedrich Armin, geb. 1839, JhOER., k. preuss. Rittmeister und Escadronschef im 1. Garde-Dragoner-Reg., verm. 1869 mit Charlotte v. Seydlitz-Ludwigsdorf.

<small>Geneal. Taschenbuch d. gräfl. Häuser, 1870, S. 1178 und 1854, S. 862. — Hist.-herald. Handb. z. Taschenb. d. gräfl. Häuser, S. 1070. — Knesehke, deutsche Grafenhäuser, III. S. 444. — Freih. v. Ledebur, III. S. 101. — N. Pr. Adels-Lex., IV. S. 29.</small>

Wesierski, Grafen (in Blau drei silberne Hufeisen mit gegen einander gekehrten Rücken, durch deren Mitte ein Schwert gesteckt). Grafenstand nach dem Rechte der Erstgeburt des Kgr. Preussen. Diplom vom 30. Oct. 1854 für Albin v. W. auf Zakrzewo. — Aus dem uralten böhm. Geschlechte Belina (Bilin bei Teplitz), dessen Stammmutter Bila, Tochter des Fürsten Krok II., dessen Sohn Stomir 890 König. Zwelistaw B. war 953 Feldherr, 1040 ebenfalls Procon Graf B., Bretislaw im 14. Jahrhundert Erzbischof v. Gnesen. Matthias B. 1450 Befehlshaber des böhm. Heeres. Peter B. reiste mit Nicolaus Radziwill nach Jerusalem. Johann Casimir B. nahm zuerst im 15. Jahrh. den Namen Wesierski von dem Gute Wesiery im Karthauser Kreise, Woiwodschaft Pommern, an. Andreas und Matthias B.-W. waren Electoren 1648. Casimir B.-W. (geb. 1693, gest. 1771) Herr auf Zakrzewo und Landkammer-R. v. Tuchel, Nicolaus B. v. Wesiery-Wesierski (geb. 1743, gest. 1829) Herr auf Zakrzewo, Truchsess des gnesener Kreises, Marschall, 1808 und Ritter des St. Stanislaus-O. 1. Classe. Jetziges Haupt der Familie Albin Graf Belina-Wesierski, geb. 1812 (Sohn des 1826 gest. Grafen Vincent, Kreisrichters und Landschafts-R.) auf Zakrzewo, Gorzuchowo, Slawno, Ozechy, Iniolki und Myseki im Posenschen (11530 Morgen, an dem Besitz der drei ersten Güter haftet die Grafenwürde), Mitglied des k. preuss. Herrenhauses auf Lebenszeit (bestätigt 25. Nov. 1851, verm. 1836 mit Ludovica Grf. Kwilcz-Kwilecka (geb. 1878), Besitzerin der Rittergüter Lauske, Hermsdorf und Liebuch (13492 Morgen) ebenfalls im Posenschen, aus welcher Ehe stammen, neben fünf Töchtern: Laura (geb. 1837), verm. 1858 mit Franz v. Moszczénski auf Dziewierzewo, Emilie (geb. 1841), verm. 1861 mit Joh. v. Moszczénski auf Stembowo, Wanda (geb. 1843), verm. 1863 mit Aloys v. Grabski, auf Brzustkowo, k. preuss. Rittmeister, Celina (geb. 1845), verm. 1863 mit Ladislaus v. Przytubski, auf Demby und Josephine (geb. 1855), ein Sohn: Zbigniew Anton Wesierski Graf v. Kwilecki, geb. 1839, folgte 3. Nov. 1860 laut Stiftungsurkunde seinem mütterlichen Grossvater Joseph Grafen v. Kwilcz-Kwilecki, unter Annahme dessen Namens in dem Besitze der Fideicommissherrschaft Wróblewo (Kr. Samter, im Posenschen), verm. 1864 mit Isabella Lodzia Grf. v. Bnin-Bninská, deren Kinder: Luise Marie, geb. 1865, Stanislaus Vincent, geb. 1867.

<small>Geneal. Taschenb. d. gräfl. Häuser, 1870, S. 1176. — Hist.-herald. Handb. z. Taschenb. d. gräfl. Häuser, S. 1071. — Freih. v. Ledebur, III. S. 99.</small>

Wessely, Ritter (Schild geviert, 1 und 4 in Roth auf silbernem Felsen ein silberner Baum in den Oberwinkeln von zwei silbernen Sternen begleitet; 2 und 3 in Gold ein schwarzer Löwe ein rothes geflügeltes Herz haltend). Adelsstand des Kaiserth. Österr. Diplom vom 10. Nov. 1868 für Ignaz W., k. k. Hof-R. in Pension, Ritter des kaiserl. österr. Leopold- und Franz-Joseph-Ordens, verm. 1844 mit Henriette Bischoff, aus welcher Ehe entsprossten neben zwei Töchtern, Henriette und Wilhelmine, Victor, k. k. Gerichts-Adjunkt in Prossnitz und Carl, Zögling der techn. Academie in Wien.

_{Geneal. Taschenb. der Ritter- und Adelsgeschlechter, 1870, Brünn, S. 459.}

Wessenberg, Freiherr (Schild geviert: 1 und 4 in Silber ein rother Querbalken, oben und unten von einer blauen Kugel begleitet [Wessenberg]; 2 und 3 in Roth zwei silberne Pfähle, über welche ein goldener Querbalken gezogen [Ampringen]). — Reichsfreiherrenstand. Diplom vom 16. Aug. 1691 und Vereinigung des Namens und Wappens mit denen der Herren von Ampringen für Johann Franz v. W., fürstl. Baselschen Geh.-R. und Land-Hofmeister und für seines Bruders Söhne Florian und Johann. Die gleichnamige Stammburg dieses alten stiftsfähigen ritterschaftl. Geschlechts im Canton Aargau, zunächst dem Schlosse Habsburg, dessen Vasall es war, verlor dieselbe nach der Schlacht bei Sempach 1385, worin Ulrich und Gotthardt v. W., an der Seite des Herzogs Leopold von Oesterreich fielen. Ihre Nachkommen zogen sich auf ihre Rittersitze Biolerthau und Roppach im Sundgau zurück, theils siedelten sie sich im Elsass und im Breisgau an, wo sie von dem Erzhause Oesterreich mehrere Lehen und durch Vermählung des Johann Jobst v. W. mit Elisabeth der Letzten v. Krotzingen, Feldkirch und andere Güter lehenbar oder eigenthümlich erwarben. Die ordentliche Stammreihe beginnt 1470 mit Johann v. W.: Margarethe Waldner v. Freudstein; Humpert sen.: Catharina v. Ampringen. Aus seiner weiteren Descendenz, bei allen Dom- und Hochstiftern und Ritterorden des weiland röm.-deutschen Reichs aufgeschworen und angenommen war Wilhelm v. W., gest. 1624, Fürst-Bischof zu Brixen; sein Bruder Johann Christoph v. W., ein Sohn des Jobst (s. oben) Johanns Nachkomme im 4. Gliede hatte M. Judith, geb. Reich v. Reichenstein zur Gemahlin. Ihm folgen in grader Linie der Sohn Humpert jun., gest. 1660, verm. mit Catharina Walpurga v. Ampringen; der Enkel Florian Freih. v. W., verm. mit Esther v. Rosenbach; der Urenkel Ruprecht Joseph, verm. mit Magdalene Margarethe v. Kageneck und der Ururenkel Rupert Florian Freih. v. W., geb. 1687, kursächs. Geh.-R., Staats- und Cabinets-Minister, verm. mit Maria Freiin v. Freyberg-Eisenberg. Dessen weitere Nachkommenschaft: Johann Philipp Freih. v. W.-A., geb. 1773, Herr auf Feldkirch und Fuhrenthal im Grossherzogthum Baden (Sohn des Philipp Carl, geb. 1717, österr. Gesandten in Dresden), k. k. Kämmerer und Geh.-R., vorm. Minister des Aeusseren im k. k. Ministerium, verm. mit Maria Mühlens (gest. 1855). Dessen Brüder Ignaz Heinrich, geb. 1772, Domherr zu Augsburg und Basel, General-Vicar zu Constanz, gest. 1860, und Aloys, geb. 1776, k. sächs. Geh.-R. u. österr. Minister des Aeusseren, gest. 1858 und Johann Philipp's Sohn Heinrich, als letzter männlicher Sprosse, Herr auf Diettenitz in Böhmen, geb. 1811, gest. 1848, verm. 1835 mit Ludowine Freiin v. Schauenburg-Herrlisheim, geb. 1814, gest. 1857, mit deren Tochter Olga Maria, geb. 1837, verm. mit Jules Favre, das ganze Geschlecht erlischt, da bereits 1866 ihr Bruder Philipp, geb. 1837, k. k. Lieut., Malth.-OER. gestorben und dadurch auch die Domaine Diettenitz in Böhmen, die Herrschaft Kurina in Ungarn u. s. w. an den Maltheser-O. gefallen.

<small>Gauhe, I. S. 2867. — General. Taschenb. der freih. Häuser, 1849, S. 482. 1853, S. 532. 1860, S. 846. 1868, S. 992. 1870, S. 1026. — Hattstein, II. 552—58. — Hörschelmann, Samml., S. 70. — v. Meding, III. n. 936. — Siebmacher, I. S. 197, n. 1. — Zedler, 55, S. 829—31.</small>

Westarp, Grafen (Schild geviert mit goldenem Mittelschilde, worin ein grüner Weinstock mit sechs Trauben, 1 und 4 in Silber der schwarze preuss. Adler ohne Zepter und Reichsapfel, 2 und 3 in Blau ein silberner Löwe mit Schwert). Grafenstand des Kgr. Preussen. Diplom 1798 für die vermählte Prinzessin von Anhalt-Bernburg-Schaumburg-Hoym, Caroline Amalie, Tochter des k. preuss. Ober-Amts-Reg.-R. Westarp zu Brieg und ihre Nachkommen, sowie Erneuerung desselben für ihre Kinder und deren Nachkommen, aus der Ehe 1790 mit Prinz Friedrich Franz Joseph zu Anhalt-Bernburg-Schaumburg-Hoym, geb. 1769, gest. 1807, k. preuss. Oberst-Lieut. und Brigadier der 3. Husaren-Brigade. Die Agnaten des Hauses Anhalt-B.-Sch.-H. nöthigten indess denselben 1796 zu einem Vergleich, in Folge dessen er seine Ehe für eine unebenbürtige erklärte und für seine Kinder auf fürstl. Rang und Nachfolge verzichtete, auf Grund eines Testaments vom 25. August 1752 des damals in Schaumburg und Holzapfel regierenden Fürsten Victor Amadeus Adolph, welches in §. 20 bestimmte, dass, wenn die Prinzen des Hauses nicht wenigstens Personen gräfl. Standes zu Gemahlinnen erwählten, sie ihrer Erbschaft-Portion bis auf das Pflichttheil verloren gehen sollten. Es wurde dies Testament vom Kaiser Franz I. 1753 als Hausgesetz anerkannt, doch mit der ausdrücklichen Ausnahme des §. 20, als „wesshalb Sr. kaiserl. Maj. begebenden Falles sich die Cognition Allerhöchst allein vorbehalten." Diese Cognition erfolgte so wenig, wie die kaiserl. Bestätigung des Vergleichs von 1796. König Friedrich Wilhelm III. von Preussen erhob 1798 die vermählte Prinzessin zur „gebornen Gräfin v. Westarp," wodurch, wie man hoffte, die Rechte ihrer Kinder festgestellt wären. Nach dem Tode des Prinzen Friedrich Franz Joseph wurden jedoch die unmündigen beiden Söhne desselben durch die Prinzen des Hauses Anhalt-B.-Sch.-H., auf Grund des früheren Vergleichs gezwungen, Stand, Name und Wappen des Vaters abzulegen, worauf sie aber (s. oben) vom König Friedrich Wilhelm III. von Preussen am 18. April 1811 für sich und ihre Nachkommen zu Grafen und Gräfinnen v. Westarp ausdrücklich ernannt wurden. Die ältere Linie: Ludwig Friedrich Victor Gr. v. W., geb. 1791, gest. 1850, k. preuss. Brigadier der Cavall., verm. 1822 mit Franziska v. Lavergne-Peguilhen (geb. 1797), aus welcher Ehe entsprossten: Adolf Ferdinand Franz Victor, geb. 1822, gest. 1861, k. preuss. Rittmeister im 2. Garde-Landw.-Cav.-Reg. JhOER., verm. 1850 mit Mathilde Grf. Pückler-Schedlau, Herrin auf Sacherwitz b. Breslau, deren Sohn Adolf Victor Amad., geb. 1851; Franz Carl Victor, geb. 1834, k. preuss. Prem.-Lieut. a. D., verm. 1861 mit Elise v. Randow-Kloxin (geb. 1843), deren Kinder: Friedrich Alexander Carl, geb. 1862 und Margarethe, geb. 1863; Adele, geb. 1836, verm. 1862 mit August v. Schävenbach, k. preuss. Oberst a. D.; Arthur, geb. 1839, k. preuss. Lieut. a. D. Die jüngere Linie: Adolph Carl Victor, geb. 1796, gest. 1850, k. preuss. Oberst-Lieut. und Command. des 8. Husaren-Reg., verm. mit Pauline Freiin v. Müffling gen. Weiss (geb. 1803), aus welcher Ehe stammen Otto, geb. 1825, k. preuss. Prem.-Lieut. a. D., Land-R. und commissarischer Landdrost zu Hildesheim, Mitglied des Abgeordneten-Hauses zu Berlin, verm. 1853 mit Bertha Hassel, deren fünf Söhne: Victor, geb. 1854, Rudolph, geb. 1856, Ludwig, geb. 1863, Otto, geb. 1866, Wolf, geb. 1868; Victor, geb. 1826, gest. 1868, k. preuss. Oberförster zu Neu-Stettin, verm. 1852 mit Emma v. Oven, deren Kinder: Werner, geb. 1853, Adolph, geb. 1854, Paul, geb. 1856, Victor, geb. 1861, Cuno, geb. 1864 und seine Tochter Victoria, geb. 1868; Ludwig, geb. 1837, k. preuss. Rittmeister und Escadronschef im 1. Garde-Dragoner-Reg., verm. 1859 mit Elise Grimm, deren Kinder: Adolph, geb. 1860, Georg, geb. 1862, Frida, geb. 1863 und Elisabeth und Margaretha, geb. 1866; Pauline, geb. 1828; Emma, geb. 1830, verm. 1851 mit Carl v. Oven auf Zawadda in Westpreussen und Anna, geb. 1839.

_{Geneal. Taschenb. d. Grafenhäuser, 1870, S. 1180. — v. Hellbach, II. S. 726. — Histor.-herald. Handb. zu d. Grafenhause, S. 1072. — Kneschke, deutsche Grafenhäuser, II. S. 666. — Freih. v. Ledebur, III. S. 105. — N. Pr. Adels-Lex., IV. S. 327.}

Westerholt, Freiherren und Grafen (Schild geviert, mit geviertetem Mittelschilde, im letzteren 1 u. 4 von Schwarz und Silber der Länge nach und zweimal quergetheilt mit gewechselten Farben [Westerholt], 2 und 3 in Roth ein silberner Mauerbrecher vorwärts gerichtet, mit drei blauen Nägeln besteckt [Lembeck]. Hauptschild 1 und 4 in Silber drei schwarze Amseln neben einander (Gysenburg), 2 und 3 in Schwarz ein goldenes Kreuz [Raitz-Frentz]). Reichsfreiherren- und Reichsgrafenstand. Reichsfreiherrenstand. Diplom vom 27. Juli 1779 für Friedrich Ludolph Adolph Freih. v. Bönen-W. Reichsgrafenstand. Diplom 1790 für Conrad Adolf Freih. v. W. auf Lembeck. Diplom vom 17. Aug. 1790 für Friedr. Ludolph Adolph B., nunmehrigen Freiherrn v. Westerholt und Gysenberg und vom 22. September 1790 für Johann Jacob Freih. v. Westerholt, kurköln. Kammerherrn u. s. w. — Sehr altes vornehmes westphäl. Adelsgeschlecht, dessen Stammhaus die noch jetzt demselben zugehörige Burg W. in der Herrschaft Recklingshausen, welche sie als freie Bannerherren 1390 dem Kurfürsten von Köln zu Lehn gaben, um dafür in allen Fehden Schutz und Unterstützung zu haben. Bernhard

v. W. war 1540 Abt von Iburg b. Osnabrück, ein anderer Bernhard v. W. kommt als k. k. General im dreissigjährigen Kriege vor und Burkhard v. W. soll als fürstlich münsterscher Geh.-R. u. Gesandter am Reichstage zu Regensburg 1667 die freiherrliche Würde an sein Haus gebracht haben, nach Anderen der General, oder auch der 1667 verstorbene Nicolaus Vincentius von und auf W. Dietrich Conrad Adolph Freiherr auf Lembeck u. s. w. wurde vom Kaiser Leopold I. 1700 in den Reichsgrafenstand erhoben, doch erlosch mit ihm, der nur drei Töchter hinterliess, derselbe wieder. Wilhelmine Freiin und Erbin v. W. — einzige Tochter des Freih. Joseph Clemens August v. W. und Gysenberg, aus der Ehe mit einer Freiin v. d. Recke zu Horst und Enkeltochter des Freih. Ferdinand Otto v. W. und der Maria Agnes v. Ketteler, Tochter v. Wilhelm Freih. v. Ketteler und Maria Elisabeth v. Giesenberg, vermählte sich 1771 mit Ludolf Friedrich Adolph Freih. v. Bönen zu Berge und Overhausen, kurköln. Geh.-R. und Oberstallmeister, unter Annahme des Namens seiner Gemahlin, Freih. u. Reichs- u. Burggraf v. W. u. G. (s. oben). Seine Söhne stifteten zwei Linien. 1. Linie: Maximilian Friedrich, geb. 1772, Herr auf Berge, Oberhausen, Hardestein u. s. w., vormals Kammerh. des Kurfürsten von Köln, Oberstallm. des Grossherz. von Berg und Grand-Maitre de Palais des Königs Murat von Neapel, verm. 1796 mit Friederike Fürstin von Bretzenheim (geb. 1771, gest. 1816), resiguirten Fürstin und Aebtissin zu Lindau. Dessen Sohn Friedrich Ludolph Adolph, geb. 1804, gest. 1869, Besitzer der Rittergüter Berge und Löringhof (Kr. Recklingshausen), Schwansbelt (Kr. Dortmund) und Stockum (Kr. Lüdinghausen), so wie der Rittergüter Arenfels (Kr. Neuwied) und Oberhausen (Kr. Duisburg) in der Rheinprovinz, Malth.-OER., k. preuss. Kammerh., Prem.-Lieut. a. D. und Mitglied des Herrenhauses auf Lebenszeit, verm. 1839 mit Johanna Cornelia Charlé, Bürgermeisters zu Amsterdam Tochter (geb. 1804), aus welcher Ehe drei Söhne stammen: Maximilian Paul, geb. 1839, k. preuss. Lieut. in der Reserve des 1. Garde-Uhlanen-Reg., verm. 1869 mit Jenny v. Oertzen-Kahren (Niederlausitz); Carl, geb. 1841, k. preuss. Prem.-Lieut. im 1. Rhein. Husaren-Reg. Nr. 7; Wilhelm, geb. 1843, k. preuss. Lieut. im Garde-Husaren-Reg. 2. Linie: Wilhelm, Bruder des Maximilian Friedrich (s. oben), Herr der Herrschaft Westerholt und des Rittersitzes Gysenberg u. s. w., k. preuss. Land-R. a. D., verm. 1810 mit Charlotte Freiin Fürstenberg zu Horst-Fresin, gest. 1825. Die beiden Söhne desselben, neben einer Tochter Wilhelmine Thusnelda (geb. 1812), verm. 1837 mit Dietrich Grafen v. Bocholtz-Asseburg auf der Hinneburg, sind 1) Otto, geb. 1814, Besitzer der Rittergüter Westerholt (Kr. Recklingshausen), Hötmar (Kr. Warendorf), Gysenberg, seit 22. Febr. 1726 Fideicommiss, (Kr. Dortmund), Kl.-Schönebeck (Kr. Lüdinghausen) und Sythen (Kr. Coesfeld) in Westphalen und das Gut Nesselrode (Kr. Solingen) in der Rheinprovinz; verm. 1842 mit Sophie Freiin von und zu Fürstenberg-Herdringen (geb. 1823) und deren Kinder, neben vier Töchtern, Egon, geb. 1844, k. preuss. Lieut. im 2. Westphäl.

Husaren-Reg. Nr. 11, Oscar, geb. 1846, k. preuss. Lieut. im Hannöv. Husaren-Reg. Nr. 15, Ignaz, geb. 1856, Adolph, geb. 1857, Ferdinand, geb. 1860, Engelbert, geb. 1862. Der 2. Sohn Wilhelm's (s. oben) ist Oscar Max, geb. 1815, auf Schloss Stein im Grossherzogthum Baden, verm. 1) 1848 mit Adrienne Freiin v. Geusau (geb. 1825, gest. 1852), 2) 1855 mit Johanna Freiin Brenken (geb. 1825), dessen Kinder erster Ehe: Ernestine, geb. 1829, Wilhelmine, geb. 1851, Otto, geb. 1852, zweiter Ehe: Friedrich, geb. 1856, Maria, geb. 1858, Sophia, geb. 1862, Clotilde, geb. 1863 und Johanna, geb. 1865. Eine frühere zweite Hauptlinie Westerholt ist im Mannsstamme erloschen. Sie wurde begründet durch Bernhard v. W., gest. 1639: Agathe v. Rensing, Erbin zu Wilbrink; Nicolaus Vincenz: Anna Christine v. Falkenberg 1658; Franz Ludwig, gest. 1708: Anna v. Bach, Erbin zu Wilkrath, Joh. Carl, gest. 1739: Maria v. Kapfer; Johann Jacob Freih. v. W., kurköln. Kammerh. und fürstl. Thurn- und Taxischer Geh.-R. und Hofmarschall vom Kurfürst Carl Theodor v. d. Pfalz, als Reichsvicar 22. Sept. 1790 in den Reichsgrafenstand erhoben, geb. 1727, verm. mit Johanna Anna v. Oberkirch 1762, hinterliess er Alexander Ferdinand Anton, geb. 1765, fürstl. Thurn- und Taxischer dirigirender Geh.-R., verm. 1789 mit Winfride Grf. Jenison-Walworth. Aus dieser Ehe stammte Carl Theodor, geb. 1795, gest. 1863, k. bayer. Kämmerer, verm. 1) 1810 mit Lady Henriette Spencer, aus dem Hause der Herzoge v. Marlborough (geb. 1798), 2) 1831 mit Amalie Grf. Battbyany v. Nemeth-Ujvar, verwittwete Grf. Jenison-Walworth (gest. 1866). Dessen Sohn erster Ehe Friedrich Heinrich, geb. 1820, gest. 1859, k. k. Major bei Grossherzog von Toscana Dragoner-Reg. Nr. 4, verm. 1847 mit Sophia Grf. Stainlein-Saalenstein (geb. 1818). Dessen Schwestern: Caroline, verwittwete Freifrau v. Karg und Maria Anna, Stiftsdame des k. bayer. St. Anna-Ordens. Von den Freih. v. Westerholt-Hackfort sind der Zeit noch bekannt: Arndt, geb. 1795 (Sohn des 1852 gest. Freih. Burghard Friedrich Wilhelm), Herr auf Schloss Hackfort bei Zütphen in der Provinz Geldern, dessen Bruder Carl Wilhelm Alexander, geb. 1800, Herr zu Ter Heyl und dessen Vaters Bruder Alexander Johann August (geb. 1772, gest. 1832), Capitain-Lieut. in der holländ. Marine, verm. mit Anna v. Boomsma (geb. 1792, gest. 1838), dessen Sohn Adrian Johann Alexander, geb. 1828, Besitzer des Hauses Baank b. Zütphen in der Provinz Geldern, verm. 1856 mit Adriane Wilhelmine Witsen Elias (geb. 1831) und deren Kinder: Adriane, geb. 1857, Albertine, geb. 1861, Burghard, geb. 1863 und Carl Friedrich, geb. 1864.

Gauhe, I. S. 2870. — Geneal. Taschenb. d. gräfl. Häuser, 1853, S. 807. 1870, S. 1187. — Geneal. Taschenb. der freih. Häuser, 1854, S. 577. 1869, S. 991. — v. *Hellbach*, II. S. 727. — *Hirschmann's* Samml. 72. — Histor. herald. Handb. zu d. Grafenhäusern, S. 1073. — *Kneschke*, deutsche Grafenhäuser, II. S. 668. — *König*, III. S. 436. — v. *Lang*, S. 92. — *Freih. v. Ledebur*, III. S. 105. — N. Pr. Adels-Lex., V. S. 479. — *Siebmacher*, I, 184, n. 1. — Wappenb. d. Rheinprov., S. 154. — *Winkelmann*, oldenb. Chronik, S. 118. — *Zedler*, 55, S. 865.

Westernach, Freiherren (Schild geviert mit schwarzem Mittelschilde, worin ein gekrönter Wolf; 1 und 4 in Roth ein silberner

Ring; 2 u. 3 in Schwarz sechs silberne (3. 2. 1.) Lilien, mit silbernem Schildeshaupt). Reichsfreiherrenstand. Diplom vom 26. Jan. 1693 mit Vereinigung des Bottendorfschen (1 und 4) und Brömserschen (2 und 3) Wappens, für den kurpfälz. Kämmerer und Director der Reichs-Ritterschaft a. d. Donau, Johann Leopold v. W. zu Kronburg und für seine Brüder Eustach Egloff, Suffragan zu Augsburg und Episcopus dioclensis, Ferdinand Joseph, Capitular zu Augsburg und Ellwangen und Max Rudolph, Deutsch-Ordens-Ritter. — Ein sehr altes stiftsfähiges Geschlecht in Schwaben, zu den dortigen reichsritterschaftl. Cantonen gehörend, dessen alte Stammburg gleichen Namens in Trümmern zerfallen ist, ihr dermaliges ältestes Stammgut Kronburg liegt im heutigen Kgr. Bayern. Die sichere Stammreihe beginnt mit Rugero v. W. auf Drugenhofen, Concenberg und Dürren-Lauringen, verm. mit Anna v. Hirrlingen 1370. Des Letzteren Enkel Johann war 1414 auf dem Concil zu Constanz und mit Anastasia v. Gravenegg vermählt. Von seinen weiteren Nachkommen erlangte Johann Eustach v. W. 1616 die hohe Würde eines Hoch- und Deutschmeisters. Erhard v. W., geb. 1541, erhielt 1574 das Erbmarschallamt des Hochstifts Augsburg, und war mit Catharina v. Wiesenthau verehelicht. Sein Urenkel war der oben zuerst genannte Freih. Johann Leopold v. W., geb. 1667, verm. mit M. Cathar. Freiin v. Freiberg, ihm folgen weiter der Sohn Marquard Eustach, geb. 1693, kurtrier. Kämmerer, Geh.-R., Voigt zu Ellwangen und Pfleger zu Tannenburg, verm. mit M. Anna Freiin v. Sickingen und Johann Eustach, gest. 1786, verm. 1) mit Anna Ungelter v. Diesenhausen, 2) mit Anna Theresia Freiin v. Stotzingen, von ihm entstammten, nebst drei Töchtern, von welchen Theresia Stiftsdame zu Lindau und Elisabeth verehelicht mit N. v. Bayr in der Schweiz: Ignaz Johann Freih. v. W. zu Kronburg und Illerbeuren, k. bayer. Oberst-Lieut., Districtsinspector der Landwehr und ehemal. fürstl. augsburg. Erbmarschall, geb. 1777, gest. 1849, verm. 1818 mit Josephe Mar. Grf. Leutrum-Ertingen (geb. 1791), aus welcher Ehe entspross Theresia Maria, geb. 1819, verm. 1844 mit Freih. v. Vequel-Westernach, Herrn auf Hohencammer, Malth.-O.-Eh.-R., k. bayer. Kämmerer, Oberst-Lieut., welche mit der Wittwe des Bruders Anton Johann, geb. 1779, gest. 1851, k. bayer. Major, verm. 1847 mit Friederike Freiin Speth v. Zwiefalten zu Granheim, die letzten weibl. Sprossen des Geschlechts.

<small>Gauhe, I. S. 2870. — Geneal. Taschenb. der freih. Häuser, 1848, S. 397. 1856, S. 768. 1868, S. 993. 1870, S. 1027. — v. Hellbach, II. S. 727. — v. Hattstein, III. S. 669. — Imhof, not. Proc. Imp. lib. 3. c. 18. — v. Lang, S. 266. — v. Meding, I. n. 963. — Siebmacher, I. S. 110, n. 14. V. S. 29, n. 5. — Sinapius, II, S. 482. — Zedler, 55, S. 869—73.</small>

Westphalen, zu Fürstenberg, Grafen (in Silber ein rother Querbalken, darüber ein schwarzer Turnierkragen mit fünf Lätzen). Reichsgrafenstand. Diplom vom 11. Jan. (28. Juni) 1792 für Clemens August v. W. zu Fürstenberg, k. k. Geh.-R. und bevollm. Minister zu Trier, Cöln und im westphäl. Kreise. — Uraltes rheinländ. Geschlecht, dessen Abstammung von dem herzogl. Hause Billung (960—1106) allgemein angenommen. Von Hermann's Sohne Benno entspross Hermann, wie seine Nachfolger den Namen de Westphalen führend und als erster Graf v. Arensberg angenommen wird. Eine Linie derselben, die Grafen v. Rudenburg theilten sich abermals in die v. Stromberg, und die v. Fürstenberg, als deren Stammvater und zugleich des jetzt noch blühenden Geschlechts Heinrich zu betrachten ist. Schon in der Mitte des 13. Jahrh. kommt aus derselben Andreas als Land- und Heermeister des Schwertordens in Liefland vor und später kam in die Familie, welche sich in Westphalen u. s. w. weit ausbreitete und namentlich im Bisthum Paderborn die höchsten geistlichen und Hofwürden bekleidete und in Friedrich Wilhelm Ludwig, gest. 1789, einen Fürst-Bischof von Paderborn und Hildesheim gab, das Erbschenken-Amt im Fürstenthum Hildesheim, das Erboberjägermeister-Amt im Fürstenthum Osnabrück und das Erbküchenmeister-Amt im Fürstenthum Paderborn. Die Abstammung der jetzigen Grafen von Westphalen ergiebt folgende Ahnentafel: Clemens August Wilhelm Freih., geb. 1726, gest. 1778, fürstl. hildesheimischer u. paderborn'scher Geh.-R., auch Landdrost des Hochstifts Paderborn. Derselbe vermählte sich in erster Ehe um 1750 mit Theresia Isabella Freiin v. Brabeck, in zweiter mit Ferdinande Adolfine Freiin v. d. Asseburg. Sein Sohn Clemens August Wilhelm, geb. 1754, gest. 1818, Grossprior des St. Joh.-O., k. k. Kämmerer, w. Geh.-R., verm. in erster Ehe 1778 mit Antoinette Grf. Waldbott-Bassenheim (gest. 1787), in zweiter mit Theresia Freiin v. Bocholz, ward (s. oben) Reichsgraf und Burggraf zu Friedberg und war der Vater Friedrich Wilhelm Ferdinand's, geb. 1780, gefallen 1809 in der Schlacht bei Regensburg, k. k. Hauptmann, verm. 1804 mit Elisabeth Grf. v. Thun-Hohenstein (geb. 1783, in zweiter Ehe 1817 verm. mit Jos. Clem. Rgr. W. z. F. ihrem Schwager, gest. 1860). Dessen Sohn und jetziges Haupt der Familie: Clemens Aug. Wilh., geb. 1805, Herr der Fideicommissbesitzungen Fürstenberg, Eilern, Wohlbedacht, Herbram, Grundsteinheim, Dreckburg, Bosenholz, Talle, Dinkelburg, Heinholz, Klechof, Natzungen, Laër und Mülsborn in Westphalen, ferner von Rixdorf, Framm, Theresenhof und Pressdorf in Holstein, Erbküchenmeister des Fürstenthum Paderborn, Malth.-O.-E.-R., erbl. Mitglied des k. preuss. Herrenhauses, auf welche Würde er für seine Person durch Schreiben an das Haus vom 28. Juli 1866 auf Lebenszeit verzichtete, verm. 1) 1829 mit Kunigunde Grf. v. Aicholt (gest. 1843), 2) 1863 mit Cecilie Grf. Lucchesini (geb. 1834), aus welchen Ehen entsprossten: Friedrich Wilhelm Joseph, geb. 1830, Besitzer der Allodialherrschaft Culm in Böhmen, verm. 1863 in Prag mit Rosine Grf. Czernin v. Chudenitz (geb. 1837), deren Kinder Clemens, geb. 1864, Kunigunde, geb. 1865, Ottocar, geb. 1866, Anna, geb. 1869; Joseph August, geb. 1831, verm. 1864 mit Catharine Friedberg (geb. 1840), deren Kinder: Elisabeth 1865, Joseph, geb. 1867, Maria, geb. 1868; Elisabeth Maria, geb. 1834, verm. 1868 mit Alexander Prinzen v. Croy, Besitzer der Herrschaft Buchberg in Niederösterreich; Clemens, geb. 1836; zweiter Ehe: Franz, geb. 1864, Wilhelm, geb. 1865, Alexander, geb. 1866 u. Johannes, geb. 1868. Der 1807 geborene u. 1856 gestorbene Bruder des Clemens (s. oben), Otto, k. preuss. Kammerherr, ausserord. Gesandter und bevollm. Minister am k. schwed. und norweg. Hofe, verm. 1845 mit Christiane Freiin v. Canitz und Dallwitz (geb. 1824, wiederverm. 1864 mit Gr. Friedrich Joseph Westphalen zu Fürstenberg, s. unten), hinterliess: Elise, geb. 1845, verm. 1866 mit Wilhelm Gr. v. Wolkenstein-Trostburg, Rudolph, geb. 1847, k. k. Oberlieut. in der Reserve bei Kaiser Alexander II. von Russland Uhlanen Nr. 11, Rhaban, geb. 1848, k. k. Lieut. bei Gr. Wallmoden-Gimborn Uhlanen Nr. 5, Anna, geb. 1850, Auguste, geb. 1853. Des Vaters Brüder Hinterbliebene, also des Joseph Clemens, geb. 1785, gest. 1863, Besitzer der Allodial-Herrschaft Culm in Böhmen, k. preuss. Oberst-Lieut. a. D., verm. 1817 mit seines ältesten Bruders (Friedrich Wilhelm Ferdinand's) Wittwe, Elise Grf. Thun-Hohenstein, Kinder sind: 1) Wilhelm, geb. 1818, k. k. General-Major und Brigadier bei d. 3. Cavall.-Div. zu Oedenburg in Ungarn, verm. 1866 mit Natalie Grf. Cassini (geb. 1832) und deren Tochter Elise, geb. 1838, 2) Anna, geb. 1821, 3) Therese, geb. 1822, 4) Friedrich Joseph, geb. 1824, gest. 1865, verm. 1864 mit Christiane Freiin v. Canitz und Dallwitz, verwittwete Grf. Westphalen (Otto's, s. oben). So wie des Rudolph Victor, geb. 1787, gest. 1828, k. hannov. Oberst-Lieut., verm. 1825 mit Caroline Freiin v. Lützow (wiederverm. mit Gottlieb Jenisch zu Hamburg), Tochter ist Caroline, geb. 1826, verm. 1847 mit Albert v. Campe auf Hülseburg u. s. w. in Meklenburg-Schwerin und Wettmarshagen in Hannover.

Gauhe, I. S. 3134. — General Taschenb. d. gräfl. Häuser, 1859, S. 944. 1870, S. 1183. — Bibl.-herald. Handb. z. Taschenb. d. gräfl. Häuser, S. 1076. — *Knesckke deutsche Grafenb.*, II. S. 671. — *Freih. v. Ledebur*, III. S. 107. — N. Pr. Adels-Lex., IV. S. 329. — *Siebmacher*, I. S. 133, n. 15, S. 170, a. 11, S. 190, n. 8. V, S. 129, n. 6. — *Zedler*, 55, S. 1062.

Westphalen (Schild quer und der Länge nach getheilt. Oben in Blau ein silberner Querbalken, woran drei Glocken hängen, unten rechts in Gold ein rother Löwe, links in Roth ein goldener Querbalken, woran zwei Glocken hängen). Reichsritterstand. Diplom von 1764 für Christian Heinrich Philipp W., Geh. Secretär des Herzogs Ferdinand von Braunschweig, herzogl. braunschweig. Landdrost, Ritter des Danebrog-O., Besitzer des adl. Gutes Bornum im Wolffenbüttelschen. Bestätigungsdiplom vom 5. Nov. 1812 durch den König von Westphalen für die Söhne desselben Johann Ludwig v. W., Unterpräfect zu Salzwedel, Georg Heinrich v. W. zu Braunschweig und A. H. C. v. W., Capitain. — Friedrich v. Westphalen, k. preuss. Staatsminister.

Berndt, rhein. Wappenb., T. 4111, S. 105. — *Freih. v. Ledebur*, III. S. 107, n. 11. — *v. Hellbach*, II. S. 729. — *Freih. v. d. Knesebeck*, S. 374. — Gesetz-Bulletin des Kgr. Westphalen, 1812, Nr. 39, S. 311. — *Siebmacher*, Suppl. XI, 17. — *Freih. v. Wolfframitz*, Sammlung.

Wettberg, auch Freiherren (Schild quer und der Länge nach getheilt. Oben rechts in Roth ein wachsender Pegasus [Wolf], links in Silber ein rother Ochsenkopf; unten in Grün sieben goldene Flammen [rothe Blutstropfen]). — Uraltes niedersächs. Adelsgeschlecht, dessen Stammhaus bei Hannover, welches 1412 seine Herrschaft dem Herzoge von Braunschweig-Lüneburg überliessen und sich nach dem Minden'schen begaben und dort mit Burchard Wilhelm die deutsche Linie beschlossen. Ein anderer Zweig in den Ländern des liefländischen Ordens, dessen erster bekannter Ahnherr Georg v. W., 1439 Stiftsvoigt zu Oesel, erhielt sich bis ins 17. Jahrh. auf seinem dortigen Familiensitze Kaugern. Peter v. W. war 1472 Bischof von Oesel, Bruno war 1452 Gesandter des Ordensmeisters Johann v. Mengden an den Hof des Königs Christian von Dänemark. Ein anderer Bruno, einer der esthländischen Landräthe, welche 1546 die einzelnen dän.-preuss.-liefländ. Privilegien zusammentragen liessen, war Gesandter bei Christian III. von Dänemark um ein Bündniss gegen den Czaar abzuschliessen. Johann beschützte 1578 das Schloss Oberpahlen, den damaligen Königssitz des Herzogs Magnus von Liefland, gegen die Russen. In Kurland erschienen die v. W. mit dem Anfange des 17. Jahrh. und das zu einem Herzogthume umgestaltete Ordensland räumte den Abkömmlingen verdienstvoller Ordensbrüder alle Rechte und Vorzüge seines einheimischen Adels ein. Sie breiteten sich in mehreren Zweigen im neuen Vaterlande aus. Otto Christoph Freih. v. W., Kammerjunker des Herzogs Ernst von Kurland, verm. mit Dorothea v. Witten, stiftete aus den Gütern Gross-Altdorf, Kl.-Wormsathen und Kl.-Nickratzen, Dorotheenhof, 1815 das im Kirchspiele Amboten gelegene Majorat Brinkenhof und hinterliess von seinem einzigen Sohne Georg nur einen Enkel Otto Johann Freih. v. W., geb. 1805, k. preuss. Kammerherr, welcher als der letzte männl. Spross das Geschlecht am 26. Jan. (7. Febr.) 1846 beschloss. Seine Schwester Luise Elisabeth Julie Freiin v. Wettberg, geb. 1804, gest. 1846, Majoratsfrau der Gross-Althoffschen Güter, nach Beschluss ihres Bruders auch in weiblicher Linie im v. Wettberg'schen Majorat succedirend, war verm. 1832 mit Alexander Heinrich Ulrich Baron Simolin, dessen Sohn Alexander Joh. Georg Carl Baron v. S.-Wettberg (also unter Annahme des Namens und Wappens v. W.) im Majorat, seit 1856 Althoff genannt, folgte.

v. Firks, Ursprung des Adels in den Ostseeprovinzen, S. 146. — *v. Hellbach*, II. S. 729. — *Knesebeck*, hist. Taschenbuch, S. 371 (s. *Scheidt*, Anm. S. 428, ausgest. 1644). — Hannöv. Wappenb. C. 46. — *König*, III. S. 76, 237, 916. — *Freih. v. Ledebur*, III. S. 108. — Nachtrag, S. 358. — *Möser*, osnabr. G. III. S. 89. — N. Pr. Adels-Lx., IV. S. 329. — *Siebmacher*, IV. S. 191, n. 2. — *Spangenberg*, Adels-Hist., 7, C. 18, S. 104. — *Zedler*, 55, S. 1025.

Wetzel, gen. v. Carben, Freiherren (Schild geviert mit blauem Mittelschilde, worin ein rother Löwe, überzogen von einem schräg rechten silbernen Balken, belegt mit drei schwarzen Amseln [Stammwappen Wetzel], 1 u. 4 quer getheilt, oben in Gold ein wachsender rother Löwe, unten in Blau eine silberne Lilie [Carben], 2 und 3 in Silber ein schwarzes Andreaskreuz [Buches v. Staden]). — Reichs-Adelsbestätigung durch Kaiser Leopold I. Diplom vom 6. Nov. 1662 für den Postmeister zu Frankfurt am Main Johann Wetzel. Reichsfreiherrenstand. Diplom vom 25. Juli 1689 für denselben als kaiserl. Rath und Postdirector zu Frankfurt a. M. Dessen Enkel Lothar Franz Joseph Reichsfreih. v. W., gest. 1751, kais. w. R.

und Resident zu Frankfurt a. M., war mit Elisabeth Anna Maria (gest. 1750), Tochter des Emmerich Adolf v. Carben zu Staden und der Maria Kunigunde, geb. Leysser v. Lambsheim vermählt. Beim Aussterben dieses Geschlechts am 10. Juni 1729 mit Franz Emmerich Lothar Burkard Adolf v. C. (Bruders der Elisabeth), vereinigte Kaiser Joseph II. am 31. Aug. 1775 dem Sohne der Erbtochter, dem Frobenius Ferdinand Joseph Reichsfreih. v. Wetzel (gest. 1791) Namen und Wappen desselben mit dem seinigen und ertheilte ihm die Bewilligung, sich Reichsfreih. v. W. gen. v. C. nennen und schreiben zu dürfen. — Die Herren v. Wetzel stammen aus der Gegend v. Regensburg von einem gleichnamigen Orte. Zuerst ist bekannt Johann zu Wetzel, verm. mit Barbara v. Knobloch, der zu Anfang des 17. Jahrh. lebte. Dessen Sohn Andreas zu W., verm. mit Elisabeth, Tochter des Adam zu W. und der Clara v. Museler, war der Vater Johann's, des Reichsfreiherrn (s. oben), welcher mit den Gütern zu Rossbach belehnt wurde. Von seiner Gemahlin Joh. v. Imola hinterliess er vier Söhne, Franz Johann, kurtriersch. Geh.-R., Reichstagsgesandter und kaiserl. Reichshof-R., welcher mit dem Bruder Eugen 1714 die väterl. Güter theilte und jene bei Regensburg bekam, verm. mit N. v. Roppach, hinterliess er ausser zwei Töchtern zwei Söhne: a) Hugo Wilhelm, verm. mit N. v. Wessenberg, aber kinderlos, b) Joh. Alex., welcher als kaiserl. Oberst-Lieut. auch unverm. starb, c) Emmerich, Geistlicher zu Corvey u. d) Eugen Alex., gest. 1722, kaiserl. R. u. Oberpostmeister zu Frankfurt a. M., verm. mit Ida Maria Freiin v. d. Hees. Dessen Sohn Lothar Franz Joseph, geb. 1688, gest. 1751, war kaiserl. w. Geh.-R. und Resident zu Frankfurt, verm. mit Elisabeth v. Carben (s. oben). Dessen Sohn Frobenius Ferdinand, gest. 1791, verm. 1748 mit Amalia Freiin Voit v. Salzburg, hinterliess Johann Baptist Maria Joseph, geb. 1767, gest. 1825, grossherzogl. hess. Kammerh. und k. k. Rittm. a. D., verm. mit Sophia Freiin v. Syberg zu Sümmern, aus welcher Ehe, neben einer Tochter Charlotte, geb. 1811, verm. 1838 mit Wilhelm Freih. v. Nordeck zu Rabenau, grossherzogl. hess. Forstmeister (gest. 1864), ein Sohn, das jetzige Haupt der Familie, Wilhelm Hugo, geb. 1814, Besitzer des Familienfideicommisses zu Obermörlen bei Friedberg in der Wetterau (seit 1715). Des Vaters Bruder Adam Friedrich, geb. 1763, gest. 1845, k. k. Major in Pension, verm. mit Anna Maria Wagner v. Ankerburg aus Pilsen (gest. 1850), Kinder: Joseph, geb. 1808, k. k. Oberbaurath in Böhmen, verm. 1840 mit Josepha Richter aus St. Veit in Niederösterreich, und Katharina Anna, geb. 1810, und Enkel Josepha, geb. 1841 und Carl, geb. 1847, nächster Anwärter des Familien-Fideicommisses.

<small>(Geneal. Taschenb. der freih. Häuser, 1857, S. 1041. 1869, S. 902. — *v. Hefner*, hess. Adel, S. 30, T. 34. — Nassau'scher Adel, S. 10, T. 11. — *v. Hellbach*, II. S. 730. — *Freih. v. Ledebur*, III. 108, n. II and S. 358. — *Siebenkees*, I. 75—77. — *Siebmacher*, V. S. 316, 344. — *Tyroff*, I. 76. — *Zedler*, 55. 1438.</small>

Weveld, Freiherren (Schild geviert, mit silbernem Mittelschilde, worin der rothe Namenszug F. III., 1 und 4 in Gold ein schwarzer Adler, 2 und 3 in Roth ein wachsender geharnischter Mann mit

Schwert, in einer zwischen 3 u. 4 eingepfropften Spitze ein silbernes Zelt). Erbl.-österr. Freiherrenstand. Diplom 15. Sept. 1644 für Anton v. W., k. k. General-Feld-Wachtmeister. Dieses alte ursprünglich neuburgische Geschlecht fängt seine älteren Ahnenproben mit obigem an, dessen Sohn Johann Simon Freih. v. W. auf Steinfels, Margarethe Julie v. Bleumen zur Gemahlin hatte, ihm folgte sein Sohn Jacob Ignaz, verm. mit Catharina Grf. Wrschowetz-Sekerka und Sedschitz und sein Enkel Adam Wilhelm Freih. v. W. auf Sinning, Steinfels u. s. w., geb. 1713, k. bayer. Kämmerer, gest. 1750, verm. 1738 mit Katharina Freiin Tünzl v. Frazberg. Dessen Sohn war Christoph Anton Freih. v. W. auf Sinning, Steinfels, Grueb u. s. w., geb. 1742, k. bayer. Kämmerer, gest. 1834, verm. 1775 mit Leopoldine Freiin Leoprechting. Aus welcher Ehe entsprossten, neben zwei Töchtern: Franziska, geb. 1785, verwittwete Freiin Lassberg, und Anna, geb. 1786, verwittwete Freiin Leuprechting, drei Söhne: Joh. Baptist Freih. v. W. auf Sinning u. s. w., geb. 1777, k. bayer. Kämm. u. Ministerial-R. in P., verm. 1) 1806 mit Amalia v. Starzner, 2) 1821 mit Rosalie Reiter (gest. 1864). Deren Söhne, neben einer Tochter Antonie, geb. 1824, verm. mit dem k. bayer. Forstmeister v. Neger, Eduard Freih. v. W., geb. 1816, verm. 1842 mit Theresia Bayer, aus welcher Ehe, neben fünf Töchtern: Bertha, geb. 1844, Rosalie, geb. 1847, Ludovica, geb. 1852, Pauline, geb. 1853, Maria, geb. 1860, Johann Baptist, geb. 1843, und Eugen Freih. v. W., geb. 1847, k. bayer. Major a. D.; der dritte Sohn Christoph Friedrich auf Steinfels, hinterliess, neben einer Tochter Caroline, geb. 1809, verm. mit Franz Freih. v. Sauer, Anton Freih. v. W., geb. 1814, k. bayer. Kammerjunker und Major a. D., verm. 1846 mit Bertha Freiin Münster.

<small>Geneal. Taschenb. d. freih. Häuser, 1849, 1853, S. 595. 1855, S. 687. 1870, S. 1927. — v. Hellbach, II. S. 730. — v. Hefner, bayer. Adel, S. 64. T. 68. — Kneschke, Wappen, I. 465. — v. Lang, S. 267. — Siebmacher, V. S. 23. n. F. Wappenb. d. Kgr. Bayern, IV. 44.</small>

Wickede (Schild quergetheilt, oben in Gold ein wachsender schwarzer Adler, unten in Blau ein goldener Sparren). Nach Chronisten schon 811 von Lambert v. W. in Dortmund abstammend, gehört die Familie wahrscheinlich [wenn auch jetzt im Wappen verschieden] zu einem der ältesten niederrhein-westphäl. Adelsgeschlechter, wovon eine Linie sich nach Lübeck wandte und nach dem Absterben des letzten heimathlichen Zweiges 1640, noch jetzt im Besitz des Patronates der Vicarie St. Erasmi in der Hauptkirche zu Dortmund. Der älteste nachweisbare Stammvater ist Hermann I., 1327 Rathsherr zu Lübeck, 1334 Erbherr auf Lauerhof u. 1356 Bürgermeister zu Lübeck. Aus der Ehe mit Ribburgis v. Crispinen entspross Gottschalk I., welcher Ritter u. Comthur des deutschen Ritter- und Kreuzordens zu Reval in Liefland von seiner zweiten Gemahlin Hillegundis v. Essen Gottschalk II. hinterliess, welcher, geb. 1364, gest. 1439, 1429 Mitstifter der Cirkel- oder Junkern-Compagnie auf der Clausburg bei Lübeck, 1438 deren Senior u. mit Margarethe v. Meteler einen Sohn hatte, Joh. III., geb. 1404, gest. 1471, Cirkelherr,

Senator, Stifter eines Armenhauses, verm. mit Heilike v. Lüneburg, dessen Stamm in grader Linie absteigend Johann IV., geb. 1438, gest. 1476: Heileke v. Behr; Thomas I., geb. 1472, gest. 1527, 1511 Bürgermeister: Catharine v. Calven; Heinrich III., geb. 1500, gest. 1530: Agnete Schmieden aus Frankfurt a. M.; Johann VIII., geb. 1527, gest. 1577, Haus-Comthur zu Pernau, Cirkelherr, Rathsherr zu Lübeck und Admiral 1570: Elsa v. Mechthusen; Thomas II., geb. 1566, gest. 1626, auf Casdorf, Cirkelherr und Rathsherr in Lübeck: Anna v. Lüneburg; Gottschalk VII., geb. 1596, gest. 1667, auf Casdorf, Wesloe, 1659 Bürgermeister von Lübeck, erhielt am 19. Sept. 1654 eine Adelsconfirmation: Ursula v. Wedemhof, unter dessen jüngerem Sohne Alexander I. sich die dänische Linie abzweigte (s. unten), welche zwar jetzt nur noch auf zwei Augen, aber mit der älteren Oberhöfer und der mittleren Tolzier bis in die neueste Zeit fortblühte; Thomas Heinrich I., geb. 1632, gest. 1676, Erbherr auf Casdorf und Bliesdorf, auch Cirkel- u. Rathsherr: Agnete v. Köhler; Gottschalk Anton I., geb. 1657, gest. 1704, Erbherr auf Casdorf in Holstein, Herr zu Tolzien, Nigleve, Tredenhagen (Meklenb.-Schwer.) und Schönböken, Cirkelherr, erhielt 1702 die Rechte des eingeborenen Adels in Meklenburg: Catharine v. Höveln, unter dessen Söhnen sich die beiden anderen Hauptzweige abtrennten. I. Oberhöfer Linie: Johann Anton, geb. 1685, gest. 1728, Erbherr auf Schönböken, Meklenb.-Schwer. Capitain, verm. mit Anna v. Pressentin (gest. 1750), hinterliess Bernhard Gotthard, geb. 1721, gest. 1784, besass bis 1752 das Gut Oberhoff nebst Wohlenberg, Christinenthal und Tarnewitzerhagen bei Wismar in Meklenburg-Schwerin, an der Ostsee gelegen, war 1779 Amtmann zu Schlagsdorf bei Ratzeburg in Meklenburg-Strelitz, verm. mit Catharine Maria Schultz (gest. 1785). Dessen Söhne stifteten zwei Nebenlinien: a) Johann Friedrich, geb. 1755, gest. 1839, Meklenb.-Strelitz'scher Oberforstmeister im Ratzeburg'schen, auf Crassow und Neuhof, verm. 1787 mit Sophie Wilhelmine v. Gundlach (geb. 1767, gest. 1834), aus welcher Ehe er neben 3 Töchtern 2 Söhne hatte, von welchen Wilh. Heinr. August, geb. 1802, Amtshauptmann zu Crivitz, verm. mit Johanna Charlotte Wulweber, neben einer Tochter Friederike, geb. 1839, mit vier Söhnen den Stamm fortsetzte: Friedrich Heinrich Christian, geb. 1834, Meklenb.-Schwer.-Prem.-Lieut. z. D. und Postmeister zu Crivitz, verm. mit Emma Kuhrt (deren Kinder: Hermann, geb. 1862 und Friedrich, geb.1864); Otto Carl Claus, geb. 1838, Meklenb.-Schwer. Lieut., Pachter zu Tangrim bei Gnoien, verm. mit Auguste Rost (Kinder Hans Ulrich, geb. 1863 und Otto, geb. 1864); Wilhelm Julius, geb. 1841 und Rudolph Adolph, geb. 1862; sowie August Georg Philipp, geb. 1807, Meklenb.-Schwerin'scher Oberforstmeister in Dobberan, verm. mit Ina v. Lowtzow, zwei Töchter Friederike Sophie, geb. 1852 und Maria Georgine, geb. 1854. Die Nebenlinie b) gestiftet durch Nicolaus Otto (zweiten Sohn Bernhard Gotthards), geb. 1757, gest. 1793, Kammerrath zu Ratzeburg auf Harnshagen, verm. 1784 mit Marianne Schubert (geb. 1763, gest. 1822, welcher von acht Kindern nur einen Sohn hinterliess: Friedrich August, geb. 1788, gest. 1856, als k. dän. Etats-R. zu Mölln, zum zweiten Male verm. 1832 mit Elisabeth Christine Murjahn, aus welcher Ehe neben drei Töchtern, Sophie, geb. 1834, Luise, geb. 1838, Elise, geb. 1843, sieben Söhne, Carl August, geb. 1832, k. preuss. Geometer, Adolf Friedrich, geb. 1836, Wilhelm, geb. 1840, k. dän. Lieut. u. schlesw. Zollbeamter, Franz, geb. 1841, Kaufmann, Ludwig, geb. 1844, Kaufmann, August, geb. 1846, Frederik, geb. 1851. — II. Tolziener Linie. Gottschalk Anton II. (jüngerer Sohn des Gottschalk Anton I. und Bruder Johann Antons des Stifters der Oberhöfer Linie), geb. 1689, gest. 1740, Erbherr auf Tolzien u. Negleve (Meklenb.-Schw.), braunschw. Capitain, verm. mit Gabriele v. Knustorf, dessen zwei Söhne bereits wieder zwei Nebenlinien stifteten: Eggert Christian Thomas, geb. 1734, gest. 1783, verm. mit Agnese v. Schack, und Gottschalk Anton III. (s. unten). Auf Eggert folgte dessen Sohn Anton Christoph Caspar Friedrich, geb. 1773, gest. 1822, auf Dammersdorf, Gorschendorf u. Jettchensdorf, verm. mit Wilhelmine Ludoika v. Blücher, von dessen Söhnen nur zwei Nachkommen hatten: Theodor Christian Anton, geb. 1796, gest. 1855, Meklenb.-Schwer. Forst-R., verm. 1818 mit Caroline Juliane v. Bose, aus welcher Ehe entsprossten, neben drei noch lebenden Töchtern: Bertha Sophie, geb. 1821, verm. 1852 mit Bodo Freih. v. Bodenhausen, k. sächs. Major a. D., Elise Charlotte, geb. 1828 und Catharine Dethlofine, geb. 1832, Conventualinnen, drei Söhne, Anton Julius, geb. 1819, Meklenb.-Schwer. Rittm. a. D., als milit. Schriftsteller vortheilhaft bekannt, Otto Jasper Heinrich, geb. 1823, Meklenb.-Schwer. Geh. Leg.-R., Christian Carl Adolph, geb. 1834, k. preuss. Lieut. a. D., verm. mit N. Litfass in Berlin. Von dem zweiten Sohne Anton Christoph Caspar's (s. oben), August Ludwig Leonhard, geb. 1797, Landdrost zu Rostock, verm. 1824 mit Caroline Bar. v. Beulwitz (geb. 1799, gest. 1858), sind neben fünf Töchtern, Luise, geb. 1825, verm. mit N. v. Schmidt, Hauptm. a. D. u. Oberpostm. in Crivitz, Auguste, geb. 1826, verwittw. Kaufmann Klatt in Greifswald, Caroline Elise, geb. 1838, verm. mit Carl Wunderlich, Dr. med. zu Cröplin, Dorothea Wilhelmine, geb. 1829 und Sophia Caroline, geb. 1835, Conventualinnen, fünf Söhne: Carl Georg Gottlieb, geb. 1827, Farmer in Amerika, verm. 1853 mit Wilhelmine Reichert (geb. 1833), deren Kinder, Caroline, Dorothea, Carl, geb. 1864; Wilhelm Christian Ludwig, geb. 1830, k. preuss. Corvetten-Capitain (König Wilhelm), Carl Theodor, geb. 1832, Kaufmann in Hamburg. Der jüngere Sohn des Gottschalk Anton II., Gottschalk Anton III., hat eine noch verzweigtere in drei Unterlinien blühende Nachkommenschaft. Geb. 1738, gest. 1808, Herr auf Thelkow von 1786—1797, auf Duckwitz von 1795—1802, württemb. Rittm., verm. mit Johanna Christina v. Ehlern (geb. 1738, gest. 1802). Sein ältester Sohn Carl Ludwig Friedrich, geb. 1767, auf Thelkow und Duckwitz, gest. 1817, verm. mit Sophia Charlotte Amalie v. Zeppelin (geb. 1765, gest. 1840), hinterliess zwei Söhne, von denen Wilhelm Friedrich Gottschalk, geb. 1791, Meklenb.-Schw. Oberforstmeister zu Darguhn, gest. 1856, verm. 1826 mit Henriette Grf. v. Moltke-Wolde (geb. 1796, gest. 1846), den Stamm wieder mit drei Söhnen fortpflanzte: Carl Gottschalk Wilhelm, geb. 1829 auf Kl. Luckow b. Penzlin, Max Paul Anton, geb. 1831, Meklenb.-Schwer. Kammerh. und Stallmeister in Schwerin, und Wilhelm Reinhold August, geb. 1838, Mekl.-Schw. Lieut., verm. 1862 mit Anna Luise Freiin v. Maltzan (geb. 1838), Kinder: Amélie, geb. 1863, Friedrich Wilhelm, geb. 1864. Der Bruder Wilhelm Friedrichs (s. oben), Carl Ludwig Friedrich, geb. 1796, gest. 1847, k. preuss. Major, verm. 1) mit Pauline Stech (geb. 1801, gest. 1833), 2) 1840 mit Theophile v. Krosigk (geb. 1812), hinterliess aus erster Ehe zwei Töchter, Maria Amélie, geb. 1829, verm. 1) 1850 mit Alfred Freih. v. d. Horst, k. preuss. Lieut. (gest. 1859), 2) 1860 mit Christian Johann Matth. v. d. Tann auf Salzungen b. Meiningen, und Anna Pauline Julie, geb. 1830, verm. 1864 mit Friedrich Adolf Strauss, Prof. d. Theol. in Berlin, Divisions-Prediger der Garde; aus zweiter Ehe, neben einer Tochter, Eveline, geb. 1842, Vollrath Gottschalk Eberhard, geb. 1841, k. preuss. Prem.-Lieut. im 2. Thüring. Inf.-Reg. Nr. 32, Verfasser der Nachrichten zur Geschichte des altadligen Geschlechtes v. Wickede, Essen, 1865, 4. Der jüngere Sohn des Gottschalk Anton III. (s. oben), August Benedict, geb. 1770, gest. 1828, k. preuss. Major a. D., verm. mit Luise v. Weltzien, hatte aus dieser Ehe zwei Söhne, Otto, geb. 1812, Meklenb.-Schw. Hauptm. a. D., verm. 1840 mit Dora von Ladigen (geb. 1817), welcher wieder zwei Söhne, Heinrich Bernhard August Gustav, geb. 1841, k. preuss. Prem.-Lieut. im Westpreuss. Uhlan.-Reg. Nr. 1, und Max, geb. 1845, k. preuss. Inf.-Lieut., sowie Julius, geb. 1813, k. preuss. Major a. D., verm. mit Marianne v. Ladigen. — III. Dänische Linie. Stammvater Alexander I. (Sohn Gottschalks VII.), geb. 1639, gest. 1697, Cirkelherr in Lübeck, verm. 1) mit Catharina v. Brömbsen auf Ackerhof (gest. 1671), 2) mit Anna Elisabeth v. Schinkel. Sein Sohn zweiter Ehe Conrad I., geb. 1672, gest. 1717, verm. mit Anna Friederica Petersen auf Tolkschuby in Angeln, hinterliess Bernhard, geb. 1705, auf Tolkschuby in Angeln. gest. 1776, 1738 Senior der Junkern-Compagnie und 1773 Bürgermeister in Lübeck, verm. 1746 mit Angelica Gertrud Gruben (gest. 1801). Aus dieser Ehe entsprosste nur ein Sohn Friedrich Bernhard, geb. 1749, gest. 1825, war Senior der Cirkelgesellschaft in Lübeck, verm. 1) mit Magdalena Auguste v. Selow (geb. 1751, gest. 1786), 2) 1787 mit Margarethe Elisabeth Haake, ging 1800 mit seiner Familie nach Seeland u. Copenhagen. Von seinen acht Kindern erster Ehe war der älteste Sohn Friedrich Bernhard August, geb. 1774, gest. 1822, als Major und Chef der Seapoys zu Friedrichsnagor in Bengalen. Aus seiner Ehe mit Agathe Severod zwei Töchter und einen Sohn hinterlassend, starb letzterer, Georg Theodor Bernhard, geb. 1797 zu Tranquebar, als dän. Seecadet 1818 zu Batavia. Der jüngere Sohn Dietrich Johann Friedrich, geb. 1784, gest. 1815, k. dän. Lieut. zu Tranquebar, verm. mit Maria Therese Golway, hinterliess drei Töchter, Maria Auguste, geb. 1807, verm. mit M. Plowden, Friederike Elise, geb. 1810, verm. mit H. Hutchison, und Jacobine Gràce, geb. 1812, verm. mit H. William Strikland, Capitain der ostindischen Compagnie. Aus zweiter Ehe ist letzter männlicher Spross der dän. Linie Johann Wilhelm, geb. 1788, k. dän. Oberst a. D. in Copenhagen, Senior der Familie v. Wickede und als solcher Patron der Vicarie St. Erasmi zu Dortmund, verm. 1834 mit Constanze Eliza Fibiger (geb. 1809 zu St. Croix).

Herswordt, Joh. v. d., westph. Stammbuch, 1742. — *Braun*, adl. Europa, Cap. 12. S. 48. — *Fahne*, A., Dortmund, 1854. — Derselbe, westphäl. Geschlechter, 1858. — Ders., die Herren v. Hörel, 1860. — Hannöv. Wappenb. D. 12. — v. *Hellbach*, II. S. 733 und 734. — *Knesebke*, 1. S. 469. — *Freih. v. d. Knesebeck*, S. 299. — *Freih. v. Ledebur*, III. S. 110. — Maklenb. Wappenb. T. LV. S. 208. — *Melle*, Jac. v., Gründl. Nachr. v. Lübeck, 1781. — N. Pr. Adels-Lex., IV. p. 332. — *Steingefol*, Annal. civ. Westph. — *Steinen*, westph. Gesch., II. 1749. — *Wickede*, V. v., Nachrichten z. Gesch. d. Geschl. v. W. Essen, 1865. — *Zedler*, 55. S. 1688.

Wickenburg, Grafen (Schild geviert mit silbernem Mittelschilde, worin ein schwarzer Hut mit silbernem Bande [Stammwappen: Capello], 1 u. 4 in Blau ein goldener Löwe, 2 u. 3 in Gold ein rother Greif). — Reichsadelsstand. Diplom vom 11. Juni 1688 für Johann Franz Maria Capellini gen. Stechinelli, mit dem Prädicat „v. Wickenburg." Reichsfreiherrenstand. Diplom von 1705 für denselben und Bestätigung vom 13. Dec. 1715 für seinen Sohn Ludwig. Reichsgrafenstand. Diplom vom 22. Sept. 1790 für dessen Sohn Anton und österr. Anerkennung 1813. Ober-Erblandssilberkämmerer in Steiermark vom 6. Sept. 1858. — Der Stammvater Johann Franz, für die Entdeckung eines Mordanschlages auf den Herzog Georg Wilhelm von Braunschweig bei seinem Aufenthalt in Venedig, als Page mit nach Deutschland genommen, in Zelle erzogen u. (s. oben) in den Reichsadelsstand erhoben, ward Drost, General-Postmeister im Hannöverschen. Sein Sohn Ludwig wurde Reichsfreiherr (s. oben) und dessen Sohn, Reichsgraf Anton (s. oben), kurpfälz. General und Gesandter in Petersburg und Wien, verm. mit Lucie Grf. Hallberg-Pesch, hinterliess drei Söhne, von denen drei Linien stammen. 1) Des ältesten Sohnes Carl Theodor, geb. 1790, gest. 1847, k. k. Kämmerer und Rittm. in d. A., Erbdrosten von Neuhaus und Herren der Herrschaft Eltze in Hannover und der Herrschaften Szakács, Madizesty und Szlatina in Ungarn, verm. 1818 mit Ernestine Freiin v. Bockum-Dolffs, vorm. Oberhofmeisterin der Erzherzogin Maria Anna von Oesterreich, Nachkommen: Eduard Capello Graf v. W., geb. 1819, k. k. Kämmerer, General-Maj. und Brigadier der 3. Truppendivision, verm. 1862 mit Emilie Grf. v. Bussy-Mignot (geb. 1834), StKr.-D., aus welcher Ehe eine Tochter Maria Agnes, geb. 1863. Geschwister: Otto, geb. 1821, k. k. Kämm. u. Oberst in P.; Edmund, geb. 1831, k. k. Kämm. u. Maj. bei Kaiser Franz Joseph Husaren Nr. 1, verm. 1858 mit Stephanie v. Horvath de Szalaber, StKr.-D., deren Kinder Stephan, geb. 1859, Margarethe, geb. 1860, Marco, geb. 1864, Maria, geb. 1866, sowie drei Schwestern Henriette, geb. 1823, StKr.-D., verm. 1852 mit Emil Grafen Beckers zu Westerstetten, k. k. Kämm. u. Oberst u. Commandant bei Kronprinz von Sachsen Nr. 11, Constanze, geb. 1826, Stiftsdame im herzoglich savoy. Damenstift in Wien, und Maria, geb. 1836, Stiftsdame des adelig-weltlichen Damenstifts „Maria-Schul" zu Brünn. 2. Linie. Der zweite Sohn Carl Theodors: Matthias Constantin Capello Graf v. W., geb. 1797, Herr auf Adand und Hym in Ungarn, Ober-Erblandessilberkämmerer in Steyermark, k. k. Kämm. u. Geh.-R., vorm. Minister für Handel u. Volkswirthschaft, Mitglied des Herrenhauses des Reichsraths auf Lebenszeit, verm. 1829 mit Emma Grf. zu Orsay (geb. 1813), StKr.-D. und PD. Aus welcher Ehe entsprossten Ottocar, geb. 1831, k. k. Kämm. und Rittm. v. d. A., verm. 1855 mit Sophie Grf. Huniady v. Kethely (geb. 1835, gest. 1869), StKr.-D. und PD., deren Kinder Max, geb. 1857, Henriette und Bianca; Albrecht, geb. 1838, k. k. Kämm., verm. 1868 mit Wilhelmine Grf. Almasy (geb. 1845). 3. Linie. Des dritten Sohnes Wilhelm, geb. 1798, gest. 1854, verm. 1) 1824 mit Therese Selliers de Moranville (geb. 1806, gest. 1838), 2) 1849 mit Maria Edle v. Cointrelle (geb. 1817), k. k. Kämm. u. Rittm. in d. A., Sohn erster Ehe Franz Xaver Capello Graf v. W., geb. 1836, k. k. Kämm. und Hauptm. in d. A., verm. 1855 mit Auguste Grf. Bossi-Federigotti v. Ochsenfeld (geb. 1833), deren Kinder Wilhelm, geb. 1857, Constantin, geb. 1858, Ludwig, geb. 1863, Arthur, geb. 1865, Ottocar, geb. 1867, nebst zwei Töchtern Therese, geb. 1856, und Clotilde, geb. 1861.

<small>Gauhe, II. S. 1268. — General. Taschenb. d. gräfl. Häuser, 1838, S. 536, 1840, S. 540. 1853, S. 812. 1867, S. 992. 1870, S. 1185. — v. Hellbach, II. S. 576 und 784. — Histor.-herald. Handb. z. d. Taschenb. d. gräfl. Häuser, 1855, S. 1077. — Kneschke, deutsche Grafenhaus., II. S. 674. — Meyerle v. M., Erg.-Bd. S. 8d. — N. Pr. Adels-Lex., IV. S. 332. — Siebmacher, V. 325. — Sinap., schles. Curiosit., II. 483. — Vehse, Gesch. d. Haus. Braunschw., 1853, I. 28. — Zedler, 55. S. 1698.</small>

Widmann, auch Freiherren (Schild geviert mit schräg links von Roth und Blau getheiltem Mittelschilde, worin ein gepanzerter Arm mit Schwert; 1 und 4 in Gold eine blaue Lilie, 2 und 3 in Blau ein silberner Halbmond). Erbl.-österr. Freiherrenstand. Diplom vom 24. Juni 1730 für den k. k. Hof-R. Johann Anton v. W. Nach einer Agnitions-Urkunde des Pfalzgrafen Carl Philipp bei Rhein wird bestätigt, dass Johann v. Widmann, verm. mit Maria Werner, ehrenfesten und bekannten, adeligen Herkommens und in der Rheinpfalz wie in Bayern, namentlich zu Steinheim begütert und ansässig war. Ihm folgen in grader Stammlinie der Sohn Georg v. Widmann, geb. 1601, verm. 1638 mit Margarethe v. Löw, er kam als Hauptmann 1642 nach Eger, wo er sich sesshaft machte. Der Enkel Johann Michael v. W., gest. 1719 zu Eger, war Post- und Fortifications-Zeugmeister, er hatte am 22. Oct. 1712 den Ritterstand und das Incolat von Böhmen und am 1. Mai 1707 das ungar. Indigenat erhalten und war verm. 1) 1667 mit Anna Sabina Schiller, 2) 1674 mit Maria Martini v. Pogareth. Der Urenkel Johann Anton wurde Freiherr (s. oben), geb. 1675, verm. 1713 mit Lucia Maria Gögger v. Löwenegg. Dessen Sohn Joseph, geb. 1724, Herr auf Platsch und Wiese in Mähren, k. k. Geh.-R., verm. mit Antonia Grf. Clam; Vincenz, geb. 1775, Herr auf Platsch und Wiese in Mähren, k. k. Kämm. und Land-R. zu Brünn, gest. 1807, verm. 1800 mit Ernestine Freiin Roden v. Hirzenau (geb. 1777, gest. 1850), dessen ältester Sohn, jetziges Haupt der Familie, Adalbert Freih. v. W., Herr des Allodialgutes Platsch im Kreise Znaim in Mähren, k. k. Kämm., jüngst kurze Zeit Minister der Landesvertheidigung, verm. 1) 1828 mit Julie Freiin Puthon (geb. 1804, gest. 1852), 2) 1856 mit Erwine Freiin v. Scharpffenstein gen. Pfeil zu Bencsis (geb. 1833), deren Kinder Hugo, geb. 1857, Maria, geb. 1858, Wladimir, geb. 1860, Caroline, geb. 1863, Adalbert, geb. 1868. Des Bruders Anton, geb. 1805, gest. 1866, Besitzers der Allodialherrschaft Wiese im Kreise Iglau in Mähren, k. k. Kämm. und Oberlieut. in d. A., Wittwe ist Leopoldine Grf. Sedlnitzky-Odrowons v. Choltitz, geb. 1812, StKr.-D., verm. 1834 und deren Kinder: Victor, geb. 1836, Malth.-OER., k. k. Kämm. und Oberlieut. in d. A., verm. 1864 N. Grf. Lazareff, sowie Anna, geb. 1837, verm. 1855 mit Graf Marschall v. Burgholzhausen, grossherzogl. sächs. Kammerherrn. — Das geneal. Taschenb. der Ritter- und Adelsgeschlechter, Brünn 1870, bringt S. 460 noch eine böhm.-mähr. jüngere Linie, welche von Joseph Adam v. W., geb. 1670, und der Maria aus dem Hause Söldner v. Söldenhofen abstammt. Es gehören dahin Ferdinand, geb. 1836, k. k. Postmeister zu Czaslau und Gutsbesitzer, und Emma, geb. 1842, verm. 1863 mit Franz Bibus, k. k. Landgerichts-R. in Prag; Joseph Carl, geb. 1803, k. k. Statthalterei-R. und Kreishauptmann, verm. 1833 mit Anna Grf. Vetter v. d. Lilien (gest. 1843), Kinder: Maria, geb. 1834, Adalbert, geb. 1836, k. k. Bezirkshauptmann in Olmütz, Maria, geb. 1837, verm. mit Oskar Meiss v. Teuffen, k. k. Hauptm. im Geniestabe, Franziska, geb. 1839, verm. 1866 mit Alexander Baranyay v. Nagy-Varast, k. k. Hauptmann im 26. Inf.-Reg., Philipp, geb. 1841; sowie des 1806 geb. und 1861 verstorbenen Philipp, k. k. Hauptmann, verm. 1844 mit Pauline Schröter, Sohn Adalbert, geb. 1845, k. k. Lieut. im 26. Inf.-Reg. und zwei Töchter, Rosa, geb. 1851 und Emilie, geb. 1859. — Aus einer anderen, wahrscheinlich von des obengenannten Georg v. W. Bruder, Johann, entsprossenen Linie wurden die Brüder Johann Paul, Martin, Ludwig Christoph und Daniel Widmann, deren Vater Johann sich bereits in Kärnthen mit den Herrschaften Paternion und Sommeregg angekauft hatte, vom Kaiser Ferdinand II. mit diesem Titel s. d. 6. Juni 1639 in den Freiherrenstand erhoben. Sie u. ihre Nachkommen erlangten 1646 für die der Republik Venedig in dem candianischen Kriege geleisteten grossen Geldvorschüsse das adlige Patriziat von Venedig und den Grafentitel und vom Kaiser Leopold dem Ersten nach Abgang der von Sabamanca 1640 die Grafschaft Ortenburg in Kürnthen. Christoph W. war 1687 Cardinal. In der neueren Zeit haben die Widemann nach Ableben des Fürsten Abundio Rezzonico zu Rom, dessen Güter, Titel und Wappen angeerbt und angenommen.

Gauhe, II. S. 1908. — Geneal. Taschenbuch d. freih. Häuser, 1848, S. 399, 1869, S. 994. — *v. Hellbach*, II. S. 735. — *v. Meding*, II. S. 417, n. 619. — *Megerle v. M.*, S. 94, Erg.-Bd. S. 118 u. 224. — Oesterr. Wappenbuch, XVIII. 99. — *Schmutz*, IV. S. 353. — *Siebmacher*, V. S. 10, n. 1. — *Spener*, histor. Insign. T. 33. — *Zedler*, 55. S. 1823, 1868—70.

Widnmann, Freiherren (in Silber zwei schräg rechte rothe Balken, auf deren oberem ein natürlicher Bock aufwärts springt). Kurbayer. Adelsstand. Diplom von 1693 für Johann Friedrich W., Kammerdirector d. Kurfürsten Max Emanuel. Kurbayer. Freiherrenstand. Diplom vom 1. März 1761 für den Sohn des vorigen Friedrich Cajetan Regierungs-R. zu Amberg. Der Sohn desselben Johann Nepomuk Joseph Freih. v. W. auf Rapperszell zu Günzelhofen und Riedersham, war kurbayer. Kammerh., Hof-Oberrichter zu München und Landsteuerer des Rentamtes Landshut, verm. mit Franziska, geb. Reichsfreiin v. Gise. Dessen Sohn Thaddäus Johann Nepomuk Freih. v. W. auf Rapperszell (geb. 1744), k. bayer. Kämm. und General-Lieut. zu Neuburg, verm. mit Augusta Freiin v. Jungwirth. Dieser hinterliess neben einer Tochter Therese, Ehrenstifts-Dame zu St. Anna, verm. mit Joseph Freih. v. Schatte, k. bayer. Kämm. und vormal. Stadt-Commissär zu Landshut, zwei Söhne, Carl Freih. v. W. auf Rapperszell, gest. 1832, k. bayer. Oberst-Lieut. in d. Artillerie, dessen Sohn das jetzige Haupt der Familie, Walther Freih. v. W. auf Rapperszell, geb. 1830, k. bayer. Lieut. beim Invalidenhause zu Fürstenzell, sowie dessen Tochter Augusta, geb. 1831. Zweiter Sohn des Thaddäus, Peter, gest. als k. bayer. Kämm. und General-Landes-Directions-R., verm. mit Therese Reichsgräf. v. Arco (gest. 1844), deren Kinder Joseph (gest.), k. bayer. Landrichter zu Erding, und Franziska, geb. 1806, P.-D. J. Maj. der verw. Königin v. Bayern, Ehrendame d. k. bayer. St. Annen- und Theres.-O. und ehemalige Ober-Hofmeisterin der königl. Prinzessinnen von Bayern, verm. 1822 mit Walther Freih. v. Grainger-Ty'wysog auf Sitz Erding bei Erding in Oberbayern.

<small>Geneal. Taschenbuch d. freih. Häuser, 1859, S. 893. 1868, S. 994. — *v. Hefner*, bayer. Adel, S. 64. T. 68. — *v. Hefner*, Krainer Adel, S. 21. T. 21. — *v. Hellback*, II. S. 736. — Wappenb. d. Kgr. Bayern, IV, 45.</small>

Wied, Grafen und Fürsten. (Nach einer Copie aus dem fürstl. Archiv zu Neuwied ist das 1841 im Auftrage des Fürsten v. W. durch Prof. Bernd in Bonn und den Archiv-R. Köhne in Berlin „berichtigte" fürstl. Wappen: Der Schild zweimal gespalten und dreimal getheilt mit einem auf dem fünften Platze aufgelegten Mittelschilde, welches in Gold einen radschlagenden natürlichen Pfau enthält. Im Hauptschilde hat 1 u. 12 drei rothe Schrägbalken in Gold, davor schreitend ein Pfau [Wied]; 2 in Blau ein silberner Zinnenthurm [Runkel]; 3 und 10 in Silber zwei rothe Pfähle, im vorderen Obereck ein blaues Viertel [Runkel]; 4 und 9 in Silber zwei rothe Balken [Nieder-Isenburg]; 6 in Roth ein vorwärtssehender goldener Löwe [Sayn]; 7 in Silber ein schwarzes Kreuz [Erzstift Cöln], darauf gelegt ein rothes Schildlein, in welchem auf einem Felsen eine Burgruine [Neuerburg]; 8 in Silber 3 schwarze Pfähle [Kirchberg] und 11 in Silber ein gekrönter schwarzer Löwe [Kirchberg]). — Uraltes Dynasten-Grafen-Geschlecht, seinen Namen nach der reichsunmittelbaren Grafschaft W. im westph. Kreise führend. Reichs-Grafenstand 1462. Reichsfürstenstand. Diplom vom 13. Juni 1784 für Friedrich Alexander Grafen v. W.-Neuwied und 1791 für Christian Ludwig Grafen v. Wied-Runkel. — Aeltester Ahnherr

Meffried III. im Bliesgau 1093, dessen Stamm mit dem Grafen Lothar 1243 erlosch. Graf Bruno v. Isenburg, Gemahl der Schwester-Tochter, übernahm Besitz u. Name, sowie derselbe nach abermaligen Aussterben des Mannesstammes 1462 auf Theodorich v. Runkel aus dem Hause Leiningen-Westerburg überging. Nach dem Tode des Grafen Friedrich 1698, theilte sich das Haus in die Linie Wied-Runkel (obere Grafschaft an der Lahn, nebst Grafschaft Criechingen in Ostfriesland, Fürstenstand [s. oben], und am 24. April 1824 mit Fürst Friedrich Ludwig ausgestorben) und in die Linie Wied-Neuwied (untere Grafschaft), deren Stifter Friedrich Wilhelm, geb. 1684, gest. 1737. Ihm folgte sein Sohn Friedrich Alexander, geb. 1706, welcher die Fürstenwürde erwarb (s. oben), 1787 sein 50jähr. Regierungsjubiläum feierte und 1791 starb. Dessen Bruder Franz Carl Ludwig, k. preuss. General-Lieut., Gouverneur v. Wesel, des schwarzen Adler-O. R., starb durch einen Schuss auf der Jagd 1765. Fürst Friedrich Carl, geb. 1741, verm. mit Luise Grf. Sayn-Wittgenstein Berleberg, resignirte 1802. Sein Sohn August Johann Carl, geb. 1779, succedirte unter mütterlicher Vormundschaft, übernahm die Regierung selbst 1804 und erbte von der erloschenen Linie W.-Runkel (s. oben) die schon im Reichs-Dep.-Hauptschluss 1803 für die im Lüneviller Frieden 1802 verlorenen Grafschaft Criechingen und Herrschaften Saarwellingen u. Rollingen auf dem linken Rheinufer, erworbenen Aemter Neuerburg und Altenwied, den ungetheilten Besitz der ganzen Grafschaft wieder erlangend. Als k. preuss. General-Major und verm. mit Auguste Prinzess v. Solms-Braunfels, starb er 1836 und hatte zum Bruder den berühmten Reisenden in Süd- und Nord-Amerika (1815—17 und 1833—34) Prinz Max, geb. 1782, gest. 1867. Sein Nachfolger war Wilhelm Carl, geb. 1814, k. preuss. General-Lieut., verm. 1842 mit Maria Wilhelmine Elisabeth, Tochter des verstorbenen Herzogs Wilhelm von Nassau, geb. 1825, gest. 1864, aus welcher Ehe entspross der jetzige Fürst Max Carl, geb. 1845, bis 1869 unter Vormundschaft seiner Mutter, k. preuss. Standesherr, erbl. Mitglied der Herrenbank im Herzogthum Nassau, k. preuss. Lieut. im 4. Garde-Reg. (Coblenz), dessen einzige Schwester Prinzess Elisabeth Pauline Ottilie Luise, geb. 1843, sich 1869 mit Carl Fürsten von Rumänien (Prinz von Hohenzollern-Sigmaringen) vermählte.

Hübner, II. 407. — *Imhof*, not. proc. lib. XX. c. 191. — *Zedler*, 55. S. 1841. — *Döderlein*, Nachr. v. Calatin, S. 276. — Geogr.-stat. Handb., 1827. — Dipl. Jahrb. f. d. preuss. Staat, 1843. S. 235. — Goth. geneal. Hofkal., 1826. 36, 48, 70, S. 282. — N. Pr. Adels-Lex., II. S. 354 und V. z. Suppl. S. 118. — *Wenck*, hess. Landesgesch., Bd. 1, S. 406, 657, II. S. 482. — Rhein. Antiquar. III. 3. S. 374—572, 670—702. — Numismatische Zeit., 1849, S. 109, 113, 1850, S. 159. — *v. Hellbach*, II. S. 787. — *Siebmacher*, I. S. 16, n. 10. VI. S. 14, n. 15. — *v. Hefner*, böh. Ad. Deutschlands, S. 13, T. 21.

Wiedemann von Warnhelm, Edle (Schild quergetheilt, oben in Roth ein offener mit Goldrändern versehener und drei weissen Straussfedern besteckter Helm mit aufgelegtem nach rechts gerichtetem Schwerte, unten in Blau auf grünem Rasen eine gothische Burg). — Oesterreichischer Adelstand. Diplom vom 23. Nov. 1852 für Carl W., k. k. Major. — Derselbe ist jetzt k. k. General-Major,

Commandeur des päpstlichen Gregor-Ordens, Ehrenbürger der Stadt Wadowice, verm. mit Anna Gussner von Komorna (geb. 1812, gest. 1863), Kinder: Ernestine, geb. 1839, Carl, geb. 1841, Oberlieut. im k. k. 56. Inf.-Reg., Heinrich, Grundbesitzer in Siebenbürgen, verm. mit Agnes v. Szeles zu Udvarhely. Bruder: Ernst Edl. W. v. W., k. k. Oberst in P. zu Graz.

<small>Geneal. Taschenb. der Ritter- und Adelsgeschl.], I. Jahrg. 1870, S. 462.</small>

Wiederhold, Freiherren (Schild geviert, mit einem von Silber und Blau senkrecht getheilten Mittelschilde, worin ein natürlicher Widder; 1 und 4 in Gold ein schwarzer Adler; 2 und 3 in Roth ein mit 3 (2. 1.) grünen Kleeblättern belegter silberner Sparren). — Bestätigung des Freiherrnstandes durch k. württemb. Decret vom 29. Nov. 1824 für Cuno v. W., k. württemb. General-Major. — Altadliges Geschlecht aus Kurhessen, welches 1637 den Reichs-Ritterstand erhielt mit Vermehrung des Wappens und der Freiheit, sich von und in Weidenhofen zu nennen. In Württemberg zuerst durch Conrad (geb. 1598, gest. 1667) als tapferer Vertheidiger von Hohentwiel (1634—48) bekannt geworden. Sein Vetter Johann Georg, k. schwed. Oberster unter General Wrangel, und später ebenfalls Commandant von Hohentwiel, machte sich in Württemberg ansässig und seine Söhne (wovon Johann Dietrich wieder als Oberster 21 Jahre lang Commandant von Hohentwiel) erkauften daselbst die Rittergüter Rietheim und Hohenkarpfen b. Tuttlingen, welche noch jetzt in den Händen der Nachkommen sind. Friedrich Carl Eberhard, geb. 1783, k. württemberg. Major, blieb am 21. Mai 1809 in der Schlacht bei Aspern, verm. mit Caroline Henriette Friederike Grf. v. Normann-Ehrenfels (geb. 1789), aus welcher Ehe entsprosste Cuno Carl Friedrich Freiherr v. W., geb. 1809, k. württemb. General-Lieut. in P. und vormals Kriegsminister, verm. 1) 1836 mit Charlotte v. Miller (geb. 1818, gest. 1838), 2) 1843 mit Emilie v. Miller (geb. 1824, gest. 1860), 3) 1861 mit Maria Freiin v. Lepel (geb. 1822), Kinder 2. Ehe Conrad, geb. 1844, k. württemb. Lieut. im General-Quartiermeisterstabe, Maria, geb. 1845, verm. 1868 mit Heinrich Freiherr Rassler v. Gamerschwang, Herren auf Gamerschwang im Kgr. Württemberg, Malwina, geb. 1848, Carl, geb. 1852, Eberhard, geb. 1856, 3. Ehe, Emilie, geb. 1862.

<small>Cast, Adelsb. v. Württ. — Gauhe, II. S. 1282. — Geneal. Taschenb. der freih. Häuser, 1858, S. 845. 1869, S. 995. — Griesinger, S. 1554. — v. Hefner, württemb. Adel, S. 14, T. 17. — v. Hellbach, II. S. 737. — Kneschke, III. — Vehse, d. Höfe der Häuser Bayern, Württemb. — Württemb. Wappenbuch.</small>

Wiederspach, Freiherren (Schild geviert mit silbernem Mittelschilde, worin über blauem aus dem Fussrande sich erhebenden Dreiberge ein schwarzes und ein rothes Steinbockshorn [Stammwappen], 1 und 4 in Roth aus einer goldenen Laubkrone Kopf und Hals eines silbernen Greifen [Schernberg], 2 und 3 in Silber zwei blaue Querbalken). Reichs-Freiherrenstand. Diplom vom 8. Mai 1680 für Johann Ludwig v. W. zu Grabenstadt aus Bayern. Erbl.-österr. Freiherrenstand. Diplom vom 5. Oct. 1787 für Joseph Ignaz v. W. und seinen Bruder Franz Ferdinand, k. franz. Lieut. der Stadt Colmar, Gouverneur der Stadt und des Schlosses Roussac. Ludwig Seraphin v. W., kath. Decan und Pfarrer zu Stetten im Grossherzogth. Baden (1845). Max Freih. v. W., k. k. Oberlieut. im 30. Inf.-Reg. Nugent (1846).

<small>Geneal. Taschenb. d. freih. Häuser, 1848, S. 457. 1863, S. 1030. 1865, S. 1081.</small>

Wiedersperger v. Wiedersperg, Freiherren (Schild der Länge nach getheilt, vorn in Gold ein Wolf mit einem Lamm, hinten ein rother Querbalken). Erbl.-böhm. Freiherrenstand. Diplom vom 5. Mai 1760 für Johann Friedrich W. v. W., pilsener Kreiscommissar. — Eine sehr alte in vielen Zweigen verbreitete ritterliche Familie, welche aus dem Voigtlande, wo ihr gleichnamiges Stammhaus schon 1117 unweit Hof erbaut, nach Böhmen ausgewandert. Die ordentliche Stammreihe beginnt mit Lorenz, einem Sohne Burckard's, der sich mit seiner Gemahlin Magdalena v. Reitzenstein daselbst ansässig machte, vermählt mit Catharina Kawka v. Rezizan entsprossten aus dieser Ehe Moritz, Stifter der pteniner und Georg, Stifter der muttendorfer Linie, worin Georg mit seiner Gemahlin Margaretha Henniger v. Eberg das gleichnamige Schloss mit Herrschaft im klattauer Kreise des Kgr. Böhmen erheirathete und Johann Jacob W.'s (gest. 1683, verm. mit Justina v. Hochholdingen) Ur-Enkel Johann Friedrich (s. oben) den Freiherrenstand erlangte. Derselbe starb als k. k. Kämmerer 1811, war verm. 1) 1754 mit Caroline Freiin Hinderer v. Steinhausen (geb. 1732, gest. 1799), 2) 1807 mit Cunigunde Freiin v. Wrede (geb. 1787, gest. 1867). Ihm folgte sein Sohn Vincenz Peter (geb. 1759, gest. 1815), diesem Franz (geb. 1794), verm. 1817 mit Caroline Woberzil, gest. 1840, aus welcher Ehe das jetzige Haupt der Familie Ferdinand Freih. W. v. W., geb. 1815, k. k. Official. Grossvaters Brüder und Hinterbliebene sind Christoph Carl (geb. 1761, gest. 1852), Herr der Herrschaften Muttendorf und Neuschwanenbrückel in Böhmen, verm. 1) 1788 mit Antonie Freiin Wanczura v. Rzehnitz (geb. 1763, gest. 1830), 2) Leopoldine Freiin v. Blumencron, geb. 1810; und Carl Joseph Cajet. (geb. 1762, gest. 1853), k. k. Kämm. u. Rittm. im Husaren-Reg. Erzherzog Ferdinand, verm. 1804 mit Theresia Fiedler (geb. 1779, gest.), deren Kinder Alois, geb. 1806 und Walburga, geb. 1808, verm. mit Stephan Wanschura, k. k. Oberkriegscommissär.

<small>Balbini, Stamm. P. II. — Gauhe, I. S. 2882. — Geneal. Taschenb. d. freih. Häuser, 1849, 53, 57, 68, 70, S. 1029. — v. Hellbach, II. S. 737. — König, II. S. 191. III. S. 572. — Megerle v. Mühlfeld, S. 94. — Redel's, böhm.w. Prag, S. 128. — Zedler, 55. S. 2186.</small>

Wieland, Freiherren (Schild geviert, mit einer zwischen den beiden unteren Feldern aufsteigenden blauen Spitze, in der ein goldener Thurm; 1 von Silber und Roth quergetheilt mit zwei Rosen in abwechselnden Farben; 2 in Blau, ein goldener gekrönter Greif mit einem Säbel, in den beiden unteren goldenen Feldern je ein schwarzer Eberkopf, mit einem Ringe durch den Rüssel). — Erbl.-österr. Freiherrenstand. Diplom vom 7. Sept. 1810 für Georg v. W.,

k. k. Oberst-Lieut. des Husar.-Reg. Blankenstein. Georg v. W., verm. mit Barbara Varady-Szakmary, dessen Sohn: Georg Freiherr v. W. (s. oben), geb. 12. Dec. 1763, k. k. Feldmarschall-Lieut. a. D. und zweiter Inhaber des Husar.-Reg. Kaiser von Russland, gest. unvermählt 25. April 1849 zu Kesmark in Ungarn.

<small>Geneal. Taschenb. d. freih. Häuser, 1848, S. 102. 1858, S. 539. 1864, S. 617. — v. Hellbach, II. S. 738. — Megerle v. Mühlfeld, S. 94. — Oesterr. Wappenbuch, XXI. 67.</small>

Wiesenhütten, Freiherren (Schild geviert mit schwarzem Mittelschilde, darin ein springendes silbernes Ross; 1 und 4 in Gold auf grünem Berge ein schwarzer Adler; 2 und 3 in Blau über grünem Berge ein goldener Stern). Reichs-Freiherrenstand. Diplom vom 14. März 1789 für Heinrich Carl v. Barkhaus-Wiesenhütten, fürstl. hess.-darmst. Geh.-R. und oberrhein. Kreisgesandter und für seinen Bruder Johann Friedrich v. W. Reichs-Adels-Diplom vom 18. Jan. 1728 für Johann Friedrich Wiesenhüter, k. R. — Derselbe war vermählt mit Rebecca Franziska v. Barkhaus und hinterliess drei Söhne: Franz, wurde am 19. April 1743 von der Kaiserin M. Theresia in den Freiherrenstand erhoben, vermählte sich mit M. Elisabeth v. Bartenstein und hinterliess nur eine einzige Tochter Rebecca Cordula, die sich mit dem k. k. Geh.-R. und Hofkanzler Freih. Johann Ferdinand v. d. Marck verehelichte und 1819 starb. Heinrich Carl Freih. v. Barkhaus-Wiesenhütten (s. oben) wurde von seinem mütterlichen Oheim, dem kais. Reichshofrath Heinrich v. Barkhaus zum Erben eingesetzt und mit Diplom 1753 ermächtigt, Namen und Wappen v. Barkhaus dem seinigen beizufügen, er war mit einer v. Veltheim verehelicht und sein Sohn Heinrich mit einer v. Mühlhausen, der letztere hinterliess keine Kinder. Johann Friedrich Freih. v. W. (s. oben), k. R. und ältester Schöffe und Senator zu Frankfurt a. M., hatte Maria Firnhaber v. Eberstein zur Gemahlin und sein Sohn Franz Wilhelm, fürstl. hess. Geh.-R. und Gesandter am Reichstage, eine v. Forstner. Des letzteren einziger Sohn, grossherzogl. hess. Kammerh. Ludwig Freih. v. W., verm. mit Dominica Wilhelmine v. Stahl, geb. 1812, gest. 1858, hatte keine Kinder. Des Carl Franz Friedrich Wilhelm, Reichs-Freih. v. Wiesenhütten (geb. 1787, gest. 1826), k. württemberg. Kammerherr, Oberst, Mitglied des Hauses Frauenstein (Sohn des Reichsfreih. Friedrich August, geb. 1759, gest. 1823, k. württemb. General-Lieut. und Trabanten-Hauptmann und der Freiin Friederike Margarethe Charlotte v. Hügel (geb. 1766, gest. 1827), Wittwe Soph. Fried. Reichs-Freiin v. Günderode, geb. 1802, wiederverm. 1829 mit August Johann Ludwig v. Oeringer, gest. 23. April 1859.

<small>Geneal. Taschenb. d. freih. Häuser, 1848, S. 458. 1857, S. 851. 1865. S. 1006. 1867, S. 1048. — v. Hellbach, II. S. 740. — Knechke, IV. S. 444. — Freih. v. Ledebur, III. S. 113. — Megerle v. Mühlfeld, Erg.-Bd., S. 113. S. 491. — Nachtrag z. geneal. Handb., 1778, II. 172. II. Nachtr. S. 126. — Schmuts, IV, 357. — Siebmacher, Suppl. X. S. 8. — Vehse, Geschichte des österr. Hofes und Adels, VI. S. 260. — Zedler, 56. S. 553.</small>

Wieznik, Grafen (Schild geviert mit rothem Mittelschilde, darin ein goldener Löwe; 1 und 4 in Schwarz ein goldenes Jagdhorn, 2 in Gold ein schwarzer Adler, 3 in Blau ein silberner Hund). Böhmischer Freiherrenstand. Diplom vom 22. Jan. 1658 für Wenzel Rudolf v. W. Grafenstand. Diplom vom 10. Juli 1697 für Franz Bernhard Freih. v. W. — Eines der ältesten böhmischen Adelsgeschlechter. Der erste bekannte Ahnherr war Jorohniev v. W., ca. 1407. Die ordentliche Stammreihe beginnt mit Ritter Ernst W., 1490, Herrn in W. Wenzel Rudolf (s. oben), Freiherr. Ladislaus Adam Freih. v. Strachowitz, Landrechtsbeisitzer in Mähren, ein Sohn Adam's, ca. 1675. Dessen Sohn Franz Bernhard (s. oben) Graf. Er lebte noch 1709, als k. Kämmerer und Hauptmann des Kreises Czaslau auf seinem Schlosse Neuhof. Später war Leopold Wilhelm k. k. Kämm., sein Bruder Johann Ignat., Herr auf Mscheno und Lobes, kais. R., Kammer- und Hof-Rechts-Beisitzer; 1786 Franz, Ferdinand Joseph Johann und Joseph Benedict, welche alle kinderlos verstorben bis auf Walburga Aloysa Maria Grf. v. W., geb. 1803, verm. 1827 mit Joseph Johann Mar. Graf Sporck, Besitzer der Güter Krnsko mit Rzehnic und Katusic, k. k. Oberlieut. in d. A. Wittwe 1850.

Dalbini, stem. II. — *Gauhe*, I. S. 2886. — Geneal. Taschenb. d. gräfl. Häuser, 1870, S. 1186. — *v. Hellbach*, II. S. 740. — *Redel's* sehensw. Prag, S. 122. — *Siebmacher*, Suppl. VIII. T. I, VI. T. 13. — Titul. und Famil.-Kalender d. Kgr. Böhmen, 1787, S. 149. — *Zedler*, 56. S. 590.

Wilamowitz-Möllendorf, Grafen (Schild geviert mit blauem Mittelschilde, worin ein dreiarmiger goldener Leuchter [Möllendorf]; 1 und 4 in Roth ein halber silberner Ring, über dessen Bogen ein mit der Spitze nach oben gekehrter silberner Pfeil [Ogonczyk]; 2 und 3 in Silber ein schwarzer Pferdekopf [Wilamowitz]). — Der am 28. Jan. 1816 gestorbene k. preuss. General-Feldmarschall Wichard Joachim Heinrich v. M. adoptirte 1813 die drei Söhne des k. preuss. Majors a. D., Theodor v. W. (gest. 1837) auf Striegleben: Hugo, Ottocar, Arnold, welche am 4. Mai 1815 vom Könige Friedrich Wilhelm III. von Preussen die Erlaubniss erhielten, sich Wilamowitz v. Möllendorf zu nennen, und das angestammte Wappen W. mit dem Möllendorfschen zu führen. Der k. preuss. Kammerh. Hugo v. W.-M. wurde am 10. Jan. 1857 nach dem Rechte der Erstgeburt in den Grafenstand des Kgr. Preussen erhoben, verbunden mit dem Besitz des Majorats: 1) in Brandenburg-Westpriesnitz die Herrschaft Gadow „Ländchen Cumlosen," 2) in Schlesien die minderfreie Standesherrschaft Freyhan. — Die Familie stammt aus Litthauen, wo ihr Stammhaus Semienov. Ein Ast derselben machte sich in Schlesien auf Roykowitz, Skoczow und Meziswitz im Teschenschen ansässig. Aus demselben war Moritz Ludwig Reichsfreih. v. W., k. preuss. Hof- und Legations-R. und Vater von 26 Kindern, dessen Nachkomme Christoph, auf Stangenberg bei Danzig, der Vater Theodors auf Striegleben, Hugo, der älteste Sohn des Theodor v. W., k. preuss. Major a. D. und der Grossnichte des Feldmarschalls v. M., Ernestine v. Bonin, hinterliess aus der Ehe mit Aurora Grf. Wartensleben (geb. 1808, verm. 1829, Wittwe seit 1865) als jetziges Haupt der Familie: Wichard Hugo Friedrich Wilhelm Graf v. W.-M., geb. 1835, k. preuss. Prem.-Lieut. im 2. Garde-Landwehr-Cavallerie-Reg.,

Deichhauptmann der II. und III. Division des Priegnitzschen Elbdeichverbandes, und fünf Töchter.

<small>*Dorst,* schles. Wappenb. n. 554. — Geneal. Taschenb. d. gräfl. Häuser, 1859, S. 948 und 1870, S. 1189. — *v. Hellbach,* II. S. 747. — *Freih. v. Ledebur,* III. S. 114. — N. Pr. Adels-Lex., IV. S. 335. — *Bauer,* S. 253. — Wappenb. d. Kgr. Preussen, IV. 92.</small>

Wilcke (in Silber aus grünem Fuss [Wasser] ein wachsender laubbekränzter Wildermann, mit einem goldenen Scepter, oder einer Lanze). Altes niedersächs. thüring. sächs. Adelsgeschlecht. Johann v. Wilkowe, Canonicus v. Merseburg, schon 1230, so wie ein Landvoigt von Göttingen 1256 den Erzbischof Gerhard von Mainz und den Grafen Dietrich v. Eberstein, als sie dem Herzog Albrecht von Braunschweig ins Land fielen, gefangen nahm. Stephan W. befand sich 1550 bei der Belagerung von Magdeburg. Der direkte Stammbaum der speciell sächs. Linie ist: Wolf Heinrich v. W. auf Wolckramshausen bei Nordhausen: Anna Amalie v. Westernhagen-Teistungen; Heinrich Thilo v. W., braunschweig. Oberst auf Wolckramshausen: Brigitta Catharina v. Zenge-Obergebra, dessen ältester Sohn Vollrath auf Wolckramshausen u. Dreitzsch, hess. cass. Oberst, gest. 1744, verm. 1713 mit Johanna v. Wurmb-Grossenfurra, die ältere Linie fortführte, welche in Friedrich und Eduard v. W. nach Rauer noch 1857 im Besitz von Wolckramshausen. Der jüngere Sohn Ernst Ludwig, geb. 1653, gest. 1725, k. poln. kurf. sächs. General der Infant., auf Dreitzsch und Steinbrücken bei Weimar, verm. 1706 mit Elise Sophie v. Wurmb-Grossenfurra (gest. 1760), hatte vier Söhne, von denen der zweite Friedrich Wilhelm Adam, fürstl. sächs. neust. Hofmeister und Kreishauptm. auf Dreitzsch, Zwackau, Braunsdorf, Ottmannsdorf, Alsmannsdorf, geb. 1711, gest. 1776, verm. mit Eleonore v. Hanstein (gest. 1769), seinen Stamm mit zehn Kindern fortpflanzte, welche wiederum Nachkommen hinterlassen. Ebenso der dritte Sohn Moritz Wilhelm v. W., auf Leibsdorf, geb. 1714, gest. 1738, verm. mit Christiane Dorothea v. Reibold-Mechelgrün, dessen Sohn Moritz Ferdinand, Domdechant zu Merseburg, aus dritter Ehe mit Henriette v. Bölzig einen Sohn Eduard Adolf v. W., dessen Nachkommen noch 1843 im Besitz von Leibsdorf. Der vierte Sohn des Generals Ernst Ludwig v. W. war Vollrad Ludwig, k. poln. Oberst. Der älteste Ludwig Ernst, geb. 1709, gest. 1763, k. sächs. Kammerherr auf Ammelshain, verm. 1734 mit Charlotte Eleonore v. Dieskau-Zschepplin, hatte aus dieser Ehe neun Kinder, von denen aber mehrere ganz jung starben u. nur Moritz den Stamm fortsetzte. Geb. 1748, verm. 1) 1786 mit Charlotte Sophie Schweizer auf Mosen, 2) mit Auguste v. Flemming (gest. 1825), hinterliess er als k. sächs. Amtshauptmann auf Ammelshain aus erster Ehe drei Söhne, welche kinderlos als sächs. Officiere starben, aus zweiter Ehe nur einen Sohn Otto Moritz, geb. 1810, k. sächs. Oberlieutenant a. D. und Commissions-R., welcher aus zweiter Ehe mit Emma v. Zimmermann (geb. 1810) nur eine Tochter Elise (geb. 1840), verm. mit N. Gomez y Barras, Forstbeamter in Portugal.

<small>*Gauhe,* II. 2886. — *v. Hefner,* sächs. Adel, S. 52. S. 61. — *v. Hellbach,* II. S. 746. — *Kneschke,*</small>

Wappen, I. S. 442. — *Freih. v. Ledebur*, III. S. 115. S. 354. — *v. Meding*, III. S. 751. — *Spangenberg*, Adelsspiegel, II. 710. — *Uechtritz*, genealog. Erz. T. 18. — Derselbe, diplom. Nachrichten, II. S. 161. — *Zedler*, 56. S. 1658. — Familien-Nachrichten.

Wilczek, Grafen (Schild geviert mit rothem Mittelschilde, worin ein silberner Gemsbock mit Binde [Koziel]; 1 und 4 in Gold [nach Andern in Roth] ein schwarzer [nach Andern ein silberner] Doppel-Adler [Adler]; 2 und 3 in Blau eine goldene Krone mit 2 schwarzen Hörnern [Palmzweigen] besteckt). — Reichsgrafenstand. Diplom vom 8. April 1714 für Heinrich Wilhelm Freih. v. W., k. k. Geh.-R. und General-Feldmarschall. — Altes poln. Geschlecht, dessen Ahnen schon im 14. Jahrh. als Woiwoden v. Sendomir vorkommen, sich im 15. Jahrh. nach Schlesien wandten, wo Balthasar v. W. Herr auf Loslau am 1. April 1500 mit dem Prädicate v. Hultschin u. Guttenland (Gütern im Troppauschen) in den Freiherrnstand erhoben. Heinrich Wilhelm (s. oben), geb. 1665, gest. 1739, Sohn des Caspar und der Anna Catharina v. Paczensky, k. k. Geh.-R., General-Feldmarschall und Staatsminister, verm. 1698 mit Maria Charlotte Grf. v. St. Hilaire (geb. 1670, gest. 1747), Herr der Herrschaften Königsberg, Poruba u. s. w. in Oberschlesien, erlangte am 10. Juni 1715 das ungarische Indigenat und stiftete durch seine zwei Söhne zwei noch blühende Linien. I. Linie, Joseph Mar., geb. 1700, gest. 1777, k. k. w. Geh.-R., verm. 1734 mit Maria Franziska Grf. Oettingen-Spielberg (geb. 1714, gest. 1771); Franz Joseph, geb. 1748, gest. 1834, k. k. w. Kämm. und Landrechts-R., verm. 1784, 2) mit Therese Prinzess von Oettingen-Spielberg (geb. 1763, gest. 1837); Stanislaus, geb. 1792, gest. 1847, k. k. Kämm., verm. 1822 mit Gabriele Freiin v. Reischach (geb. 1802), aus welcher Ehe ein Sohn entsprosste, das jetzige Haupt dieser Linie Johann Nepomuk Graf v. W., Freih. v. Hultschin und Guttenland, geb. 1837, Herr der Fideicommissherrschaften Königsberg, Poruba, Grosspohlom, Polnisch-Ostrau und Hrudschau in Oesterreich. Schlesien und der Allodialgüter Kreutzenstein, Praunzberg, Seebarn, Tresdorf u. s. w. in Niederösterreich, k. k. Kämm. u. erbl. Mitglied des Herrenhauses des Reichsraths, verm. 1858 mit Emma Grf. Emo-Capodilista, geb. 1833, Stkr.-D. und PD., deren Sohn Maria Joseph Johannes von Nepomuk, geb. 1861. II. Linie. Johann Balthasar, geb. 1710, gest. 1787, k. k. w. Geh.-R., Generalfeldzeugmeister, verm. 1734 mit Maria Antonie Grf. Kottulinski (geb. 1710, gest. 1787); Joseph, geb. 1752, gest. 1828, k. k. Kämm. und Feldmarschall-Lieut., verm. mit Rosalie v. Schulz (geb. 1760, gest. 1831), Friedrich, geb. 1790, gest. 1861, k. k. Geh.-R., verm. 1818 mit Franziska Grf. Chorinski (gest. 1863), aus welcher Ehe stammt das jetzige Haupt der Linie Heinrich Wilhelm Graf v. W., Freih. v. Hultschin und Guttenland, geb. 1819, Landstand in Böhmen, Mähren, Schlesien, Niederösterreich u. Kärnthen, Herr u. Landmann in Tyrol, Indigena des Kgr. Ungarn, k. k. Kämm. und Hofsecretair, verm. 1841 mit Malwine Marie Sus. Gräfin Stainlain-Saalenstein (geb. 1822), deren Söhne Eduard, geb. 1842, Heinrich, geb. 1852; sowie Gustav Ad., geb. 1821,

k. k. Kämmerer, Ministerial.-R. im Finanzministerium und Vorstand der Direction der Staatsschulden.

<small>(Geneal. Taschenb. d. gräfl. Häuser, 1848, S. 746. 1870, S. 1190. — Gauhe, I. S. 2486. — v. Hellbach, II. S. 742. — Hist.-herald. Handb. 2. Taschenb. d. gräfl. Häuser, S. 1077. — Kneschke, deutsche Grafenhäuser, III. S. 446. — Freih. v. Ledebur, III. S. 114. — Okolski, I. 410. — N. Pr. Ad.-Lex., V. S. 490. — Zedler, 56. S. 669.</small>

Wildberg (in Schwarz ein goldener Querbalken). Altadliges Geschlecht am Rheine von dem auf dem Hundsrück zwischen Kreuzach und Simmern gelegenen gleichnamigen Schlosse, welches schon 1256 Arnold v. W. bewohnte. Nicolaus, Bischof zu Verna und Weihbischof zu Worms stirbt 1438. Sein Bruder Heinrich zu Arras, welcher 116 Jahre alt geworden, hinterliess einen gleichnamigen Sohn, Herren zu Arendael und Arras, welcher nebst seinen Vettern 1486 das Schloss Wildberg verkaufte. Anton, Dom-Custos und Kümm. zu Mainz, Probst zu Worms, Erfurt und Bingen, Statthalter auf dem Eichsfelde und Ritter von Jerusalem, starb 1592. Dessen Bruders Sohn Heinrich, vom Prinzen von Oranien nach Spanien geschickt, starb in Barcelona. Carl Heinrich kurtrierscher R. und Amtmann zu Kobern. Wolfgang Wilhelm hinterliess 1686 Johann Hugo. Noch im Jahre 1829 war Alken bei St. Goar in der Familie Besitz.

<small>Bernd, Graf. 129. — Gauhe, I. S. 2888. — Hattstein, S. 672. — Hellbach, II. S.743. — Humbracht, S. 711. — Freih. v. Ledebur, III. S. 115. — Zedler, 56. S. 761.</small>

Wildburg, auch Freiherren. Freiherrenstand. Diplom 1806 für Philipp Reichsritter v. W., Truchsess und Hauptgewerke einiger Goldgruben in Siebenbürgen. Johann Paul v. W., Bergwerksinhaber zu Naggag wurde 1769 Reichsritter mit Edler von. Eine gleichnamige Familie besass die Herrschaft Pfannberg in Steiermark und erhielt 1770 die Landmannschaft.

<small>v. Hellbach, II. S. 743. — Megerle v. Mühlfeld, Erg. S. 114 u. S. 224. — Schmutz, IV. S. 360.</small>

Wilde (in Blau zwei übers Kreuz gelegte von drei silbernen Kleeblättern begleitete silberne Streitkolben). Adelsstand des Kgr. Preussen. Diplom vom 4. Aug. 1855 für Rudolf Ewald Friedrich Wilhelm W., Lieut. im 2. Inf.-Reg.

<small>Freih. v. Ledebur, III. S. 116.</small>

Wildemann (in Roth ein Wildermann mit einem Speer in der Linken, oben begleitet von zwei goldenen Sternen). Kurländ.-Preuss. Adelsgeschlecht, dessen Stammvater Alexander v. W., Oberst bei Carl V., verm. mit einer Freiin v. Slaupen aus Böhmen. Sein Enkel Martin v. W. erwarb durch Anna v. Hennig die Güter Bersegall und Rook in Liefland. Sein ältester Sohn Johann v. W. war kurbrandenb. R. und fürstl. kurländ. Gesandter in Polen und mit Lindenhof in Preussen belehnt. Des jüngsten Sohnes Caspar Ur-Urenkel war Bernhard (gest. 1780), kais. russ. General-Major und Gouverneur von Riga, dessen Nachkommen die Güter in Kurland verkauften und sich unter Burchard Christoph Freih. v. W., gest. 1831, k. preuss. Lieut. a. D., Erbherr auf Bönigkstein bei Königsberg in Preussen niederliessen.

<small>Freih. v. Ledebur, III. S. 116. — N. Pr. Ad.-Lex., IV. S. 387.</small>

Wildenau genannt Kastner auf und zu Schürnitz, Freiherren (Schild geviert mit silbernem Mittelschilde, darin ein blauer Querbalken mit dem silbernen Buchstaben W. belegt; 1 und 4 in Blau ein schwarzer Doppeladler; 2 und 3 schräg links getheilt, rechts in Gold der rothe Hals und Kopf eines Rehes von zwei schwarzen Sternen bescitet, links von Schwarz und Gold viermal quergetheilt). Kurpfälz. Freiherrenstand. Diplom vom 1. März 1735 für Franz Caspar v. W. genannt Kastner auf Schürnitz, oberpfälz. Landsasse. Nach Annahme der Familie ein seeländisches Adelsgeschlecht, welches durch die Meeresfluth vertrieben nach Bayern kam. Johann v. W. erhielt vom Kais. Leopold I. am 6. Nov. 1683 ein Bestätigungsdiplom des der Familie zustehenden Adels. Der Enkel des Freih. Franz Caspar, Freih. Franz de Paula, geb. 1752, quiesc. k. bayer. Landrichter zu Reichenhall, wurde in die Adelsmatrikel des Kgr. Bayern eingetragen.

<small>*v. Hellbach*, II. S. 743. — *Kneschke*, Wappen, III. S. 452. — *v. Lang*, S. 268. — *Siebmacher*, V. S. 85. — V. S. 317. — Wappenbuch d. Kgr. Bayern, IV. S. 46.</small>

Wildenbruch (in Silber Kopf und Hals eines gekrönten Adlers). Adelsstand des Kgr. Preussen. Diplom vom 12. Jan. 1776 für Friedrich Wilhelm W., Sohn des Markgrafen Heinrich Friedrich v. Brandenburg-Schwedt, Fähnrich im 1. Batt. Garde. — (In Grün drei goldene Rosen). Adelsstand des Kgr. Preussen. Diplom vom 4. April 1810, für Ludwig (k. preuss. General-Major und Gesandter in Constantinopel) und Blanca W., Kinder des bei Saalfeld gebliebenen Prinzen Louis v. Preussen.

<small>*Freih. v. Ledebur*, III. S. 116. — Wappenb. d. preuss. Monarchie, IV. 93.</small>

Wilding von Königsbrück, Grafen (Schild der Länge nach getheilt, rechts quergetheilt, oben in Silber drei grüne Eicheln neben einander, unten in Roth ein goldener abgesägter Baumstamm mit drei Blättern, links in Blau ein silberner Fluss, welcher durch eine goldene Brücke fliesst, über welcher eine goldene Krone und zwei goldene Sterne schweben). Grafenstand des Kgr. Sachsen. Diplom vom 21. Sept. 1851 für Ernst Wilhelm Principe de Radali, Besitzer der Standesherrschaft Königsbrück im Kgr. Sachsen. Georg Wilding (Sohn des Georg W., kurfürstl. braunschw.-lüneb. Officier a. D., Förster zu Uelsen im Lüneburgischen und der Sylvia v. Dempwolff), Inf.-Lieut. in der engl.-deutschen Legion 1806, verm. 1812 mit der Tochter und Erbin des Ercole Michele Branciforte e Pignatelli, Principe di Butera (gest. 1814), Donna Caterina di Branciforte (geb. 1768, Wittwe 1806 von Nicolo Placido di Branciforte, Principe di Leonforte, gest. 1824) u. dadurch Principe Butera de Radali, k. sicil. Gesandter bei der Krönung des Kaiser Nicolaus I. zu Moscau 1826, wiederverm. mit Barbara Petrowna, Fürstin Schakowski, hinterliess bei seinem 1841 erfolgten Tode in Wiesbaden, seinem Bruder Ernst (s. oben, jetziges Haupt der Familie, geb. 1792), k. sicil. Kammerh. und vormals k. hannov. Major, die Herrschaften Fayno, Tarcotto, Turco Grande, Milingana, Radali und Falornara in der Prov. Caltanisetta in Sicilien (2½ deutsche Q. M.) und war verm. mit Mariane Gruner (geb. 1801, gest. 1861), aus welcher Ehe entsprossten Georg Wilding Graf von Königsbrück, Principe di Radali, geb. 1826, vorm. Officier in der Garde des Königs Beider Sicilien; August Friedrich Theodor Wilding Graf v. Königsbrück, geb. 1829, Besitzer der Fideicommiss- und Standes-Herrschaft Königsbrück und des Rittergutes Steinborn im Kgr. Sachsen, durch Familien-Vertrag vom 14. Juni 1863, verm. 1) 1853 mit Miss Mathilde Gronow (geschieden), 2) 1858 mit Angelica Szylchra v. Trzebinski, welcher neben zwei Töchtern zweiter Ehe einen Sohn Ernst W. Gr. v. K., geb. 1861.

<small>General. Taschenb. d. gräfl. Häuser, 1858, S. 952. 1865, S. 1013 und 1870, S. 1182, wo das Diplomdatum der 27. August, statt in den Original-Acten der 21. September, s. auch Nisse, für Heraldik u. s. w., II. S. 37 mit Abbildungen.</small>

Willisen, Freiherren (Schild geviert, 1 u. 4 in Roth ein springender goldener Fuchs mit einer Säge; 2 u. 3 in Gold ein springender natürlicher Hirsch). — Reichsfreiherrenstand. Anerkennung des Kgr. Preussen am 10. Jan. 1863 für Adolf Friedrich, k. preuss. General der Cav. und vom 29. April 1866 für Carl Friedrich Ferdinand, k. preuss. General-Lieut. — Die Familie stammt aus der goldenen Aue in der preuss. Provinz Sachsen. Ihr Stammvater Emanuel Willius, fürstl. Sachs.-Naumb. Geh.-R., ward am 20. Sept. 1702 unter dem Namen Edler v. Willisen in den Reichsritterstand erhoben und erlangte als Reichs-Hof-R. den Reichs-Freiherrenstand. Carl v. W. auf Gräfenrode bei Gotha stirbt 1726 als Sachs.-Goth. w. Geh.-R. Sein Sohn Carl v. W. war k. preuss. Reg.-R. zu Halberstadt. Ludwig v. W., gest. 1813 als k. preuss. Oberst und Commandant der 2. kurmärk. Landwehr-Brigade, hinterliess drei Söhne, deren ältester, noch das jetzige Haupt der Familie, Carl Friedrich Ferdinand Freih. v. W., geb. 1788, k. preuss. General-Lieut. z. D., verm. 1) mit Albertine v. Köller (geb. 1787, gest. 1825), 2) mit Luise v. Hanckwitz (geb. 1801, gest. 1827), 3) 1829 mit Luise v. Trotha-Hecklingen (geb. 1803). Aus erster Ehe: Carl Freih. v. W., geb. 1819, k. pr. Oberst und Command. des Neumärk. Dragoner-Reg. Nr. 3, verm. 1866 mit Julie v. Köller-Canteck (geb. 1842), welcher einen Sohn Hans, geb. 1867; Albert (geb. 1825, gest. 1867), Gutsbesitzer, verm. 1857 mit Ida Schuhmann (gest. 1868), deren Sohn Adolf, geb. 1861. Dritter Ehe: Friedrich, k. preuss. Major im Leib-Cür.-Reg. Nr. 1 und Adjutant beim General-Commando des XI. Armeecorps, verm. 1856 mit Therese Becker, deren Kinder: Carl, geb. 1857, Max 1860, Gertrud 1862; Anua, geb. 1833. Der zweite Sohn Ludwigs (s. oben) ist Wilhelm Carl v. W., geb. 1790, k. preuss. Kammerh. u. General-Lieut. a. D., verm. 1) mit Emilie v. Brause (gest. 1849), 2) 1867 mit Editha v. Caprivi. Der dritte Sohn war Adolf Friedrich Freih. v. W., geb. 1798, gest. 1864, JhOER., k. preuss. General der Cav., General-Adjutant Sr. Maj. des Königs u. Oberstallm., ausserordentl. Gesandter und bevollm. Minister am päpstl. Stuhle zu Rom, verm. 1834 mit Pauline v. Brause, geb. 1815, dessen Söhne Hans, geb. 1837, k. preuss. Hauptmann im grossen Generalstabe, Friedrich, geb. 1837, k. preuss. Rittm. und Escadronschef im 1. Brandenburger Uhlanen-Reg. Nr. 3.

<small>Geneal. Taschenb. d. freih. Häuser, 1866, S. 1027. 1865, S. 997; 1870, S. 1031. — Freih. v. Ledebur, III. S. 118, 559. — N. Pr. Ad.-Lex. IV. S. 338.</small>

Wilucki (in Silber ein schräg rechts gelegter blauer Anker). Aus Polen stammende, jetzt im Kgr. Preussen und Sachsen ansässige und im Militär bedienstete Familie. Der bekannte Stammvater ist Johann v. W., Gutsbesitzer in Polen, verm. mit Alexandrine v. Dzierzanska. Dessen Sohn Andreas v. W. war k. poln. kursächs. Prem.-Lieut., geb. 1721 zu Grodno, gest. 1783, verm. mit Wilhelmine v. Klösterlein (geb. 1747, gest. 1815). Derselbe hinterliess drei Söhne, von denen der älteste die zahlreichste Nachkommenschaft, Adolf Siegmund v. W., geb. 1762, kursächs. Hauptm., gest. 1846, verm. 1792 mit Friederike v. Mühlen (geb. 1770, gest. 1855), aus welcher Ehe entsprossten neben sieben Töchtern sechs Söhne, von denen der älteste Adolf Ernst v. W., k. sächs. Oberlieut. a. D. auf Cabel und Seddinchen bei Calau, verm. 1) 1827 mit Luise Freiin Rechenberg (geb. 1804, gest. 1838), verm. 2) 1841 mit Cora Freiin Rechenberg, Nichte der Ersteren, deren Kinder, neben vier Töchtern fünf Söhne: Ewald, geb. 1828, gest. 1845, Adolf Georg Johann, geb. 1832, k. preuss. Hauptm. a. D. auf Seddinchen, verm. 1868 mit Pauline Richter (geb. 1840, gest. 1869), Constantin Adolf Theodor, geb. 1834, k. pr. Hauptmann, verm. 1863 mit Adelaide l'Abbaye (geb. 1845), Heinrich August, geb. 1836, Ernst Adolf Georg, geb. 1848, k. pr. Lieut. und Georg, geb. 1851. Der zweite Sohn Adolf Siegmunds (s. oben), Ernst Ludwig Adolf v. W., geb. 1803, k. sächs. Oberlieut. a. D. auf Mittelfrohne bei Chemnitz, verm. 1832 mit Adolphine Sophie Wilhelmine Gräfin Schönburg-Rochsburg (geb. 1809), aus welcher Ehe stammen: Adolf Ernst, geb. 1835, Ernst Adolf Ewald, geb. 1838 auf Berthelsdorf, verm. 1864 mit Sophie v. Döring, Gustav Adolf Ernst, geb. 1840, Otto Adolf, geb. 1845, Bergingenieur und vier Töchter. Der dritte Sohn Adolf Siegismund's (s. oben) Carl Leopold Friedrich v. W., geb. 1801, k. sächs. Hauptmann a. D., verm. 1840 mit Anna Laurette v. Fehrentheil und Gruppenberg (geb. 1820), hat neben zwei Töchtern, zwei Söhne: Carl Adolf, geb. 1841, Prediger in Limbach bei Chemnitz und Adolf Clemens, geb. 1844, k. k. österr. Lieut. im Inf.-Reg. Nr. 11 Kronprinz von Sachsen. Der vierte Sohn Adolf Siegismund's (s. oben) ist Gustav Theodor v. W., geb. 1808, k. sächs. Hauptmann. Der fünfte Louis Wilhelm Ewald v. W., geb. 1812, k. sächs. Maj. in Glauchau, gest. 1868, verm. mit Anna Reuss, und der sechste Theodor Rudolf Alex., geb. 1813, k. sächs. Hauptm. a. D., verm. 1842 mit Julie Jeanette v. Taubadel-Denkwitz, geb. 1822, aus welcher Ehe entsprossen, neben drei Töchtern, Bartusch, geb. 1846, stud. jur., Hesso, geb. 1854, Gymnasiast. Der zweite Sohn des Andreas (s. oben), Johann Ferdinand v. W., geb. 1766, k. sächs. Hauptmann, gest. 1841, hinterliess aus seiner Ehe mit Wilhelmine v. Süssmilch-Hörnig (geb. 1781, gest. 1802), nur einen Sohn, Carl Ferdinand, geb. 1811, k. sächs. Hauptmann, verm. 1842 mit

Anna Grf. Solms-Tecklenburg (geb. 1814), welcher indess 1849 kinderlos starb. Der dritte Sohn des Andreas (s. oben), Paul David Wilhelm, geb. 1774, k. sächs. Stadtmajor zu Dresden, gest. 1846, hatte, verm. 1811 mit Wilhelmine v. Löben (geb. 1781), neben drei Töchtern, drei Söhne, welche jetzt in Amerika, Carl Friedrich, geb. 1815, früher k. sächs. Lieut., Bernhard, geb. 1824, Oekonom und Ernst Georg, geb. 1823, Kaufmann.

<small>Handschriftl. Notizen. — Familien-Nachrichten. — *Kneschke*, Wappen, IV. S. 447. — *Freih. v. Ledebur*, III. S. 118.</small>

Wimmer, Freiherren (Schild quergetheilt, oben in Gold ein Hahn, unten in Blau auf grünem Boden ein Pflug). Oesterr. Freiherrenstand. Diplom vom 16. April 1801. Reichsfreiherrenstand. Diplom vom 12. Sept. 1801, für Jacob W., k. k. Oberst, wegen der mit grosser Aufopferung verbundenen Oberleitung der Verpflegung der gegen Frankreich ziehenden k. k. Armee. Von seinen Söhnen wurde Joseph (k. k. Rittmeister) Stifter der älteren Linie, dessen gleichnamiger Sohn, k. k. Maj. in d. A., geb. 1813, gest. 1857, verm. 1850 mit Caroline Freiin Lexa v. Aehrenthal (geb. 1828), hinterliess Erwin Freih. v. W., geb. 1850, Alfred, geb. 1850 und Johanna, geb. 1852. Die jüngere Linie, gestiftet von dem jüngeren Sohne Jacobs, erlosch mit demselben, Heinrich Freih. v. W. (geb. 1785, gest. 1868), k. k. Feldmarschall-Lieut. in P., welcher verm. 1830 mit Anna Freiin v. Saamen (geb. 1810) nur drei Töchter.

<small>General. Taschenb. d. freih. Häuser, 1870, S. 1032. — *v. Hellbach*, II, S. 749. — *Megerle v. M.*, S. 941.</small>

Wimmer von Einpach. Johann Bapt. W., Hofkammer-R., wurde 1715 Reichs-R. mit Edler Herr v. E.

<small>*v. Hellbach*, II. S. 749. — *Megerle v. M.*, Erg. S. 224.</small>

Wimmer von Wimmerfeld. Der Hauptmann Peter W. wurde 1773 mit v. W. geadelt.

<small>*v. Hellbach*, II. S. 749. — *Megerle v. M.*, Erg. S. 492.</small>

Wimmersberg, Freiherren (in Gold auf grünem Dreiberg eine rothe Rose mit Blättern). Erbl. österr.-böhm. Freiherrenstand. Diplom vom 22. Sept. 1761 für die vier Brüder Lazar Michael, Anton Joseph, Johann Christoph, Emanuel Ferdinand v. W. — Peter Wimmersberger, Losunger zu Deitlingen in Schwaben, erhielt am 9. April 1539 von dem kaiserl. Pfalzgrafen Anton Zellinger einen Wappenbrief. Sein Enkel Mathias, Hauptmann in der Reichs-Armada, wurde am 21. Sept. 1621 in den Reichsadelsstand erhoben. Dessen Urenkel Anton Sebastian auf Falkenau, Lindewiese u. s. w. in Schlesien, am 31. Mai 1704 in den Reichsritterstand erhoben, verm. mit Rosalie Gursky v. Miloslaw, war der Vater obiger vier Söhne. In neuerer Zeit starb Gideon Michael Reichsfreih. v. W., Majoratsherr auf Peterwitz bei Neisse, k. preuss. Kammerh. und k. k. österr. Hauptmann a. D., verm. 1833 mit Agnes Grf. Mettich-Möhr, wiederverm. 1859 (geb. 1815, gest. 1865) mit Rudolf Grafen v. Stillfried und Alcantara.

<small>*Dorst*, schles. Wappenb. n. 82. — General. Taschenb. d. freih. Häuser, 1863, 1867, S. 1049. — General. Taschenb. d. gräfl. Häuser, 1870, S. 1045. — *v. Hellbach*, II. S. 749. — *Freih. v. Ledebur*, III. S. 119. — *Rauer*, S. 254.</small>

<small>*Kneschke*, Deutsch. Adels-Lex. IX.</small>

Wimpffen, Freiherren, auch Grafen (in Gold auf grünem Dreiberge ein aufrechter silberner gekrönter Widder, mit den Vorderfüssen ein goldenes Kreuz haltend). Reichsgrafenstand. Diplom vom 8. April 1797 für Franz Carl Eduard Freih. v. W., Herren auf Gross-Knutschütz, Wallsee, Brunsee, Kainberg. Freiherrenstand. Diplom vom 13. Nov. 1658 für die vier Gebrüder Stanislaus, Christian, Franz Ludwig und Georg. Bestätigung vom 19. Oct. 1781. — Schwäbisches Geschlecht zur reichsunmittelbaren Ritterschaft im Canton Ortenau gehörend, dem Craichgau entsprossen. — Dagobert Heeremann v. Wimpffen verkaufte 1044 die beiden Städte Wimpffen am Berge und im Thale am Neckar an das Hochstift Worms für 1300 Mark Silber, worauf sein Bruder Arnold zum Bischof erwählt wurde. Sigmund H. v. W., Herr auf Brixenstein, Zabielstein und Eberhausen, des Kaiser Carl IV. Feldoberst, von dem er bei Verfolgung der Ungläubigen 1373 eigenhändig auf dem Reichstage zu Speier den Ritterschlag, sowie das Kreuz im Wappen erhielt und zum Reichsvoigt über Wimpffen eingesetzt wurde, gest. 1393; Johann Jacob, auf Brixenstein: Maria Grf. Schwarzenberg, dessen beide Söhne die bestehenden Hauptlinien stifteten. I. ältere Linie. Joh. Friedr. (geb. 1581), Losungsamtmann zu Nürnberg und kais. Feldoberster, erwarb Rohooburg in der Ortenau und starb 1668. Seine Nachkommen breiteten sich in Sachsen, Schlesien und Dänemark aus, wohin Tobias Peter aus kurbayer. Kriegsdiensten ging und 1803 als Major und Oberlandweginspector im Herzogth. Holstein starb. Derselbe hinterliess einen Sohn Friedrich Ferdinand H. Freih. v. W., geb. 1805, k. dän. Kammerh. und Oberförster in Jütland, welcher nur Töchter. II. jüngere Linie. Johann Dietrich, kais. Feld-Oberst, geb. 1583: Maria Löffelholz v. Colberg. Unter seinem Urenkel Johann Georg II., geb. 1689, gest. 1767, erblichem Ober-Amtmann von Guttenberg und Lützelstein, und pfalzzweibrück'scher adliger Geh.-R., verm. 1719 mit Dorothea Freiin v. Fouquerolles, stifteten vier Söhne die noch jetzt blühenden Zweige. 1) Stanislaus, geb. 1721, gest. 1793: Julia de la Tour-Froissac (gest. 1803); dessen Urenkel Heinrich Heeremann Freih. v. W., das jetzige Haupt dieses Zweiges, geb. 1827, k. k. Major in d. A. und dessen Bruder Franz, geb. 1829, k. k. Kämmerer, Geh.-R. und Oberst-Lieut. in d. A., verm. mit Bertha Grf. Kottulinski (geb. 1839), zwei Söhne Franz, geb. 1862 und Carl Rudolf, geb. 1869. 2) Franz Ludwig Herold, geb. 1732, gest. 1800 als franz. General-Lieut., verm. 1759 mit Cunigunde v. Goy, dessen zweiter Sohn Franz Carl Eduard (s. oben) in den Reichsgrafenstand erhoben (s. Nachkommen s. unten), der älteste indess Georg, gest. 1807, den zweiten freiherrl. Zweig fortsetzte, welcher in Felix Leberecht, geb. 1844, k. preuss. Lieut. a. D., noch blüht, sowie in Felix, Vaters Bruder Sohn, geb. 1811 (jener kais. franz. Divisionsgeneral, unter welchem, nach Abgabe des Commando des verwundeten Marschall Mac Mahon am 2. Sept. 1870, sich dessen Armee von 80,000 Mann, mit dem Kaiser Napoleon selbst, bei Sedan, kriegsgefangen an die Deutschen, unter König Wilhelm von Preussen, ergab!) und in einer Nebenlinie in Württemberg durch die Söhne des 1845 gest. k. württemb. General-Majors Friedrich Freih. v. W., Wilhelm, geb. 1820, k. württemb. Kammerh. und Rittm. a. D., verm. mit Amalie Bar Roux de Damiani, und Dagobert, geb. 1821, k. württemb. Kammerherr und Major a. D., verm. mit Luise Lang (geb. 1841) und deren Kinder. 3) Georg, geb. 1735, gest. 1816 als k. k. Feldmarschall-Lieut., verm. mit Juliane Freiin Bösclager; Dagobert, geb. 1765, gest. 1836 als k. k. Oberst: Antonie Freiin Erös (gest. 1836); welcher zwei Söhne hinterliess, Coloman, geb. 1812, Mitbesitzer von Nagy-Mihaly in Ungarn, k. k. Oberst-Lieut. in d. A., verm. mit Irma Erös de Bethlen et Bihakfalva, deren Sohn, Johann 1847. Bruder: Adolf, geb. 1818, Mitbesitzer von Nagy-Mihaly u. s. w., k. k. General-Major in P., verm. 1) 1844 mit Clara Lautern (geb. 1822, gest. 1862), 2) 1863 mit Irma Freiin v. Wimpffen (geb. 1839), Sohn erster Ehe Dionys, geb. 1848, k. k. Lieut. 4) Zweig Felix, geb. 1744, gest. 1813, als franz. General-Lieut., verm. mit Amélie v. Boiville; Georg Oswald (des 1849 gest. k. franz. Forstbeamten Georg Freih. v. W. Sohn), k. k. Oberlieut., geb. 1842. — Die gräfl. Linie stammt (s. oben) von Franz, dem Stifter des zweiten Zweiges, dessen zweiter Sohn, Franz Carl Eduard 1797 in den Reichsgrafenstand erhoben. Geb. 1776, gest. 1842, war derselbe verm. 1) 1796 mit Victoria Prinzessin von Anhalt-Bernburg-Schaumburg, gest. 1817, 2) 1818 mit Pauline Freiin v. Marschall. Sohn erster Ehe und jetziges Haupt der Familie ist Franz Emil Lorenz Rgr. v. W., geb. 1797, Herr auf Kainberg, Reitenau und Eichberg in Steiermark, k. k. Kämm., Geh.-R. und General-Feldzeugmeister, verm. 1825 mit Maria Freiin v. Eskeles, aus welcher Ehe entsprossen, neben einer Tochter, Heinrich Emil, geb. 1827, Herr auf Saly und Gessth in Ungarn, Verwaltungs-R. der österr. Discontobank, Victor, geb. 1834, k. k. Corvettencapitain a. D., verm. 1860 mit Anastasia Freiin Sina, welcher neben einer Tochter zwei Söhne, Siegfried, geb. 1865 und Simon, geb. 1867. Bruder erster Ehe Gustav, geb. 1805, k. k. Kämmerer und Feldmarschall-Lieut., verm. mit Pauline Freiin Wimpffen, welcher neben einer Tochter einen Sohn Franz, geb. 1850, k. k. Lieut. Aus zweiter Ehe stammen, neben einer Schwester, Felix Rgr. v. W. zu Brunnsee in Steiermark, k. k. Kämm. und Geh.-R., ausserordentl. Gesandter und bevollm. Minister am norddeutschen Bunde und k. preuss. Hofe, verm. 1867 mit Margaretha Grf. zu Lynar (geb. 1837) und dessen Tochter.

<small>Allgem. geneal. Handb., I. S. 906. — Geneal. Taschenb. d. freih. Häuser, 1853, S. 539. 1870, S. 1038. — Geneal. Taschenb. d. gräfl Häuser, 1870, S. 493. — Handb dazu, S. 1079. — v. Hefner, württemb. Adel, S. 14. T. 17. — v. Hellbach, II. S. 749. — Kneschke, deutsche Grafenhäuser, II. S. 676. — Freih. v. Ledebur, III. S. 119. — Meyerle v. M , Ergs. S. 37. — Neues geneal. Handb. 1777, S. 359. 1778, S. 408. — Schönfeld, Adels-Schem. I. S. 236. — Schmutz, IV. S. 368. — Siebmacher, I. S. 273.</small>

Winckelmann von Hasenthal und Mechelgrün (Schild längs getheilt, rechts in Schwarz auf einem weissen Berge ein aufgerichteter natürlicher Hase, aber auch ein Thurm und ein Baum [s. unten], links in Roth ein aufgerichtetes Windspiel mit goldenem Halsbande).

Reichsadelsstand. Diplom vom Kaiser Ferdinand I. 1558 für Johann W. auf Hermsgrün im Voigtlande, mit dem Prädicat v. Hasenthal. Erneuerung und Wappenverbesserung vom 22. Sept. 1600, so wie für dessen Brüder und Vettern Wolffen, so wie Wolff W. v. H. mit seinen Brüdern, Christian Wolff Ernst und Friedrich v. H. am 12. Mai 1625 eine abermalige Bestätigung des Adels mit einer neuen Verbesserung des Wappens, und mit der Erlaubniss, sich v. W. zu Mechlichgrün zu nennen, erhielten. Die Familie besass noch gleichfalls im Voigtlande die Güter Schönbrunn und Zöben.

Gauhe, I. S. 2898. — *v. Hellbach*, II. S. 752. — *Kneschke*, Wappen, III. S. 459. — *König*, II. S. 600 und 2186. — *Freih. v. Ledebur* III. S. 120. — *Tyroff*, I. T. 257 (altes und neues Wappen). — *Zedler*, 57. S. 465.

Winckelmann (geviert 1 und 4 in Silber ein schwarzes Adlerbein, 2 und 3 in Blau ein silbernes von drei goldenen Sternen begleitetes Winkelmaass). Adelsstand des Kgr. Preussen. Diplom vom 14. Jan. 1721 für den Rittm. Christian Friedr. W. und vom 12. Dec. 1786 für Christian Ludw. W., pomm. Kriegs- u. Domainen-Kammer-Director.

Freih. v. Ledebur, III. S. 119. — Wappenb. d. preuss. Monarchie, IV. 94. — N. Pr. Adels-Lex. IV. S. 339.

Winckelmann (in Gold ein blauer mit silbernem Sterne belegter Querbalken). Adelsstand des Kgr. Preussen. Diplom vom 13. Nov. 1782 für Michael Johann Joseph Franz W. zu Cleve.

Freih. v. Ledebur, III. S. 119. — Wappenb. d. preuss. Monarchie, IV. 94. — N. Pr. Adels-Lex. IV. S. 339.

Winckler (geviert mit blauem Mittelschilde, darin ein silberner gepanzerter Arm mit goldenem Winkelmaass; 1 und 4 in von Blau und Silber quergetheilt ein Flügel, mit abwechselnden Farben; 2 und 3 in Blau ein goldener Stern). Reichsadelsstand. Diplom vom 25. Nov. 1650 für Georg W. auf Dölitz. Derselbe, geb. 1582, gest. 1654, hinterliess vier zugleich mit ihm geadelte Söhne, von denen aber nur der zweite den Adel fortführte: Andreas, geb. 1631, gest. 1675, dessen Sohn Paul (gest. 1710) durch seinen Sohn Joh. Ernst I. die Linie auf Dölitz fortsetzte. Bei den Nachkommen des dritten Sohnes Heinrich, geb. 1628, gest. 1704, verm. mit Magdalena v. d. Burgk, erfolgte eine zweimalige Adelserneuerung, zuerst für den Enkel seines ältesten Sohnes, Carl Gottfried II., Dr., kursächs. Appellationsger.-R. und Ordinarius der Juristenfacultät in Leipzig und für den Ur-Ur-Enkel seines zweiten Sohnes Daniel, Georg Friedrich, k. sächs. Amtshauptmann vom 13. Dec. 1823, welcher verm. 1828 mit Maria v. Egidy, neben drei Töchtern einen Sohn Georg, geb. 1846, stud. jur.

Handschriftl. Notizen. — *v. Hefner*, sächs. Adel, S. 52, T. 61. — Derselbe, bayer. Adel, S. 124. T. 153. — *v. Hellbach*, II. S. 753. — *v. Lang*, S. 695. — *Freih. v. Ledebur*, III. S. 120. — N. Pr. Adels-Lex., IV. S. 340, V. S. 482.

Windischgrätz, Fürsten (Schild geviert mit geviertetem Mittelschilde, dessen rother Herzschild eine goldene Fischgräte [Gradner], 1 und 4 in Roth eine silberne Kirchenfahne [Pfanstetten], 2 und 3 in Silber ein schwarzer Schräglingsbalken; Hauptschild 1 und 4 in Roth ein silberner Wolfs- oder Rüdenkopf [Windischgrätz], 2 in

Schwarz 3 [2. 1.] goldene Ringe [Waldstein im Thal], 3 in Schwarz mit silbernem Schildeshaupte, ein silberner Sparren [Wolfsthal]). — Uraltes deutsches Dynastengeschlecht, das den zweiten Sohn des Herzogs Ulrich v. Kärnthen, Weriand (gegen Ende des 11. Jahrh.) zum Stammvater. — Nach A. Weiss Kärnthen's Adel 1869, S. 161: 1228—1293 unter den Ministerialen von Aquileja. — Nach v. Hefner (hoher Adel Deutschlands, Siebmacher neue Aufl. 3. Abth.): Schon im 14. Jahrh. ein angesehenes Bürgergeschlecht der Stadt Gratz in Steiermark, von dem wohl anzunehmen, dass sie dorthin von der Stadt W. im Zillerkreise gekommen, aber sicher, dass sie den Namen nur von ihrem Geburtsorte, nicht von der Herrschaft über demselben geschöpft haben, welche Letztere die Gradner mit dem Freiherrentitel besassen. — Rupert kauft 1468 die Herrschaft Thal und Waldstein. Die Gebrüder Erasmus und Pankratius 1551 Freiherren, 1557 Grafen zu Waldstein und Gottlieb am 29. Nov. 1682 Reichsgraf, geb. 1633, gest. 1695, verm. 1) mit Amalia v. Brederode, 2) mit Maria Grf. v. Ottingen, 3) Maria Grf. Saurau. Des Urenkels Joseph Nicolaus, Rgr. v. W. (geb. 1746, gest. 1802, verm. mit Franziska, Prinzessin v. Aremberg, gest. 1812) Söhne theilen den Stamm in zwei Aeste: I. Alfred Candid. Ferdinand, geb. 1787, durch den Besitz der reichsunmittelbaren Herrschaften Eggloffs und Siggen am 25. Mai 1804 zum Reichsfürsten nach dem Rechte der Erstgeburt erhoben, verm. 1817 mit Eleonore Prinzessin v. Schwarzenberg (geb. 1790, gest. 1848), Ausdehnung des Fürstenstandes auf alle Nachkommen 1822. General-Major 1826, General-Commandant 1848 und 49 in Ungarn, gest. 1862 als k. k. österr. Feldmarschall. Dessen ältester Sohn und jetziges Haupt dieses Astes: Alfred Nicolaus Guntram Fürst v. W., geb. 1819, k. k. österr. Feldmarschall-Lieut., Cavallerie-Div.-Commandant, verm. 1850 mit Maria Prinzessin v. Lobkowitz (geb. 1829, gest. 1852), einziger Sohn Alfred, geb. 1851. Geschwister Victor, geb. 1824; August, geb. 1828, k. k. österr. Oberst und erster Stallmeister des Kaisers, verm. 1853 mit Wilhelmine Grf. Nostitz (geb. 1827), StKr.-D. und PD., aus welcher Ehe neben einer Tochter, noch Prinz Ferdinand, geb. 1859; Ludwig, geb. 1830, k. k. Oberst; Joseph, geb. 1831, k. k. Oberst, verm. 1866 mit Maria Taglioni. II. Veriand, geb. 1790, k. k. Kämm., verm. 1812 mit Eleonore Prinzessin v. Lobkowitz (geb. 1795), gest. 1867. Dessen ältester Sohn Carl, geb. 1821, k. k. Oberst, gefallen in der Schlacht bei Solferino 1859, verm. 1857 mit Mathilde Prinzessin zu Windischgrätz; jetziges Haupt dieses Astes Hugo Fürst zu W., geb. 1823, k. k. General-Major, verm. 1) 1849 mit Luise Prinzessin v. Meklenburg-Schwerin (geb. 1824, gest. 1859), 2) 1867 mit Prinzessin Mathilde Radziwill (geb. 1836), dessen Sohn erster Ehe Hugo, geb. 1854. Brüder: Ernst, geb. 1827, k. k. Oberst und Robert, geb. 1831, k. k. Rittmeister.

Biedermann, Grafen, I. S. 141. — *Ducelini*, Germ. stemm. III. n. 255. — *Gauhe*, II. 1294—96. — Geneal.-stat. Handb., 1857. — Geneal.-hist.-stat. Almanach, 1848, S. 499. — Goth. geneal. Hofkalender, 1826, 1848, 1849, 1870, S. 282. — v. *Hefner*, hoher Adel Deutschlands. — *Hopf*, hist. Atlas, I. S. 412. — *Hübner*, III. T. 723—26. — *Imhof*, not. proc. Imp., VIII. c. 12. — *Masch*, S. 182.

— *v. Meding*, II. S. 662, n. 976. — *Schmus*, IV. S. 372. — *Schönfeld*, Ad. Schem., I. 41. — *Siebmacher*, I. S. 20. u. 6. — *Spener*, hist. Insig. p. 568, T. 25. — *Weiss*, Kärnth. Adel, S. 161 und S. 295. — *Wurmbrand*, Collect., S. 74, 239, 298. — *Zedler*, 57. S. 720—32. — Das Geschlecht der Fürsten v. W. in Schmidt's Österr. Blättern für Lit. und Kunst. Wien 1845, 4. u. 73. S. 570.

Winkelhofen zu Engläss, Krakoffel und Neidenstein, Freiherren (Schild geviert mit blauem Mittelschilde, in welchem eine goldene Lilie, 1 und 4 in Silber ein schwarzer Löwe, 2 und 3 in Roth eine silberne Kugel). Reichsfreiherrenstand vom 20. Juni 1717 für Franz Joach. v. W. Der Stamm hat fortgeblüht und zwei Enkel desselben, die Gebrüder Christoph Joseph Franz Vinc. Freih. v. W., geb. 1755, ehemal. kurtrier. Kammerh., dann quiesc. Hof- u. Reg.-R. und Leopold Ferdinand Freih. v. W., geb. 1766, pens. Gardelieut. und ehemal. Hofcavalier des Fürstbisch. v. Passau, wurden in die Adelsmatrikel d. Kgr. Bayern eingetragen.

v. Hefner, bayer. Adel, S. 64. T. 69. — *v. Hellbach*, II. S. 752. — *v. Lang*, S. 269. — *Megerle v. Mühlfeld*, Erg.z., S. 119. — Wappenb. d. Kgr. Bayern, IV. S. 48.

Winkler von Winklern, Ritter und Edle (Schild quergetheilt, oben in Blau ein schräg rechter goldener Balken, begleitet rechts unten von einem goldenen Halbmonde, links oben von einem silbernen Mühlsteine; unten in Roth ein wachsender goldener Löwe mit goldenem Stern). Erbl. österr. Ritterstand. Diplom vom 15. Febr. 1766 für Johann Anton W., fürstl. Schwarzenbergischen Eisenoberverweser in Steiermark.

v. Hellbach, II. S. 755. — *Megerle v. M.*, S. 153.

Winter von Adlerflügel (in Grün ein silbernes Flügelpferd mit schwarzen Flügeln). Dem Superintendenten zu Schwetz ist der Adel erneut worden. Von seinen Söhnen besitzt Leopold in Westpreussen Jeleniec bei Culm, der Andere ist Land-R. in Frankf. a. O. — Georg Simon W. aus Oesterreich, brandenb. onolzbachsch., dann württemberg. Gestütsmeister, ward 1681 geadelt.

Freih. v. Ledebur, III. S. 122 und Nachtrag S. 179. — Wappenb. d. preuss. Mon., IV. 96.

Winter von Ettenkofen, Ritter (Schild geviert, 1 und 4 in Roth ein schwarzer Löwe mit Schwert, 2 und 3 in Grün drei Vergissmeinnicht). Pfalzbayer. Ritterstand und Adels-Bestätigung des 1653 ertheilten Adelstandes. Diplom vom 20. Febr. 1793 für den Rittm. Ferdinand Maria W. v. E. und seine drei Söhne, Andreas Friedrich Ferdinand, k. bayer. General-Salinen-Administrat.-R. im München, geb. 1768, Libert Reiner, k. bayer. Strassenbauinspector in Regensburg, geb. 1770 und Rudolf Anton, Besitzer v. Abtsried.

v. Hefner, bayer. Adel, S. 174. T. 153. — *v. Lang*, S. 596.

Winter, Edle (in Blau ein silberner Querbalken, oben von zwei, unten von einer silbernen Münze begleitet). Oesterr. Adelsstand. Diplom vom 28. April 1869 für Vincenz W., k. k. Rath und Staatshauptkassen-Director in P. Derselbe, geb. 1799, war verm. 1) 1826 mit Franziska Kammerhuber (geb. 1795), 2) 1863 mit Maria Stuck, (geb. 1807) und hat einen Sohn erster Ehe Moritz, geb. 1831, Dr. jur., k. k. Ministerial-Concipist, verm. 1859 mit Leopoldine Heilsam (geb. 1834), welcher zwei Töchter.

Geneal. Taschenb. der Ritter- und Adelsgeschlechter, 1870, S. 464.

Winterbach-Schauenburg (in Blau ein schräg rechter wellenförmiger silberner Balken, begleitet von 2 Halbmonden). Reichsadelsstand. Diplom vom 13. Jan. 1697 mit von Schauenburg, des ihm verwandten ausgestorbenen elsäss. Geschlechts, für Johann Bernhard Wilhelm, Bürgermeister v. Rothenburg a. d. Tauber, aus einem dortigen Rathsgeschlecht. Wappenbrief von 1600. Der Stamm blühte fort und wurden in die Adelsmatrikel des Kgr. Bayern eingetragen Johann Christoph, k. bayer. quittirt. Oberlieut., geb. 1766, Johann Christian, pens. Raths-Assessor v. Rothenburg, geb. 1770, Johann David, quiesc. k. bayer. Communal-Administrator, geb. 1772, Joh. Friedrich, pens. Raths-Assessor zu Rothenburg, geb. 1767, Johann Balth., k. bayer. Stadtger.-Assessor in Bamberg, geb. 1776 und dessen Bruder, Christoph Wilhelm, Accessist beim k. Stadtger. München, geb. 1781.

v. Hellbach, II. S. 757. — *v. Lang.* S. 697. —; Wappenb. d. Kgr. Bayern, IX. S. 52.

Winterfeldt, auch Freiherren und Grafen (in Blau eine aufgerichtete goldene Korngarbe, über welche ein natürl. Wolf springt). Uraltes märkisches Adelsgeschlecht schon unter Heinr. dem Vogler dort heimisch geworden, wo auch das Stammhaus bis ins 14. Jahrh. in seiner Hand. Die Stammreihe beginnt mit Hans v. W. Mitte des 15. Jahrh., Helmuth Otto, k. dän. Oberhofmarschall, ward am 25. Mai 1671 Freiherr. Carl Theodor v. W., welcher als k. span. General-Feldmarschall-Lieut. u. Gouverneur von Lier in Brabant 1712 starb, ward am 12. März 1706 zum Marquis und der 1724 als k. span. General-Feldmarschall-Lieut. u. Gouverneur von Dendermonde in Flandern gestorbene Ernst v. W. am 26. Aug. 1719 in den Grafenstand erhoben. Georg Levin v. W., k. preuss. General-Major, Herr der Güter Kugellack u. Breitenstein in Preussen und Kutzerau und Menkin in d. Uckermark, starb 1728. Zu hohem Ruhme brachte seinen Namen Hans Carl v. W., k. preuss. General-Lieut., Gouverneur von Colberg, Ritter des schwarzen Adler-O., Herr der Schmarsower Güter in der Uckermark und der Borschower Güter in Schlesien. Er besass das Vertrauen und die Gunst seines grossen Königs im hohen Grade, war in den Feldzügen stets an seiner Seite und blieb im Treffen am Moysberge bei Görlitz am 7. Sept. 1757. Carl Ludwig, General-Major, gest. 1784, Erbherr auf Dalmin, welches seit 1344 in der Familie. Nach Rauer besass 1857 Adolf v. W., Lieut. a. D., Karwe (West-Priegnitz), Rudolf v. W. Neuhausen und Streesow (ebendas.), Philipp v. W. Neuhof (ebendas.), August v. W. Wahrnow (seit 1566), Wilhelm v. W., Maj. a. D., Wendisch-Wahrnow (ebendas.), Gustav v. W. Fregenstein, Moritz v. W. Kehrberg, Theodor Wilhelm v. W. Neuendorf, sämmtlich in der Ost-Priegnitz; Carl Detlef v. W., Land-R. u. Ritterschafts-Director a. D., Mitglied des Herrenhauses, Kutzirow, Dolgen, Zernskow (Prenzlau) und Metzelthin (Templin); Ludwig Gustav v. W., Major a. D., Ritterschafts-Director, Damerow, Heinrichshof und Neuenfeld (Prenzlau); August v. W., Kammerger.-R. a. D., Menkin (ebendas.);

Hans August Fr. v. W. Gr.-Spiegelberg (ebendas.); Carl Wilhelm v. W., Oberst-Lieut. a. D., Nieden (ebendas.); Leopold v. W. Jacobsdorf (Nimptsch) u. s. w., wie auch in neuster Zeit wieder vierundzwanzig Glieder der Familie in k. preuss. Kriegsdiensten.

Angeli, märk. Chron. 39. — *Bagmihl*, II. 1. — Dän. Ad.-Lex., I. 244, II. 356. — *Dorst*, schles. Wappenb. n. 208. — *Knsel*, altmärk Chr. S. 66. — *Gauhe*, I. S. 2900. — *Grundmann*, uckerm. Chr. S. 27—267. — *Hübner*, I. S. 219. — *Freih.* v. *Ledebur*, märk. Forschungen, III. S. 337. — Ad.-Lex., III. S. 380. — *Micrael*, Pomm. III. S. 212; VI. S. 386. — N. Pr. Ad.-Lex., IV. S. 341. — *Siebmacher*, I. 177; V. 168. — *Zedler*, 57. S. 979—82.

Wintzingerode, auch Freiherren und Grafen (in Silber ein schräg rechter rother Feuerhaken [Lanzenspitze] [Stammwappen], im gräfl. das Herzschild, auf einem quergetheilten Schilde, oben von Gold und Schwarz längs getheilt, darin ein aufwärts gekehrter Halbmond mit drei darüber stehenden Sternen in abwechselnden Farben; unten von Schwarz und Silber längs getheilt, darin zwei Adlerflügel ebenfalls in abwechselnden Farben). — Reichsgrafenstand. Diplom vom 21. Aug. 1794 für Levin v. W., k. württemb. Staatsminister, damals kurköln. Kämm. und hess. Oberhofmeister. Freiherrenstand laut Diplom vom 20. Aug. 1830 von der Krone Preussen anerkannt. — Uraltes Eichsfelder Geschlecht, seit dem 12. Jahrh. dort reichsunmittelbar mit dem gleichnamigen Dorfe beliehen. Der erste bekannte Stammvater ist Johann, welcher mit Kaiser Friedrich Barbarossa in Italien und Polen war. Die nächsten Nachkommen erscheinen als kurmainz. vicedomini des Schlosses Rusteberg, Bartholdus de Wincigeroth 1209. Johannes v. Wisigerod, Burgmann zu Rusteberg 1328, seit 1337 Besitzer des Schlosses Bodenstein. Heinrich IX. v. W., geb. 1390, gest. 1444, Ritter, Herr auf Bodenstein, Wintzingerode und Adelsborn, Mainzer Feldhauptm. u. Commandant von Erfurt, verm. 1) mit Luise v. Hanstein und 2) mit Adelheid v. Ebeleben. Barthold v. W., Freund der Reformation, kämpfte 1547 unter Kurfürst Johann Friedrich von Sachsen bei Mühlberg, später noch gegen den Kurfürsten Daniel von Mainz, der ihn aber gefangen nahm und 1575 hinrichten liess. Adolf Ernst, geb. 1590, war der gemeinschaftliche Stammvater der beiden noch blühenden Linien. 1. Linie zu Bodenstein, gestiftet von Hans Jobst (geb. 1628, gest. 1677, verm. mit Anna v. Barby-Möckern. Die Söhne des Enkels Georg Ludwig (gest. 1743) stiften die Unterlinien 1) Tastungen, welche 1819 wieder erlischt u. der Besitz an die Reichsgrafen v. W. fällt. 2) Auleben, gestiftet durch Hans Siegmund (gest. 1771). 3) Bodenstein, gestiftet durch Achaz Philipp (gest. 1758), s. unten gräfl. Linie. — II. Linie zu Adelsborn, gestiftet von Hans Ernst (geb. 1630, gest. 1690), dessen vier Söhne vier Unterlinien bilden, von denen 1) Tilleda mit Ernst August, k. poln. und kursächs. General, 1786 wieder erlischt. 2) Adelsborn, mit Ernst, k. preuss. Hauptmann, 1842 ausgestorben. 3) Wehnde, welche mit der Adelsborner Erbschaft wieder eine neue Linie A.-W. (s. unten) bildete, und 4) Ohmfeld, gestiftet durch Wasmuth Levin (gest. 1752), holländischer General, dessen Enkel Levin, das jetzt blühende Haus A) Ohmfeld-Tilleda gründet, dessen Haupt

Friedrich Freiherr v. W., geb. 1799, k. preuss. Reg.-Präsident z. Disp., verm. 1827 mit Luise Freiin Marschall v. Bieberstein (geb. 1804), welcher mit seinen drei Brüdern, deren Hinterlassenen und Vettern im Mitbesitz der Rittergüter Tilleda und Ohmfeld, von ersteren noch am Leben Adolf, geb. 1801, k. preuss. General-Lieut., verm. mit Eleonore Kresser, deren Sohn Friedrich, geb. 1837, k. preuss. Rittmeister, Philipp, geb. 1812, Herr zu Oberurff, grossherz. sächs. Geh.-R. a. D., verm. mit Marianne Freiin Berlepsch, aus welcher Ehe drei Söhne stammen. Von Vaters Bruder Ferdinand (geb. 1770, gest. 1818), kais. russ. General d. Cavall., verm. mit Helene v. Rostworowski, entsprossen Ferdinand, geb. 1809, k. russ. General-Lieut. a. D., verm. mit Esperance Grf. Belzig v. Kreutz (gest. 1869), und dessen Sohn Ferdinand, geb. 1839, k. preuss. Appellat.-Ger.-Referendar; vom Vatersbruder Friedrich (geb. 1774, gest. 1866), herzogl. nassauisch. Geh.-R., verm. 1) mit Franziska Pahl (gest. 1805), ein Sohn erster Ehe Julius, geb. 1801, k. k. Hauptmann in d. A. und ein Adoptivsohn: Gustav, geb. 1808, k. preuss. Major. — Wasmuth Levin's (s. oben) zweiter Sohn, August Friedrich gründet durch seine Söhne Carl Wasmuth und Wilhelm die ebenfalls jetzt blühenden Häuser B) Wintzingerode, dessen Haupt August, geb. 1801, k. preuss. Hauptm. a. D., Oberforstmeister u. Reg.-R. zu Cöln, verm. 1) mit Catharine v. Wille und 2) mit Elisabeth v. Geisler, woraus stammen erster Ehe: Walther, geb. 1837, k. preuss. Landesgerichts-Assessor und zweiter Ehe: Wasmuth, geb. 1840, k. preuss. Lieut. und C) Adelsborn-Wehnde (und Oberwildungen), dessen Haupt Wilhelm, geb. 1806, k. preuss. Kammerh. und Land-R. a. D. und Mitglied des preuss. Herrenhauses auf Lebenszeit, verm. 1) mit Antonie v. Wintzingerode-Adelsborn (gest. 1835), Erbherrin von Adelsborn, 2) mit Clara v. Knorr auf Sollstädt und Breitenbich (wodurch er den Namen und das Wappen des erloschenen Geschlechtes von Knorr 1836 annahm), aus welchen Ehen drei Söhne entsprossten, Levin, geb. 1830, Land-R. des Kreises Mühlhausen, verm. mit Bertha Freiin Hanstein-Bexenhausen, Sittig, geb. 1832, k. preuss. Lieut. a. D., verm. mit Anna v. Bosse und Wasmuth, geb. 1840, k. preuss. Prem.-Lieut. — Die gräfl. Linie (s. oben) blüht jetzt in Wilko, geb. 1833 (des 1856 gest. Grafen Levin, k. württemb. Staatsministers a. D. Sohn), Herr auf Schloss Bodenstein, auf Tastungen u. Wildungen im Kreise Worbis der k. preuss. Prov. Sachsen, k. preuss. Prem.-Lieut., verm. 1859 mit Maria Grf. Keller (geb. 1836), deren Sohn, neben sechs Töchtern, Levin Gustav, geb. 1867.

<small>Gauhe, I. S. 2902. — Geneal. Taschenb. d. freih. Häuser, 1840, 1857, 1858, 1864, 1866 u. 1870, S. 1039. — Geneal. Taschenb. d. gräfl. Häuser, 1870, S. 1195, Handbuch dazu, S. 1084. — v. Hefner, preuss., sächs., hess., nass. Adel. — v. Hellbach, II. S. 759. — Kneschke, deutsche Grafen-Häuser, II. S. 678. — Freih. v. Ledebur, III. S. 124. — N. Pr. Ad.-Lex., IV. S. 343. — Stammbaum der W., (Göttingen 1848. — Siebmacher, I. 181, n. 12. — Wolf, Urkundenb. d. Eichsfeldes, S. 21. — Zedler, 57. S. 1039.</small>

Wirsing, Freiherren (Schild quergetheilt, oben in Blau ein wachsender silberner Adler, unten in Gold ein von drei [2. 1.] blauen Sternen begleiteter Sparren). K. sächs. Freiherrenstand. Diplom vom 17. Febr. 1827 für Johann Caspar v. W., k. sächs. Minister-resident und Geh.-Legat.-R. am k. württemb. Hofe. — Aus einem alten Geschlechte Frieslands entsprossen, erhielt der Obige am 28. Febr. 1819 den Adelsstand des Kgr. Sachsen und war verm. mit Caroline Dibold, aus welcher Ehe vier Söhne entsprossten, von denen Carl Christoph Freih. v. W., geb. 1808, k. sächs. Reg.-R. zu Zwickau, verm. 1837 mit Henriette Wirsing (geb. 1814) neben drei Töchtern, vier Söhne: Ado, geb. 1839, k. sächs. Ger.-Referendar, Heinrich, geb. 1842, k. sächs. Förster, Carl, geb. 1845, k. sächs. Oberlieut. und Wilhelm, geb. 1854; Albert, geb. 1810, k. württemb. Major a. D.; Max, geb. 1813, verm. 1842 mit Friederike Freiin v. Beulwitz und Wilhelm (geb. 1814, gest. 1858), verm. 1) mit Luise Freiin Harling (gest. 1847), 2) Elise Freiin v. Hayn (geb. 1823), Sohn erster Ehe, Ado, geb. 1843.

<small>Geneal. Taschenb. d. freih. Häuser, 1856, S. 767. 1857, S. 868. 1869, S. 998. — v. *Hefner*, sächs. Ad., S. 18, T. 17. Württemb. Ad., S. 14, T. 11. — *Kneschke*, Wappen, IV. S. 448. — *Freih. v. Ledebur*, III. S. 124. — Wappenbuch d. Kgr. Sachsens, II. T. 37. — Wappenb. d. Kgr. Württemb., IV.</small>

Wiser, Freiherren u. Grafen (Schild geviert mit von Gold u. Blau der Länge nach getheiltem Mittelschilde, worin ein Stern von gewechselten Farben. Der über dem ganzen Schilde unter dem Mittelschilde sich ziehende schräg rechte blaue Balken ist vor und hinter dem Mittelschilde mit einem laufenden Wiesel [Löwen nach Anderen] belegt; 1 und 4 Gold und Schwarz und Schwarz und Gold der Länge nach getheilt, in Schwarz ein silberner Löwe; 2 u. 3 Gold und Silber und Silber und Gold der Länge nach getheilt, in Gold ein schwarzer Adlerflügel). — Reichsgrafenstand. Diplom vom 25. Juli 1702 für Franz Melchior Freih. v. W., kurpfälz. Geh.-Staats-R. — Alte österr. angesehene, bei Mölk schon 1450 mit Lehen angesessene Familie, worin Christian W., wegen Auszeichnung im Türkenkriege 1500 den Reichsadel erwarb und worüber Wolf v. W. 1577, nebst Verbesserung seines Wappens, eine Bestätigung erhielt. Nächster bekannter Stammvater ist Johann Georg v. W., verm. mit Barbara v. Mande, dessen Sohn Gottfried v. W., kurpfälz. Geh.-R., 1690 in den Freiherrenstand erhoben wurde. Aus der Ehe desselben mit Ursula v. Nürndorf entsprosste Franz Melchior, welcher den Grund zu grösserem Ansehen und Reichthum der Familie legte. Er nahm mit seinem Fürsten Johann Wilhelm die kathol. Religion an, nachdem früher die Vorfahren, des Glaubens halber, Oesterreich verlassen, wurde Reichsgraf (s. oben), erwarb die Herrschaften Zwingenberg, Siegelsbach, Weilenhof u. s. w. und hinterliess aus seiner Ehe mit Maria Müller v. Gradeneck zwei Söhne, welche die noch jetzt blühenden zwei Linien stifteten. I. die weisse L. begründet von Andreas Ferdinand, w. Reichshof-R., dessen Urenkel Friedrich Carl (geb. 1790, gest. 1831), der Vater des jetzigen Hauptes dieser Linie, Wilhelm Reichsgraf v. W., geb. 1821, Grundherr auf Leutershausen und Ursenbach, grossherzogl. bad. Kammerh. u. Malth.-OER., verm. 1848 mit Eleonore Grfn. zu Leiningen-Billigheim (geb. 1827), welcher neben drei Töchtern, Theodor, geb. 1849 und Joseph, geb.

1859. Die II. schwarze L. stiftete der jüngere Sohn Franz Melchiors, Franz Joseph, geb. 1679, kurpfälz. Geh.-R. und Oberburggraf zu Heidelberg, dessen Urenkel das jetzige Haupt derselben, Carl Joseph Reichsgraf v. W., geb. 1834 (Sohn des Joseph Georg, geb. 1795, gest. 1862 und der Therese Freiin Lasser, geb. 1805), Grundherr zu Siegelsbach, Weiler und Sandhof in Baden, herzogl. nassauischer Kammerh., verm. 1860 mit Adelaïde Prinzess v. Wrede (geb. 1834), welcher neben einer Tochter, Max, geb. 1861.

Cast, Adelsbuch von Baden, S. 214. — *Gauhe*, I. S. 2904. — General. Taschenb. d. gräfl. Häuser, 1867, S. 1001. 1870. S. 1198. Dazu histor.-herald. Handb. S. 1085. — v. *Hefner*, bayer. Adel, S. 27. T. 30. — v. *Hellbach*, II. S. 761. — Jahrb. d. deutschen Adels, 1847. — *Kneschke*, deutsche Grafenhäuser, II. S. 679. — v. *Lang*, Suppl. S. 29. — *Tyroff*, Wappenbuch, I. 84. — Wappenb. d. Kgr. Bayern, II. S. 52. — *Zedler*, 57, S. 1274—77.

Wisinger (Schild geviert, 1 und 4 in Roth ein fliegender Storch mit Schlange; 2 und 3 in Blau ein schräg linker Fluss von zwei goldenen Sternen begleitet). Kurbayer. Adelsstand. Diplom vom 14. Dec. 1770 für Franz Xavier W., Hofkastner. Joh. Bapt., k. bayer. Pfarrer zu Winklarn, geb. 1775 und Franz Anton, k. bayer. Auditor, geb. 1777, Gebrüder, wurden in d. bayer. Adelsmatrikel eingetragen.

v. *Hefner*, bayer. Adel. S. 124. T. 133. — v. *Hellbach*, II. S. 761. — v. *Lang*, S. 599. — Wappenb. d. Kgr. Bayern, IX. T. 53.

Wissmann (Schild geviert mit schwarzem Mittelschilde, worin ein weissbekleideter Mann mit einer Rose; 1 und 4 in Blau ein silberner Schwan; 2 und 3 in Silber ein schräg rechter rother mit zwei silbernen Sparren belegter Sparren, über welchem ein goldener Stern). Adelstands-Ernennung des Kgr. Preussen. Diplom vom 27. April 1787 für August Friedrich W., k. preuss. Justiz-R. auf Morrin, Putzernin, Zürkow, Kuhhagen u. s. w., später auf Hohenfelde, Domprobst zu Colberg, gest. 1805. Ein Sohn desselben war Präsident der Regierung zu Frankfurt a. O.

Bagmihl, IV. S. 22. — v. *Hellbach*, II. S. 761. — *Kneschke*, Wappen, III. S. 454. — Freih. v. *Ledebur*, II. S. 125. — N. Pr. Adels-Lex., IV. S. 342. — Wappenb. d. Pr. Monarchie, III. S.3. IV. S. 95.

Witte (Schild durch einen silbernen Querbalken getheilt, oben in Gold drei Kornähren, unten in Roth ein Hirschkopf). Adelstand des Kgr. Preussen. Diplom vom 8. Jan. 1816 für den k. preuss. Rittmeister W. auf Falkenwalde in der Neumark. Ein Sohn desselben war k. preuss. Landschaft-R. und Kammerger.-Assessor.

v. *Hellbach*, II. S. 763. — *Kneschke*, Wappen, I. S. 474. — Freih. v. *Ledebur*, II. S. 126. — N. Pr. Adels-Lex., IV. S. 343, V. S. 483. Wappenb. d. Pr. Monarchie, IV. T. 95.

Wittenbach, Freiherren (Schild geviert mit einem rothen Mittelschilde, worin ein silberner Querbalken; 1 und 4 in Grün über und unter einem silbernen gewellten Querbalken ein silberner Löwe; 2 und 3 in Silber sechs schmale rothe Berglein in drei Reihen pyramidenförmig). Erbl. österr. Freiherrenstand mit dem Prädikat zu Ratten und Thurnstein, Edler Herr zu Buchenbach und Bötzingen. Diplom vom 17. April 1675 für Johann Seb. v. W., k. k. Hofkammer-R. zu Inspruck, ebenso vom 12. Oct. 1671 für Johann Venerand v. W. — Die Familie stammt aus der Nähe von St. Gallen in der Schweiz. 1243 lebte Benedict v. W. zu Biel. 1386 fiel ein W. bei Sempach, österr. Voigt zu Glarus. Zwingli's dritte Gemahlin war eine W. Zur Zeit der Reformation theilte sich das Geschlecht in zwei Hauptlinien, deren ältere in Bern blieb, die jüngere oder katholische aber nach Vorarlberg und Breisgau übersiedelte. Aus dieser letzteren erlangte Stephan v. W., Herr zu Hilmisbiel am 16. Oct. 1511 eine Bestätigung seines alten Adels und eine Verbesserung seines Wappens. Johann Sebast. (s. oben), Freiherr, hinterliess aus seiner Ehe mit Monica Geist v. Wildeck zwei Söhne, die zwei Linien gründeten. Die jüngere des Franz starb mit dessen Sohn Veriand 1818 wieder aus. In der älteren des Ferdinand Sebastian, war dessen Urenkel Friedrich, grossherzogl. bad. Kammerh. (geb. 1804, gest. 1851), verm. 1840 mit Isabella Grf. Auersperg-Purgstall (geb. 1813), der Vater des jetzigen Hauptes der Familie Friedrich Gustav Freih. v. W. zu Ratten und Thurnstein, Edler Herr zu Buchenbach und Bötzingen, geb. 1843, und Otto's, geb. 1846 auf Merzhausen, so wie August's, geb. 1847. Gustav (des Vaters Bruder), geb. 1811, Herr zu Purgstall und Osterwitz in Steiermark, k. k. Kämm. und grossherzoglich badisch. Hauptmann, hat aus seiner Ehe mit Franziska Freiin Isdenozy de Monostor fünf Töchter und Friedrich, geb. 1851, Gustav, geb. 1852 und Ludwig, geb. 1853.

Cast, Adelsbuch von Baden, S. 214. 15. — Geneal. Taschenb. d. freih. Häuser, 1848, S. 402. 1870, S. 1045. — *v. Hefner*, bayer. Adel, S. 64. T. 69, Erg. S. 21. — *v. Hellbach*, II. S. 763. — *Kneschke*, Wappen, III. S. 459. — Wappenb. d. Kgr. Bayern, IV. S. 48.

Wittgenstein, Freiherren (Schild geviert, 1 u. 4 in Silber zwei schwarze Pfühle, 2 in Roth ein goldener Leopard, 3 in Roth eine silberne Burg mit schwarzem Thor). Freiherrenstand des Kgr. Preussen. Diplom vom 30. Sept. 1837 (nachdem bereits am 8. April 1837 der grossherzogl. hess. Adelsstand ertheilt) für die Kinder des Fürsten Friedrich Carl v. Sayn-Wittgenstein-Hohenstein (geb. 1766, gest. 1837), in zweiter Ehe verm. 1807 mit Luise Langenbach aus Lasphe (unter von Köhler vom Grossherzog von Hessen geadelt). Der älteste Sohn Carl, geb. 1809, gest. 1866, hinterliess aus seiner Ehe mit Bertha v. Bach (geb. 1820) fünf Töchter und vier Söhne, von denen Felix, geb. 1847, k. preuss. Lieut., der vierte Adolf, geb. 1822, k. preuss. Oberförster zu Cleve, verm. mit Anna Broest, hat ebenfalls zwei Söhne, Casimir, geb. 1859 und Moritz, geb. 1863.

Geneal. Taschenb. der freih. Häuser, 1855, S. 695. 1867, S. 1051. 1869, S. 999. — Goth. gen. Hofkalender 1836, S. 221. — *Freih. v. d. Knesebeck*, S. 304. — N. Pr. Ad.-Lex., IV. S. 345.

Wittich von Streitfeld, Ritter (Schild geviert, 1 und 4 in Gold ein halber schwarzer Adler, 2 in Roth ein gepanzerter Arm mit brennender Lunte, 3 in Roth ein Arm mit Schwert). Erbl. österr. Ritterstand. Diplom vom 20. Jan. 1809 für Carl W. v. St., Gutsbesitzer in Mähren. Franz W. v. St., Ritter, Hauptmann im k. k. Inf.-Reg. Nr. 63.

Kneschke, Wappen, IV. S. 451. — *v. Hellbach*, II. S. 764. — *Megerle v. M.*, Erg. S. 225. — Oesterr. Mil.-Schemat., 1870. S. 395.

Witzleben, Freiherren, auch Grafen (Schild von Silber und Roth in Form gestürzter Sparren dreimal getheilt, auch zwei gestürzte rothe Sparren in Silber). Uraltes thüring. angesehenes reichbegütertes Adelsgeschlecht. Dass dasselbe von Attila 450 unterworfen, ihre Führer mit Ländereien beschenkt, mit den Namen jener: Wito, Wizo, Witelin, Wizelin in der Weise des deutschen Volks durch Hinzufügung der Bedeutung eines festen Wohnsitzes, — leben —, das urkundlich 1140 vorkommende Witzleben, drei Stunden östlich von Arnstadt, gründeten, oder schon 933 ein Eric v. W. florirte, ist der Sage angehörig. Auch möchte der Stein im Schlosse Elgersburg mit dem Witzleben'schen Wappen und der Jahreszahl 1088 einigen Anstoss erregen, so wie die Erzählung, dass ein Fritz v. W. mit dem Kaiser Heinrich V. gegen den Landgrafen Ludwig von Thüringen mit dem Barte 1113 beim Welphenholze gefochten und gefallen, wenigstens der Correctur bedürfen, dass es für Ludw. III. (also für den Enkel des Vorigen) und 1115 geschehen. Die älteste schriftliche Urkunde der Familie datirt aber immer schon von 1133, worin Adelherus und Berbeto v. W. bezeugen, dass das Stift Fulda dem Kloster Paulinzelle das Dorf Bozelbrunnen überlassen. Als erste Urkunde über Besitz erscheint die von 1185, worin Gisela v. W. mit Zustimmung ihrer Söhne Heinrich und Otto wiederkäuflich an Gebhard, dritten Abt von Paulinzelle, zwei Zinshufen zu Nahwinden bei Rudolstadt verkauft. In Ritter Christian v. W. 1229 ist darauf u. in Ritter Hermann v. W. 1351—69 der nähere Stammvater des ganzen Geschlechts zu erblicken. Des Letzteren Sohn ist Friedrich (I.) auf Witzleben, Alkersleben, Eischleben, Osthofen 1266 bis 87, unter dessen Söhnen sich das Geschlecht in drei Hauptlinien theilt. Der älteste Christian, 1291, war der mittelbare Stifter der jetzt noch blühenden Hauptlinie Molschleben-Elgersburg. Der zweite Sohn, Friedrich II., 1340 ward durch seinen Urenkel Heinrich jun. (gest. 1455) Stammvater der Hauptlinie Liebenstein. Der dritte Sohn, Herbst, 1334, war der Vater Conrad's (magister consulum zu Gotha) und durch dessen Sohn Christian, 1374, mittelbarer Stifter der Hauptlinie Wendelstein, welche sich, nach dem Aussterben der Speciallinien Berka, der Fränkischen und der alten Wolmirstädter, durch Philipp Heinrich's, letzten Herren auf Wendelstein, Söhne: Wolf Dietrich Arnold sen. (gest. 1684) in die Neu-Wolmirstädter und durch Hartmann Ludwig sen. (gest. 1703) in die Wartenburger Speciallinie schied. Des Ersteren ältester Sohn Hartmann Ludwig stiftete die blauenhöfer, der jüngere Dietrich Arnold jun. die rothenhöfer Unterlinien, so wie des Wartenberger's Urenkel Hans Friedrich Wilhelm (gest. 1815), und Dietrich Eugen Heinrich (gest. 1814) die Begründer der ebenfalls noch blühenden Werbener und Obersteinkircher Linien wurden. Verfolgen wir nun die Hauptlinien bis auf die neuste Zeit, so ist in der I. Molschleben-Elgersburger H.-L., des obigen Christian's Ur-Ur-Enkel Curt, gest. 1497, der nähere Stammvater der (1.) Molschlebener Special-L. Alexander, k. k. Kämm., Sachs.-Goth. Oberforstmeister und Oberlandeshauptmann, verkaufte 1737 Molschleben, später auch Fröttstädt und Teutleben. Gest. 1781 hinterliess er aus der Ehe mit Victoria v. Wangenheim (gest. 1777) zwei Söhne, von denen der ältere Carl Friedrich, Sachs.-Weim.-Eisen. Kammerherr und Oberforstmeister, gest. 1792, verm. mit Christine Freiin v. Quernheimb, zum Sohn den Kön. hannöv. General-Major Carl Friedr. Ferd., gest. 1845, welcher aus seiner Ehe mit Caroline Holscher (gest. 1859) nur fünf Töchter. Dem dritten Sohne Alexanders (s. oben) Alexander Aug. Ludw. zu Gräfentonna, Sachs.-Goth. Kammerj. u. Dragoner-Lieut., gest. 1796, verm. mit Anna Gutbier, folgte als ältester Sohn Friedrich Ernst Wilhelm, k. sächs. Hauptm., gefallen in der Schlacht bei Wagram 1809, von dessen Söhnen, aus der Ehe mit Caroline Schmidt (gest. 1814), Wilhelm, k. sächs. Hauptm. a. D., geb. 1806, verm. 1) 1852 mit Auguste Aurich (gest. 1866), verm. 2) 1867 mit Julie Hausmann, geb. 1816, kinderlos; Rudolph, k. sächs. Oberst und Director der Garnisonverwaltung zu Dresden, geb. 1808, verm. 1837 mit Pauline v. Watzdorf-Berga (geb. 1804), eine Tochter Laura (geb. 1838), verm. 1866 mit Emil Freih. v. Watzdorf. Des Christian, mittelbaren Stifters der I. Molschleben-Elgersburger Hauptlinie (s. oben), jüngerer Ur-Ur-Enkel Iring, war der nähere Stammvater der (2.) Elgersburger Speciallinie. Er kaufte 1437 die vielfach schon an die Familie verpfändete Burg, wozu seine Nachfolger neben älterem Besitze von Alkersleben, Gera, Arnstadt, noch Schönheide, Bösleben, Neurode und Angelrode erwarben, wodurch die (3.) Elgersburger-Angelroder Speciallinie entstand, deren nächster Stammvater Albrecht Ernst Heinrich, k. preuss. Hauptmann, gest. 1761. Sein ältester Sohn Job Wilhelm, k. preuss. Oberstlieut. a. D., gest. 1824, verm. mit Friederike Hoch, hinterliess Heinrich, k. pr. Oberst a. D., gest. 1862, verm. mit Marianne v. Tarrach (geb. 1817), aus welcher Ehe entsprossten Georg, k. preuss. Hauptmann, geb. 1838 und Heinrich, k. preuss. Prem.-Lieut., geb. 1842. Der zweite Sohn Albrecht Ernst's, Heinrich Günther, auf Angelrode und Elgersburg, k. preuss. General-Major, gest. 1824, verm. mit Amalie Freiin v. Wulf (gest. 1806), hatte drei Söhne, von welchen der älteste Hiob, auf Lischkowo, k. preuss. General-Lieut., General-Adjut. des Königs Friedrich Wilhelm III. v. Preussen, sowie Kriegsminister, gest. 1837, verm. mit Auguste Splittegerber (gest. 1858), wieder vier Söhne, deren zweiter, Eric, k. preuss. Oberst a. D., auf Lischkowo, geb. 1819, verm. mit Maria v. Ribbeck (geb. 1824), nur männl. Nachkommen: Job Wilhelm, k. preuss. Prem.-Lieut., geb. 1845 und Eric, k. preuss. Sec.-Lieut. Dem zweiten Sohne Heinrich Günther's, Constantin, k. preuss. General-Lieut., gest. 1845, verm. mit Luitgarde v. Bischofswerder (gest. 1869), folgten Max, k. preuss. General-Maj., geb. 1812 und diesem wieder mehrere Söhne aus seiner Ehe mit Julie Grf. Lynar (geb. 1818). Der dritte Sohn Heinrich Günther's, Carl, hinterliess zwei Söhne, von denen der ältere Carl Ludwig, herzogl. Sachs.-Altenb. Prem.-Lieut., gest. 1867, verm. mit Emma Wenzel (gest. 1851), sechs Söhne, der jüngere Sohn Carl's, Heinrich Günther, k. preuss. Forstmeister in Potsdam, geb. 1824, verm. mit Adele Schmitz (geb. 1831), zwei Söhne und eine Tochter. Der dritte Sohn Albrecht Ernst's (s. oben), Friedrich auf Elgersburg u. Angelrode, k. preuss. Hauptmann, gest. 1800, verm. mit Friederike Horch, hinterliess Friedrich auf Angelrode und Martinsrode, k. preuss. Lieut. a. D. und Schwarzb.-Rudolstädt. w. Geh.-R. und Oberstallmeister, gest. 1862, verm. 2) mit Luise v. Hopfgarten, aus welcher Ehe vier Söhne am Leben: Job, auf Angelrode und Martinrode, k. preuss. Lieut. a. D., geb. 1829, verm. 1858 mit Helene Schierholz, welche wieder mehrere Söhne und Töchter, Ernst, auf Waldberg in Pommern, geb. 1831, verm. 1855 mit Emma v. Hagenow (geb. 1836), von denen ebenfalls Söhne und Töchter entsprossten, Reinhold, k. preuss. Lieut. a. D. zu Nieder-Gebra bei Nordhausen, geb. 1835, verm. mit Elisabeth v. Witzleben-Angelsrode, welche eine Tochter und Eric, geb. 1851. Der vierte Sohn Albrecht Ernst's (s. oben) Heinrich, auf Rohrbach, k. preuss. Oberst a. D. und Oberforstmeister, gest. 1818, verm. mit Wilhelmine v. Koppenfels, hat von drei noch lebenden Söhnen, nur von dem ältesten Hermann, k. preuss. Oberst a. D., geb. 1797, verm. mit N. v. Alvensleben, einen männlichen Nachfolger, Hermann, k. preuss. Oberförster zu Platte bei Wiesbaden, geb. 1827, verm. 1859 mit Helene Bauer, aus welcher Ehe wieder ein Enkel. Der zweite Sohn Heinrich, ist k. pr. Oberst-Lieut. a. D., geb. 1798, verm. mit N. v. Conta, der dritte Friedrich auf Cölm bei Niesky in Schlesien, k. preuss. Kammerh. und Schlosshauptmann zu Rheinsberg, geb. 1802, verm. mit Dorothea v. Meklenburg (gest. 1861), welche nur Töchter. Die II. Hauptlinie Liebenstein stammt von Friedrich, 1288, Bruder des Christian, Stifters der I. H. L. Molschleben-Elgersburg, und als näherem Begründer von dessen Ur-Ur-Enkel Heinrich, welcher, wie schon sein Vater und Grossvater, auf Wachsenburg, dafür 1434 Liebenstein erhielt. Von seinen Nachfolgern, stirbt Ernst Friedrich auf Liebenstein, Gräfenau und Haida, 1653, dessen direkte Linie aber im 18. Jahrh. erlischt, so wie auch die seines Bruders Christian Rudolf, später noch auf Frankenhain und Rippertsrode, welche mit Emil auf Liebenstein u. s. w., k. preuss. Lieut. a. D., ebenfalls 1820 ausstirbt. Ein Enkel Heinrichs aber, Curt, gest. 1719, verm. mit Maria v. Knuth, begründet seit 1681, als k. dän. Jägermeister und Drost der Grafschaft Delmenhorst, auf Elmesloh und Hudl die (4.) oldenburg-dänische Special-Linie. Von seines Enkels Adam Levin, gest. 1766, verm. mit Caroline v. Sobbe, 11 Kindern, haben nur zwei Söhne männl. Nachkommenschaft, der ältere Ernst, oldenb. Hofjägermeister und Schlosshauptmann, gest. 1813, verm. mit Friederike v. Römer; Ernst, Herr auf Elmesloh und Hude, geb. 1810, oldenb. Kammerh. a. D., verm. mit Sophie Freese, aus welcher Ehe vier Söhne und vier Töchter entsprossten, der zweite Rochus, gest. 1826, oldenb.-lübeck'scher Schlosshauptm. zu Eutin, dän. Kammerh., verm. mit Mariane v. Biedenfeld, welcher hinterliess Rochus, oldenb. Kammerh., Geh.-R. u. Oberstallmeister u. dieser 1861, aus dritter Ehe mit Emma v. Witzleben-Werben, zwei Töchter und einen Sohn. Die III. Hauptlinie Wendelstein wird vom dritten, jüngsten Sohne Friedrich's I. (s. oben), Herbot, abgeleitet, welcher einen jüngeren Sohn Conrad, zu Erfurt angesessen, 1313 Consul Civitatis Gothae und 1322 magister consulum. Dessen Sohne Werner ward 1346 für 363 Mark löthigen Silbers das Geleit zu Leipzig verschrieben, indess auch ein Dietrich zu Gummerstädt vorkommt, von dem noch ein schönes Denkmal in der Nicolaikapelle der Liebfrauenkirche zu Arnstadt, als dritter Sohn aber und nächster Stammvater Christian 1338—74. Er gehörte zu den bedeutendsten Männern der Familie. Sein Einfluss Jahrzehnte hindurch entscheidend für die Geschichte Thüringens, indem er mit dem Landgrafen Friedrich II. siegreich im Grafenkriege gegen Orlamünde-Weimar und sein Wirken und Schaffen durch Erwerbung der Lehne Willerstädt, Wendelstein (1353), Osfort, Wolmirstädt und in der Niederlausitz Budichau, Gablenz und Matzdorf, aber auch hochgeehrt durch Ernennung zum Heimlicher, Hofrichter und Schiedsrichter bei der verwittw. Landgräfin Elisabeth und ihren Söhnen, zum Schirmherren des Klosters Memleben und im Schutz- und Trutzbündniss mit Gebhard Edlen Herren zu Querfurt. Dazu erlangten seine Söhne noch Fürstensee, Schönwerda, Goldbach, so wie die Verpfändung der Leuchtenburg Kahla's und Dornburg's. Der dritte Sohn Christian war Bischof zu Naumburg von 1381—94, dessen Wohl er sich, theils durch Erwerb, theils durch Hebung des Besuches des Gottesdienstes mit Einrichtung der Antiphonie angelegen sein liess. Auch in den Hussitenkriegen, bei dem Siege von Brüx und der Niederlage bei Aussig 1426 besiegelten acht W. ihre Ehre mit ihrem Blute. Von den oben angedeuteten Nebenlinien, stiftete Kerstan sen., vertrauter Rath Kurfürst Friedrich des Streitbaren, durch Ankauf 1422 der Herrschaft Berka, diese, welche mit Hans Dietrich, trotz seiner zehn Brüder, 1728 erlosch. Kerstan jun. war durch seinen Enkel Christöffel der Stammvater der sogenannten fränkischen Linie, auf Wachsenburg und Wölfis. Unter den vielen kleinen unerzogenen Kindern eines nicht mehr vortheilhaft situirten Nachfolgers, befand sich Jobst Heinrich, geb. 1555, welcher bei dem Grafen Hans Albrecht von Mannsfeld Page, später als Oberst unter demselben in Brabant ein deutsches Regiment befehligend, sich mit der reichen Anna de Vaux und später mit der Schwester „Tilly's", Margarethe de T'serclaes vermählte, Burggraf zu Uppein, Vicomte d'Ipigny (Heppignies und Ligny) wurde und einen Sohn hinterliess, Julius, welcher als Oberst, vorher Adjutant bei Tilly, der seinem Neffen mit grosser Liebe zugethan war, unter Pappenheim in der Schlacht bei Lützen 1632 fiel, wonach 1681 überhaupt diese Linie ausstarb. Von der Wendelsteiner Linie hatte sich unter Heinrich die Alt-Wolmirstädter abgezweigt, welche indess, nachdem Philipp Heinrich, als letzter Herr von Wendelstein dasselbe 1616 an Hans v. Hessler als nicht auszulösendes Pfand abtreten musste, nach dem Aussterben durch Friedrich 1651 und durch die Erbschaft des Hans v. Ebeleben auf Mühlberg und Wartenburg, den Kindern Philipp Heinrich's neuen Aufschwung verlieh, welche nun wieder die Neu-Wolmirstädter und Wartenburger Speciallinien gründeten. Die erstere theilte sich durch Hartmann Ludwig in die Blauhöfische und durch Wolf Dietrich Arnold jun. in die Rothhöfische Nebenlinie, wovon die erstere sich wieder durch drei Enkel in drei Branchen schied: a) (hessisch) die Söhne des kurhess. Ober-Ger.-R. und Kammerherrn Carl v. W., gest. 1825: Moritz, geb. 1822, k. preuss. Prem.-Lieut. a. D. und Carl, kurhess. Reg.-Assessor, geb. 1824; b) (preussisch) Hartmann Ernst, k. pr. w. Geh.-R. und Oberpräsident der Provinz Sachsen, geb. 1808, verm. mit Maria Grf. Solms-Baruth, deren Sohn Heinr., geb. 1854; c) (ebenfalls preuss.) des 1842 gest. k. preuss. Land- u. Stadt-Ger.-R. August v. W. und der Caroline Freiin v. Meusebach Sohn August Hartmann, geb. 1835, k. preuss. Hauptmann, Mitherausgeber der Geschichte der Familie v. W., dem die Redaction zu besonderem Dank verpflichtet. Die Rothhöfische Nebenlinie theilte sich gleichfalls durch drei Enkel in drei Unterlinien: d) die Nachkommen Carl's, k. sächs. Prem.-Lieut. (gest. 1806), die Söhne Gustav's, k. sächs. Oberlieut.: Cäsar, k. sächs. Reg.-R., geb. 1823, verm. 1859 mit Luise Freiin Gregory (geb. 1830) und Oscar, k. sächs. Oberförster zu Colditz, geb. 1826, verm. 1863 mit Emma Brand v. Lindau (geb. 1841), welcher zwei Söhne; die Söhne Eduard's (gest. 1855): Julius, k. k. Oberlieut., geb. 1830 und Dietrich, k. sächs. Lieut., geb. 1837; die Söhne Dietrich's, k. preuss. Maj. a. D.: Max, geb. 1846 und Oscar, geb. 1851; die Söhne Max's, k. sächs. Hauptm. und Procurator der Fürstenschule in Meissen: Max, geb. 1837, k. sächs. Assessor und Albert, geb. 1847, k. sächs. Lieut.; e) die Nachkommen Hartmann Dietrich's (gest. 1832), k. sächs. Oberlieut.: Benno, k. sächs. General-Lieut., geb. 1808, verm. mit Caroline v. Zedlitz, dessen Sohn Curt, geb. 1852; f) die Nachkommen August's, kais. russ. Oberst, gest. 1839 (bekannt unter dem Schriftstellernamen v. Tromlitz), die Söhne Ferdinand Clamor's, k. preuss. General-Lieut., gest. 1859: Erich, verm. mit Maria v. Normann, k. preuss. Hauptmann, gest. 1866, welcher wieder zwei Söhne, Ferdinand, k. k. österr. Lieut., geb. 1833, verm. mit Elise Andree, dessen Sohn Günther, Arthur, k. preuss. Hauptmann, Edmund, k. preuss. Lieut. a. D.; die Söhne Bernhard's, k. preuss. Lieut. a. D., geb. 1802: Bernhard, k. preuss. Hauptmann, geb. 1834, und Max, k. preuss. Hauptmann, geb. 1835; August Gerhard, k. preuss. General-Lieut. a. D. (jetzt in Dessau), geb.1808, Mitherausgeber der Geschichte der Familie v. W., dem die Redaction ebenfalls zu Dank verbunden und welcher aus zwei Ehen fünf Töchter, so wie Hermann, k. preuss. Lieut. a. D., geb. 1816, auf Kitscher, welcher gleichfalls fünf Töchter. Es beschliesst nun die Wartenburger Speciallinie das Geschlecht, gestiftet vom jüngsten Sohne Philipp Heinrich's (s. oben) und sich in zwei Nebenlinien theilend durch Hans Friedrich auf Werben, gest. 1815, dessen Enkel von seinem Sohn Leopold, Alfred, geb. 1820, Arwied, geb. 1823, Hermann, geb. 1825, Arthur, geb.1826, Albert, geb.1828, in früheren nassauischen, oldenburg., weimar. und bayer. Diensten den Stamm fortpflanzten, indess die zweite Nebenlinie, durch Dietrich auf Kehnert gegründet, im Enkel Oscar, k. preuss. Prem.-Lieut. a. D. auf Obersteinkirch, aber ohne männl. Nachkommen blüht.

<small>Statt aller älteren Literatur ist, als daraus und aus Urkunden geschöpft, zu nennen: Geschichte der Familie v. Witzleben, herausgegeben von Gerhard Aug. v. W., k. preuss. General-Lieut. a. D. und August Hartmann v. W., k. preuss. Hauptmann. Berlin 1869. I, 1. II, 1—3.</small>

Wobeser (in Silber, ein grünes breites oben spitziges Blatt mit grünem Stiele). Altes pommer. Adelsgeschlecht, als dessen Stammvater Thesslaw W. 1270 genannt wird. Claus soll bereits 1300 das gleichnamige Gut besessen haben, wie sich im Laufe der Zeit der Grundbesitz der Familie in Pommern sehr mehrte. Im 18. Jahrh. kam das Geschlecht in die Lausitz, Neumark und nach Preussen. Von älteren Gliedern desselben wird Jacob v. W. 1529 als Hofmarschall des Herzogs Barnim IX. und Canzler genannt. Jacob II. war 1573 Rath und Hauptmann zu Colbatz und 1620 Hofmarschall des Herzogs Joh. Friedrich. Georg Bogislaw auf Ganten und Linckau starb 1722 als k. preuss. General-Lieut. und Commandant von Pillau, Joachim Wozislaw v. W., k. preuss. General-Major und Landdrost zu Meurs, starb 1746 und der preuss. General v. W., welcher bis 1806 ein Dragoner-Regiment als Chef commandirte und sich im Feldzuge 1813 sehr auszeichnete, starb 1821, so wie neuster Zeit noch mehrere Glieder der Familie in k. preuss. Diensten.

<small>Bagmihl, I. S. 22 und 23, T. VIII. — Gauhe, I. S. 2917. — Kneschke, Wappen, III. S. 461. — Freih. v. Ledebur, III. S. 129. — Micrael, VI. S. 545. — N. Pr. Ad. Lex., S. 347. — Siebmacher, V. S. 52 und 108. — Zedler, 58. S. 3.</small>

Wöber, Freiherren (geviert mit auf der Theilungslinie liegendem Türkenkopfe mit Turban; 1 und 4 in Silber ein rother Greif; 2 und 3 in Roth ein goldener Löwe). Reichsfreiherrenstand. Diplom vom 30. Juni 1753 für Thomas Edler Herr v. W., Herr zu Hagenberg und Pottendorf, Hofkriegs-R. und Geh.-Referendar. Johann Adam. w. Hofkriegs-R., Geh.-Referendar, erhielt am 24. Jan. 1690 den Reichsritterstand, nach dem die Familie bereits über 100 Jahre adlig gewesen. Er machte sich in Ober-Oesterr. ansässig und hinterliess aus der Ehe mit Margarethe Rauch v. Rauchenfels, Thomas (s. oben). später k. k. Feldmarschall-Lieut. und Präsident des Justizkriegraths, verm. mit Elisabeth v. Tallmann, dessen Sohn Jacob Freih. v. W., k. k. Geh.-R. und Appellations-Ger.-Präsident, verm. mit Elisabeth Freiin Nefflzern, von dessen Sohn Joseph Freih. v. W., geb. 1782. gest. 1862, k. k. Oberst in P., aus seiner Ehe mit Theresia Freiin Piret de Bihain, das jetzige Haupt der Familie August, Freih. v. W., geb. 1817, k. k. Oberst, und zwei Schwestern.

<small>Gen. Taschenb. d. freih. Häuser, 1865, S. 1013, 1867, S. 1052. 1869, S. 1000. — v. Hellbach, II. S. 768. — Megerle v. M., Erg. S. 114.</small>

Wöhrlin von Wohrburg (Schild geviert mit silbernem Mittelschilde, worin ein rothes oben flammendes Herz; 1 und 4 in Blau ein aus Wasser wachsender goldener Mann mit Schwert; 2 und 3 in Roth ein springendes schwarzes Ross. Ungar. Adelsstand. Diplom vom 16. Aug. 1681 für Andreas W., aus ansehnlicher Familie Kaufbayern's. Der Stamm blühte fort und zwei Urenkel des Andreas.

die Gebrüder Johann Ulrich, geb. 1749, Gemeindeverwalter, und Christoph Friedrich, geb. 1752, Grosshändler in Kaufbayern, wurden in die Adelsmatrikel des Kgr. Bayern eingetragen.

v. Hellbach, II. S. 768. — *Kneschke*, Wappen, IV. S. 453. — *v. Lang*, S. 598. — *Siebmacher*, V. Zusatz 22. — Wappenb. d. Kgr. Bayern, IX. S. 54.

Wöhrmann, Freiherren (geviert mit Mittelschild, in Silber ein wilder mit einem Schwerte umgürteter Mann, neben welchem ein grün belaubter Baum, an dem ein Hifthorn hängt; 1 u. 4 von Silber und Roth, Roth und Silber quergetheilt, 2 und 3 in Schwarz drei goldene Rosen). Sachs.-Cob.-Goth. Freiherrenstand. Diplom vom 8. Oct. 1852 für Heinrich, Erbherren auf Wendisch-Bora und Simselwitz. Derselbe, geb. 1810, stammt aus einer früher lübecker, jetzt rigaer Familie, verm. 1845 mit Virginie, Tochter des k. preuss. und des Norddeutschen Bundes General-Consuls für Kur- und Lievland, Johann Christoph W., durch Diplom vom 9. Juli 1859 gleichfalls in den Sachs.-Cob.-Goth. Freiherrenstand erhoben, deren Kinder, neben zwei Töchtern, Eduard, geb. 1848, Heinrich, geb. 1849, Woldemar, geb. 1851, Camillo, geb. 1852, Alexander, geb. 1854.

General. Taschenb. d. freih. Häuser, 1855, S. 697. 1868, S. 1038 und 1869, S. 1002.

Wölckern (in Blau ein schräg linker gewölkter silberner Balken, oben und unten von einem goldenen Sterne begleitet). Reichsadels- und Wappenbestätigungbrief. Diplom vom 7. Sept. 1761 für Lazarus Carl v. W. und seine zwei Brüder, Carl Wilhelm und Martin Carl. — Altes nürnberg. Patriciergeschlecht, welches früher Wolkersdorf gehiessen und das gleichnamige Gut schon im 13. Jahrh. besessen. Marquard's Sohn Otto, trat in Bambergsche Dienste und pflanzte durch Friedrich den Stamm in Franken fort. Johann, geb. 1530, wurde als Geistlicher lutherisch, vermählte sich mit Barbara v. d. Grün und nannte sich wegen der Verfolgungen Wölker. Zu grossem Ansehen gelangte Georg W. v. Markelsheim, geb. 1578, gest. 1663 als erster Consulent der freien Stadt Nürnberg, ebenfalls Lazarus (s. oben), welcher 1730 in das nürnberger Patriziat aufgenommen. Seine Söhne kauften das Rittergut Kalchreuth, nach welchem sie sich nannten, des jüngeren Carl Wilhelm's Sohn erhielt 1792 als erster Gesandter Nürnberg's bei der Kaiserkrönung in Frankfurt vom Kaiser Franz II. den Ritterschlag. Derselbe ist vortheilhaft bekannt als Herausgeber der Beschreibungen aller Wappen des Kgr. Bayern, Abth. 1—4. Nürnberg 1821 u. s. w. Sein Bruder Ludwig v. W., geb. 1762, Bürgermeister zu Ulm, verm. 1791 mit Ursula Freiin v. Welser (gest. 1814), pflanzte das Geschlecht fort. Von ihm stammt Ludwig Carl v. W., geb. 1794, verm. 1824 mit Wilhelmine v. Hüpeden (geb. 1806), aus welcher Ehe entsprosste, neben drei Töchtern, ein Sohn Leopold, geb. 1831.

v. Hellbach, II. S. 768. — *Kneschke*, Wappen, III. S. 465. — *v. Lang*, S. 599. — *Will*, Geschlechtsregister d. nürnb. Familien v. Praun, v. Wölckern u. s. w. 1772. — *Zedler*, 58. S. 32.

Wölffing (in Gold ein natürlicher springender Wolf.). Erbl. österr. Reichsritterstand. Diplom vom 16. Aug. 1763 für Ludwig

Burkard v. W., k. k. Oberst-Wachtmeister mit dem Prädicat Edler von.

v. Hellbach, II. S. 708. — *Kneschke*, Wappen, III. S. 465. — *Megerle v. M.*, Erg. S. 225.

Wöllwarth, Freiherren (in Silber ein liegender rother Halbmond). Zur reichsunmittelbaren Reichsritterschaft in Schwaben und Franken gehörig, erscheinen 1136 und 47 bereits urkundlich die Brüder Eberhard u. Otto deWellenwarte als Dynasten. Ulrich und Otto, Eberhard's Enkel 1229 und 39 liberi. Die Stammburg lag im Wörnitzthale bei Homburg. Als Stammvater wird Georg I., geb. 1366, gest. 1409, angenommen. Von seinen zwei Söhnen gründet der ältere die fachsenfelder, der jüngere die lauterberger Hauptlinie, deren erstere sich wieder in die laubacher, fachsenfelder und polsinger Speciallinien theilte, welche letztere mit Carl, geb. 1746, k. preuss. Kammerh., verm. 1772 mit Luise Schenk v. Geyern, 1810 ausstirbt. Die laubacher, deren Besitz die Rittergüter Laubach, Attenhofen, Affalteried u. Waiblingen im Oberamte Aalen im Jaxtkreise des Kgr. Württemberg, stammt von Ludwig Carl, gest. 1851, verm. mit Johanna Freiin Gumppenberg-Pöttnus (gest. 1829), aus welcher Ehe entsprossten neben fünf Töchtern: Carl Freih. v. W., geb. 1818, verm. 1857 mit Lucie Freiin v. Völderndorf-Waradein (geb. 1833). Die Linie Essingen-Lauterburg, die gleichnamigen Rittergüter ebenfalls im Jaxtkreise und das Schlossgut Hohenroden, ein Hofgut zu Bartholomä, ferner im Neckarkreise ein Gut zu Kleiningersheim besitzend, stammt von Carl Ludwig, k. württemb. Rittm. a. D., geb. 1800, gest. 1867, verm. 1) 1827 mit Sophie Grf. Scheler (gest. 1864), 2) 1866 mit deren Schwester Catharina. Kinder aus erster Ehe Georg, Freih. v. W., geb. 1836, verm. 1863 mit Emma v. Breidenbach, deren Kinder, neben einer Tochter, Georg, geb. 1864 und Carl, geb. 1867; Carl, geb. 1841, k. württemb. Oberlieut. und zwei Töchter. Von Vaters Brüdern setzte den Stamm fort Wilhelm, geb. 1802, grossherzogl. bad. Geh.-R. und Kammerh., verm. 1828 mit Henriette Freiin St. André (geb. 1803), aus welcher Ehe neben einer Tochter, Wilhelm, geb. 1831, k. preuss. Rittm. a. D., verm. 1862 mit Anna v. Röder (geb. 1839), deren Söhne Max, geb. 1865 und Conrad, geb. 1866.

Bucelin, stemm. fol. 322 und 418. — *Gauhe*, I. S. 2919. — Geneal. Taschenb. d. freih. Häuser, 1856, S. 773. 1860, S. 969. 1870, S. 1055. — *Hattstein*, III. T. 568. — *Hellbach*, II. S. 708. — *v. Lang*, S. 270. — *v. Meding*, II. n. 956. — *Siebmacher*, I. S. 115. n. 13. — *Zedler*, 58. S. 49.

Wogkowsky von Wogkow, Freiherren (in Roth zwei schwarze Büffelhörner). Erbl. österr. Freiherrenstand. Diplom vom 27. Sept. 1865 für Carl W., Ritter v. W. — Altes böhm.-mähr. Adelsgeschlecht, 1372 in den Capitularbüchern von Prag und 1364 in der mähr. Landtafel erscheinend. Der Obige, Sohn des Anton Ritter v. W., Landesausschussbeisitzers, gest. 1809, und der Therese v. Abel (gest. 1810), k. k. Hof-R. in P., geb. 1801, verm. 1841 mit Therese Hassenmüller v. Ortenstein (geb. 1821), aus welcher Ehe, neben drei Töchtern, entsprossten Carl, geb. 1848 und Zdenko, geb. 1852.

Geneal. Taschenb. d. freih. Häuser, 1868, S. 1013. 1869, S. 1001.

Wohlfahrt zu Weissenegg, Ritter (Schild geviert, 1 und 4 in Gold ein schwarzer Adler; 2 und 3 in Roth ein springender Wolf). Erbl. österr. Ritterstand. Diplom vom 14. Nov. 1766 für Franz Anton W., mit dem Prädicate „zu Weissenegg", Bestand-Inhaber der Herrschaft Weissenegg in Steiermark.

<small>*v. Hellbach*, II. S. 777. — *Kneschke*, Wappen, III. S. 463. — *Megerle v. M.*, S. 153. — *Schmutz*, IV. S. 386.</small>

Wohnlich, Freiherren (in Gold ein gestürzter schwarzer Halbmond, in der Mitte desselben mit einem schwarzen Kreuz besteckt). Freiherrenstand des Kgr. Bayern. Diplom vom 26. Mai 1822 für den Banquier Daniel Conrad W. aus Augsburg, dessen verstorbenen zwei Söhne nur Töcher hinterlassen.

<small>Geneal. Taschenb. d. freih. Häuser, 1868, S. 1015. — *v. Hefner*, bayer. Adel, S. 64, T. 69. — Wappenbuch des Kgr. Bayern, X. 110.</small>

Wolf (Schild quergetheilt, oben in Gold ein natürlicher Wolf, unten von Schwarz und Silber viermal quergetheilt). Reichsadel. Diplom vom 25. Sept. 1790 für Christian Wilhelm August W., kursächsischer Sous-Lieut. Carl Heinrich August v. W. war 1850 k. sächs. Oberst-Lieut. Auch in den neusten Ranglisten der k. sächs. Armee.

<small>*v. Hefner*, sächs. Adel, S. 53. S. 61. — *Kneschke*, Wappen, III. S. 466. — *Tyrof*, I. S. 182.</small>

Wolf von Wachtentreu, Freiherren (Schild halb in der Länge und quer getheilt: in Roth ein schräg rechter silberner Balken mit drei schwarzen Wolfsköpfen belegt; 2 in Roth ein silberner Löwe; 3 in Blau eine Burg, in deren Thor zwei sich nach oben kreuzende Schwerter, auf dem Thurme eine Eule). Erbl. österr. Freiherrenstand. Diplom vom 1. Febr. 1856 für Carl W. v. W. (als Major in den österr. Adelsstand am 22. Oct. 1840 erhoben), k. k. Feldmarschall-Lieut. in P., Ehrenbürger der Stadt Temeswar, dessen Grossvater (aus Slavonien) und Vater schon im k. k. österr. Militärdienst, verm. 1828 mit Anna Matzak v. Ottenburg (geb. 1800), aus welcher Ehe, neben einer Tochter, ein Sohn entsprossen, Joseph, geb. 1830, k. k. General-Major, verm. 1863 mit Gabriele Zdekauer v. Treukron (geb. 1842), welcher zwei Söhne, Friedrich, geb. 1864 und Carl, geb. 1865.

<small>Geneal. Taschenb. d. freih. Häuser, 1859, S. 904. 1870, S. 1047.</small>

Wolff (Schild der Länge nach getheilt, rechs in Silber ein natürlicher aufspringender Wolf, links in Blau drei in der Mitte mit den Halmen durch einen goldenen Reifen gesteckte goldene Kornähren). — Adelsstand des Kgr. Preussen. Diplom vom 20. Oct. 1786 für Paul Benedict W., k. preuss. Commerzien-R. und Herr auf Haselberg, Frankenfelde u. s. w. und Georg Adolf W., Herr auf Mögelin, Gebrüder.

<small>*Kneschke*, Wappen, I. S. 475. — *Freih. v. Ledebur*, III. S. 133. — N. Pr. Ad.-Lex. — Wappenbuch d. Pr. Monarchie, IV. S. 97.</small>

Wolf (Lüdinghausen gen. W.), Freiherren (Schild geviert mit goldenem Mittelschilde, worin eine rothe Glocke [Lüdinghausen];

1 und 4 in Silber drei rothe Querbalken, darüber ein blauer Löwe (Arrem), 2 und 3 in Silber ein goldener Stern, zwischen drei goldenen Ringen [Sell]). Kais. Russ. Anerkennung des Freiherrenstandes, vom 21. Sept. 1858, so wie königl. Preuss. vom 9. Juni 1858 für Ferdinand und vom 29. Juli und 11. Nov. 1865 für Otto und Wilhelm Freih. v. L. gen. W. — Urkundlich zuerst Heinrich v. L., 1161, Anhänger Herzog Heinrich des Löwen, und Jacob v. L., 1188, Wohlthäter des Klosters Corvey in Westphalen. Hermann, 1230—54, Ritter, Herr der Herrlichkeit L. und Forkenbech u. s. w., verm. mit N. Grf. v. Arrem; Bernhard v. L., zuerst gen. Wolff 1266, dessen Sohn Bernhard die 1800 ausgestorbene fünfte Linie Füchteln stiftete. Heinrich, Ritter, setzte den jetzigen Stamm fort, verm. mit N. v. Uffeln, dessen Ur-Ur-Enkel Füchten erwirbt und dessen Enkel Georg als Ritter des Deutschen Ordens nach Kurland ging und dort Erbherr auf Spirgen, Kaywen und Detten wurde. Sein zweiter Sohn Johann 1587, kurländ. Oberburggraf, Hauptm. zu Frauenburg, ward durch Vermählung mit Elisabeth v. Sellen zu Kurmen, Herbergen, Memelhof, der Stifter dieser Hauptlinie. Von ihm stammt durch Johann Wilhelm auf Kroschen in Litthauen das jetzige Haupt des 1. petersburger Zweiges Alexander Freih. v. L. gen. W., kais. russ. General-Major, so wie die mit Johann, kursächs. Oberlieut. a. D. in Niederstrahlwalde 1830 ausgestorbene 2. lausitzer Linie. Der Stifter der anderen (Jungfernhofer) Hauptlinie war der Bruder Johann Wilhelm's (s. oben), Georg Christoph, von dessen fünf Söhnen wieder die noch blühenden fünf Linien stammen. 1) Der kurländ. Zweig: Alfred Freih. v. L. gen. W., geb. 1816, III. Majoratsherr auf Jungfernhof und Sonnaxt in Kurland, verm. mit Emilie Grf. Nalecz v. Malyszyn (gest. 1860), dessen ältester Sohn Arthur, geb. 1839; 2) südrussischer Zweig; 3) älterer preuss. Zweig: Ferdinand, geb. 1832, k. preuss. Hauptmann, verm. 1861 mit Ottilie Freiin Eberstein (geb. 1838), dessen Sohn Bernd, geb. 1864; 4) lithauischer Zweig; 5) jüngerer preuss. Zweig: Alexander, geb. 1800, k. preuss. Prem.-Lieut. a. D., verm. mit Anna Ludwig (geb. 1803), dessen Sohn Wilhelm, geb. 1841, k. preuss. Lieut., verm. mit Marie Kern, welcher wieder mehrere Söhne, wie ebenfalls der Bruder Alexander's, Otto, geb. 1811, k. preuss. Oberst, verm. mit Jacobine Westphal (geb. 1817).

<small>Geneal. Taschenb. d. freih. Häuser, 1858, S. 807. 1859, S. 906. 1862, S. 909. 1870, S. 1018. — v. Hefner, preuss. Adel, S. 54. T. 68. — v. Hellbach, II. S. 775. — v. Meding, II. S. 983. — Steinen, westphäl. Gesch., I. S. 943. T. 16 und 19.</small>

Wolffersdorf, auch Grafen (in Gold ein natürlicher Wolf). Eins der ältesten Thüring. (Schwarzburg), Meissen., Lausitz. u. Schlesischen Adelsgeschlechter, dessen Ahnherr Ernst schon unter Heinrich I. gegen die Hunnen gefochten haben soll. Wittigo ging mit Markgraf Conrad von Meissen gegen die Saracenen 1147. Jacob v. W. war 1309 Landvoigt der Niederlausitz. Georg und Dietrich fielen als Obersten in der Schlacht bei Aussig gegen die Hussiten 1426. Gottfried war 1472 Berghauptmann zu Schneeberg. Die ordentliche Stammreihe beginnt 1520 mit Jobst, auf Wolffersdorf, Bernsdorf, Culmitzsch, verm. mit Anna v. Wolfframsdorf. Unter seinen Enkeln theilt sich der Stamm in die Culmitzsche, später Kl.-Waltersdorfer Linie, in der mehrere Oberland-Fischmeister: Hans Erdmann, gest. 1756, verm. mit Barbara v. Metzsch, Hans Dietrich, gest. 1785, dessen Sohn, Hans August, auf Grödel, gest. 1808, verm. mit Auguste v. Zobel, aus welcher Ehe drei Söhne: Hans Aug. auf Grödel, Hof-R., geb.1799, gest.1858, verm. mit Adele v. Erdmannsdorf (geb. 1805, gest. 1843), dessen einziger Sohn Hans Otto, auf Tobertitz bei Plauen, geb. 1840, verm. mit Georgine v. Römer-Steinpleiss, welcher zwei Söhne; Hans Curt, k. preuss. Hauptm. a. D., geb. 1804, verm. mit Luise Perl, deren Sohn Adolf, k. preuss. Lieut. und Hans Otto, k. preus. Reg.-R. Eine zweite Linie ist die Scherbitzer, darin Hans Friedrich, Hof-R. u. Kammerdirector zn Weimar, verm. mit Dorothea v. Skölen, dessen jüngster Sohn Carl Ludwig, geb. 1700, gest. 1774, kur-sächs. Oberhof-Jägermeister, verm. 1740 mit Maria Elise Grf. Waldstein. Der älteste Sohn Hans Friedrich's, Carl August, setzte die Linie fort und starb als dän. Major 1746, verm. mit Christiane v. Tümpling, sein Enkel Carl Friedrich Wilh., auf Scherbitz und Schmon, Kammerh. und Domh., geb. 1775, gest. 1852, hinterliess aus seiner Ehe mit Caroline v. Carlowitz, zwei jetzt noch lebende Söhne, Carl Heinrich Wolf, k. sächs. Kammerjunker und Domherr in Merseburg, geb. 1802, verm. mit Hedwig Keck v. Schwartzbach (geb. 1822), deren Tochter Margarethe, verw. Grf. Kanecke. Von einer anderen Linie war August Friedrich Wilhelm, k. sächs. Oberlieut. der Reiterei, geb. 1787, gest. 1864, verm. mit Leontine v. Wachsmann (geb. 1823), so wie Gottlob Ferdinand, k. sächs. Major, gest.1858. Noch in neuster Zeit in der sächs. Militär-Rangliste Johann Heinr., k. sächs. Oberstlieut. zur Disp. in Grimma, Emil, k. sächs. Rittmeister, und Andere, sowie in k. preuss. Militärdiensten, wo schon früher Carl Friedrich, als General-Lieut., gest. 1787, und in Schwarzburg-Sondershausen Rudolf v. W. Staats-R. und Kammerherr.

<small>*Gauhe*, I. S. 2950. — *v. Hellbach*, I. S.758. — *v. Hefner*, sächs. Adel, S. 53, S. 66. — *Knöig*, III. S. 1159—72. — *Freih. v. Ledebur*, III. S. 133. — N. Pr. Ad.-Lex., IV. S. 350. — *Peckenstein*, theatr. sax., S. 327. — *Siebmacher*, I. S. 151. u. 6. — *v. Uechtritz*, Geschl.-Erz. I. T. 58 u. diplom. Nachrichten, IV. S. 90. VI. S. 121. — Wappenb. d. Kgr. Sachsen, IV. T. 98. — *Zedler*, 58. S. 849.</small>

Wolffradt, auch Grafen (Schild der Länge nach getheilt, rechts von Gold und Schwarz geschacht, links in Roth auf grünem Boden ein aufrechter natürlicher Wolf mit einem goldenen Rade in den Vorderpranken). K. Schwed. Adelsstand. Diplom von 1647 für Bernd Wulffradt, aus der niederländ. Provinz Ober-Yssel, Rathsmitglied in Stralsund und mit den erkauften Gütern Schmatzin und Bussow belehnt. Erich Magnus, geb. 1735, gest. 1800, war k. preuss. General-Lieut. und Anton Gustav, k. westphäl. Minister des Innern, 1809 in den Grafenstand erhoben, starb ohne männl. Nachkommen zu hinterlassen auf der Insel Rügen.

<small>*v. Hellbach*, II. S. 776. — *Freih. v. Ledebur*, III. S. 131. — N. Pr. Ad.-Lex., V. S. 444. — Pommer. Wappenb. II. S. 35. T. 13.</small>

Wolfframsdorf, auch **Grafen** (in Silber ein natürlicher springender Wolf mit einem Hirschgeweih im Rachen). Uralte thüring.-sächs. Adelsfamilie, aus der schon 933 bei Merseburg Heinze gegen die Hunnen gefochten und Luppold v. W. 1278 urkundlich vorkommen soll. Götze und Hermann begleiteten 1476 den Herzog Albrecht nach Palästina, deren Vorfahr Georg, auf Peritz, Zoppoten, Neumark und Derreuth 1423 die ordentliche Stammreihe beginnt. Sein Enkel Philipp auf Ottenhausen, stiftete die Linie, aus der Heinrich Christoph von 1687—89 Probst zu Ellwangen wurde, Conrad, die von Teichwolmsdorf, welche durch den neunten Sohn Levin's I. (geb. 1512, gest. 1585) auf Köstritz, Terchla, Dürrenberge, Hartmannsdorf, Levin auf Köstritz, fortgesetzt, noch jetzt blüht in den Söhnen und Enkeln August Wilhelm's, geb. 1732, verm. mit Luise v. Freywald, 1) Wolf August, geb. 1769, gest. 1831, herzogl. Anhalt-Dessau w. Geh.-R. und Reg.-Präsident, verm. mit Gertrud v. Hertzberg-Heukenwalde (gest. 1804), aus welcher Ehe Carl, geb. 1808, herzogl. Anhalt. Ober-Reg.-R. 2) Moritz Wilhelm, gest. 1845, k. sächs. Oberst-Lieut., verm. mit N. v. Hertzberg, dessen Söhne, Moritz, herzogl. Anhalt-Bernb. Major, verm. mit Adele v. Seelhorst, und Otto, k. sächs. Hofbaumeister in Dresden, gest. 1848. Der älteste Sohn Levin's I. (s. oben) Berhard, hinterliess als Enkel Hermann, gest. 1703, des Kurfürst Johann Georg II. Premier-Minister, auf Mügeln u. s. w., nachdem er 13,000 Gulden zu Freitischen in Wittenberg legirt hatte. Von seinen Söhnen war Johann Friedrich auf Mügeln, Schladitz, Gross-Aga, k. poln. kursächs. Kammerherr, Legations-R. und Amtshauptmann zu Rochlitz und Johann Georg, auf Sitten, Bortewitz, Snalhausen, Limpach, Köstritz, Hartmannsdorf, Dürrenberge, k. poln. kursächs. Kammerherr, am 4. April 1708 in den Reichsgrafenstand erhoben, welcher aber, unvermählt, diese Linie 1709 wieder beschloss. Aus dem Schwarzburgischen war Adam Heinrich v. W., k. preuss. General-Lieut., dessen Stiefsöhne Wilhelm und Johann Heinrich, Gebrüder Hermann, am 26. Febr. in den Adelsstand des Kgr. Preussen erhoben, den Stamm durch mehrere Glieder in k. preuss. Militärdiensten fortgesetzt.

<small>Gauhe, I. S. 2932. — v. Hefner, sächs. Adel, S. 53. T. 61. — v. Hellbach, II. S. 779. — Kneschke, Wappen, III. S. 468. — König, III. S. 1070. — Freih. v. Ledebur, III. S. 184. — N. Pr. Adels-Lex., IV. S. 351. — Peckenstein, theatr. Sax., I. S. 333. — Siebmacher, I. S. 151. — Uechtritz, Geschl.-Erzähl., I. T. 68. — Zedler, 58. S. 1230.</small>

Wolfskehl zu Reichenberg, Freiherren (in Gold ein Mohr mit drei rothen Rosen in der rechten Hand). Eins der ältesten stiftsfähigen deutschen Adelsgeschlechter, aus dem Stammhause gleichen Namens bei Darmstadt im Grossherzogth. Hessen, welches schon 930 gestiftet sein soll, sowie Wilhelm v. W. schon 1220 von den Grafen v. Hohenlohe den theilweisen Besitz der Veste Reichenberg erlangte. Otto ward am 30. Aug. 1335 Fürst-Bischof zu Würzburg. Eberhard erkaufte lehenweise die ganze Burg Reichenberg 1376. Von seinen Söhnen gründete Eberhard jun. eine 1650 wieder erloschene Linie zu Albrechtshausen, Friedrich, der die Hauptlinie fortsetzte, besass Reichenberg und Bleichfeld und war verm. mit

Margarethe Schenk v. Gegern. Seine weitere Nachkommenschaft zerfiel im 17. Gliede mit Philipp v. W.'s Söhnen Wolfgang Bartholomäus und Jacob in zwei Linien. Die von dem Letzteren gestiftete rottenbauer erlosch im oberen und unteren Schlosse 1779 mit dem Domdechanten und Senior zu Würzburg Johann Gottfried. Die von Wolf Bartholomäus und seiner Gemahlin Anna Freiin Fuchs v. Bimbach fortgesetzte reichenberger Linie schied sich zwar ebenfalls im dritten Gliede durch des Johann Erhard v. W.-R., drei Söhne wieder, von denen aber nur noch die Ullinger L. blüht. Carl Freih. W. v. R., geb. 1811 (Sohn des Johann Carl, geb. 1775, gest. 1845, verm. mit Sophia Freiin Speth v. Zwiefalten), k. k. Oberlieut. in d. A., verm. 1) 1843 mit Caroline di Re aus Pavia (gest. 1861), 2) 1862 mit Bertha Freiin von und zu der Tann Rathsamhausen (geb. 1825), deren Sohn, neben vier Töchtern, Alexander Hugo, geb. 1846. Dessen Bruder Richard, verm. 1851 mit Angelica v. Crailsheim, aus welcher Ehe Max Alfred, geb. 1851, sowie als Vaters Bruder Sohn Carl Heinrich August, geb. 1847.

Fahne, I. S. 461. II. S. 207. — *Gauhe*, I. S. 2935. — Geneal. Taschenb. d. freih. Häuser, 1853, S. 552. 1857, S. 876. 1870, S. 1053. — *v. Hattstein*, III. S. 573—85. T. 13. — *v. Hellbach*, II. S. 790. — *v. Hefner*, sächs. Adel, S. 19. T. 17, bayer Adel, S. 64. T. 69. — *v. Lang*, Suppl. S. 81. — *Freih. v. Ledebur*, III. S. 185. — *Siebmacher*, I. S. 100; — Suppl., IV. S. 20. — Wappenb. d. Kgr. Bayern, IV. S. 49. — *Wöckern*, 4. Abth. — *Zedler*, 58. S. 1286.

Wolkensperg, Freiherren (Schild geviert mit blauem Mittelschilde, worin auf einem Felsen von Wolken umgeben eine Gemse; 1 u. 4 in Gold ein schwarzer Adler; 2 u. 3 in Roth ein schräg rechter silberner Balken mit einem rothen Stern belegt). Erbl. österr. Freiherrenstand. Diplom vom 14. Aug. 1753 für Franz Johann Anton Oblak v. W. auf Burgstall und Ziegelfeld in Krain. — Marcus Oblak war Stadtrichter zu Bischoflack in Krain und erlangte vom Kaiser Leopold I., am 4. Juli 1688 den erbländischen Adel mit dem von der Mutter Anna Woltetsch v. Wolkensperg angeerbten Prädicat. Aus der Ehe mit Katharina Skerpin v. Oberfeld entspross ein Sohn Franz Johann, von welchem mit Theresia v. Zanetti, Franz Johann Anton Freih. v. W. (s. oben) stammt. Sein Sohn Franz Rudolf, Herr auf Ponowitsch, Burgstall und Ziegelfeld, erlangte am 19. Oct. 1789 das oberste Erblandküchenmeisteramt des Herzogthums Krain und der windischen March. Dessen Sohn Franz Joseph, war verm. 1) mit Theresia Freiin Gailberg, 2) 1818 mit Hyacinthe Grf. v. Liechtenberg (geb. 1800), aus welcher Ehe entsprosste Augustin Johann Freih. v. W., geb. 1821, Besitzer des Fideicommiss Burgstall bei Bischofflack im Herzogth. Krain, k. k. Oberlieut. in P., verm. 1852 mit Albina Edle v. Duras, dessen Söhne Arthur, geb. 1855, und August.

Geneal. Taschenb. d. freih. Häuser, 1848, S. 407. 1869, S. 1003. — *v. Hellbach*, II. S. 787. — *Schmutz*, IV. S. 301. — *Tyroff*, II. S. 52.

Wolkenstein, Grafen (Schild geviert mit blauem Mittelschilde, worin ein silberner Sporren [Rodnegg]; 1 u. 4 von Roth und Silber schräg rechts wolkenweise getheilt [Wolkenstein]; 2 und 3 in Blau auf rothem Fuss drei silberne aufsteigende zugespitzte Pfähle [Villanders]). — Reichsgrafenstand. Diplom vom 24. Oct. 1630, bestätigt am 6. Aug. 1637. — Hervorgegangen aus dem uralten tiroler Rittergeschlecht der Villander, besass Conrad II. das Schloss Pradell, und nannte sich danach. Ein Urenkel desselben Rudolf kaufte 1292 das alte Schloss der Familie Maulrapp, wonach, da es immer von Wolken umgeben, sein Sohn Conrad Wolkenstein nannte. Dessen Enkel, Michael und Oswald stifteten 1405 die Hauptlinien Trostburg und Rodenegg. Der ersteren ertheilte Kaiser Friedrich III. den Freiherrenstand, der letzteren Kaiser Max II. am 2. Aug. 1564. Das Haupt der Speciallinie Lednitz ist Anton, geb. 1807 (Sohn des Grafen Ernst, k. k. Kämm. und Rittm. (gest. 1861), Erblandstallmeister und Erblandvorschneider in Tirol, k. k. Kämm. und Rittm. in d. A., verm. 1839 mit Maria Grf. Erdödy v. Monyorókerek (geb. 1817), dessen Söhne, Oswald, geb. 1843, k. k. Oberlieut. und Anton, geb. 1844, k. k. Oberlieut. in d. A. Der Speciallinie Trostburg Haupt ist Leopold, Graf W.-Tr., Freih. v. Neuhaus, geb. 1800 (Sohn des Grafen Anton, k. k. Kämm. und grossherzogl. würzb. Minister (gest. 1808), k. k. Kämm. und Geh.-R. Dessen Bruder Carl, geb. 1802, Herr der Herrschaft Hagensdorf und Brunersdorf mit Göttersdorf, Wildschitz und Luschitz in Böhmen ist k. k. Kämm. u. Geh.-R. und verm. 1830 mit Elisabeth Grf. Wolkenstein-Trostburg (geb. 1805), Schwester Anton's (s. oben), aus welcher Ehe stammen, neben einer Tochter, fünf Söhne, dessen ältester Leopold, geb. 1831, Anton, Legat.-R., geb. 1832, Wilhelm, geb. 1836, verm. 1866 mit Elisabeth Grf. Westphalen-Fürstenberg, Heinrich, geb. 1841, k. k. Oberlieut. und Engelhardt, geb. 1848. Die Hauptlinie W.-Rodenegg stammt von Leonard Joseph, geb. 1763, gest. 1844 und ist dessen Sohn Ernst Graf W., Freih. v. Rodenegg, geb. 1799, Herr der Herrschaft St. Petersberg in Tirol, k. k. Kämm. und Geh.-R. und verm. 1830 mit Anna Grf. Spaur, geb. 1805, und deren Sohn wieder Arthur, geb. 1837, verm. 1861 mit Amalie v. Burlo, aus welcher Ehe zwei Söhne, Arthur, geb. 1861 und Wolf, geb. 1865, sowie dessen Bruder Alexander, k. bayer. Major, gest. 1863, wieder einen Sohn Philipp, geb. 1847 und der 1855 gestorbene Bruder Friedrich, k. k. Major in d. A. Oswald, geb. 1841 und Albert, geb. 1848.

Brandis, Ehrenkr., S. 75. — *Gauhe*, I. S. 2020. — Geneal. Taschenb. d. gräfl. Häuser, 1876, S. 110, 1858, S. 872, 1861, S. 966, 1870, S. 1199 und Handb. dazu S. 1088. — *Hübner*, III. S. 683. — *Kneschke*, deutsche Grafenh., II. S. 682. — *Siebmacher*, I. S. 26. n. 1; VI. 12. n. 1. — *Spener*, histor. insig. S. 569. T. 25. — *Zedler*, 58. S. 390.

Wolzogen, Freiherren (Schild geviert, 1 und 4 in Gold zwei schräg rechte blaue Balken, belegt mit einem rothen laufenden Ross, 2 u. 3 in Gold ein schwarzer Doppeladler). Erbl. österr. Freiherrenstand. Diplom 1607 für Hans Christoph I. v. W. — Reichsfreiherrenstand. Diplom von 1702 für Hans Christoph II., k. Reichshof-R. — Ursprünglich aus Tirol, besass die Familie schon 1450 Strengberg in Oesterreich ob dem Wiener Walde und erhielt 1565 das Oberhofpostmeisteramt in Nieder-Oesterreich und Ungarn. Die ältere Linie besass die Herrschaft Neuhaus und Arnstein, nebst Gutenbrunn und St. Ulrich bei Wiener-Neustadt, die jüngere L. die Herrschaft Missingdorf. Hans Paul wurde 1628 als Protestant aus Oesterreich verbannt und seine Güter confiscirt, er starb als fürstl. bayreuth. R. Hans Christoph des I. (s. oben) Sohn, aus der Ehe mit Sophie v. Dietrichstein, war der berühmte Socinianer Johann Ludwig Freih. v. W., 1600—1681, sowie Ludwig, Prof. zu Utrecht, 1632—90. Hans Christoph II. (s. oben), Premier-Minister des Herzogs von S.-Weissenfels, Landeshauptm. von Meiningen, erwarb 1684 das Rittergut Mühlfeld und Bauerbach und ward 1722 Erbschenk von Henneberg. Aus dieser L. war Wilhelm 1762—1809, herzogl. weimar. w. Geh.-R. und Obersthofmeister, verm. mit Caroline v. Lengefeld (Schwester der Gattin Friedr. v. Schillers). I. Linie auf Java, Carl Freih. v. W. und Neuhaus, geb. 1800, des holländ.-ostind. Oberst und General-Inspector der Waldungen auf Java Carl Freih. v. W. Sohn, Gouvernements-Bau-Inspector und Ingenieur-Lieut. a. D., verm. 1) mit Margaretha Schulz (gest. 1827), 2) mit Susanne v. Stralendorf, dessen Söhne zweiter Ehe, neben vier Töchtern, Ludwig, geb. 1842 und Heinrich, geb. 1844. II. Linie Aug. Freih. v. W., k. preuss. Lieut., geb. 1844 und dessen Brüder aus des Vaters zweiter Ehe mit Eleonore v. Natzmer, Wilhelm, geb. 1850 und Johann Christoph, geb. 1855, sowie Vaters Bruder Sohn, Paul, geb. 1843, Besitzer des Ritterguts Dubberzin in Pommern. III. Linie Alfred Freih. v. W. (Sohn des Freih. Ludwig, geb. 1772, gest. 1845, k. preuss. General der Infanterie, verm. mit Emilie v. Lilienberg, geb. 1797), Herr auf Kalbsrieth bei Allstädt im Grossherzogth. S. Weimar-Eisenach, k. preuss. Prem.-Lieut. u. Reg.-R. a. D., grossherzogl. meklenb.-schw. Kammerh. und Hoftheater-Intendant zu Schwerin, verm. 1) 1847 mit Elisabeth Schinkel, gest. 1851, 2) 1853 mit Miss Harriet Anne Houssemayne du Boulay, gest. 1862, aus welchen Ehen entsprossten Hans, geb. 1848, Ernst, geb. 1855 und zwei Töchter.

<small>*Gauhe*, I. S. 2938. — Geneal. Taschenb. der freih. Häuser, 1855, S. 700, 1856, S. 780, 1858, S. 877 u. 1869, S. 1004. — v. *Hefner*, sächs. Adel, S. 19. T. 18. — *Freih. v. Ledebur*, III. S. 136. — N. Pr. Adels-Lex. — *Siebmacher*, I. S. 38, n. 5. III. S. 35, n. 1. IV. S. 13, n. 8. — *Wolzogen*, Gesch. d. reichsfreih. Geschl. von, Leipzig, 1859. — *Zedler*, 58. S. 1490.</small>

Woraczicky, Grafen (Schild geviert von Silber und Blau). Erbl. österr. Grafenstand. Diplom vom 21. Juli 1783 für den k. k. Oberst-Lieut. Anton Freih. v. W. — Eins der ältesten und angesehensten böhm. Geschlechter, unter Herzog Czech im 4. Jahrh. aus Slavonien eingewandert. Czaslaus, des böhm. Herzogs Mnata vornehmster Minister und General soll Czaslau gegründet, wie auch Czaslau II. von Pabienitz mit Borzivog I. die christl. Religion angenommen haben. Stanislaus fiel 1278 in einer Schlacht an der Seite des Königs Premislaus Ottokar. Die ordentliche Stammreihe beginnt mit Johann Adalbert W. Von den durch zwei seiner Söhne gestifteten Linien blüht nur noch die des Johann Illburg, dessen Söhne, Christoph Carl u. August Norbert am 19. Nov. 1695 den Freiherrenstand erhielten, worauf Anton (s. oben) in den Grafenstand erhoben. Dem Sohne des Letzteren, Joachim Heinrich vermachte Joachim Heinrich Graf v. Bissingen, mit Beifügung seines Geschlechtsnamens die Herrschaft Smilkau, welcher indess 1838 nur Töchter hinterliess, wesshalb die Fideicommissherrschaft Petrowitz an seines Bruders Sohn Heinrich gelangte, welcher, geb. 1825, verm. 1853 mit Caroline Freiin Izdency von Monostor, zwei Söhne: Georg Heinrich, geb. 1856 und Hans, geb. 1857.

<small>*Franke v. Frankenstein*, de ortu Woraczlczkorum, Prag, 1709 fol. — *Gauhe*, I. S. 2945. — Geneal. Taschenb. d. gräfl. Häuser, 1868. S. 997. 1870, S. 1202. — Handb., hist.-heral. zu d. gräfl. Häusern, S. 1090. — *Kneschke*, deutsche Grafenhäuser, III. S. 452.</small>

Wosky von Bärenstamm (Schild quergetheilt und oben der Länge nach getheilt, vorn in Blau ein silbernes Osterlamm mit silberner rothbekreuzter Fahne, hinten in Roth ein aufrechter schwarzer Bär mit Bienenkorb, unten in Blau sechs silberne Perlen). Reichsadelsstand. Diplom vom 4. Juli 1744 für Jacob Johann Joseph W., Administrator ecclesiasticus in spiritualibus der beiden Markgrafenthümer Ober- u. Nieder-Lausitz, wie auch Prälat und Dechant beim Domstift St. Peter zu Budissin.

<small>Handschriftl. Notiz.</small>

Woydt (Schild geviert, 1 und 4 in Silber ein rother schräg gestellter Anker, 2 u. 3 in Blau ein goldener Stern). Reichsadelsstand. Diplom vom 27. Aug. 1803 für Christian Heinrich W., Besitzer des Rittergutes Oberforchheim im Erzgebirge. Königl. sächs. Adelsbewilligung für den Adoptivsohn des Hauptmannes von d. A. Wilhelm Andreas v. W., Wilhelm Detlev Ottokar W., k. sächs. Prem.-Lieut.

<small>*v. Hefner*, sächs. Adel, S. 53. T. 61. — *v. Hellbach*, II. S. 786. — Handschriftl. Notiz.</small>

Wrangel, Freiherren und Grafen (Schild geviert mit silbernem Mittelschilde, worin eine schwarze Mauer, 1 in Blau ein goldener Löwe, 2 in Roth ein silbernes Einhorn, 3 in Gold ein schwarzer Greif mit brennender Granate, vier in Blau ein gepanzerter Arm mit vier Fahnen). Grafenstand des Kgr. Preussen. Diplom vom 18. Mai 1864. Freiherrenstand. K. poln. Anerkennung 1561, schwed. Freiherrenstand 1653 und schwedischer Grafenstand 1680). K. preuss. Bestätigung des Freiherrenstandes 1853. — Im J. 1000 erscheint die Familie als Besitzer von Rode in Westphalen, 1100 siedelte sie nach Dänemark über, 1277 landete Heinrich mit König Erik XIV. von Dänemark in Liefland. 1474 ward die Familie von dem Schwertorden mit den Gütern Abellen, Alt- und Neu-Wrangelshof belehnt. Johann Woldemar W. auf Ludenhof, Land-R. in Liefland 1560, verm. mit Barbara v. Anrepp, hinterliess Herrmann, geb. 1567, jenen berühmten schwed. Feldmarschall unter Gustav Adolf und Oxenstierna im dreissigjährigen Kriege, welcher 1644 als General-Gouverneur von Liefland starb. Von seinen Söhnen hat Carl Gustav, schwed. Reichsfeldherr, nach Banners und Torstensons Tode, gest. 1676 als General-Gouverneur von Pommern, den Grafenstand (v. Sylnitzburg und Freiherr v. Lindesberg) auf seine Familie gebracht, dessen Nachkommen sich wiederum besonders in der militär. Branche auszeichneten, so wie Adrian W., Gouverneur zu Brüssel, General der Artillerie, vom Könige Carl III., nachmaligen röm. Kaiser, 1709 auch in den Grafenstand erhoben, 1736 als kaiserl. General-Feldmarschall in Brüssel starb. Im Jahre 1740 kam mit Friedrich aus dem Hause

Lindsberg ein Zweig der Familie nach Preussen. Er erwarb die Schloss Polnow'schen Güter in Pommern, war k. preuss. General-Major, Commandant von Colberg und starb 1805 mit Hinterlassung mehrerer Söhne aus der Ehe mit Sophie v. Below, von denen Friedrich Heinrich Ernst, geb. 1784, der noch jetzt (1870) rüstige k. preuss. General-Feldmarschall, Ritter und Kanzler des schwarzen Adler-Ordens, Ehrenbürger Berlins und k. preuss. Graf seit 18. Mai 1864 u. s. w., u. s. w., verm. 1810 mit Lydia v. Below (geb. 1792) den Stamm durch seinen 1867 verstorbenen Sohn Friedrich, k. pr. Lieut., verm. mit Anna v. Sanden-Tussainen und einen Enkel Gustav, geb. 1847, fortgesetzt. Das Haupt der freiherrl. Linie ist Ludwig (Sohn Ludwigs, k. preuss. General-Lieut., älteren Bruders des Feldmarschalls, geb. 1774, gest. 1851, und der Reichsgräfin Caroline v. Waldburg-Truchsess), geb. 1802, Erbherr auf Kurkenfeld in Ostpreussen, k. preuss Oberst a. D., verm. mit Alexandrine Goldbeck, aus welcher Ehe: Ludwig, geb. 1833, k. preuss. Lieut. a. D., Oscar, geb. 1835, k. preuss. Rittm., verm. 1862 mit Margarethe v. Alvensleben (deren Kinder Friedrich, geb. 1863, Helene, geb. 1865, Ernst, geb. 1868) und Robert, geb. 1851. Von Brüdern, neben vier Schwestern, hinterliess Gustav, geb. 1807, gest. 1859, k. preuss. Rittm. a. D., verm. mit Hedwig Grf. v. Klinckowström (geb. 1816), vier Söhne: Woldemar, geb. 1836, k. preuss. Lieut. a. D., welcher mit Mathilde v. Böhn, Wilhelm, geb. 1863 und Gustav, geb. 1866; Gustav, geb. 1838, Erbherr auf Waldburg, k. preuss. Lieut. a. D., welcher mit Elisabeth Freiin v. Paleske (geb. 1842) neben einer Tochter, Carl, geb. 1867; Conrad, geb. 1843, k. preuss. Lieut. und Fritz, geb. 1851; so wie Carl, geb. 1812, k. preuss. General-Lieut., verm. mit Adelheid v. Strantz, nur eine Tochter.

Buxken, troph. de Brab., Suppl. I. S. 428. — *Gauhe*, II. S. 1908. — General. Taschenb. d. freih. Häuser, 1856, S. 783. 1857, S. 886. 1870, S. 1058. — General. Taschenbuch der gräfl. Häuser, 1870, S. 1203. — *Hupel*, Mater. zu liefl. Adel, n. VII—XIII. — *Freih. v. Ledebur*, III. S. 139. — N. Pr. Ad.-Lex., IV. S. 353. — *Zedler*, 59. S. 603.

Wratislaw, Grafen (Schild der Länge nach getheilt von Roth und Schwarz). Reichsgrafenstand. Diplom vom 28. Juli 1701 für Johann Wenzel, Wenzel Ignaz, Georg Bernhard, Franz Ignaz, Wenzel Adalbert und Franz Carl Hermann v. W. — Eins der ältesten, angesehensten böhm. Grafenhäuser, abstammend von Herzog Wratislav II., welcher 1086 König von Böhmen. Zdencko W. blieb mit dem König Ottocar und dem Kerne des böhmischen Adels 1278 auf dem Marchfelde in Oesterreich. Johann W. erhielt als König Sigmunds General in Ungarn nach errungenen Siegen die Grafschaft Mitrowitz als Geschenk. Derselbe fiel mit zwölf seiner Söhne in einer Schlacht am schwarzen Meere. Der dreizehnte und jüngste Sohn Obes Wr. v. M., Herr in Skrzipel, Trzemschin u. s. w. ward 1421 auf dem Landtage zu Czaslau zum Statthalter des Königreichs erwählt. Seines Ur-Enkels Wenzeslaus vier Söhne stifteten besondere Linien, von denen nur die türkische noch blüht, von der Gefangenschaft des Ahnherren Stephan bei den Türken 1590 so genannt. Den früher geführten gräfl. Titel fallen lassend, hielt sich die Familie später nur an den Herrentitel, bis 1701 der Reichsgrafenstand (s. oben) wieder in dieselbe kam und Wenzel Ignaz, Kämmerer und Kammer-R. in Böhmen auch den erbl. böhm. Grafenstand erhielt, sowie für Georg Bernhard und Franz Ignaz am 7. Jan. 1706 der Reichsgrafenstand bestätigt wurde und seit 1711 dem Senior der Familie das Erbküchenmeisteramt im Kgr. Böhmen zusteht. Das jetzige Haupt der I. Hauptlinie Dirna ist Eugen, Rgr. W. v. M. (Sohn des Adam, gest. 1858, verm. 1852 mit Rosalie Grf. Sporck (geb. 1834), geb. 1855, Majoratsherr der Fideicommissherrschaft Dirna im Kr. Budweiss, dessen Brüder Max, geb. 1857 und Ernst 1858. Die zweite Hauptlinie zu Kost theilt sich in eine ältere Speciallinie, deren ersten Astes jetziges Haupt Franz, Rgr. Wr. v. M. und Schönfeld, geb. 1813 (Sohn des Franz, Herr der Herrschaft Wottitz mit den Gütern Janowitz und Olbramowitz und der Güter Chotieschau und Bilkowitz in Böhmen), k. k. Kämm. und Statthalterei-R. a. D., deren zweiten Astes jetziges Haupt Eduard, Rgr. W. v. M. und Schönfeld, geb. 1820, Oberst in Diensten der Vereinigten Staaten in Nordamerica. Die jüngere Speciallinie Kalludey blüht in Eugen, Rgr. W. v. M. und Schönfeld, geb. 1843, Herr der Herrschaft Kolode, k. k. Oberlieut. in d. A., verm. 1869 mit Laura Grf. Bulgarini, geb. 1844.

Deductio genealogica familiae Comitum Wr. — *Gauhe*, I. S. 2950. — Geneal. Taschenb. d. gräfl. Häuser, 1862, S. 999 und 1870, S. 1204 und Handbuch dazu S. 1091. — *v. Hellbach*, II. S. 787. — *Hübner*, II. T. 607. — *Kneschke*, deutsche Grafenhäuser, II. S. 585. — *Megerle v. M.*, Erg. S. 38. — *Zedler*, 59. S. 625.

Wražda von Kunwald, Freiherren (Schild geviert mit rothem Mittelschilde, worin ein silberner Querbalken mit M. T., 1 und 4 in Blau ein goldener Hahn; 2 u. 3 in Roth ein schräg rechter goldener Balken). Erbl. österr. Freiherrenstand vom 14. Juli 1759 für Joh. Nepom. Wenzel II., Viceland-Richter in Böhmen und seine Vettern. Johann I. v. Kunwald kam 1360 aus Schlesien nach Böhmen und Mähren, wo er ein Adelsdiplom erhielt. 1489 den Namen Wrazda annehmend, ward unter Albert W. v. K. 1603 das Geschlecht in den Ritterstand erhoben, worauf Johann Nepom Wenzel II. (s. oben) Freiherr. Jetziges Haupt ist Johann Nepomuk Freih. W. v. K., geb. 1824 (Sohn des Wenzel, k. k. Rittm. in P. und Kümm., gest. 1866), Besitzer (in Gemeinschaft mit drei Schwestern) der landgräfl. Güter Hradek und Chotauchow, k. k. Kämm. und Kreishauptmann zu Rumburg in Böhmen, verm. mit Maria Mariassy v. Marcus und Batis-Falva, deren Sohn Johann Nepomuk, geb. 1858.

Gauhe, II. S. 1306. — Taschenb. d. freih. Häuser, 1868, S. 1028. 1870, S. 1060. — *v. Hellbach*, II. S. 787. — *Megerle v. M.*, S. 94. — *Zedler*, 59. S. 645.

Wrbna und Freudenthal, Grafen (in Blau ein goldener Querbalken, begleitet von je drei goldenen Lilien über und unter demselben). Reichsgrafenstand vom 16. April 1642 für Johann Stephan Graf v. Würben und Fr. Freih. v. Hultschin, des Fürstenthums Troppau Landeshauptmann, nebst seinem Sohne Wenzel, kais. Geh.-R., erneut. — Stephan de Wirbenaw stiftete 1226 mit Mehreren seines Stammes das Kloster zu Unserer Lieben Frau „im Walde" zu

Schweidnitz, sowie zu derselben Zeit schon die Familie in Polen begütert war, ohne damit zu sagen, dass sie daher nach Schlesien gekommen. Später besass sie die Herrschaft Freudenthal oder Bruntali und seit 1439 die Herrschaft Hultschin im Troppauischen. Jahrhunderte hindurch blühte ein Hauptzweig des grossen poln. Hauses Lelie, die Grafen Werbno-Rydzinski (dasselbe Wappen der Wrbna führend) zu Schloss Reissen. Später kam das Geschlecht nach Mähren und namentlich nach Böhmen und erhielt 1642 (s. oben) den Reichsgrafenstand erneut, wie nochmals bestätigt am 6. Dec. 1662. Aus dem jüngeren Aste zu Horzowitz in Böhmen stammt Dominik. Graf v. W. und F. Freih. v. H., geb. 1811 (Sohn des Eugen, k. k. Kämmerer und Geh.-R. und Oberstallmeister, gest. 1848, verm. mit Barbara Grf. Erdödy), k. k. Kämmerer und Oberst in d. A., Herr der Allodial-Herrschaften Horzowitz und Genetz mit den Gütern Bezdietitz, Komorow und Waldeck, welcher neben zwei Schwestern noch die Brüder Rudolph, geb. 1813, Besitzer der Herrschaften Holleschau und Kimnitz in Mähren, sowie Eugen, geb. 1822, k. k. General-Maj. in d. A. Des Vaters Bruder Rudolf, geb. 1802, k. k. Kämmerer, Geh.-R. und Oberstjägermeister, verm. 1826 mit Constanze Gräfin Chorinski (gest. 1831), hat einen Sohn Rudolf, geb. 1831.

Duerlin, germ. stemm. III. S. 257. — *Horst*, schles. Wappenb. n. 285. — *Gauhe*, I. S. 2957. — Genral. Taschenb. d. gräfl. Häuser, S. 902, 1870, S. 1207. — Handb. dazu, S. 1092. — *v. Hefner*, krain. Adel, S. 21. T. 21. — *v. Hellbach*, II. S. 788. — *Hübner*, III. T. 947. — *Kneschke*, deutsche Grafenh., II. S. 690. — *Freih. v. Ladebur*, III. S. 140. — *v. Meding*, II. n. 975. — *Siebmacher*, III. S. 21. n. 3. S. 36. n. 11. — *Spener*, histor. insign. p. 667. T. 25. — *Zedler*, 59. S. 815.

Wrede, Freiherren (Schild der Länge nach von Roth und Gold getheilt, darüber ein Kranz mit fünf Rosen von gewechselten Farben). Freiherrenstand des Kgr. Preussen. Anerkennungs-Diplom vom 7. Dec. 1844 für Carl Freih. v. W. auf Amecke und Friedrich Freih. v. W. auf Melschede. — Ein altadeliges niederrhein. Geschlecht, dessen Stammhaus bei Cöln und aus dem sich 1050 eine Grete v. W. mit Adolf v. Dassel vermählte. Nach Westphalen gezogen erwarb sich dasselbe reichen Besitz. 1274 Ritter Friedrich, Zeuge des Klosters Marienberg bei Helmstädt. Johann de Vreden zu Schellenstein war 1520 kurköln. R. Sein Enkel Philipp Eberh. Herr der Herrschaft Beck im Stifte Minden, auf Uhlenburg, Havedissen und Gohfeld, fürstl. mindenscher Oberstlieutenant und gräfl. lippischer Drost zu Varenholtz, verm. mit Anna v. Donop, stiftete die Lippische Linie, welche sich in die Zweige Steinbeck und Obernhausen theilte. Die schwedische Linie wurde unter Caspar und Carl am 18. Aug. 1653 in den dortigen Freiherren- und am 10. Dec. 1687 in den Grafenstand erhoben. In Westphalen blüht I. die Amecker Linie in Carl, geb. 1811, auf Amecke, Brüninghausen und Nettlingen und Dingelbe in Hannover, vermählt 1853 mit Emma v. Honstedt, deren Sohn Paul, geb. 1859. II. die Melscheder Linie in Friedrich, geb. 1787, verm. 1810 mit Philippine Freiin Fürstenberg-Herdringen (geb. 1793), dessen Söhne, Friedrich, geb. 1813, Fideicommissbesitzer von Melschede u. Sorpe, verm. 1847 mit Anna Freiin

Heeremann v. Zuydtwyck (gest. 1862), aus welcher Ehe entsprossten, neben zwei Töchtern, Ferdinand, geb. 1849, Matthias, geb. 1851 und Carl, geb. 1856; Theodor Ferdinand, geb. 1821, verm. 1) 1851 mit Hubertine Freiin v. Lomessen, gest. 1856, 2) mit Josephine Freiin v. Holling, welcher drei Söhne: Clemens, geb. 1823, k. preuss. Rittmeister; Joseph, geb. 1825, k. preuss. Oberförster; Ferdinand, geb. 1828, k. preuss. Rittmeister; Carl, geb. 1830, k. preuss. Landrath des Kreises Warendorf bei Münster.

Fahne, I. S. 462. — *Gauhe*, II. S. 1306. — Geneal. Taschenb. d. freih. Häuser, 1856, S. 788. 1869, S. 1007. — *Grote*, hannöv. Wappenb. C. 4. — *v. Hefner*, hess. Adel, S. 31, T. 36. — Hannöv. Adel. S. 31, T. 36. — *v. Hellbach*, II. S. 788. — *Freih. v. d. Knesebeck*, S. 306. — *Freih. v. Ledebur*, III. S. 140. — *Siebmacher*, III. S. 121. — *Tyroff*, I. T. 212. — *Zedler*, 59. S. 648.

Wrede, Fürsten (in Gold ein grüner Lorbeerkranz mit fünf rothen Rosen). Reichsadel und Freiherrenstand. Diplom vom 17. Juni 1790 für Ferdinand Joseph Wreden, kurpfalzbayer. Geh.-R. zu Heidelberg; kaiserl. franz. Reichsgrafenstand von 1810 für Carl Philipp Reichsfreih. v. W., k. bayer. Generallieut.; k. bayer. Fürstenstand vom 9. Juni 1814 für denselben, als k. bayer. Feldmarschall. — Nicht verwandt mit dem rheinl. gleichnamigen Adelsgeschlechte, wurde der frühere fürstbischöfl. speyer. Hof-R. zu Bruchsal, dann kurpfälz. Reg.-R. u. Landschreiber des Oberamtes Heidelberg, 1777 titul. Geh.-R. Ferdinand Joseph Wreden mit Umänderung seines Namens in Wrede in den Adel- u. Freiherrenstand erhoben (s. oben). Sein vierter, jüngster Sohn Carl Philipp, geb. 1767, anfangs Hofger.-R. in Manheim, dann pfalzbayer. Oberlandescommissär mit dem Titel Major, bei dem österr. Heere von 1793—98, General-Major 1800, General-Lieut. 1804, erhielt er 1805 den Oberbefehl über das mit den Franzosen verbündete bayer. Armeecorps. Für seine ausgezeichneten Dienste von Napoleon I., nach dem Frieden von 1809 zum franz. Reichsgrafen erhoben, empfing er als franz. Lehen und Majorate die ansehnlichen Klostergüter Engelzell, Mondsee und Stuben in dem an Bayern abgetretenen früher österr. Inn- u. Hausruckviertel, deren rechtliche Verhältnisse eine k. bayer. Verordnung vom 5. Aug. 1811 bestimmte. Zum General der Cavallerie ernannt, führte er 1812 die Bayern nach Russland, schloss nach der Rückkehr 1813 an der Spitze des neu gebildeten bayer. Heeres mit Oesterreich den Allianztractat zu Riedt am 8. Oct. und lieferte schon am 31. Oct. die Schlacht bei Hanau. Als Befehlshaber des fünften Armeecorps der Verbündeten, verlieh ihm der König von Bayern am 7. März 1814 den Feldmarschallstab, sowie am 9. Juni 1814 die bayer. Fürstenwürde und als Thron- und Mannlehn unter bayer. Hoheit, die vormalige Deutsch-Ordens-Besitzung Ellingen bei Weissenburg im Nordgau Stadt und Schloss mit 19 Dörfern und 16 Weilern. Seit 1818 erblicher Reichs-R. des Kgr. Bayern, wurde er in die bayer. Matrikel am 3. Mai 1819 eingetragen, war 1820 General-Inspector der Armee, Präsident des Reichsrathes und Ritter fast aller hoher Orden. Verm. 1795 mit Sophia Aloyse, Rgrf. v. Wiser (gest. 1837), starb er zu Ellingen am 12. Dec. 1838 mit dem Ruhme eines der grössten Feldherren. Ihm folgte im Fürstenthume sein ältester Sohn (neben noch zwei Töchtern u. vier Söhnen) Carl Theodor, geb. 1797, k. bayer. Staats-R. im ausserordentl. Dienste u. Oberstlieut. à la Suite, in erster Ehe verm. 1824 mit Amalie Grf. Thürheim (gest. 1842), 2) 1844 mit Amalie v. Löw, welcher indess 1858 die Thronlehnsherrschaft Ellingen und die damit verbundene erbliche Reichsrathswürde an seinen ältesten Sohn Carl Friedrich abtrat und seitdem in Hüttenstein wohnt. Fürst Carl Friedrich, geb. 1828, k. bayer. Major à la Suite, ist verm. 1856 mit Rgrf. Leontine v. Vieregg (geb. 1838), aus welcher Ehe, neben zwei Töchtern, zwei Söhne stammen, Philipp, geb. 1862, Oscar, geb. 1867. Ausser zwei Schwestern desselben sind noch drei Brüder: Otto, geb. 1829, Oscar, geb. 1834 und Alfred, geb. 1844, so wie noch als Vatersgeschwister: Joseph, geb. 1800 und Adolf, geb. 1810, mit zahlreicher Nachkommenschaft gleich den verstorbenen Prinzen Gustav u. Eugen. Unter den zwei Schwestern und drei Brüdern des Feldmarschall Fürsten Carl Philipp v. W., welche im Freiherrenstande verblieben, war Georg, geb. 1764, k. k. General-Feldmarschall-Lieut., gest. 1843, wie auch die Anderen erblos.

<small>Pfalzbayer. Hof- und Staatskalender 1788, S. 104, 138, 157. — *Simon*, Armorial general de l' empire français (Barons T. 5). — *v. Lang*, Nachtr. S. 15. — Geneal. Staatshandb., Frankf. a. M. 1827. — Geneal. statist. Almanach (Weimar), 1836. S. 262, 1848. S. 236. — Goth. geneal. Hofkalender 1826. 36. 48. 70. S. 284. — *Siebmacher*, Suppl. IV. — *Tyroff*, I. T. 212. — *v. Hefner*, hoher Adel. — *Masch* T. 183.</small>

Wriechen (Steobanus von) (Schild golden eingefasst in Silber, aus einem Schach von Blau und Silber ein wachsender blauer Löwe, über welchem drei neben einander stehende goldene Sterne). Adelsstand des Kgr. Preussen. Diplom vom 10. Juli 1803 für Johann Wilhelm St., k. preuss. Justizcommissions-R., Besitzer des Gutes Roman in Pommern.

<small>*v. Hellbach*, II. S. 789. — *Kneschke*, Wappen, IV. S. 455. — *Freih. v. Ledebur*, III. S. 141. — N. Pr. Ad.-Lex., V. S. 486. — Wappenb. d. Pr. Mon., IV. T. 97.</small>

Wrschowetz, Sekerka von Sedcziez, Grafen (Schild der Länge nach getheilt, rechts in Blau zwei goldene sich kreuzende Streitäxte, links in Schwarz eine schräg gestellte goldene Fischreuse). Reichsgrafenstand. Diplom von 1543. Bestätigung von 1666 für Jaroslaus, k. k. Oberstwachtmeister und k. preuss. Anerkennung für Wilhelm Gottfried, Herr auf Wabentz in Preussen vom 17. Oct. 1717. Eins der ältesten und angesehensten böhm. Geschlechter, welches mit Czech, seinem Blutsverwandten, Ende des 5. Jahrh. aus den Karpathen übersiedelt, mehrfach um die Krone ringend, nach Polen vertrieben, 1109 (1184) für Herzog Friedrich Mähren erobernd, mit demselben ein Freundschaftsbündniss schloss. Burian v. W.-S., hess. Cassel. Oberst und Hofmarschall auf Grassnitz in Ostpreussen 1630. Winhard Gr. v. W., schwed. General im Kriege gegen Polen 1655. Ladislaus Gr. v. W.-S., Commandant von Crossen und kurbrandenb. Kammerh., gest. 1686. Graf Franz, Herr auf Götzhofen in Ostpr., geb. 1768, gest. 1848, verm. 1796 mit Charlotte v. Gregorska (gest. 1837), hinterliess nachfolgende Glieder der I. Linie Wrschowetz-Sekerka und Sedcziez (dieser alte Beiname seit 1830 in Preussen bestätigt), Ratibor, k. pr. Oberstlieut. a. D., dienstthuender Kammerh. der verw. Prinzess Friedrich von Preussen, geb. 1798, neben einer Schwester, einen Bruder Hugo, geb. 1809, Herr auf Lagow im Kr. Sternberg (Frankf a. O.), k. preuss. Oberstlieut. a. D., verm. 1848 mit Luise Freiin v. Brenn und die Nachkommen des 1842 verstorbenen Grafen Wilhelm (Vatersbruder), verm. mit Maria Kohl (geb. 1790), neben zwei Töchtern drei Söhne, Wilhelm, k. pr. Maj. a. D., geb. 1808, verm. mit Henriette Hermann; Alexander, k. preuss. Hauptmann a. D., geb. 1810 (seit 1853 kathol.), verm. 1841 mit Anna Baroness Serpes de la Fage, aus welcher Ehe entsprossten Max, geb. 1843, Franz, geb. 1850; Louis (kath. seit 1853), Domprediger zu Linz geb. 1821. II. Linie Wrschowetz Sekerka von Naglowice-Reg.: Ladislaw, geb. 1818, mit mehreren Kindern und Geschwistern in Galizien und Russisch-Polen angesessen.

Bagmihl, III. T. 59. — *Balbini*, tab. geneal. P. II. — *Gauhe*, I. S. 2855. — Geneal. Taschenb. d. gräfl. Häuser, 1870. S. 1208 und Handb. dazu, S. 1093. — *v. Hefner*, preuss. Ad., S. 32. T. 36. — *Kneschke*, deutsche Grafenh., III. S. 456. — *Freih. v. Ledebur*, III. S. 104. — N. Pr. Ad.-Lex., IV. S. 356. — *Sinapius*, I. S. 84. II. S. 274. — Wappenb. d. preuss. Mon., II. S. 13. — *Zedler*, 59. S. 681.

Wucherer v. Huldenfeld, Freiherren (Schild geviert mit schwarzem Mittelschilde, worin ein schräg rechter goldener Balken, 1 u. 4 der Länge nach getheilt, rechts in Gold ein halber schwarzer Adler; 2 und 3 in Roth ein wachsender golden und blau gekleideter Mann mit Blumen in der Hand). Reichsfreiherrenstand. Diplom vom 13. April 1734 für Heinrich Bernhard, Reichshof-R., 1726 Reichsritter. Derselbe stammte aus einer schon 1350 vorkommenden steyerm. und kärnt. Familie, die schon 1661 die Landmannschaft erlangte. Das jetzige Haupt ist Peter Freih. W. v. H., geb. 1806, k. k. Kämm., Hof-R. und Bezirkshauptmann zu Eger, verm. 1844 mit Bertha Grf. Cerrini de Monte Varchi (geb. 1825), deren Söhne, neben vier Töchtern, Carl, geb. 1845, k. k. Lieut., Edmund, geb. 1851 und Friedrich, geb. 1860. Der Bruder Carl, geb. 1808, ist Hauptmann in d. A.

Geneal. Taschenb. d. freih. Häuser, 1859. S. 915; 1867. S. 1045; 1870. S. 1061. — *v. Hellbach*, II. S. 791. — *Kneschke*, Wappen, IV. S. 455. — *Megerle v. M.*, Erg. 114, 226. — *Siebmacher*, Suppl. II. S. 10. X. S. 6. — *Zedler*, 59. S. 948.

Wüllenweber, Freiherren (Schild der Länge nach getheilt, rechts in Silber ein schräg linker rother, mit drei goldenen Kleeblättern belegter Balken, links in Gold ein halber schwarzer Adler). Reichsfreiherrenstand. Diplom vom 2. Mai 1781 für Heinrich Jos. v. W., kais. Reichspostmeister. — Derselbe aus einer zum ritterschaftlichen Adel des Herzogthums Aremberg-Meppen gehörenden Familie, Besitzer der Güter Ost- und Westkreyenburg, Esterwege u. s. w., gest. 1810, hinterliess aus seiner Ehe 1) mit Maria Franziska v. Lixfeld, 2) mit Maria Theresia v. Dwinglo zu Haus Lotten, Joseph Theodor Freih. v. W., geb. 1806, Besitzer der Rittergüter Myllendonk im Reg.-Bez. Düsseldorf und Lotten im Landdrostei-Bezirk Osnabrück, verm. 1832 mit Constantia Le Fort, aus welcher Ehe fünf Töchter; so wie Franz Maria, geb. 1808, vormals k. hannöv. Major, verm. 1854 mit Adolfine Freiin Raitz v. Frentz zu Gerath (geb. 1834), dessen Söhne, neben zwei Töchtern, Theodor Jos., geb. 1856, Conrad, geb. 1857 und Max Joseph, geb. 1862.

<small>Geneal. Taschenb. d. freih. Häuser, 1858. S. 883; 1869. S. 1010. — *Grote*, hannov. Wappenb. — v. *Hefner*, hannov. Adel, S. 37. T. 36. — *Kneschke*, Wappen, IV. S. 456. — *Freih. v. d. Knesebeck*, S. 306. — *Freih. v. Ledebur*, III. S. 143. — Rhein. Wappenb. T. 131.</small>

Würtzburg, Freiherren (in Gold das Bruststück eines langbärtigen alten Mannes in schwarzer Kleidung, mit ungar. schwarzer Mütze und rothem Stern am Zipfel). Erbl. österr. Freiherrenstand. Diplom vom 3. Jan. 1672 für Johann Carl v. W., k. k. inner-österr. Geh.-R. und Hof-Vice-Canzler. — Uraltes fränk. zu den reichsritterschaftlichen Cantonen am Gebürg gehöriges Geschlecht, das seinen Namen von dem zur Zeit des Herzogs Erich von Franken erbauten Schlosse Virteburg, der nachherigen Stadt Würtzburg, erhalten. Conrad kaufte 1359 Rothenkirchen u. Pressig. Die ununterbrochene Stammreihe beginnt mit Hans 1372. Vom Sohne desselben, Dietrich, 1418, stammt Heinrich, 1452, und von demselben entspross Conrad, 1480, Herr auf Mitwitz, Meckenhausen und Dauenstein. Die Söhne desselben stifteten mehrere Linien, von denen die Mitwitzer des Dietrich, gest. 1529 und verm. mit Sibylla v. Wallenfels, noch blüht. Das jetzige Haupt derselben ist Carl Veit Freih. v. W., geb. 1809 (Sohn des Freih. Joseph, gest. 1865, verm. mit Caroline Freiin v. Mauchenheim gt. Bechtoldsheim), k. bayer. Kämm. und erbl. Reichshof-R. d. Krone Bayern, verm. 1839 mit Clara Freiin Thünefeld (gest. 1866), aus welcher Ehe nur eine Tochter. Von vier Geschwistern ist Philipp, geb. 1811, grossherzogl. oldenb. Kammerh. und Oberhofmeister der verw. Königin Amalie von Griechenland, verm. 1839 mit Anna des Lord Edmund Lyons Bickerton, k. grossbritt. Admirals u. vorm. Gesandten an k. griech. Hofe Tochter, dessen Söhne Edmund, geb. 1840, Mitglied der Gesellschaft Jesu, und Ludwig Veit, geb. 1845, sowie Ludwig Anton Veit, geb. 1823, k. bayer. Rittmeister a. D.

<small>*Gauhe*, I. S. 2968. — Geneal. Taschenbuch der freih. Häuser, 1848. S. 409; 1870. S. 1063. — *Hattstein*, II. S. 576. — v. *Hefner*, bayer. Adel, S. 64. T. 69. — *Kneschke*, Wappen, IV. S. 458. — v. *Lang*, S. 271. — v. *Meding*, III. n. 972. — *Siebmacher*, I. S. 105. n. 11. — Wappenb. d. Kgr. Bayern, XVI. S. 52. — *Zedler*, 59. S. 1400.</small>

Wulffen, auch Freiherren (in Silber aus natürlichem Busch ein natürlicher Wolf hervorspringend). Freiherrenstand im Kgr. Bayern am 11. Sept. 1813 anerkannt. — Altes stiftsmässiges niedersächs. Rittergeschlecht, welches in der freiherrl. Linie durch Friedrich Leopold, ehem. fürstl. Passauischen Oberstallm. und Hofkammer-R., nach Bayern verpflanzt wurde. Derselbe, ein Sohn des aus dem Hause Neindorf im Fürstenthum Halberstadt stammenden Christoph Levin Freih. v. W., aus der Ehe mit Helene v. Gensau, hinterliess 1815, verm. mit Clara v. Riedl, Friedrich Freih. v. W., k. bayer. Kämm. und erster Präsident des Ober-Appellations-Gerichts zu München, verm. 1818 mit Luise v. Hennebrith-Henneberg. Aus dieser Ehe stammen, neben zwei Töchtern, Friedrich, geb. 1822, k. bayer. Kämm. und Rath am Appellationsgericht von Niederbayern, verm. 1864 mit Maria Freiin v. Reck auf Autenried (geb. 1836), welcher nur eine Tochter; Carl, geb. 1824, k. bayer. Kämm. und Oberhofmeister der Herzogin Luise v. Bayern; Emil, geb. 1828, k. bayer. Hauptmann und August, geb. 1834. Sehr zahlreich verzweigt und begütert aber auch noch in Preussen, den Marken, dem Halberstädtischen, Magdeburgischen und Anhaltischen, sowie in k. preuss. Kriegsdiensten.

<small>Geneal. Taschenb. d. freih. Häuser, 1856. S. 791; 1870. S. 1061. — *v. Hefner*, bayer. Adel, S. 64. 7. 69. — *Kneschke*, Wappen, IV. S. 460. — *v. Lang*, S. 212. — *Freih. v. Ledebur*, III. S. 142. — *v. Meding*, 1. n. 979. — *Musshard*, S. 559. — N. Pr. Adels-Lex., IV. S. 357. — *Sinapius*, I. S. 1039. II. S. 1119. — Wappenb. d. Kgr. Bayern, IV. S. 50.</small>

Wunsch, Freiherren (Schild geviert, 1 und 4 in Gold ein wachsender geharnischter Mann, in der Rechten drei Rosen; 2 und 3 in Roth zwei goldene Querbalken, 4 in Gold ein geharnischter Arm mit Schwert). Fürstl. Reuss. jüng. Linie Freiherrenstand. Diplom vom 31. Mai 1846, k. sächs. Bestätigung vom 12. April 1859 für August Ludwig W., Besitzer der Rittergüter Ober- und Nieder-Kittlitz und Neu-Kittlitz mit Carlsbrunn in der sächs. Oberlausitz. Derselbe, geb. 1797, gest. 1869, war verm. mit Franziska zum Dennhardt-Schröder (geb. 1813, gest. 1855), aus welcher Ehe entsprossten, neben einer Tochter, Louis Oscar, geb. 1835, Dr. jur. und Alfred Louis, geb. 1840, k. preuss. Lieut., verm. 1) 1861 mit Hedwig v. Matzdorf (gest. 1864), 2) 1868 mit Elisabeth Hartmeyer aus Hamburg.

<small>Geneal. Taschenb. d. freih. Häuser, 1867. S. 1066; 1869, S. 1011.</small>

Wunschheim v. Lilienthal, Ritter (Schild der Länge nach getheilt: rechts in Gold ein aufgerichteter rother Löwe; links in Roth ein schräg rechter goldener Balken). Erbl. österr. Ritterstand. Diplom vom 25. Febr. 1797 für Wenzel W., Advocat zu Eger, wegen Vertheidigung der Rechte der Krone Böhmen. Der Stamm ist fortgesetzt durch Adolf Ritter W. v. Lilienthal, k. k. Hauptmann in P.

<small>*v. Hellbach*, II. S. 794. — *Kneschke*, Wappen, IV. S. 461. — K. k. österr. Militärschematismus, 1870. — *Megerle v. M.*, S. 153.</small>

Wunster (in Blau ein springender silberner Hirsch, auch geviert, 1 und 4 in Gold ein halber schwarzer Adler, 2 und 3 in Blau ein Hirsch). Reichsadelsstand. Diplom von 1791 für Johann Jacob W., Gutsbesitzer in Schlesien, anerkannt in Preussen, und Hans Heinrich Albert Theodor W., Seconde-Lieut. im k. preuss. 20. Inf.-Reg. den 7. Mai 1836 geadelt.

<small>*v. Hellbach*, II. S. 795. — *Kneschke*, Wappen, IV. S. 461. — *Freih. v. Ledebur*, III. S. 144. — *Megerle v. M.*, Erg. S. 496. — N. Pr. Adels-Lex., V. S. 488. — Wappenb. d. Pr. Mon., IV. S. 96.</small>

Wurmbrand, Grafen (Schild geviert mit silbernem Mittelschilde, worin ein schwarzer Lindwurm; 1 und 4 von Roth und Silber viermal pfahlweise getheilt, jeder der rothen Pfähle mit drei Diamantsteinen, jeder der silbernen mit Schuppen belegt; 2 und 3 in Roth eine silberne Katze). Reichsgrafenstand. Diplom vom 31. August 1701 für Johann Wilhelm Gr. v. W. und seine Brüder. Eins der ältesten und edelsten eingeborenen Geschlechter des Herzogthums Steyermark, von den uralten Herren v. Wurmberg abstammend, deren Schloss, im marburger Kreise, schon im 13. Jahrh. zerstört worden. Leopold, zweiter Sohn Ottomar's (1130 auf Stuppach), erbaute in Nieder-Oesterreich Wurmbrand und nannte sich danach. Melchior ward 1518 in den Reichsfreiherrenstand erhoben. Sein Sohn Matthias erbte von der Urgrossmutter, einer Truchsess v. Emerberg, das Oberst-Erbland-Küchenmeister-Amt des Herzogth. Steyermark, erheirathete die Herrschaft Reittenau und war durch seine Söhne, Ehrenreich und Rudolph (gest. 1625), der nähere Stammvater der beiden noch blühenden Hauptlinien. I. Die österr. ältere erhielt 1682 den erblünd. Grafenstand, sowie 1701 (s. oben), mit dem bekannten Genealogen, den Reichsgrafenstand. Johann Wilhelm ward zugleich 1726 als Personalist zu Sitz und Stimme in das fränk. Reichsgrafen-Collegium aufgenommen, in Folge dessen 1829 von Oesterreich das jedesmalige Haupt als zum Prädicat „Erlaucht" geeignet, bei der deutschen Bundesversammlung angemeldet wurde. Dem Grossvater Heinrich Gundaccar folgte 1847 Graf Ferdinand, geb. 1835, Freih. auf Steyersberg, Reittenau und Neuhaus, Herr auf Stuppach, Oberst-Erbland-Küchenmeister im Herzogth. Steyermark, k. k. Kämm. u. Rittm. in d. A., Besitzer der Majoratsgüter Steyersberg, Stickelberg und des Forsts, Sohn des Grafen Ernst (geb. 1804, gest. 1846 und der Grf. Rosa v. Teleki-Szek, wiederverm. 1851 an Friedrich Grafen zu Solms-Baruth), verm. 1861 mit Gabriele Grf. v. Bussy-Mignot, dessen Söhne, neben einer Tochter, Wilhelm, geb. 1862 und Ernst 1866, und dessen Brüder, neben zwei Schwestern, Hermann, geb. 1833, k. k. Hauptmann, Ernst, geb. 1838, k. k. Oberlieutenant und Ehrenreich, geb. 1842, k. k. Lieutenant. Von Vaters Geschwistern ist Graf Wilhelm, geb. 1806, k. k. Kämm., verm. 1834 mit Bertha Rgrf. Nostitz-Rieneck, welcher neben drei Töchtern sieben Söhne; Graf Ferdinand, geb. 1807, k. k. w. Geh.-R. und Kämm., Oberst in d. A., Obersthofmeister des Erzherzog Franz Carl, Besitzer des Gutes Ankenstein in Steyermark, verm. 1) mit Aloysia Grf. Szechenyi (gest. 1842), 2) 1846 mit Alexandrine Grf. Amadé v. Varkony (geb. 1816), dessen Söhne erster Ehe Heinrich, geb. 1834, k. k. Kämm. und Rittmeister in d. A., verm. mit Grf. Eugenie Schönborn-Buchheim (welche drei Söhne und eine Tochter), Ludwig, geb. 1836, k. k. Hauptmann, Gundaccar, geb. 1838, k. k. Hauptmann; Heinrich, geb. 1819, Comthur des Deutschen Ordens und k. k. Oberst in d. A. II. Die steyerische jüngere Linie theilt sich in die zu Neuhaus und in die zu Reittenau. Das Haupt der Ersteren ist Joseph Graf Wurmbrand-Stuppach, geb. 1834, k. k. Lieut. in d. A. (Sohn des Joseph, gest. 1865, Besitzer der Herrschaft Schieleiten, verm. mit Adelheid Freiin Roxberg, geb. 1815, aus welcher Ehe noch zwei Töchter und drei Söhne). Das Haupt der Letzteren ist Hermann, geb. 1817, k. k. Kämm. u. Major in P., verm. 1856 mit Anna Grf. Manneville, deren Sohn Franz, geb. 1857, und noch sieben Geschwister.

Allgem. geneal. Handb. I. 909—13. — Berger, durchl. Welt, II. S. 169. — Bucelin, germ. stemm. III. S. 260. — Gauhe, I. S. 2971. — Geneal. Taschenb. d. gräfl. Häuser, 1829. S. 142; 1870. S. 1210. — Handb. dazu, S. 1094. — Goth. geneal. Hofkalender, 1854. S. 722; 1864 und 65. 1870. — v. Hefner, krain. Adel, S. 21. — v. Hellbach, III. S. 796. — Hübner, II. T. 634, III. T. 711. — Hyrtl, die fürstl. und gräfl. Familien der österr. Mon. II. — Imhof, not. proc. II. S. 72. — Kneschke, deutsche Grafenhäuser, II. S. 692. — Freih. v. Ledebur, III. S. 144. — Schmutz, IV.

S. 415. — *Schönfeld*, Adel-Schem. I. 125. 238. — *Siebmacher*, III. S. 35. n. 17. — *Spener*, op.
herald. II. 670. — *Wurmbrand*, Coll. geneal. hist., 41, 320 und Schema geneal. dominorum Comitum
de W. 1702. — *Zedler*, 60, S. 72—88.

Wurzbach von Tannenberg, Edle (Schild geviert, 1 in Silber ein natürlicher Tannenbaum wurzelnd in grünem Boden, den ein Gewässer quer durchströmt, 2 in Roth drei abgehauene Baumstämme, 3 in Blau zwei schrägrechte goldene Balken, jeder mit einem Sterne, der blaue Streifen dazwischen mit einer goldenen Kugel belegt, 4 in Silber ein rothes Kastell mit blauem Adler). Oesterr. Adel. Diplom vom 5. Dec. 1854 für Max W., Hof- und Gerichts-Advocat in Laibach. Derselbe, geb. 1781, Dr. jur., gest. 1854, hinterliess neben einer Tochter, sechs Söhne, wovon ausser Michael, geb. 1816, Adjunct beim k. k. Landgericht in Wien und August, geb. 1821, k. k. Bezirkshauptmann in Radmannsdorf, welche unvermählt, Carl, geb. 1800, Dr. jur. und Landeshauptmann von Krain, Besitzer der Güter Schwarzenbach, Ebensfeld, Tannenberg, verm. mit Maria v. Jermann, einen Sohn Alfons, geb. 1853; Constantin, geb. 1818, k. k. Reg.-R., verm. mit Antonie Hinzinger, neben einer Tochter, zwei Söhne; Julius, geb. 1821, Dr. jur., Hof- und Ger.-Adv. zu Laibach, Besitzer des Gutes Landpreiss, verm. mit Emilie Wolf, neben einer Tochter, vier Söhne.

Geneal. Taschenb. d. Ritter- und Adelsgeschlechter, 1870. 468.

Wussow (in Silber über drei blauen neben- oder übereinander liegenden Neunaugen [Schlangen], ein halber goldener liegender Mond, über welchem drei goldene Sterne). Alte hinterpomm. Familie im Lauenburg.-Bütow'schen. Claus urkundlich 1492. Martin, Georg, Hans und Jacob wurden 1527 mit dem belehnt, was ihre Väter Claus und Zeske, Gebrüder v. W. in Wussow und Jassende besessen. Georg Christoph v. W., Tribunals- u. Land-R., war 1772 Herr auf Viezig, Landechow nebst Antheilen in Krampkewitz und Kl.-Wunneschin. In der Gegenwart ist zu nennen der k. preuss. General der Infanterie, Generaladjutant des Königs von Preussen, Chef des 3. Pomm. Inf.-Reg. N. 14, Ritter des schwarzen Adler-O. mit der Kette und Schlosshauptmann zu Stolzenfels.

Bagmihl, II. T. 44. S. 124. — *Brüggemann*, I. S. 181. — *Kneschke*, Wappen, IV. S. 462. —
Freih. v. Ledebur, II. S. 115.

— (in Silber ein wachsender rother Hirsch). Altes vorpomm. Geschlecht, welches schon 1280 das Stadtgericht in Stettin, sowie Pomellen, Rosow, Warsow, 1290 Garz, Geesow und Carow bis 1804 besass, wo es mit Philipp Otto Ludwig v. W., Erblandmundschenken im Lande Stettin (seit 1348), ausstarb, und nach Einigen, trotz der Verschiedenheit des Wappens, zum vorstehenden gehört haben soll.

Bagmihl, II. S. 118—23. T. 44. — *Gauhe*, I. S. 2908 und 09. — *Hellbach*, II. N. 793. —
Kneschke, Wappen, IV. S. 462. — *Freih. v. Ledebur*, III. S. 145. — *Micrael*, VI. S. 547. — N.
Pr. Adels-Lex. IV. S. 358. — *Zedler*, 59, S. 1508.

Wuthenau (in Silber zwei übers Kreuz gelegte rothe Feuerhaken, zwischen denen oben ein rother Stern). Sehr altes brandenb.-anhalt. Geschlecht, dessen gleichnamiges Stammhaus bei Ruppin schon 1334, so wie Henning v. W. 1377 urkundlich vorkommt.

Liborius und Fritz befanden sich 1492 mit Herzog Heinrich dem Aelteren in der Belagerung vor Braunschweig und Albrecht war 1596 Hofmeister des Fürsten Ludwig v. Anhalt. Adam Detlev auf Paschleben und Plötzkau, gest. 1702, fürstl. anhalt. Landschaftscassirer, verm. mit Agnes v. Ende, hinterliess Christian Ludwig, k. k. Oberst-Lieut. auf Glesien, dessen Tochter Agnes Wilhelmine, geb. 1700, sich 1722 mit dem regierenden Fürsten August Wilhelm von Anhalt-Cöthen vermählte, zur Reichsgräfin v. Warmsdorf erhoben wurde und 1725 starb. Adam Ludwig, geb. 1706, setzte die Linie zu Glesien fort. Sein Sohn war Ludwig Adam Christian, geb. 1751, Domherr zu Naumburg, Oberhofger.-Assessor zu Leipzig und Obersteuer-Einnehmer, verm. 1782 mit Susanne v. Könneritz und dieser hinterliess Carl Adam, k. sächs. Kammerh., nach Rauer, noch 1857 im Besitz von Glesien, zu welcher Linie ebenfalls gehört Adam Max Heinrich v. W. auf Hohenthurm, geb. 1834, verm. 1857 mit Pauline Grf. von Württemberg. Die Paschleber Linie stammt von Adam Heinrich, geb. 1668, gest. 1706, fürstl. anhalt.-cöthen. Stallmeister, verm. 1703 mit Auguste v. Lattorf-Klicken, dessen Nachkommen die Söhne des Unterdirectors Carl v. W.: Hilmar auf Hamersleben und Fedor auf Paschleben, sowie des Schlosshauptmannes v. W. Sohn, Paul, k. preuss. Lieut. Schon früher waren in preuss. Militärdiensten: Heinrich Jordan v. W., General-Lieut. und Chef eines Dragoner-Regiments, gest. 1727 in Insterburg, Friedrich Wilhelm v. W., General-Major u. Chef eines Husaren-Regiments, gest. 1801 zu Frankf. a. O., sowie ein anderer General-Major, welcher 1821 zu Stargard in Pommern starb.

Beckmann, anh. Hist VII. T. D. — *Gauhe*, I. S. 2975. — *v. Hefner*, sächs. Adel, S. 53. T. 62. — *v. Hellbach*, II. S. 798. — *Freih. v. Ledebur*, III. S. 146. — *Lenz*, Hist. von Anh., S. 913. — *v. Meding*, I. Nr. 984. — N. Pr. Adels-Lex., IV. S. 359. — *Siebmacher*, I. S. 118. Nr. 9. — *v. Uechtritz*, dipl. Nachr., VII. S. 81. — Wappenb. d. Kgr. Sachs., IV. S. 99. — *Zedler*, 60. S. 504.

Wydenbruck-Loë, Grafen (in Blau ein rother Querbalken, mit einem goldenen Sterne, begleitet oben und unten von je zwei goldenen Sternen). Kais. österr. Grafenstand. Diplom vom 7. Juli 1868 für Ferdinand Freih. v. W., k. k. Kämm. und früheren kais. österr. Gesandten und bevollmächt. Minister bei den Vereinigten Staaten in Nord-Amerika. — Uraltes westphäl. Dynastengeschlecht der Gaugrafschaft W. an der Ems. Freih. Bestätigung vom 2. Juni 1532 für Eberhard v. W., kais. Feldhauptmann. 800 Gründung des Klosters Hersebruck durch Walpurgis, Wittwe des Edeln Eckard, Comes in Wiedenbruck. 877 Graf Lindolf's Uebertragung eines Hofes in Bennenhausen an die Corvey'sche Kirche. 952 Drago v. Widenbruc, Bischof zu Osnabrück, erhält das Münzrecht für Widenbruc. 1187 Otto u. Adolf v. Widenbruke verkaufen das praedium Bunessen dem Kloster Hersvithehen. 1205 Graf Ekkehard v. Widenbruck bestätigt dem Abte in Marienfeld die Erwerbung des Gutes Siresbruck. 1227 Heinrich Gaugraf v. W. Zeuge des Grafen v. Arensberg. 1252 Ritter Arnold v. W. schenkt sein väterliches Erbe dem Kloster Paradies. 1552 Eberhard v. W., berühmter Feldherr des Kaiser Carl V. 1661 kaiserliche Bestätigung der Reichsunmittelbarkeit des Wydenbruck'-

schen Hofes zu Münster. Das jetzige Haupt der Familie ist Ferdinand Maria Graf v. W. (s. oben), geb. 1816, k. k. Kämm. und vormaliger ausserordentlicher Gesandter und bevollmächtigter Minister zu Washington (Sohn des Franz Christoph Maria Frei- und Edelherren v. W.-Loë und der Alexandrine Franziska Arrazola de Onate), verm. 1854 mit Isabella Luise St. John Blacker, StKrD., aus welcher Ehe entsprossten, neben einer Tochter, Christoph Anton Maria, geb. 1856 und August Wilhelm Maria, geb. 1857.

<small>Geneal. Taschenb. d. gräfl. Häuser, 1870. S. 1712. — *Freih. v. Ledebur*, III. S. 147. — *Siebmacher*, III. S. 134.</small>

X.

Xylander (Schild geviert mit rothem Mittelschilde, worin vier [2. 2.] silberne Kugeln; 1 u. 4 in Silber ein halber schwarzer Adler; 2 und 3 in Blau drei [2. 1.] silberne Mühleisen). Reichsadel und Ritterstand. Diplom vom 4. Juli 1792 für Carl August X., kurpfälz. Kriegs-Proviant- und Kasernen-Verwalter zu Neuburg. Derselbe war ein Nachkomme des 1550 zu Heidelberg lehrenden Professors und deutschen Hellenisten Wilhelm X. (eigentlich Holtzmann), geb. 1532, gest. 1576. Joseph Carl August, geb. 1794, gest. 1854, k. bayer. General-Major und Bevollmächtigter bei der Bundes-Militär-Commission in Frankf. a. M., bekannt als militär. Schriftsteller.

<small>*v. Hefner*, bayer. Adel, S. 125. T. 155. — *v. Hellbach*, II. S. 799. — *Kneschke*, Wappen, I. S. 476. — *v. Lang*, S. 601. — Wappenb. d. Kgr. Bayern, IX. T. 58.</small>

Y.

Yelin, Ritter (in Schwarz ein rother von drei goldenen Fächermuscheln begleiteter Sparren, darüber ein goldener Zirkel). Ritterstand des Kgr. Bayern, durch den Civilverdienst-Orden der bayer. Krone, und als solcher am 30. Aug. 1814 in die Adelsmatrikel des Kgr. Bayern eingetragen: Julius Y., k. bayer. Ober-Finanz-R. und Mitglied der Academie der Wissenschaften, gest. 1826 in Edinburgh.

<small>*v. Hellbach*, II. S. 800. — *Kneschke*, Wappen, I. S. 476. — *v. Lang*, S. 66?. — Wappenb. d. Kgr. Bayern, IX. S. 29.</small>

York von Wartenburg, Grafen (Schild geviert mit silbernem Mittelschilde, worin ein blaues oder blaugestreiftes Andreaskreuz; 1 u. 4 in Silber der preuss. schwarze Adler ohne Scepter und Reichsapfel; 2 und 3 in Gold ein aufgerichtetes Schwert, umgeben von grünem Lorbeerkranz). Aus England zu dem Geschlechte der Earls v. Hardwike gehörig, zur Zeit Cromwells nach Schweden und unter Carl XII. nach der preuss. Ostseeküste gekommen, ist der ältere Stammvater Johann Jarcken Gustkowski, Prediger zu Rowen bei Stolpe in Pommern und dessen Sohn der Stabscapitain David Jonathan v. Jork, verm. mit Maria Pflug aus Potsdam, der Vater des Hans David Ludwig v. Y., geb. 1759, k. preuss. General-Feldmarschall nach der Eroberung von Paris am 3. Juni 1814, in besonderer Anerkennung seiner als Feldherr geleisteten Dienste und namentlich in Erinnerung des Kampfes bei Wartenburg an der Elbe, zum Grafen Y. v. W. erhoben, gest. 1830. Aus der Ehe mit Johanna Seidel, einer Namslauer Kaufmannstochter, verm. 1792, gest. 1827, entsprossten 11 Kinder, von denen nur Ludwig den Stamm fortsetzte. Geb. 1805, gest. 1865, Majoratsherr der Herrschaft Kl.-Oels in Schlesien, war derselbe verm. 1) 1829 mit Bertha v. Brause, gest. 1845, 2) 1849 mit Nina v. Olfers, geb. 1824, aus welchen Ehen stammen, neben zwei Töchtern, Paul Graf Y. v. W., geb. 1835, Majoratsherr der Herrschaften Kl.-Oels und Bischwitz u. der Rittergüter Gaulaw, Krausenaw, Kauern und Weigwitz im Kreise Ohlau, erbl. Mitglied des k. preuss. Herrenhauses, k. preuss. Landwehrlieut., verm. 1860 mit Luise v. Wildenbruch, dessen Sohn, neben drei Töchtern, Heinrich, geb. 1861; Peter, geb. 1838, Erbherr der Fideicommissgüter Schleibitz, Dorndorf und Pühlau bei Oels in Preuss.-Schlesien, k. preuss. Landwehr-Prem.-Lieut., verm. 1862 mit Leontine v. Bredow-Landin, welcher, neben zwei Töchtern, Hasso, geb. 1863; Wolfgang, geb. 1840, k. preuss. Kammerger.-Assessor; Hans, geb. 1844 und Max, geb. 1850.

Dorst, schles. Wappenb., I. S. 3. — *Droysen*, Biographie des Grafen Y. v. W. — General. Taschenbuch d. gräfl. Häuser, 1870. S. 1218. — Handb. dazu, S. 1096. — *v. Hefner*, preuss. Adel (Grafen), S. 32. T. 37. — *Kneschke*, deutsche Grafenhäuser, II. S. 636. — *Freih. v. Ledebur*, III. S. 149. — N. Pr. Adels-Lex., IV. S. 361. — Wappenb. d. Pr. Mon. II. S. 16.

Yrsch, Grafen (Schild geviert mit grünem Mittelschilde, worin ein goldener Sparren, oben von einem silbernen Stern begleitet; 1 und 4 in Blau ein goldener Stern; 2 und 3 in Silber ein blau gekleideter Ungar mit Spitzhammer und rothem Stern in den Händen). Reichsgrafenstand. Diplom vom 15. Juni 1792 für Johann Nepomuk Freih. v. Y., k. bayer. wirkl. Geh.-R. — Altadliges ungar. Geschlecht, welches sich im 16. Jahrh. nach Bayern im Neuburg'schen und später in die Rheinpfalz und nach Baden verpflanzte. Ferdinand v. Y., herzogl. pfalz-neuburg'scher Geh.-R. und Gesandter, erhielt 1690 den Freiherrenstand. Sein Enkel wurde wegen seiner Verdienste um die Landeskultur Reichsgraf (s. oben). Von seinen vier Söhnen aus der Ehe mit Johanna Sophie Freiin v. Gemmingen-Guttenberg-Türfeld, hinterliess Carl Theodor, geb. 1766, gest. 1854, Herr auf Grimpern in Baden, verm. mit Anna Maria Grf. Capris: Eduard, geb. 1797,

k. bayer. Oberceremonienmeister, gest. 1862, aus dessen Ehe mit Maria Grf. Kreith entsprosste das jetzige Haupt der älteren Linie, Theodor Gr. v. Y., geb. 1832, Herr des Fideicommisses Freiham in Bayern, Mitbesitzer von Ober- und Untergimpern, Wagenbach und Eulenberg in Baden, k. bayer. Kämm., verm. 1864 mit Christine Grf. Hompesch-Bollheim (geb. 1837), welcher noch neben einer Schwester zwei Brüder. Die jüngere Linie Y.-Pienzenau, gestiftet durch den Grafen Carl August, geb. 1769, gest. 1846, verm. mit Caroline Freiin Pienzenau, k. bayer. Kämm. und Oberst, hinterliess, neben drei Töchtern, das jetzige Haupt dieser Linie, in Namen- und Wappenvereinigung vom 21. August 1857: Siegmund Graf v. Y.-P., geb. 1808, k. bayer. Kämmerer und Oberst, verm. mit Adelheid v. Stetten (geb. 1820), dessen Sohn Ludwig, geb. 1842.

<small>*Gauhe*, I. 2715. — Geneal. Taschenb. der gräfl. Häuser, 1870. S. 1219. — Handb. dazu, S. 1087. — *v. Hefner*, bayer. Adel, S. 25. T. 20. — Erg. S. 10. T. 4. — *v. Hellbach*, II. S. 800. — *Kneschke*, deutsche Grafenhäuser, II. S. 701. — *v. Lang*, S. 94. — *Zedler*, 51. S. 512.</small>

Z.

Zabuesnig (Schild quer und durch eine von unten aufsteigende Spitze getheilt 5feldrig; 1 und 2 oben rechts und links in Gold ein halber schwarzer Adler; 3 und 4 in Schwarz ein goldener Löwe mit Stern; 5 in Blau 3 [1. 2.] silberne Lilien). Reichsadelsstand. Diplom vom 10. Juli 1715 für Siegismund Z., Handelsmann in Augsburg und seinen Bruder Adam Z., Proviant- und Monturlieferant der kais. Armee in Italien. Der Vater derselben war ein ortenburg. Verweser zu Kreizen in Kärnthen und betrieb die Eisen- und Bergwerksgeschäfte von Paternien. Der Stamm blühte fort und zwei Enkel, Johann Christoph, k. bayer. Amtsbürgermeister zu Augsburg, geb. 1747 und Joseph Anton, ehemal. Handelsmann in Augsburg, geb. 1752, wurden in die Adelsmatrikel des Kg. Bayern aufgenommen.

<small>*v. Hefner*, bayer. Adel, S. 125. T. 155. — *v. Hellbach*, II. S. 801 — *v. Lang*, S. 602. — Wappenbuch d. Kgr. Bayern, IX. S. 59.</small>

Zach, Freiherren (Schild durch eine aufsteigende Spitze in drei Felder getheilt, im vorderen goldenen ein schwarzer halber Adler, im mittleren blauen auf grünem Boden ein Storch mit Aesculapstab, im hinteren silbernen Felde zwei rothe Querbalken). Erbl. österr. Freiherrenstand. Diplom vom 6. Febr. 1801 für Anton v. Z., k. k. General-Major und seinen Bruder Franz v. Z., Oberst-Lieut. im Herzogthum Sachs.-Gotha (berühmter Astronom). — Joseph Z., Dr. med., Physicus ordinarius des Invalidenhauses und der Curiae Regiae in Pest und Ofen, wurde am 8. Oct. 1765 in den ungar. Adelsstand erhoben. Er war verm. mit Clara Szentag und starb 1781. Sein Sohn Anton (s. oben), geb. 1744, verm. 1779 mit Therese Freiin Moltke, starb 1826 als k. k. General-Feldzeugmeister, Inhaber des 15. Inf.-Reg., k. k. Geh.-R. und des österr. Leop.-O. Commandeur und hinterliess nebst mehreren Töchtern: Johann Nepomuk, geb. 1786, k. k. Hauptmann in d. A.

<small>Geneal. Taschenb. d. freih. Häuser, 1849. S. 500; 1855. S. 708; 1868. S. 1085; 1870. S. 1064. — v. Hellbach, II. S. 801. — Megerle v. M., Erg. S. 95.</small>

Zacha (in Silber auf grünem Boden ein springender goldener Hirsch). Adelsstand d. Kgr. Preussen. Diplom vom 21. April 1790 für Christoph Z., k. preuss. Justiz-R. zu Schneidemühl (gest. 1813 als Besitzer der Strehlitzer Güter in Pommern). Diplom vom 3. Febr. 1803 für den Vetter desselben, Gottlieb Ferdinand, k. preuss. Husarenlieut. (gest. 1846 als Major a. D.).

<small>v. Hellbach, II. 801. — Kneschke, Wappen, I. S. 448. — Freih. v. Ledebur, III. S. 150. — N. Pr. Adels-Lex., IV. S. 362. — Wappenb. d. Pr. Mon. IV. T. 98.</small>

Zahlhas, Ritter (Schild geviert; 1 und 4 in Silber auf grünem Boden ein aufspringender Hase, 2 und 3 in Blau eine Eule). Erbl. österr. Ritterstand. Diplom vom 22. Oct. 1789 für Johann Z., niederösterr. Reg.-Secretär. Ein Sohn desselben Johann Baptist v. Z. ist als dramatischer Künstler und Dichter bekannt.

<small>v. Hellbach, II. S. 302. — Kneschke, Wappen, III. S. 471. — Megerle v. M., Erg. S. 227.</small>

Zahn (Schild geviert, belegt mit einem unten mit fünf spitzigen Zähnen versehenen Querbalken; 1 und 4 in Silber zwei neben einander stehende grüne Tannen, 2 und 3 grün ohne Bild). Adelsstand des Kgr. Sachsen. Diplom vom 29. Nov. 1829 für Johann Friedrich Z., k. sächs. Geh.-Finanz-R. u. Vice-Director der Landescommerz-Deputation. Derselbe, geb. 1766, gest. 1841, hinterliess aus seiner Ehe mit Caroline Friederike Lessing (geb. 1769, gest. 1824) 14 Kinder, von denen ihn nur fünf Söhne überlebten. Albert, geb. 1801, gest. 1855, k. sächs. Zolldirector und Vereinsbevollmächtigter in Magdeburg, verm. mit Auguste Korbinska (geb. 1802); Ludwig, geb. 1820, gest. 1847, k. sächs. Zoll- und Steuerdirector in Dresden, verm. mit Charlotte Korbinska (geb. 1804), welcher neben zwei Töchtern, vier Söhne: Paul, geb. 1829, gest. 1865, Advocat u. Notar in Leipzig, Friedrich, geb. 1831, Advocat in Leipzig, verm. mit Elwine Friederike Weigel (geb. 1844), deren Kinder, Martin, geb. 1868 und Paul, geb. 1870; Bernhard, geb. 1832, gest. 1849, Bergacademist und Rudolph, geb. 1834, gest. 1860, Forstconducteur; Anton, geb. 1804, gest. 1868, k. sächs. Ober-Postdirector, verm. mit Pauline Pönitz (geb. 1809), aus welcher Ehe entsprosste, neben zwei Töchtern, Heinrich, geb. 1839, gest. 1859 als Stud. jur. in Leipzig; Gustav, geb. 1806, gest. 1846, Dr. jur., Adv. und Notar in Leipzig, verm. 1) mit Wilhelmine Götz (geb. 1811, gest. 1843), 2) Auguste Götz (geb. 1814), welcher, neben einer Tochter, drei Söhne, Albert, geb. 1836, k. sächs. Hof-R. in Dresden, Wilhelm, geb. 1839, Dr. phil. und Lehrer, und Robert, geb 1840, Buchhändler in Dresden, verm.

1870 mit Elisabeth Förderreuther (geb. 1845); Georg, geb. 1811, k.
sächs. Geh.-R., verm. mit Pauline Meyer (geb. 1814), aus welcher
Ehe stammen, neben einer Tochter, Johann Alfred, geb. 1839, fürstl.
Schönburgscher Amtshauptmann und Canzleidirector in Glauchau,
verm. mit Johanna v. Zahn (1846), Tochter Gustav's v. Z. (s. oben),
deren Kinder, Hans Georg, geb. 1868 u. Johann Rudolph, geb. 1870.

<small>Familien-Nachrichten. — Handschriftl. Notizen. — *v. Hefner*, sächs. Adel, S. 111. T. 111. — *Kneschke*, Wappen, I. S. 479.</small>

Zandt, Freiherren (Schild durch einen silbernen Spitzenschnitt
von Blau [auch Schwarz] und Silber getheilt, so dass unten zwei
ganze silberne Spitzen, oben eine ganze u. zwei halbe blaue Spitzen
erscheinen). Freiherrenbestätigung für die ältere Linie in Bayern
1818, für die jüngere in Preussen 1827. Altes Geschlecht, wahrscheinlich aus der Ober-Pfalz, von wo es mit den Pfalzgrafen nach
Düsseldorf gekommen. Aeltere Linie: Johann Franz Freih. v. Z. auf
Epfenbach, kurpfalz.-bayer. Kämm. und General-Major, verm. mit
Maria Sophie Freiin v. Lindenfels, hinterliess Max, geb. 1778, verm.
mit Emilie Reichsfreiin Reinach-Steinbrunn, gest. 1867, k. bayer.
General der Cavallerie, dessen Sohn und jetziges Haupt Max, k.
bayer. Rittm. à la suite, verm. 1857 mit Amalie Freiin v. Andrian-
Werburg, aus welcher Ehe stammt, neben zwei Töchtern, Max
Walther, geb. 1863. Jüngere Linie: K. preuss. Freih.-Bestätigung
1827 für Joseph v. Z. auf Barlo (bei Solingen), verm. mit Henriette
Freiin Katterbach, dessen Sohn Ferdinand Freih. v. Z., k. preuss.
General der Cavallerie, gest. 1825, verm. mit Luise Linden, welcher
hinterliess Walther, geb. 1823, Herr auf Seehof bei Bamberg, k. pr.
Major a. D., verm. 1852 mit Franziska Freiin Pelden gen. Cloudt,
welcher neben mehreren Töchtern, die Söhne Franz, geb. 1855,
Walther, geb. 1857, Carl, geb. 1868 u. Friedrich Wilh., geb. 1869.

<small>*Bernd*, T. 232, 363. — Geneal. Taschenb. d. freih. Häuser, 1859. S. 918; 1860. S. 961 und 1870. S. 1065. — *v. Hellbach*, II. S. 804. — *v. Lang*, S. 87. — *Freih. v. Ledebur*, III. S. 153. — N. Pr. Adels-Lex., IV. S. 363. — *Siebmacher*, I. 86. u. 113.</small>

Zand von Merl, Freiherren (in Roth drei [2. 1.] silberne Löwen).
Alte rheinländische Familie, aus der Philipp schon 1253 Erbvoigt zu
Merle und Hamm, verm. mit Anna v. Berg. Johann, kurtrierscher
R. und Landhofmeister 1573, dessen Sohn August, Herr zu Arras,
kurtrierscher R. und Oberamtmann zu Cochem. Otto Heinrich zu
Dieblich und Veldenz, kurtrierscher R. u. Amtmann zu Ehrenbreitenstein. Emilie, Aebtissin zu Boppart, Maria Margaretha, ebendaselbst,
gest. 1655. Wilhelm, kais. General, Johann Hugo Carl Freih. v. Z.
v. M. 1836 zu Weisskirchen, Herr auf Munnichweiler, Emmerich
Joseph, auf Scheuern, Reg.-Bez. Trier und Coblenz. Freih. Réné
v. Z. auf Munnichweiler noch 1857 nach Rauer.

<small>*Bernd*, T. 132, S. 264. — *Bucelin*, ger. sacr. S. 156. — *Gruhe*, I. S. 2979. — *v. Hefner*, bayer. Adel, S. 68, T. 69; sächs. Adel, S. 53, T. 62. — *Freih. v. Ledebur*, III. S. 153. — *v. Meding*, I. S. 987. — N. Pr. Adels-Lex., IV. S. 363.</small>

Zastrow (in Silber eine mit drei Wurzeln ausgerissene aufrecht
gestellte grüne Staude mit fünf Blättern). Eins der ältesten und angesehensten pomm. Geschlechter, urkundlich schon gegen Ende des

,ahrh. Claus v. Z. zur Zeit des Herzogs Bogislaus III. Landrath.
nn war 1630 herzogl. Schlosshauptmann und Kammerrath zu
n. Die Familie wurde sehr gliederreich und erwarb grossen
dbesitz. In Pommern entstanden im Laufe der Jahrhunderte
Linien. Sie besassen nach Gr.- und Kl.-Zastrow, schon 1272,
lreifswald, besonders im Cammin'schen und Neu-Stettin'schen,
ow 1402, Dobberpfuhl, Stregow, Dargeröse, Glietzke, Wuster-
1460, Kölpin, 1581, Majorat u. s. w., auch in Preussen, Posen,
igen und Westphalen, so wie zahlreiche Sprossen namentlich
reuss. Kriegsdiensten, zu hohen Würden und Auszeichnungen
ten. Bernhard Asmus, General-Major, gest. 1757, Johann
el, General-Major, gest. 1773, Carl Anton, General-Major, gest.
und Jacob Rüdiger, gleichfalls General-Major und Drost zu
1, Luhnen und Hörde, gest. 1782. Friedrich Wilhelm Christian,
752, gest. 1830, als General der Infanterie, ehemal. Gouver-
·on Neufchâtel, ausserordentl. Gesandter am Hofe zu München
.itter des schwarzen Adler-O. — Ludwig, kurbraunschweig-
General der Infanterie und Commandeur von Stade, geb. 1687,
761, sowie Caspar Wilhelm Philipp, k. sächs. General-Lieut.
f eines Cürassier-Reg. — In neuerer Zeit wieder in Preussen
eral-Majore August Friedrich Wilhelm, gest. 1833, Carl
gest. 1835, und Ernst Wilhelm; der General-Lieut. Otto
gest. 1842 und in der Gegenwart, der General der Infan-
Commandeur des VII. Armee-Corps (in Münster), sowohl
riege gegen Oesterreich, als jetzt in Frankreich, mit einer
il seines Geschlechtes, den Ruhm der Ahnen mehrte.

113, T. 43. — Bernd, S. 119. — Brüggemann, I. 282. — Dorst, schles. Wap-
uke, I. S. 2981. — v. Hellbach, II. S. 800. — Freih. v. Ledebur, III. S. 155.
682. — Micrael, S. 548. — N. Pr. Adels-Lex., IV. S. 365. — Siebmacher, V.
S. 18.

Zat. Edle von Robelswald (Schild quer und der Länge
nach getho en in Gold ein rother Löwe mit blankem Säbel;
unten rechts lau auf grünem Boden eine dreithürmige Burg,
links in Blau zv erge, dazwischen ein Fluss). K. österr. Adelsstand. Diplom v 30. Oct. 1819 für Anton Z., Oberst und Commandeur des 2. Walachen Grenz-Reg. — Derselbe, geb. 1764 zu
Iglau in Mähren, gest. 1828, verm. 1805 zu Wien mit Marianne
Freiin v. Meuten-Malbourg (gest. 1847), hinterliess neben drei Töchtern, einen Sohn Franz de Paula, geb. 1811, k. k. Hauptmann in P.,
mit dessen Zustimmung am 28. Juni 1857 dem damaligen Oberst,
Auditor Joseph Baumrucker, Schwiegersohn des Obersten Z., bei dessen Erhebung in den erbl. Adelsstand die Führung des obigen Prädicats und Ehrenwort „Edler von" zugestanden.

Gen. Taschenb. der Ritter- und Adelsgeschlechter, I. 1870. S. 471.

Zavisch von Ossenitz, Freiherren (in Blau ein rückwärts sehen-
des weisses Lamm). Erbl. böhm. Freiherrenstand. Diplom vom 3.
Mai 1755 für Emanuel Cajetan Z. v. O. — Ein sehr altes böhm.-
mähr. Geschlecht, schon 1211 urkundlich. Ritter Ferdinand und

seine Gemahlin Angela Wratislaw v. Mitrowitz 1550. Ihm folg
in grader Linie Sigmund: Elisabeth Bechinie v. Lazon; Rudol
Herr auf Roketnitz, k. Hauptmann des znaïmer Kreises in Mähr
verm. 1668 mit Catharina Freiin Kaltschmidt v. Eisenberg; Fr
geb. 1680, verm. 1709 mit Sidonie Freiin Dubsky v. Trzebomis,
Emanuel Franz Freih. (s. oben), geb. 1712, k. k. Kreishauptma
zu Prerau in Mähren, verm. 1743 mit Antonie v. Fragstein
Niemsdorf; Emanuel Cajetan Herr auf Sponau. Dessen Sohn E
nuel Mar., geb. 1774, k. k. Hauptmann, verm. 1801 mit Anna
gitczek v. Kehldorf, aus welcher Ehe neben fünf Töchtern,
Söhne entsprossten: Moritz Freih. Z. v. O., geb. 1804, k. k. Hr
mann in d. A., verm. 1843 mit Aloysia Freiin Sedlnitzky-Odro
v. Choltitz (geb. 1809), deren Kinder drei Töchter; Anton, geb. 1
Herr v. Wigstadl in Schlesien, k. k. Rittm. in d. A., verm. 1) 1
mit Alexandrine Grf. Cappy (gest. 1844), 2) 1847 mit Nina
Cappy (geb. 1812), deren Kinder, neben zwei Töchtern, Paul,
1842; Carl, geb. 1815, k. k. Lieut. in d. A., verm. 1846 mit M
v. Koschitz (Texas), Kinder Herebert und Bertha.

<small>Geneal. Taschenb. d. freih. Häuser, 1853. S. 561; 1869. S. 1012. — v. Hellbach, II. S.
Hedel, schenw. Prag, S. 128. — Zedler, 61. S. 199.</small>

Zech, Freiherren, auch Grafen (Schild [adlig] 1 und 4 in
ein schwarzer halber Adler, 2 quergetheilt, oben in Schwa   n
wachsender silberner Löwe, unten von Roth und Silber ge   it,
3 in Blau eine Weinranke mit Blättern und Trauben, [freih   nd
gräfl.] geviert Adler und Löwe, mit einer Spitze von unte   orin
die Weinranke [Zech-Burkersroda] zweimal in die Länge u   nmal
quergetheilt [6 Felder], 1) in Roth drei silberne rechte   en, 2
und 6 quergetheilt oben in Schwarz ein goldener wachs   r Löwe,
unten von Roth und Silber geschacht, 3 und 5 in Gold   hwarzer
halber Adler, 4) in Blau eine Weinranke mit Blättern   . Trauben).
Reichsgrafenstand. Diplom vom 7. Sept. 1745 für B   ard Reichsfreiherren v. Z., k. poln.-kursächs. Conferenzminist   . — Bernhard
Zech, geb. 1649 zu Weimar, Sohn eines Tuchmach   s, der vom goth.
Reg.-Secretair bis zum Staatsminister in Dresden gestiegen, wurde
als k. poln. und kursächs. w. Geh. R. am 3. Febr. 1716 in den Edlen
und Ritterstand erhoben. Verm. mit Regina Elise v. Dauderstädt
hinterliess er einen gleichnamigen Sohn, geb. 1681, welcher als k.
poln. und kursächs. Geh.-R. und Präsident des Reichs-Vicariats-Ger.
am 20. Jan. 1729 den Reichsfreiherrenstand und am 7. Sept. 1745
(s. oben) den Reichsgrafenstand erhielt. Verm. 1708 mit Johanna
Susanna v. Jobin (gest. 1727), hinterliess er 1748 unter mehreren
Söhnen und Töchtern, August Ferdinand Reichsgraf v. Z., kursächs.
Geh.-R. und Kammer-Dir. zu Merseburg, Herr auf Schmorkau, Klin-
genberg, Salsitz, geb. 1719, gest. 1793 und dieser aus seiner ersten
Ehe 1746 mit Caroline v. Pflugk-Strehla (gest. 1793) wieder mehrere
Kinder, unter denen Bernhard August Ludwig Reichsgraf v. Z., geb.
1750, kursächs. Hof- und Justiz-R., dann sich längere Zeit während
der Revolution in Frankreich aufhaltend, verm. mit Charlotte l'Estocq-

Helvce (geb. 1759, gest. 1843) als Tribunals-R. in Mainz 1805 starb. Sein Sohn Victor, geb. 1795 zu Strassburg, gest. 1861 zu Stuttgart (früher in württemb. Diensten unter dem Namen Willmaar), verm. mit Charlotte Ebner aus Nürnberg (geb. 1802, gest. 1853), hinterliess wieder einen Sohn Victor, Reichsgraf v. Z., geb. 1829 zu Heilbronn, verm. 1855 mit Dorothea Stockhausen (geb. 1815), in Wiesbaden lebend, deren Kinder, neben einer Tochter, Victor, geb. 1858, Constantin, geb. 1860, Wilhelm, geb. 1862. Neben dieser, also nicht, wie früher öfters angenommen, erloschenen, älteren Linie, adoptirte die zweite Gemahlin des Reichsgrafen August Ferdinand (s. oben) Luise Christiane Dorothea, geborene Freiin v. Zech (Tochter des Vaters Bruder Sohnes), Erbfrau auf Bündorf, Benndorf u. Geusa (geb. 1740, gest. 1815) zwar nicht wie es öfter heist, als Letzte des gräfl. Zech'schen Geshlechtes, aber als Verwandte, den Johann Christian August v. Burkersroda-Kötschau, an welchen nach deren Tode, die reichsgräfl. Würde, mit Namen- und Wappenvereinigung „Zech-Burkersroda", als k. preuss. Grafenwürde laut Diplom vom 18. Sept. 1815 gelangte. Derselbe verm. mit Henriette Wilhelmine von der Mosel, gest. 1832, hinterliess 1819 aus dieser Ehe das jetzige Haupt dieser Linie Julius Graf v. Z.-B, geb. 1805, Herr der Güter Kötzschau, Bündorf, Geusa, Goseck in der preuss. Provinz Sachsen, Börln und Radegast im Kgr. Sachsen, Diehsa und Quitzdorf in der preuss. Oberlausitz, JhOER., k. preuss. Kammerh., Geh.-R., Landtagsmarschall der Provinz Sachsen (1845—60) und Mitglied des k. preuss. Herrenhauses auf Lebenszeit. Verm. 1) 1834 mit Augustine Marg. v. Häseler (geb. 1809, gest. 1850), 2) 1851 mit Thecla v. Krosigk (geb. 1824), stammen aus diesen Ehen, Julius Ludwig August, geb. 1835, Besitzer des Ritterguts Eulau, JhOER., k. preuss. Gerichts-Auscult. und Friedrich Ludwig, geb. 1853.

<small>Allgem. hist. Lex., IV. — *Gauhe*, I. S. 2984. — Genral. Taschenb. d. gräfl. Häuser, 1867. S. 1019; 1870. S. 1226. Handb. dazu, S. 1098. — v. *Hefner*, sächs. Adel, S. 6. T. 5; preuss. Adel (Grafen) S. 32. T. 37. — v *Hellbach*, II. S. 809. — *Kneschke*, deutsche Grafenhäuser, II. S. 701. — *Freih. v. Ledebur*, III. S. 168. — N. Pr. Adels-Lex., IV. S. 365. — Wappenb. d. Kgr. Sachsen, III. S. 256. — *Zedler*, 61, S. 261.</small>

Zech von Lobming, Grafen (Schild geviert mit rothem Mittelschilde, worin ein goldener Stern, 1 u. 4 in Silber ein rother wachsender Türke mit einem Pfeil, 2 und 3 in roth auf silbernem schräg rechtem Balken ein rother Bogen ohne Pfeil). Reichsgrafenstand. Diplom vom 27. Sept. 1773 für Joseph Albrecht Reichsfreih. v. Zech, kurpfälz. Geh.-Conferenz-R. — Ursprünglich steyerm. Familie, welche im vorigen Jahrh. nach Bayern gekommen. Dionys. v. Z., 1440 Cardinal und Erzbischof zu Gran, Christoph, gest. 1509, Coadjutor des Bischofs zu Seckau. Joseph Albrecht v. Z. erhielt am 10. Sept. 1745 den Reichsfreiherren-, sowie später (s. oben) den Reichsgrafenstand. Verm. mit N. Freiin v. Koffler v. Rundenstein, hinterliess er Johann Nep. Fel., geb. 1789, gest. 1850 auf Neuhofen, Soln, Wornberg und Königswiesen, einen tiefen Forscher der Special-Geschichte Bayerns, aus dessen Ehe mit Friederike, letzter Grf. Hörwarth v. Hohenburg, stammte Joseph Hermann, geb. 1789, gest.

1850, Herr auf Steinach, k. bayer. Kämm., verm. mit Maria Anna Vogler, deren ältester Sohn das jetzige Haupt der Familie Maximilian Graf Z. v. L., geb. 1824, k. Hofpriester und Chorvicar an der Hof- und Stiftskirche zum St. Cajetan in München und neben mehreren Töchtern noch Friedrich, geb. 1826, Assessor beim k. bayer. Bezirksger. zu Straubing, verm. 1859 mit Elisabeth Berger v. Seehaus, geb. 1839, deren Söhne, Franz, geb. 1860, Theodor, geb. 1861, Max 1863, Emanuel 1863; sowie Julius, geb. 1831, k. bayer. Kämm. und Hauptmann im 11. Inf.-Reg., verm. 1862 mit Emma Leontine Sitzler (geb. 1840).

Gauhe, I. S. 2983. — Geneal. Taschenb. d. gräfl. Häuser, 1870. S. 1237. — Handbuch dazu, S. 1099. — *Kneschke*, deutsche Grafenb., III. S. 461. — *v. Lang*, S. 94. — *v. Meding*, III. Nr. 979. — *Schmus*, IV. S. 418. — *Siebmacher*, II. S. 43. n. 14, III. S. 84.

Zechmeister von Rheinau, Freiherren (Schild durch einen schmalen silbernen Balken quergetheilt, oben in Roth zwei silberne Sterne, unten in Blau ein silberner Thurm). Oesterr. Freiherrenstand. Diplom vom 1. Jan. 1810 für Theophil Z., k. k. General-Feldwachtmeister, Inhaber des Maria-Theresia-Ordens, geb. 1748, gest. 1819, verm. 1797 mit Franziska v. Turner, aus welcher Ehe entsprossten, neben einer Tochter, Hugo Freih. Z. v. Rh., geb. 1798, k. k. Hauptmann in P.

Geneal. Taschenb. d. freih. Häuser, 1867. S. 1070; 1870. S. 1066. — *v. Hellbach*, II. S. 809. — *Megerle v. M.*, S. 95.

Zedlitz, Freiherren auch Grafen (in Roth eine silberne Schwertgurtschnalle mit zerbrochenem Dorne). Grafenstand des Kgr. Preussen. Diplom vom 6. Nov. 1741 für David Sigmund Freih. v. Z.-Leipe, Herr auf Kratzkau, Frauenhain u. s. w. und vom 10. April 1764 für Friedrich Nicolaus Freih. v. Z.-Wilkau, k. preuss. Kammerherr und vom 22. Febr. 1810 k. preuss. Genehmigung der Vereinigung des gräfl. Zedlitz'schen Namen und Wappen mit dem seinen für Gottlieb Julius Trützschler v. Falkenstein. Reichsfreiherrenstand. Diplom vom 21. Oct. 1608 für die Gebrüder Ladislaus Nicolaus und Abraham v. Z.-Nimmersatt, vom 1. März 1610 für Sigmund v. Z. auf Neukirch, k. preuss. Kammerpräsident in Schlesien. Erbl. österr. und böhmischer Freiherrenstand. Diplom vom 8. Juni 1735 für die Gebrüder Georg Gottlieb, Friedrich und Carl Sigmund v. Z.-Leipe, welcher bei der k. preuss. Erhebung des Gottlieb v. Z. auf Hartmannsdorf u. Caspar Otto v. Z. auf Hohen-Liebenthal den 6. Nov. 1741 anerkannt wurde. — Ursprünglich aus Franken stammend, dann aber zu den ältesten u. angesehensten Geschlechtern Schlesiens gehörend, soll schon im Jahre 1000 ein Z. Commandant der Plassenburg bei Culmbach gewesen sein, sowie Hinko v. Z. 1173 als Rath und Minister des Herzogs Miecislaus III. in Polen vorkommt. Als nächster Stammvater wird Tietze v. Z. genannt, welcher bei der Vermählung der Prinzess von Meranien mit dem Herzog Heinrich I. 1200 mit grossen Mitteln aus dem Voigtlande nach Schlesien kam. Das von ihm dorthin verpflanzte Geschlecht (obgleich auch 1216 noch ein Z. bei Altenzelle in Meissen als Zeuge vorkam) breitete sich dort

in vielen Linien und Häusern aus. Peter ist 1349 fürstl. Canzler zu
Schweidnitz, Wolf 1360 Landeshauptmann der Grafschaft Glatz und
Bernhard Burggraf zu Fürstenstein. In der schon 1293 vorkom-
menden Herrschaft Parchwitz stifteten 30 Zedlitze 1465 ein Ehren-
tugendbündniss, welches 1548 erneut wurde. Sigismund Z. v. Neukirch besuchte 1414 das Concil zu Costnitz und kehrte als eifriger
Hussit zurück. Sein Sohn Georg v. Z. (geb. 1444) trat 1518 zur
luther. Kirche über u. erbaute in Neukirch die erste evangel. Kirche.
Von den beiden gräfl. Linien Zedlitz-Leipe und Zedlitz-
Trützschler, ist die erstere mit Wilhelm Sigismund Graf Z.-L.,
Freih. v. Kratzkau, Erbherr der Herrschaft Kratzkau, geb. 1775,
verm. 1811 mit Charlotte v. Paczensky und Tenczin, am 24. April
1847 erloschen.] Das Haupt der anderen ist Eduard Carl Graf Z.-
Trützschler v. Falkenstein, Freih. v. Wilkau, geb. 1800, Erbherr
der Fideicommissherrschaft Schwentnig im Kreise Nimptsch und Besitzer des Allodialritterguts Niedergrossenbohrau im Kreise Freistadt,
JhOER., k. preuss. Geh.-R., vormals Chefpräsident der Regierung
zu Liegnitz u. Curator der Ritter-Academie daselbst, verm. 1) 1825
mit Ulrike Freiin v. Vernezobre de Laurieux (geb. 1804, gest. 1843),
2) 1846 mit Franziska v. Wentzky und Petersheyden (geb. 1800),
aus welchen Ehen, neben einer Tochter, stammen, Constantin, geb.
1833, k. preuss. Rittmeister, verm. 1862 mit Helene v. Rohr (geb.
1839) und Robert, geb. 1837, k. preuss. Prem.-Lieut., verm. 1862
mit Agnes v. Rohr, dessen Sohn, neben drei Töchtern, Carl Constantin, geb. 1863. Des Obigen Bruder August, geb. 1801, Herr der
Rittergüter Frauenhayn und Kungendorf im Kreise Schweidnitz, k.
preuss. Prem.-Lieut., verm. 1829 mit Sidonie Grf. Beust (geb. 1807,
gest. 1863), aus welcher Ehe nur eine Tochter. Des zweiten 1858
verstorbenen Bruders Moritz, Erbherren des Fideicommissgutes Pe-
trikau, aus der Ehe mit Melanie Freiin Saurma-Ruppendorf (geb.
1806) Sohn, neben drei Töchtern, Georg, geb. 1840, k. preuss. Lieut.,
verm. 1863 mit Elisabeth Trützschler v. Falkenstein und deren Sohn
Edgar, geb. 1864, sowie des dritten 1857 gest. Bruders Bernhard,
aus der Ehe mit Josephine Grf. Schaffgotsch-Niederponndorf (geb.
1806) Sohn Adolf, Erbherr der Herrschaft Niederponndorf, verm.
1862 mit Margaretha v. d. Hagen-Stölln (geb. 1845). — Von freiherrlichen Linien blühen A) Zedlitz-Nimmersatt: Ludwig,
geb. 1834 (Sohn des 1857 gest. Freih. Carl, k. k. Oberst-Lieut. in
d. A.), k. ungar. Statthalterei-Concipist, nebst zwei Schwestern und
zwei Brüdern. B) Zedlitz und Neukirch. 1. Speciallinie Neukirch: Wilhelm, geb. 1811 (Sohn des 1862 verstorb. Freih. Wilhelm,
Herrn auf Hermannswaldau und Rosenau, k. preuss. Geh.-Reg.-R.),
Erbherr der Herrschaft Neukirch u. s. w., JhORR., k. preuss. Major
a. D., Mitglied des preuss. Herrenhauses auf Lebenszeit und Land-
schaftsdirector der Fürstenthümer Schweidnitz und Jauer, verm. 1)
1835 mit Luise Freiin Falkenhausen-Trautskirchen (gest. 1839),
2) mit Bertha v. Unruh (gest. 1857), 3) mit Elisabeth Freiin Scher-
und Thoss-Schollwitz (geb. 1832), aus welchen Ehen, neben zwei

Töchtern, Sigmund, geb. 1838, k. preuss. Lieut., Georg, geb. 1846, Wilhelm, geb. 1848, Gotthard, geb. 1860 und Friedrich Carl, geb. 1864, sowie noch mehrere Geschwister und deren Söhne und Vaters Brüder u. deren Hinterbliebene. II. Speciallinie (vormals zu Hohen-Liebenthal): Conrad, geb. 1789 (Sohn des 1842 verstorbenen Freih. Caspar Conrad, Erbherren der Herrschaft Hohen-Liebenthal, k. pr. Landrath), JhOER., k. preuss. General-Major a. D., verm. 1820 mit Auguste v. Sommerfeld (geb. 1793), dessen Söhne, neben zwei Töchtern, Conrad, geb. 1830, k. preuss. Hauptmann und Louis, geb. 1832, k. preuss. Hauptmann, sowie mehrere Geschwister, Vaters Brüder und deren Hinterlassene. C) Zedlitz und Leipe. I. Speciallinie: August, geb. 1789 (Sohn des 1831 verstorbenen Freih. Otto, k. preuss. Rittm.), Herr der Güter Zülzendorf, Teichenau, Prinsnig, JhOER., verm. 1821 mit Jenny Grf. v. Rödern (geb. 1798), aus welcher Ehe entsprossten, neben einer Tochter, Gustav, geb. 1824, Herr auf Käntchen bei Schweidnitz, Probst des freih. v. Zedlitz'schen adligen Fräuleinstifts zu Kapsdorf, JhORR., verm. 1) 1856 mit Johanna Grf. und Edle Herrin zur Lippe-Weissenfeld-See (gest. 1862), 2) 1864 mit Agnes v. Seydlitz-Ludwigsdorf-Habersdorf, dessen Sohn, neben zwei Töchtern, Dietz, geb. 1859; Adolf, geb. 1826, k. preuss. Major, verm. 1858 mit Helene Baroness Northomb, dessen Sohn August Carl Abraham, geb. 1859; Ham, geb. 1833, k. preuss. Prem.-Lieut. II. (Aeltere) Speciallinie mit Otto, geb. 1800, JhOER., k. preuss. Geh.-Reg.-R. a. D., verm. 1825 mit Aloysia v. Garnier (geb. 1793) und Hinterlassung von nur zwei Töchtern, am 10. März 1868 erloschen. Ferner gehörte diesem Geschlechte an Carl Abraham Freih. v. Z., k. preuss. Minister der geistl. Angelegenheiten, Ritter des Schwarzen Adler-O., geb. 1731, gest. zu Kapsdorf 1793 und Joseph Christian Freih. v. Z., deutscher Dichter, geb. 1790, gest. zu Wien 1862, sowie der Freih. Leopold v. Zedlitz-Neukirch, unter dessen Vorstande das Neue Preuss. Adels-Lexicon, Leipzig 1836—39, 5 Bände, 8., bearbeitet ist, dem, wie alle Kenner dieses Faches, auch die Verfasser dieses Lexicons, für die erhaltenen Belehrungen, zu grossem Dank verpflichtet sind.

Dorst, schles. Wappenb. 5 und 21. 44. — *Estor*, S. 407. — *Gauhe*, I. S. 2986. — Geneal. Taschenbuch d. freih. Häuser, 1855, S. 711. 1861. 1869, S. 1013; der gräfl. Häuser 1870, S. 1229. Handbuch dazu, S. 1100. — *Kneschke*, deutsche Grafenh., II. S. 704. — *Freih. v. Ledebur*, III. S. 159. — *Lucae*, S. 12. — *v. Meding*, III. S. 776. n. 986. — *Megerle v. M.*, Erg. S. 115. — *Siebmacher*, I. S. 71. n. 13. — *Sinap*, S. 1046. — Wappenb. d. Pr. Mon., II. T. 70. — *Zedler*, 61, S. 312.

Zedtwitz, auch Grafen (Schild quergetheilt von Silber, Roth und Schwarz). Reichsgrafenstand. Diplom von 1766 für Heinrich Siegmund v. Z., Herren auf Liebenstein und vom 25. Aug. 1790 für die Linie zu Asch. — Sehr alte böhm.-bayer. Familie, welche ursprünglich aus Franken ins Voigtland kam und bei Hof sich niederliess. Als Dynasten mit ausgebreiteten Besitzungen in dieser Gegend, kaufte 1390 Heinrich v. Z. die Vesten Neidberg, Liebenstein und Königswerth und hinterliess sie seinen drei Söhnen, Heinrich, Ehrhard und Veit, welche die Gründer eben so vieler Hauptlinien wurden. Die jüngere des Veit zu Neidberg erwarb im 15. Jahrh. noch den Markt Asch, woraus nebst mehreren Dorfschaften und Gütern eine Herrschaft gebildet ward. Die mittlere Hauptlinie zu Königswerth verlor nach der Schlacht am Weissen Berg bei Prag ihre Besitzungen und verblieb im Freiherrenstande. Es blühen der Zeit: I. Aeltere Hauptlinie zu Liebenstein. Max Graf v. Z., geb. 1828 (Sohn des 1863 verst. Grafen Thaddäus, Major des k. k. privil. Schützencorps und Ehrenbürgers der Kreisstadt Eger), Besitzer der Domaine Vorderliebenstein bei Eger in Böhmen, k. k. Oberlieutenant in d. A. Der Bruder des Grafen Thaddäus, Clemens, geb. 1814, Herr des Gutes Hinterliebenstein, verm. 1) 1837 mit Catharina Grf. Zedtwitz-Schönbach (gest. 1841), 2) 1842 mit Ernestine v. Zedtwitz-Oberneuburg (geb. 1823), hat aus beiden Ehen, neben vier Töchtern, die Söhne Johann Carl, geb. 1840, Hugo, geb. 1848 und Benno, geb. 1859. — II. Jüngere Hauptlinie zu Asch. 1) Aelterer Ast. a) Speciallinie oder Haus Asch: Kurd Graf v. Z., geb. 1822 (Sohn des 1847 verst. Grafen Sigmund), Besitzer des Lehenssurrogatcapital Asch-Asch und der Herrschaft Duppau und Sachsengrün im Kreise Saaz in Böhmen, k. k. Kämm. und Oberlieut. in d. A., verm. 1849 mit Adelheid v. Schönberg-Wenigenauma (geb. 1826), dessen Söhne, neben zwei Töchtern, Kurd, geb. 1849, Utz, geb. 1851, Alfred, geb. 1858; sowie eine Schwester und zwei Brüder. b) Speciallinie oder Haus Schönbach: Christian Graf v. Z., geb. 1804 (Sohn des 1836 verst. Grafen Peter), verm. mit Sophia Grf. Zedtwitz-Schönbach (geb. 1816) u. dessen Bruder Johann Anton, geb. 1801, k. k. Lieut. in d. A., verm. mit Maria Grf. Zedtwitz-Schönbach, sowie Vaters Brüder und Hinterbliebene (z. B. die beiden Gemahlinnen). 2) Jüngerer Ast. a) Speciallinie Sorg und Neuschloss-Neuberg: Carl Graf v. Z., geb. 1790 (Sohn des verst. Grafen Georg) auf Sorg und Hadermannsgrün, verm. 1813 mit Henriette Freiin Beulwitz (geb. 1790), dessen Sohn, neben einer Tochter, Hermann, geb. 1817, k. k. Rittm. in d. A., verm. 1863 mit Maria Freiin v. Mansbach-Frankenhausen, geb. 1834; Hieronymus Graf v. Z., Erb-, Grund- und Gerichtsherr der Herrschaft Asch und Herr auf Neuschloss-Neuberg, geb. 1815 (Sohn des 1826 verst. Grafen Franz, k. k. Kämm. u. Hauptm.), k. k. Oberst, verm. 1843 mit Emilie v. Ré, dessen Sohn, neben zwei Töchten, Kuno, geb. 1852. b) Speciallinie Haus Unter-Neuberg: Carl Graf v. Z., geb. 1830 (Sohn des 1849 verst. Grafen Heinrich, k. k. Major), verm. 1857 mit Elise v. Miedel (geb. 1823), deren Sohn, neben zwei Töchtern, Bernhard, geb. 1867.

Burgermeister, S. 223. — Geneal. Taschenb. d. gräfl. Häuser, 1864, S. 1024, 1870, S. 1232. — Handbuch dazu, S. 1102 — *Gauhe*, I. S. 2999. — *Hübner*, II. T. 519, III. T. 941. — *Knesehke*, deutsche Grafenhäuser, II. S. 708. — *Freih. v. Ledebur*, III. S. 161. — *v. Meding*, I. u. 989. — N. Pr. Adels-Lex., III. S. 368. — *Siebmacher*, I. S. 105. n. 5. — *Zedler*, 61. S. 1537.

Zerbst (in Silber drei [2, 1] rothe Löwenköpfe). Uraltes anhalt. Dynastengeschlecht im Gau Ciervisti (949) und im Besitz der schon 1007 vorkommenden Stadt Zerbst, wo (ebenfalls urkundlich) Richard I. de Scherewist, auf eigenem Grund und Boden ca. 1200 ein Armenhospital stiftete, welches von seiner Wittwe Ida und ihren Söhnen in ein Benedictiner-Jungfrauen-Kloster verwandelt, 1213 durch Bischof Balduin von Brandenburg bestätigt ward. Mit Richard III. Bewilligung trat 1253 König Wilhelm die Oberlehnsherrschaft über ihn, an die Markgrafen von Brandenburg ab. Derselbe Richard befreite die Stadt Z. 1259 vom Zoll und verkaufte 1264 Schloss, Stadt und Gebiet an die Edlen von Barboi. Albrecht v. Z. aber erkaufte von den Fürsten Adolf und Albrecht von Anhalt um 100 Schock alter Kreuzgroschen im Jahre 1457 als ein Erblehn Hundeluft, Natho, Rogäsen, Gr.- und Kl.-Werchenud, Stakelitz, Konow, Brecsen und Thiessen, sowie er 1467 mit Möckorn und 1496 mit Gommern belehnt wurde. Durch Siegmund Wipreht's (fürstl. Anhalt. Unterdirector, geb. 1606, gest. 1682) vierzehn Söhne und sechs Töchter aus drei Ehen, theilte sich der Besitz, wie das Geschlecht in viele Linien, welche indess alle bis auf die des ältesten Sohnes erloschen sind. Dieser, Wolf Dietrich, kurf. sächs. Oberstwachmeister, hatte sich bei der Vertheidigung des kurpfälz. Vorwerks Bruchhausen, mit 150 Mann, gegen 10,000 Franzosen so brav gehalten, dass er nach endlicher Uebergabe, vom Gouverneur v. Philippsburg wohl aufgenommen, und nach seiner baldigen Entlassung, vom Kurfürsten einen silbernen Ehrendegen erhielt, zum Kammerherrn und Commandanten der Pleissenburg in Leipzig erhoben, lebte er seit 1698 auf Gebersdorf bei Jüterbock, wo er als grosser Freund der Wissenschaften, mit schöner Bibliothek, 1711 starb. Aus seiner Ehe mit Anna Sophia v. Schlomach hinterliess er Georg Ludwig v. Z., k. dän. Rittm. auf Kl.-Glien, dessen jüngerer Sohn Carl Georg, fürstl. waldekscher Geh. R. und Consistorial-R., mit dem Enkel Friedrich Ludwig Wiprecht v. Z., w. Geh. R., Regierungs- und Consistorial-Präsident 1741, auf Tännich und Goddelsheim dort eine, freilich schon 1815 wieder erloschene Linie stiftete. Des älteren Sohnes Nachfolger, Johann Carl Amadeus, hinterliess 1795 als k. k. Oberstlieut u. fürstl. Anhalt-Zerbstsch. Oberstallmeister, auf Rofhausen bei Jever, zwei Söhne, von denen der jüngere Ludwig Richard v. Z., fürstl. Anhalt-Zerbstsch. Kammer- und Jagdjunker auf Goddelsheim und Kl.-Weissand, den Stamm durch eine Tochter und zwei Söhne fortsetzte: Richard v. Z., geb. 1803, k. preuss. Oberlandgerichts-R. in Greifswald und Georg v. Z., geb. 1807, herzogl. Anhalt. Reg.-Präsident und Staatsminister a. D., dem die Redaction zu grossem Danke verpflichtet.

Abel, deutscher und sächs. Alterth., II. S. 577. — Beckmann, anhalt. Hist, III. Th. II. Bd. §. 10. und 19; VII. 307. — Behrens, Beschreib. d. Herrn v. Steinberg S. 478. — Gauhe, I. S. 2995. — Hefner, waldeck. Adel, S. 1. T. 7. — Freih. v. Ledebur, III. S. 167. — v. Meding, III. N. 990. — N. Pr. Ad.-Lex., V. S. 469. — Nitze, Geneal. und Gesch. d. Dynast. v. Z., Manuscript. — Seifert, S. 43. — Siebmacher, I. S. 164. N. 4. — Sinapius, I. S. 1038. — Zedler, 61. S. 1602—34 (mit Berichtigungen über Deckmann).

Zeschau (Schild geviert, 1 u. 4 Silber, 2 u. 3 Schwarz [auch umgekehrt] mit einem über dasselbe gezogenen rothen Querbalken). Altes sächs.-niederlaus., ursprünglich schles. Adelsgeschlecht. 1361 war Michael v. Czeschau bei Herzog Conrad v. Oels. 1392 dotirte Landgraf Friedrich v. Thüringen, Markgraf von Meissen die Gemahlin Caspar's v. Z. mit Gütern bei Frohburg, Eschenfeld und Kohren, sowie um dieselbe Zeit Joachim u. Seifried v. Z. das Gut Mannschatz bei Oschatz besassen. In der Niederlausitz war Amtitz bei Guben schon 1456 in der Hand der Familie. 1456 erhielten Ulrich, Heinr. und Dietz einen Lehnbrief über Reyssen, sowie 1501 Johann v. Z. vom Herzog Georg über Staucha. 1516—22 war Wolf v. Z. Prior des Augustiner-Klosters zu Grimma und 1523 flüchteten die Töchter des Hans v. Z. auf Obernitzschke, Veronica und Margarethe, Nonnen aus Nimptschen, zu Luther. Die jetzt blühenden beiden Hauptlinien stammen aus den Häusern Jessen und Garrenchen in der Nieder-Lausitz. Der ersteren näherer Ahnherr ist Georg Abraham v. Z., Landesältester des Gubener Kr., auf Drehna, Jessen und Guritz, geb. 1675, gest. 1743, verm. mit Catharina v. Löben-Priescnigk, aus welcher Ehe entsprossten: Balthasar Gottlob Erdmann, kursächs. Rittm. und Landes-Deputirter auf Jessen und Juritz bei Sorau, geb. 1710, gest. 1784, verm. mit Helene v. Z. (gest. 1774), sowie Johann Adolf, königl. und gräfl. Brühlscher Amtshauptmann zu Forste u. Pfördten. Des ersteren Sohn war Balthasar Heinr. Erdm., k. poln. und kurf. sächs. Hofrath auf Jessen und Guritz, verm. 1) 1782 mit Friederike Meyer v. Knonau (gest. 1795), 2) mit Friederike v. Schöneich-Kalke, sowie dessen Sohn erster Ehe Heinrich Anton, k. sächs. Finanzminister, Minister des Aeusseren, und später des königl. Hauses, geb. 1789, gest. 1870, verm. 1) 1817 mit Henriette v. Watzdorf, 2) 1830 mit Clitia Grant, neben einer Tochter, einen Sohn Heinrich v. Z. auf Arnsdorf u. Schlungwitz bei Bautzen, sowie dessen Bruder Ernst Balthasar, k. sächs. Lieut. auf Jessen u. Guritz, verm. mit Emilie v. Klüx, ebenfalls einen Sohn Hugo hinterliess. Joh. Adolf (s. oben), geb. 1714, gest. 1790, verm. mit Dorothea v. Sack-Heinersdorf, hatte zwei Söhne, von denen der ältere, Balthasar Siegmund, k. sächs. Oberst und Unter-Commandant des Königstein, geb. 1756, gest. 1833, verm. 1789 mit Charlotte Sahrer v. Sahr (gest. 1844), aus welcher Ehe stammte Adolf Leopold, k. sächs. Major und Oberzoll-R., geb. 1790, welcher, verm. 1825 mit Henriette v. Schindler, neben zwei Töchtern, drei Söhne, von denen Ernst, k. sächs. Hauptm. der Artillerie, geb. 1831, verm. mit Julie v. Holle, auf dem Felde der Ehre am 1. Sept. 1870 bei Sedan gefallen, Carl, k. sächs. Hauptmann, geb. 1833, verm. 1866 mit Luise Günther, ebenfalls in der Schlacht bei Königsgrätz 1866 geblieben und Heinrich Leopold, geb. 1835, k. sächs. Hauptm., verm. mit Natalie Bramsch. Der jüngere Sohn Joh. Adolf's (s. oben), Wolf Joh. Adolf, war k. preuss. Lieut., auf Drehna, geb. 1746, gest. 1807 und hinterliess aus seiner Ehe mit Tugendreich v. Knobelsdorf (gest. 1841) 15 Kinder, von denen der älteste Sohn Siegmund, k. sächs. Oberstlieut., geb. 1781, gest. 1839, verm. 1821 mit Amalie v. Wulffen-Friedersdorf (geb. 1802), zwei Söhne hinterlassen: Eduard, k. s. Lieut. u. D., geb. 1822, 3) mit Hedwig Pfennig (geb. 1831) und Otto, geb. 1833, verm. mit Elise v. Oerzen (geb. 1837) und der jüngste Leopold, k. sächs. Oberstlieut., verm. mit N. v. Schlieben, einen Sohn. Der Stifter der zweiten Hauptlinie war Carl Siegmund v. Z. auf Garrenchen bei Luckau, k. sächs. Consistorial-R. (ein Sohn des Hans Caspar v. Z. auf Helmsdorf und der Susanne v. Liedlau), geb. 1703, gest. 1782, verm. 1) mit Christiane

v. Pannewitz und 1744 2) mit Sophie v. Stammer-Görlsdorf, dessen ältester Sohn Joh. Wilh. Siegmund, geb. 1745, k. sächs. Conferenzminister, kinderlos 1813 gest., indess der jüngere Heinrich Wilhelm v. Z., k. sächs. General-Lieut., Unterstaatssecretär in milit. Angelegenheiten und Gouverneur zu Dresden, geb. 1760, gest. 1832, aus seiner Ehe mit Caroline von Brause (gest. 1832) mehrere Söhne hinterliess, deren ältester Heinrich Siegmund, k. sächs. Geh.-Finanz-R. und Kreishauptmann zu Dresden, geb. 1785, gest. 1821, aus seiner Ehe mit Caroline v. Mandelsloh acht Kinder, von denen Carl Heinr., k. sächs. Ger.-R. zu Pirna, geb. 1811, verm. mit N. Opitz, neben einer Tochter, Heinrich Emil, k. sächs. Prem.-Lieut. und Hans; deren mittlerer Anton Wilhelm, k. sächs. Hauptmann, gest. 1869, aus der Ehe mit N. Binder, Wilhelm, k. sächs. Major, geb. 1821; und deren jüngster Emil Heinr. Ernst v. Z., k. sächs. General-Major, geb. 1804, verm. mit Auguste v. Geismar (gest. 1870).

<small>Erinnerungen an Hr. Wilh. v. Z. (General-Lieut.). Dresden 1866. — Gauhe, I. S. 2936 u. 3141. — v. Hefner, sächs. Adel, S. 54. T. 63. — v. Hellbach, II. S. 818. — Knauth, prodr. Miss. S. 598. — Kneschke, Wappen, I. S. 482; II. S. 490. — Leben des Balthas. Gottlob v. Z. Laus. Mag. 1784. S. 267. — Freih. v. Ledebur, III. S. 104. — N. Pr. Ad.-Lex. V. S. 491. — Siebmacher, I. S. 70. N. 8. S. 150. — Sinapius, I. 1303. II. S. 571. — Zedler, 61. S. 1750.</small>

Ziegesar, Freiherren (in Silber drei neben einander aufrecht gestellte grüne Blätter). Uraltes ursprünglich markbrandenburg. Adelsgeschlecht, dessen gleichnamiger Stammsitz, Schloss und Städtchen Ziesar zwischen Brandenburg u. Magdeburg, im jetzigen ersten Jerichow'schen Kreise schon im 12. Jahrhundert genannt wird. 1410 ward dem Cuno v. Z. von Hans v. Treskow und Heinrich v. Isenburg sein Schloss Beuten erobert, sowie 1492 Jacob v. Z. urkundlich vorkommt. Aus Brandenburg kam im Laufe der Zeit die Familie in's Meissensche, dann in das Braunschweig. u. Bremische, nach Württemberg und in die herzogl. sächs. Lande. Hans Christoph v. Z., ein Sohn des Hans v. Z. auf Lüttnitz im Meissenschen, war herzogl. braunschw. Oberst-Lieut. Sein Bruder Siegmund Adolf war kursächs. Oberhof-Jägermeister und Amtshauptmann zu Nossen. Gest. 1665 hinterliess er zwei Söhne, von denen der jüngere Hans Adolf, kursächs. Oberlandjägermeister, verm. mit Elisabeth v. Lützelburg das Geschlecht dauernd fortsetzte. Von ihm stammen Carl Siegmund auf Drakendorf, Rutha und Vollnitz, geb. 1695, gest. 1754, fürstl. sachs.-weim. Geh.-R. und Ober-Jägermeister, aus dessen erster Ehe mit Christine Sophie v. Griesheim entsprossten August Friedrich Freih. v. Z., herzogl. sachs.-goth. Canzler, aus der zweiten mit Christine Sophie v. Buttlar, Freih. Wilh. Aug. Carl, fürstl. nassau-using. Oberhofmeister. Letzterer, verm. 1774 mit Henriette Freiin v. Holzhausen, erlangte 1771 die Aufnahme unter die adlige Gauerbschaft des Hauses Altenlimpurg in Frankf. a. M., dessen Nachkommenschaft in den Niederlanden und Nassau blüht, hat ihr jetziges Haupt in Wilhelm Heinrich, geb. 1807 (Sohn des Carl August, herzogl. nass. Kammerh. u. Major, gest. 1829), k. niederl. Kammerh., Prem.-Lieut. a. D. und Ober-Director der k. Privatdomainen in Luxemburg, verm. 1831 mit Ernestine v. Poser-Nadlitz, deren Söhne, neben zwei Töchtern, Friedrich, geb. 1839, Emil, geb. 1840, und Adolf, geb. 1849. Die Söhne des Canzler Aug. Friedr. (s. oben), geb. 1746, gest. 1813, waren Friedrich, geb. 1779, herzogl. Altenb. Kammerh. und Landjägermeister, verm. 1) 1801 mit Elisabeth v. Kanitz, 2) 1806 mit Anna Eleonore v. Berg (gest. 1821), aus welchen Ehen entsprossten, Hermann, geb. 1803, gest. 1869, herzogl. Altenb. Kammerherr und Vice-Präsident des Finanz-Collegiums, sowie Probst des Magdalenen-Stiftes, verm. mit Luise Wernsdorf und Hugo, herzogl. Altenb. Oberforstmeister und Kammerh., geb. 1815, verm. 1844 mit Ottilie v. Stenglin, dessen Söhne, neben zwei Töchtern, Otto, geb. 1848, k. preuss. Lieutenant und Georg, geb. 1852; und als zweiter Sohn des Canzler: Anton, geb. 1783, gest. 1843 sachs.-weim. Geh.-R. und Präsident des Oberappellations-Ger. in Jena, verm. mit Luise v. Stein, dessen Sohn Ferdinand, geb. 1812, verm. 1844 mit Ida Grf. v. Gersdorf, neben zwei Töchtern, einen Sohn hinterliess, Anton, geb. 1846, k. preuss. Cürassier-Lieutenant.

Angeli, märk. Chron. S. 161. — *Cast*, Adelsb. v. Württemb. — *Gauhe*, I. S. 3000. — Geneal. Taschenb. d. freih. Häuser, 1856, S. 601. 1864, S. 604. — *v. Hefner*, nass. Adel, S. 5. T. 8; sächs. Adel, S. 19. T. 18. S. 54. T. 63. und württemb. Adel, S. 19. T. 25. - *v. Hellbach*, II. S. 824. — *Knauth*, prodr. Misn. S. 598. — *Kneschke*, Wappen, III. S. 478. — Freih. v. *Ledebur*, III. S. 163. — N. Pr. Ad.-Lex., IV. S. 371. — *Mushard*, IV. S. 670. — *Siebmacher*, Suppl. V. 30. — Wappenb. d. Kgr. Sachsen, V. 32; des Kgr. Württemberg, N. 235. — *Zedler*, 61. S. 685.

Zieten, auch Grafen (in Silber ein schwarzer Kesselhaken). Grafenstand des Kgr. Preussen. Diplom von 1817 für Hans v. Z., geb. 1770, gest. 1848, k. preuss. General-Feldmarschall, Linie Dechtow und Grafenstand des Kgr. Preussen, Diplom vom 15. Oct. 1840 für Friedrich v. Z.-Wustrow, k. preuss. Rittmeister u. Land-R. a. D. — Eins der ältesten und angesehensten Geschlechter der Mark Brandenburg, namentlich der Grafschaft Ruppin und des Havellandes, wendischen Ursprungs, sowie als Stammsitz schon 1159 urkundlich bei Anclam vorkommt. Das ältere Haus auf Dechtow im Havellande, welches seit dem 14. Jahrh. im ununterbrochenen Besitz des Geschlechtes, erhielt den Grafenstand 1817 (s. oben) in Hans v. Z., welcher den Sieg bei Waterloo namentlich entscheiden half, verm. mit Josephine Grf. Berlo (gest. 1814), deren Sohn das jetzige Haupt dieser Linie, Leopold Graf v. Z., geb. 1802, k. pr. Geh.-Reg.-R. und Director des Credit-Instituts in Breslau, Herr der Herrschaft Adelsbach in Schlesien und des Ritterguts Dechtow in der Mark, verm. 1) 1828 mit Ernestine Grf. Schaffgotsch-Warmbrunn (gest. 1846), 2) 1849 mit Agnes Grf. und Edler Herrin zur Lippe-Biesterfeld (geb. 1810), dessen Sohn erster Ehe, neben drei Töchtern, Joachim Hans, geb. 1839, Malthes.-OER., k. pr. Prem.-Lieut., verm. 1867 mit Nanny v. Nolte, aus welcher Ehe wieder ein Sohn, Leopold Clemens Ernst, geb. 1868. — Das jüngere Haus Wustow, welches Friedrich (s. oben), der Sohn des bekannten Helden des siebenjähr. Krieges, Hans Joachim (geb. 1699, gest. 1786), k. preuss. General der Cavallerie, stiftete, ist mit demselben am 29. Juni 1854 wieder erloschen, indess ein neues gräfl. Haus dieses Namens seit dem 14. Sept. 1859 entstanden mit Namen und Wappenvereinigung „Zieten-Schwerin" für den jedesmaligen Majoratsherren, welcher der Zeit

Albert Julius Graf v. Z.-Sch., geb. 1835 (Sohn des 1865 verst. Wilhelm Ludwig v. Schwerin-Janow und der Caroline v. Zieten), Majoratsherr auf Wustrau mit Vorwerk Albertinenhof in der Provinz Brandenburg, schlossgesessener Herr auf Antheil Spantekow, Janow, Lenzkron, Neuendorf, Rehberg, Bartow, Hohenbrünzow, Streblow, JhORR., k. preuss. Lieut. a. D., verm. 1861 mit Constanze Freiin v. Derschau (geb. 1835), aus welcher Ehe entsprossten Friedrich Wilhelm Ludwig von Schwerin, geb. 1862 und Louis Henning Bogislav v. Schwerin, geb. 1865.

Dorst, allg. Wappenb. T. 61. — *Gauhe*, I. S. 3010. — Geneal. Taschenb. d. gräfl. Häuser, 1856. S. 991. 1862, S. 1040. Handb. dazu, S. 1106. — v. *Hefner*, preuss. Adel, S. 32. T. 37. — v. *Hellbach*, II. S. 823. — *Kneschke*, deutsche Grafenhäuser, II. S. 717. — *Freih. v. Ledebur*, III. S. 168. — N. Pr. Adels-Lex., IV. S. 372. — *Pfeiffer*, Schaupl. S. 243. — *Siebmacher*, Suppl. I. S. 7. — *Zedler*, 62. S. 673.

Zinn von Zinnenburg, Freiherren (Schild geviert mit blauem Mittelschilde, worin auf grünem Boden eine goldene Kanone auf mit Eisen beschlagener blauen Laffette, 1 und 4 in Roth zwischen zwei schräg linken silbernen Balken ein laufender silberner Hund, 2 u. 3 in Silber ein gesatteltes schwarzes Pferd). Erbl. österr. Freiherrenstand. Diplom vom 10. Dec. 1777 für Ferd. Z. v. Z., k. k. Oberst-Lieut. und Platzmajor v. Ungarisch-Hradisch in Mähren und seinen Bruder Carl, k. k. Rittm. Drei Brüder, Anton, Johann und Niclas de Zinnis hatten von dem Cardinal und Fürst-Bischof Bernhard zu Trient am 10. Oct. 1537 die Adelswürde erhalten, welche am 30. Sept. 1560 vom Kaiser Ferdinand I. bestätigt wurde. Vier Brüder, Johann, Anton, Peter und Jacob de Zinnis wurden am 31. Dec. 1584 mit vermehrtem Wappen (dem Ross) in den Ritterstand erhoben. Von ihnen erlangte Jacob das Incolat in Böhmen. Sein Sohn Simon, kam zuerst von der Familie nach Schlesien u. erwarb dort die Güter Grunewitz, Schorkau und Deutsch-Lippe, aus seiner Ehe mit Barbara Freiin v. Hohenhausen hinterlassend Franz v. Z., verm. mit Barbara v. Weplar und Uschiz, dessen Söhne die beiden ersten Freiherren (s. oben), Ferdinand, verm. mit Maria Theresia Persovitzk von Persovitzi, stiftete die ältere, Carl, verm. mit Theresia RGrf. v. Waffenberg, die jüngere Linie. Der ersteren gehörte an Ferdinand Freih. Z. v. Z., k. k. Rittm., eingetheilt in das Invalidenhaus zu Tyrnau, dessen Sohn Ferdinand, k. k. Lieut. im 9. steyer. Jägerbat. und Carl, k. k. Lieut. im 60. ungar. Inf.-Reg.; der letzteren Franz, Ingenieur und Taxator bei der k. k. Forst-Direction zu Wien, dessen Sohn Friedrich, Lieut. im 1. böhm. Feld-Art.-Reg.

Gauhe, II. S. 3010. — Geneal. Taschenb. d. freih. Häuser, 1864, S. 997. 1868. — v. *Hellbach*, II. S. 826. — *Freih. v. Ledebur*, III. S. 169. — K. k. Mil.-Schematismus. 1870. — Wappenb. der österr. Mon., XXIV. T. 70.

Zoellner (in Blau ein silberner Querbalken mit einem schwarzen C belegt). Adelsstand des Kgr. Sachsen. Diplom vom 4. Mai 1822 für Heinrich Gottlieb Z., k. sächs. Sous-Lieut. im Leib-Inf.-Reg. Derselbe, geb. 1795 in Nickern bei Dresden, war verm. mit Caroline v. Grape (geb. 1793, gest. 1868, bekannt als Schriftstellerin unter dem Namen Caroline v. Göhren) und starb als Hauptm. a. D. 1857 ohne männl. Nachkommen zu hinterlassen.

<small>Dresdner Residenzkalender 1847. S. 190. — v. Hefner, sächs. Adel, S. 54. T. 63. — Kneschke, I. S. 485.</small>

Zoller, Freiherren (in Blau ein goldener Sparren, an jeder Seite oben von einem goldenen Patriarchenkreuze begleitet, unten ein silberner Adler auf grünem Berge). Reichsfreiherrenstand. Diplom 1671. Aus Deutsch-Lothringen (Stadt Bitsch) nach Bayern. Maria Anton Carl (geb. 1723, gest. 1773), k. franz. Major im Inf.-Reg. Royal-Allemand zu Strassburg, hinterliess Friedrich Joh. R.-Freih. v. Z., k. bayer. General-Lieut., geb. 1762, gest. 1821, verm. mit Caroline Klick (gest. 1848), dessen Söhne, Alexander, geb. 1806, gest. 1857, k. bayer. Ober-Appell.-Ger.-R. zu München, Ludwig, geb. 1817, k. bayer. Oberst, Flügel-Adjut. und Hofmarschall, gest. 1858, und Oscar, k. bayer. General-Lieut. und Commandant der 1. Division, geb. 1809,, gefallen im Gefechte zu Nördlingen bei Kissingen am 10. Juli 1866, sowie ein Bruder Friedrich's, Carl, geb. 1773, gest. 1849, k. bayer. Kämm., Generalfeldzeugmeister, General der Artillerie auf Fuchsmühlen in d. Oberpfalz, verm. 1837 2) mit Wilhelmine Grf. Tauffkirchen-Engelburg (geb. 1811), hinterliess, Max R.-Freih. v. Z. auf Fuchsmühlen, k. bayer. Kreis- und Stadtger.-R. zu Augsburg und Friedrich, k. bayer. Artillerie-Hauptmann.

<small>General. Taschenb. d. freih. Häuser, 1859, S. 130. 1868, S. 1049. — v. Hefner, bayer. Adel, II. S. 70. T. 65. — Kneschke, Wappen, I. S. 488. — v. Lang, S. 274.</small>

Zollikofer von Altenklingen (Schild geviert, 1 u. 4 in Schwarz ein silberner Löwe, 2 u. 3 in Gold ein blaues linkes Obereck). Als Patricier zuerst zu Costitz 1365, kam Conrad Zollikofer's Sohn Johann von da nach Bern, wurde Patricier, Rathsherr, Landvoigt und Staats-R., begab sich aber 1466 nach St. Gallen, wo er Erbbürger und in die adlige Gesellschaft zum Rothenstein aufgenommen wurde. Angesessen auf Altenklingen, Hardt, Hattenhausen, Pfauen-Moos, Rehlingen, Sahlenstein und Sonnenberg, erhielt das Geschlecht vom Kaiser Friedrich III. 1472 einen Wappen- und am 19. Oct. 1578 vom Kaiser Rudolph II. einen Adelsbrief. Unter den adligen Verbindungen findet die mit den Dynasten von Breiten-Landenberg Erwähnung. Sebastian und Ludwig waren die Stammväter der schwarzen und rothen Linie, sowie die Hauptstifter des Gymnasiums in St. Gallen, wesshalb sie bis in die neusten Zeiten in jedem Stamme einen Schulrath hatten. Georg Christoph erhielt 1655 vom Könige Louis XIV. von Frankreich den Adelstand, mit Ausdehnung auf die Georg und Laurenzischen Seitenlinien des rothen Stammes. Aus diesem kam zuerst Michael v. Z., k. k. Hof-R. u. Director der Kupferbergwerke in Ungarn, vor. Christoph, Herr zu Brockhut und Ober-Arnsdorf bei Strehlen in Schlesien, fürstl. brieg-liegnitz-wohlauscher Geh.-R. u. Obersteuereinnehmer, kais. Kammerpräsident 1650, gest. 1679 und Max Ehrenreich, fürstl. liegnitzischer Leibarzt u. Geh.-R. 1670, sind die Vorfahren der schles.-preuss. Branche, von denen Friedrich Wilhelm, geb. 1735, k. preuss. General-Major, gest. 1798, sowie Wilhelm Ludwig ebenfalls k. pr. General-Major, gest. 1868. Johann Leonhard (Sollicoffre) starb 1734 als englischer Gesandter am marokkanischen Hofe und Theodor Christoph 1737 als holländ.

Brigadegeneral. Aus der schweizerischen Hauptlinie sind in neuerer Zeit noch bemerkenswerth Joachim Georg, geb. 1730 zu St. Gallen, gest. 1788 als Prediger der reformirten Gemeinde in Leipzig, Johann Georg, Appellations-R. in St. Gallen, geb. 1750, gest. 1809, und Julius Hieronymus, Reg.-R. und Präsident der evangel. Kirche in St. Gallen, geb. 1766 und gest. daselbst 1829.

<small>*Bucelin*, Germ. sacr. et prof. IV. S. 308. — *Gauhe*, I. S. 3143. — v. *Hellbach*, II. S. 831. — *Freih. v. Ledebur*, III. S. 179. N. 12. — *Leu*, schweiz. Lex. XX S. 143. — *Lutz*, Necrol. denkw. Schweiz. S. 594. — N. Pr. Adels-Lex., IV. S. 377. — *Siebmacher*, I. S. 201. N. 15; III. S. 179. N. 12. — *Sinapius*, I. S. 1085, II. S. 871 und 1142. — *Zedler*, 63. S. 282.</small>

Zollmann von Zollerndorf, Ritter (Schild geviert, 1 und 4 in Roth drei offene Fruchtsäcke, 2 und 3 in Blau auf grünem Grunde eine goldene Nachteule). Oesterr. Ritterstand. Diplom vom 9. Oct. 1813 für Wolfgang Z., k. k. Gubernial-Secret., von dessen Söhnen, neben zwei Töchtern, nur Franz, k. k. Gubernial-Registrator, einen männl. Sprossen hinterliess, Leopold, geb. 1833, k. k. Hauptm. im 21. Feld-Jäger-Bataillon.

<small>Geneal. Taschenb. d. Ritter- u. Adelsgeschl., I. S. 478. — v. *Hellbach*, II. S. 831. — *Megerle v. M.*, Erg. S. 229.</small>

Zorn von Bulach, Freiherren (quergetheilt, oben in Roth ein silberner Stern, unten golden und ledig). Eins der ältesten, vornehmsten und ausgebreitetsten Geschlechter des Elsass, wesshalb sie allein dreissig verschiedene Helmkleinode führten, von denen die vorstehende Linie, besonders auf Osthausen, Ehrstein und Gerstheim angesessen, nachdem das Geschlecht in Uneinigkeit mit den Mülheim's gerathen und so mit diesen um die Regierung der Stadt Strassburg gekommen. Claus, Ritter, war 1262 Hauptmann der Stadt und blieb in dem glücklichen Treffen mit dem Bischofe, sowie Nicol 1298 als Stadtmeister dort lebte. Claus Conrad war 1613 brandenb. Hauptm. und 1631 k. schwed. General-Major. Das jetzige Haupt der Familie ist Ernst R.-Freih. Z. v. B., k. franz. Oberst a. D., Malth.-OR., verm. 1820 mit Anna Grf. Kageneck (geb. 1802), aus welcher Ehe entsprossen Franz, geb. 1821, Kammerh. des Kais. Napoleon III., Mitglied des General-Rathes des Depart. des Niederrheins, verm. mit Antonie R.-Freiin v. Reinach-Herzach, dessen Kinder neben mehreren Töchtern, Hugo, geb. 1851, Franz, geb. 1858 — und sämmtlich — nach 189 Jahren (seit dem 30. September, als, mitten im Frieden, die deutsche Reichsstadt Strassburg, auf Befehl Louis XIV. von Frankreich von französischen Truppen besetzt wurde) nach der Wiedereroberung durch die Deutschen am 28. Sept. 1870 nun wieder zum deutschen Adel gehörig!

<small>*Gauhe*, I. S. 3020. — Geneal. Taschenb. d. freih. Häuser, 1862 und 1865, S. 1032. — *Hattstein*, II. S. 588. — v. *Hellbach*, II. S. 833. — *Herzog*, Elsass. Chronik, VI. S. 298. — *Meding*, II. N. 997. — *Siebmacher*, I. S. 192. N. 12. — Derselbe, Suppl., III. S. 25, 28. — *Zedler*, 63. S. 536.</small>

Zueber von Nordheim, Edle (Schild geviert, 1 und 4 in Roth ein geharnischter Arm mit Säbel, 2 u. 3 in Blau ein goldener Löwe). Oesterr. Adelsstand. Diplom vom 13. Febr. 1819 für Franz Xavier Z. mit Edler von. Derselbe, geb. 1746, k. k. Tabak- und Siegelgefällen-Administrator, hinterliess 1824 aus seiner Ehe mit Ignazia v. Cäsar (geb. 1750, gest. 1820) Franz, geb. 1782, gest. 1834, k. k.

Kameral-R., verm. 1813 mit Anna Hecht (geb. 1787, gest. 1854), dessen Sohn, neben drei Töchtern, Carl, geb. 1814, k. k. Polizei-Ober-Commissär.

<small>Geneal. Taschenb. d. Ritter- und Adelsgeschl., I. 1870, S. 480. — v. Hellbach, II. S. 835. — Megerle v. M., S. 292.</small>

Züllich von Zülborn (Schild in der Länge getheilt, vorn in Blau ein Ritter mit einem Speer, hinten in Blau ein Springbrunnen). Reichsadelsstand. Diplom von 1786 für Johann Z., k. k. Hauptmann mit v. Z., gest. 1792 als k. k. Major, verm. 1776 mit Therese v. Kurató. Dessen ältester Sohn Johann, geb. 1777 zu Csik-Madafalva in Siebenbürgen, k. k. Hauptmann, verm. 1811 mit Johanna Török de Kadicsfalva, bei seinem 1843 erfolgten Tode, hinterliess Rudolph Z. v. Z., geb. 1813 zu Karlsburg in Siebenbürgen, akadem. Bildhauer in Paris, sowie, neben einer Tochter, noch Stephan, geb. 1820, k. Obergespann-Stellvertreter in P., Präses der judiziellen Staatsprüfungscommission in Klausenburg, Ehrenbürger der k. freien Stadt Sächsisch-Reen in Siebenbürgen, Gutsbesitzer und verm. 1866 mit Luise Winkler.

<small>Geneal. Taschenb. d. Ritter- und Adelsgeschlecht. I. 1870, S. 481. — v. Hellbach, II. S. 835. — Megerle v. M., Erg. S. 502.</small>

Zu Rhein, Freiherren (in Silber ein aufrechter Löwe). Freiherrenstand in der k. bayer. Adelsmatrikel des uralten schweizerischen Geschlechtes, wovon Johann zu Rh. eques, 1290 Bürgermeister zu Basel, Amadeus zu Rh. 1408 Grossprior des Johanniter-Ordens und Friedrich 1436—51 Fürst-Bischof zu Basel. Jetziges Haupt der Familie Friedrich August, k. bayer. Kämm., Staats-R. im ausserordentlichen Dienst u. Reichs-R., ehemal. Reg.-Präsident von Unterfranken und Aschaffenburg, geb. 1802, verm. 1829 mit Anna Maria Freiin Gross v. Trockau (geb. 1809, gest. 1864), aus welcher Ehe stammen, neben zwei Töchtern, Ludwig, k. bayer. Kämm. und Bezirksamtsassessor zu Würzburg, verm. 1863 mit Charlotte Maria Freiin Varicourt-Albini (geb. 1841); sowie des 1865 verstorbenen Bruders Max Jos., k. bayer. Kammerj., Sohn Theodor, k. bayer. Hauptmann, geb. 1833 und des 1863 verstorbenen Bruders Theodor, k. bayer. Kammerj. und Hauptmann Söhne, Friedrich, k. bayer. Hauptmann und Ferdinand, k. bayer. Oberlieut. und des dritten Bruders Hermann, k. bayer. Kämm. und Reg.-Präsident von Oberbayern, geb. 1809, verm. 1838 mit Johanna Freiin Gross v. Trockau (geb. 1821), Söhne August, k. bayer. Oberlieut. und Otto, k. bayer. Oberlieutenant.

<small>Gauhe, I. S. 1879. — Geneal. Taschenb. d. freih. Häuser, 1859, S. 933. 1870, S. 1068. — v. Hefner, bayer. Adel, S. 65, T. 70. — v. Hellbach, II. S. 315 und S. 836. — v. Lang, Suppl. S. 84. — v. Meding, II. S. 999. — Salver, 708. — Siebmacher, I. S. 197 — Wappenb. d. Kgr. Bayern.</small>

Zwack (Schild der Länge nach getheilt, rechts in Gold ein aufrechter rother Löwe mit einer silbernen Zange, links in Silber drei schräg rechte blaue Balken). Kurpfalzbayer. Adelsstand. Diplom vom 7. Juli 1792 für Simon Z., kurpfalzbayer. Hohenschulkastner in Ingolstadt, dann Forstamts-Verweser und Landgerichts-Schreiber zu Aichach, welcher 1815 in die Adelsmatrikel des Kgr. Bayern eingetragen wurde.

<small>v. Hellbach, II. S. 836. — v. Lang, S. 607. — Wappenb. d. Kgr. Bayern, IX. T. 60.</small>

Zwehl (in Roth ein silberner Sparren, darunter ein goldener Löwe, welcher an einem Stiele drei Rosen hält, von denen die in Roth silbern, die auf dem Sparren roth). Reichsadelsstand. Diplom vom 5. Juni 1633 für Johann Z., Stadtschultheiss zu Heiligenstadt, kurmainz. Geh.-R., Georg Wilhelm, gest. 1698 als Bürgermeister zu Heiligenstadt, Herwig gleichfalls 1760. Die Gebrüder Theodor Carl Joh. Nepom., geb. 1800, in Vallendar bei Coblenz und Jacob Alex. Rich., geb. 1803, wurden in die bayer. Adelsmatrikel aufgenommen.

<small>*v. Hefner*, bayer. Adel, S. 120. T. 156; hannöv. Adel, S. 32. T. 37. — *v. Hellbach*, S. 836. — *Freih. v. d. Knesebeck*, S. 309. — *v. Lang*, Suppl. S. 152. — *Freih. v. Ledebur*, S. 175. — Wappenbuch d. Kgr. Bayern, XII. S. 100. — *Wolf*, Gesch. d. Stadt Heiligenstadt, S. 216.</small>

Zwierlein, Freiherren (in Grün ein von Roth und Gold geschachter schräg rechter Balken). Reichsfreiherrenstand. Diplom vom 27. Sept. 1790 für die Wittwe mit den Kindern des Johann Jacob v. Z., kais. Hof-Pfalzgraf und fürstl. Anhalt. w. Geh.-R. — Alte schwäb. Adelsfamilie, aus Polen (Zwirle) stammend. Der nächste bekannte Stammvater ist der beim ehemal. Reichskammergericht in Wetzlar angestellte Rechtsgelehrte Johann Jacob Z., geb. 1699, gest. 1772, Herr zu Winnerod und Bubenrod bei Giessen, welcher am 24. Febr. 1752 in den Reichsadelsstand erhoben ward. Derselbe war verm. mit Elisabeth v. Wahl gen. Hubin v. Gülchen, aus welcher Ehe, neben zwei Töchtern, drei Söhne stammten. Christian Jacob, als Jurist, Schriftsteller bekannt, war wirkl. Geh.-R. mehrerer deutschen Reichsfürsten, verm. mit Christiane Freiin v. Hopfer, dessen Sohn Hans Carl, k. preuss. Geh.-R. und grossherzogl. Bad. Kammerherr, verm. 1) mit Maria v. Gülich (gest. 1843), 2) 1844 mit Adelheid v. Stolterfoth (geb. 1800), welcher bei seinem 1850 erfolgten Tode hinterliess Hans Constantin Freih. v. Z., herzogl. nass. Kammerh. und w. Geh.-R., geb. 1802, gest. 1863, verm. mit Luise Freiin Schenck zu Schweinsburg (gest. 1840), aus welcher Ehe entsprosste das jetzige Haupt der Familie, Hans Georg Freih. v. Z. auf Geisenheim im Rheingau, geb. 1835, Dr. jur., herzogl. nass. Kammerh. und Friedrich, geb. 1840, herzogl. nass. Kammerh. und grossherzogl. hess. Rittmeister, à la Suite, auf Winnerod bei Giessen.

<small>Geneal. Taschenb. d. freih. Häuser, 1854, S. 600. 1855, S. 721. 1868, S. 1032. 1870, S. 1027 — *v. Hefner*, nass. Adel, S. 11. T. 11. Derselbe, hess. Adel, S. 31. T. 36. — *Klüber*, Act. d. Wiener Congr., VI. S. 450. — *Kneschke*, Wappen, III. — *Freih. v. d. Knesebeck*, S. 309. — *Siebmacher*, Suppl. X. S. 33.</small>

Leipzig, Druck der Rossberg'schen Buchdruckerei.

www.ingramcontent.com/pod-product-compliance
Lightning Source LLC
Chambersburg PA
CBHW032142010526
44111CB00035B/897